中国机械工业教育协会"十四五"普通高等教育规划教材
新工科·普通高等教育汽车类系列教材

# 汽车电器与电子控制技术

主　编　王冬良　王金湘
副主编　皮大伟　王海巧　秦洪艳
参　编　孟妍妮　张　蓉　康　杰　郁秋荣
主　审　陈　南

机械工业出版社

本书根据普通高等教育汽车类专业人才培养目标,结合应用型本科教学需求,对目前汽车上应用的汽车电器与电子控制技术进行了梳理,摒弃了传统汽车上已经淘汰的电气设备或电控技术,构建了传统汽车电器与电子控制技术、纯电动汽车电子控制技术和智能网联汽车电子控制技术的知识体系,内容由浅入深、循序渐进,实用性强。

全书共14章,主要内容包括:绪论,汽车电源系统,汽车起动系统,汽车点火系统,汽车照明、信号与报警系统,汽车仪表与电子显示装置,汽车电器辅助设备,汽车发动机管理系统,汽车电控自动变速器,汽车主动安全性控制系统,汽车舒适性控制系统,汽车车载网络技术,纯电动汽车电子控制技术,智能网联汽车电子控制技术。本书以典型汽车电器、电子控制系统的电路分析为出发点,将汽车电器与电子控制技术领域的理论知识与工程实践能力的培养有机融合。

本书可作为普通高等教育车辆工程、新能源汽车工程、智能车辆工程、汽车服务工程等专业的教材,也可作为高等职业院校等汽车专业的教材,还可供广大汽车工程技术人员、汽车使用与维修人员、汽车运输与管理人员参考使用。

## 图书在版编目(CIP)数据

汽车电器与电子控制技术/王冬良,王金湘主编. —北京:机械工业出版社,2023.12(2025.8重印)
新工科·普通高等教育汽车类系列教材
ISBN 978-7-111-74171-8

Ⅰ.①汽… Ⅱ.①王… ②王… Ⅲ.①汽车-电气设备-高等学校-教材②汽车-电子控制-高等学校-教材 Ⅳ.①U463.6

中国国家版本馆CIP数据核字(2023)第208803号

机械工业出版社(北京市百万庄大街22号 邮政编码100037)
策划编辑:宋学敏  责任编辑:宋学敏 赵晓峰
责任校对:樊钟英 王 延  封面设计:张 静
责任印制:单爱军
保定市中画美凯印刷有限公司印刷
2025年8月第1版第2次印刷
184mm×260mm·26.75印张·661千字
标准书号:ISBN 978-7-111-74171-8
定价:85.00元

电话服务                              网络服务
客服电话:010-88361066    机 工 官 网:www.cmpbook.com
         010-88379833    机 工 官 博:weibo.com/cmp1952
         010-68326294    金 书 网:www.golden-book.com
**封底无防伪标均为盗版**        机工教育服务网:www.cmpedu.com

# 前　言

当前，汽车产业的发展进入到一个百年未有的产业重构新时代。汽车"新四化"的发展趋势以及"碳达峰、碳中和"的战略目标为汽车产业的发展提供了新的机遇和新的挑战。随着汽车电子技术、人工智能技术、互联网技术的快速发展，目前汽车上的电气设备与电子控制技术较传统车辆有了较大的区别，伴随着触点式点火系统、液力偶合器等技术的淘汰，自适应前照灯、自动驾驶辅助系统等新兴技术在汽车上不断地应用，汽车电器与电子控制技术的知识体系必须重新构建，以满足传统汽车、电动汽车、智能网联汽车快速发展对车辆工程人才的需求。

本书结合当前汽车发展的要求，在介绍了传统汽车电器与电子控制技术的基础上，添加和完善了纯电动汽车电子控制技术、智能网联汽车电子控制技术的知识，以满足车辆工程、新能源汽车工程、智能车辆工程等专业在人才培养过程中涉及"汽车电器与电子控制技术"领域内知识、能力和素养的需求。

本书涵盖了5部分内容，第1部分（第1章）为绪论；第2部分（第2~7章）介绍汽车电气设备，包括汽车电源系统，汽车起动系统，汽车点火系统，汽车照明、信号与报警系统，汽车仪表与电子显示装置，汽车电器辅助设备；第3部分（第8~12章）介绍传统汽车电子控制技术，包括汽车发动机管理系统、汽车电控自动变速器、汽车主动安全性控制系统、汽车舒适性控制系统、汽车车载网络技术；第4部分（第13章）介绍纯电动汽车电子控制技术，包括纯电动汽车电池管理系统、驱动电机系统、充电系统及整车控制器等关键系统的电子控制技术；第5部分（第14章）介绍智能网联汽车电子控制技术，包括环境感知技术、车辆定位导航技术、车辆路径规划、车辆运动控制技术、通信技术等关键控制技术和自动驾驶辅助系统。本书内容系统、新颖，图文并茂，重点突出，简化了冗长的理论分析。

本书按照应用型本科教育的总体目标，坚持"突出基础、突出特色、突出应用、突

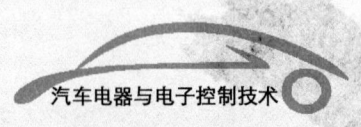

出技术"的原则,打破传统教材的体例,以工程实践能力培养为目标,加强了专业能力及素养培养的内容。

本书内容包括了江苏省高校"青蓝工程"资助、江苏省高校高级访问学者资助项目和三江学院科研资助项目(重大项目,编号:2019SJKY008)的部分研究成果。

本书由王冬良、王金湘任主编,皮大伟、王海巧、秦洪艳任副主编。全书由王冬良统稿。编写分工如下:三江学院王冬良编写第1章、第4章、第8章和第9章;金陵科技学院孟妍妮编写第2章、第3章和第12章;金陵科技学院王海巧编写第5章和第6章;三江学院康杰、郁秋荣编写第7章;南京工业大学浦江学院张蓉编写第10章;三江学院秦洪艳编写第11章;南京理工大学皮大伟编写第13章;东南大学王金湘编写第14章。金陵科技学院孟妍妮、王海巧系江苏省首批省级一流本科课程"汽车电器与电子技术"的课程负责人和课程团队主要成员。三江学院池敦胜、季丰、姚奇在本书的编写过程中做了很多的资料收集工作。

在编写过程中,东南大学陈南教授对本书给予了指导性的宝贵意见,使全书结构更为严谨,在此深表谢忱。

本书的编写参照了国内外大量的专著、教材、期刊资料,在此向原作者表示真诚的感谢。本书的编写得到了三江学院各位领导、同事的大力支持和帮助,在此一并表示感谢。

限于编者水平有限,书中难免有疏漏和不妥之处,恳请广大读者批评指正。

编　者

# 目　录

前言

## 第1章　绪论 ······ 1
### 1.1　汽车电器与电子控制技术的发展现状 ··· 1
### 1.2　汽车电器与电子控制技术的分类 ······ 3
#### 1.2.1　汽车电气设备 ······ 3
#### 1.2.2　汽车电子控制系统 ······ 3
### 1.3　汽车电器与电子控制技术的特点 ······ 5
#### 1.3.1　低压直流 ······ 5
#### 1.3.2　单线制 ······ 5
#### 1.3.3　负极搭铁 ······ 5
#### 1.3.4　用电设备并联连接 ······ 5
### 1.4　汽车电子控制技术的发展趋势 ······ 6
#### 1.4.1　集成化 ······ 6
#### 1.4.2　电动化 ······ 6
#### 1.4.3　智能化 ······ 6
#### 1.4.4　网联化 ······ 6
#### 1.4.5　共享化 ······ 7

## 第2章　汽车电源系统 ······ 9
### 2.1　汽车电源系统概述 ······ 9
#### 2.1.1　汽车电源系统的组成 ······ 9
#### 2.1.2　汽车电源系统的工作特性 ······ 10
### 2.2　传统汽车用铅酸蓄电池 ······ 11
#### 2.2.1　铅酸蓄电池的构造 ······ 11
#### 2.2.2　蓄电池的型号 ······ 14
#### 2.2.3　铅酸蓄电池的工作原理 ······ 15
#### 2.2.4　铅酸蓄电池的工作特性 ······ 17
### 2.3　电动汽车用动力蓄电池 ······ 20
#### 2.3.1　动力蓄电池的种类 ······ 20
#### 2.3.2　镍镉电池 ······ 21
#### 2.3.3　镍氢电池 ······ 21
#### 2.3.4　锂离子电池 ······ 22
#### 2.3.5　燃料电池 ······ 25
### 2.4　汽车交流发电机 ······ 26
#### 2.4.1　汽车交流发电机的构造 ······ 26
#### 2.4.2　汽车交流发电机的型号 ······ 32
#### 2.4.3　交流发电机的工作原理 ······ 32
#### 2.4.4　交流发电机的工作特性 ······ 40

## 第3章　汽车起动系统 ······ 43
### 3.1　汽车起动系统的基础知识 ······ 43
#### 3.1.1　发动机起动方式 ······ 43
#### 3.1.2　电起动系统的组成与工作过程 ······ 44
#### 3.1.3　起动机的组成 ······ 44
#### 3.1.4　起动机的型号 ······ 45
### 3.2　起动机的结构及工作原理 ······ 46
#### 3.2.1　直流电动机 ······ 46
#### 3.2.2　传动机构 ······ 50
#### 3.2.3　电磁控制装置 ······ 52
### 3.3　起动机基本参数的选择 ······ 53
### 3.4　新型起动机 ······ 54
#### 3.4.1　电枢移动式起动机 ······ 54
#### 3.4.2　减速起动机 ······ 55

## 第4章　汽车点火系统 ······ 60
### 4.1　普通电子点火系统 ······ 61
#### 4.1.1　概述 ······ 61
#### 4.1.2　磁感应式电子点火系统 ······ 62
#### 4.1.3　霍尔效应式电子点火系统 ······ 66
#### 4.1.4　光电式电子点火系统 ······ 69
#### 4.1.5　电子点火系统典型元件构造 ······ 70
### 4.2　微机控制点火系统 ······ 73
#### 4.2.1　微机控制点火系统的组成 ······ 73
#### 4.2.2　微机控制点火系统高压电配电方式 ······ 75
#### 4.2.3　微机控制点火系统的控制原理 ······ 78
#### 4.2.4　微机控制点火系统的典型应用 ······ 89

## 第5章　汽车照明、信号与报警系统 ······ 99
### 5.1　汽车照明系统 ······ 99
#### 5.1.1　照明系统的组成 ······ 99
#### 5.1.2　对前照灯的要求 ······ 100
#### 5.1.3　前照灯的结构及防眩目措施 ······ 100

5.1.4 前照灯的电路 …………………… 102
5.1.5 电控前照灯系统 …………………… 103
5.2 汽车信号系统 …………………………… 111
5.2.1 转向信号灯 ………………………… 111
5.2.2 危险报警信号灯 …………………… 112
5.2.3 电喇叭 ……………………………… 112
5.3 汽车报警系统 …………………………… 114
5.3.1 汽车报警系统的作用 ……………… 114
5.3.2 常见的汽车报警灯电路 …………… 114

## 第 6 章 汽车仪表与电子显示装置 …… 118
6.1 汽车传统仪表 …………………………… 118
6.1.1 水温表 ……………………………… 118
6.1.2 燃油量表 …………………………… 119
6.2 汽车电子仪表 …………………………… 120
6.2.1 电子仪表的组成 …………………… 120
6.2.2 电子仪表的控制原理 ……………… 121
6.2.3 常见的电子仪表 …………………… 121

## 第 7 章 汽车电器辅助设备 …………… 125
7.1 风窗刮水器与洗涤装置 ………………… 125
7.1.1 风窗刮水器 ………………………… 125
7.1.2 风窗玻璃洗涤器 …………………… 129
7.1.3 后窗玻璃除霜装置 ………………… 130
7.2 电动车窗 ………………………………… 130
7.2.1 电动车窗的组成和分类 …………… 130
7.2.2 电动车窗控制电路及工作原理 …… 131
7.3 电动座椅 ………………………………… 133
7.3.1 普通电动座椅 ……………………… 133
7.3.2 带存储功能的电动座椅 …………… 135
7.4 电动后视镜 ……………………………… 135
7.4.1 电动后视镜结构 …………………… 136
7.4.2 电动后视镜控制电路及工作
原理 ………………………………… 136

## 第 8 章 汽车发动机管理系统 ………… 140
8.1 汽油机管理系统的基础知识 …………… 140
8.1.1 汽油机管理系统的特点 …………… 140
8.1.2 汽油机管理系统的类型 …………… 141
8.1.3 汽油机管理系统的组成 …………… 144
8.2 电控汽油机燃油喷射系统 ……………… 147
8.2.1 空气供给系统 ……………………… 147
8.2.2 燃油供给系统 ……………………… 155
8.2.3 电子控制系统 ……………………… 162
8.2.4 电控燃油喷射系统的控制原理 …… 167

8.3 电控汽油机辅助控制系统 ……………… 175
8.3.1 进气控制系统 ……………………… 175
8.3.2 怠速控制系统 ……………………… 182
8.3.3 排放控制系统 ……………………… 185
8.4 柴油机共轨直喷系统 …………………… 188

## 第 9 章 汽车电控自动变速器 ………… 192
9.1 概述 ……………………………………… 193
9.1.1 自动变速器的定义 ………………… 193
9.1.2 自动变速器的分类 ………………… 193
9.1.3 电控自动变速器的组成与工作
原理 ………………………………… 196
9.2 液力变矩器 ……………………………… 198
9.2.1 液力变矩器的结构 ………………… 198
9.2.2 液力变矩器的工作原理 …………… 202
9.3 行星齿轮变速系统 ……………………… 204
9.3.1 单排行星齿轮机构及传动原理 …… 204
9.3.2 组合式行星齿轮机构 ……………… 209
9.3.3 换档执行元件 ……………………… 213
9.4 液压控制系统 …………………………… 217
9.4.1 油泵 ………………………………… 217
9.4.2 调压装置 …………………………… 218
9.4.3 换档信号系统 ……………………… 220
9.4.4 阀体及换档阀 ……………………… 220
9.4.5 缓冲安全系统 ……………………… 222
9.4.6 液力变矩器控制装置 ……………… 223
9.5 电子控制系统 …………………………… 225
9.5.1 输入装置 …………………………… 225
9.5.2 控制装置 …………………………… 230
9.5.3 执行元件 …………………………… 238
9.6 无级自动变速器 ………………………… 240
9.6.1 概述 ………………………………… 240
9.6.2 奥迪 Multitronic CVT 的结构及
工作原理 …………………………… 241
9.7 双离合器自动变速器 …………………… 244
9.7.1 概述 ………………………………… 244
9.7.2 大众 DQ200 的结构及工作
原理 ………………………………… 244

## 第 10 章 汽车主动安全性控制系统 …… 251
10.1 汽车防抱制动系统 ……………………… 252
10.1.1 防抱制动系统的基础知识 ………… 252
10.1.2 防抱制动系统的组成 ……………… 254
10.1.3 防抱制动系统的工作原理 ………… 263
10.2 汽车电控制动力分配系统 ……………… 272

|  |  |  |
|---|---|---|
| 10.2.1 | 电控制动力分配系统组成 | 272 |
| 10.2.2 | 电控制动力分配系统的控制过程 | 272 |
| 10.3 | 汽车驱动防滑转系统 | 273 |
| 10.3.1 | 驱动防滑转系统的功用 | 273 |
| 10.3.2 | 驱动防滑转系统的调节机理 | 274 |
| 10.3.3 | 驱动防滑转系统的控制方法 | 275 |

## 第11章 汽车舒适性控制系统 279

- 11.1 汽车电控悬架系统 279
  - 11.1.1 悬架的力学模型和性能评价 279
  - 11.1.2 主动悬架控制 283
  - 11.1.3 电控悬架系统的基础知识 285
  - 11.1.4 电控悬架系统的组成和工作原理 286
- 11.2 汽车电控助力转向系统 296
  - 11.2.1 转向系统的设计要求及类型 296
  - 11.2.2 液压式电控助力转向（EHPS）系统 298
  - 11.2.3 电动式电控助力转向系统 303
  - 11.2.4 四轮转向控制系统 307

## 第12章 汽车车载网络技术 317

- 12.1 概述 317
  - 12.1.1 车载网络技术的发展 317
  - 12.1.2 车载网络的分类 319
- 12.2 CAN总线技术 321
  - 12.2.1 CAN总线的简介 321
  - 12.2.2 CAN总线协议 322
  - 12.2.3 CAN总线的组成及数据传输过程 331
- 12.3 MOST总线技术 334
  - 12.3.1 MOST总线的简介 334
  - 12.3.2 MOST总线的组成及数据传输 335
- 12.4 FlexRay总线技术 338
  - 12.4.1 FlexRay总线的简介 338
  - 12.4.2 FlexRay总线的特性 339

## 第13章 纯电动汽车电子控制技术 344

- 13.1 纯电动汽车电池管理系统及控制技术 345
  - 13.1.1 纯电动汽车电池管理系统 345
  - 13.1.2 电池组电压均衡器 354
  - 13.1.3 众泰E30EV纯电动汽车电池管理系统 356
- 13.2 纯电动汽车驱动电机系统及控制技术 357
  - 13.2.1 电动汽车用电机概述 357
  - 13.2.2 纯电动汽车驱动电机系统 358
  - 13.2.3 驱动电机匹配 370
  - 13.2.4 电机控制器 372
- 13.3 纯电动汽车充电技术 375
  - 13.3.1 纯电动汽车的充电设施 375
  - 13.3.2 电动汽车的充电模式 378
  - 13.3.3 电动汽车的充电接口 380
- 13.4 纯电动汽车整车控制器 382
  - 13.4.1 整车控制器的功能及技术要求 382
  - 13.4.2 整车控制器的结构与工作原理 383

## 第14章 智能网联汽车电子控制技术 387

- 14.1 智能网联汽车概述 387
  - 14.1.1 智能网联汽车的概念 387
  - 14.1.2 智能网联汽车的组成 391
- 14.2 智能网联汽车关键控制技术 392
  - 14.2.1 环境感知技术 392
  - 14.2.2 车辆定位导航技术 395
  - 14.2.3 车辆路径规划 397
  - 14.2.4 车辆运动控制技术 399
  - 14.2.5 智能网联汽车通信技术 401
- 14.3 高级驾驶辅助系统（ADAS） 404
  - 14.3.1 车道保持辅助系统 404
  - 14.3.2 主动避障控制系统 407
  - 14.3.3 自适应巡航控制系统 409
  - 14.3.4 自动泊车系统 413

**参考文献** 417

# 第1章 绪 论

【本章教学要点】

| 知识要点 | 掌握程度 | 相关知识 |
|---|---|---|
| 汽车电器与电子控制系统的发展、分类 | 了解汽车电器与电子控制系统的发展历程<br>掌握汽车电器与电子控制系统的分类 | 汽车电器与电子控制系统的发展现状、汽车电气设备、汽车电子控制系统 |
| 汽车电器与电子控制系统的特点 | 掌握汽车电器与电子控制系统的特点 | 低压直流、单线制、负极搭铁、用电设备并联连接 |
| 汽车电子控制系统的发展趋势 | 了解汽车电子控制系统的发展趋势 | 汽车电子控制系统的集成化、电动化、智能化、网联化以及共享化 |

在现代社会里，汽车已是人类密不可分的产品，汽车不仅作为代步工具，而且还具备了娱乐、办公以及通信等功能，其汽车电器与电子控制装置是汽车的重要组成部分，对汽车的动力性、经济性、安全性、操纵稳定性、舒适性、通过性以及排气净化等性能产生了直接而且非常重要的影响。

近年来，随着计算机技术、信息技术、网络技术以及智能控制的飞速发展，汽车电子控制技术已是汽车技术发展的主要驱动力，已成了汽车工程领域的共性关键技术。无论是燃油汽车、燃气汽车，还是新能源汽车、智能网联汽车，其电子化的普及程度都在不断提升，未来汽车技术的发展和性能的改善，主要依托汽车电子控制技术的发展。同时，全球能源危机、大气污染、交通事故、交通拥堵等一系列社会问题促使汽车电子控制技术的发展。目前，在工业发达国家生产的汽车上，其电子装置的平均成本已占整车成本的40%~50%，部分豪华轿车上，电子装置的成本已占整车成本的70%~80%。汽车已经进入电子化时代，汽车电子控制技术已是当今汽车技术领域关注和研究的关键问题。

## 1.1 汽车电器与电子控制技术的发展现状

汽车电气设备是汽车的重要组成部分之一。其性能直接影响汽车的动力性、经济性、可靠性、安全性、舒适性及尾气排放等。如，为使发动机可靠起动，需采用电动机起动；为提高汽车发动机的动力学以及改善其经济性，需将点火系统的点火时刻设计在最佳时刻；为保证汽车的可靠性、行驶安全性，需利用各种指示仪表、照明与信号装置、报警装置等汽车电气设备。

汽车电子控制技术在提高汽车的动力性、经济性、可靠性、安全性、舒适性以及改善汽车尾气排放和噪声控制，推进汽车及交通智能化等方面起着不可替代的作用。目前，汽车电子控制技术已成为衡量汽车技术发展水平的重要指标。

电子控制技术的飞速发展和汽车相关法律法规的建立，是汽车电子控制技术形成与发展的两大主要因素。

汽车电器与电子控制技术的形成和发展过程可分为三个阶段：

### 1. 第一阶段

20 世纪 50 年代初期~70 年代末，即汽车电子控制技术的初级发展阶段。其主要特点是采用分立电子元器件或集成电路组成的电子控制器进行控制，不断改善汽车单个零部件的性能，其具有代表性的技术有电子收音机、硅整流车用交流发电机、晶体管式电压调节器、晶体管无触点电子点火系统和电子控制燃油喷射系统等。

### 2. 第二阶段

20 世纪 70 年代末~90 年代中期，即汽车电子控制技术的大发展阶段。这一阶段出现了具有一定综合性的汽车电子控制系统，大规模集成电路和超大规模集成电路技术的快速发展和自动控制理论的引入，促使电子控制装置小型化，使汽车电子控制技术基本成熟，并逐渐向汽车的其他组成部分拓展。

随着电子技术的飞速发展，用于汽车电控系统的电控单元 ECU 采用了数字电路及大规模集成电路，其集成度越来越高，体积显著减小，运行速度和可靠性明显提高，存储容量的增加使其控制功能大大增加，从单一的控制点火时刻或控制燃油喷射逐步扩展到控制发动机怠速转速、排气再循环、二次空气喷射、涡轮增压等多项功能的发动机综合控制系统（又称为发动机集中控制系统）。与此同时，利用控制功能集中化将多种控制功能集中到一个电控单元 ECU 上，不同控制功能所需要的传感器也就只设置一个。进入 20 世纪 90 年代后，在美国、欧洲等汽车厂生产的轿车上，95%以上的汽车采用了电子控制燃油喷射发动机。

这一阶段的代表性技术有发动机电子控制系统、防抱制动系统、电子控制自动变速系统、牵引力控制系统、安全气囊、电控悬架系统、电控助力转向控制系统、四轮转向控制系统、巡航控制系统、前照灯光束自动控制系统、故障自诊断系统、信息显示系统等。

### 3. 第三阶段

20 世纪 90 年代中期至今，车载网络控制阶段，即采用车载网络技术对汽车电器与电子控制系统进行控制，是汽车电子控制技术向网络化、集成化方向发展的阶段。

实际上，车载网络技术是一种网络通信协议以及达到协议规定目的所采取的各种措施和方法。车载网络技术解决了以往每一系统与另外一个系统基本相互独立、各系统之间缺少联系的分散控制问题。1999 年，CAN 通信协议被国际标准化组织 ISO 11898—1 标准认可，标志着车载网络技术的发展进入了一个崭新的阶段。目前，电控单元 ECU 网络化的多路集中控制系统是汽车电器线束分布方式和电子控制系统控制技术必然的发展方向。

## 1.2 汽车电器与电子控制技术的分类

汽车电器与电子控制技术可分为汽车电气设备和汽车电子控制系统两大部分。

### 1.2.1 汽车电气设备

汽车电气设备主要由供电系统、检测装置、配电装置和用电设备四部分组成。

#### 1. 供电系统

供电系统包括交流发电机、蓄电池及其电压调节器等。

交流发电机是汽车的主电源,蓄电池是辅助电源。交流发电机与蓄电池并联工作。交流发电机配有电压调节器,其主要作用是当发电机转速和负荷变化时,自动调节发电机电压,使之保持稳定。

随着现代科学技术的发展和世界能源危机的不断加深,在汽车上使用的能源也呈现出多样化状态,如太阳能、氢能源等,这些能源的使用使得汽车供电系统的体系结构在发生变化,系统设备在不断增加,控制系统也变得复杂起来。

#### 2. 检测装置

检测装置包括各种电器检测仪表和检测传感器,如机油压力表、温度表、燃油量表、车速里程表、发动机转速表和自检装置,用来监视发动机和其他装置的工作情况。

#### 3. 配电装置

配电装置包括中央配电盒、电路开关、保险装置、插接件和导线等。

#### 4. 用电设备

汽车上用电设备的数量多,大致可分为以下几种:

(1) **起动系统** 主要指起动机,其作用是起动发动机。

(2) **点火系统** 包括传统点火系统或电子点火系统的全部组件,其作用是产生高压电火花,点燃汽油发动机气缸内部的可燃混合气体。

(3) **照明、信号及数字仪表显示系统** 照明系统包括车内外各种照明灯以及保证夜间安全行车所必需的灯光,其中以前照灯最为重要;信号系统包括电喇叭、闪光器、蜂鸣器及各种信号灯,主要用来保证车辆运行时人车安全;数字仪表显示系统为驾驶人提供汽车行驶时最基本的操作信息(如车速、发动机转速、机油压力、冷却液温度、行驶里程等),这些信息显示在仪表板上,以提示驾驶人。

(4) **附属电气设备** 包括刮水器电动机、风窗洗涤电动泵式喷水器、空调电磁离合器、玻璃升降电动机、座椅调节电动机、音响设备、防盗报警装置的报警喇叭、灯光以及点烟器、倒车雷达等。

为适应舒适、娱乐、安全保障的需要,其附属电气设备的数量和类型还在不断地增加。

### 1.2.2 汽车电子控制系统

根据汽车总体结构的分类,汽车电子控制系统分为发动机电子控制系统、底盘电子控制系统和车身电子控制系统三个部分。

**1. 发动机电子控制系统**

发动机电子控制系统包括燃油喷射控制、点火控制、怠速控制、排气再循环控制、爆燃控制、故障自诊断系统等。发动机电子控制系统能最大限度地提高发动机的动力性，改善发动机的经济性，同时尽可能降低汽车尾气中有害物质的排放量。

（1）**发动机燃油喷射控制系统（EFI）** 能够随时根据检测到的发动机基本负荷状态、冷却液温度、进气温度、进气量、节气门位置、发动机转速、汽车速度以及空调负荷等情况，通过电控单元确定最适宜的燃油喷射量和喷射时刻，以获得尽量低的燃油消耗和良好的工作稳定性、适应性及排放性能。

（2）**电子控制点火系统（ESA）** 使发动机在不同转速和进气量等条件下，实现最佳点火提前角，使发动机产生最大的功率或转矩，同时将油耗和排放降到最低限度。该系统分为开环和闭环控制两种方式，闭环控制是在开环控制的基础上，增加了爆燃传感器进行反馈控制。

（3）**怠速控制系统（ISC）** 根据发动机冷却液温度及其他有关参数（如空调开关信号、助力转向开关信号等），使发动机的怠速处于最佳状态。

（4）**最佳空燃比（A/F）控制系统** 通过控制可燃混合气的空燃比，使发动机在各种工况及有关因素的影响下，空燃比可达到最佳值，从而提高功率、降低油耗、减少排气污染等。该系统有开环和闭环控制两种方式，闭环控制是在开环控制的基础上，在一定条件下，由电控单元ECU根据加热型氧传感器检测的混合气（空燃比）信号，修正燃油供给量，使混合气空燃比保持在理想状态。

除上述电子控制系统外，在发动机中部分实现电子控制的系统还涉及排气再循环系统、电动燃油泵、节气门正时、二次空气喷射、发动机增压、油气蒸发以及故障自诊断等。

**2. 底盘电子控制系统**

底盘电子控制系统包括防抱制动系统、牵引力控制系统、电子控制自动变速器、电控悬架系统、电控助力转向控制系统、电子稳定系统和四轮转向控制系统等。

（1）**防抱制动系统（ABS）和牵引力控制系统（TRC）** ABS可以防止汽车制动时车轮被抱死而产生侧滑，提高车辆的行驶稳定性和操纵性。

TRC是用来防止汽车起步和加速时驱动轮打滑，从而使车辆在起步或加速时的操纵性和稳定性均处于最佳状态。

（2）**电子控制自动变速器（ECT）** 通过对节气门开度和车速的检测，由微机根据换档特性和换档规律，精确控制变速比，使其达到最佳档位。自动变速器与传统机械变速器相比，动力传动精度提高，控制机构更加简单，并且能够改善汽车的燃油经济性和操纵性，提高变速器的传动效率。

（3）**电控悬架系统（ESC）** 根据不同的路面状况和车辆运行工况，自动控制车身高度，及时改变汽车悬架的刚度和阻尼，以提高汽车的行驶稳定性和平顺性。

（4）**电控助力转向控制系统（EPS）** 根据车辆的车速、转向角、转矩等传感器信号，自动控制施加在转向盘上的转向力，使汽车在停车或低速行驶时转动转向盘所需的转向力减小，而汽车在高速行驶时所需的转向力增大，即在各种行驶条件下实现转向盘所需的转向力都是最佳值。

(5) **电子稳定系统（ESP）** 它通过对从各传感器传来的车辆行驶状态信息进行分析，然后向 ABS、TRC 发出纠偏指令，来帮助车辆维持动态平衡。ESP 可以使车辆在各种状况下保持最佳的稳定性，在车辆发生转向过度或转向不足的情形下效果更加明显。

(6) **四轮转向控制系统（4WS）** 它可以使驾驶人对汽车前后四个车轮进行转向操纵，改善车辆行驶时转向的灵活性，提高高速行驶时的稳定性和可控性。

### 3. 车身电子控制系统

车身电子控制系统包括空调控制系统、车辆信息显示控制系统、灯光控制系统、门锁控制系统、电动车窗与电动后视镜控制系统、电动座椅控制系统、安全气囊与安全带控制系统、防盗与防撞安全控制系统、巡航控制系统、汽车音响控制系统、车内噪声与通风控制系统、汽车内部之间，以及汽车与外界进行信息传输等系统和设备。

## 1.3 汽车电器与电子控制技术的特点

### 1.3.1 低压直流

汽车电器系统的额定直流电压有 12V 和 24V 两种。汽油内燃机汽车普遍采用 12V 系统，而柴油内燃机汽车多采用 24V 系统。对汽车的发电装置而言，12V 系统的额定电压为 14V，24V 系统的额定电压为 28V。

汽车发动机是靠电力起动机起动的，起动机又需蓄电池供电，而向蓄电池充电又必须用直流电源，所以汽车电器系统采用直流系统。虽然交流发电机发出的是交流电，但经整流器整流变成直流电后才供给全车用电。

### 1.3.2 单线制

单线制（又称单线连接），是指汽车上所有电气设备的正极均采用导线相互连接，而负极则直接或间接通过导线与金属车架或车身的金属部分相连，即搭铁。

任何一个电路中的电流都是从电源的正极出发，经导线流入用电设备后，再由电气设备或负极导线搭铁，通过车架或车身流回电源负极从而形成回路。

### 1.3.3 负极搭铁

采用单线制时，蓄电池的一个电极接到车体上，若蓄电池的负极与车架或车身金属部分相接，就称负极搭铁；反之为正极搭铁。

目前，汽车电路均采用负极搭铁。

### 1.3.4 用电设备并联连接

汽车各用电设备均采用并联连接，汽车上的两个电源（蓄电池与交流发电机）间以及所有用电设备之间，都是正极接正极，负极接负极，即并联连接。因此，当某一支路用电设备损坏时，并不会影响其他支路用电设备的正常工作。

## 1.4 汽车电子控制技术的发展趋势

### 1.4.1 集成化

将发动机管理系统和自动变速器控制系统集成为动力传动系统的综合控制（PCM）。

将防抱制动系统（ABS）、牵引力控制系统（TRC）和防滑控制系统（ASR）综合控制驱动/制动力。

将制动、悬架、转向、动力传动等控制系统通过总线进行连接，通过中央底盘控制器的控制运算，对各子系统进行协调，将车辆行驶性能控制在最佳水平，形成一体化底盘控制系统（UCC）。

### 1.4.2 电动化

汽车技术发展的趋势和越来越严格的油耗排放法规，决定了电动化是汽车不可逆转的潮流。而且，汽车电动化不仅在于其自身能源结构的改变，同时只有在汽车电动化后，车联网及自动驾驶才有实现的可能。2017 年，从欧洲到北美，从北美到亚洲，再到全球最大的汽车市场中国，相关政府部门已经或者正在制定停售内燃机汽车的时间表。由此可见，汽车电动化的势头已是锐不可当。

近几年，全球新能源汽车市场增速迅猛。2021 年全球电动汽车的销量达 650 万辆，同比增长 109%，占全部乘用车销量的 9%。因受新冠疫情和芯片短缺的影响，2021 年全球汽车市场总销售量仅增长 4%。其中我国共售出 320 万辆电动汽车，占全球电动汽车销量的一半，占全部新车销量的 15%。

随着更加严格环保政策的出台，汽车电动化趋势将加快。2021 年 12 月，我国乘用车电动化率为 21%，首次迈过 20%渗透率门槛，行业内普遍认为当渗透率超过 20%，电动化将加速渗透，我国正处于电动车发展的加速期，电动化大趋势明确。

### 1.4.3 智能化

汽车智能化是人类生活智能化大趋势的一部分，在 IT 技术与互联网技术出现后，人类的生活开始发生巨大改变，其一是新的沟通方式取代了旧的方式，使社会与经济活动的效率更高了。

汽车的智能化主要体现在两方面：一是原来由机械操作完成的，或不能完成的功能通过电子化来实现对车辆更好的控制，使驾乘更加安全与高效；二是更多的影音娱乐功能集成在车内，这让驾乘人员可以在更轻松的环境中到达目的地。

### 1.4.4 网联化

网联化是一个很宽泛的领域，从最初通用汽车公司的 OnStar 人工服务，到现在可以实现车内 WiFi、手机远程控制等，它涉及的领域还在不断地延伸。目前，汽车制造正经历着机械化和电气化的升级过程，而网联时代汽车产品需要引进数字化技术，如云平台、人工智能（AI）、机器学习等技术。

网联化的汽车将产生大量的实时数据,包括汽车和驾驶人信息。其中汽车信息包括:汽车位置和周边环境信息,以及汽车诊断信息、保养信息、安全信息、性能信息、行驶信息;驾驶人信息包括地理位置、用户模式、驾驶历史等。

随着智能化及网联化汽车技术(见图1-1)的不断发展,汽车自动驾驶技术也将不断成熟。自动驾驶技术的核心决策者是人工智能系统,而人工智能系统需要大量数据进行训练。可见,大数据信息是自动驾驶技术不可或缺的一部分。

图1-1 智能化及网联化汽车技术

### 1.4.5 共享化

汽车共享最大的影响在于对人们消费习惯的改变。如能做到出门随时随地共享用车,那么汽车的利用率将得到提升,其个人用车的频率也会提升。在短途用车需求旺盛时,共享用车会有很大的发挥空间。国外有研究称,汽车共享对汽车利用率提升的空间在30%左右。

汽车电子控制技术的发展趋势如图1-2所示。

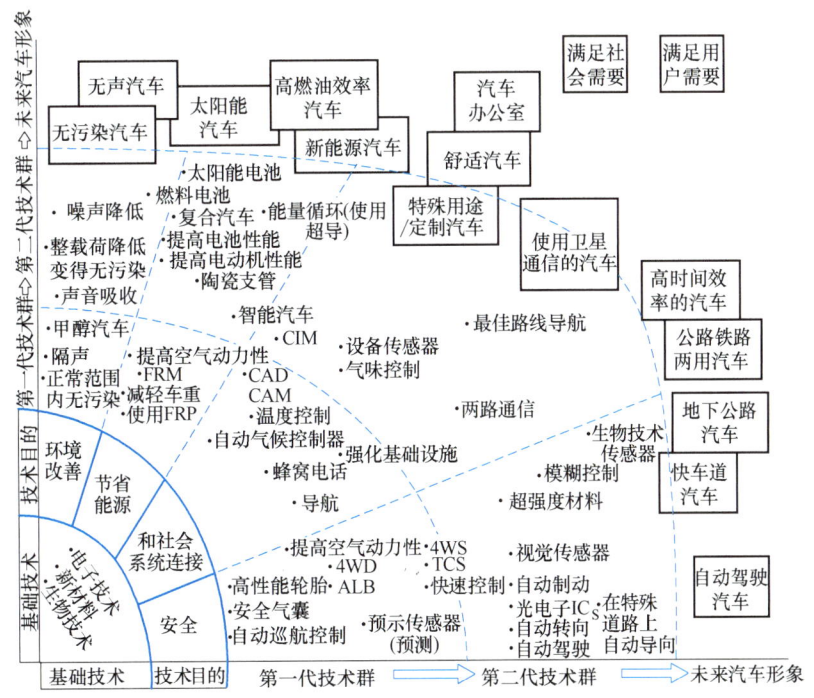

图1-2 汽车电子控制技术的发展趋势

## 本章小结

汽车电气设备与电子控制技术是汽车的重要组成部分之一，其性能直接影响汽车的动力性、经济性、可靠性、安全性、舒适性及尾气排放等。目前，汽车电子控制技术已成为衡量汽车技术发展水平的重要指标。

汽车电器与电子控制技术可分为汽车电气设备和电子控制系统两大部分。汽车电气设备主要由供电系统、检测装置、配电装置和用电设备四部分组成；汽车电子控制系统分为发动机电子控制系统、底盘电子控制系统和车身电子控制系统三个部分。

根据控制功能，汽车电子控制系统可分为动力性、安全性、舒适性和娱乐信息控制四种类型。

汽车电器与电子控制技术的特点包括低压直流、单线制、负极搭铁以及用电设备并联连接。

汽车电子控制技术的发展呈集成化、电动化、智能化、网联化和共享化等趋势。

## 思考题

1. 简述汽车电子控制技术的发展历程。
2. 简述汽车电器与电子控制技术的特点。
3. 论述汽车动力性控制系统的组成，及各控制内容。
4. 简述汽车安全性控制系统的组成。

# 第2章　汽车电源系统

【本章教学要点】

| 知识要点 | 掌握程度 | 相关知识 |
| --- | --- | --- |
| 汽车电源系统概述 | 了解电池的种类<br>掌握汽车电源供电方法<br>了解常用电源电压 | 汽车电源系统的组成及工作特性 |
| 传统汽车用铅酸蓄电池 | 掌握传统汽车用铅酸蓄电池的主体结构、充放电化学反应过程、工作特性 | 铅酸蓄电池的构造、型号、工作原理及工作特性 |
| 电动汽车用动力蓄电池 | 了解电动汽车用动力蓄电池的类型<br>掌握电动汽车用动力蓄电池的结构及原理 | 电动汽车用动力蓄电池的种类<br>典型动力蓄电池结构和工作原理 |
| 汽车交流发电机 | 掌握三相交流发电的原理、整流器的工作原理和电压调节器的工作原理<br>掌握三相交流发电机的工作特性 | 汽车交流发电机的结构、型号、工作原理及工作特性 |

现代汽车拥有大量的电气设备，同时电子控制装置也越来越多。汽车电源系统是保障汽车正常运行的基础设施。大多数车辆电源系统同时拥有蓄电池和交流发电机两个供电装置。因此，掌握蓄电池和交流发电机各自的工作特性，根据汽车不同的工况进行合理电力匹配，是保证汽车正常运行的重要前提。例如汽车起动前，交流发电机不能供电，必须由蓄电池供电；蓄电池容量有限，长期供电必须由交流发电机提供；交流发电机的转速会跟随发动机转速在大范围变化，导致输出电压波动很大，必须稳定电压才能使用等。

## 2.1　汽车电源系统概述

### 2.1.1　汽车电源系统的组成

汽车电源系统的功用是向车载电气设备提供电能，通常采用直流电源系统供电，能源主要来自蓄电池或发电机。在汽车上，由蓄电池、交流发电机、电压调节器、充电状态指示装置、开关和导线等连接而成的电气系统称为汽车电源系统。图2-1所示为传统内燃机汽车的典型电源系统。电能由交流发电机和蓄电池二者并联提供。交流发电机负责在汽车正常运行时连续供电并为蓄电池充电。蓄电池可通过充电方式储存一定的电能，因而也被称为二次电池。蓄电池主要用于在交流发电机未工作或没有交流发电机的场合下进行供电。

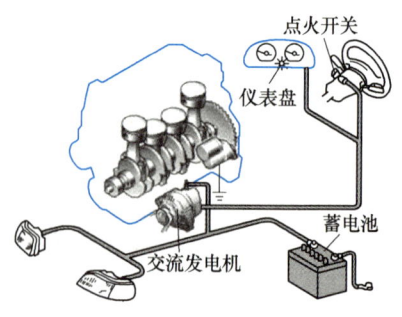

图2-1 传统内燃机汽车典型电源系统

根据电压高、低不同，汽车电源系统可分为低压电源系统和高压电源系统。

对于传统内燃机汽车，发动机是汽车动力的主要来源。车载电气系统起辅助控制作用，所需功率相对比较小。出于安全方面的考虑，传统汽车大多采用低压电源系统。一般汽油车使用12V电源系统，柴油车使用24V电源系统。近年来，随着车载电气设备的增加、汽车电控技术迅速发展，所需要的电源功率也越来越大，工作电流也越来越大，在很大程度上加重了导线的负载，并容易引发车辆火灾。因此，现在汽车上出现了高、低两种电压的双电源系统。常见的有12V/42V或12V/48V双电源系统。双电源系统中的低压电源为传统车载电器供电，提高电器附件的通用性，维持汽车的低成本制造；高压电源可以在提高电源功率的同时减小供电电流，主要用于新型的汽车电器元件，如一键起停系统。同时，较高的电源电压也有利于提高发动机的工作效率，减少尾气排放。由此可见，配备双电压电源系统已成为现代汽车的普遍趋势。

随着石油产品污染问题的日益突出，世界上要求取缔燃油汽车的呼声越来越高，发展新能源汽车技术成为行业的当务之急。目前已获得普及应用的新能源汽车主要有混合动力汽车和纯电动汽车。这两种汽车都采用电动机作为汽车运行的主要动力装置，电能自然成为主要的能量来源。为了避免过大的工作电流给电路系统带来额外的负载，这些车辆的动力驱动装置都采用高压电源系统，用数百伏以上的电源电压来保证足够的供电功率。例如特斯拉Modle X，驱动电机最大功率为386kW，电源标称电压为400V，最大工作电流为1000A。同时，由于成本的问题，新能源汽车大多采用和内燃机汽车相同的电器装置。因此，大多数新能源汽车还会配备一个和传统内燃机汽车相同的12V或24V低压电源系统。

### 2.1.2 汽车电源系统的工作特性

汽车电源系统采用直流方式，其电压是相对恒定的，在充电和放电两种状态下，都只能在规定的电压范围内变化。但汽车运行时，其功率的变化范围非常大，特别是在起步、爬坡和加速等工况下，需要很大的功率。此时汽车电源的供电功率也会有大幅度变化，因而工作电流也会大幅度变化。通常汽车电源的功率要保证最大工作电流时的需求。

传统内燃机汽车使用燃料燃烧的化学能作为驱动能源，维持其正常行驶所需的电能不多，一般在12V或24V电压状态下，工作电流一般不超过100A，由发电机提供。因此，电源系统中配置的蓄电池容量不需要很大。在内燃机汽车起动时，起动机所需要的工作电流特别大，通常为数百安，甚至上千安。而此时，发电机尚未工作，完全由蓄电池供电。因此，内燃机汽车所采用的蓄电池具有容量小、电流大的特点，这样的电池称为起动用蓄电池。内燃机汽车的典型电源系统采用发电机和蓄电池并联供电的方式，如图2-1所示。其电源系统工作特性如下：

1）当发动机起动时，由蓄电池负责向起动系统供电。

2）当发动机怠速或停转时，交流发电机电压低或不发电，由蓄电池负责向车载电器供电。

3）当交流发电机输出功率超过车载电器启用的总功率时，由交流发电机单独供电。此时如果蓄电池存电不足，交流发电机同时也给蓄电池充电。

4）当交流发电机输出功率低于车载电器启用的总功率时，蓄电池协助交流发电机一起供电。

5）当发动机转速变化时，交流发电机的输出电压也会产生高低变化。和交流发电机并联的蓄电池可以起到稳定输出电压的作用，保护车载电气设备。

6）当汽车停驶时，由蓄电池负责向防盗系统供电，保护车辆安全。

新能源汽车，特别是纯电动汽车，多采用电能作为主要驱动能源，因此必须配置大容量的蓄电池。这些汽车通常采用数百伏以上的高电压，在最大功率下，工作电流也会达到数百安。蓄电池必须能够保证独立供给最大工作电流，这种具有大容量、大电流特性的蓄电池称为动力型蓄电池。对于混合动力汽车，依然可以采用发电机和蓄电池并联供电的电源系统。对于纯电动汽车，蓄电池所储存的电能是唯一的能量来源，因而无法像内燃机汽车那样为其配备发电机。纯电动汽车蓄电池的储能完全由车外供电设施来提供，必须进行专门的充电操作。

## 2.2 传统汽车用铅酸蓄电池

截至目前，在汽车应用历史最久且最为广泛的电池是铅酸蓄电池。

铅酸蓄电池是一种可逆的低压直流电源，通过内部物质的化学反应，既可以将化学能转换为电能，供外部电气设备使用，又可以将电能转换为化学能储存起来。通常铅酸蓄电池分为储能型和起动型两大类。储能型铅酸蓄电池内阻较大、工作电流小、使用寿命较长，主要用于风力发电、通信和后备电源等场合。起动型铅酸蓄电池内阻较小、工作电流大，但使用寿命较短。由于汽车最大工作电流都在数百安，只能使用起动型铅酸蓄电池。本节仅介绍传统汽车用起动型铅酸蓄电池。

### 2.2.1 铅酸蓄电池的构造

铅酸蓄电池的核心部分是正、负极板和电解液。极板上的活性物质可以和电解液产生化学反应，并建立电动势，从而进行放电和充电过程。其结构主要包括极板、隔板、电解液、壳体和电池状态指示器。

#### 1. 极板

极板即板状的电极。通常极板先用铅锑合金铸成栅格状平板骨架，然后将活性物质填充在栅架上。这样的结构可以保证极板在放电和充电的使用循环过程中保持平板的形状。

铅酸蓄电池的极板分为正极板和负极板。正极板上的活性物质是二氧化铅（$PbO_2$），负极板上的活性物质是纯铅（$Pb$）。为了便于进行化学反应，极板被制造成疏松的多孔形状。图 2-2 为显微镜下的极板表面。

电池电极的形状大多采用圆柱形或平板形结构。圆柱形结构节省材料、强度高、使用寿命长。而极板制造成平板形状的目的是加大电极与电解液之间的接触面积，增加可以同时参加电化学反应的活性物质数量，减少电池内部电阻，从而形成较大的工作电流。多片并联的极板组能够使电流成倍增加。因此，起动型铅酸蓄电池的极板大多制造成图 2-3 所示的极板组形状，将多片极板平行间隔排列，用横向汇流条焊接并联，组成正极板组和负极板组。正、负极板组相互对插重叠，近距离面对面布置，通过电解液形成大面积的电流通道，保证数百安的放电大电流。

图 2-2　显微镜下的极板表面

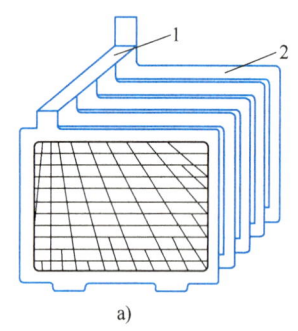 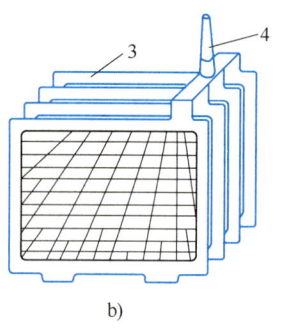 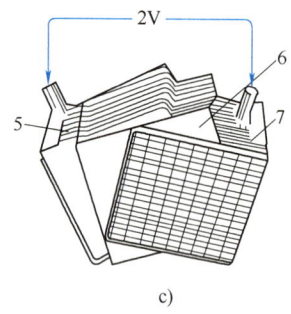

图 2-3　极板组的组成

a）负极板组　b）正极板组　c）正负极板组合

1—汇流条　2—负极板　3—正极板　4—极柱　5—正极板组　6—隔板　7—负极板组

将一组正极板和负极板同时浸入电解液中，在正、负极之间就可形成 2V 左右的电动势。这样的组合称为一个电池单元或单体电池。和其他电池一样，可以通过串联的方法获得较高的电池电压。如汽车常用的 12V 电池是由 6 个单体电池串联而成，结构如图 2-4 所示。24V 电池则由 12 个单体电池串联而成。

正极板的活性物质相对比较疏松，若单面放电，容易造成极板拱曲，使活性物质脱落。因此，制造时正极板组总是比负极板组少一片，装配时保证每片正极板都能位于两片负极板中间，这样会使放电均匀、延长使用寿命。

**2. 隔板**

隔板的作用是实现正、负极之间的绝缘，防止正、负极板之间发生短路现象。

由图 2-3、图 2-4 可知，铅酸蓄电池极板之间

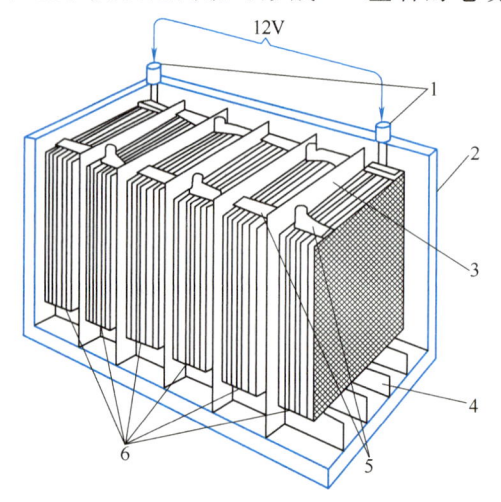

图 2-4　铅酸蓄电池内部结构

1—正、负极柱　2—电池槽　3—隔板
4—沉淀池壁　5—汇流条　6—正、负极板组

是紧密排列的,可以用来节省空间和减少内部电阻。这样在发生变形或振动时,正、负极板很容易发生触碰而短路。因此,用绝缘的隔板强制隔开正、负极板是非常必要的。

然而,隔板会占用电解液的空间,妨碍电解液和活性物质接触。因此,隔板应具有多孔性,便于电解液渗透和电荷的转移。另外,隔板还需要有良好的耐腐蚀性能,避免分解至电解液中而影响电池性能。

隔板多采用微孔塑料或微孔橡胶。新型铅酸蓄电池还采用袋式隔板,套在正极板上,不仅可以绝缘,还可以将脱落的活性物质保留在袋内,防止沉积到底部。

### 3. 电解液

铅酸蓄电池的电解液是稀硫酸溶液,由纯净的浓硫酸和纯净的水(蒸馏水)按照一定的比例配置而成。浓硫酸的密度为 $1.84g/cm^3$。电解液中硫酸成分所占的比例,称为电解液的相对密度,一般在 $1.24 \sim 1.30g/cm^3$ 范围内。硫酸与正、负极板上的活性物质会产生化学反应,并产生正、负电荷,从而产生电流,实现蓄电池的放电或充电过程。

新型胶体蓄电池用硫酸和硅凝胶混合成的胶体电解质取代了传统的稀硫酸,使得电池内部没有流动的液体,并能更好地固定极板上的活性物质,延长使用寿命。相对于普通铅酸蓄电池朝上平放的使用要求,胶体电池可以在任何方向上放置使用。

### 4. 壳体

壳体用来放置电解液和极板组,并保护它们。铅酸蓄电池的壳体应具有耐酸、耐热、耐振、耐冲击和耐老化等功能,通常采用聚丙烯塑料制成。蓄电池的外形多为长方体,壳体分为电池槽和电池盖两部分。

电池槽的形状如图2-4所示,12V的蓄电池由6个规则排列且相互隔离绝缘的电池槽组成,每个电池槽内部的极板组和电解液构成一个蓄电池单元。相邻的蓄电池单元头尾相接,在壳体内部实现串联。只有两端的两个极柱伸出壳体外部,用于供电输出,正极柱标"+"号或涂红色,负极柱标"-"号或涂黑色、蓝色等其他颜色。壳体底部经常会设置沉淀池,即由沉淀池壁形成的凹槽,用于存放脱落的活性物质,避免与上方的极板接触造成短路。

电池盖用于密封电池槽,起到防尘和防水蒸发的作用。由于蓄电池在使用过程中会发热,电池盖上必须为每个电池单元配置通气孔,避免胀坏电池。由于电解液中的水分会蒸发,有些电池盖上还配置了加液口,用于补充电解液。

### 5. 电池状态指示器

铅酸蓄电池在使用和存放过程中需要定期维护,否则会受损而缩短使用寿命。根据维护方式的不同,可分为干式荷电蓄电池和免维护蓄电池两类。

**(1) 干式荷电蓄电池**  干式荷电蓄电池是指极板在干燥状态下,能在较长时间(一般为2年)内保存电量的蓄电池。这种电池在盖板上都配置了加液口,使用时加入规定容量的稀硫酸电解液,电池即达到满电状态,正常使用。但之后必须及时充电,并定期检查和补充电解液。

如长时间亏电存放或电解液过少,极板上的活性物质会提前老化,导致电池容量急剧下降。

**(2) 免维护蓄电池**  免维护蓄电池是指在有效使用期(一般为4年)内无须进行补充液体等维护工作的蓄电池。这种电池是全密封的,正常使用状态下不会有液体挥发出来。

免维护蓄电池降低了对使用者的专业技术要求，并且实际使用寿命优于干式荷电蓄电池，因此应用越来越广泛。但这两种电池都必须及时充电，亏电状态会明显降低电池容量。对于干式荷电蓄电池，可以通过加液口提取电解液，检测分析电池的荷电状态，从而决定电池的维护方案。对于免维护蓄电池，无法直接提取内部的电解液，为了方便使用者了解电池状态，这类电池普遍装有便于肉眼观测的蓄电池状态指示器（也称为内装式密度计）。其工作原理是利用密度与电解液接近的有色浮球，在电解液的临界密度值的上、下区域有着不同的沉、浮状态，其颜色通过显色杆折射放大后，显示出不同颜色的环状图形。根据图形和颜色的变化即可判别蓄电池的荷电状态。

图 2-5 所示为双浮球蓄电池状态指示器，主要由折射管，浮球底座和红蓝两个浮球组成。指示器结构如图 2-5a 所示。在折射管的上部有一个透明观察孔，用于察看浮球颜色。折射管下部管道采用透光性良好的材料制造，以便将底部光线折射至观察孔处。浮球底座带有反射镜，用于将浮球颜色向上反射。指示器底部双向箭头处为电解液通道，便于电解液进入并将浮球托起。红色浮球的密度略低于蓝色浮球，因此浮在蓝球上方。当电池电量充足时，电解液浓度较高，密度较大，两个浮球都浮于上方，如图 2-5b 所示。此时在上方观察孔中可以同时看到两个球，图形显示为中间是红色圆点，周围呈蓝色圆环，表示电池状态良好。当电池电量不足是，电解液浓度降低，密度减小。此时红球依然浮在上方，但蓝球沉于底部，位于反射镜面下方，如图 2-5c 所示。观察到的图形只有中间红色圆点，周围为无色圆环，表示电池需要充电。当电解液损耗过多时，其液面高度不足以托举浮球，两个浮球都落在最低处，如图 2-5d 所示。观察到的图形只有周围红色圆环，中间圆点呈无色，表示电池已损坏，需要补充电解液或报废。

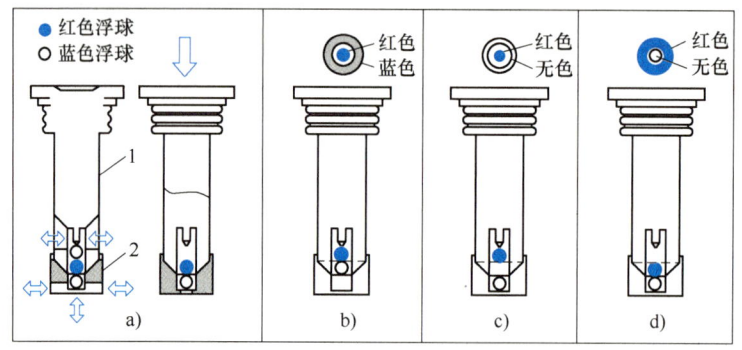

图 2-5 双浮球蓄电池状态指示器结构原理

a）指示器结构 b）电量充足 c）电量不足 d）电解液不足

1—折射管 2—浮球底座

### 2.2.2 蓄电池的型号

根据机械行业标准 JB/T 2599—2012《铅酸蓄电池名称、型号编制与命名方法》的规定，国产铅酸蓄电池的型号由以下 3 个部分组成。

| Ⅰ | Ⅱ | Ⅲ |
|---|---|---|
| 串联单体电池数 | 用途、结构特征代号 | 额定容量 |

3个部分之间可以用连接线"-"间隔,也可以省略。

其中:

Ⅰ——串联单体电池数,指一个壳体内所包括的串联单体电池数目,用阿拉伯数字表示。当数目为1时,可以省略。

Ⅱ——蓄电池用途代号应符合表2-1的规定,结构特征代号应符合表2-2的规定。按照用途在前、结构特征在后的顺序标注。

Ⅲ——额定容量以阿拉伯数字表示,单位是安·时(A·h)。标记时可以省略单位。

例如:蓄电池6-QW-180,表示由6个单体电池串联而成、额定电压为12V、额定容量为180A·h的起动型免维护电池。

表2-1 铅酸蓄电池按用途划分代号

| 序号 | 蓄电池类型<br>(主要用途) | 型号 | 汉字及拼音或英语字头 | | |
|---|---|---|---|---|---|
| | | | 汉字 | 拼音 | 英语 |
| 1 | 起动型 | Q | 起 | qi | |
| 2 | 固定型 | G | 固 | gu | |
| 3 | 牵引(电力机车)用 | D | 电 | dian | |
| 4 | 内燃机车用 | N | 内 | nei | |
| 5 | 铁路客车用 | T | 铁 | tie | |
| 6 | 摩托车用 | M | 摩 | mo | |
| 7 | 船舶用 | C | 船 | chuan | |
| 8 | 储能用 | CN | 储能 | chuneng | |
| 9 | 电动道路车用 | EV | 电动车辆 | — | Electric vehicles |
| 10 | 电动助力车用 | DZ | 电助 | dianzhu | |
| 11 | 煤矿特殊 | MT | 煤特 | meite | |

表2-2 铅酸蓄电池按结构划分代号

| 序号 | 铅酸蓄电池特征 | 型号 | 汉字及拼音或英语字头 | | |
|---|---|---|---|---|---|
| | | | 汉字 | 拼音 | 英语 |
| 1 | 密封式 | M | 密 | mi | |
| 2 | 免维护 | W | 维 | wei | |
| 3 | 干式荷电 | A | 干 | gan | |
| 4 | 湿式荷电 | H | 湿 | shi | |
| 5 | 微型阀控式 | WF | 微阀 | weifa | |
| 6 | 排气式 | P | 排 | pai | |
| 7 | 胶体式 | J | 胶 | jiao | |
| 8 | 卷绕式 | JR | 卷绕 | juanrao | |
| 9 | 阀控式 | F | 阀 | fa | |

## 2.2.3 铅酸蓄电池的工作原理

铅酸蓄电池是一种可以在化学能和电能间实现可逆循环的可充电电池。放电时,蓄电池进行硫化反应，将其内部储存的化学能转换为电能释放出来，供外部用电设备使用。充电时，蓄电池内部进行还原反应，将电能转换为化学能储存起来。在充电和放电过程中，都需要进行化学反应，并伴随有电荷转移，即电流。这种反应也叫作电化学反应。

电化学反应在 $PbO_2$、$Pb$、$H_2SO_4$、$PbSO_4$ 和 $H_2O$ 5 种介质之间转化进行。当铅酸蓄电池处于未接负载的静止状态下时，正、负极板上的活性物质会与电解液发生溶解电离，使得正极板上附着一定数量的四价铅离子 $Pb^{4+}$，负极板上附着一定数量电子 $e^-$，并阻止活性物质继续溶解电离，达到平衡状态。当蓄电池接上负载时，在电动势的作用下，负极板上的电子 $e^-$ 经外电路和负载流向正极板，形成放电电流。正极板上的 $Pb^{4+}$ 得到 2 个电子，变成二价铅离子 $Pb^{2+}$，并溶于电解液。放电电流使得正、负极板上的 $Pb^{4+}$ 和 $e^-$ 数量减少，原有的平衡被破坏，于是，正、负板上的 $PbO_2$、$Pb$ 继续溶解电离，以补充消耗掉的 $Pb^{4+}$、$e^-$。与此同时，电解液中的 $Pb^{2+}$ 浓度增加并与 $SO_4^{2-}$ 生成硫酸铅 $PbSO_4$，分别沉附于正、负极板表面，其放电化学反应过程如图 2-6 所示。

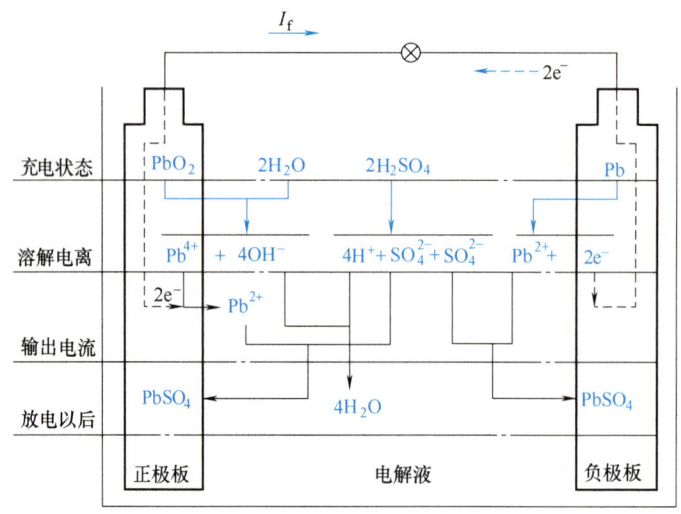

图 2-6　铅酸蓄电池放电化学反应过程

放电过程中，正、负极板上的部分活性物质 $PbO_2$、$Pb$ 逐渐转变为 $PbSO_4$，电解液中的 $H_2SO_4$ 减少、$H_2O$ 增加，电解液的密度下降。

理论上，蓄电池的放电过程可一直进行到极板上所有的活性物质都转变为 $PbSO_4$ 为止。但实际使用中，由于放电生成的 $PbSO_4$ 沉附于极板表面，使电解液不能渗入到极板内层，造成极板内层的活性物质不能利用，从而失去放电能力。

少量的 $PbSO_4$ 会溶解于电解液，呈离子态。充电时，反向电动势大于蓄电池电动势，使得正极板的电子经充电电路流向负极板，形成充电电流。正极板附近的 $Pb^{2+}$ 失去 2 个电子而变为 $Pb^{4+}$，并与电解液中水解出来的 $OH^-$ 结合，生成 $Pb(OH)_4$，$Pb(OH)_4$ 又分解为 $PbO_2$ 和 $H_2O$，$PbO_2$ 沉附于正极板上；负极板附近的 $Pb^{2+}$ 则得到 2 个电子变为 $Pb$，沉附于负极板。正、负极板附近的 $SO_4^{2-}$ 与电解液中的 $H^+$ 生成 $H_2SO_4$。充电电流使电解液中的 $Pb^{2+}$ 和 $SO_4^{2-}$ 减少，极板上的 $PbSO_4$ 就会继续溶解电离。充电过程如图 2-7 所示。

充电过程中，正、负极板上的 $PbSO_4$ 逐渐转化为正极板上的 $PbO_2$ 和负极板上的 $Pb$、

电解液中的 $H_2O$ 减少、$H_2SO_4$ 增加，其密度增大。

铅酸蓄电池工作时总的化学反应方程式为

$$PbO_2 + 2H_2SO_4 + Pb \underset{充}{\overset{放}{\rightleftharpoons}} PbSO_4 + 2H_2O + PbSO_4$$

（二氧化铅）（硫酸）（纯铅）（硫酸铅）（水）（硫酸铅）

　正极　　电解液　负极　　正极　　电解液　负极

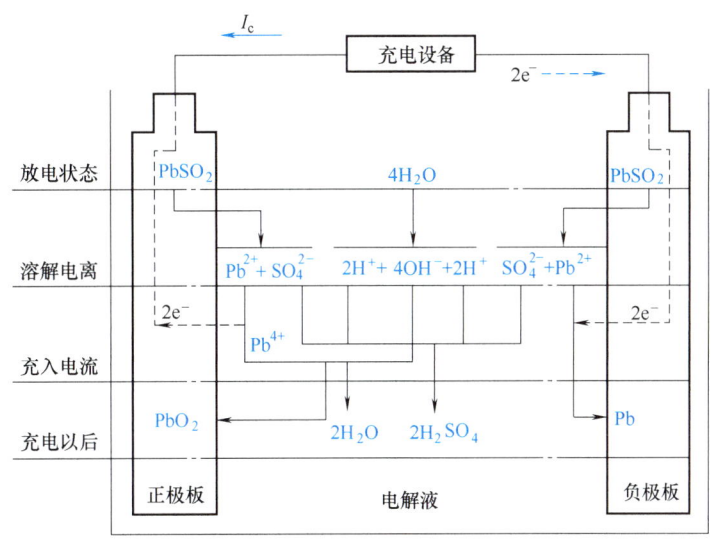

图 2-7　铅酸蓄电池充电化学反应过程

## 2.2.4　铅酸蓄电池的工作特性

**1. 静止电动势**

静止电动势 $E_j$ 指蓄电池处于未工作的静止状态下，正、负极之间的电位差，即开路电压。

蓄电池中的活性物质会主动与电解质发生反应，在正极板产生正离子 $Pb^{4+}$，在负极板产生电子 $e^-$。静止状态下电池不发生电荷转移，极板上积聚的正离子或电子就会形成充电还原效应，电化学反应过程会逐渐达到动态平衡状态，活性物质和电解质的数量不再变化。此时，沉附于极板表面的 $Pb^{4+}$ 和 $e^-$ 的数量就决定了静止电动势 $E_j$ 大小。这个平衡状态受到温度和电解液密度的直接影响。当电解液密度在 $1.05 \sim 1.30 g/cm^3$ 范围内时，静止电动势 $E_j$ 与电解液密度及温度的关系可由如下经验公式表达：

$$E_j = 0.84 + \rho_{25℃} \tag{2-1}$$

$$\rho_{25℃} = \rho_t + 0.00075(t-25) \tag{2-2}$$

式中，$\rho_{25℃}$ 为温度 25℃ 时电解液的密度（$g/cm^3$）；$\rho_t$ 为实际测得的电解液密度（$g/cm^3$）；$t$ 为电解液实际温度（℃）。

铅酸蓄电池静止电动势由正极板的正电位和负极板的负电位共同组成。正常状态下，正电位约 2V，负电位约 -0.1V。满电状态时，每个单体电池的静止电动势通常在 2.0~2.2V 之间。

### 2. 蓄电池的内阻

蓄电池内阻是极板电阻、隔板电阻、电解液电阻、电极接柱电阻等的总和。其大小直接影响驱动外部电气设备的能力。内阻越小，最大输出电流越大，带负载的能力就越强。传统汽车用蓄电池要求能够提供数百安的起动电流，内阻必须非常小。

内阻的变化直接影响到蓄电池的工作能力。其中极板电阻和电解液电阻是随着工作条件的改变而明显变化的。极板本身的电阻很小，在放电过程中，正、负极表面的活性物质都会转化为导电能力很差的硫酸铅，并覆盖在极板的表面，使得极板的导电面积越来越小，电阻也就越来越大。充电过程中，硫酸铅会还原为活性物质，极板电阻就会越来越小。电解液的电阻受温度和密度的影响较大。温度越低，电阻越大。因此，冬季对蓄电池进行保温有利于改善低温工作性能。电解液相对密度与电阻的关系如图2-8所示。相对密度过大和过小，都会增大电解液的电阻。蓄电池在放电过程中，电解液中的硫酸会逐渐硫化至极板上，导致密度下降；在充电过程中，还原反应又使硫酸回到电解液中，导致密度上升。因此，电解液电阻在充、放电过程中也是会明显变化的。

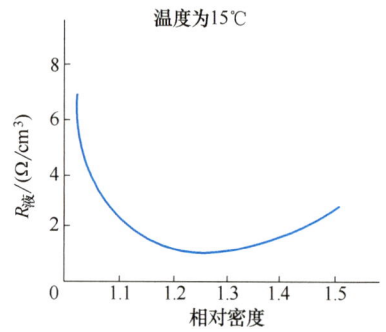

图2-8　电解液相对密度与电阻的关系

### 3. 放电特性

铅酸蓄电池的放电特性是指以恒定的电流 $I_f$ 放电时，蓄电池端电压 $U_f$、电动势 $E$ 和电解液密度 $\rho$ 随时间变化的规律。图2-9所示是以20h放电率（$I_f = 0.05C_n$）进行恒流放电的电池放电特性。这个电流的大小为恰好用20h将电池放电完毕。

如图2-9所示，$E_j$ 是静止电动势，其电压随着电解液密度的变化而变化。恒流放电时，硫酸 $H_2SO_4$ 减少的速度是恒定的，因此电解液的密度 $\rho$ 呈线性下降趋势，相应的静止电动势 $E_j$ 也是呈线性下降趋势。$E$ 是实际放电电动势，在放电过程中，极板周围电解液中的硫酸在持续分解，因此其密度低于电解液平均密度，因此相对 $E_j$ 产生了 $\Delta E$ 的电压降。$\Delta E$ 的大小受电流大小的影响：电流越大，电解液浓度差越大，极板周围电解液的密度越低，$\Delta E$ 就越大，实际电动势 $E$ 就越小。

$U_f$ 是电池的输出端电压。由于电池内部电阻 $R_0$ 会形成电压降，因此提供给用电设备的输出电压 $U_f$ 总是低于电动势 $E$，即

$$U_f = E - I_f R_0 \qquad (2-3)$$

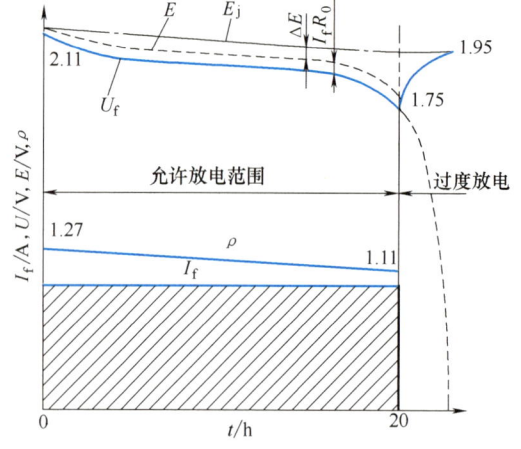

图2-9　铅酸蓄电池恒流放电特性曲线

由图2-9可知，铅酸蓄电池的电化学反应过程是个线性变化的过程，但实际输出电压 $U_f$ 是非线性变化的。在放电开始和放电终了阶段，电压下降比较快，在中间阶段则下降比较缓慢。

放电开始时的快速下降是由于电解液的浓度差开始形成并逐渐加大。当电解液中硫酸的消耗和扩散达到平衡状态时,浓度差保持稳定,电压 $U_f$ 下降趋于平缓。当放电接近终了时,电池极板表面覆盖了大量导电性很差的 $PbSO_4$,并使电解液渗透困难,浓度差迅速加大,造成 $\Delta E$ 迅速上升,并导致输出电压 $U_f$ 迅速下降。此时若继续放电则为过度放电,输出电压会急剧下降,并容易导致电池过早损坏。停止放电后,电解液的浓度差会逐渐消失,$\Delta E$ 也会随之消失,蓄电池端电压也会回升至 1.95V,和静止电动势 $E_j$ 一致。

铅酸蓄电池放电终了特征如下:
1)电解液密度下降至最小许可值(约为 $1.11g/cm^3$)。
2)单体电池电压下降至放电终止电压(约为 1.75V)。

### 4. 充电特性

铅酸蓄电池的充电特性是指以恒定的电流 $I_C$ 充电时,电池端电压 $U_C$、电动势 $E$ 和电解液密度 $\rho$ 随时间变化的规律。图 2-10 所示是以 20h 充电率($I_C = 0.05C_n$)进行恒流充电的电池充电特性。

由图 2-10 可知,充电特性大多和放电特性是相反的过程。$E_j$ 是静止电动势,其变化趋势和放电曲线相反:放电时电压从 2.11V 斜线下降至 1.95V,充电时从 1.95V 斜线上升至 2.11V。同样,电解液密度 $\rho$ 也是线性上升,从 $1.11g/cm^3$ 上升至 $1.27g/cm^3$。

充电时,还原反应导致极板周围产生硫酸($H_2SO_4$),附近电解液密度偏高。因此,$\Delta E$ 是上升的。在充电末期,

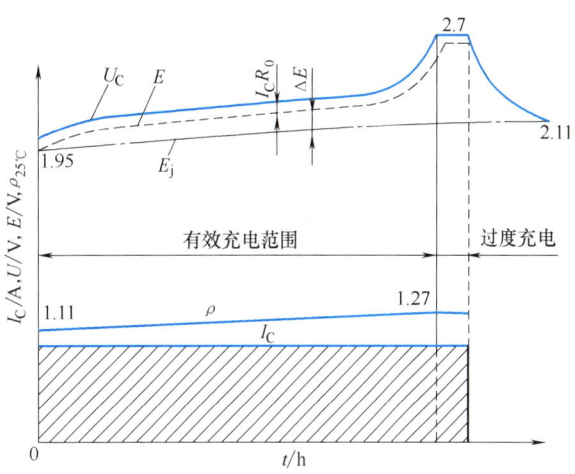

图 2-10 铅酸蓄电池恒流充电特性曲线

活性物质大多已被还原,过剩的电流会进行电解水反应,使得负极板周围聚集 $H^+$,会引起 $\Delta E$ 进一步升高。因此,充电曲线在末端会有一个快速升高过程。电解水产生氢气和氧气,电解液会冒泡。

要给电池充电,充电电压 $U_C$ 必须克服内阻造成的电压降。即

$$U_C = E - I_C R_0 \tag{2-4}$$

$U_C$ 通常达到 2.7V 就不再升高。理论上此时应终止充电,避免过充电造成大量水电解损失,以及活性物质脱落。实际使用时,通常会在达到最高充电电压时,以小电流恒电压方式继续充电 2~3h,保证活性物质还原完毕,电池能够完全充足电。

铅酸蓄电池充足电终了的特征如下:
1)电解液密度上升至最大值。
2)蓄电池端电压上升至最大电压(单体电池电压 2.7V),且 2h 内不再变化。
3)电解液冒出大量的气泡,呈现"沸腾"状态。

### 5. 蓄电池的容量

蓄电池在规定条件(包括放电强度、放电电流及放电终止电压)下放出的电量多少或

放电时间长短称为蓄电池容量，单位为 A·h 或 A·min。可由下式表示：

$$C = \int_0^t i \, dt \tag{2-5}$$

式中，$C$ 为蓄电池的容量（A·h）；$i$ 为放电电流（A）；$t$ 为放电时间（h）。

通常以恒定电流 $I_f$ 放电的方式来测定和标称电池的容量，则其表达式简化为

$$C = I_f t \tag{2-6}$$

蓄电池的容量表征了蓄电池供电能力的大小。实际使用时，容量会受到电流、温度和电解液密度等因素的影响。汽车用铅酸蓄电池大多为起动型蓄电池，容量标记必须按照国家标准 GB/T 5008.1—2023《起动用铅酸蓄电池 第 1 部分：技术条件和试验方法》的规定执行。主要采用如下两个指标来表征其容量的大小。

**(1) 20h 放电率额定容量 $C_n$** 蓄电池在完全充电后 1~5h 内，保持在 25℃ 环境中，以 20h 放电率（放电电流 $I_f$ 恒定为 $0.05C_n$）连续放电，至单体电池平均电压下降至 1.75V 时所输出的总电量，单位为安·时（A·h）。

额定容量是检验新蓄电池质量和衡量旧蓄电池能否继续使用的重要指标。新蓄电池容量达不到额定容量则为不合格品；旧蓄电池的实际容量低于额定容量超过限值时则应报废处理。

**(2) 额定储备容量 $C_{r,n}$** 蓄电池在完全充电后 1~5h 内，保持在 25℃ 环境中，以 25A 恒定电流连续放电，至单体电池平均电压下降至 1.75V 时所持续的时间，单位为 min。

储备容量表征了汽车充电系统失效时，蓄电池组能够单独持续供电的能力。

## 2.3 电动汽车用动力蓄电池

根据 GB/T 19596—2017《电动汽车术语》可知，电动汽车主要分为纯电动汽车、混合动力电动汽车和燃料电池电动汽车。

电动汽车电源系统的主要任务是提供电动汽车驱动电能，为照明、灯光信号装置、车载音响设备等提供电源。本节主要介绍动力蓄电池（简称动力电池）的类型、结构及工作原理，其蓄电池管理系统及控制方法将在第 13 章中详细介绍。

### 2.3.1 动力蓄电池的种类

根据电动汽车动力蓄电池正负极材料、电化学成分的不同，常有 3 种分类方法：

**1. 按电解液种类分类**

(1) 碱性电池　其电解液主要以氢氧化钾水溶液为主，如碱性锌锰电池、锡镍电池、氢镍电池等。

(2) 酸性电池　主要以硫酸水溶液为介质的电池，如铅酸电池。

(3) 中性电池　以盐溶液为介质的电池，如锌锰干电池、海水激活电池等。

(4) 有机电解液电池　主要以有机溶液为介质的电池，如锂离子电池等。

**2. 按工作性质和储存方式分类**

(1) 一次电池　又称原电池，即不能再充电使用的电池，如锌锰干电池、锂原电池等。

（2）二次电池　即可充电电池，如铅酸电池、镍氢电池、锂离子电池等。

（3）燃料电池　活性材料在电池工作时才连续不断从外部加入电池，如氢氧燃料电池、金属燃料电池等。

（4）储备电池　储存时电极板不直接接触电解液，直到电池使用时，才加入电解液，如镁-氯化银电池，又称海水激活电池。

**3. 按所用正、负极材料分类**

（1）锌系列电池　如锌锰电池、锌银电池等。

（2）镍系列电池　如镍镉电池、镍氢电池等。

（3）铅系列电池　如铅酸电池。

（4）锂系列电池　如锂离子电池、锂聚合物电池和锂硫电池。

（5）二氧化锰系列电池　如锌锰电池、碱锰电池等。

（6）空气（氧气）系列电池　如锌空气电池、铝空气电池等。

## 2.3.2　镍镉电池

镍镉电池（Nickel-cadmium Battery，Ni-Cd）的正极材料为球形氢氧化镍，充电时为 NiOOH，放电时为 Ni(OH)$_2$。负极材料为海绵状金属镉或氧化镉粉以及氧化铁粉。氧化铁粉的作用是使氧化镉粉有较高的扩散性，增加极板容量。电解液通常为氢氧化钠或氢氧化钾溶液，为了增加电池的容量和循环寿命，通常在电解液中加入少量的氢氧化锂（每升电解液加 15~20g）。充放电过程的反应如下：

$$Cd + 2NiOOH \underset{充电}{\overset{放电}{\rightleftharpoons}} 2H_2O + Cd(OH)_2 + 2Ni(OH)_2 \tag{2-7}$$

## 2.3.3　镍氢电池

镍氢电池是在镍铬电池的基础上发展起来的。相比于镍镉电池，镍氢电池不存在重金属，对环境友好。目前，以储氢合金为负极材料的镍氢电池能满足混合动力电动汽车所要求的高能量、高功率、长寿命和足够宽的工作温度范围。

镍氢电池由以镍的储氢合金为主要材料的负极板、具有保液能力和良好透气性的隔膜、碱性电解液、金属壳体、具有自动密封的安全阀及其他部件构成。图 2-11 所示的圆柱形电池，采用被隔膜互相隔离开的正、负极板，它们呈螺旋状卷绕在壳体内，壳体用盖帽进行密封，在壳体和盖帽之间通绝缘材质的密封圈隔开。

镍氢电池正极板的活性物质为 NiOOH（放电时）和 Ni(OH)$_2$（充电时），负极板的活性物质为 H$_2$（放电时）和 H$_2$O（充电时），电解液采用30%的氢氧化钾溶液，电化学反应如下：

$$xNi(OH)_2 + M \underset{充电}{\overset{放电}{\rightleftharpoons}} NiOOH + MH_x \tag{2-8}$$

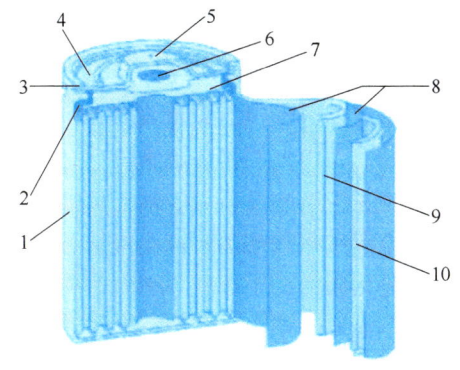

图 2-11　镍氢蓄电池内部结构

1—壳体和接头　2—绝缘层　3—密封件　4—盖
5—+接头　6—安全阀　7—PTC（温度决定的电阻）　8—隔离层　9—正电极　10—负电极

式中，M 为储氢合金；$MH_x$ 为吸附了氢原子的储氢合金。

镍氢电池的反应与镍镉电池相似，但是负极充、放电过程中生成物不同。镍氢电池在充、放电过程中，正、负极上在进行电化学反应时不生成任何中间态的可溶性金属离子，也没有电解液中任何组分消耗和生成，因而镍氢电池可以做成密封型结构。

镍氢电池电解液为不可燃水溶液，比热容、电解液蒸发热相对较高，能量密度较低，即使发生短路和刺穿等极端异常情况，电池温升也不太高，不会燃烧。在低温环境中，镍氢电池也能正常放电。所以对电池电量要求不高的普通混合动力车型，大多都选择使用镍氢电池，尤其是在日系车型中应用广泛，如丰田凯美瑞混合动力汽车、普锐斯、雷克萨斯CT200、本田思域 HEV 等。

第一代丰田普锐斯镍氢电池组安装位置如图 2-12 所示。

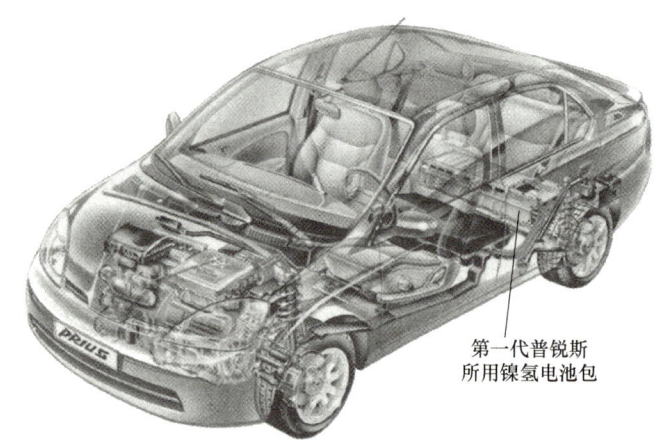

图 2-12　第一代丰田普锐斯镍氢电池组安装位置

镍氢电池长期以来在大功率和大电流性能方面一直不如镍镉电池，因此小型电动工具市场几乎长期被镍镉电池垄断。随着镍氢电池技术的进步以及社会对环保问题的日趋重视，自 2003 年起，欧洲不允许再使用镍镉电池。目前，大功率镍氢电池已进军电动工具市场并逐步替代了镍镉电池，成为该市场的主流电池之一。

## 2.3.4　锂离子电池

根据锂离子电池所用电解质材料不同，锂离子电池可以分为液态锂离子电池（Lithium Ion Battery，LIB）和聚合物锂离子电池（Polymer Lithium Ion Battery，PIB）两大类。两者主要区别在于电解质不同，液态锂离子电池使用的是液态电解质，而聚合物锂离子电池则以聚合物电解质来代替。不论是液态锂离子电池还是聚合物锂离子电池，它们所用的正、负极材料都是相同的，工作原理也基本一致。

**1. 锂离子电池的工作原理**

锂离子电池在原理上实际是一种锂离子浓差电池，正、负极由两种不同的锂离子嵌入化合物组成，正极采用锂化合物 $LiCoO_2$、$LiNiO_2$ 或 $LiMn_2O_4$，负极采用锂碳层间化合物 $LiC_6$，电解质为 $LiPF_6$ 和 $LiAsF_6$ 等有机溶液。经过 $Li^+$ 在正、负电极间的往返嵌入和脱嵌形成电池的充电和放电过程。充放电时的化学反应表达式如下：

正极： $$LiM_2O \longrightarrow Li_{1-x}MO_2 + xLi^+ + xe^- \quad (2-9)$$

负极： $$nC + xLi^+ + xe \longrightarrow Li_xC_n \quad (2-10)$$

电池反应式： $$LiMO_2 + nC \longrightarrow Li_{1-x}MO_2 + Li_xC_n \quad (2-11)$$

在充放电过程中，$Li^+$ 在正、负电极间的往返嵌入和脱嵌，锂离子电池被形象地称为"摇椅电池"。充电时，$Li^+$ 从正极脱嵌，经过电解质嵌入负极，负极处于富锂状态。放电时则相反。

**2. 锂离子电池正极材料**

锂离子电池正极材料是具有能使锂离子较为容易地嵌入和脱出，并能同时保持结构稳定的一类化合物——嵌入式化合物。目前，被用来作为电极材料的嵌入式化合物均为过渡金属氧化物。充放电循环过程中，锂离子会在金属氧化物的电极上进行反复嵌入和脱出反应。因此，金属氧化物结构内氧的排列和其稳定性是电极材料的一个重要指标。作为嵌入式电极材料的金属氧化物，根据其空间结构的不同主要可分为以下3种类型。

（1）**层状化合物** 层状正极材料中研究比较成熟的是钴酸锂（$LiCoO_2$）和镍酸锂（$LiNiO_2$）。层状 $LiCoO_2$ 的结构如图2-13所示。

$LiCoO_2$ 是最早用于商品化二次锂离子电池的正极材料。在充放电过程中，$LiCoO_2$ 发生从三方晶系列的可逆相变，但这种变化只伴随很少的晶胞参数变化。因此，$LiCoO_2$ 具有良好的可逆性和循环充放性能。$LiCoO_2$ 还具有放电电压高、性能稳定、易于合成等优点。但钴资源稀少、价格较高，而且有毒，会污染环境。目前主要应用在手机、笔记本计算机等中小容量电子产品中。

镍与钴的性质非常相近，但镍的价格便宜很多、对环境污染较小。$LiNiO_2$ 的工作电压范围为 2.5~4.1V，最大放电容量比 $LiCoO_2$ 稍大。

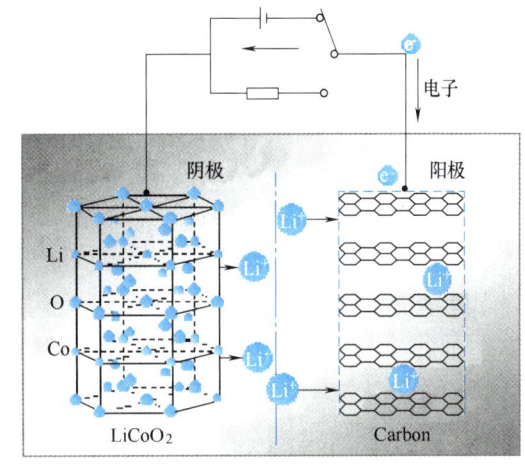

图 2-13 层状 $LiCoO_2$ 的结构

（2）**尖晶石型结构** $LiMnO_2$ 是尖晶石型嵌锂化合物的典型代表。Mn 元素在自然界中含量丰富、价格便宜，毒性远小于过渡金属 Co 和 Ni 等。理论放电比容量是 148mA·h/g（即1g材料释放148mA·h的电量），实际放电比容量是 110~120mA·h/g。但锰酸锂电池循环性能较差。

目前，锰酸锂电池已大量应用在电动汽车上。日产公司推出的 leaf 纯电动汽车、三菱公司推出的 i-MiEV 纯电动汽车均采用了这种类型的动力电池，其高压电池组安装位置如图2-14所示。

（3）**橄榄石型结构** $LiFePO_4$ 在自然界中以磷铁锂矿的形式存在，属于橄榄石型结构，如图2-15所示。$LiFePO_4$ 实际最大放电比容量为 165mA·h/g，非常接近其理论放电容量，工作电压为 3.2V 左右。并且 $LiFePO_4$ 中的强共价键作用使其在充放电过程中能保持晶体结构的高度稳定性，比其他正极材料具有更高的安全性能和更长的循环寿命。$LiFePO_4$ 的原材料来源广泛、价格低廉、不污染环境、比容量高，已成为现阶段各国竞相研究

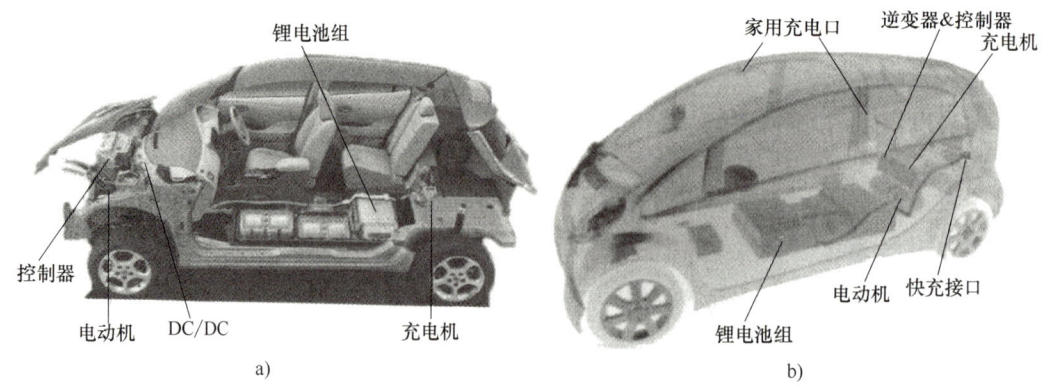

图 2-14 日产 leaf 与三菱 i-MiEV 汽车高压电池组安装位置
a) leaf　b) i-MiEV

的热点之一。

### 3. 锂离子电池负极材料

负极材料是决定锂离子电池综合性能优劣的关键因素之一。负极材料的基本要求是比容量高、容量衰减率小、安全性能好。目前，应用的负极材料如下：

**(1) 碳材料**　碳材料是目前商品化的锂离子电池应用最为广泛的负极材料。碳材料包括石墨和无定型碳。其中石墨又分为天然石墨、人造石墨和石墨化碳；无定型碳分为硬碳和软碳。石墨是锂离子电池碳材料中应用最早、研究最多的一种，其具有完整的层状晶体结构。石墨的层状结构有利于锂离子的脱嵌，能与锂形成锂-石墨层间化合物，其理论最大放电比容量为 $372mA·h/g$，放电效率通常在 90% 以上。

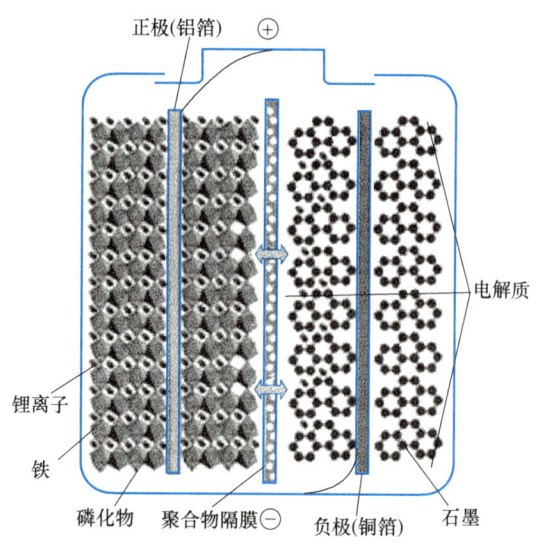

图 2-15　$LiFePO_4$ 电池内部结构

锂在石墨中的脱嵌反应主要发生在 0~0.25V（相对于 $Li^+/Li$），具有良好的充放电电压平台，与提供锂源的正极材料匹配性较好，所组成的电池平均输出电压高，是一种较好的锂离子电池负极材料。

**(2) 氧化物负极材料**　氧化物是当前研究的另一种负极材料，包括金属氧化物、金属基复合氧化物和其他氧化物。

**(3) 金属及合金类材料**　金属锂是最先采用的负极材料，理论放电比容量为 3860 $mA·h/g$，但充电时负极表面会形成枝晶，导致电池短路。由于锂合金形成反应通常为可逆，因此能够与锂形成合金的金属理论上都能够作为锂离子电池的负极材料。

金属合金最大的优势就是能够形成含锂很高的锂合金，具有很高的能量密度。

#### 4. 锂离子电池的优点

相比于其他类型的电池,锂离子电池具有以下显著的优点:

1) 工作电压高。钴酸锂锂离子电池的工作电压为3.6V,锰酸锂锂离子电池的工作电压为3.7V,磷酸铁锂锂离子电池的工作电压为3.2V,而镍氢、镍镉电池的工作电压仅有1.2V。

2) 能量密度高。锂离子电池正极材料的理论能量密度可达200W·h/kg,实际应用中由于不可逆容量损失,能量密度低于这个数值,但也可达到140W·h/kg,为镍镉电池的3倍,镍氢电池的1.5倍。

3) 循环寿命长。目前,锂离子电池在深度放电情况下,循环次数可达1000次。

4) 自放电低。锂离子电池每月自放电率仅为总容量的5%~9%,大大缓解了传统的二次电池放置时因为自放电引起的电能损失问题。

5) 无记忆效应,无须初充电。

6) 环保性好。相对于传统的铅酸电池、镍镉电池和镍氢电池废弃可能造成环境污染问题,锂离子电池中不含汞、铅、镉等有害元素。

### 2.3.5 燃料电池

燃料电池是一种不经过燃烧,直接将燃料化学能经过电化学反应转换为电能的装置。氢/氧燃料电池是原电池的一种特殊形式,构造如图2-16所示。

氢/氧燃料电池工作原理示意图,如图2-17所示。氢气和氧气分别分配至两个电极:氢气至正极(A),氧气至负极(C)。氢气在催化剂的作用下释放两个电子并分裂成两个带正电的氢核即氢质子。氢质子可以渗入并穿过薄膜,因为薄膜另一侧负极电解质的质子数比正极少(扩散)。氧气在其电极侧通过催化作用吸收电子,然后立即与自由的氢质子反应生成水。如果电子连接正极和负极,则该反应会产生电流,随着氢气转化成水,燃料电池中直接产生电能。

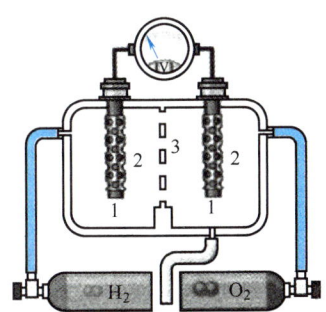

图2-16 氢/氧燃料电池构造
1—电极 2—催化剂 3—薄膜

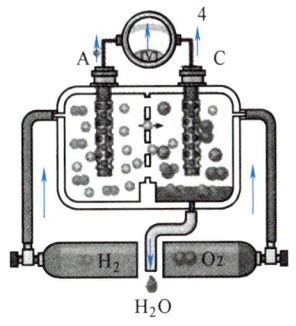

图2-17 氢/氧燃料电池
工作原理示意图

奥迪A7 Sportback h-tron概念车配备了氢燃料电池动力系统,这套系统的最大功率为169kW,最大转矩为540N·m。使用氢气作燃料时,每1kg氢气可行驶100km,纯电动模式可行驶50km。其总续航里程可以达到500km。燃料电池结构如图2-18所示。

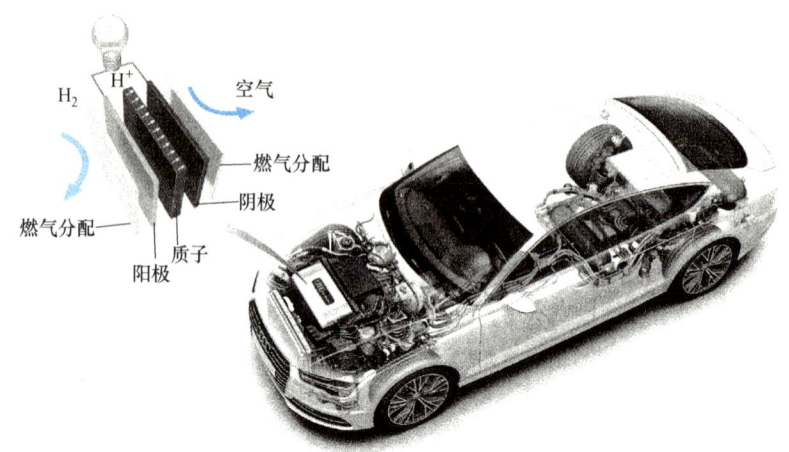

图 2-18 奥迪 A7 Sportback h-tron 燃料电池结构

## 2.4 汽车交流发电机

对于传统内燃机汽车而言，蓄电池只作为起动、怠速和停车监控等工况下的备用电源，在汽车正常行驶的大部分时间内，则由交流发电机给汽车用电设备进行供电。同时，当蓄电池电量不足时，交流发电机还需要给蓄电池进行充电。现代汽车普遍采用三相交流发电机，通过由硅二极管组成的三相桥式整流器将交流电转变为直流电，供汽车使用。这种发电机也称为硅整流交流发电机。

汽车交流发电机由发动机驱动旋转发电。因此，发动机停转时就不能发电。

### 2.4.1 汽车交流发电机的构造

汽车用普通交流发电机主要由转子、定子、整流器和壳体等几大部分组成，如图 2-19 所示。

转子轴前端通常装有带轮，用于连接发动机驱动转子旋转，转子轴通过轴承固定在前、后端盖上。整流器组件上除了包含三相整流桥以外，通常还会集成励磁输入端子和发电输出端子。壳体通常由前后端盖组成。端盖用铝合金铸造成多孔形状，在保证足够支撑强度的前提下，既减轻重量又利于散热。发电机的功率高达数千瓦，全负荷工作时发热量很大。

因此，在转子轴上会装有风扇，对发电机进行风冷散热。大多数汽车交流发电机会加装电压调节器，用于稳定输出电压。

**1. 转子**

汽车交流发电机中的转子用于产生旋转磁场。图 2-20 所示为转子的常见结构，主要由转子轴、爪极、铁心和励磁绕组等组成。

集电环由两道铜滑环组成，与电刷相配合，在旋转过程中可以保持良好的导电性，用于将励磁电流从发电机外部导入励磁绕组中。这种具有集电环和电刷的发电机，也称为有刷型发电机。在无刷型交流发电机中，励磁绕组不旋转，因此就不需要集电环了。

转子轴用于支承和带动转子整体旋转。励磁绕组是同向绕制的一组绕组，通入直流电后

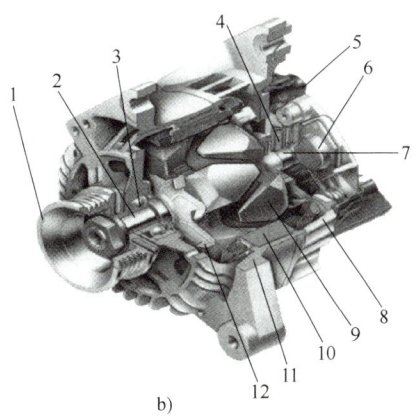

图 2-19 汽车交流发电机结构

a）实物图 b）内部结构解剖图

1—带轮 2—转子轴 3—轴承 4—电刷 5—后罩盖 6—电压调节器 7—集电环
8—后端盖 9—转子 10—定子 11—前端盖 12—风扇

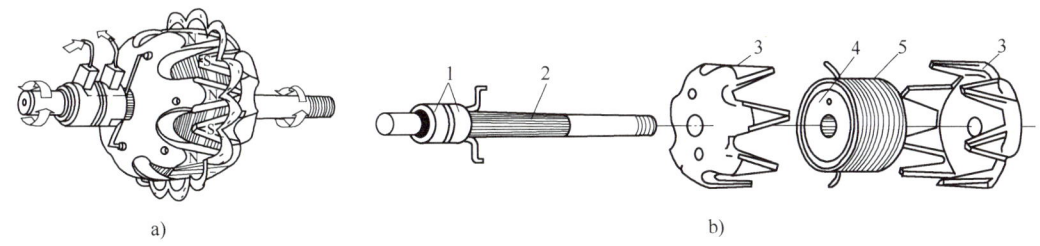

图 2-20 转子的结构

a）总成结构图 b）总成分解图

1—集电环 2—转子轴 3—爪极 4—铁心 5—励磁绕组

产生恒定磁场。绕组的输入、输出端接在集电环的两个滑环上。铁心用导磁性良好的材料制成，两端各装一个爪极，用于将磁力线从励磁绕组导入爪极中。

爪极是交流发电机的核心部件，能够将恒定磁场转变为交变磁场。每个爪极的圆周面被制造成 4~8 个三角爪的形状。在励磁绕组和铁心中，无论在静止或旋转状态，磁场的方向都是不变的。两个爪极相对装在铁心的两侧，一个被磁化为 N 极，另一个被磁化为 S 极。两个爪极的三角爪相互交错排列，这样在爪极的圆周面，即转子的外圆柱面，就形成了 4~8 对周向排列的磁极。当转子旋转时，在外圆柱面就形成了 N-S 交替变化的磁场。这些磁场会通过定子铁心传递到定子绕组处。

散热风扇通常也安装在转子上，这样就不需要额外的风扇驱动装置了。风扇可以装在壳体外侧，也可以装在壳体内部，内装式风扇如图 2-19 所示。

## 2. 定子

定子主要由三相绕组和定子铁心组成，如图 2-21a 所示。定子铁心用于接收转子传递过来的磁力线。绕组用于产生三相感应交流电。

定子铁心，形状如图 2-21b 所示。定子铁心内圆上开有一定数量的轴向槽，用于嵌入定子绕组，这些槽称为定子槽。定子铁心用具有绝缘层的薄硅钢片叠制，而非整体制造，其目的是为了减少磁场变化时铁心中的感应电流，减少铁心损耗，提高发电效率。定子槽中通常会垫一层绝缘纸或绝缘片，防止绕组和铁心之间发生短路。

铁心内圆柱面对应转子外圆柱面形成磁通路，定子槽将铁心分成了多个磁极。这些磁极和转子的爪极外圆面距离最近，可以将磁力线从爪极引入定子。由于内圆表面的槽口会阻碍磁力线，磁力线便穿过定子槽，从外圆绕至另一个磁极处穿回爪极。定子绕组是绕制在定子槽内的，磁力线穿入穿出的路径与绕组导线的方向交叉垂直。当转子磁场旋转时，这些磁力线就会垂直切割定子绕组，使其产生感应电流。

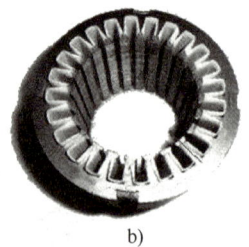

图 2-21 定子的结构
a）定子总成实物 b）定子铁心

定子绕组的三相绕组是由 3 组方向和匝数完全相同的绕组组成，并在定子圆周上三等分均匀绕制。三相绕组的始端必须相隔 120°（电角度）。定子绕组的联结方式常采用星形或三角形两种方式：采用星形（Y）联结时，共有 4 个线圈输出端，其中 1 个是 3 个线圈的公共接头，即中性点；采用三角形（△）联结时，共有 3 个线圈输出端，如图 2-22 所示。

### 3. 整流器

交流发电机整流器最基本的组成为 6 个整流二极管和 2 块散热片，如图 2-23 所示。散热片大多采用导热良好的铝材制造，除了散热还起到导电和支撑连接的作用。将正极管安装在一块铝制散热板上，称为正整流板；将负极管安装另一块铝制散热板上，称为负整流板。

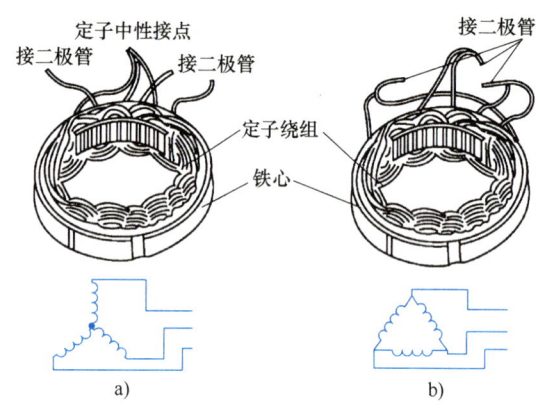

图 2-22 定子的结构
a）定子绕组星形联结方式 b）定子绕组三角形联结方式

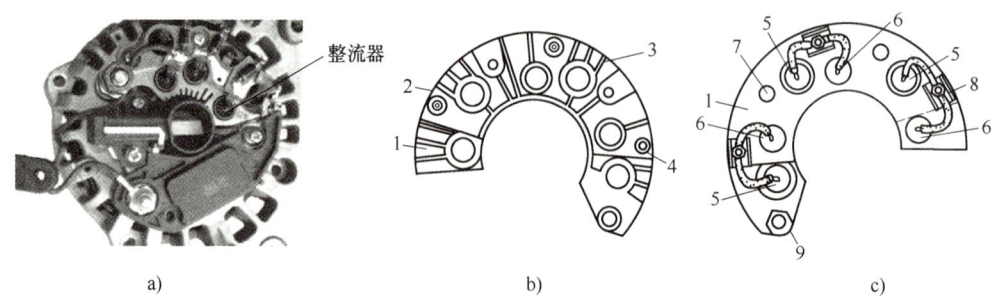

图 2-23 整流器的结构
a）实物 b）正、负整流板 c）接线图
1—负整流板 2—正整流板 3—散热片 4—螺栓孔 5—正极管 6—负极管 7、9—安装孔 8—绝缘垫

整流二极管可以通过焊接或压装的方式安装在散热板上，如图2-24所示。3个整流二极管的公共端接在散热片上，另一端分别接U、V、W三相绕组的3个导线抽头。正整流板上有一个输出接线柱B（发电机的输出端），负整流板直接搭铁。正、负整流板的形状相似，为了加以区分，一般正整流板有红色标记，负整流板有黑色标记。

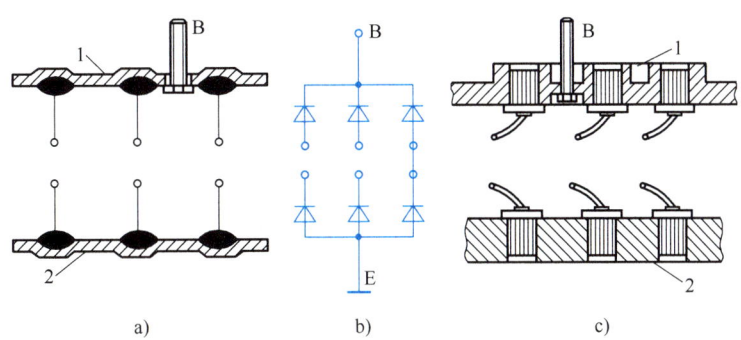

图2-24 整流二极管安装示意图
a）焊接式 b）电路图 c）压装式
1—正整流板 2—负整流板 B—正极输出端 E—搭铁

整流板的形状各异，有马蹄形、长方形、半圆形等。

很多发电机会增加一些二极管来实现更多的功能，典型的有8管交流发电机、9管交流发电机和11管交流发电机。

8管交流发电机的整流器增加了2个中性点二极管，1个正极管接在中性点和正极之间，1个负极管接在中性点和负极之间，对中性点电压进行全波整流，如图2-25所示。加装中性点二极管的交流发电机在结构不变的情况下可以提高发电机10%~15%的功率。

9管交流发电机的整流器增加了3个小功率二极管。这3个小功率二极管与3个大功率负极管也组成三相桥式整流电路，专门为发电机励磁绕组供电。所以这3个小功率二极管也称为励磁二极管，如图2-26所示。

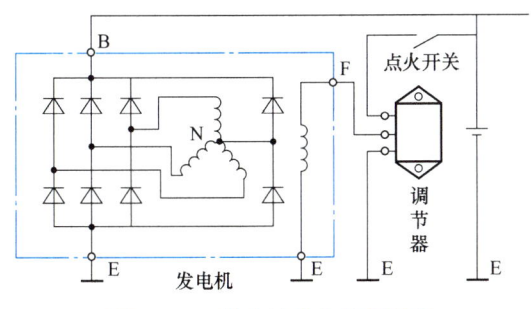

图2-25 8管交流发电机原理图

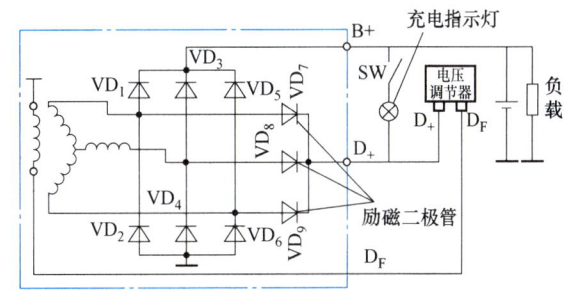

图2-26 9管交流发电机原理图

11管交流发电机的整流器同时增加了2个中性二极管和3个励磁二极管。

### 4. 电刷组件

在有刷型交流发电机中，电刷和集电环是配对使用的，实现转子绕组在旋转状态下电流的导入导出。

汽车交流发电机中的集电环是套装在转子轴上与轴及相互间绝缘的两个铜环，如

图 2-19 所示，连接励磁绕组的两端，跟随转子一起旋转。

电刷的位置则固定不动，依托电刷架用弹簧压紧在集电环上，实现良好的接触和导电，如图 2-27 所示。因此，电刷组件的功用是实现静止导线和旋转导线之间的电流持续导通。交流发电机有两个电刷，与转子轴的集电环相对应。

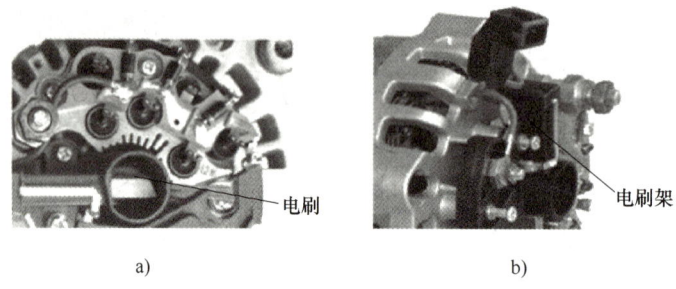

图 2-27　交流发电机电刷与电刷架结构
a）电刷　b）电刷架

图 2-28 所示为汽车交流发电机常用电刷结构形式。电刷常用石墨和铜粉混合物制成，在实现导电的同时具有良好的自润滑效果。电刷中也可以加入铜粉等材质增强导电性。电刷硬度比集电环低，使用过程中电刷容易磨损，是易损件，要求容易更换。因此，电刷对集电环具有保护作用。新电刷通常制成有规则的方形，磨损之后，接触面就会被集电环磨成相应的圆弧形，和集电环始终保持良好的大面积接触。

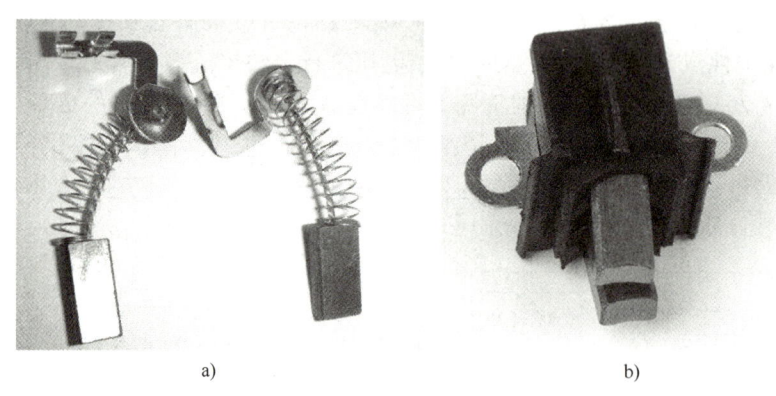

图 2-28　交流发电机电刷与电刷架实物
a）电刷实物　b）电刷架实物

电刷末端装有压紧弹簧，保证电刷始终压紧在集电环上。电刷通常装在有安装孔位的外壳里，就形成了电刷组件，方便电刷的安装和更换。

根据励磁绕组（或两只电刷）输入输出端接法的不同，汽车发电机分为内搭铁型和外搭铁型两种。

内搭铁型电路如图 2-29a 所示，励磁绕组一端通过正极电刷接正极输入，标记为 F；另一端通过负极电刷直接与发电机外壳连接，搭铁接地，标记为 E。

外搭铁型电路如图 2-29b 所示，励磁绕组一端通过正极电刷接正极输入，标记为 $F_1$（或 F+）；另一端通过负极电刷接电压调节器，标记为 $F_2$（或 F-），两个电刷未搭铁。

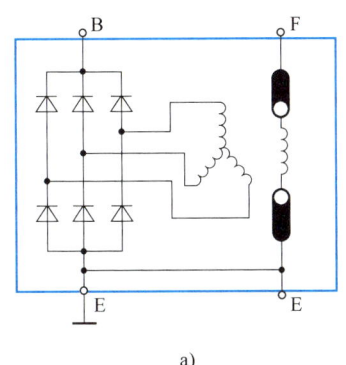 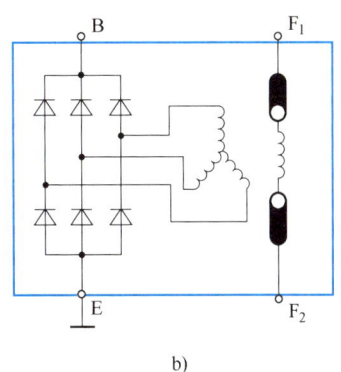

图 2-29 交流发电机搭铁电路类型

a）内搭铁型　b）外搭铁型

#### 5. 电压调节器

（1）功用　交流发电机电压调节器是把交流发电机输出电压控制在规定范围内的控制装置，简称调节器。汽车采用的调节器有触点式和电子式两大类。触点式电压调节器采用机械开关进行控制，存在体积大、结构复杂、工作频率低、触点易烧蚀及故障率高等缺点，故已被淘汰。

现代汽车发电机普遍采用电子式电压调节器，其安装位置如图 2-19、图 2-30a 所示。

（2）按结构形式分类

1）晶体管式电压调节器：是指由分立电子元器件焊接于印制电路板而制成的调节器。

2）集成电路式电压调节器：是指用若干电子元器件集成在基片上，具有发电机电压调节全部或部分功能的芯片所构成的调节器，如图 2-30b 所示。工作原理与晶体管式电压调节器相同。

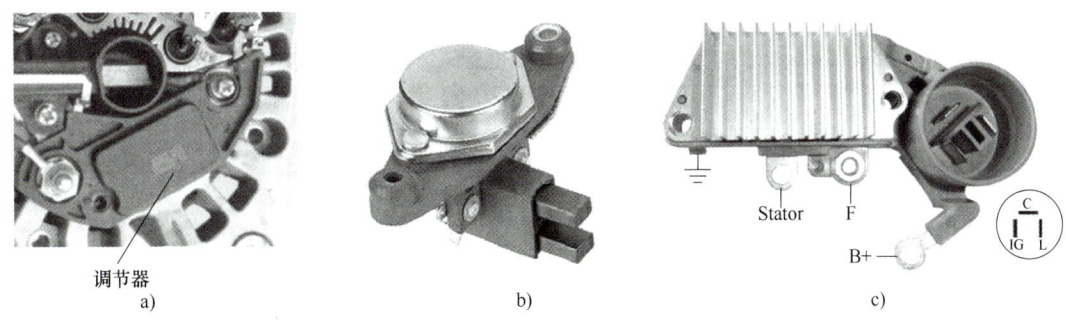

图 2-30　电压调节器的结构

a）安装位置　b）集成电路式电压调节器　c）带有散热板的电压调节器

与分立元器件的晶体管式电压调节器相比，集成电路式电压调节器具有体积小、结构紧凑、电压调节精度高、故障率低等特点。集成电路式电压调节器多装于发电机的内部，这种发电机也被称为整体式发电机。目前，车用交流发电机已广泛采用集成电路式电压调节器。

（3）按搭铁形式分类

1）内搭铁型调节器：是指与内搭铁型交流发电机配套使用的调节器。其特点是第二级开关电路中的晶体管 $VT_2$ 串联在调节器的电源端子"+"与磁场绕组端子"F"之间。

2）外搭铁型调节器：是指与外搭铁型交流发电机配套使用的调节器。其特点是第二级开关电路中的晶体管 $VT_2$ 串联在调节器的磁场绕组端子"F"与搭铁端子"-"之间。

【小提示】

> 内搭铁型调节器只能配用内搭铁型发电机，外搭铁型调节器只能配用外搭铁型发电机，两者不能随意互换；否则，励磁电路不通，发电机不发电。

电子式电压调节器工作原理将在后续章节中做详细介绍。

### 2.4.2 汽车交流发电机的型号

根据中华人民共和国汽车行业标准 QC/T 73—1993《汽车电气设备产品型号编制方法》的规定，汽车交流发电机型号组成由如下 5 个部分组成：

| 1 | 2 | 3 | 4 | 5 |

**1. 产品代号**

产品代号用中文拼音字母表示，例：JF——普通交流发电机；JFZ——整体式（调节器内置）交流发电机；JFB——带泵的交流发电机；JFW——无刷交流发电机。

**2. 电压等级代号**

电压等级代号用1位阿拉伯数字表示。1 表示 12V 系统、2 表示 24V 系统、6 表示 6V 系统。

**3. 电流等级代号**

电流等级代号用1位阿拉伯数字表示，其含义见表2-3。

表 2-3 交流发电机电流等级代号

| 代号 | 1 | 2 | 3 | 4 | 5 | 6 | 7 | 8 | 9 |
| --- | --- | --- | --- | --- | --- | --- | --- | --- | --- |
| 电流等级/A | ≤19 | 20~29 | 30~39 | 40~49 | 50~59 | 60~69 | 70~79 | 80~89 | ≥90 |

**4. 设计序号**

设计序号用1~2位阿拉伯数字表示，表示产品设计的先后顺序。

**5. 变形代号**

交流发电机常常以调整臂位置作为变形代号，从驱动带轮前端看，调整臂在左侧用 Z 表示，调整臂在右侧用 Y 表示，调整臂在中间不加标记。

例：JFZ1913Z 表示电压等级为 12V；电流等级≥90A；第 13 次改进设计；调整臂在左侧的整体式车用交流发电机。

### 2.4.3 交流发电机的工作原理

汽车发电机普遍使用三相交流发电机，由发动机驱动交流发电机带轮旋转。三相交流发电机通过向转子绕组施加励磁电流产生旋转磁场，磁力线切割定子三相绕组，产生三相感应交流电动势，由整流器将三相交流电转换为小幅度脉动性直流电并经过电压调节器输出，供汽车电器使用。

**1. 磁场的励磁形式**

汽车交流发电机的转速是跟随发动机转速同步变化的，导致输出电压和电流的变化也比较大。因此，交流发电机大多采用励磁的方式来产生磁场。即在转子的铁心上绕制一组绕组，绕组通电时产生磁场，断电则磁场消失。磁场的强度与励磁电流大小成正比，具有可调节性。现代汽车发电机都配有电子调节器，可自动调节励磁电流的大小来保证输出电压的稳定性。

励磁方式有自励和他励之分。交流发电机初始磁场由蓄电池向转子绕组提供励磁电流产生。这种由发电机外部提供励磁电流的方式称为他励。当交流发电机输出电压高于蓄电池时，蓄电池停止放电转为充电状态，此时励磁电流由交流发电机自身提供，这种励磁方式称为自励。

**2. 电动势的工作原理**

交流发电机是根据电磁感应原理来产生交变电动势的。

汽车交流发电机采用内部转子产生磁场，外部绕组产生感应电流来发电。转子由发动机直接驱动，形成旋转磁场。当磁力线切割一组定子绕组时，就产生了感应电动势和电流，如图2-31a所示。磁场旋转时，极性会交替变化，使得感应电动势方向来回转变，从而形成了具有正弦波周期变化特性的交变电流，如图2-31b所示。在旋转过程中，两个磁极最靠近绕组时电动势达到最大值。之后远离绕组时逐渐减小，达到零值以后换向并开始逐渐增大，直至反向最接近绕组时达到最大值。如此反复，形成交流电输出。

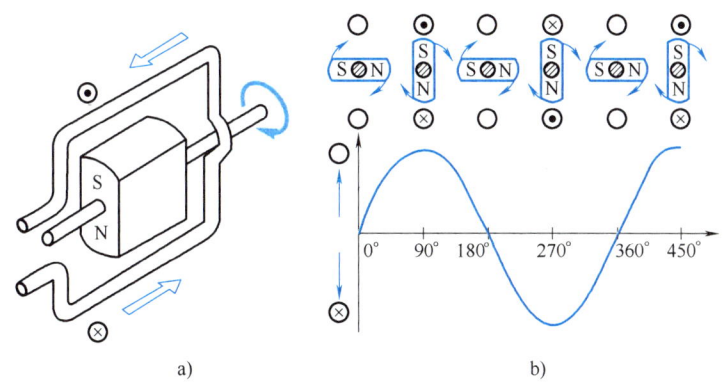

图 2-31 交流发电机单相电动势产生原理
a）发电原理　b）单相电动势形成过程

汽车交流发电机的磁极多采用励磁式，即在铁心上绕制一组绕组，由外部供电，产生磁场。如停止供电，则磁场消失，发电机进入空转状态，不会产生电动势。

**3. 三相电动势的工作原理**

对于单组绕组而言，其周围磁场每旋转变化一次，导线上电动势和电流就按照正弦波形周期性变化一次。这个变化过程中电压的变化幅度非常大，周期中大部分时间电压低于汽车电器系统额定电压,无法使用,实际发电效率非常低。为了提高发电效率,交流发电机的定子上绕制了 3 组绕组。这 3 组绕组在圆周上成 120°(电角度)均匀分布,输出的电动势就有了 120° 相位差,如图 2-32 所示。3 组正弦波交错后高低互补,大大提高了发电机的有效输出电压和电流,从而提高了发电效率。

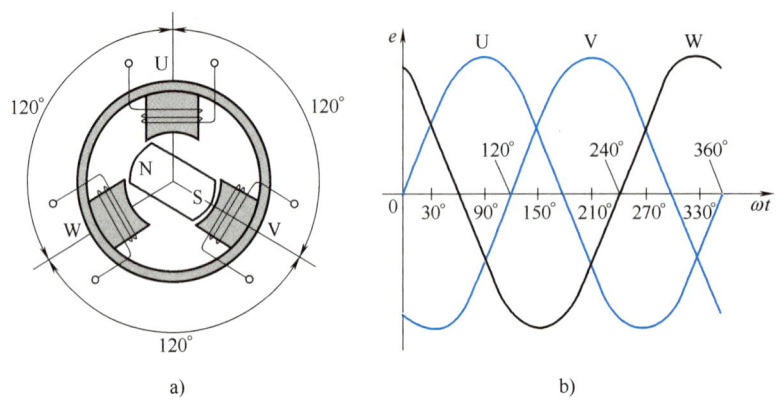

图 2-32 交流发电机三相电动势工作原理
a) 三相绕组布置形式 b) 三相电动势输出波形

交流发电机中通常用 U、V、W 来代表三相绕组。V 相电动势比 U 相滞后 120°,W 相电动势又比 V 相滞后 120°。三相绕组中交流电动势的瞬时值表达式分别为

$$e_u = \sqrt{2} E_\varphi \sin\omega t \tag{2-12}$$

式中,$E_\varphi$ 为每相电动势的有效值(V);$\omega$ 为电角速度(rad/s);$t$ 为时间(s)。

每相感应电动势的有效值 $E_\varphi$ 为

$$E_\varphi = 4.44 K f N \Phi \tag{2-13}$$

式中,$K$ 为绕组系数,采用整距集中绕组时,$K=1$;$f$ 为感应电动势的频率(Hz);$N$ 为每相绕组的匝数(绕组绕制的圈数);$\Phi$ 为每个电极的磁通(Wb)。

由式(2-13)可知,绕组产生感应电动势的大小与绕组的匝数和磁极变化的频率成正比。即定子绕组绕制的圈数越多、转子的转速越高,产生的感应电动势就越大。

**4. 三相定子绕组连接方式及输出电压**

三相绕组如果相互独立,那么共需要 6 个输出端口,实际使用效果也只是相当于 3 个单相发电机并联,有效发电时间和效率提高不多。因此,通常将三相绕组两两串联,通过 120° 相位差实现正弦波峰、谷互补输出,可大幅度提高发电输出效率,输出端口也减少为 3 个或 4 个。定子绕组一般采用 Y(星形)和 △(三角形)两种联结方式,如图 2-33 所示。

当采用 Y 联结时,三相绕组的 3 个末端 $U_2$、$V_2$、$W_2$ 连接在一起,称为中性点 N。另 3 个首端 $U_1$、$V_1$、$W_1$ 作为交流发电机的输出端。如果中性点也作为输出端,该交流发电机就具有 4 个输出端口。

当采用 △ 联结时,一相绕组的末端和另一相绕组的首端连接,三相绕组组成环形封闭绕组组。3 个连接点作为交流发电机的输出端。这种连接方式没有中性点。

在三相绕组连接中,任意两个输出端之间的输出电压称为线电压 $U_L$,输出电流称为线电流 $I_L$。每个绕组中的电压和电流分别称为相电压 $U_\phi$ 和相电流 $I_\phi$,如图 2-33 所示。

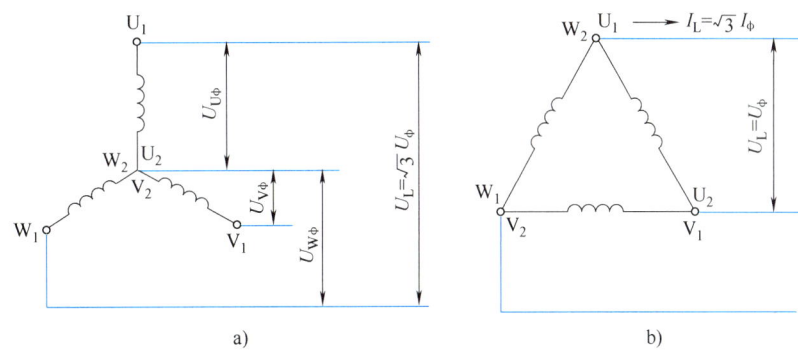

图 2-33 交流发电机三相绕组的连接方式

a）Y联结　b）△联结

Y联结中相电压、电流和线电压、电流之间的关系分别为

$$U_L = \sqrt{3} U_\phi \quad (2\text{-}14)$$

$$I_L = I_\phi \quad (2\text{-}15)$$

式中，$U_L$ 为定子绕组输出的线电压有效值；$U_\phi$ 为每相绕组相电压有效值。

△联结中相电压、电流和线电压、电流之间的关系分别为

$$U_L = U_\phi \quad (2\text{-}16)$$

$$I_L = \sqrt{3} I_\phi \quad (2\text{-}17)$$

从上述公式可以看出，在相同线圈参数、相同转速条件下，当相电压相同时，采用Y联结具有较高的输出电压；当线电压相同时，采用△联结具有较大的输出电流。在发动机低速运转（如怠速）时，采用Y联结的交流发电机更容易获得高输出电压向蓄电池充电。

因此，大多数汽车的交流发电机采用Y联结。

**5. 整流原理**

汽车电源系统主要由交流发电机和蓄电池并联供电。为保证交流发电机停止供电或供电不足时车用电器能够由蓄电池供电且正常工作，汽车上都采用直流电源供电。但直流发电机的效率和稳定性都低于三相交流发电机，不适合车载使用。为了使三相交流发电机适合直流供电，就需要用整流电路将三相交流电转换为直流电。现代车用发电机通常为内置式硅整流器，直接输出直流电，外部输出端只有正极和负极。

**（1）单相半波整流原理**　整流是将正反向交替导通的交流电转换为正向单向导通的直流电的过程。利用二极管正向单向导通、反向阻断的特性即可实现整流功能。用一个二极管即可实现整流功能，如图 2-34a 所示。

图 2-34b 为单相交流感应电动势，呈正弦波形；图 2-34c 为二极管整流后的波形，只剩下正半周波形，负半周完全损失掉了，效率很低。这种整流方式被形象地称为半波整流。

**（2）单相桥式整流原理**　为了提高整流效率，普遍采用桥式整流，如图 2-35 所示。4只二极管同向排列，a 端和 b 端为交流输入，c 端和 d 端为直流输出。在交流电正半周，电流从 a 端经二极管 $VD_1$、负载 $R_L$ 和二极管 $VD_3$ 流至 b 端，二极管 $VD_2$ 和 $VD_4$ 反向截止断开，c 端为正极，d 端为负极。在负半周，电流从 b 端经二极管 $VD_2$、负载 $R_L$ 和二极管 $VD_4$ 流至 a 端，二极管 $VD_1$ 和 $VD_3$ 反向截止断开，c 端依然为正极，d 端依然为负极。因此，桥

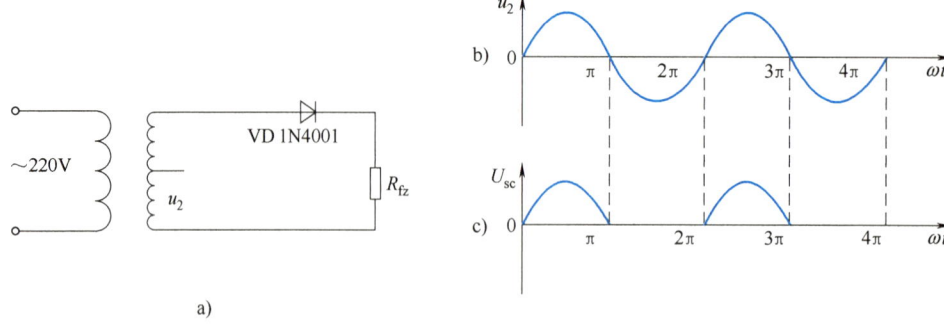

图 2-34 单相半波整流原理

a) 整流电路  b) 单相交流感应电动势波形  c) 整流后波形

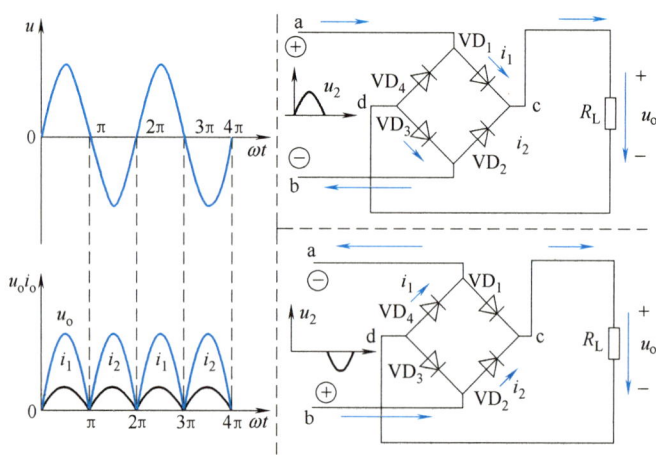

图 2-35 单相桥式整流原理

式整流可以将负半周正弦波电压和电流对称镜像至正半周，交直流转换效率比半波整流提高一倍。

这种直流电不是平稳的，而是具有脉动特性，所以也被称为脉动性直流电。在每个脉动周期内，当感应电动势低于蓄电池电压时，无法对外输出电流。因此，单相桥式整流的转换效率依然比较低。

(3) 三相桥式整流　三相交流电采用桥式整流方式至少需要 6 只二极管，如图 2-36a 所示。U、V、W 为交流发电机的 3 个输出端，每 2 个输出端之间有 4 只二极管组成单相整流桥，组合之后便成为三相整流桥。图 2-36a 中 B 点为正极输出端子，常用 B+ 来标记。E 点为负极搭铁，在发电机上没有单独的端子，直接接发电机金属外壳即可。

三相整流桥中的 6 只二极管 $VD_1 \sim VD_6$ 是两两组合，轮流导通的。图 2-36b 为三相交流电动势波形，图 2-36c 为整流之后三相叠加的波形，即输出电压波形。

在 $t_1 \sim t_2$ 时间段内，U 相电动势处于正半周，V 相电动势处于负半周，W 相电动势从正半周向负半周过渡。此时，U 相和 V 相的电动势使二极管 $VD_1$ 和 $VD_4$ 导通（U 相使 $VD_1$ 导通，V 相使 $VD_4$ 导通），其余二极管均承受反向电动势而截止。

在 $t_2 \sim t_3$ 时间段内，V 相电动势向正半周过渡，W 相电动势继续下降，因此 U 相和 W

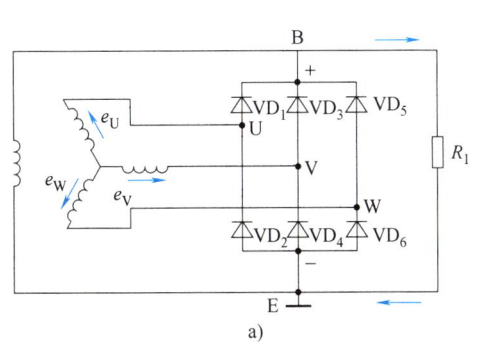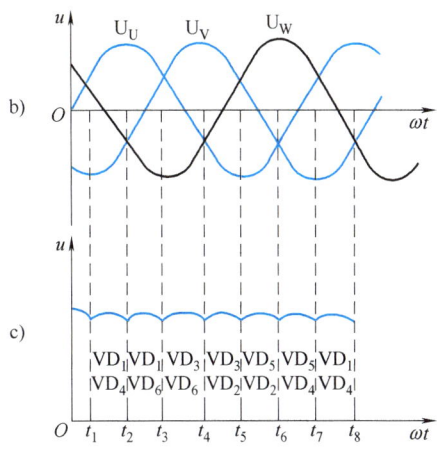

图 2-36 三相桥式整流原理

a) 整流电路　b) 三相交流电动势波形　c) 整流后输出电压波形

相的电动势使二极管 $VD_1$ 和 $VD_6$ 导通,其余二极管均承受反向电动势而截止。

以此类推,至 $t_6 \sim t_7$ 时间段完成一个完整的三相整流周期,共计 6 只二极管两两组合导通变化。三相整流输出电压的波动幅度明显小于单相整流波形,可实现在整个发电周期内连续供电和对蓄电池充电。

三相桥式整流具有良好的直流输出特性,能让交流发电机具有高效率、输出平稳和结构简单等特性,因此在汽车上被广泛采用。

丫联结整流输出的电压平均值 $U$ 为

$$U = 1.35 U_L = 2.34 U_\varphi \tag{2-18}$$

△联结整流输出的电压平均值 $U$ 为

$$U = 1.35 U_\varphi \tag{2-19}$$

丫联结具有中性点 N,该点是三相绕组的公共连接点。中性点电压 $U_N$ 的平均值等于发电机输出直流电压的一半,即

$$U_N = \frac{1}{2} U \tag{2-20}$$

中性点电压常用于控制各种用途的继电器,如磁场继电器、充电指示继电器等。有些发电机在中性点和输出接线柱之间增加两个二极管,称为中性点二极管,用于增加输出电流,提高发电机的输出功率。

**6. 交流发电机调压原理**

**(1) 电压调节器调压原理**　交流发电机定子绕组的感应电动势与转子的转速和磁极的磁通成正比,由式(2-13)可知:

$$E_\varphi = 4.44 K f N \Phi = C_e \Phi n \tag{2-21}$$

式中,$E_\varphi$ 为交流发电机的每相电动势有效值;$K$ 为绕组系数,采用整距集中绕组时,$K=1$;$f$ 为感应电动势的频率(Hz),$f=pn/60$;$N$ 为每相绕组的匝数(线圈绕制的圈数);$C_e$ 为交流发电机的结构常数,$C_e = 4.44KNp/60$;$\Phi$ 为交流发电机磁极磁通(Wb);$n$ 为交流发电机的转速(r/min)。

如果忽略发电机内阻造成的电压降,那么输出电压 $U \approx E$;对于结构确定的交流发电机

而言，结构常数 $C_e$ 是不变的常量。转速 $n$ 则随发动机的转速而变化。现代发动机的工作转速大多在 800~6400r/min 范围内变化，因而交流发电机的转速也会在很大范围内变化。如果磁通也是常量的话，交流发电机的输出电压必然随转速变化而同比例升高或降低，非常不稳定。大幅度变化的电源电压不利于汽车电气设备的稳定工作，甚至在电压急剧变化时击穿或烧毁负载。因此，交流发电机必须有一个自动调节电压的装置。交流发电机电压调节器的作用就是当发动机转速变化时，自动对发电机的电压进行调节，使发电机的电压稳定，以满足汽车用电设备的要求。

由于交流发电机的电动势及端电压与磁极磁通 $\Phi$ 也成正比关系，当交流发电机转速变化时，如果要保持交流发电机电压恒定，就必须相应地改变磁极磁通。磁极磁通的多少取决于磁场电流的大小。在发电机转速变化时，只要自动调节磁场电流，就能使交流发电机电压保持恒定。因此，电压调节器的调节原理是：通过调节磁场电流使磁极磁通相对交流发电机转速反向改变来使输出电压保持稳定。

交流发电机调压原理如图 2-37 所示。调节器动作的控制参量为发电机电压，即当交流发电机的电压达设定的上限值 $U_2$ 时，调节器动作，使磁场绕组的励磁电流 $I_f$ 下降或断流，从而减弱磁极磁通 $\Phi$，致使发电机电压下降；当交流发电机电压下降至设定的下限值 $U_1$ 时，调节器又动作，使 $I_f$ 增大，磁通加强，发电机电压上升；当交流发电机的电压上升至 $U_2$ 时重复上述调节过程，使发电机的电压在设定的范围内脉动，得到一个稳定的平均电压 $U_e$。

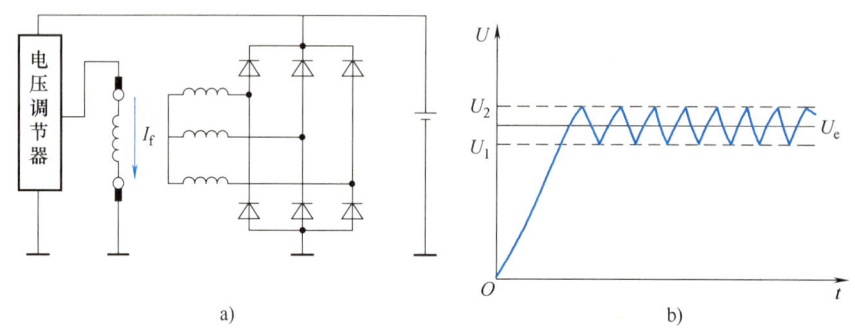

图 2-37 交流发电机调压原理
a) 调压原理电路　b) 调压后输出电压波形

**（2）电子式电压调节器工作过程**　电子式电压调节器是利用晶体管的开关特性，通过晶体管导通和截止相对时间的变化来调节发电机的励磁电流，改变磁通量，从而调节输出电压的。

1) 调节器基本电路的组成。内搭铁型电子式电压调节器的基本电路由四部分组成，即分压电路、第一级开关电路、第二级开关电路和辅助元器件及电路，如图 2-38 所示。

① 分压电路：是信号电压监测电路，一般由 2~3 只电阻串联或混联而成，接在调节器的"+"与"-"之间。电阻 $R_1$ 和 $R_2$ 构成分压电路，其作用是将汽车电源施加于调节器"+"与"-"之间的电压分成两部分，且所分电压与电源电压之间按正比例关系变化。监测分电压即能反映交流发电机输出电压 $U$ 的变化。从分压电阻 $R_1$ 上取出发电机输出电压 $U$ 的一部分 $U_{R1}$ 作为电压调节器的输入信号电压，$R_1$ 上的分压为

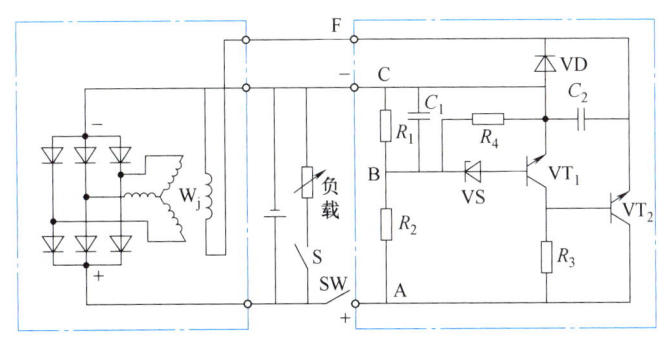

图 2-38 内搭铁型电子调节器电路

$$U_{R1} = \frac{R_1}{R_1+R_2}U \tag{2-22}$$

② 第一级开关电路：是信号放大与控制电路，至少由一只稳压二极管（简称稳压管）和一只晶体管组成。稳压管通常经晶体管的发射极反向并接在分压电路的一端，晶体管则串联在调节器"+"与"-"之间。稳压管 VS 和晶体管 $VT_1$ 即构成第一级开关电路，稳压管 VS 是传感器件，其作用是灵敏地感受电源电压变化，使晶体管 $VT_1$ 交替地导通和截止，以控制第二级开关电路功率晶体管 $VT_2$ 的导通与截止。第一级开关电路的通断取决于发电机输出电压的高低。$VT_1$ 为小功率晶体管，接在大功率晶体管 $VT_2$ 的前一级，起信号放大作用，也称前级放大。

③ 第二级开关电路：是功率放大电路，一般由一只大功率晶体管或复合晶体管构成。图 2-38 中晶体管 $VT_2$ 即构成第二级开关电路，$VT_2$ 为 NPN 型大功率晶体管，串联在磁场绕组与搭铁端子之间，这是外搭铁型调节器的显著特点。磁场绕组的电阻为 $VT_2$ 的负载电阻。$VT_2$ 导通时，磁场电流接通；$VT_2$ 截止时，磁场电流切断。因此，通过控制 $VT_2$ 的导通与截止，就可改变磁场电流，使发电机输出电压稳定。

④ 辅助元器件及电路：VD 为续流二极管，与发电机磁场绕组反向并联，其作用是吸收 $VT_2$ 截止时磁场绕组中产生很高的自感电动势，保护 $VT_2$，防止其被高压击穿；$C_1$ 为延时电容，与稳压管 VS 和电阻 $R_1$ 并联，其作用是利用电容的充、放电延时特性即电容两端的电压不会跃变的特性，延迟稳压管 VS 的导通与截止时间，以降低 $VT_1$、$VT_2$ 的开关频率，减缓元器件老化速度，延长调节器使用寿命；$R_4$、$C_2$ 构成反馈电路，其作用是提高调节器的灵敏度，加速晶体管导通和截止的变化过程，改善调压质量；$R_3$ 既是 $VT_2$ 的基极偏置电阻，也是 $VT_1$ 集电极限流电阻。

2）调节器的工作过程。电子式电压调节器是利用晶体管的开关特性，将大功率晶体管作为一只开关串联在交流发电机磁场电路中；根据交流发电机输出电压的高低，控制晶体管导通与截止来调节发电机磁场电流，从而使发电机输出电压稳定在某一规定的范围之内。交流发电机电压调节的过程如下：

① 当闭合点火开关 SW，蓄电池电压加在分压电阻 $R_1$、$R_2$ 两端。由于交流发电机电压低于调节电压上限值，因此，分压电阻 $R_1$ 上的分压值 $U_{R1}$ 小于稳压管 VS 的稳定电压 $U_W$ 与晶体管 $VT_1$ 发射极电压降 $U_{be1}$ 之和，VS 处于截止状态，$VT_1$ 基极无电流流过而处于截止状态。此时蓄电池经点火开关、电阻 $R_3$ 向晶体管 $VT_2$ 提供基极电流，$VT_2$ 导通并接通磁场电

流 $I_f$,交流发电机处于他励发电状态(即磁场电流由蓄电池供给),其电路为:蓄电池正极→点火开关 SW→晶体管 $VT_2$→调节器"磁场"端子"F"→发电机磁场绕组 $W_j$→蓄电池负极。此时,若发电机转动,则其电压将随转速升高而升高。

② 当发电机电压高于蓄电池电压但低于调节电压上限值 $U_2$ 时,稳压管 VS 与 $VT_1$ 仍然截止,$VT_2$ 保持导通。交流发电机处于自励发电状态(即磁场电流由发电机自己供给),其电路为:发电机定子绕组→正极管→点火开关 SW→晶体管 $VT_2$→调节器"磁场"端子"F"→发电机磁场绕组 $W_j$→发电机负极管→定子绕组。

③ 当发电机电压升高到调节电压上限值 $U_2$ 时,稳压管 VS 导通,其工作电流从晶体管 $VT_1$ 基极流入,并从 $VT_1$ 发射极流出。因为稳压管 VS 的工作电流就是 $VT_1$ 的基极电流,所以 $VT_1$ 导通。当 $VT_1$ 导通时,$VT_2$ 发射极几乎被短路,流过电阻 $R_3$ 的电流经 $VT_1$ 集电极和发射极构成回路,$VT_2$ 因无基极电流而截止,磁场电流被切断,磁极磁通迅速减小,发电机电压迅速下降。

④ 当发电机电压下降到调节电压下限值 $U_1$ 时,稳压管 VS 截止,$VT_1$ 随之截止,其集电极电位升高,发电机又经 $R_3$ 向 $VT_2$ 提供基极电流使 $VT_2$ 导通,磁场电流接通,磁极磁通增大,发电机电压又重新升高,开始新的一轮循环。调节器就是这样依靠晶体管 $VT_1$、$VT_2$ 的导通—截止的循环开关作用,控制着磁场绕组回路的通断,以此保证发电机的电压控制在某一平均值 $U_e$ 附近波动,使其直流输出基本保持为额定电压。

外搭铁型电子式电压调节器的基本电路如图 2-39 所示,其显著特点是接通与切断磁场电流的大功率晶体管 $VT_2$ 为

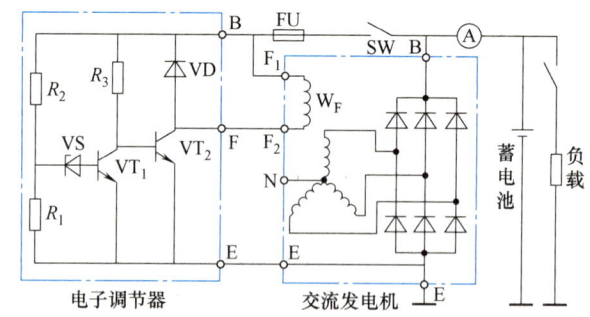

图 2-39 外搭铁型电子式电压调节器的基本电路

NPN 型晶体管,且串联在磁场绕组与调节器搭铁端子"E"之间,其基本工作原理与上述内搭铁型电子式电压调节器基本相同。

### 2.4.4 交流发电机的工作特性

交流发电机由发动机直接驱动。汽车发动机的转速变化范围很大,因此发电机也必须在同样大幅度变化的转速范围内工作,掌握发电机的输出电压和电流随转速变化的规律就非常重要。汽车交流发电机的工作特性主要包括空载特性、输出特性和外特性。

**1. 空载特性**

空载特性是指交流发电机空载时(即负载电流 $I=0$),发电机的端电压 $U$ 与转速 $n$ 之间的函数关系,如图 2-40a 所示。从曲线可以看出,随着转速的升高,端电压快速上升。当端电压高于蓄电池电压时,励磁磁场由他励转为自励,发电机即向蓄电池充电。由此可知:发动机低速运行时,发电机能否实现电能输出是判定硅整流发电机充电性能是否良好的重要依据。

**2. 输出特性**

交流发电机的输出特性(又称负载特性或输出电流特性)是指发电机保持恒定输出电

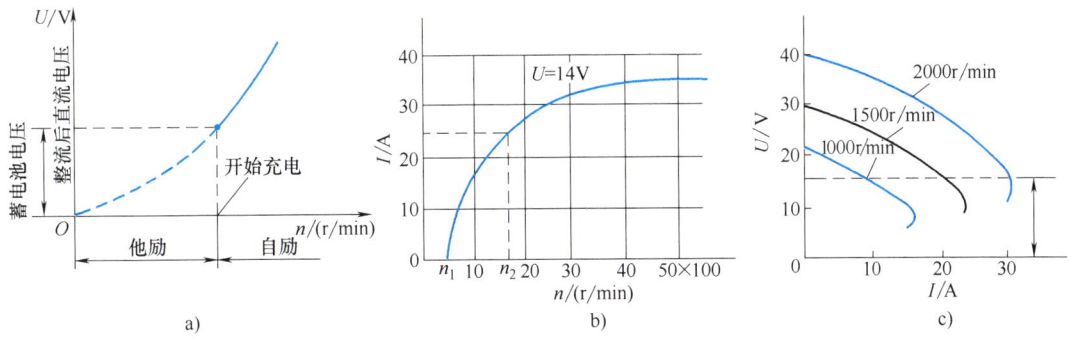

图 2-40 交流发电机工作特性

a）空载特性 b）输出特性 c）外特性

压（对 12V 电源系统的交流发电机规定为 14V，对 24V 电源系统的交流发电机规定为 28V）向负载供电时，输出电流 $I$ 与转速 $n$ 之间的关系，如图 2-40b 所示。

由输出特性曲线 $I=f(n)$ 可以看出：

1）当发电机转速过低时，其端电压低于额定电压，此时发电机不能向外供电；当转速达到空载转速 $n_1$ 时，电压达到额定值；当转速高于空载转速 $n_1$ 时，发电机才有能力向外供电。因此，空载转速 $n_1$ 常作为选择发电机与发动机速比的主要依据。

2）当转速 $n>n_1$ 时，发电机输出电流 $I$ 的变化规律是随转速 $n$ 升高而逐渐增大；当转速达到 $n_2$ 时，发电机输出达到额定功率，故将转速 $n_2$ 称为满载转速。

空载转速 $n_1$ 和满载转速 $n_2$ 是交流发电机的主要性能指标，在使用过程中检测这两个参数，并与规定值相比较即可判断发电机的性能是否正常。如果被测发电机实际测得的 $n_1$ 和 $n_2$ 低于规定值，说明被测发电机性能良好。

3）当发电机转速超过一定数值后，发电机输出电流 $I$ 不再随转速 $n$ 升高而增大，而是逐渐趋于某一稳定电流值——最大输出电流或限流值 $I_{max}$。该特性表明汽车交流发电机具有自动限制输出电流的自我保护能力。一般情况下，$I_{max} \approx 1.5 I_{n2}$。

交流发电机需具有自我限电流保护能力的原因如下：

1）发电机定子绕组具有一定的感抗。发电机的转速越高，电动势的交变频率也就越高，电枢绕组的感抗也就越大，阻碍感应电流的能力越强，可产生较大的内部电压降，降低感应电动势。

2）定子电流的增大使电枢反应增强，即定子电流形成的磁场对转子磁场产生去磁作用，反过来使定子绕组中的感应电动势下降。

通过上述两种共同作用的结果，使得发电机的输出电流不再增加，因而交流发电机具有自身限制输出电流的作用。

### 3. 外特性

外特性是指交流发电机转速一定时，交流发电机的端电压 $U$ 与输出电流 $I$ 之间的关系，即 $n$ 为某一定值时，$U=f(I)$ 的函数关系，如图 2-40c 所示。从曲线可以看出，在某一恒定转速下，输出电流增加时发电机端电压将有较大下降。反之，在交流发电机高速运转时，如果突然失去负载，其端电压将急剧上升，这样可能引起整流器二极管和调节器中电子元器件因瞬时过电压而损坏。因此必须注意：发电机在高速旋转时，应避免大幅度突然减小负载。

## 本章小结

汽车电源系统由蓄电池或交流发电机供电。发动机未起动时，由蓄电池供电。发动机起动后，由交流发电机供电，向蓄电池充电。汽车电源系统有多种电压方案。双电压电源系统逐渐成为主流应用。

传统汽车用铅酸蓄电池主要由极板、隔板、电解液、壳体和电池状态指示器等组成。工作特性指标主要包括静止电动势、内阻、放电特性、充电特性和容量。

电动汽车用动力蓄电池主要有镍镉电池、镍氢电池、锂离子电池以及燃料电池等。锂离子电池有工作电压高、能量密度高、循环寿命长、自放电低、无记忆效应、环保性好等优点，应用较为广泛。

汽车交流发电机使用的是三相交流发电机，具有发电效率高、整流后输出电压稳定的特点。其主要由转子、定子、整流器、电压调节器和壳体等组成。三相交流发电可实现全周期连续输出。两个交错对插的爪极将原本方向恒定的励磁磁场转变为交变磁场。电子调节器可以调节励磁磁场的强弱，使其和转速反向变化，从而保证输出电压的稳定性。工作特性主要包括空载特性、输出特性和外特性。

## 思考题

1. 铅酸蓄电池的主要组成部件及其功用是什么？
2. 蓄电池的电动势是如何建立的？蓄电池充电和放电时其极板及电解液有何变化？
3. 什么是蓄电池的额定容量和储备容量？
4. 为什么工业用硫酸和普通水不能用于蓄电池？
5. 如何正确使用蓄电池才能提高其容量及使用寿命？
6. 电动汽车用车用电池有哪些类型？
7. 简述锂离子电池的工作原理。
8. 汽车交流发电机的功用是什么？
9. 交流发电机由哪几部分组成？各起什么作用？
10. 叙述交流发电机的输出特性、空载特性和外特性。
11. 电子调节器如何对交流发电机进行电压调节？电子调节器中，通常采用了哪些电子元器件和电路来解决基本电路中的不足？
12. 交流发电机整流器的作用是什么？怎样将交流电变成直流电？整流二极管的导通原则是什么？
13. 汽车采用直流电源供电，但为何使用交流发电机来发电？
14. 叙述汽车交流发电机调节器的电压调节原理与调节方法。

# 第3章　汽车起动系统

【本章教学要点】

| 知识要点 | 掌握程度 | 相关知识 |
| --- | --- | --- |
| 汽车起动系统的基础知识 | 了解起动系统的作用及常用的起动方式<br>掌握起动系统的组成及工作过程<br>掌握起动机的组成及型号编制规则 | 发动机的起动方式<br>起动系统的作用、组成、工作过程及型号 |
| 起动机的结构及工作原理 | 掌握直流电动机的结构及工作原理，传动机构中几种常用单向离合器的工作原理，不同车用电磁开关的控制原理<br>熟练分析起动机的转矩和机械特性 | 直流电动机的结构及工作原理，起动机特性，传动机构，电磁开关 |
| 新型起动机 | 掌握几种新型起动机的结构 | 电枢移动式起动机，减速起动机 |

发动机靠外力转动使之点火燃烧并开始运转的过程称为起动。要使发动机顺利起动，必须克服运转阻力，尤其是压缩行程的压缩气体阻力和各运动件的摩擦阻力。克服这些阻力所需的转矩称为起动转矩。柴油机压缩比较汽油机大得多，起动更困难，需要的起动转矩也更大。

起动发动机时，还要求有一定的曲轴转速，称为起动转速。汽油机要求不低于 50~70r/min，柴油机要求不低于 100~200r/min。

起动性能是发动机的一个重要指标，衡量发动机起动性能好坏一般用起动时间作为指标。我国标准规定，不采用特殊的低温起动措施，汽油机在 -10℃、柴油机在 -5℃ 以下的气温条件下起动，能在 15s 以内达到自行运转。

因此，起动系统的基本功用就是按发动机要求，提供一定的转矩，使发动机达到规定的转速，顺利完成起动过程。

随着电子技术的发展，汽车起动方式也从钥匙拧转起动，发展至"一键起动"和智能触屏车钥匙。现在还有智能 APP 远程起动汽车，可以提前打开车内空调等。

## 3.1　汽车起动系统的基础知识

### 3.1.1　发动机起动方式

发动机的起动方式有手摇起动、汽油机起动、压缩空气起动、电起动和拖动等。

手摇起动是用手摇转动发动机曲轴的起动方式。其结构简单，但起动转矩小、转速低、增加劳动强度，一般只用于小功率发动机。

汽油机起动是利用小型汽油机带动曲轴旋转的起动方式。其结构复杂，起动烦琐，一般是先用手摇起动小型汽油机，再带动主发动机起动，一般用于大功率柴油机起动。

压缩空气起动是利用压缩空气按一定次序充入气缸，强制发动机曲轴旋转的起动方式。它结构庞大、复杂，一般用大型柴油机组（如船舶、电站等）。

电起动是利用电动机带动发动机曲轴旋转的起动方式。它具有起动快捷方便、省力等优点，但需要一套电起动系统。现代汽车用发动机，均采用电起动方式。如没有特殊说明，本章讨论的起动系统均指电起动系统。

除上述外，还有拖动起动方式，即利用旋转动力机构，拖动内燃机曲轴旋转的起动方式。

## 3.1.2　电起动系统的组成与工作过程

电起动系统主要由蓄电池、起动机、起动继电器、点火开关等组成，如图3-1所示。起动机与蓄电池通过电路连接，安装在汽车发动机飞轮壳前端的座孔内，通过齿轮输出，飞轮上有起动齿圈。点火开关安装在转向盘的下方。

电起动系统的工作过程：驾驶人转动点火开关，置于起动档，先接通起动机控制电路，再接通起动机供电电路，蓄电池电流经电磁开关流入起动机，并使其转动起来；与此同时，电磁开关还将起动机的驱动齿轮向外推出，使其与发动机飞轮上的起动齿圈相啮合，拖转发动机。待发动机被拖转到自己完成工作循环并加速运转后，飞轮有反过来带动起动机驱动齿轮运转的趋势时，起动机上的单向离合器使起动机的驱动齿轮相对于起动机电枢轴空转（以保护起动机），这时，发动机已起动，驾驶人再及时将点火开关转到点火档，切断起动机控制电路，在控制装置弹簧力作用下，驱动齿轮退出啮合，与飞轮上起动齿圈脱离啮合。由于起动机供电电路同时被切断，起动机停止运转，完成发动机的起动。

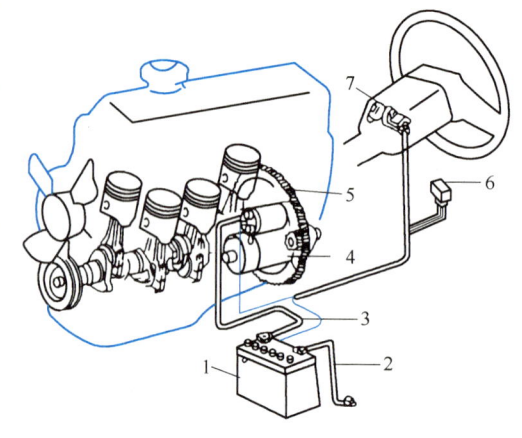

图3-1　电起动系统的组成

1—蓄电池　2—搭铁电缆　3—起动机电缆　4—起动机
5—飞轮　6—起动继电器　7—点火开关

## 3.1.3　起动机的组成

起动机的作用是将蓄电池的电能转换成机械能以起动发动机。它一般由串励式直流电动机、传动机构和控制装置三部分组成，如图3-2所示。

（1）**串励式直流电动机**　是一种将直流电能转换为机械能的装置，其作用是对外输出转矩。

（2）**传动机构**　发动机起动时，使发动机驱动齿轮与飞轮外齿圈啮合，将起动机转矩传给发动机曲轴。在发动机起动后，使驱动齿轮打滑，避免起动机发生电枢飞散的"飞车"

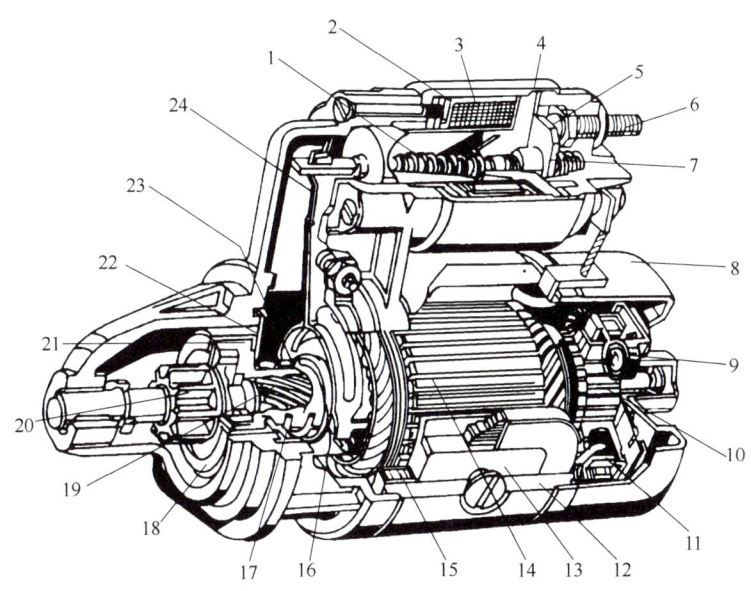

图 3-2 起动机结构

1—回位弹簧 2—保持线圈 3—吸引线圈 4—电磁开关壳体 5—主触点 6—接线柱 7—接触盘 8—后端盖 9—电刷弹簧 10—换向器 11—电刷 12—磁极 13—磁极铁心 14—电枢 15—磁场绕组 16—移动衬套 17—缓冲弹簧 18—单向离合器 19—电枢轴花键 20—驱动齿轮 21—罩盖 22—制动盘 23—传动套筒 24—拨叉

事故。

**(3) 控制装置（或称为电磁开关）** 用来接通和切断电动机与蓄电池之间的电路，控制起动机驱动齿轮与发动机飞轮的啮合和分离。在有些汽油机上，还具有接入和隔断点火线圈附加电阻的作用。

## 3.1.4 起动机的型号

根据 QC/T 73—1993《汽车电气设备产品型号编制方法》规定，起动机的型号如下所示：

| 1 | 2 | 3 | 4 | 5 |

1——产品代号。起动机的产品代号：QD 表示起动机；QDJ 表示减速式起动机；QDY 表示永磁式起动机（包括永磁减速式起动机）。

2——电压等级代号。起动机电压等级代号：1 表示 12V；2 表示 24V。

3——功率等级代号。起动机功率等级代号及含义见表 3-1。

表 3-1 起动机功率等级代号及含义

| 功率等级代号 | 1 | 2 | 3 | 4 | 5 | 6 | 7 | 8 | 9 |
|---|---|---|---|---|---|---|---|---|---|
| 功率/kW | — | 1~2 | 2~3 | 3~4 | 4~5 | 5~6 | 6~7 | 7~8 | >8 |

4——设计序号。

5——变型代号。

例如：QD124 表示额定电压为 12V、功率为 1~2kW、第 4 次设计的起动机。

## 3.2 起动机的结构及工作原理

### 3.2.1 直流电动机

**1. 直流电动机的构造**

直流电动机一般由电枢总成、磁极、电刷与电刷架、壳体及轴承等部分组成。

（1）**电枢总成** 电枢用来产生电磁转矩，它由电枢轴、电枢铁心、电枢绕组及换向器组成，如图3-3所示。

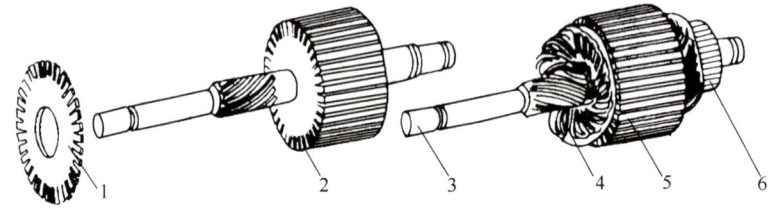

图3-3 电枢总成

1—电枢叠片 2—电枢铁心 3—电枢轴 4—电枢绕组 5—电枢铁心总成 6—换向器

在电枢轴3上压有电枢铁心2，电枢铁心的作用是增加磁力，它是由互相绝缘的薄硅钢片叠成，采用叠片是为了减小铁心内感应的涡流电流的损失。每片叠片有槽，叠在一起形成沟槽，电枢绕组分多条支路嵌在铁心的沟槽内，并分别接到固定在电枢轴上互相绝缘的换向器各铜片上。为了获得较大起动转矩，电枢绕组采用大截面的铜导线制成，以便几百安的起动电流通过。电枢绕组各绕组的端头均焊接在换向器片上，通过电刷和换向器将蓄电池的电流引进来，换向器由换向器片和云母片叠压而成。

（2）**磁极** 磁极由铸钢铁心及励磁绕组构成，励磁绕组采用大截面的铜导线制成。为了产生足够强的磁场来使电枢产生足够的起动转矩，电动机的磁极一般为4个（如图3-4所示），相对交错安装在电动机定子内壳上。定子与转子铁心形成磁回路，低碳钢板制成的机壳也是磁路的一部分。4个励磁绕组可相互串联，也可两两串联后再并联，如图3-5所示。功率较大的起动机也有采用6个磁极的。

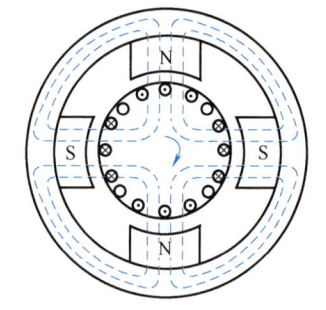

图3-4 磁极

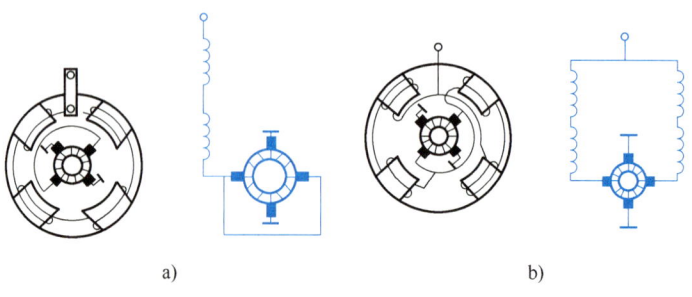

a) b)

图3-5 磁场绕组的连接方式

a）4个励磁绕组串联 b）励磁绕组两两串联后再并联

起动机内部接线如图3-6所示，励磁绕组一端接在外壳的绝缘接线柱上，另一端与两个非搭铁电刷相连。当起动开关接通时，起动机的电路为蓄电池正极→接线柱1→励磁绕组4→绝缘电刷6→电枢绕组→搭铁电刷5→搭铁→蓄电池负极。

（3）电刷与电刷架　电刷与电刷架的作用是将电流引入电枢，使电枢产生连续转动。由于起动机电流较大，所用电刷是用铜与石墨粉压制而成，有利于减小电阻及增加耐磨性。电刷置于电刷架中，由盘形弹簧压紧到换向器上。一般电动机内装有4个电刷，其中2个电刷直接搭铁，称为搭铁电刷；另外2个为绝缘电刷。

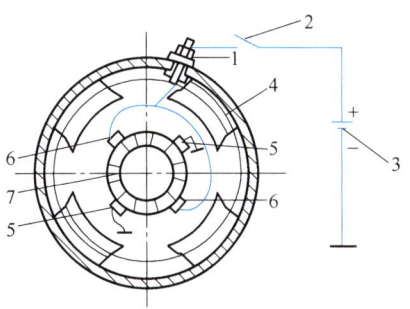

图3-6　起动机内部接线图

1—接线柱　2—起动开关　3—蓄电池　4—励磁绕组　5—搭铁电刷　6—绝缘电刷　7—换向器

（4）壳体及轴承　壳体主要起支承和保护作用，一般用钢管制成，一端开有窗口，用于观察电刷和换向器工作，平时用防尘箍盖住。

起动机轴承用于支承电枢轴。因起动机每次工作时间短，且承受的是冲击载荷，所以起动机轴承一般采用青铜石墨轴承或铁基含油轴承。减速起动机由于电枢轴转速很高，电枢轴承应采用滚珠轴承或滚柱轴承。

**2. 直流电动机的工作原理**

直流电动机是将电能转换为机械能的设备，是根据通电导体在磁场中将受到电磁力作用而产生运动的原理进行工作的。

下面以单匝电枢绕组的直流电动机为例说明其工作原理：

电动机的电刷与直流电源相接，电流由正电刷和换向器A输入，经电枢绕组后从换向片B和负电刷流出。将通电绕组置于磁场中，磁场方向如图3-7所示，当电流$I_s$从正电刷经a→b→c→d到负电刷时，根据左手定则判定，匝边ab和cd受到的磁场力F方向如图3-7a所示，这个电磁力将形成力矩，使绕组逆时针转动。当绕组转到换向片A与负电刷接触，换向片B与正电刷接触时，电流方向改变为d→c→b→a，同时匝边ab和cd的位置也改变，

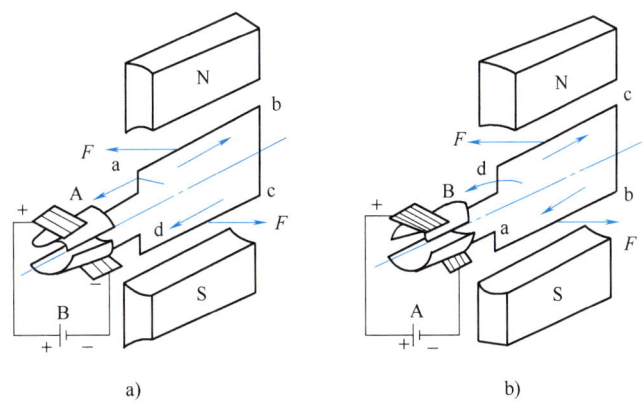

图3-7　直流电动机工作原理

a）绕组电流从a→d　b）绕组电流从d→a

电磁转矩的方向保持不变,使绕组继续逆时针旋转。在电源连续对电动机供电时,电枢就可以按同一方向连续转动。

根据电磁理论可知,直流电动机的电磁转矩 $M$ 与电枢电流及磁极磁通的乘积成正比,即

$$M = C_m \Phi I_s \tag{3-1}$$

式中,$C_m$ 为电动机常数,与电动机的磁极对数 $p$、电枢绕组总根数 $Z$ 及电枢绕组电路的支路对数 $\alpha$ 有关,$[C_m = pZ/(2\pi\alpha)]$;$\Phi$ 为磁极磁通(Wb);$I_s$ 为电枢电流(A)。

由式(3-1)可知,直流电动机能通过增加磁极对数、增多电枢绕组总根数和减少支路对数、增大电枢电流和磁极磁通量来增大电动机的转矩。实际的直流电动机电枢都用多匝并联绕成,电枢电流和磁场电流也很大(起动电流为 600A 以上),保证起动机有足够转矩起动发动机。

根据电磁感应原理分析,电枢受到电磁力矩 $M$ 作用而旋转时,电枢绕组会因切割磁力线而产生感应电动势。根据右手定则判定其方向与电枢电流 $I_s$ 的方向相反,故称反电动势。反电动势 $E_f$ 与磁极的磁通量 $\Phi$ 和电枢的转速 $n$ 成正比,即

$$E_f = C_e \Phi n \tag{3-2}$$

式中,$C_e$ 为与电动机结构有关的常数,$[C_e = pZ/(60\alpha)]$;$n$ 为电动机转速(r/min)。

由于反电动势的存在,直流电源加上电枢上的电压,一部分用来平衡反电动势,另一部分则降落在电枢绕组的电阻上,即

$$U = E_f + I_s R_s \tag{3-3}$$

式中,$R_s$ 为电枢回路电阻,包括电枢绕组的电阻和电刷与换向器的接触电阻。

式(3-3)是电动机运行时必须满足的一个基本条件,称为电压平衡方程式。由此可以求出电枢电流 $I_s$ 为

$$I_s = \frac{U - E_f}{R_s} = \frac{U - C_e \Phi n}{R_s} \tag{3-4}$$

在直流电动机刚接通电源的瞬间,电枢转速 $n$ 为 0,电枢反电动势也为 0。此时电枢绕组中的电流达到最大值,即 $I_{max} = U/R_s$,将产生最大电磁转矩,即 $M_{max}$,如果此时的电磁转矩 $M_{max}$ 大于电动机的阻力矩 $M_Z$,电枢就开始加速转动起来。随着电枢转速 $n$ 的上升,$E_f$ 增大,$I_s$ 下降,电磁转矩 $M$ 也就随之下降。当 $M$ 下降至与 $M_Z$ 相等时,电枢就以此转速运转。

如果直流电动机在工作过程中负载发生变化,就会出现以下的变化:

工作负载增大时,$M < M_Z \rightarrow n \downarrow \rightarrow E_f \downarrow \rightarrow I_s \uparrow \rightarrow M \uparrow \rightarrow M = M_Z$,电动机在降低后的转速下稳定运转;

工作负载减小时,$M > M_Z \rightarrow n \uparrow \rightarrow E_f \uparrow \rightarrow I_s \downarrow \rightarrow M \downarrow \rightarrow M = M_Z$,电动机在升高后的转速下稳定运转。

由上可见,当负载变化时,电动机能通过转速、电流和转矩的自动变化来满足负载的需要,使之能在新的转速下稳定工作,即直流电动机具有自动调节转矩功能。

**3. 起动机的工作特性**

在直流电动机中,励磁绕组与电枢绕组的连接方式可分为:串励式、并励式和复励式 3

种形式，如图 3-8 所示。汽车起动机所用的电动机为串励式直流电动机，其工作特性有以下几点。

**(1) 转矩特性** 转矩特性是指电动机的电磁转矩随电枢电流变化的关系，即 $M=f(I_s)$。

由于串励式直流电动机的磁场绕组与电枢绕组串联，故电枢电流与励磁电流相等。在磁路未饱和时，磁通 $\Phi$ 与电枢电流 $I_s$ 成正比，即 $\Phi=C_1I_s$。因此，电动机转矩 $M$（单位为 N·m）为

$$M=C_m\Phi I_s=C_mC_1I_s^2=CI_s^2 \quad (3-5)$$

式中，$C$ 为常数，$C=C_mC_1$；$I_s$ 为电枢电流（A）。

而当磁路饱和后，$\Phi=$ 常数，电动机转矩为

$$M=C_m\Phi I_s \quad (3-6)$$

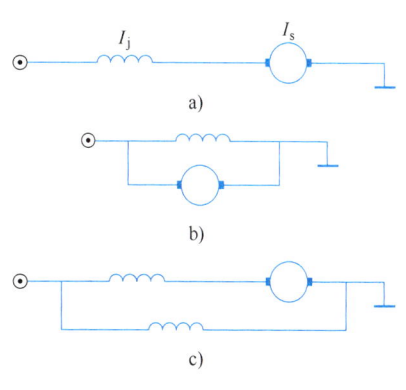

图 3-8　直流电动机的励磁方法
a) 串励式　b) 并励式　c) 复励式

由式（3-5）和式（3-6）可知，串励式直流电动机的电磁转矩在磁路未饱和时，与电枢电流的二次方成正比；在磁路饱和后，磁通 $\Phi$ 几乎不变，电磁转矩才与电枢电流呈线性关系，如图 3-9 所示。

这是串励式直流电动机的一个重要特点，即在电枢电流相同的情况下，串励式直流电动机的转矩要比并励式直流电动机大。特别在起动的瞬间，由于发动机的阻力矩很大，起动机处于完全制动的情况下，$n=0$，反电动势 $E_f=0$。此时，电枢电流将达最大值（称为制动电流），产生最大转矩（称为制动转矩），从而使发动机易于起动。这是起动机采用串励电动机的主要原因之一。

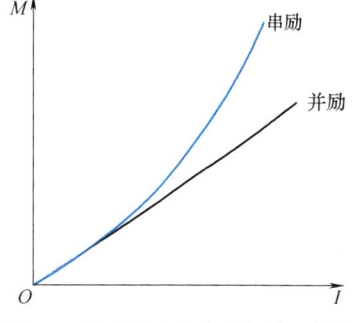

图 3-9　串励式直流电动机转矩特性

**(2) 机械特性** 机械特性是指电动机转速随转矩变化的关系，即 $n=f(M)$。

在串励式直流电动机中，由电压平衡方程式（3-3）可得

$$n=\frac{U-I_s(R_s+R_L)}{C_m\Phi} \quad (3-7)$$

在磁路未饱和时，由于 $\Phi$ 不是常数，$I_s$ 增大时 $\Phi$ 也增大，故转速 $n$ 将随 $I_s$ 的增加而显著下降，又由于转矩正比于电枢电流的二次方，所以串励式直流电动机的转速随转矩的增加而迅速下降，如图 3-10 所示，即具有软的机械特性。

由于串励直流电动机具有软的机械特性，在轻载时转速高、重载时转速低，故对起动发动机非常有利。因为重载时转速低，可使起动安全可靠，这是起动机采用串励式直流电动机的又一原因。

串励直流电动机在轻载时转速很高，易造成电动机"飞车"事故。因此，对于功率较大的串励直流电动机，不允许轻载或空载下运行。

**(3) 起动机特性曲线** 起动机的转矩、转速、功率与电流的关系称为起动机特性曲线，图 3-11 所示为 QD124 型起

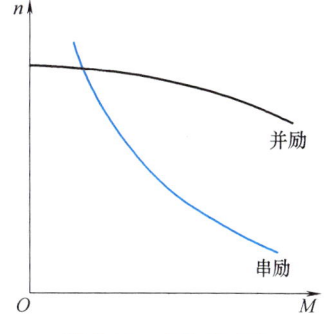

图 3-10　串励式直流电动机机械特性

动机的特性曲线。

由图分析可知：

1）发动机即将起动时，起动机刚接入瞬间，此时 $n=0$，电流最大（称为制动电流），转矩也达最大值（称为制动转矩）。

2）在起动机空转时，电流最小（称为空转电流），转速 $n$ 达最大值（称为空转转速）。

3）在起动电流接近制动电流一半时，起动机的功率最大。

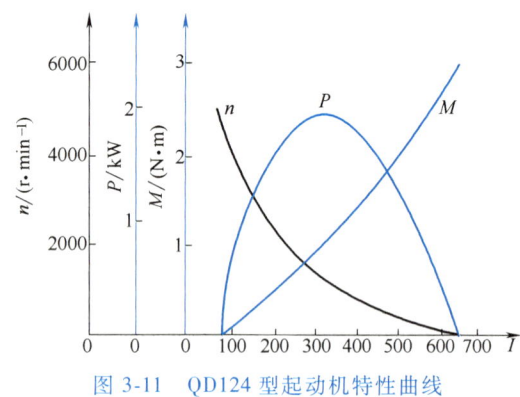

图 3-11 QD124 型起动机特性曲线

因此，在完全制动（$n=0$）和空载（$M=0$）时，起动机的功率都为零。当电流为制动电流一半时，起动机能发出最大功率。

由于起动机运转时间很短，运行它以最大功率运转，所以把起动机的最大输出功率称为起动机的额定功率。

### 3.2.2 传动机构

起动机的传动机构主要由单向离合器和拨叉两部分组成。其主要作用是将电动机的动力传递给发动机飞轮以起动发动机，而发动机起动后则断开发动机对起动机的逆向驱动，以防止发动机带动起动机高速旋转而使起动机"飞散"。

起动机中常见的单向离合器有滚柱式、摩擦片式和弹簧式等。

**1. 滚柱式单向离合器**

该离合器是目前国内外汽车起动机中使用最多的一种传动方式，结构如图 3-12a 所示。其单向离合器外壳 2 与驱动齿轮 1 连为一体，十字块 3 与传动套筒 10 经滑动花键与电枢轴相接，外壳与十字块之间的间隙是宽窄不等的楔形槽结构。

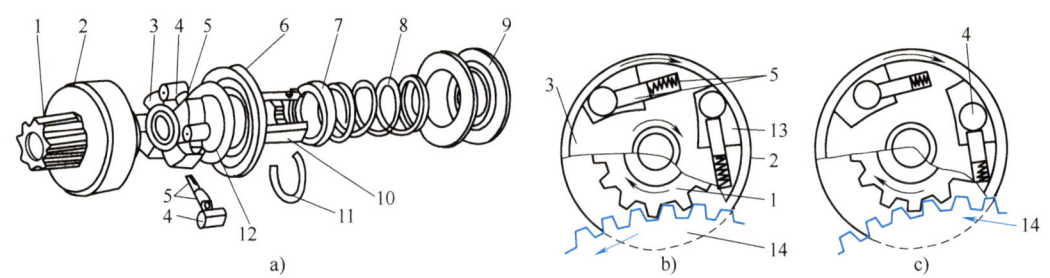

图 3-12 滚柱式单向离合器

a）结构 b）工作原理（起动中） c）工作原理（起动后）

1—驱动齿轮 2—单向离合器外壳 3—十字块 4—滚柱 5—弹簧及滑柱 6—护盖 7—弹簧座
8—缓冲弹簧 9—移动衬套 10—传动套筒 11—卡簧 12—垫圈 13—楔形槽 14—飞轮

起动时，电枢缓慢旋转，电磁开关通过拨叉，推动移动衬套 9、缓冲弹簧 8 等部件，使驱动齿轮 1 与发动机飞轮 14 相啮合。

当起动机主电路接通，电枢快速旋转时，转矩由传动套筒 10 传到十字块 3，滚柱在单向离合器外壳 2 摩擦作用以及弹簧 5 弹力作用下便滚入楔形槽 13 的窄处被卡死，如图 3-12b 所示，于是将转矩传给驱动齿轮，带动飞轮使发动机起动。

当发动机起动后，曲轴转速高于起动机，飞轮带动驱动齿轮旋转，在外壳摩擦作用下，滚柱克服弹簧弹力，滚入楔形槽的宽处而打滑，如图 3-12c 所示，防止发动机的转矩传给驱动齿轮，从而避免电枢超速"飞散"的危险。起动后，由于拨叉回位弹簧的作用，使离合器退回，驱动轮退出飞轮齿圈。缓冲弹簧 8 具有缓和驱动齿轮与飞轮间的冲击，保护驱动齿轮的作用。

滚柱式单向离合器传递较大转矩时，滚柱容易卡住，不能满足大功率起动机的要求，但结构简单，因此在现代汽车上应用广泛。

### 2. 摩擦片式单向离合器

大功率的起动机多采用摩擦片式单向离合器，它是通过摩擦片的压紧和放松来实现离合的，其内部结构如图 3-13a 所示。

离合器的外接合鼓 10 通过半圆键固定在起动机轴上，内接合鼓 4 具有螺纹孔，并旋在起动机驱动齿轮柄 2 的螺纹上，齿轮柄 2 则自由套在起动机轴上，用螺母锁住防止脱落。两个弹性圈 9 和压环 8 依次装进外接合鼓 10 中，青铜主动摩擦片 7 以其外凸齿装入外接合鼓 10 的切槽中，钢制从动摩擦片 6 通过内齿插入内接合鼓 4 的切槽中。内接合鼓上的两个弹簧 5 轻压摩擦片，使摩擦片具有传力作用（力较小）。

起动时，经外接合鼓摩擦片带动内接合鼓转动，驱动齿轮与飞轮啮合后，由于内接合鼓和驱动齿轮柄之间的螺旋结构，使得内接合鼓向右移动，压紧摩擦片（力较大），电枢的转矩传递给飞轮，如图 3-13b 所示。起动后，飞轮带动驱动齿轮，内接合鼓与驱动齿轮的螺旋结构，使得内接合鼓向左移动，摩擦片松开，飞轮不能带动电枢，避免了电枢超速"飞散"

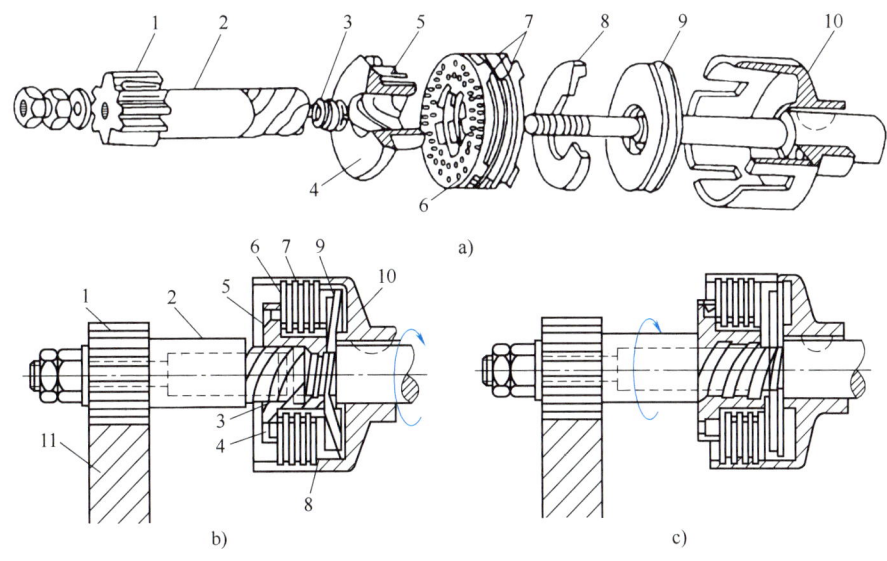

图 3-13 摩擦片式单向离合器
a）结构 b）压紧（起动时） c）放松（起动后）
1—驱动齿轮 2—齿轮柄 3—减振弹簧 4—内接合鼓 5—弹簧 6—钢制从动摩擦片
7—青铜主动摩擦片 8—压环 9—弹性圈 10—外接合鼓 11—飞轮

的危险，如图3-13c所示。

摩擦片式单向离合器可以传递较大的转矩，但结构复杂，摩擦片易磨损，需经常检修调整，常用在电枢移动式起动机上。

### 3. 弹簧式单向离合器

弹簧式单向离合器的结构如图3-14所示。起动机驱动齿轮2空套在电枢轴的前端的光滑部分，花键套筒8套在电枢轴的螺旋花键上，两者之间通过两个月形键4连接，月形键的作用是使驱动齿轮和花键套筒之前只能相对转动，不能做轴向移动。在驱动齿轮柄和花键套筒上包有扭力弹簧5，扭力弹簧的两端各有1/4圈内径较小，并分别箍紧在齿轮柄和花键套筒上。

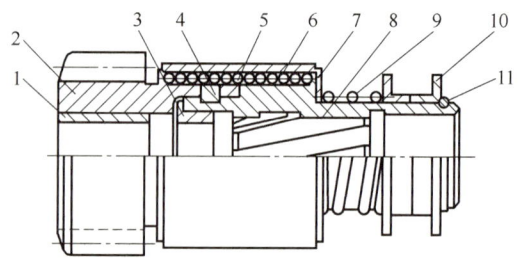

图3-14 弹簧式单向离合器

1—衬套 2—驱动齿轮 3—挡圈 4—月形键 5—扭力弹簧 6—护套 7—垫圈 8—花键套筒 9—缓冲弹簧 10—移动衬套 11—卡簧

起动发动机时，拨叉拨动移动衬套10，并压缩缓冲弹簧9，推动离合器移向飞轮齿圈一端，使驱动齿轮啮入飞轮齿圈。电枢旋转时带动花键套筒，在摩擦力的作用下，扭力弹簧被扭紧，将两个套筒抱死，起动机转矩便由此传给飞轮。起动机起动后，驱动齿轮和飞轮齿圈的主动与从动关系改变，因驱动弹簧被放松而打滑，从而使电枢轴避免了超速运转的危险。

弹簧式单向离合器结构简单、使用寿命长、制造成本低，但因扭力弹簧圈数多、轴向尺寸较大，故只适应于大功率柴油机的起动，而不适宜在小型起动机上使用。

## 3.2.3 电磁控制装置

电磁控制装置又称为起动机的电磁开关，它与电磁式拨叉合装在一起，利用电磁铁控制起动机驱动齿轮与飞轮的啮合与分离。用起动按钮或点火钥匙控制电磁铁，再由电磁铁控制主电路开关，以接通和切断主电路。由于装有电磁铁，可进行远距离控制，操作省力。图3-15所示为上海大众桑塔纳2000GSi轿车用起动机的电磁开关的接线柱，接线柱2和3为插片式，接线柱2为备用端子（未接任何导线，无须附加电阻）。

图3-16所示为起动机内部电路，当电磁开关中的吸拉线圈和保持线圈通电后产生的磁通方向一致时，其电磁吸力便吸引活动铁心向前移动，直到将电动机电路接通为止。

当点火开关接通起动档时，吸拉线圈和保持线圈电流接通，吸拉线圈电流路径为蓄电池正极→点火开关→起动机接线柱50→吸拉线圈E→起动机接线柱C→磁场绕组→电枢绕组→搭铁回到蓄电池负极。

保持线圈电流路径为蓄电池正极→点火开关→起动机接线柱50→保持线圈H→搭铁回到蓄电池负极。

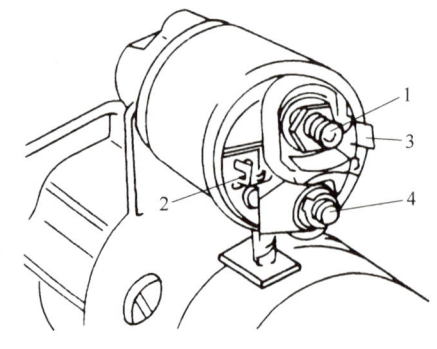

图3-15 电磁开关接线柱

1—接线柱30 2—接线柱15a（空） 3—接线柱50 4—磁场绕组接线柱C

根据右手螺旋定则可知，此时两线圈电流产生的磁力线方向相同，电磁力叠加，吸引活动铁心向左移动，将电动机开关的触点 30 与 C 接通，从而将电动机主电路接通，其电流路径为蓄电池正极→起动机接线柱 30 及其触点→起动机接线柱 C 及其触点→磁场绕组→电枢绕组→搭铁回到蓄电池负极。

当驾驶人松开点火钥匙，点火开关从起动档自动回到点火档瞬间，起动档断开，触盘仍将触点接通，吸拉线圈和保持线圈通过电流的路径为蓄电池正极→起动机接线柱 30 及其触点→起动机接线柱 C 及其触点→吸拉线圈 E→起动机接线柱 50→保持线圈 H→搭铁回到蓄电池负极。据右手螺旋定则可知，此时两线圈电流产生的磁力线方向相反，电磁力相互削弱，在回位弹簧的张力作用下，活动铁心等可移动部件自动回位，起动机电路即被切断，起动机停止工作。

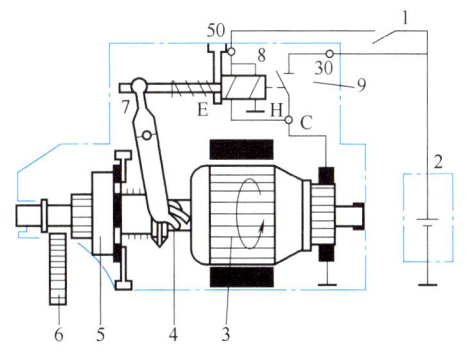

图 3-16　起动机内部电路

1—点火开关　2—蓄电池　3—电枢　4—螺旋花键
5—带单向离合器的小齿轮　6—飞轮齿圈　7—啮合拨叉　8—活动铁心　9—电磁开关总成
C—起动机接线柱　E—吸拉线圈　H—保持线圈

## 3.3　起动机基本参数的选择

### 1. 起动机功率的选择

为了使发动机能迅速、可靠地起动，起动机必须具有足够的功率。起动机的功率 $P$（kW）根据发动机起动所需功率选取，它取决于发动机的起动阻转矩 $M_Q$（N·m）和最低起动转速 $n_Q$（r/min），即

$$P=\frac{M_Q n_Q}{9550} \tag{3-8}$$

发动机的起动阻转矩是指在最低起动转速时的发动机阻转矩，主要包括气缸气体压缩阻转矩、运动件的摩擦阻转矩和惯性转矩。

发动机的最低起动转速是指起动时，能保证进入气缸内的混合气在压缩终了时具有一定的温度和良好的雾化，使发动机能达到可靠点火工作所需的最低转速。汽油发动机的最低起动转速为 50~70r/min，柴油发动机的起动转速为 100~200r/min。

温度为 0℃ 时，发动机起动所需功率可由如下的经验公式推算：

汽油发动机： $P=(0.18 \sim 0.22)L$

柴油发动机： $P=(0.74 \sim 1.1)L$

式中，$L$ 为发动机工作容积（L）；$P$ 为起动机功率（kW）。

### 2. 传动比选择

起动机与发动机之间的最佳传动比应能保证发动机可靠起动，同时能使起动机达到最大功率。在实际选择中，由于受飞轮齿圈和驱动齿轮的结构限制，转动比往往稍小于最佳值。虽然这使得起动机在工作时并没有达到最大功率，但起动机的转矩增大，对起动发动机是有利的。

通常起动机驱动齿轮一般为9~13个齿（个别情况为5~7个齿）。起动机与发动机的传动比一般在如下范围内选择：

1）汽油发动机：13~17。

2）柴油发动机：8~10。

### 3. 蓄电池容量的选择

起动机的功率确定后，可以按如下经验公式确定蓄电池的容量：

$$C_n = (600 \sim 800)\frac{P}{U} \tag{3-9}$$

式中，$C_n$ 为蓄电池额定容量（A·h）；$P$ 为起动机额定功率（kW）；$U$ 为起动机额定电压（V）。

对于大功率起动机（7.0~10kW），蓄电池的容量可以选择比计算值小一些。

## 3.4 新型起动机

起动机的3个组成部分中，电动机部分一般没有本质区别，控制方法基本采用电磁控制装置，只有传动机构啮入方式有较大差异，按照传动机构啮入方式的不同可以分为电磁控制强制式啮合式、电枢移动式和齿轮移动式。

目前应用较多的是电磁控制强制式啮合式。电枢移动式、齿轮移动式起动机性能较好，但结构较复杂。除此以外，还有磁极为永久磁铁的永磁起动机，以及内装减速齿轮的减速起动机等。

### 3.4.1 电枢移动式起动机

电枢移动式起动机靠磁极磁通的电磁力，使电枢轴向移动，将驱动齿轮啮入飞轮齿圈。

电枢移动式起动机的电路如图3-17所示。起动机是借助磁极磁力，移动整个电枢而使驱动齿轮啮入飞轮齿圈的。起动机的电枢11在回位弹簧9的作用下与磁极12错开一定距离，换向器较长。起动机的壳体上装有电磁开关，其励磁绕组由起动开关控制，动触点为一接触桥4，接触桥上端较长，下端较短，使起动机电路的接通分2个阶段进行。起动机有3个励磁绕组，其中，匝数少且用扁钢条绕制的为主磁场绕组1，另外2个用细导线绕制的分别为串联辅助励磁绕组2和并联辅助励磁绕组3（又称保持线圈）。起动机单向离合器一般采用摩擦片式离合器。

电枢移动式起动机的工作过程分为2个阶段，串联辅助励磁绕组主要在第1阶段工作，第2阶段中由于与主磁场绕组并联而几乎被短路；并联辅助励磁绕组则在2个阶段中都工作，不但可以增大吸引电枢的磁力，而且可以起限制空载转速的作用。

**(1) 进入啮合** 当接通起动开关时，电磁铁6产生吸力，吸引接触桥4，但由于扣爪8顶住了挡片7，接触桥只能上端闭合，接通了串、并联辅助励磁绕组电路，其通路为

蓄电池正极→静触点5→接触桥4上端┬→并联辅助励磁绕组3→搭铁→蓄电池负极。
　　　　　　　　　　　　　　　　└→串联辅助励磁绕组2→电枢→搭铁→蓄电池负极。

并联辅助励磁绕组和串联辅助励磁绕组产生的电磁力克服回位弹簧9的反力，吸引电枢向左移动，起动机驱动齿轮啮入飞轮齿圈。

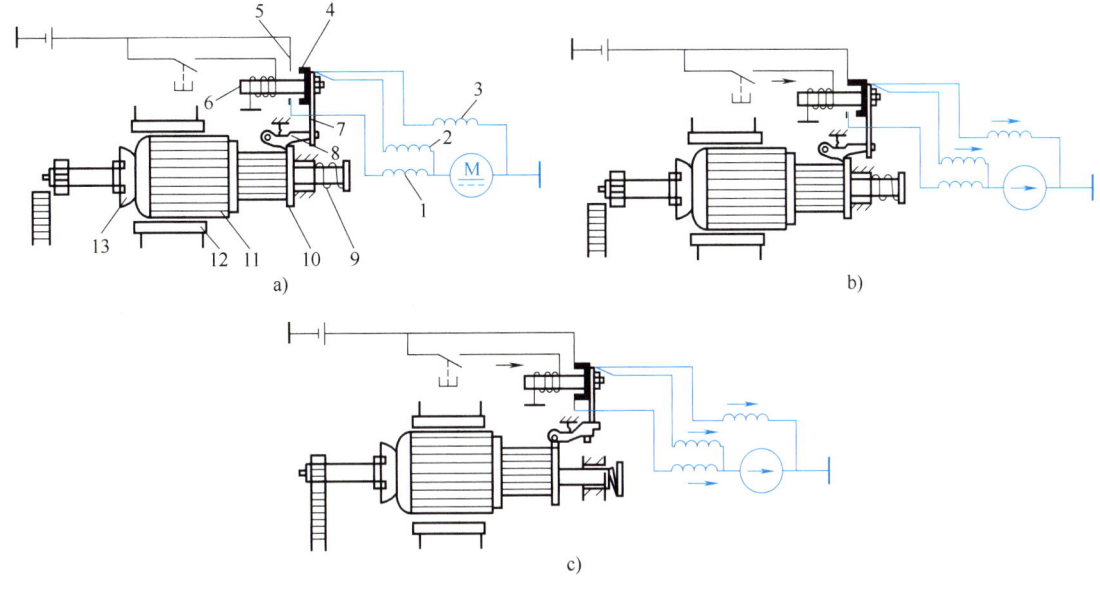

图 3-17 电枢移动式起动机的电路

a）未起动状态  b）进入啮合状态  c）完全啮合状态

1—主磁场绕组  2—串联辅助励磁绕组  3—并联辅助励磁绕组  4—接触桥  5—静触点  6—电磁铁
7—挡片  8—扣爪  9—回位弹簧  10—圆盘  11—电枢  12—磁极  13—摩擦片式离合器

此时由于串联辅助励磁绕组的电阻大，流过电枢绕组的电流很小，起动机仅以较小的转速旋转并向左移动，齿轮啮入柔和，这是接入起动机的第 1 阶段。

**（2）完全啮合**　电枢移动使小齿轮完全啮入飞轮齿圈后，固定在换向器端面的圆盘 10 顶起扣爪 8，使挡片 7 脱扣，于是接触桥 4 的下端闭合，接通了起动机的主磁场绕组 1，起动机便以正常的工作转矩和转速驱动曲轴旋转，这是接入起动机的第 2 阶段。

在起动过程中，摩擦片式离合器 13 接合并传递转矩。发动机起动后，离合器打滑，曲轴转矩便不能传到起动机轴上。这时起动机处于空载状态，转速增高，电枢中反电动势增大，因而串联辅助励磁绕组 2 中的电流减小。当电流小到磁极磁力不能克服回位弹簧 9 的反力电枢 11 在回位弹簧 9 的作用下被移回原位，于是驱动齿轮脱开，扣爪 8 回到锁止位置，为下次起动做准备。直到断开起动开关后，起动机才停止旋转。

电枢移动式起动机保护飞车的能力和反击的能力不受功率限制，因此可做成大功率起动机。它的不足之处是不宜在倾斜位置工作，结构复杂，且传动比不能大。此外，当离合器摩擦片磨损后，摩擦力会大大降低，因此需要经常调整。

### 3.4.2 减速起动机

普通起动机电枢转速与驱动齿轮的转速相同，减速起动机在电枢与驱动齿轮之间增加了一套减速机构。

减速起动机的优点是：采用了高速低转矩的电动机，可使起动机质量和体积减小，且便于安装；提高了起动机的起动转矩而有利于发动机低温起动；电枢轴较短而不易弯曲等。

减速齿轮有外啮合式、内啮合式和行星齿轮式 3 种。

### 1. 外啮合式

图 3-18 为丰田汽车用外啮合式减速起动机结构示意图。该起动机主要由电磁开关、结构紧凑的高速电动机、减速齿轮（惰轮和离合器齿轮）、小齿轮和起动机离合器等部件构成。减速齿轮将电动机转速减至原来的 1/3 或 1/4，然后再传至小齿轮。电磁开关的可动铁心直接推动小齿轮（位于同一轴上），使其与齿圈啮合。与同样尺寸和质量的常规式起动机相比，这种起动机可以产生更大的转矩。外啮合式减速起动机如图 3-19 所示。

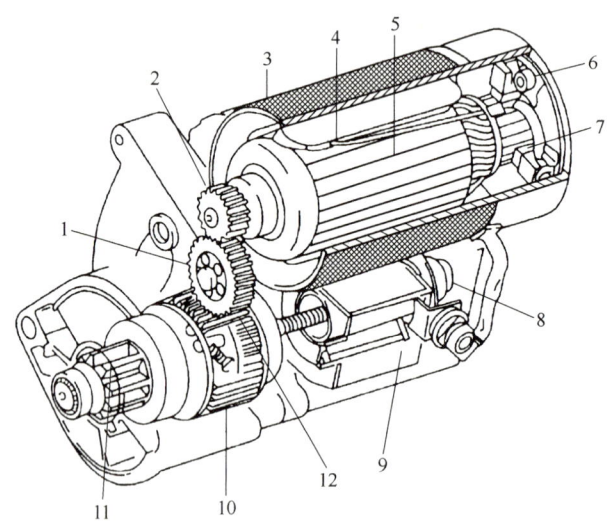

图 3-18 丰田汽车用外啮合式减速起动机的结构示意图

1—惰轮  2—驱动齿轮  3—外壳  4—励磁绕组  5—电枢  6—电刷弹簧  7—电刷
8—可动铁心  9—电磁开关  10—起动机离合器  11—小齿轮  12—离合器齿轮

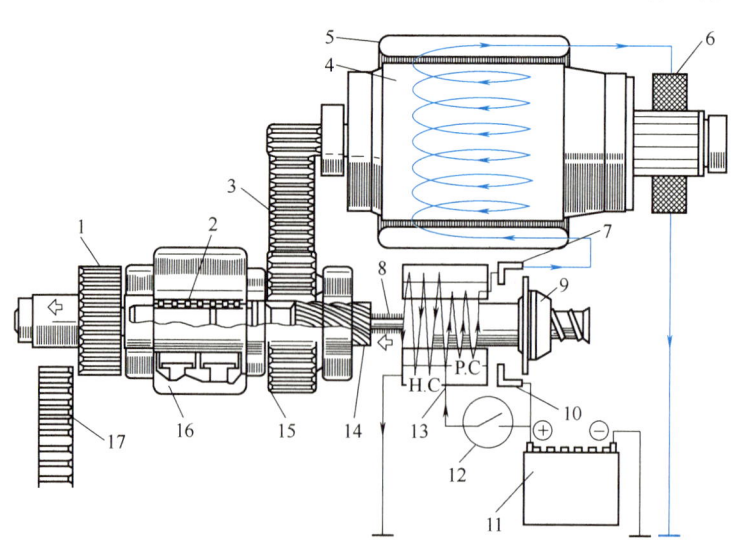

图 3-19 外啮合式减速起动机

1—小齿轮  2—小齿轮回位弹簧  3—惰轮  4—电枢  5—励磁绕组  6—电刷  7—端子 C
8—可动铁心回位弹簧  9—可动铁心  10—端子 30  11—蓄电池  12—点火开关
13—端子 50  14—螺旋花键  15—离合器齿轮  16—起动离合器  17—齿圈
H.C—保持线圈  P.C—吸引线圈

外啮合式减速起动机具体工作过程如下：

1）点火开关位于"STA"位置时，端子 50 将来自蓄电池的电流传至保持线圈和吸引线圈。电流随后从吸引线圈，通过端子 C 流至励磁绕组和电枢绕组。由于已励磁的吸引线圈所造成的电压降，限制了电动机励磁绕组和电枢的电流供应，这时电动机只以低速运转。

与此同时，吸引线圈和保持线圈产生一个相同方向的磁场，将可动铁心朝左推，压住回位弹簧。小齿轮因此向左移动，直至与齿圈啮合。在此阶段，电动机低速运转，使齿轮之间可以平顺啮合。螺旋花键也同时帮助小齿轮与齿圈更加平顺地啮合在一起。

2）当电磁开关和螺旋花键将小齿轮推至与齿圈完全啮合的位置时，固定在可动铁心上的接触片，使端子 30 和端子 C 短路而接通主开关。这一短路连接，使较强的电流得以通过起动电动机从而使电动机以较大的转矩转动。螺旋花键使小齿轮与齿圈啮合得更牢固。

与此同时，吸引线圈两端的电压变得相等，电流不再流经吸引线圈。因此，这时可动铁心只是由保持线圈所施加的磁力保持在原位。

3）起动完毕，将点火开关从"STA"位置扭回至"ON"位置，便切断了正施加在端子 50 上的电压。但主开关仍保持闭合状态，部分电流便从端子 C 通过吸引线圈流至保持线圈。由于流经保持线圈的电流，与点火开关位于"STA"位置时的电流方向相同，保持线圈便产生了拉动可动铁心的磁力。另一方面，电流在吸引线圈中的反向流动，便产生了将可动铁心恢复原位的磁力。

这两个线圈所产生的磁场相互抵消，使回位弹簧将可动铁心拉回。这便切断了施加在电动机上的强电流，可动铁心也几乎同时将小齿轮与齿圈分离。减速起动机中所使用的电枢惯性，小于常规式起动机中所用的电枢惯性，摩擦力可以使其很快停止转动。

#### 2. 内啮合式

内啮合减速机构传动中心距小，可以有较大的传动比，适合于较大功率的起动机。

图 3-20 为国产 QD254 型内啮合式减速起动机原理图。该起动机采用小型高速串励式直流电动机，在电枢轴端有主动齿轮 13，它与内啮合减速齿轮 12 相啮合。内啮合齿轮与螺旋花键轴 11 固连，螺旋花键上套有滚柱式单向离合器 10。该起动机减速传动效率高，但成本也高，其工作原理如下：

起动时，接通起动开关 1，蓄电池电流便流过起动继电器磁化线圈 2，于是起动继电器触点 3 闭合，接通了电磁开关中吸引线圈 6 和保持线圈 7 的电路。在两线圈电磁吸力的共同作用下，可动铁心 8 被吸入，带动拨叉 9 将单向离合器 10 推出，使驱动齿轮与飞轮齿圈啮合。当驱动齿轮与飞轮齿圈接近完全啮合时，可动铁心推动接触盘的杆使接触盘 5 将电磁开关主触点 4 接通，于是起

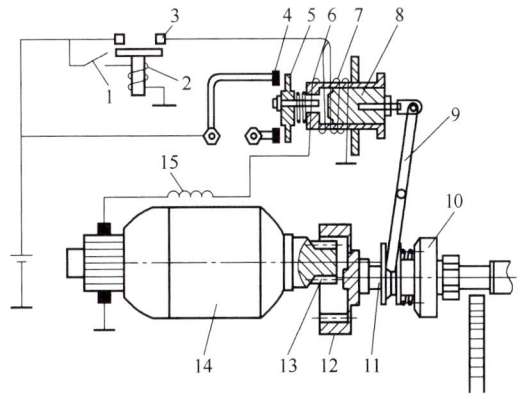

图 3-20 内啮合式减速起动机原理图

1—起动开关 2—起动继电器磁化线圈 3—起动继电器触点 4—电磁开关主触点 5—接触盘 6—吸引线圈 7—保持线圈 8—可动铁心 9—拨叉 10—单向离合器 11—螺旋花键轴 12—内啮合减速齿轮 13—主动齿轮 14—电枢 15—励磁绕组

动机主电路接通,电枢开始高速旋转。电枢的旋转经主动齿轮 13、内啮合减速齿轮 12 减速,再经螺旋花键轴传给单向离合器,最后通过单向离合器传递给驱动齿轮使发动机起动。

### 3. 行星齿轮式

行星齿轮传动具有结构紧凑、传动比大、效率高的特点。图 3-21 所示为 12VDW1.4 型行星齿轮式减速起动机的原理简图。

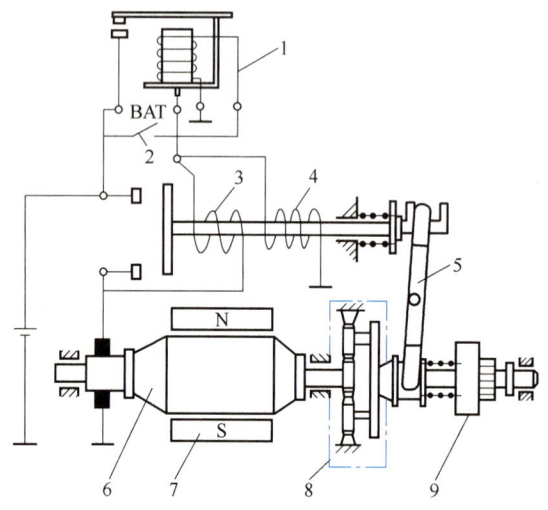

图 3-21 12VDW1.4 型行星齿轮式减速起动机原理简图
1—起动继电器 2—点火开关 3—吸引线圈 4—保持线圈 5—拨叉 6—电枢
7—永久磁极 8—行星齿轮减速装置 9—滚柱式单向离合器

起动机中有 6 块永久磁极,用弹性保持片固定于机壳内。传动机构为滚柱式单向离合器。减速装置为行星齿轮减速装置,它以电枢轴齿轮为太阳轮,另有 3 个行星齿轮及 1 个固定内齿圈,其啮合关系如图 3-22 所示。

太阳轮压装在电枢轴上与 3 个行星齿轮同时啮合。3 个行星齿轮的轴压装在一个圆盘上(行星齿轮在轴上可以灵活转动),该圆盘与驱动齿轮轴制成一体,驱动齿轮轴一端制有螺旋花键,与单向离合器的传动套筒内的螺旋花键配合。内齿圈由塑料铸塑而成,3 个行星齿轮在其上滚动,内齿圈的外缘制有定位用的槽,以便嵌放在后端盖上。

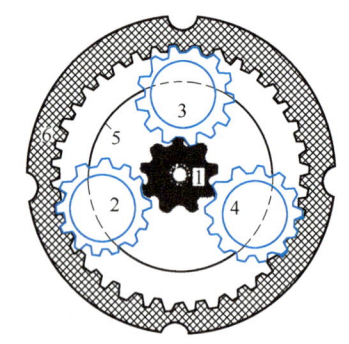

图 3-22 行星齿轮减速装置的啮合关系
1—太阳轮 2、3、4—行星齿轮 5—行星齿轮支架(输出轴) 6—内齿圈

起动继电器有两个触点:一个触点控制吸引线圈和保持线圈的电路,另一个触点(图中未画出)用于起动时短路点火系统初级电路中的附加电阻,以增大初级电流,改善起动性能。起动机不工作时,起动继电器的两对触点均处于打开状态。

该起动机转矩传递路径为:电枢轴产生的转矩经电枢轴齿轮(太阳轮)→行星齿轮 4 及支架 5→驱动齿轮轴→滚柱式单向离合器→驱动齿轮→飞轮。

该起动机的定子磁场采用永磁体材料,因此被称为永磁式起动机。

永磁式起动机主要有如下性能特点：

1）磁力来源于永磁材料做的磁瓦，磁场稳定，是一种他励直流电动机，工作特性与并励电动机相近，一般多用作小功率起动机。

2）电动机为他励，空载转速小，使用安全性较串励电动机要好；由于永磁式电动机的机械特性较差，因此必须配有减速机构。

## 本章小结

起动系统主要包括蓄电池、起动机、起动继电器、点火开关、安全开关（有的汽车采用）、低温起动预热装置等。

发动机起动有手摇起动、电起动、汽油机起动、压缩空气起动和拖动等几种方式。现代汽车用发动机，均采用电起动方式。

起动机的作用是将蓄电池的电能转换成机械能以起动发动机。起动机一般由串励式直流电动机、控制装置和传动机构组成。直流电动机根据通电导体在磁场中将受到电磁力作用而产生运动，由电枢总成、磁极、电刷与电刷架及其他附件组成。传动机构主要组成部分是单向离合器，其作用是将电动机的动力传递给发动机飞轮以起动发动机，而发动机起动后则断开发动机对起动机的逆向驱动，常见的单向离合器有滚柱式、摩擦片式及弹簧式。控制装置一般是电磁开关，控制起动机驱动齿轮与发动机飞轮的啮合与分离以及电动机电路的通断，防止误操作。

新型起动机主要有电枢移动式起动机和减速起动机。电枢移动式起动机靠磁极磁通的电磁力，使电枢轴向移动，将驱动齿轮啮入飞轮齿圈，电枢移动式起动机保护飞车的能力和反击能力不受功率限制，可做成大功率起动机，不足是结构复杂、传动比不能大。减速起动机在电枢与驱动齿轮之间装有一套减速机构，具有质量小、体积小、便于安装、起动机的起动转矩高而有利于发动机起动等优点。

## 思考题

1. 发动机起动有哪些方式？各有何特点？
2. 起动机由哪三大部分组成？各部分的作用是什么？
3. 电磁开关的作用是什么？吸拉线圈和保持线圈分别起什么作用？
4. 以某典型轿车所用的起动机为例，说明电磁开关的基本组成和结构原理。
5. 单向离合器的作用是什么？滚柱式单向离合器是如何工作的？
6. 减速起动机有何优点？齿轮减速器有几种类型？
7. 永磁起动机有何优点？

# 第4章　汽车点火系统

【本章教学要点】

| 知识要点 | 掌握程度 | 相关知识 |
| --- | --- | --- |
| 点火系统简介 | 了解点火系统的作用、要求 | 点火系统的作用、要求及分类 |
| 普通电子点火系统 | 掌握电子点火系统的结构<br>熟练分析电子点火系统的工作原理 | 磁感应式电子点火系统、霍尔效应式电子点火系统、光电式电子点火系统、点火线圈的构造、火花塞的构造 |
| 微机控制点火系统 | 掌握微机控制点火系统的结构<br>熟练分析微机控制点火系统的工作原理 | 微机控制点火系统的组成、点火提前角控制、闭合角控制、爆燃控制 |

在汽油发动机中，点火系统的作用是适时地为发动机气缸内已压缩的可燃混合气提供足够能量的电火花，使发动机能及时、迅速地燃烧做功。适时在气缸燃烧室内产生电火花的装置，称为点火系统。

点火系统性能的好坏对发动机工作情况有十分重要的影响，故点火系统应在发动机各种工况和使用条件下，均能保证可靠而准确的点火，这就要求点火装置应满足下列3个基本要求：

（1）**能产生足以击穿火花塞电极间隙的电压**　该击穿电压常称为次级电压，一般为10~20kV的高压电。击穿电压与诸多因素有关，主要有：火花塞电极间隙的大小、火花塞电极的温度及极性、气缸内混合气温度及压力、发动机工作情况。为了保证点火可靠，点火装置必须有一定的高压储备，但过高的次级电压，又将造成绝缘困难，使成本提高。因此，次级电压通常限制在30kV以内。

（2）**火花塞产生的电火花必须有足够的能量**　发动机正常工作时，所需的点火能量很小（1~5mJ）；触点式点火系统一般能发出15~50mJ的点火能量，足以点燃混合气。但在发动机起动、怠速及急加速工况下，则需要有较高的点火能量，一般应保证有50~80mJ的点火能量；起动时应能产生大于100mJ的点火能量。

（3）**点火提前角应与发动机各种工况相适应**　通常把发动机发出功率最大和燃油消耗

最小时的点火提前角称为最佳点火提前角。不同发动机的最佳点火提前角各不相同，且同一发动机在不同工况和使用条件下最佳点火提前角也不同。

【小提示】

实践证明：如果点火时间适宜，气缸内燃烧最大压力出现在做功上止点后 10°～15° 时，发动机的输出功率最大，此刻所对应的点火提前角即为最佳点火提前角。

目前，应用在汽车上的点火装置种类较多，大致可以分为以下几种：

(1) **传统点火系统**　指初级电路的接通或断开由断电器触点控制的点火系统。传统点火系统结构简单、成本低廉、但故障率高、高速性能差，现已逐步淘汰。

(2) **普通电子点火系统**　指初级电路的接通或断开由晶体管控制的点火系统，也称为"晶体管式点火系统"。它具有高速性能好、点火时间精确、结构简单、质量小、体积小等优点。

(3) **微机控制点火系统**　指根据各种传感器和开关等输入信号，经过电控单元（Electronic Control Unit，ECU）的数学运算和逻辑判断并发出点火指令，控制初级电路通断的点火系统。目前，微机控制点火系统应用较广泛。

## 4.1　普通电子点火系统

### 4.1.1　概述

传统点火系统在汽车上的应用已有一个世纪历史了，虽然它的部件在不断地改进，其点火性能及使用寿命也有所提高，但由于机械触点的存在，传统点火系统已不能适应现代汽车发展的要求。

**1. 传统点火系统存在的不足**

(1) **火花能量的提高受到限制**　现代汽车发动机以其高转速、高压缩比及燃用稀混合气为特点，对点火能量的要求越来越高。传统点火系统由于其初级电流受断电器触点允许电流的限制，火花能量的提高也受到限制。

(2) **触点故障多、寿命短**　传统点火系统中，初级电流的通和断由断电器触点控制。当触点打开瞬间，触点间极易形成火花而将触点烧蚀。又因触点反复开闭，触点臂顶块与凸轮长期摩擦而磨损，造成触点间隙变化、点火正时不稳定，影响发动机的功率输出。当间隙小到一定程度后，触点断开时产生的电弧不能切断，将使触点在很短时间内烧蚀，甚至失去工作能力。

此外，发动机在高速时，由于机械滞后和磁滞的存在，断电器触点易产生"回跳"或"颤动"现象，使实际闭合角减小，影响火花能量，导致高速失火。

(3) **对火花塞积炭和污染敏感**　传统点火系统中次级电压上升速率低（一般需 120μs），故对火花塞积炭和污染很敏感。

**2. 电子点火系统的优点**

电子点火系统与传统点火系统相比，它的基本功能并没有什么变化，但从改善火花的点火性能，提高点火时间的控制精度及可靠性等方面来看，却发生了巨大的变化。

1）因为不存在机械触点或初级电流不经过触点，所以不存在触点氧化、烧蚀、变形、磨损等现象，使用中几乎不需要维修和经常换件，同时可以增大初级断电电流值，提高次级电压，有效地改善和保证点火性能。一般传统点火系统的初级电流不超过5A，而普通电子点火系统可提高到7~8A，次级电压可达30kV。

2）电磁能量得到了充分利用，高电压形成迅速，火花能量大。由于无断电器触点或触点电流很小，不会因触点产生火花而消耗部分电磁能量，所以高电压形成很快（只需80~100μs），火花能量大，提高了点火可靠性。

3）减小了火花塞积炭的影响。电子点火系统的火花塞间隙一般为1.1~1.2mm，在积炭阻值达100kΩ的严重积炭情况下，仍能维持可靠的点火特性。

4）点火时间精确，混合气能得到完全燃烧，可在稀混合气工况下正常点火，保证了发动机在降低油耗的基础上，减少废气污染，获得最好的动力性。

5）对无线电干扰小、结构简单，质量小、体积小、保养维修简便。

### 3. 电子点火系统的分类

目前，国内外应用的汽车电子点火装置的种类较多，大致可分为以下几种类型：

**（1）按点火装置有无触点分类**

1）触点式电子点火装置，又称半导体管或晶体管辅助点火装置。

这是最早的一种电子与机械相结合的点火系统。其特点为：用功率晶体管代替断电器的触点接通和切断点火线圈的初级电流，点火系统仍保留了机械触点式断电器，但点火线圈的初级电流并不通过触点，触点仅控制功率晶体管导通与截止的基极电流。

这种点火系统由于还保留了机械触点，仍存在由于触点而引发的一系列问题，已被淘汰了。

2）无触点式电子点火装置，又称全晶体管点火装置。

无触点式电子点火系统的基本特点，是采用各种形式的点火信号发生器来代替断电器触点，由信号发生器产生触发或控制点火的信号，经过点火控制器内的放大等电路，最后控制点火控制器内大功率晶体管的导通和截止，达到控制点火线圈初级电流通断的目的。

**（2）按点火能量的储存方式分类**

1）电感储能式电子点火装置。其储能元件是点火线圈。

2）电容储能式电子点火装置。其储能元件是专用的电容器。

**（3）按点火提前角的控制方式分类**

1）普通电子点火系统。普通电子点火系统的主要特点是其点火提前角的控制由机械式点火提前装置完成。

2）微机控制点火系统。微机控制点火系统点火提前角的控制则由发动机电控单元（ECU）来完成，完全取代了离心式点火提前装置和真空式点火提前装置。

## 4.1.2 磁感应式电子点火系统

磁感应式电子点火系统（又称为磁脉冲式或磁电式电子点火装置）结构简单，性能可靠，已在国内外普遍使用。日本丰田轿车等均装有该类型点火装置。

丰田轿车无触点磁感应式电子点火系统主要由磁感应式点火信号发生器、点火控制器、分电器、点火线圈、火花塞等组成，如图4-1所示。该点火系统的分电器中仍保留了传统的配电器、离心点火提前机构和真空点火提前机构。

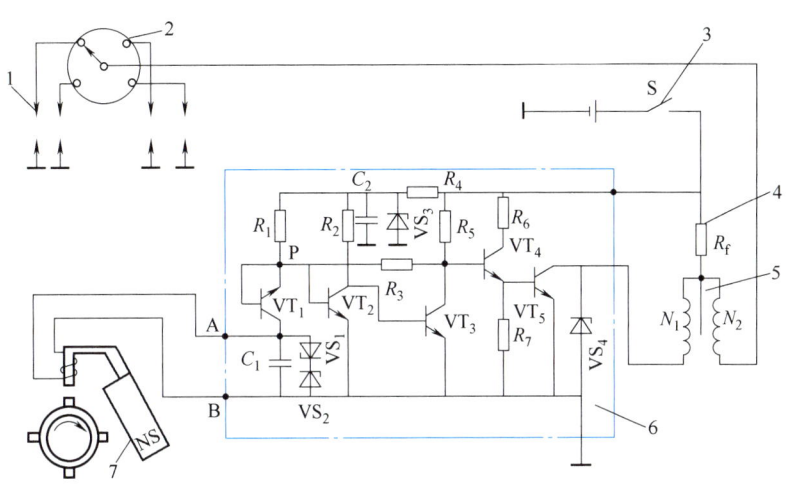

图4-1　丰田20R型发动机用磁感应式电子点火系统电路

1—火花塞　2—配电器　3—点火开关　4—附加电阻　5—点火线圈　6—点火控制器　7—点火信号发生器

## 1. 信号发生器

磁感应式点火信号发生器的结构如图4-2a所示。其作用是产生与发动机曲轴位置相对应的磁感应电压脉冲信号，并输给点火控制器作为点火控制信号。它由信号转子、永久磁铁、磁轭和绕在铁心上的感应线圈等组成。永久磁铁、磁轭、感应线圈等组成定子总成，一般固定在活动底板上。工作时，可由真空点火提前机构调节定子总成与分电器轴的相对位置。信号转子与分电器轴的连接方式则与断电器凸轮相似。信号转子安装在分电器轴上，凸齿数与发动机气缸数相等。

磁感应式点火信号发生器是利用电磁感应原理工作的。当通过感应线圈的磁通发生变化时，在感应线圈内便产生交变电

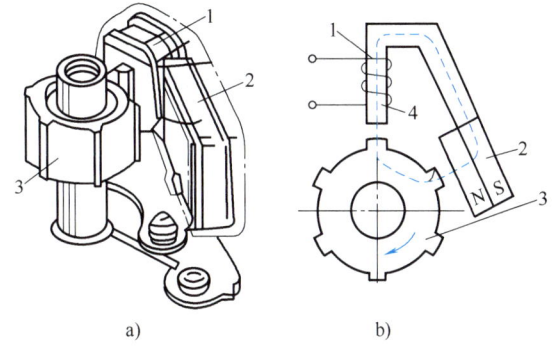

图4-2　磁感应式点火信号发生器结构

a）结构简图　b）原理示意图

1—感应线圈　2—永久磁铁　3—信号转子　4—铁心

动势，它相当于一个极小的发电机。其永久磁铁的磁路是：永久磁铁N极→空气隙→信号转子→空气隙→铁心→永久磁铁S极，如图4-2b中虚线所示。当发动机尚未转动时，信号转子不动，通过感应线圈的磁通没有变化，感应线圈不产生电动势，因而无信号输出。当发动机开始转动时，信号转子便由分电器轴带动旋转，这时信号转子的凸齿与铁心间的空气隙将发生变化，使通过感应线圈的磁通发生变化，因而在感应线圈中便产生感应电动势。

信号发生器的工作原理如图4-3所示，具体工作过程如下：

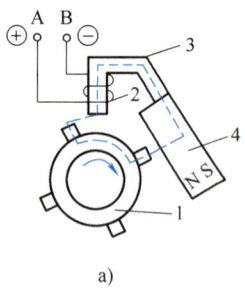 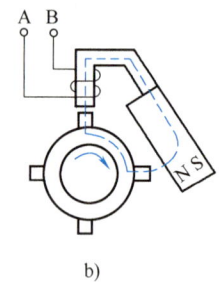 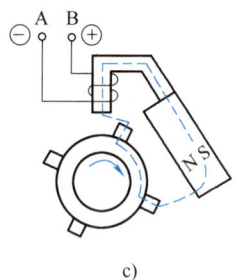

图 4-3 信号发生器的工作原理
a) 靠近时 b) 正对时 c) 离开时
1—转子 2—感应线圈 3—铁心 4—永久磁铁

当发动机工作时，信号转子便由分电器轴带动旋转，此时信号转子凸齿与铁心间的空气隙将发生变化，使通过感应线圈的磁通量发生变化，在感应线圈内便产生交变电动势。对于四缸发动机，转子每转一转，磁路的磁通量出现 4 次最大值和 4 次最小值，同时在线圈中感应出相应的电动势，其磁通量和感应电动势的波形变化如图 4-4 所示。

如图 4-3 所示，当信号转子的两个凸齿中央正对铁心的中心线时，磁路中凸齿与铁心间的空气隙最长，通过感应线圈的磁通量最小，且磁通量变化率为零（图 4-4a 中的 $O$ 点）。

如图 4-4a 所示，如果信号转子顺时针转动，信号转子的凸齿逐渐接近铁心，凸齿与铁心间的空气隙越来越小（即磁阻逐渐变小），则穿过感应线圈的磁通量逐渐增大，于是在感应线圈中便产生感应电动势。根据楞次定律，其感应电动势的方向总是阻碍磁通量的增长，其大小与磁通量的变化率 $d\Phi/dt$ 成正比。当信号转子凸齿的齿角与铁心边缘相对时，通过感应线圈的磁通量将急剧增大，磁通量的变化率 $d\Phi/dt$ 最大，则所对应的感应电动势最大（图 4-4 中的 a 点），即有正的最大值。此时的磁通量和感应电动势如图 4-4 中的 $Oa$ 段所示。

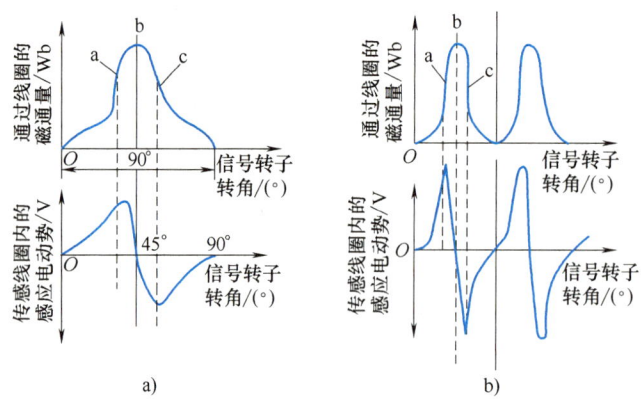

图 4-4 感应线圈中磁通量及感应电动势的变化情况
a) 低速 b) 高速

信号转子继续旋转，当信号转子的凸齿正好与铁心对正时，如图 4-3b 所示，转子凸齿与铁心间空气隙最小，穿过感应线圈的磁通量最大（即磁阻最小），此时磁通的变化率 $d\Phi/dt=0$，故感应线圈中的感应电动势为零（图 4-4 中的 b 点）。

信号转子继续旋转，转子凸齿逐渐转离铁心对正位置，如图 4-3c 所示，转子凸齿与铁心间的空气隙越来越大,磁通量不断减小(图4-4中的bc段)。当信号转子该凸齿和后一凸齿的中间位置正对铁心的边缘时,磁通量急剧减小,其减小的磁通量变化率最大,故线圈中的感应电动势最高,呈负的最大值(图4-4中的c点)。

信号转子继续旋转,转子凸齿又回到图4-3a所示位置。

可见,在信号转子转动过程时,线圈内感应电动势的方向发生交替变化,使线圈两端输出交变信号(正脉冲或负脉冲信号),将此信号送至点火控制器输入端,以便准确控制发动机的点火时刻。

**2. 点火控制器**

如图4-1所示,点火控制器内有5只晶体管。其中$VT_1$接成二极管的形式(其发射极与基极相接),起温度补偿作用;$VT_2$为触发管;$VT_3$和$VT_4$起放大作用;$VT_5$为大功率管,与点火线圈初级绕组串联,以提供较大的初级电流,使其截止时能在次级绕组产生所需要的高压电。

发动机工作时,信号发生器将交变信号输给点火控制器,并且加在$VT_2$的基极上。当P点的电压信号高于$VT_2$的阈值电压时,$VT_2$导通饱和,由于$VT_2$的"钳位"作用,使$VT_3$截止,同时,由于$R_5$的偏置作用,使$VT_4$、$VT_5$正向导通,接通点火线圈的初级电路。

同理,当P点的电压信号低于$VT_2$的阈值电压时,$VT_2$截止,在偏置电阻$R_2$的作用下,$VT_3$正向导通饱和。由于$VT_3$的钳位作用,导致$VT_4$、$VT_5$截止,切断点火线圈的初级电路,引起初级电流急剧下降,在点火线圈的次级绕组产生瞬时高压电,再由配电器配至各缸火花塞产生电火花进行点火。每当信号发生器的信号转子转动一圈,各个气缸便轮流点火一次。图4-5所示为点火控制器各部分的工作电压波形。

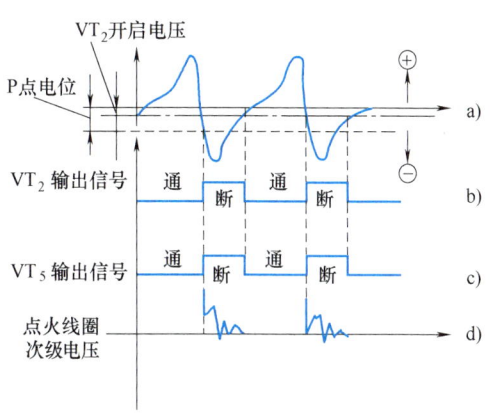

图4-5 点火控制器各部分的工作电压波形
a) 信号发生器输出信号　b) $VT_2$的输出信号
c) $VT_5$的输出信号　d) 次级电压

**3. 点火系统工作原理**(见图4-1)

1)点火开关接通后,当发动机未工作,传感器的信号转子不动时,传感器无输出信号,点火线圈初级绕组有电流流过。此时,电流从蓄电池的"+"→点火开关→$R_4$→$R_1$→P点→$VT_1$→A点→感应线圈→B点→蓄电池的"-"极(搭铁)。于是,电路中的P点电位较高,使$VT_2$的发射极加正向电压而导通,故其集电极电位降低到约等于0,使$VT_3$截止。$VT_3$截止时,蓄电池通过$R_5$向$VT_4$提供偏电流使之导通,此时,$R_7$上的电压加到$VT_5$,使$VT_5$导通。这样,初级电路接通,其电流从蓄电池"+"极→点火开关→附加电阻$R_f$→点火线圈初级绕组→$VT_5$→搭铁。此时,初级绕组中有电流通过,在线圈中形成磁场。

2)起动发动机,分电器开始转动,信号发生器开始产生交变电动势信号。当感应线圈输出"+"信号(即A端为"+"、B端为"-")时,由于$VT_1$的集电极加反向偏电压而截止(此时的$VT_1$与二极管的反向截止相同),故P点仍保持较高的电位,使$VT_2$导通。于是，$VT_3$ 截止，$VT_4$ 和 $VT_5$ 导通，点火线圈初级绕组仍有电流流过。

3）当感应线圈输出"-"信号（即 A 端为"-"、B 端为"+"）时，$VT_1$ 因加正向电压而导通。此时 P 点电位降低，于是 $VT_2$ 截止。当 $VT_2$ 截止时，蓄电池通过 $R_2$ 向 $VT_3$ 提供偏电流，使 $VT_3$ 导通，$VT_4$ 和 $VT_5$ 立即截止，点火线圈初级电流被切断，磁场迅速消失，次级绕组产生高电压。此电压再由分电器分配至各缸火花塞使之跳火，点燃可燃混合气。

发动机不断转动，周而复始重复上述过程，使点火线圈不断产生高压电。

由此可知，该点火器工作中，只要点火开关处于接通状态，尽管发动机还未转动，由于 $VT_2$、$VT_5$ 导通，点火线圈中就有初级电流。因此停车时，不要忘记关断点火开关。

## 4.1.3 霍尔效应式电子点火系统

霍尔效应式电子点火系统（简称霍尔式电子点火系统），是利用霍尔效应原理制成的信号发生器产生点火信号，触发和控制电子点火系统工作的。如国产的桑塔纳、奥迪、捷达、红旗等轿车的点火系统均采用这种点火装置。

霍尔式电子点火系统由内装霍尔信号发生器的分电器、点火控制器、点火线圈和火花塞等组成。图 4-6 为桑塔纳轿车装用的霍尔效应式电子点火系统的组成及电路连接图。

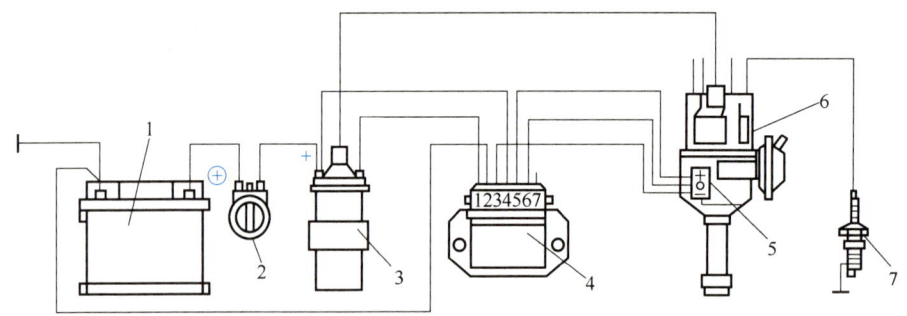

图 4-6 霍尔效应式电子点火系统的组成及电路连接图
1—蓄电池 2—点火开关 3—点火线圈 4—点火控制器 5—信号发生器 6—分电器 7—火花塞

### 1. 信号发生器

**（1）霍尔效应** 霍尔效应是由美国物理学家霍尔于 1897 年发现的，霍尔效应原理如图 4-7 所示。

当电流通过放在磁场中的半导体基片（即霍尔元件），且电流方向与磁场方向垂直时，在同时垂直于电流与磁场的方向上，半导体基片内产生一个与电流大小和磁感应强度成正比的电压，这个电压称为霍尔电压 $U_H$，即

$$U_H = \frac{R_H}{d} IB \quad (4-1)$$

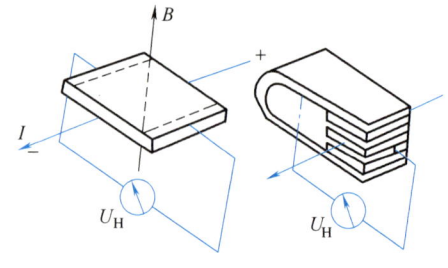

图 4-7 霍尔效应原理

式中，$R_H$ 为霍尔系数；$d$ 为半导体基片厚度；$I$ 为通过基片的电流；$B$ 为磁场强度。

由式（4-1）可知，当电流 $I$ 为定值时，霍尔电压 $U_H$ 只与磁场强度 $B$ 成正比，利用这一效应制成了霍尔信号发生器。

**（2）霍尔信号发生器** 图4-8所示为装有霍尔式点火信号发生器的分电器结构。该点火装置仍采用传统的离心式和真空式点火提前机构。

霍尔式分电器由触发叶轮和信号触发开关组成。

触发叶轮与分火头制成一体由分电器轴带动，其叶片数与气缸数相等。

触发开关由霍尔集成电路4和带导磁板的永久磁铁3组成。霍尔集成电路4的外层为霍尔元件，同一基板的其他部分制成放大电路。触发叶轮2的叶片则在霍尔集成电路4和永久磁铁3之间转动。

霍尔信号发生器内的霍尔元件实际上是一个霍尔集成电路，其内部集成电路如图4-9所示。霍尔信号发生器工作时，霍尔元件产生的霍尔电压 $U_H$ 是 mV 级，信号很微弱，一般为 20mV 左右，需要对这一信号进行处理，这一任务由集成电路完成。这样霍尔元件产生的霍尔电压 $U_H$ 信号，经过放大、脉冲整形，最后以整齐的矩形脉冲（方波）信号 $U_G$ 输出。

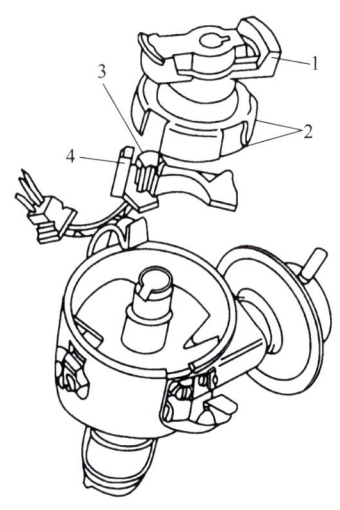

图4-8 霍尔式分电器结构

1—分火头　2—触发叶轮
3—永久磁铁　4—霍尔集成电路

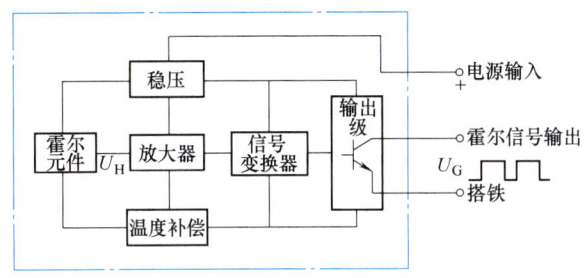

图4-9 霍尔信号发生器的内部集成电路

霍尔信号发生器是一个有源器件，它需要提供电源才能工作，霍尔集成电路的电源由点火控制器提供。它有三根引出线（对外端子），且与点火控制器相连接，其中一根是电源输入线，一根是霍尔信号输出线，一根是接地线（接搭铁）。

霍尔信号发生器的工作原理如图4-10所示。

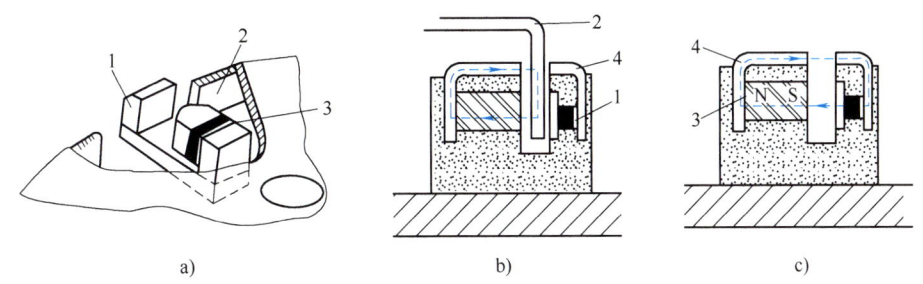

图4-10 霍尔信号发生器的工作原理

a）结构　b）触发叶轮的叶片在霍尔元件与永久磁铁之间　c）触发叶轮的叶片离开霍尔元件与永久磁铁之间

1—霍尔元件　2—触发叶轮　3—永久磁铁　4—导磁板

如图 4-10b 所示，触发叶轮转动过程中，每当叶片进入永久磁铁与霍尔元件之间的空气隙时，磁场便被触发叶轮的叶片旁路，而不能作用于霍尔元件上，这时霍尔元件不产生霍尔电压，霍尔集成电路输出级的晶体管处于截止状态，信号发生器输出高电位。

如图 4-10c 所示，当触发叶轮的叶片离开永久磁铁与霍尔元件之间的空气隙时，永久磁铁的磁通便通过导磁板 4、霍尔集成电路构成回路，此时霍尔元件产生霍尔电压，集成电路输出级的晶体管处于导通状态，信号发生器输出低电位。

由此可知，当触发叶轮的叶片进入空气隙时，霍尔信号发生器输出信号电压 $U_G$ 为高电位；当触发叶轮的叶片离开空气隙时，霍尔信号发生器输出信号电压 $U_G$ 为低电位。

分电器轴不停地转动，上述方波便不断地产生，霍尔信号发生器的工作波形如图 4-11 所示。图 4-11a 表示叶片在不同位置时，通过空气隙（或者说通过霍尔元件）的磁场强度；图 4-11b 表示叶片在不同位置时，霍尔元件产生霍尔电压 $U_H$ 的波形；图 4-11c 表示叶片在不同位置时，霍尔信号发生器输出信号电压 $U_G$ 的波形。

霍尔信号发生器输出信号电压 $U_G$ 波形中，高、低电位的时间比由触发叶轮叶片的分配角（叶片宽度）决定。如桑塔纳轿车用分电器的高、低电位时间比为 7∶3。点火控制器就是根据霍尔信号发生器输出信号电压 $U_G$ 进行触发并控制点火系统工作的。

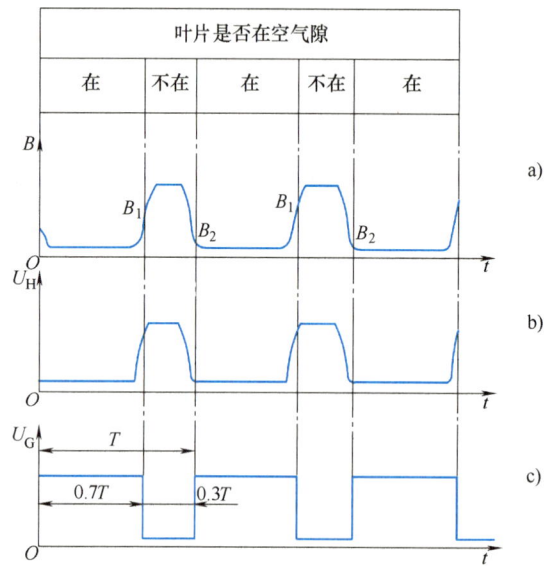

图 4-11 霍尔信号发生器的工作波形
a）磁场强度　b）霍尔电压　c）信号发生器输出信号电压

**2. 点火控制器**

图 4-12 为霍尔式电子点火系统的点火控制器电路图。该点火控制器除具有一般点火控制器的开关作用外，还增加了点火线圈限电流控制、闭合角控制、停车断电保护、过电压保护等功能。

**3. 霍尔式电子点火系统的工作过程**

霍尔式电子点火系统的工作原理如图 4-12 所示。

1）发动机工作时，分电器轴带动霍尔信号发生器的触发叶轮旋转。当触发叶轮的叶片进入空气隙时，霍尔信号发生器输出 11~12V 的高电压信号，高电压信号使点火控制器集成电路中的末级大功率晶体管 VT 导通，点火系统的初级电路导通：电源"+"→点火线圈初级绕组→点火控制器（VT）→搭铁→电源"-"。

2）当触发叶轮的叶片离开空气隙时，霍尔信号发生器输出 0.3~0.4V 的低电压信号，低电压信号使点火控制器末级大功率晶体管 VT 截止，初级电路截止，初级电流消失，次级电路产生高压电。

3）高压电由分电器分配到各缸火花塞，点燃混合气。

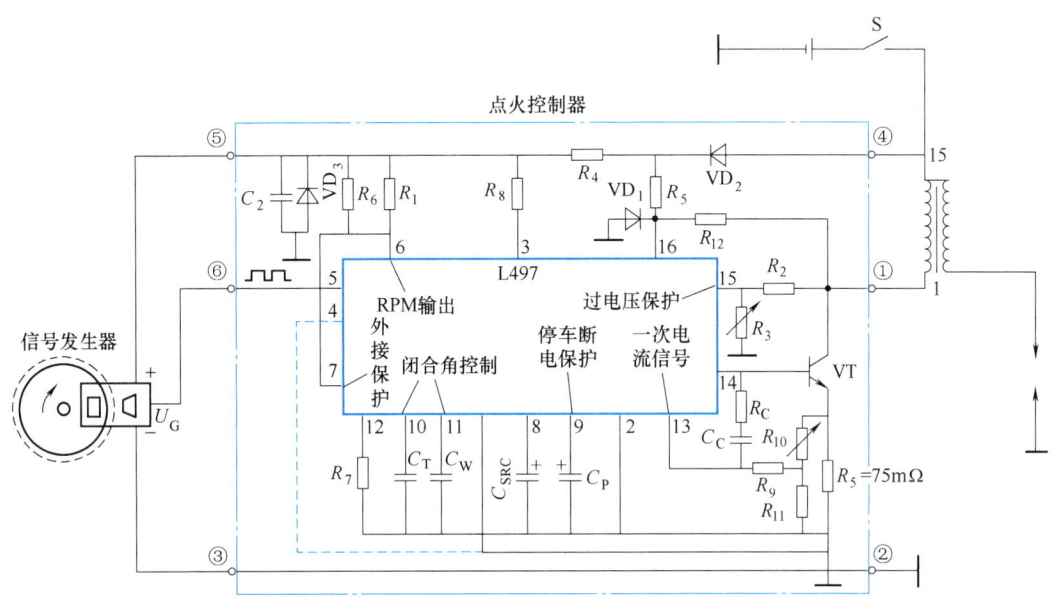

图 4-12　霍尔式电子点火系统的点火控制器电路

### 4.1.4　光电式电子点火系统

光电式电子点火系统是利用光电器件（光电晶体管或光电二极管）的光电效应原理，制成光电式点火信号发生器给点火控制器提供点火信号，达到控制点火的目的，其基本组成如图 4-13 所示。

光电式点火信号发生器安装在分电器内，通常由光源、光接收器和遮光盘三部分组成，其结构如图 4-14 所示。

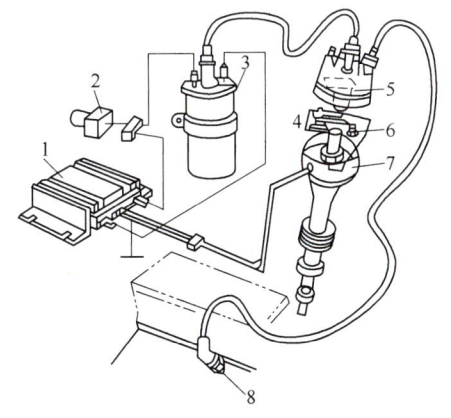

图 4-13　光电式电子点火系统的组成

1—点火控制器　2—点火开关　3—点火线圈
4—光电式点火信号发生器　5—分火头
6—遮光罩　7—分电器壳体　8—火花塞

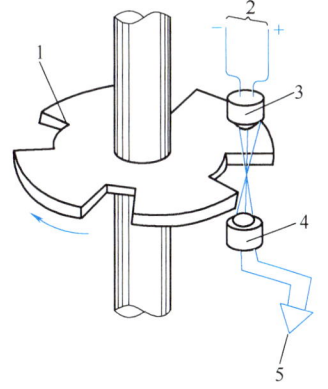

图 4-14　光电式点火信号发生器

1—遮光盘　2—电源　3—光源
4—光接收器　5—输出信号

光电式电子点火系统的工作原理如图 4-15 所示。VL 为发光二极管，VT 为光电晶体管。

1）当发动机工作时，遮光盘随分电器轴旋转，当遮光盘的缺口通过 VL 与 VT 时，红外

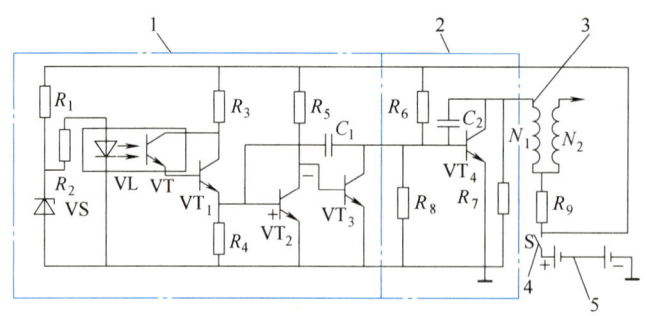

图4-15 光电式电子点火系统工作原理

1—信号发生器 2—点火控制器 3—点火线圈 4—点火开关 5—蓄电池

线通过缺口照射到VT，使其导通，则$VT_1$导通、$VT_2$导通、$VT_3$截止，由于$R_6$和$R_8$的分电压为$VT_4$提供偏置电压，$VT_4$导通，于是点火系统的初级电路导通。

2）当遮光盘的叶片部分遮住发光二极管发出的红外线光束时，VT截止，则$VT_1$和$VT_2$截止，$VT_3$经$R_5$获得偏电流而导通，$VT_4$截止，使点火系统的初级电路截止，点火线圈的次级绕组产生高压电。

3）高压电通过分电器分配给各缸火花塞，点燃混合气。

## 4.1.5 电子点火系统典型元件构造

### 1. 点火线圈的构造

点火线圈是将电源的低压电转变为高压电的基本元件，由初级绕组、次级绕组和铁心等组成。按磁路的结构形式不同，可分为开磁路式点火线圈和闭磁路式点火线圈。

（1）开磁路式点火线圈 如图4-16所示，点火线圈的中心是用硅钢片叠成的铁心，在铁心外面套上绝缘的纸板套管，套管上绕次级绕组，用直径为0.06~0.10mm的漆包线绕11000~23000匝。初级绕组用直径为0.5~1.0mm的高强漆包线，绕在次级绕组的外面，以利于散热，一般绕230~370匝。绕组绕好后在真空中浸以石蜡和松香的混合物，以增强绝缘和使线匝固定。绕组和外壳之间装有导磁钢套，底部有瓷质绝缘支座，上部有绝缘盖，外壳内充满沥青或变压器油等绝缘物，以加强绝缘并防止潮气侵入。

由于磁路的上、下部分都是从空气中通过的，初级绕组在铁心中产生的磁通，需经壳体内的导磁钢套形成回路，铁心自身未构成回路，所以称为开磁路式点火线圈。开磁路式点火线圈磁路的磁阻大，漏磁较多，能量损失多。

（2）闭磁路式点火线圈 闭磁路点火线圈和开磁路点火线圈相比，其铁心为"日"字形或"口"字形。在"日"字形铁心内绕有初级绕组，在初级绕组的外面绕有次级绕组，其磁路如图4-17所示。由图可知，磁力线经铁心构成闭合磁路，为了减少磁滞现象，常设有一个很微小的空气气隙。

闭磁路式点火线圈的优点是漏磁少、磁路的磁阻小，因而能量损失小，能量变换率高。

闭磁路式点火线圈采用热固性树脂作为绝缘填充物，外壳以热熔性塑料注塑成型，其绝缘性、密封性均优于开磁路式点火线圈。其体积日益小型化，可直接装在分电器盖上，不仅结构紧凑，还省去了点火线圈与分电器间的高压导线，已在电子点火系统中得到广泛应用。

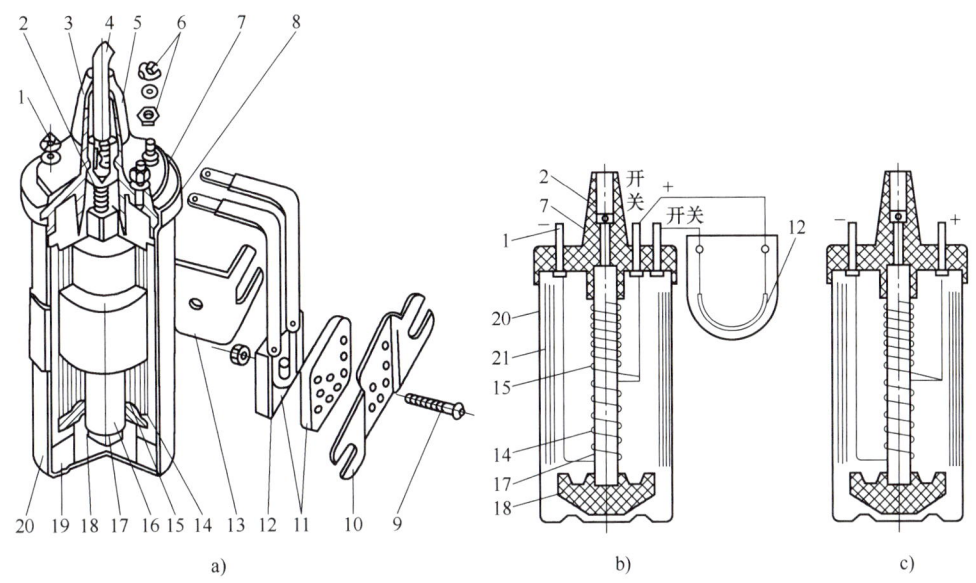

图 4-16 开磁路式点火线圈

a）结构示意图　b）带附件电阻的三接线柱式点火线圈　c）无附加电阻的两接线柱式点火线圈

1—"-"接线柱　2—次级绕组引出线及弹簧　3—橡胶罩　4—高压阻尼线　5—高压插孔
6—螺母及垫片　7—绝缘盖　8—橡胶密封圈　9—对销螺钉　10—附件电阻盖
11—附件电阻瓷质绝缘体　12—附加电阻　13—固定夹　14—初级绕组　15—次级绕组
16—绝缘纸　17—铁心　18—瓷绝缘体　19—沥青封料　20—外壳　21—导磁钢片

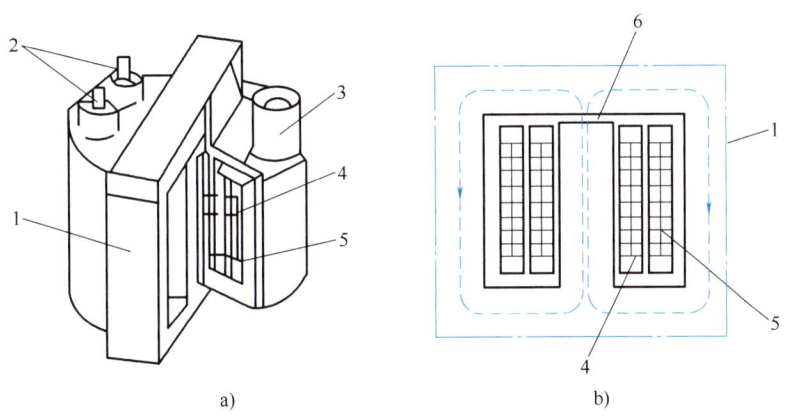

图 4-17 闭磁路式点火线圈

a）结构示意图　b）磁路分布情况

1—铁心　2—低压接线柱　3—高压接线柱　4—初级绕组　5—次级绕组　6—空气隙

## 2. 火花塞的构造

火花塞的作用是将点火线圈产生的高压电引入发动机燃烧室，在其电极间隙中产生电火花点燃可燃混合气。

火花塞的工作条件极其恶劣，它受到高电压、高温以及燃烧产物的强烈腐蚀，因此，对火花塞提出了以下要求：

1）其绝缘体应绝缘可靠，能承受高于 30kV 的高压电。

2）能承受温度的剧烈变化，且有适当的热特性，在火花塞的下部不得有局部的过热，也不可温度过低。

3）其主要零件必须有足够的机械强度，电极应采用难熔、耐蚀的材料制成。

4）火花塞应有适当的电极间隙和安装位置，气密性应良好，以保证可靠地点火。

火花塞的结构如图 4-18 所示。在钢制壳体 5 的内部固定有高氧化铝陶瓷绝缘体 2，使中心电极与侧电极之间保持足够的绝缘强度。绝缘体孔的上部装有金属杆 3，通过接线螺母与高压分线相连，下部装有中心电极 10。金属杆与中心电极之间用导电玻璃 6 密封。中心电极用镍锰合金制成，具有良好的耐高温、耐腐蚀和导电性能。中心电极与侧电极之间的间隙一般为 0.6~0.7mm（传统点火系统）。火花塞借壳体下部的螺纹旋入气缸盖中，旋紧时密封垫圈受压变形，保证壳体与缸盖之间密封良好。为了适应不同发动机的需要，火花塞因下部的形状和绝缘体裙部长度的不同有多种形式。

火花塞按其结构可分为如下类型，如图 4-19 所示。

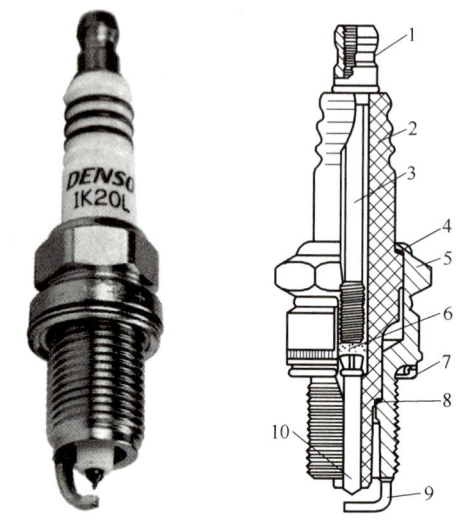

图 4-18 火花塞

1—接线螺母 2—绝缘体 3—金属杆
4、8—内垫圈 5—壳体 6—导电玻璃
7—多层密封垫圈 9—侧电极 10—中心电极

 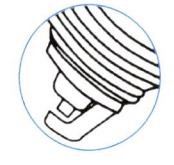   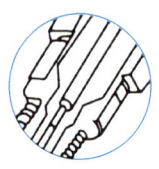

标准型　　电极突出型　　细电极型(带U形槽)　　多极型　　铜芯电极型　　内装电阻型

图 4-19 常用火花塞类型

火花塞工作时，将周期性地受到高温燃气冲击，使绝缘体裙部温度升高，这部分热量主要通过壳体、绝缘体、中心电极、金属杆等传至缸体或散发到空气中。当吸收和散发的热量达到平衡（当火花塞绝缘体裙部的温度保持在 500~600℃ 时），落在绝缘体上的油滴能立即烧去，不形成积炭，这个温度称为火花塞的自净温度。低于这个温度，火花塞常因产生积炭而漏电，导致不点火；高于这个温度，则当混合气与炽热的绝缘体接触时，可能自燃而引起爆燃，甚至在进气行程中燃烧，产生进气管回火。

火花塞各处温度以及散热途径如图 4-20 所示。火花塞的热特性主要取决于火花塞绝缘体裙部的长度，绝缘体裙部长的火花塞，其受热面积大，而传热距离长，但散热困

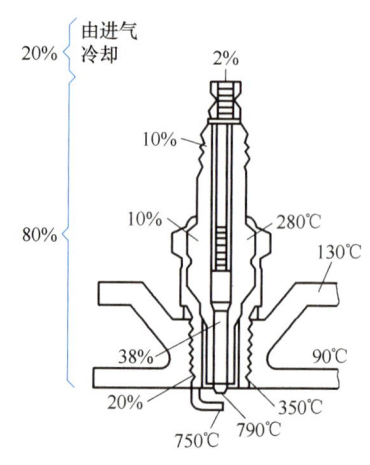

图 4-20 火花塞各处温度及散热途径

难，因此裙部温度高，称"热型"火花塞。反之，绝缘体裙部短的火花塞，其受热面积小，而传热距离短，散热容易，因此裙部温度低，称"冷型"火花塞。热型火花塞适用于低速、低压缩比的小功率发动机；冷型火花塞则适用高速、高压缩比的大功率发动机。

火花塞的热特性常用热值或炽热数来标定。我国是以火花塞绝缘体的裙部长度来标定，并以1~11以内的阿拉伯数值作为热值代号：热值代号1、2、3为热型火花塞；4、5、6为中型火花塞；7、8、9、10、11为冷型火花塞。

## 4.2 微机控制点火系统

微机控制点火系统（又称为电控点火系统 Electronic Spark Advance，ESA），于1976年由美国克莱斯勒汽车公司首先研制成功，系统中使用计算机根据各传感器信号对点火提前角进行控制。1977年美国通用汽车公司开始使用数字式电控点火系统。近年来，随着微电子技术的迅速发展，汽车电控点火系统不断地完善，且在各国汽车上得到了广泛应用，这也是目前应用最为广泛的点火系统。

微机控制点火系统的主要优点是：

1）在各种工况及环境条件下，均可自动获得最佳的点火提前角，从而使发动机的动力性、经济性、排放性及工作稳定性等性能均处于最佳状态。

2）在点火系统工作过程中，均可对点火线圈初级电路的通电时间和通电电流进行控制，从而使点火线圈中存储的点火能量保持恒定，提高了点火的可靠性，有效地减少电能消耗，防止点火线圈烧损。

3）采用爆燃控制策略后，可使点火提前角控制在爆燃的临界状态，以此获得最佳的燃烧过程，有利于发动机各种性能的提高。

### 4.2.1 微机控制点火系统的组成

微机控制点火系统主要由与点火有关的各种传感器和开关等输入信号、电子控制单元（ECU）、点火控制器、点火线圈、火花塞等组成，如图4-21所示。

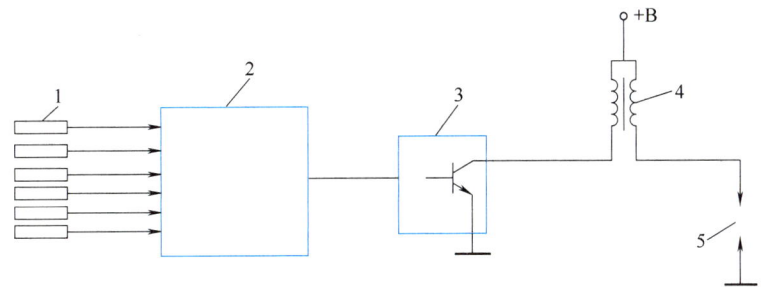

图4-21 微机控制点火系统的组成

1—传感器、开关等输入信号 2—ECU 3—点火控制器 4—点火线圈 5—火花塞

**1. 传感器、开关等输入信号**

（1）**凸轮轴位置（上止点位置）传感器**（Cylinder Identification Sensor，CIS）是确定曲轴基准位置和点火基准的传感器。该传感器在曲轴旋转至某一特定的位置（如第1缸压缩

上止点前某一确定的角度）时，输出一个脉冲信号。ECU 将这一脉冲信号作为计算曲轴位置的基准信号，再利用曲轴转角信号计算出曲轴任一时刻所处的具体位置。

（2）**曲轴位置（转角与转速）传感器（Crankshaft Position Sensor，CPS）** 将发动机曲轴转过的角度变换为电信号输入 ECU，曲轴每转过一定角度就发出一个脉冲信号，ECU 不断地检测脉冲个数，即可计算出曲轴转过的角度。与此同时，ECU 根据单位时间内接收到的脉冲个数，即可计算出发动机的转速。在微机控制点火系统中，发动机曲轴转角信号用来计算具体的点火时刻，转速信号用来计算和读取基本点火提前角。

【小提示】

凸轮轴位置和曲轴位置信号是保证 ECU 控制点火系统正常工作最基本的信号。

（3）**空气流量传感器（Air Flow Sensor，AFS）** 是确定进气量大小的传感器。在 L 型（流量型）电控燃油喷射系统中，采用的是流量型传感器直接检测空气流量；在 D 型（压力型）电控燃油喷射系统中，采用的是压力传感器，通过检测节气门后进气歧管内的负压（真空度）来间接检测空气流量。

空气流量信号输入 ECU 后，除了用于计算基本喷油时间之外，还用作负荷信号来计算并确定基本点火提前角。

（4）**进气温度传感器（Intake Air Temperature Sensor，IATS）** 是反映发动机吸入空气温度的传感器。在微机控制点火系统中，ECU 利用该信号对基本点火提前角进行修正。

（5）**冷却液温度传感器（Coolant Temperature Sensor，CTS）** 是反映发动机工作温度的传感器。在微机控制点火系统中，ECU 除了利用该信号对基本点火提前角进行修正外，还要利用该信号控制起动和发动机暖机期间的点火提前角。

（6）**节气门位置传感器（Throttle Position Sensor，TPS）** 将节气门开启角度转换为电信号输入 ECU，ECU 利用该信号和车速传感器信号来综合判断发动机所处的工况（怠速、中等负荷、大负荷、减速），并对点火提前角进行修正。

（7）**爆燃传感器（Engine Detonation Sensor，EDS）** 是检测发动机有无爆燃现象，并将信号送入 ECU，从而对点火提前角进行修正，实现对点火提前角的闭环控制。

在发动机电控系统中已广泛应用了点火提前角的闭环控制方法，有效地抑制了发动机爆燃现象的发生。发动机爆燃的检测方法有如下三种：一是气缸压力检测法；二是发动机机体振动检测法；三是燃烧噪声检测法。目前，最常用的检测法是根据发动机机体振动的方法。

振动检出型爆燃传感器安装在发动机上，将发动机振动频率转换成电压信号，以检测爆燃强度。采用发动机机体振动检测法的爆燃传感器，有磁致伸缩式和压电式两种类型。

（8）**各种开关信号**

1）起动开关信号：用于起动时修正点火提前角。

2）空调开关信号：用于怠速工况下使用空调时修正点火提前角。

3）空档起动开关信号：仅在采用自动变速器的汽车上使用，ECU 利用该开关信号来判断发动机是处于空档停车状态还是行驶状态，然后对点火提前角进行必要的修正。

【小提示】

在上述传感器中,爆燃传感器是微机控制点火系统专用的,其他所有的传感器与发动机电控燃油喷射系统共用。本章仅对爆燃传感器、凸轮轴位置传感器、曲轴位置传感器等传感器的结构、原理等进行介绍,其他的传感器和开关信号的结构原理将在发动机管理系统的章节中进行详细介绍。

**2. 电子控制单元**

电子控制单元(ECU)又称电控单元,与发动机电控汽油喷射系统共用,其作用是根据发动机各种与点火有关的传感器输入信息及内存数据,进行运算、判断、处理,然后输出点火信号,控制点火控制器动作,完成点火工作。

在 ECU 的只读存储器(ROM)中,存放着各种程序和汽车在各种工况下最优的点火提前角等数据。

发动机工作时,ECU 根据各种与点火有关的传感器及开关信号输入信息,时刻监测曲轴(或活塞)位置及发动机负荷(真空度)和转速,然后根据此时的发动机负荷和转速,在 ROM 中查出此时此刻的基本点火提前角,并根据此时的工况进行修正,计算出最佳点火提前角。此后,微机一直在判断点火时刻是否到来,当微机检测出曲轴转角等于此时的最佳点火提前角时,立即向输出回路发出指令,控制点火器切断点火线圈初级电流,产生高压电,并按发动机的点火顺序分配到各缸火花塞点燃可燃混合气。

**3. 点火控制器**

点火控制器,是发动机电控系统的执行器之一。

点火控制器的作用是根据 ECU 输出的指令,通过内部大功率晶体管的导通和截止,控制初级电流的通、断,实现点火系统的工作。

各种发动机的点火控制器内部结构也不一样,有的基本上只有大功率晶体管,单纯起开关作用;有的除开关作用外,还有恒流控制、闭合角控制、气缸判别、点火监视等功能;有的发动机不另设点火控制器,大功率晶体管设在 ECU 内部,由 ECU 直接控制点火线圈中初级电流的通、断。

## 4.2.2 微机控制点火系统高压电配电方式

微机控制点火系统高压电的分配方式可分为机械配电方式和电子配电方式两种。

**1. 机械配电方式**

机械配电方式是指由分火头将高压电分配至分电器盖旁电极,再通过高压线输送到各缸火花塞上的传统配电方式。

桑塔纳 2000GLi、红旗 CA7220E 型等轿车的点火系统都采用了机械配电方式。机械配电方式存在以下缺点:

1)分火头与分电器盖旁电极之间必须保留一定间隙才能进行高压电分配,因此会损失一部分火花能量,同时它也是一个主要的无线电干扰源。

2)为了抑制无线电的干扰信号,高压线采用了高阻抗电缆,这也要消耗了一部分能量。

3) 分火头、分电器盖或高压线漏电时，会导致高压电火花减弱、缺火或断火。

4) 曲轴位置传感器转子由分电器轴驱动，旋转机构的机械磨损会影响点火时刻的控制精度。

5) 分电器安装的位置和占据的空间，会给发动机的结构布置和汽车的外形设计造成一定的困难。

### 2. 电子配电方式

电子配电方式是指在点火控制器控制下，点火线圈的高压电按照一定点火顺序，直接加到火花塞上的点火方式。采用电子配电方式分配高压电的点火系统称为无分电器点火系统（Distributor-Less Ignition，DLI）。由于机械配电方式存在诸多缺点，因此，越来越多的汽车采用了电子配电方式控制点火。常用电子配电方式分为双缸同时点火和各缸单独点火两种配电方式，如图4-22所示。

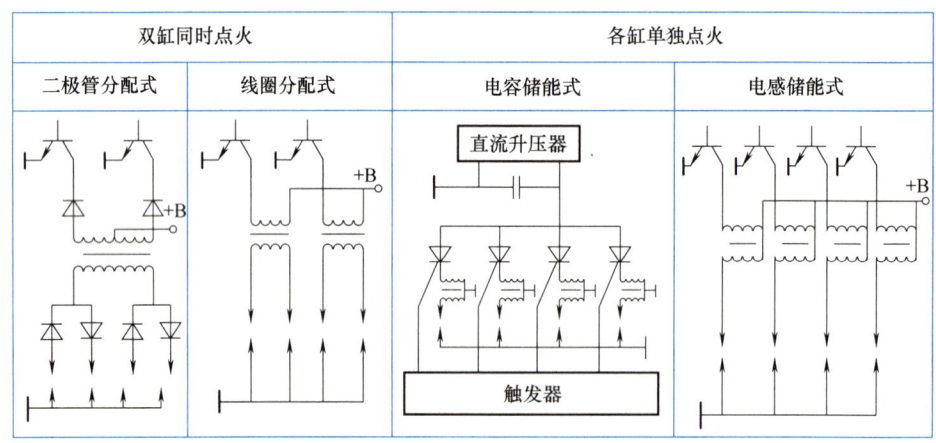

图4-22 微机控制点火系统电子配电方式类型

**（1）双缸同时点火的控制** 双缸同时点火是指点火线圈每产生初级高压电，都使2个气缸的火花塞同时跳火。次级线圈产生的高压电将直接加在2个气缸（四缸发动机的1、4缸或2、3缸；六缸发动机的1、6缸，2、5缸或3、4缸）的火花塞电极上跳火。

在双缸同时点火时，一个气缸处于压缩行程末期，是有效点火，另一个气缸处于排气行程末期，缸内温度较高而压力很低，火花塞电极间隙的击穿电压很低，对有效点火气缸火花塞的击穿电压和火花放电能量影响很小，是无效点火。曲轴旋转一周后，两缸所处行程恰好相反。双缸同时点火时，高压电的分配方式又分为二极管分配和点火线圈分配2种形式。

1) 二极管分配式双缸同时点火的控制。利用二极管分配高压电的双缸同时点火电路原理如图4-23所示。点火线圈由2个初级线圈和1个次级线圈构成，次级线圈的两端通过4只高压二极管与火花塞构成回路。4只二极管有内装式（安装在点火线圈内部）和外装式2种。对于点火顺序为1-3-4-2的发动机，1、4缸为一组，2、3缸为另一组。点火控制器中的2只功率晶体管分别控制一个初级线圈，2只功率晶体管由ECU按点火顺序交替控制其导通与截止。

2) 点火线圈分配式双缸同时点火的控制。利用点火线圈分配高压电的双缸同时点火电路原理如图4-24所示。

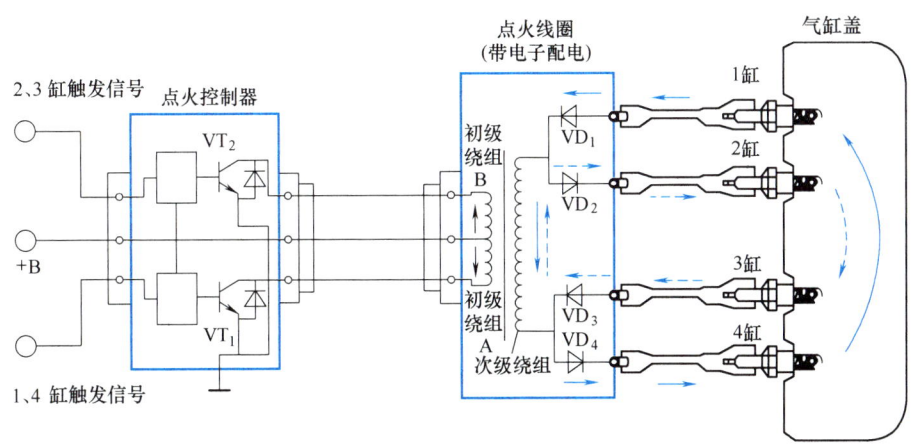

图 4-23 二极管分配高压电的双缸同时点火电路原理图

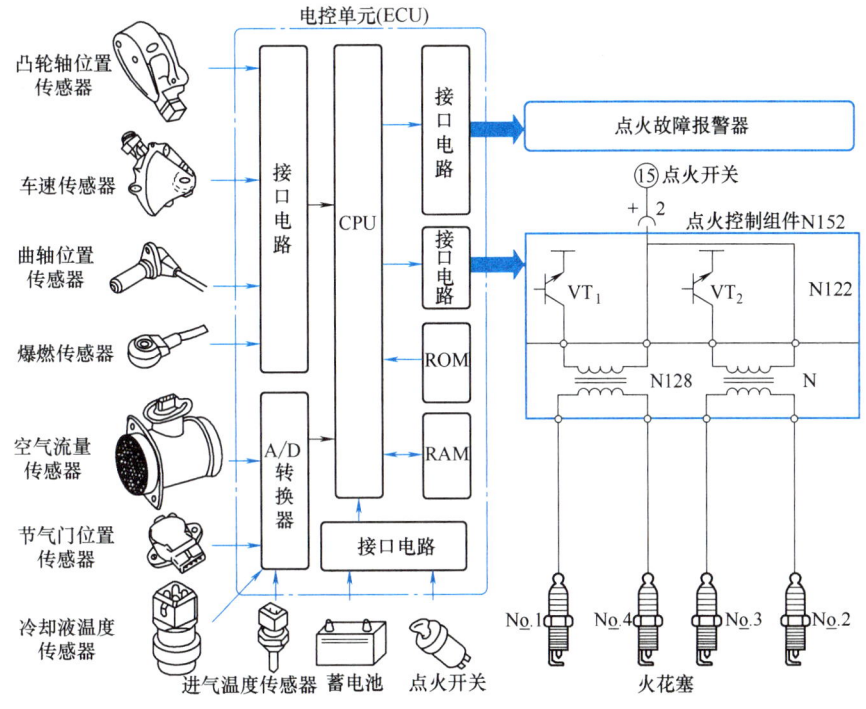

图 4-24 点火线圈分配高压电的双缸同时点火电路原理图

点火线圈组件由 2 个（4 缸发动机）或 3 个（6 缸发动机）独立的点火线圈组成，每个点火线圈供给成对的 2 个火花塞工作（4 缸发动机的 1、4 缸和 2、3 缸分别共用 1 个点火线圈；6 缸发动机 1、6 缸、2、5 缸和 3、4 缸分别共用一个点火线圈）。

点火控制组件中设置有与点火线圈数量相等的功率晶体管，分别控制 1 个点火线圈工作。点火控制器根据 ECU 输出的点火控制信号，按点火顺序轮流触发功率晶体管导通与截止，从而控制每个点火线圈轮流产生高压电，再通过高压线直接输送到成对的两缸火花塞电极间隙上跳火点燃可燃混合气。

3）高压二极管的作用。在部分点火线圈分配高压电的双缸同时点火系统中，点火线圈次级回路中连接有 1 只高压二极管，如图 4-25 所示。

该高压二极管的作用是：防止次级绕组在初级电流接通时产生的电压（约为 1000V）加到火花塞电极上而导致误跳火。

在初级线圈电流接通瞬间，次级线圈可产生 1000V 左右的感应电动势。在传统的机械配电方式中，分火头与旁电极之间的间隙阻碍了这一电压直接加在火花塞电极两端。

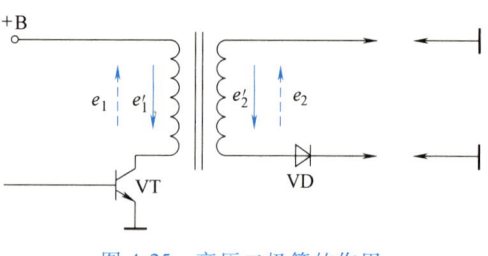

图 4-25　高压二极管的作用

因此，无论发动机在何种行程工作，火花塞都不会跳火。

在点火线圈分配高压电的直接点火系统中，除了火花塞电极间隙之外，没有其他附加间隙。因此，当初级电流接通时，次级线圈产生的 1000V 左右的电压就会直接加在火花塞电极间隙上。如果此时气缸处于进气行程接近终了时刻或压缩行程刚刚开始时刻，由于缸内压力低，又有可燃混合气体，那么 1000V 左右的电压就有可能击穿火花塞电极间隙而产生火花跳火。

【小提示】

上述过程中出现的非正常跳火现象称为误跳火，会影响发动机正常工作。为了避免这种误跳火，在点火线圈次级回路中串接 1 只反向击穿电压较高的二极管，利用二极管的反向截止功能，使初级电流接通时次级产生的感应电动势不能形成放电回路，火花塞电极之间就不会有火花放电电流，因此就不可能引起误跳火。

（2）**各缸单独点火的控制**　点火系统采用单独点火方式时，每 1 个气缸都配有 1 个点火线圈，并安装在火花塞上方。在点火控制器中，设置有与点火线圈相同数目的大功率晶体管，分别控制每个次级线圈电流的接通与切断，其工作原理与同时点火方式相同。单独点火的优点是省去了高压线，点火能量损耗进一步减少；此外，所有高压电部件都可安装在发动机气缸盖上的金属屏蔽罩内，点火系统对无线电的干扰可大幅度降低。

综上所述，微机控制无分电器点火系统（DLI）消除了分电器高压电配电的不足。由于点火线圈数量增加，对每一个点火线圈来说，初级线圈允许通电时间可增加 2~6 倍。因此，即使发动机高速运转时，初级线圈也有足够充裕的通电时间。换句话说，无分电器点火系统具有足够大的点火能量和足够高的次级电压来保证发动机在任何工况都能可靠点火。

### 4.2.3　微机控制点火系统的控制原理

微机控制点火系统的控制原理如图 4-26 所示。

各种传感器的信号输入 ECU 首先经接口电路和 A/D 转换器等电路进行数据处理，然后存储在随机存储器（RAM）之中备用。曲轴位置传感器（CPS）向 ECU 提供发动机转速信号、曲轴转角信号，转速信号用于计算确定点火提前角，曲轴转角信号用于控制点火时刻（点火提前角）。空气流量传感器（AFS）和节气门位置传感器（TPS）向 ECU 提供发动机负荷信号，用于计算确定点火提前角。冷却液温度信号、进气温度信号、车速信号以及空调开关信号等，用于修正点火提前角。

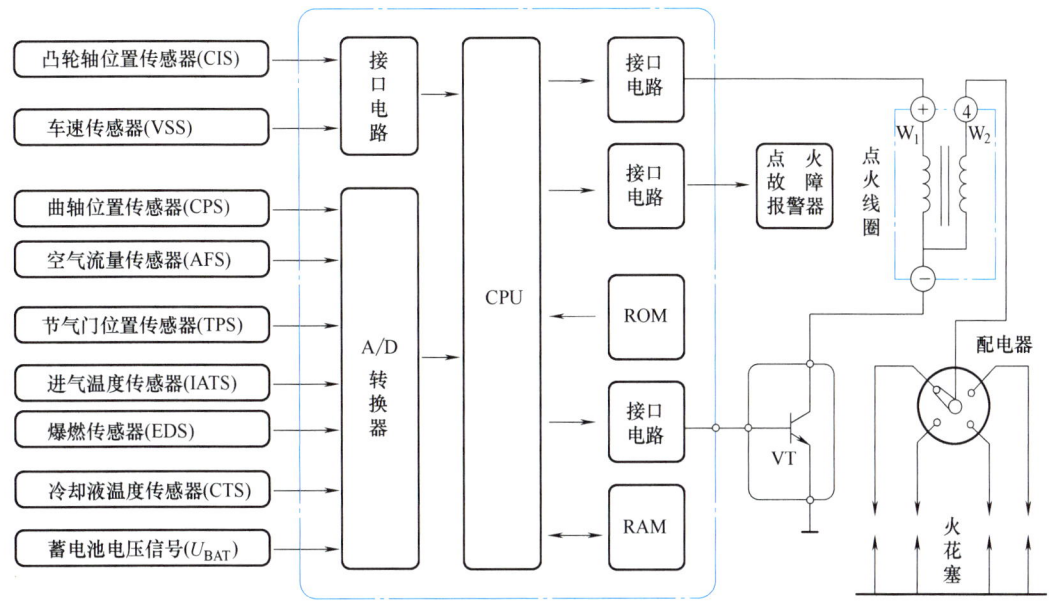

图 4-26 微机控制点火系统控制原理

发动机转动时，ECU 中的 CPU 首先根据反映发动机工况的转速与负荷传感器信号，从预先存储在只读存储器（ROM）中的点火提前角三维数据 MAP 中查询得到相应工况下的基本点火提前角，再根据其他传感器信号确定点火提前修正量，计算并确定最佳点火提前角，然后不断检测凸轮轴位置传感器信号（即标志位信号），判定是哪一缸即将到达压缩上止点。当接收到标志位信号时，CPU 立即开始对曲轴转角信号进行计数，并对点火提前角进行控制。

当计数到曲轴转角等于最佳点火提前角时，CPU 立即向点火控制器发出控制指令，使其大功率晶体管 VT 截止，点火线圈初级电流切断，次级绕组产生高压电，并按发动机的点火顺序，分配到相应气缸的火花塞跳火点燃可燃混合气。

上述控制过程是指发动机在正常状态下点火时刻的控制过程。当发动机起动、怠速或汽车滑行工况时，则由预先设定的控制程序进行控制。

综上所述，微机控制点火系统的控制原理主要包括点火提前角的确定、通电时间（闭合角）控制及爆燃控制三个方面。

**1. 点火提前角的确定**

**（1）点火提前角对发动机性能的影响**　当发动机保持节气门开度、转速以及混合气浓度一定时，其功率和燃油消耗率随点火提前角的改变而变化。对应于发动机每一工况都存在一个"最佳"点火提前角，对于现代汽车而言，最佳的点火提前角不仅保证发动机的动力性和燃油经济性都达到最佳值，还必须保证排放污染最小。

点火提前角过大（即点火过早），则大部分混合气在压缩过程中燃烧，活塞所消耗的压缩功增加，且缸内最高压力升高，末端混合气自燃所需的时间缩短，爆燃倾向增大。点火提前角过小（即点火过迟），则燃烧延长到膨胀过程，燃烧最高压力和温度下降，传热损失增多，排气温度升高，功率、热效率降低，但爆燃倾向减小，$NO_x$ 排放量降低。

【小提示】

试验证明：最佳的点火提前角，应使发动机气缸内的最高压力出现在上止点后 10°~15°。如图 4-27 所示，适当点火提前角，可使发动机每循环所做的机械功最多（如 C 曲线下阴影部分）。

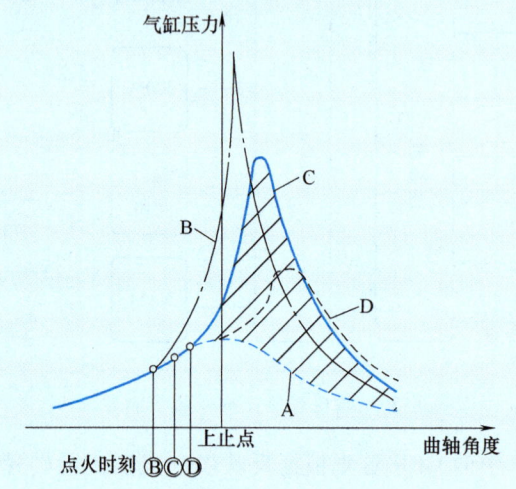

图 4-27　点火提前角对发动机性能的影响

A—不点火　B—点火过早　C—点火适当　D—点火过迟

**（2）最佳点火提前角的确定依据**

1）发动机转速。如图 4-28 所示，点火提前角应随发动机转速升高而增大。因为随发动机转速的提高，以秒计的燃烧过程所需时间缩短，但燃烧过程所占的曲轴转角增大，为保证发动机气缸内的最高压力出现在上止点后 10°~15°的最佳位置，就必须适当提前点火（即增大点火提前角）。

与采用机械式离心提前机构的传统点火系统相比，微机控制点火系统可使发动机的实际点火提前角接近于理想的点火提前角。

2）发动机负荷。发动机的负荷调节是通过节气门的开度进行调节，随着负荷减小，进气管真空度增大，进气量减少，气缸内的温度和压力均降低，燃烧速度变慢，燃烧过程所占的曲轴转角增大，应适当增大点火提前角，如图 4-29 所示。

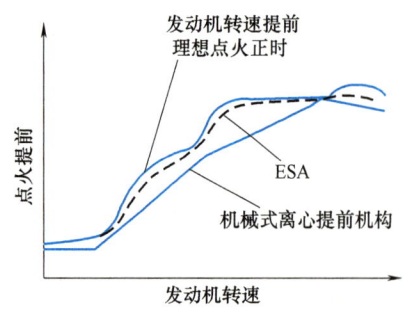

图 4-28　发动机转速对点火提前角的影响

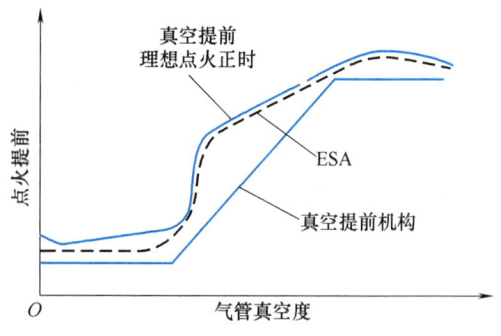

图 4-29　发动机负荷对点火提前角的影响

3）燃料的性质。汽油的辛烷值越高，抗爆性越好，点火提前角可适当增大，以提高发动机的性能；辛烷值较低的汽油，抗爆性差，点火提前角则应减小。在有些发动机的 ECU 中存储了两张点火正时图，实际使用中，可根据使用的燃料不同进行选择，在出厂时一般将开关设定在无铅优质汽油的位置上。

4）其他因素。最佳点火提前角除应根据发动机的转速、负荷和燃料性质确定之外，还应考虑发动机燃烧室形状、燃烧室内温度、空燃比、大气压力、冷却液温度等因素。在传统点火系统中，当上述因素变化时，系统无法对点火提前角进行调整。当采用电控点火系统 ESA 时，发动机在各种工况和运行条件下，ECU 都可保证理想的点火提前角，因此发动机的动力性、经济性和排放性都可以达到最佳。

**(3) 确定点火提前角的基本方法** 微机控制点火系统中，在 ECU 内首先存储记忆发动机在各种工况及运行条件下最理想的点火提前角。点火提前角可分为起动时点火提前角和起动后点火提前角。

发动机起动时，按 ECU 内存储的初始点火提前角（设定值）对点火提前角进行控制。

发动机正常运转时（起动后），ECU 根据发动机的转速和负荷信号，确定基本点火提前角，并根据其他有关信号进行修正，最后确定实际的点火提前角，并向点火控制器输出点火指令信号，以控制点火系统的工作。

可见，微机控制点火系统的点火提前角 $\theta$ 由初始点火提前角 $\theta_i$、基本点火提前角 $\theta_b$ 和修正点火提前角 $\theta_c$ 三部分组成，即

$$\theta = \theta_i + \theta_b + \theta_c \tag{4-2}$$

1）初始点火提前角 $\theta_i$。初始点火提前角又称为固定点火提前角，其值大小取决于发动机的结构形式，并由曲轴位置传感器的初始位置决定，一般设定值为上止点前（BTDC）10°左右。

在下列情况时，由于发动机转速变化大，空气流量不稳定，进气量传感器输出的流量信号不稳定，点火提前角就不能准确控制，因此采用固定的初始点火提前角进行控制，其实际点火提前角等于初始点火提前角：

① 发动机起动时；

② 发动机转速低于 400r/min 时；

③ 检查初始点火提前角时。

2）基本点火提前角 $\theta_b$。基本点火提前角是发动机最主要的点火提前角，是设计微机控制点火系统时所确定的点火提前角。由于发动机本身的结构复杂，影响点火的因素较多，理论推导基本点火提前角的数学模型比较困难，而且很难适应发动机的运行状态，因此国内外普遍采用台架试验方法，利用发动机最佳运行状态下的试验数据来确定基本点火提前角。

台架试验方法如下：

首先测试发动机转速与最佳点火提前角的特性，试验时节气门全开（排除真空度的影响），在每一转速下，逐渐增加点火提前角，直至得到最大功率为止，此时对应的点火提前角即为该转速下的最佳点火提前角。用相同方法测出不同转速下的最佳点火提前角，即可绘出一族转速与最佳点火提前角的特性曲线。然后测试发动机负荷（真空度）与点火提前角的特性，将发动机固定在某一转速，调节真空度大小，在每一真空度下将点火提前角逐渐增加，直到测得最大功率为止。改变发动机转速，用同样方法测出不同真空度下的最佳点火提

前角，即可绘出一族发动机负荷与最佳点火提前角的特性曲线。

综合考虑发动机油耗、转矩、排放和爆燃等因素，对试验结果进行优化处理后，即可得到图 4-30 所示的以转速和负荷为变量的点火提前角三维数据 MAP。

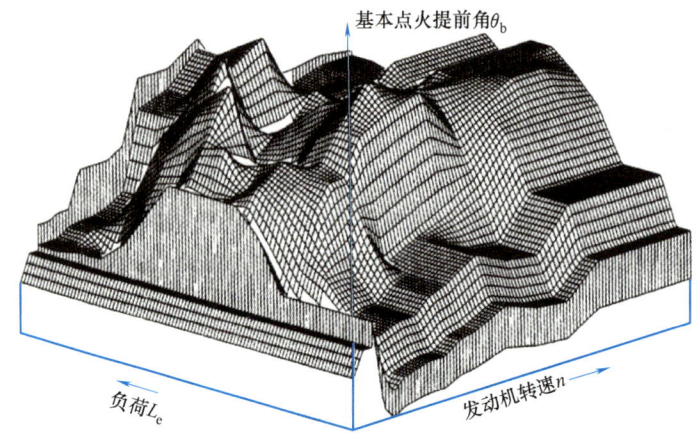

图 4-30　不同转速、负荷条件下的点火提前角三维数据 MAP

各种类型发动机的点火提前角三维数据 MAP 都以数据形式存储在 ECU 的 ROM 中。当发动机运行时，CPU 根据发动机转速信号（由曲轴位置传感器提供）和负荷信号（由空气流量和节气门位置传感器提供），即可从 ROM 中查询得到相应的基本点火提前角，从而对点火时刻进行控制。

3）修正点火提前角 $\theta_c$。不同的发动机控制系统中，对点火提前角的修正项目和修正方法也不同。修正方法一般有修正系数法和修正点火提前角法两种，修正系数（或修正点火提前角）与修正项目之间的关系曲线都是存储在 ECU 中，ECU 根据初始点火提前角、基本点火提前角和修正系数（或修正点火提前角）计算实际点火提前角。电控点火系统的修正项目主要有冷却液温度修正、怠速稳定修正和空燃比反馈修正等。

① 冷却液温度修正。冷却液温度修正分为暖机修正和过热修正。

发动机冷车起动后的暖机过程中，随冷却液温度的提高，混合气的燃烧速度加快，燃烧过程所占的曲轴转角减小，点火提前角也应适当减小，如图 4-31 所示。修正曲线的形状与提前角的大小随车型不同而异。

暖机修正控制信号主要有：冷却液温度传感器信号、进气管绝对压力传感器信号或空气流量计信号、节气门位置传感器信号等。

发动机工作时，随冷却液温度的提高，爆燃倾向逐渐增大。冷却液温度过高时，为了避免产生爆燃，必须修正点火提前角，如图 4-32 所示。发动机处于怠速工况运行（怠速触点 IDL 接通）时，冷却液温度过高，一般是由于燃烧速度慢、燃烧过程占的曲轴转角过大，为了避免发动机长时间过热，应增大点火提前角，以提高燃烧速度，减小散热损失。正常运行工况（怠速触点 IDL 断开），当冷却液温度过高时，为了避免产生爆燃，则应减小点火提前角。

过热修正控制信号主要有冷却液温度传感器信号、节气门位置传感器信号（IDL 信号）等。

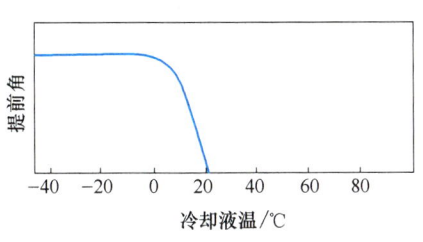

图 4-31 点火提前角的暖机修正曲线

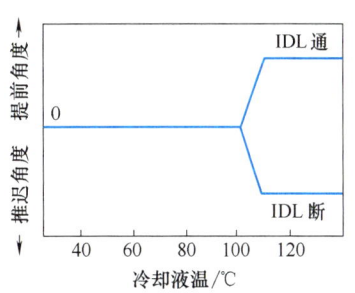

图 4-32 点火提前角的过热修正曲线

② 急速稳定修正。发动机在急速运转过程中,由于负荷等因素的变化会导致转速改变,所以 ECU 必须根据实际转速与目标转速的差值来修正点火提前角,以便保持发动机在规定的急速转速下稳定运转,如图 4-33 所示。

急速稳定修正控制信号主要有:发动机转速信号、节气门位置传感器信号、车速传感器信号(SPD 信号)、空调开关信号等。

③ 空燃比反馈修正。由于空燃比反馈控制系统,是根据氧传感器的反馈信号调整喷油量的多少来实现最佳空燃比控制的,所以这种喷油量的变化必然带来发动机转速的变化。为了稳定发动机转速,点火提前角需根据喷油量的变化进行修正,如图 4-34 所示。

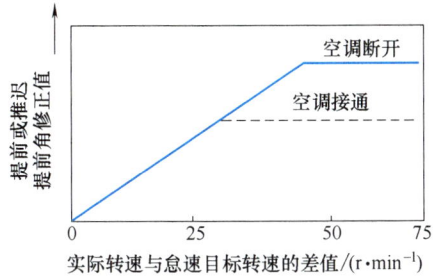

图 4-33 点火提前角的急速稳定修正曲线

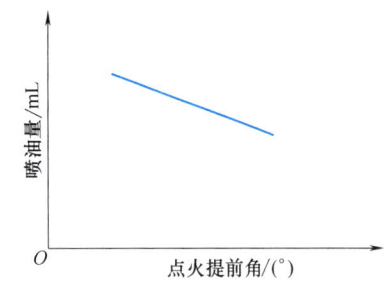

图 4-34 点火提前角的空燃比反馈修正曲线

**2. 通电时间(闭合角)控制**

**(1) 通电时间对发动机性能的影响** 对于发动机电控系统常用的电感储能式点火系统而言,当点火线圈的初级电路被接通后,其初级电流是按指数规律增长的。初级电路被断开瞬间,初级电流所能达到的值(即断开电流)与初级电路接通的时间长短有关,只有当通电时间达到一定值时,初级电流才可能达到饱和。由于断开电流影响次级电压最大值,次级电压的高低又直接影响点火系统工作的可靠性。所以,在发动机工作时,必须保证点火线圈的初级电路有足够的通电时间。但如果通电时间过长,点火线圈又会发热并增大电能消耗。要兼顾上述两方面的要求,就必须对点火线圈初级电路的通电时间进行控制。

此外,当蓄电池的电压变化时,也将影响初级电流。如蓄电池电压下降时,在相同的通电时间里初级电流所达到的值将会减小。因此,还必须根据蓄电池电压对通电时间进行修正。

**(2) 通电时间的控制方法** 在微机控制点火系统中,采用灵敏可靠的传感器(凸轮轴/曲轴位置传感器)和晶体管的开关特性,取代了传统点火系统中的断电器和分电器中的凸轮，甚至采用无分电器，点火线圈初级电路的通电时间由 ECU 直接控制。其通电时间（闭合角）控制模型存储在 ECU 内，发动机工作时，ECU 根据发动机转速信号（Ne 信号）和电源电压信号确定最佳的通电时间（闭合角），并向点火控制器输出点火指令信号（$IG_t$ 信号），以控制点火控制器中晶体管的导通时间。随发动机转速提高和电源电压下降，通电时间（闭合角）增长。

(3) **点火线圈的恒流控制** 在电控点火系统中，为了减小转速对次级电压的影响，提高点火能量，采用了初级线圈电阻很小的高能点火线圈，其初级电流最高可达 30A 以上。为了防止初级电流过大而烧坏点火线圈，在部分电控点火系统的点火控制电路中增加了恒流控制电路，保证在任何转速下初级电流均为规定值（7A）；既改善了点火性能，又能防止初级电流过大而烧坏点火线圈。

恒流控制电路如图 4-35 所示，恒流控制的基本方法是：在点火控制器功率晶体管的输出回路中增设一个电流检测电阻，用电流在该电阻上形成的电压降反馈控制晶体管的基极电流，只要这种反馈为负反馈，就可使晶体管的集电极电流稳定，从而实现恒流控制。

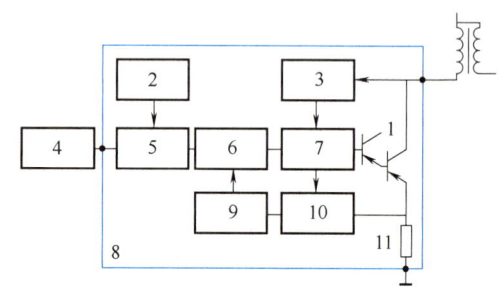

图 4-35 恒流控制电路

1—功率晶体管 2—偏流回路 3—过电压保护回路
4—传感器 5—波形整形回路 6—通电率发生回路
7—放大回路 8—点火控制器 9—通电率控制回路
10—恒流控制回路 11—电流检测电阻

**3. 爆燃控制**

汽油发动机获得最大功率和最佳燃油经济性的有效方法之一是增大点火提前角。但是，点火提前角过大又会引起发动机爆燃。

【小提示】

爆燃是指气缸内的可燃混合气在火焰前锋尚未到达之前自行燃烧导致压力急剧上升而引起缸体振动的现象。

发动机爆燃的主要危害：一是导致发动机输出功率降低；二是导致发动机使用寿命缩短甚至损坏。发动机在大负荷状态工作时，这种可能性更大。消除爆燃最有效的方法就是推迟点火提前角。在发动机电控系统中，当点火时刻采用闭环控制时，能有效地抑制发动机爆燃，并能提高动力性。

(1) **爆燃控制系统的组成** 理论与实践证明：剧烈的爆燃会使发动机的动力性和经济性严重恶化，而当发动机工作在爆燃的临界点或有轻微的爆燃时，发动机热效率最高，其动力性和经济性最好。因此，利用点火提前角闭环控制系统能够有效地控制点火提前角，从而使发动机工作在爆燃的临界状态。

发动机爆燃控制系统是在点火控制系统的基础上，增设爆燃传感器、带通滤波电路、信号放大电路、整形滤波电路、比较基准电路、积分电路和提前角控制电路等组成的点火提前角闭环控制系统。其组成及爆燃控制过程，如图 4-36 所示。

爆燃传感器用于检测发动机是否发生爆燃，每台发动机一般安装 1~2 只。带通滤波器

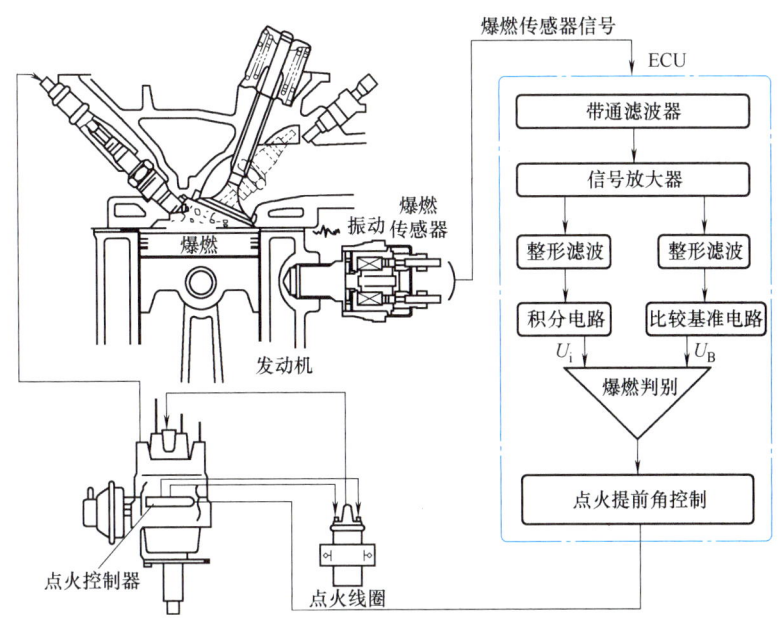

图 4-36 爆燃控制系统的组成与爆燃控制过程

只允许发动机爆燃信号（频率为 6~9kHz 的信号）或接近爆燃的信号通过并输入 ECU 进行处理，其他频率的信号则被衰减。信号放大器的作用是对输入 ECU 的信号进行放大，以便整形滤波电路进行处理。接近爆燃的信号经过整形滤波和比较基准电路处理后，形成判定是否发生爆燃的基准电压 $U_B$。爆燃信号经过整形滤波和积分电路处理后，形成的积分信号用于判定爆燃强度。

**（2）发动机爆燃的检测方法** 汽油机爆燃的检测方法有三种：一是检测发动机缸体的振动频率；二是检测发动机燃烧室压力的变化；三是检测混合气燃烧的噪声。

检测混合气燃烧噪声为非接触式检测，其耐久性较好，但测量精度和灵敏度较低，实际应用很少。

直接检测燃烧室压力变化来检测发动机振动的测量精度较高，但传感器安装困难，且耐久性较差，一般用于测量仪器，实际应用的压力检测传感器均为间接检测式。

通过检测发动机缸体振动频率来检测爆燃的主要优点是测量精度较高、传感器安装方便（一般都安装在缸体侧面）且输出电压较高，因此在现代汽车上广泛被采用。

**（3）发动机爆燃的判别方法** 发动机爆燃一般仅在大负荷、中低转速（小于 3000r/min）时产生，由于爆燃传感器输出电压的振幅随发动机转速高低不同而有很大的变化。因此，判定发动机是否发生爆燃不能根据爆燃传感器输出电压的绝对值进行判别。常用方法是：将发动机无爆燃时爆燃传感器输出的电压信号与产生爆燃时所输出的电压信号进行比较，从而做出判定。

1）基准电压的确定。判定爆燃的基准电压通常利用发动机即将爆燃时的传感器输出电压信号来确定。最简单的方法如图 4-37 所示，首先对传感器输出信号进行滤波和半波整流，利用平均电路求得信号电压的平均值，然后再乘以常数倍即可形成基准电压 $U_B$，平均值的倍数由设计制造时试验确定。因为发动机转速升高时，爆燃传感器输出电压的幅值增大，所以基准电压并不是一个固定值,其值将随发动机转速升高而增大。

2) 爆燃强度的判别。发动机爆燃的强度取决于爆燃传感器输出信号电压的振幅和持续时间。爆燃信号电压值超过基准电压值的次数越多,爆燃强度越大;超过基准电压值的次数越少,爆燃强度越小。爆燃强度常用的判定方法如图 4-38 所示,首先利用基准电压值对传感器输出信号进行整形处理,然后对整形后的波形进行积分,求得积分值 $U_i$。爆燃强度越大,积分值 $U_i$ 越大;反之,积分值 $U_i$ 越小。当积分值 $U_i$ 超过基准电压值 $U_B$ 时,ECU 将判定发动机发生爆燃。

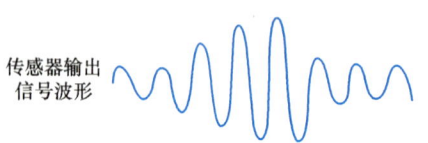

图 4-37 基准电压的确定方法

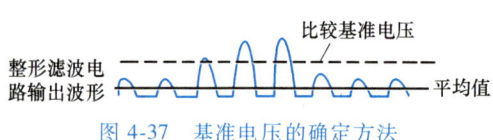

图 4-38 爆燃强度的判定方法

(4) 发动机爆燃控制过程　爆燃控制系统是一个闭环控制系统。当发动机工作时,ECU 首先根据各传感器信号,从预先试验测试并存储在 ROM 中的点火提前角三维 MAP 中查寻得到点火提前角;然后根据凸轮轴位置传感器 CIS、曲轴位置传感器 CPS 和其他传感器信号控制点火时刻,控制结果由爆燃传感器反馈到 ECU 输入端,再由 ECU 对点火提前角进行修正。爆燃控制系统反馈控制的点火提前角如图 4-39 中曲线 2 所示。

爆燃传感器信号输入 ECU 后,ECU 便将积分值 $U_i$ 与基准电压值 $U_B$ 进行比较。当积分值 $U_i$ 高于基准电压 $U_B$ 时,ECU 立即发出指令,控制点火时刻推迟,每次推迟 0.5°~1.0° 曲轴转角,修正速度为 0.7°/s 左右,直到爆燃消除。爆燃强度越大,点火时间推迟越多;爆燃强度越小,点火时间推迟越少。当积分值 $U_i$ 低于基准电压 $U_B$ 时,说明爆燃已经消除,ECU 又递增一定量的提前角控制点火,直到再次产生爆燃为止。

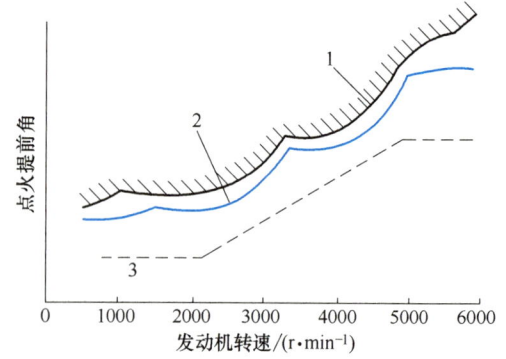

图 4-39 爆燃反馈控制的点火提前角曲线
1—点火提前角极限值　2—ECU 控制　3—分电器调节

发动机工作时,缸体振动频繁剧烈,为使检测得到的爆燃信号准确无误,检测程序并非随时都在进行检测,而是在发出点火信号后的一定范围内进行,这是因为发动机产生爆燃的最大可能性是在点火后的一段时间范围之内。

(5) 爆燃传感器

1) 爆燃传感器的功用及分类。爆燃传感器的作用是将汽油发动机的爆燃信号转换为电信号输入发动机 ECU，以便 ECU 修正点火提前角从而消除爆燃。

爆燃传感器是一种振动加速度传感器。按检测方式不同，可分为共振型与非共振型两种；按结构不同，可分为磁致伸缩式和压电式两种。

共振型爆燃传感器的显著特点是传感器的共振频率与发动机爆燃的固有频率相匹配，其内部设有共振体，并且要使共振体的共振频率与爆燃频率协调一致。优点是输出电压高，不需要滤波器，信号处理比较方便。由于机械共振体的频率特性尖且频带窄，无法响应发动机结构变化引起的爆燃频率变化。因此，共振型爆燃传感器只适用于特定的发动机，不能与其他发动机互换使用，装车自由度很小。美国通用和日本日产汽车采用的磁致伸缩式爆燃传感器就属于共振型爆燃传感器。

非共振型爆燃传感器的突出优点是适用于各种型号的发动机，装车自由度很大。但其输出电压较低，频率特性平坦且频带较宽，需要配用带通滤波器（即只允许特定频带的信号通过，对其他频率的信号进行衰减的滤波器。带通滤波器一般由线圈和电容器组合而成），信号处理比较复杂。日本、欧洲以及我国的汽车大都采用非共振型爆燃传感器。

2）压电式爆燃传感器的结构及工作原理。压电式爆燃传感器是利用 1880 年发现的压电效应而制成的。

压电效应：指某些晶体（如石英、陶瓷、酒石酸盐、食盐、糖）的薄片受到压力或机械振动之后产生电荷的现象。当晶体受到外力作用时，在晶体的某两个表面上就会产生电荷（输出电压）；当外力去掉时，晶体又恢复到不带电状态。晶体受力产生的电荷量与外力大小成正比。

压电式爆燃传感器主要由套筒底座、压电元件、惯性配重、塑料壳体和接线插座等组成，其结构如图 4-40 所示。

压电元件是爆燃传感器的主要部件，由压电材料制成，将其制成垫圈形状，在其两个侧面上安放有金属垫圈作为电极，并用导线引到接线插座上。惯性配重与压电元件以及压电元件与传感器套筒之间安放有绝缘垫圈，套筒中心制作有螺孔，传感器用螺栓安装固定在发动机缸体上，调整螺栓的拧紧力矩便可调整传感器输出的信号电压。

惯性配重用来传递发动机振动产生的惯性力，惯性配重与塑料壳体之间装有盘形弹簧，借弹簧张力将惯性配重、压电元件和垫圈等部件压紧在一起。传感器插座上有三根引线，其中两根为信号线，一根为屏蔽线。

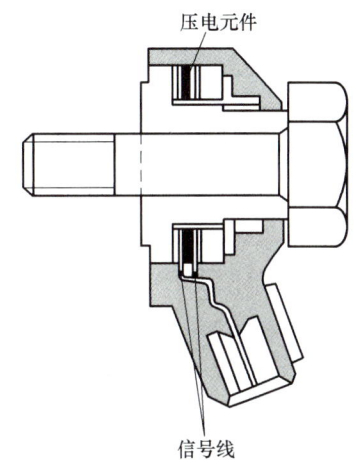

图 4-40 压电式爆燃传感器结构

压电式爆燃传感器也可制作成共振型爆燃传感器，其结构与非共振型基本相同，有所不同的是共振型爆燃传感器在壳体内设有一个振动（弹性）元件。

【小提示】

注意：爆燃传感器的输出特性出厂时已经调好，如捷达 AT/GTX 型、桑塔纳 2000GSi/3000 型轿车的标准拧紧力矩为（25±5）N·m，使用过程中拧紧力矩不得随意调整。

当发动机缸体产生振动时，传感器套筒底座及惯性配重随之产生振动，套筒底座和配重的振动作用在压电元件上,由压电效应可知,压电元件的信号输出端就会输出与振动频率和振动强度有关的交变电压信号,如图4-41所示。

【小提示】

试验证明:发动机爆燃产生的压力冲击波频率在6~9kHz之间时振动强度较大,信号电压较高。发动机转速越高,信号电压幅值越大。

发动机爆燃是在活塞运行到压缩上止点前后产生,此时缸体振动强度最大,所以爆燃传感器在活塞运行到压缩上止点前后产生的输出电压较高。爆燃传感器输出信号与曲轴转角的对应关系如图4-42所示,传感器的灵敏度约为20mV/g($g=9.8m/s^2$)。

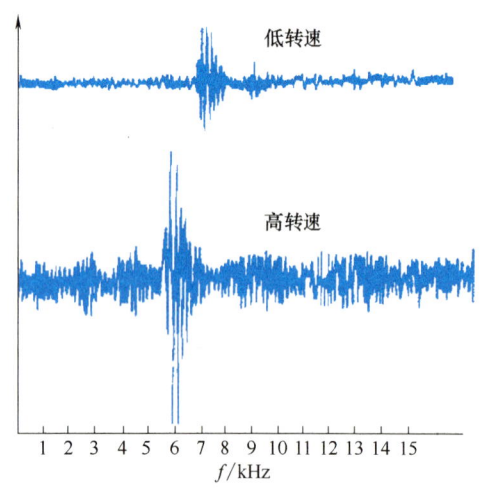

图4-41 不同转速下压电式爆燃传感器的输出波形

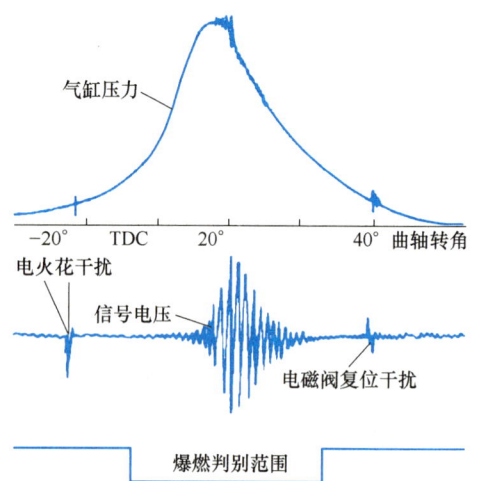

图4-42 爆燃传感器输出信号与曲轴转角的对应关系

3)磁致伸缩式爆燃传感器的结构及工作原理。磁致伸缩式爆燃传感器为共振型爆燃传感器,其结构如图4-43所示,它主要由感应线圈、伸缩杆、永久磁铁和壳体等组成。伸缩杆用高镍合金制成,在其一端设置有永久磁铁,另一端安放在弹性元件上。传感线圈绕制在伸缩杆的周围,线圈两端引出电极与控制线路连接。

磁致伸缩式爆燃传感器的外形结构与发动机机油压力传感器相似,其不同之处在于旋入发动机缸体部分的爆燃传感器为实心结构,机油压力传感器则设有进油孔。

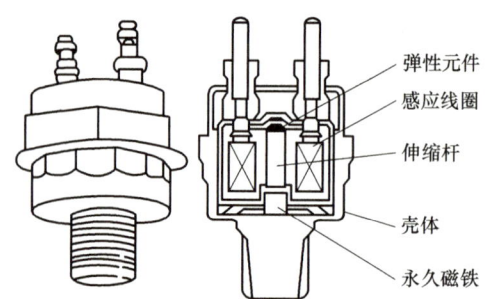

图4-43 磁致伸缩式爆燃传感器的结构

当发动机缸体产生振动时,传感器的伸缩杆就会随缸体振动,感应线圈中的磁通量就会发生变化。由电磁感应原理可知,线圈中会感应产生交变电动势,即传感器就有信号电压输出,输出电压高低取决于发动机的振动强度和振动频率。

当发动机缸体振动频率达到 6~9kHz 时，传感器产生共振，振动强度最大，线圈中产生的电压最高，如图 4-44 所示。

4）压力检测式爆燃传感器的结构及工作原理。通过直接检测燃烧压力来检测发动机的爆燃是测量精度最高的方法，但传感器安装困难且耐久性较差。汽车使用的是一种间接检测燃烧压力的方法，检测燃烧压力的传感器安装在火花塞垫圈下面，如图 4-45 所示。这种传感器又称为垫圈式爆燃传感器，奥迪轿车就采用过这种传感器。

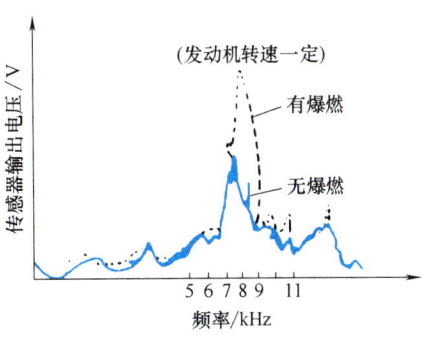

图 4-44 磁致伸缩式爆燃传感器信号波形

垫圈式爆燃传感器是一种非共振型压电效应式传感器，其结构原理与前述压电式爆燃传感器相同。该传感器安装在火花塞垫圈与发动机气缸盖之间，燃烧压力作用到火花塞上，经过火花塞垫圈再传递给传感器。作用力变化时，传感器信号电压随之变化，从而间接地测量燃烧压力。

#### 4. 汽油发动机点火系统控制流程

微机控制点火系统采用实时控制方式，其控制精度高，运算速度快，一般都采用汇编语言编程。为了便于程序编制与调试，常采用模块化结构，将程序分成若干个子程序进行编制与调试。

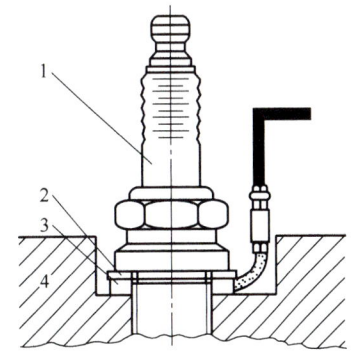

图 4-45 压力检测式爆燃传感器安装位置

1—火花塞 2—垫圈 3—爆燃传感器 4—气缸盖

微机控制点火系统控制流程简图如图 4-46 所示，它主要由主程序、自检程序、故障报警子程序、起动子程序、滑行子程序和怠速子程序等组成。主程序的功用是监测判定发动机工作状态，计算或从点火系统 MAP 中查询确定点火时间、点火提前时间（提前角），并发出点火指令，控制点火线圈初级电流接通与切断等。

### 4.2.4 微机控制点火系统的典型应用

#### 1. 丰田车用微机控制点火系统

丰田车用发动机微机控制系统（Toyota Computer Controlled System，TCCS）是集燃油喷射控制、点火控制、怠速控制、自动变速器控制和自诊断系统等为一体的发动机集中电子控制系统。

本节仅对微机控制点火系统做介绍。

丰田车用微机控制点火系统的控制过程如图 4-47 所示。该系统工作时，发动机 ECU 根据传感器输入的发动机工作信息，经过计算、判断、处理，输出控制信号至点火控制器，适时地控制点火控制器中大功率晶体管导通和截止，进而控制初级电路的通、断，达到控制点火系统的目的。

该系统为非直接点火系统，即保留了分电器中的配电器，点火线圈产生的高压电，经配电器送至各缸火花塞。

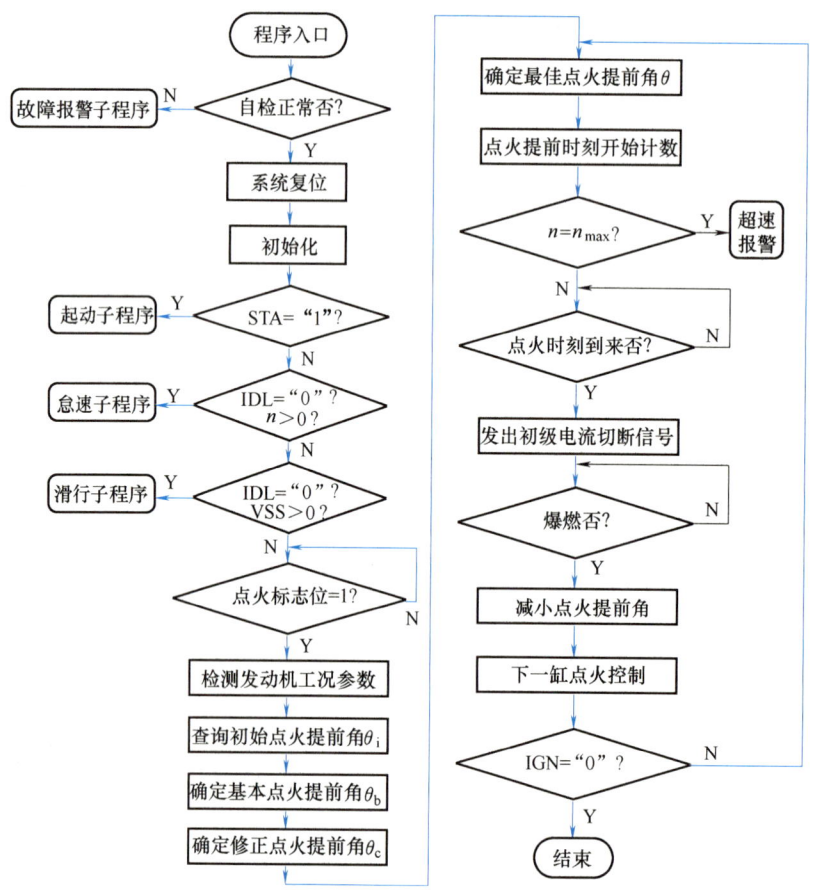

图 4-46 微机控制点火系统控制流程简图

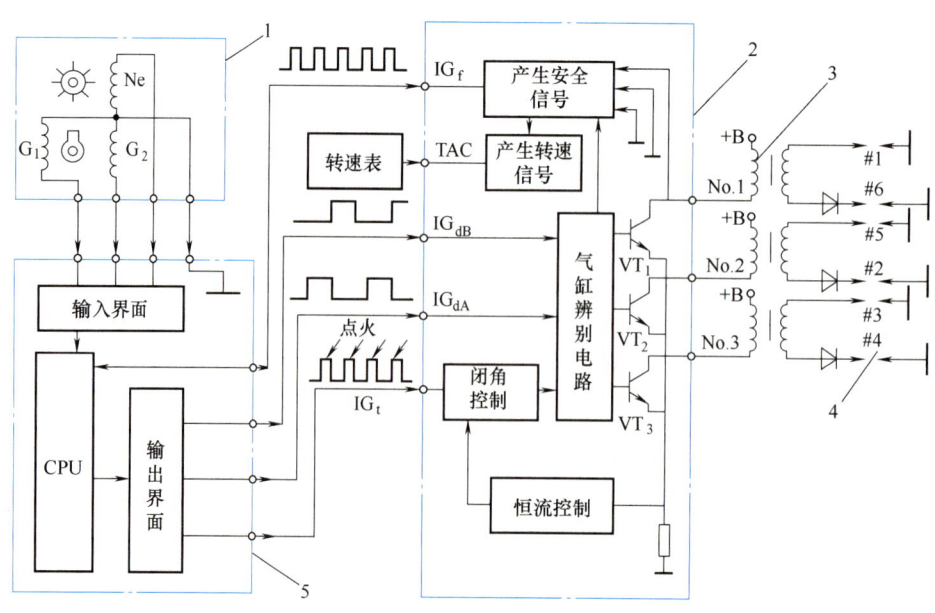

图 4-47 丰田车用微机控制点火系统控制过程

1—曲轴位置传感器 2—点火控制器 3—点火线圈 4—火花塞 5—发动机电子控制单元

**(1) 曲轴转角与曲轴位置传感器** 丰田车用的曲轴转角传感器和曲轴位置传感器，都安装在分电器内，简称曲轴转角传感器。它向电控单元（ECU）输入活塞位置（上止点）、曲轴转角、曲轴转速等信息。

TCCS 系统的曲轴转角传感器采用磁电式（即磁脉冲式），其基本结构如图 4-48 所示。曲轴转角传感器由上、下两部分组成，上部分为 G 信号发生器，下部分为 Ne 信号发生器。

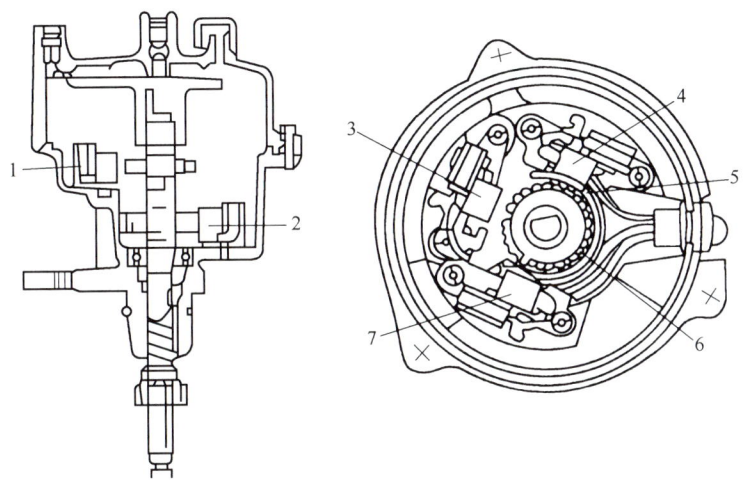

图 4-48 曲轴转角与曲轴位置传感器

1—G 信号发生器　2—Ne 信号发生器　3—Ne 传感线圈　4—$G_1$ 传感线圈
5—No.2 信号转子　6—No.1 信号转子　7—$G_2$ 传感线圈

1）Ne 信号。曲轴转角传感器的下部产生 Ne 信号，提供曲轴转角及发动机转速信号。

Ne 信号装置主要由信号转子与传感线圈组成，其结构如图 4-49 所示。信号转子上有 24 个轮齿，固定在分电器轴上，传感线圈固定在壳体内。

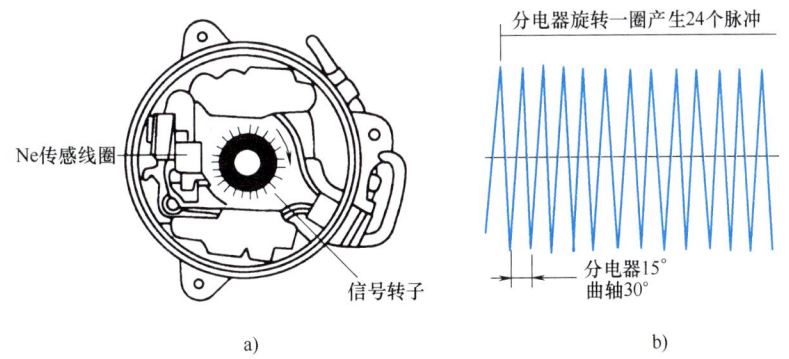

图 4-49 Ne 信号发生器的结构及输出信号波形
a）结构　b）输出信号波形

其工作原理与普通电子点火系统中的磁感应信号发生器基本相同。当信号转子随分电器轴旋转时，轮齿与传感线圈凸缘部的空气隙交替发生变化，导致传感线圈内磁通变化而产生交变电动势信号 Ne。因信号转子上有 24 个轮齿，所以转子转一圈时，传感线圈中将产生 24 个交变信号。因转子（固定在分电器轴上）转一圈，相当曲轴旋转 720°，所以每产生一个交变信号相当于曲轴转角30°（720°/24＝30°）。ECU通过内部特设的转角脉冲发生器，将30°转角再均分为30等份，使转角的步长成为1°信号，以满足使用精度的需要。同理，发动机转速的获得，也可由ECU依据Ne信号中两个脉冲波（60°曲轴转角）所经过的时间，准确地计算出发动机转速。

2）G信号。曲轴转角传感器的上部产生G信号，是测试曲轴位置的基准信号，用来判别气缸及检测活塞上止点的位置。

G信号发生器由带有一个凸缘的信号转子及相对的$G_1$、$G_2$两个传感线圈组成。基本结构如图4-50a所示，信号产生原理与Ne信号发生器相同。当G信号转子上的凸缘通过$G_1$传感线圈的凸缘时，产生$G_1$信号；当G信号转子上的凸缘通过$G_2$传感线圈的凸缘时，产生$G_2$信号。$G_1$与$G_2$在分电器内相差180°。分电器轴转一圈（相当于曲轴转角720°），$G_1$或$G_2$分别出现一次，如图4-50b所示。

$G_1$信号用来检测六缸发动机第六缸的上止点位置，$G_2$信号用来检测第一缸上止点的位置。当传感线圈产生的电压波形在0V时，微机检测出的活塞位置是上止点前（BTDC）10°。

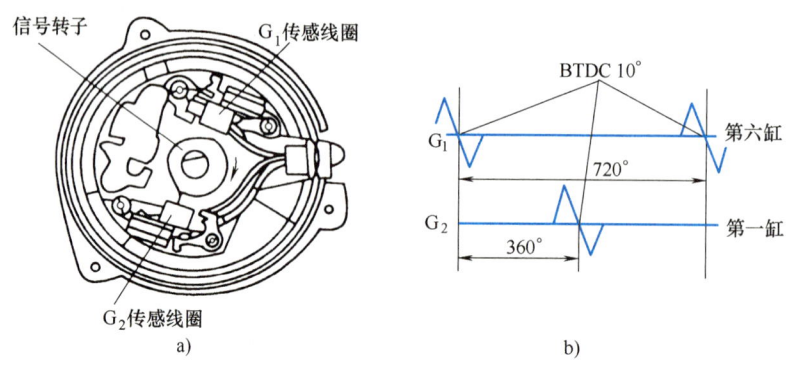

图4-50 G信号发生器的结构及输出信号波形
a）结构 b）输出信号波形

**（2）发动机电子控制单元** 丰田车用微机控制点火系统ECU的只读存储器（ROM）中，存储着点火控制程序和点火提前角的数据。点火提前角的数据是在各种工况下通过大量试验获得的，它可使发动机在任何工况下都能得到理想的或者最佳的点火时刻。

在发动机工作过程中，电子控制单元根据各传感器输入的发动机信息，经过处理再从存储器中选择出最佳点火提前角，然后根据曲轴转角传感器输入的$G_1$、$G_2$信号与Ne信号，判断出发动机曲轴（活塞）到达规定的位置时，适时地输出控制信号$IG_t$、$IG_{dA}$、$IG_{dB}$到点火控制器，如图4-47、图4-51所示。当$IG_t$信号变成低电位时，点火控制器中大功率晶体管截止，点火线圈的初级绕组电路被切断，次级绕组产生高压电（20~35kV），通过配电器送至火花塞处产生电火花，点燃可燃混合气。

在发动机起动时，不经过微机计算，点火时刻直接由传感器信号控制一个固定的初始点火提前角（BTDC 10°）。在发动机转速超过一定值时，自动转换成由微机输出的点火信号（$IG_t$）进行控制。

1) $IG_t$ 信号。$IG_t$ 信号就是点火正时信号。当 $G_1$ 或 $G_2$ 信号产生时，微机以此信号为基准，根据 Ne 信号控制其后的 3 次点火信号，即每 4 个 Ne 信号产生 1 次点火信号（4 个 Ne 信号为 60°，相当于曲轴转角为 120°），而每产生 3 次点火信号后，再经 G 信号重新设定其后的 3 次点火信号。

点火提前角的控制仍然由 ECU 利用各传感器监测发动机转速、真空度、节气门位置、冷却液温度等信号进行控制。闭合角的控制由点火器中的闭合角控制电路进行控制。

2) $IG_{dA}$、$IG_{dB}$ 信号。$IG_{dA}$、$IG_{dB}$ 信号是微机输送给点火控制器的判缸信号，它存于微机的存储器中。微机根据 $G_1$、$G_2$ 及 Ne 信号查表选择 $IG_{dA}$、$IG_{dB}$ 的信号状态，以确定各缸的点火顺序，即判定 3 个点火线圈所对应的 3 只大功率管哪 1 只先导通，见表 4-1。

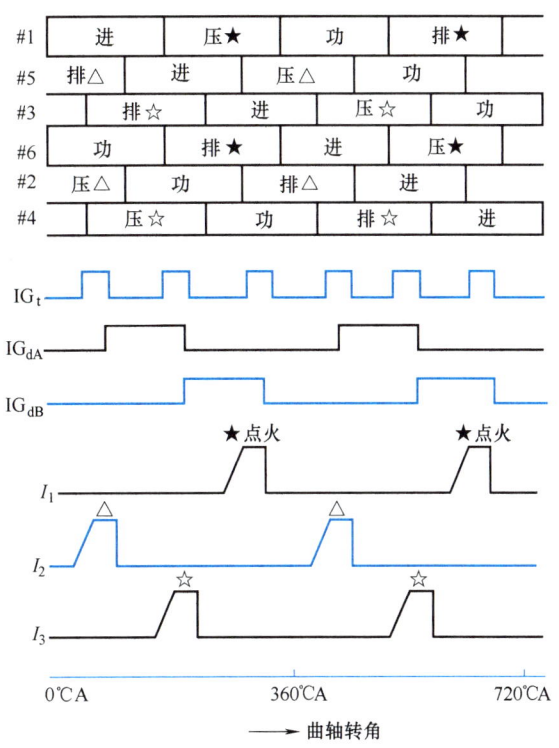

图 4-51 电子控制单元输出的点火控制信号

表 4-1 $IG_{dA}$、$IG_{dB}$ 信号状态表

| 控制状态 | 信号 | |
| --- | --- | --- |
| | $IG_{dA}$ 信号状态 | $IG_{dB}$ 信号状态 |
| 一、六缸点火 | 0 | 1 |
| 二、五缸点火 | 0 | 0 |
| 三、四缸点火 | 1 | 0 |

点火控制器中的气缸判别电路根据判缸信号 $IG_{dA}$、$IG_{dB}$ 的信号状态，决定哪条驱动电路接通，并将 $IG_t$ 点火正时信号送往与此驱动电路相连接的点火线圈，完成对某缸的点火。

3) $IG_f$ 信号。点火控制器中的安全信号 $IG_f$（也称点火确认信号），是根据各点火线圈中初级电流被切断时产生的自感电动势而确定的，并以方波的形式反馈给 ECU，由 ECU 对点火系统的工作状况进行检测，使点火控制器具有安全功能。因为在电控燃油喷射发动机中，喷油器的驱动信号来自曲轴位置传感器，如果点火系统出现故障使火花塞不点火，而曲轴位置传感器工作正常时，喷油器会照常喷油，造成气缸内喷油过多，结果会出现再起动困难或行车中三效催化转化器过热。为了避免这种现象发生，当 $IG_f$ 信号连续 3~5 次无反馈信号送入 ECU 时，则 ECU 判断点火系统有故障，并使喷油器强制停止工作。

另外，点火控制器中转速表信号产生电路则根据点火确认信号 $IG_f$ 产生转速表信号 TAC，并将 TAC 信号输向电子转速表，指示发动机的转速。

(3) **点火控制器** 点火控制器如图 4-47 中的元件 2 所示。从图中可看出该点火控制器的作用，除根据电子控制器输出的 $IG_t$ 信号，使大功率晶体管 VT 适时截止（控制点火时刻）外，还具有闭合角控制、恒流控制、点火监视、锁止保护和过电压保护等功能。

(4) **点火提前角的控制** TCCS 系统点火时刻的确定通常包括三部分内容：

实际点火提前角 $\theta$ = 初始点火提前角 $\theta_i$ + 基本点火提前角 $\theta_b$ + 修正点火提前角 $\theta_c$

1) 初始点火提前角 $\theta_i$。初始点火提前角，也称固定点火提前角。对于丰田车用发动机而言，其值为上止点前（BTDC）10°。

在下列情况时，实际点火提前角为固定点火提前角，即：

① 发动机起动时。在发动机起动时转速变化大，空气流量信号不稳定，微机控制点火就不会准确，意义也不很大，所以采用固定点火提前角。

② 发动机转速在 400r/min 以下时。

③ 检查点火初始角时。T 端头（诊断通信接口"TDCL"）短路、怠速触点（IDL）闭合（ON）、车速在 2km/h 以下。

④ 发动机电子控制单元（ECU）的后备系统工作时。

2) 基本点火提前角 $\theta_b$。基本点火提前角数据储存在 ECU 的存储器（ROM）中，基本点火提前角可分为怠速时的基本点火提前角和正常行驶时的基本点火提前角两种。

① 怠速时的基本点火提前角。是指节气门位置传感器怠速触点（IDL）闭合（ON）时的基本点火提前角。

在同样的怠速运转状态下，空调器不工作时，其点火提前角为上止点前（BTDC）14°；空调器工作时，其点火提前角从 BTDC 14°增加到 BTDC 18°，以防止因发动机负荷增加引起发动机运转不稳。

② 正常行驶时的基本点火提前角。是指节气门位置传感器怠速触点（IDL）打开（OFF）时的基本点火提前角。其值是根据发动机转速和负荷从设定在 ECU 的存储器（ROM）中查表，选出相应的点火提前角数值作为基本点火提前角，如图 4-52 所示。

3) 修正点火提前角 $\theta_c$。为使实际点火提前角符合发动机实际运转状况，在上述"初始点火提前角+基本点火提前角"所得的点火提前角基础上，还须根据相关因素而加以修正，适当地增大或减小点火提前角。

如暖机修正指节气门位置传感器触点闭合状态下，发动机冷却液温度变化时对点火提前角进行的修正。当冷却液温度较低时，必须增大点火提前角，以促使发动机尽快暖机。当冷却液温度较高时，为避免发动机过热，其点火提前角应相应减小。

在暖机过程中，点火提前角修正值随冷却液温度的变化趋势如图 4-53 所示。

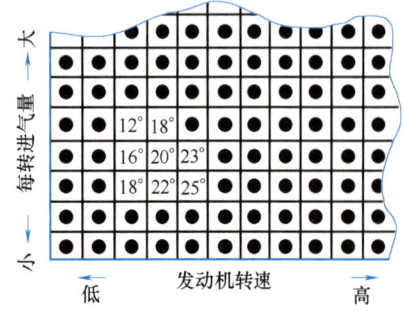

图 4-52 正常行驶时的基本点火提前角

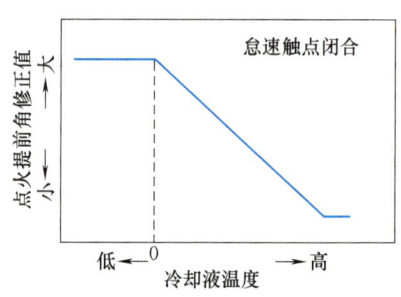

图 4-53 暖机时的修正点火提前角

## 2. 大众车用微机控制点火系统

（1）组成　图4-54所示为上海大众桑塔纳2000GSi/3000型轿车用微机控制点火系统的组成，主要由凸轮轴位置（上止点位置）传感器、曲轴位置（曲轴转速与转角）传感器、空气流量计、节气门位置传感器、冷却液温度传感器、进气温度传感器、各种控制开关、电子控制单元、点火控制器、点火线圈以及火花塞等组成。

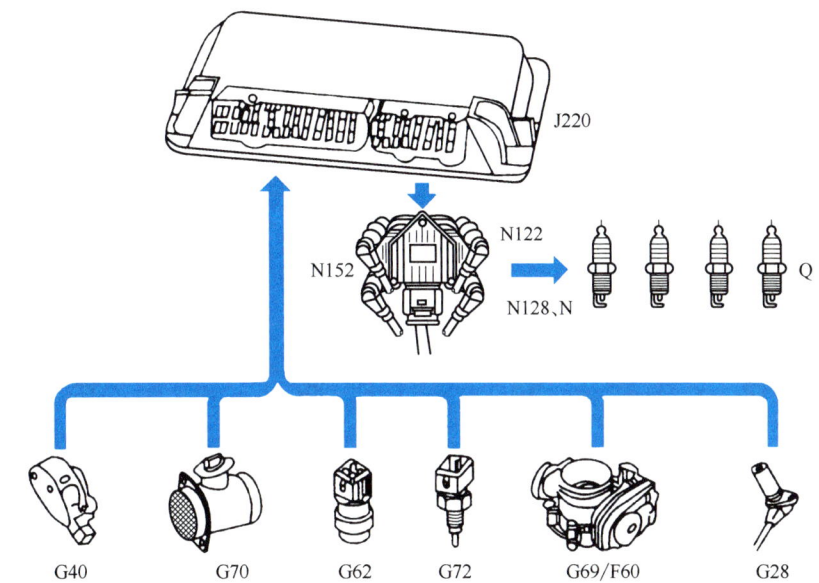

图4-54　上海大众桑塔纳2000GSi/3000型轿车用微机控制点火系统的组成

G40—凸轮轴位置（上止点位置）传感器　G70—空气流量计　G62—冷却液温度传感器　G72—进气温度传感器　G69—节气门位置传感器　F60—怠速触点开关　G28—曲轴位置（曲轴转速与转角）传感器　J220—电子控制单元　N152—点火控制组件　N122—点火控制器　N、N128—点火线圈　Q—火花塞

（2）点火控制原理　此款微机控制点火系统的发动机判缸信号在第1缸压缩上止点前（BTDC）88°时产生，设曲轴转速2000r/min时最佳点火提前角为上止点前（BTDC）30°曲轴转角，其控制原理如图4-55所示。

1）点火提前角的控制。点火提前角的大小直接影响点火性能，提前角过大会导致发动机产生爆燃，提前角过小又会导致发动机过热，所以必须精确控制，一般精确到1°。由桑塔纳2000GSi/3000型轿车发动机电控燃油喷射系统凸轮轴位置传感器和曲轴位置传感器的结构原理可知，当凸轮轴位置传感器产生的判缸信号下降沿输入ECU时，表明第1缸活塞处于压缩上止点前（BTDC）88°位置，如图4-55a所示。

当ECU接收到判缸信号下降沿时，将对曲轴位置传感器输入的转速与转角信号进行计数。计数开始时的信号称为基准信号，由ECU内部电路控制，曲轴每旋转180°产生一个基准信号。因为桑塔纳轿车曲轴位置传感器大齿缺后的第一个凸齿信号上升沿在判缸信号下降沿后7°时产生，所以基准信号对应于第1缸活塞压缩上止点前BTDC 81°位置，如图4-55b所示。又因为点火提前角为上止点前（BTDC）30°，所以ECU计数到第51个1°信号（即从接收到凸轮轴位置传感器信号7°+51°=58°）后，在第52个1°信号时向点火控制器发出指

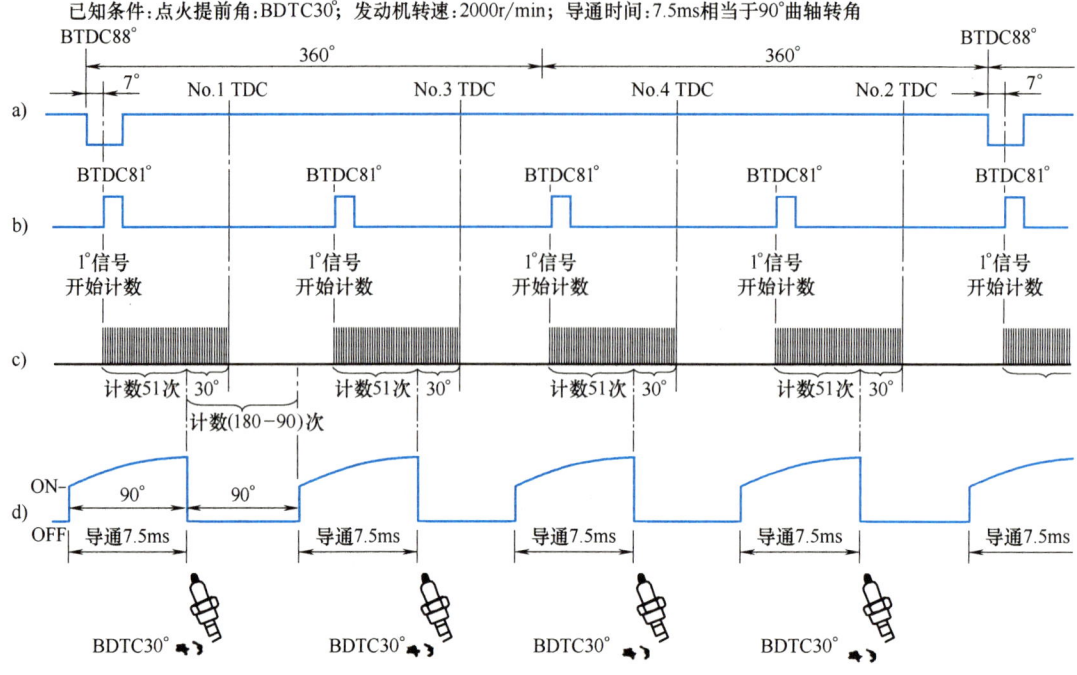

图 4-55 点火控制原理
a) 凸轮轴位置传感器信号 b) 基准信号 c) 曲轴位置传感器信号 d) 点火驱动信号

令，使功率晶体管截止，如图4-55c所示，切断点火线圈初级电流，次级绕组产生高压电并送到火花塞电极上跳火，从而将点火提前角控制在第1缸压缩上止点前30°。因为基准信号每180°产生一个，所以同理可按1—3—4—2的发动机气缸工作顺序将各缸点火提前角控制在压缩上止点前30°。

当点火提前角改变时，控制过程和方法与此相同。

2）点火导通角的控制。点火导通角是指点火线圈初级电路的大功率晶体管导通期间发动机曲轴转过的角度。导通角的控制方法是：ECU根据电源电压高低，从预先试验并存储在ECU的存储器ROM中的导通时间三维数据MAP中查询得到导通时间，然后根据发动机转速确定导通角的大小。

设电源电压为14V时，导通时间为7.5ms。当发动机转速为2000r/min时，7.5ms相当于曲轴转角为360°×2000/6000ms×7.5ms=90°，即在上述发动机工作条件下，晶体管VT从开始导通至截止时刻经历的这段时间内，必须保证曲轴转过90°转角。因为四缸发动机跳火间隔角度为180°曲轴转角，所以在晶体管截止期间，曲轴需要转过的角度=跳火间隔角度−导通角=180°−90°=90°。实际控制时，1°信号从ECU发出晶体管截止指令开始对曲轴位置传感器信号进行计数，计数90次（180°−90°=90°）后，在第91个1°信号上升沿到来时向点火控制器发出指令，使晶体管导通，接通点火线圈初级电流，保证导通角具有90°，如图4-55d所示。

## 本章小结

适时在气缸燃烧室内产生电火花的装置，称为点火系统。点火系统的作用是适时地为汽油发动机气缸内已压缩的可燃混合气提供足够能量的电火花，使发动机能及时、迅速地燃烧做功。

目前应用在汽车上的点火装置种类较多，大致可分为传统点火系统、普通电子点火系统和微机控制点火系统三种。

传统点火系统是由蓄电池或发电机供给低压电能，借点火线圈和断电器将低压电转变为高压电，再由分电器经高压阻尼线送至发动机燃烧室中的火花塞，在火花塞两电极间产生电火花，从而点燃可燃混合气。其主要由电源、点火开关、点火线圈、分电器和火花塞等部分组成。传统点火系统的工作过程基本可分为断电器触点闭合，初级电流增长；触点打开，次级绕组产生高电压和火花放电三个过程。

电子点火系统改善了电火花的点火性能，提高了点火时间的控制精度及可靠性。常见的类型有磁感应式电子点火系统、霍尔效应式电子点火系统和光电式电子点火系统。基本的工作原理是由信号发生器产生触发或控制点火的信号，经过点火控制器内的放大电路等控制点火控制器内大功率晶体管的导通和截止，控制点火线圈初级电流的通、断，继而控制点火系统初级是否产生高压火点燃可燃混合气。

微机控制点火系统（即电控点火系统）主要由与点火有关的各种传感器和开关等输入信号、电子控制单元（ECU）、点火控制器、点火线圈、配电器、火花塞等组成，其高压电的分配方式可分为机械配电方式和电子配电方式两种。

电控点火系统的控制原理：各种传感器的信号输入ECU，经输入接口电路和A/D转换器等电路进行数据处理，然后存储在随机存储器（RAM）之中备用。发动机转动时，ECU中的CPU首先根据反映发动机工况的转速与负荷传感器信号，从预先存储在只读存储器（ROM）中的点火提前角三维数据MAP中查询得到相应工况下的基本点火提前角，再根据其他传感器信号确定点火提前修正量，计算并确定最佳点火提前角，然后不断检测凸轮轴位置传感器信号（即标志位信号），判定哪一缸即将到达压缩上止点。当接收到标志位信号时，CPU立即开始对曲轴转角信号进行计数，并对点火提前角进行控制。当计数到曲轴转角等于最佳点火提前角时，CPU立即向点火控制器发出控制指令，使其大功率晶体管VT截止，点火线圈初级电流切断，次级绕组产生高压电，并按发动机的点火顺序，分配到相应气缸的火花塞跳火点燃可燃混合气。

### 思考题

1. 汽油发动机对点火系统的基本要求有哪些？
2. 简述传统点火系统的工作原理。
3. 分析影响点火系统次级电压的影响因素。
4. 传统点火系统的不足有哪些？导致这些不足的原因是什么？
5. 叙述磁感应式电子点火系统的组成及工作原理。
6. 叙述霍尔效应式电子点火系统的组成及工作原理。
7. 叙述微机控制点火系统的组成。
8. 简述微机控制点火系统的控制原理。
9. 叙述微机控制点火系统点火提前角的控制方法。

10. 简述爆燃控制的目的，爆燃检测方法及判别方法。

11. 简述爆燃传感器的类型及工作原理。

12. 绘制微机控制点火系统的控制流程。

13. 叙述丰田车用、日产车用、大众车用微机控制点火系统的组成及控制原理。

14. 如何确定点火系统的点火正时？

15. 一台四缸四冲程汽油发动机微机控制点火系统凸轮轴位置传感器的气缸判别信号下降沿（低电平占28°曲轴转角）在第1缸活塞压缩上止点前（BTDC）80°时产生，曲轴位置传感器有1个大齿缺（占15°）、58个凸齿和57个小齿缺，每个凸齿和小齿缺均占3°，大齿缺信号后的第1个凸齿信号上升沿在第一缸活塞压缩上止点前（BTDC）75°时产生。当曲轴转速为2000r/min时，最佳点火提前角为上止点前（BTDC）30°。

绘制出点火提前角的控制时序、波形，并说明该点火系统的控制过程。

# 第5章　汽车照明、信号与报警系统

【本章教学要点】

| 知识要点 | 掌握程度 | 相关知识 |
| --- | --- | --- |
| 汽车照明系统 | 了解照明系统的作用、组成<br>掌握前照灯的组成以及防眩目措施<br>熟练分析前照灯的电路<br>了解电控前照灯系统的组成、工作原理 | 汽车照明系统的组成<br>前照灯的要求、结构及防眩目措施<br>前照灯的电路<br>电控前照灯系统 |
| 汽车信号系统 | 了解转向信号灯的作用<br>掌握转向信号灯的工作过程<br>了解电喇叭的作用、分类<br>掌握电喇叭的结构及工作过程 | 转向信号灯<br>电喇叭 |
| 汽车报警系统 | 了解汽车报警系统的作用<br>掌握常见的汽车报警灯的组成、电路原理图以及工作工程 | 汽车报警系统的作用<br>常见的汽车报警灯电路 |

为了保证汽车行驶安全性，现代汽车都装备了各种照明、信号以及报警装置，而且各国对汽车照明、信号等设备在法律上都有所规定。不同车型的汽车照明、信号以及报警装置是不完全相同的，除了美观、实用以外，还需要满足两个要求：一是保证运行安全，二是符合交通法规。

## 5.1　汽车照明系统

### 5.1.1　照明系统的组成

汽车的照明系统（俗称灯系）按其安装位置和用途不同，可分为外部照明设备和内部照明设备。外部照明设备包括前照灯、雾灯、示宽灯、转向信号灯、牌照灯等。内部照明设备包括室内灯、仪表照明灯、工作灯等。

目前多将汽车后部的尾灯、后转向信号灯、制动灯、倒车灯等组合起来称为组合后灯；而将前照灯、雾灯或前转向信号灯等组合起来称为组合前灯。

上述的各种照明灯中，除了前照灯和雾灯应用光学原理特制外，其他的均属普通照明灯具，仅因用途的不同，在照明的亮度和光的颜色上有不同的要求和规定。

本章节限于篇幅，仅对前照灯的组成、工作原理及电路等进行介绍。

### 5.1.2 对前照灯的要求

为了保证夜间行车安全，世界各国一般都以法律的形式规定了车辆前照灯的照明标准。其基本要求如下：

1）前照灯应保证车前有明亮而均匀的照明，使驾驶人能看清车前100m以内路面上的任何障碍物。随着车辆行驶速度的提高，前照灯的照明距离也相应要求越来越远，现代高速汽车的照明距离应达到200～250m。

2）前照灯应能防止眩目，确保夜间两车迎面会车时，不使对方驾驶人因眩目而造成交通事故。

### 5.1.3 前照灯的结构及防眩目措施

**1. 前照灯的结构**

前照灯的光学组件由灯泡、反射镜和配光镜三部分组成。

（1）灯泡　目前汽车前照灯的灯泡有两种：充气灯泡和卤钨灯泡。

1）充气灯泡。充气灯泡是采用钨丝作灯丝，灯泡内充满氩和氮的混合惰性气体。在灯泡工作时，由于惰性气体受热后膨胀会产生较大的压力，这样可减少钨的蒸发，从而延长灯泡的使用寿命，而且还使灯丝温度升高，提高了发光效率。

2）卤钨灯泡。充气灯泡虽已充入惰性气体，但仍然有少量钨丝蒸发而使灯泡变黑。为了防止钨丝的蒸发，又发明了卤钨灯泡。其构造如图5-1所示。

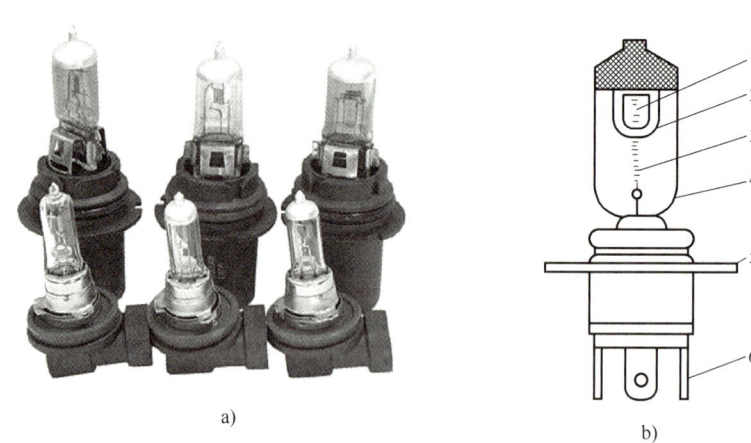

图5-1　前照灯的卤钨灯泡
a）实物　b）结构图
1—近光灯丝　2—遮光罩　3—远光灯丝　4—泡壳　5—凸缘　6—插片

卤钨灯泡，是在充入灯泡的气体中掺入某一卤族元素，如氟、氯、溴、碘等。在灯泡工作时，其内部可形成卤钨再生循环反应：从钨丝上蒸发出来的气态钨与卤族元素反应生成了一种挥发性的卤化钨，它扩散到灯丝附近的高温区后又受热分解，使钨又重新回到灯丝上。

被释放出来的卤素继续参与下一次循环反应，如此周而复始地循环下去，从而防止了钨丝的蒸发和灯泡的黑化现象。

卤钨灯泡的玻璃是由耐高温、高强度的玻璃制成，且灯泡内的充气压力较大，工作温度高，可更有效地抑制钨的蒸发量，延长使用寿命，提高发光效率。在相同功率的情况下，卤钨灯泡的亮度是充气灯泡的1.5倍，使用寿命是充气气泡的2~3倍。

**（2）反射镜** 反射镜是用薄钢板冲压而成的，其表面镀银、铬、铝等，然后抛光。反射镜的作用是尽可能多地收集灯泡发出的光线，并将这些光线聚合成很强的光束射向远方。

反射镜的表面形状大都是旋转抛物面，位于反射镜焦点上的灯泡所发出的光线，经反射镜后的情况如图5-2所示。未经反射镜的灯泡，其光度只能照清周

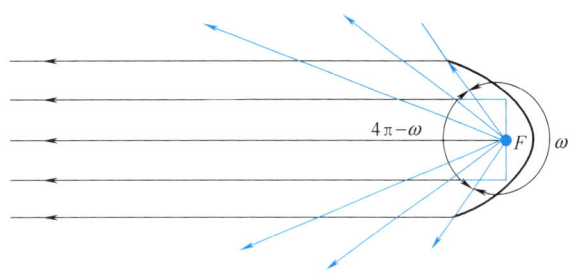

图5-2 前照灯反射镜发射光线的情况

围6m左右的距离，而经反射镜反射后的平行光束可照清前方150m以上的距离，经反射镜后，尚有少量的散射光线，其中向上方的光线完全无用，向侧方和下方的光线则有助于照明5~10m范围内的路面和路缘。

**（3）配光镜** 配光镜也称散光玻璃，是由透明玻璃压制而成的棱镜和透镜的组合体。配光镜的作用是将反射镜反射出的光束进行折射，以扩大光线的照射范围，使车前100m以内的路面有良好而均匀的照明，如图5-3所示。

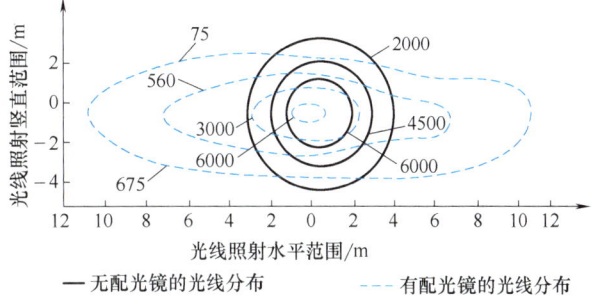

图5-3 前照灯配光镜的光线分布

**2. 前照灯的防眩目措施**

眩目，是指人的眼睛突然被强光照射时，由于视神经受刺激失去对眼睛的控制，本能地闭合眼睛，或只能看清亮处而看不见暗处物体的生理现象。

如果夜间两车迎面相会，对方驾驶人因前照灯的光束而产生眩目，那将影响正常的驾驶操作，从而造成交通事故。因此，前照灯必须采取有效的防眩目措施。

常用的防眩目措施如下：

**（1）采用双丝灯泡** 其功率较大的远光灯丝位于反射镜的焦点，功率较小的近光灯丝在焦点上方。夜间迎面会车时，通过变光开关将远光改为近光，经反射镜反射的光线绝大部分投向路面，具有一定的防止眩目的作用。

**（2）在近光灯丝下方设配光屏** 如图5-4所示，这种双丝灯泡的结构特点是在近光灯丝的下面装有一金属配光屏，它挡住了近光灯丝1射向反射镜下半部的光线，消除了近光光束向斜上方照射的部分，使防眩目效果得到进一步提高。

**（3）采用非对称光形** 这是一种新型的防眩目前照灯，安装时将遮光罩偏转一定的角度，使其近光的光形分布不对称，将近光灯右侧光线倾斜升高15°，如图5-5b所示。

**（4）Z形光形** 为防止对面来车驾驶人与非机动车人员眩目，Z形光形是目前较先进的光形，它不仅可防止对面驾驶人眩目，也可防止非机动人员眩目，如图5-5c所示。

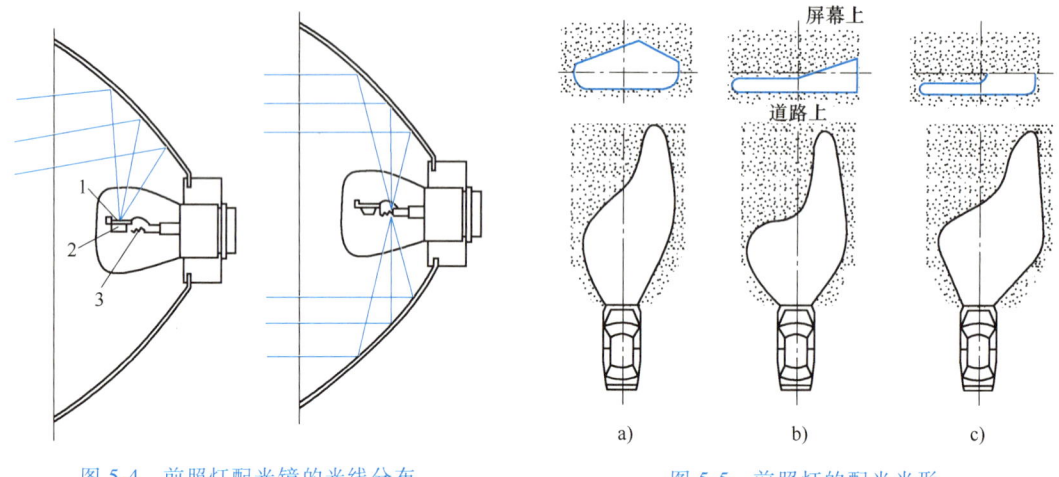

图5-4 前照灯配光镜的光线分布
1—近光灯丝　2—配光屏　3—远光灯丝

图5-5 前照灯的配光光形
a）标准光形　b）非对称光形　c）Z形

## 5.1.4 前照灯的电路

### 1. 灯光开关

照明系统的大部分电路是由灯光开关来控制的，最常用的灯光开关一般有Off（关闭）档、Park（示廓灯）档和Head（前照灯）档三个档位。对大部分车来说，灯光开关上的两个相线接线柱与蓄电池正极直接相连，灯光电路不受点火开关控制，即点火开关在Off档时，灯光开关也能开、闭照明电路。

灯光开关可以装在仪表板上，也可装在转向柱上。灯光开关的结构原理如图5-6所示，灯光开关在Off档时，关断所有的灯泡电路；在Park档时，通过接线柱3接通示廓灯、尾灯、牌照灯和仪表灯；在Head档时，通过接线柱2接通前照灯电路，Park档电路继续接通；仪表灯的亮度调节旋钮是由一个变阻器组成的，可单独安装在仪表板上，也可安装在灯光开关上。在灯光开关上有两个相线接线柱1和5，分别给前照灯电路和示廓灯电路供电，防止当一个电路出现断路故障时，全车灯均不亮。

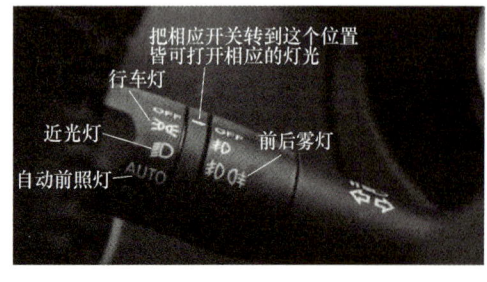
a)

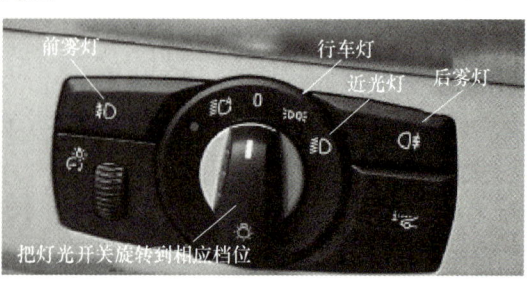
b)

图5-6 灯光开关的结构原理
a）拨杆式灯光开关　b）旋钮式灯光开关

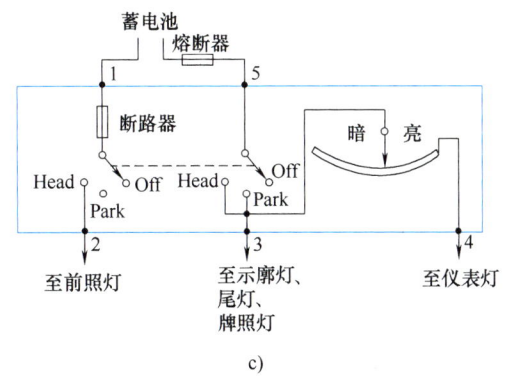

c)

**图 5-6 灯光开关的结构原理（续）**
c）灯光开关电路

### 2. 前照灯电路

前照灯电路由灯光开关、变光开关、远光指示灯和前照灯等组成，如图 5-7 所示。

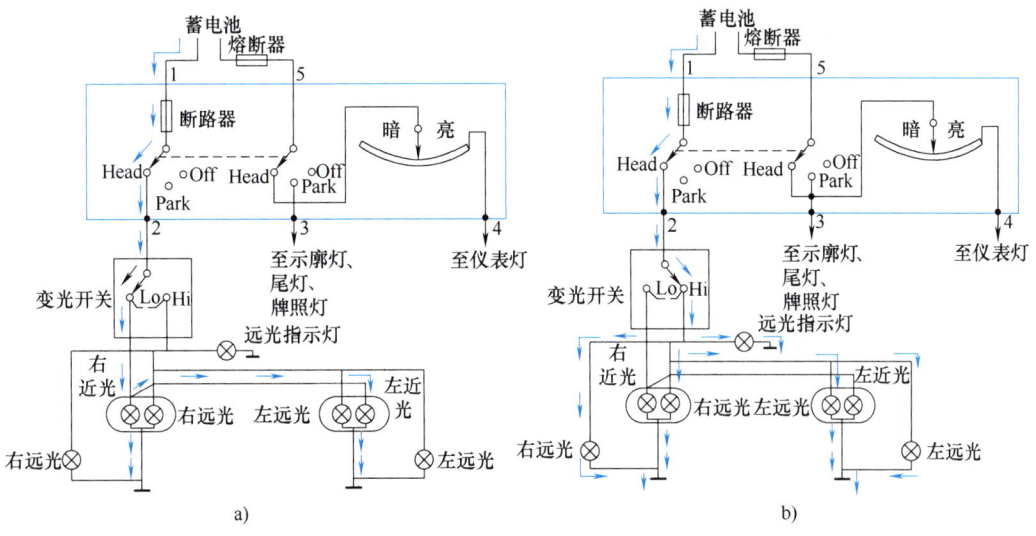

**图 5-7 前照灯电路**
a）变光开关在近光档 b）变光开关在远光档

## 5.1.5 电控前照灯系统

### 1. 前照灯自动变光系统

普通车辆在夜间会车时，驾驶人通过变光开关将远光灯变成近光灯，以防止对方驾驶人眩目。若驾驶人忘了变光或变光不及时，就会造成对方驾驶人眩目。这样，有些车辆为了减小安全隐患，提高车辆的安全性能，在前照灯电路中采用了自动变光系统。该系统由以下主要部件组成：

（1）光电管及放大器单元（感光器） 光电管及放大器单元一般装在后视镜支架上，有的安装在前中网与散热器之间，用来感应对面汽车的光线。

（2）**灵敏度调节器** 灵敏度调节器装在灯光开关上，或装在灯光开关附近，驾驶人通过旋转灵敏度调节器便能调节前照灯自动变光系统的灵敏度。若灵敏度调节得高，前照灯便早些（迎面车辆离得较远）由远光变近光。若灵敏度调节得低，要等到迎面车辆离得很近前照灯才能由远光变成近光。一般在灵敏度调节器上，还设有手动变光档位，当置于此档位时，自动变光系统则回到普通的手动变光开关操作，实现远光与近光的变换。

（3）**远、近光继电器** 远、近光继电器，是一只单臂双位继电器。

（4）**前照灯闪光超车继电器**

（5）**变光开关** 变光开关一般都设有闪光超车开关，如果接通（抬起或压下）闪光超车开关，远光灯将亮。不论灯光开关是否在前照灯档，也不论灯光开关是否在远光或近光档，驾驶人都可以直接操作闪光超车开关，接通远光灯，实现超车。

福特汽车前照灯自动变光系统的电路如图5-8所示。

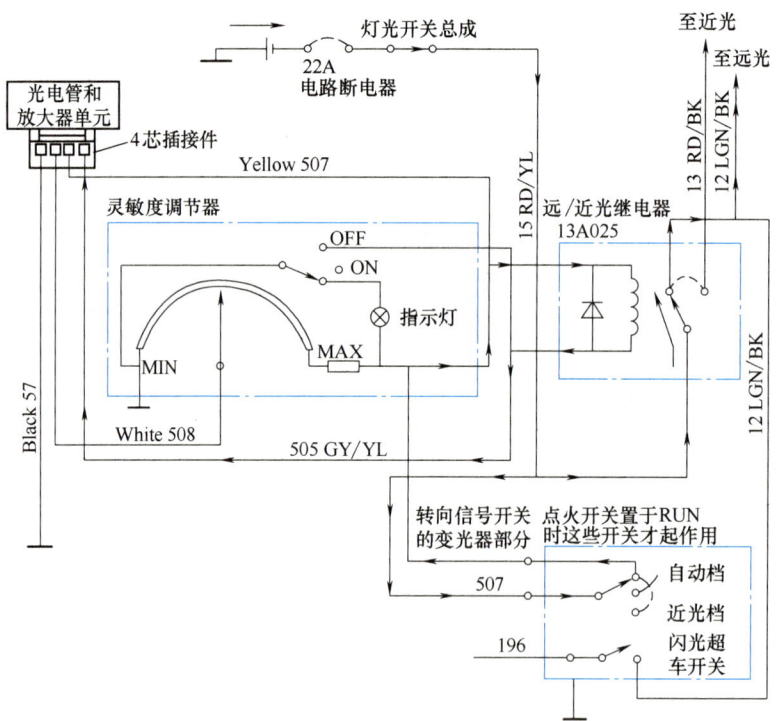

图5-8 福特汽车前照灯自动变光系统的电路

当变光开关置于自动档时，远/近光继电器的磁化线圈通过光电管和放大器单元搭铁，此时远/近光继电器的控制远光灯的触点闭合，远光灯亮。

当对面来车时，光电管和放大器（感光器）内的电阻发生变化，使得远/近光继电器的磁化线圈电路截止（不能搭铁）。这样，远/近光继电器的触点臂在弹簧的作用下，远光触点断开，近光触点闭合，前照灯电路由远光照明变成了近光照明。

当会车结束时，光电管和放大器单元使远/近光继电器的磁化线圈再次搭铁，远/近光继电器的近光触点断开，远光触点闭合，前照灯电路由近光照明又回到了远光照明。

**2. 前照灯自动开灯/延时关灯系统**

前照灯自动开灯/延时关灯系统有两种功能：一是当环境亮度暗到预定程度时，自动点亮前照灯；二是当汽车停车熄火后，使前照灯能保持亮一段时间，为驾驶人离开黑暗的停车场提供照明。

前照灯自动开灯/延时关灯系统由光电管和放大器单元、功率继电器和延时调节器（延时继电器）等组成。光电管和放大器（感光器）是用来感受外界光线的亮度，一般装在仪表里面。

（1）前照灯自动开灯/延时关灯系统的电路　美国通用汽车公司汽车前照灯自动开灯/延时关灯系统的电路，如图5-9所示，其工作原理如下：

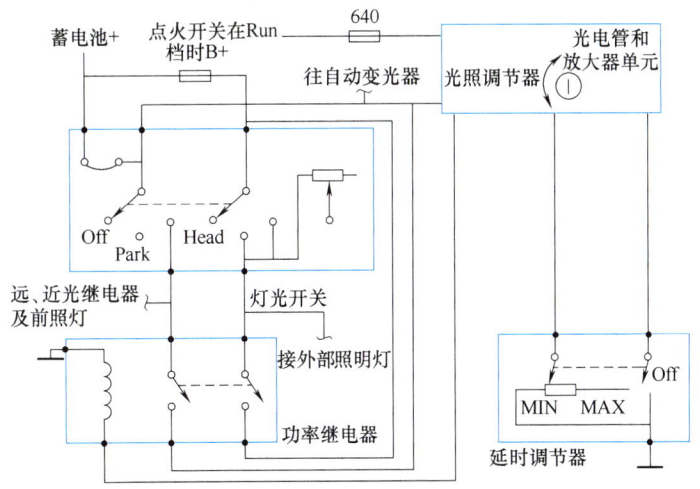

图 5-9　汽车前照灯自动开灯/延时关灯系统电路图

1) 自动开灯模式。一般来说，灯光开关要在 Off 档，点火开关要在 Run 档。当环境亮度降低时，光电管内的电阻增大，当光电管电阻增大到预定值时，光电管和放大器单元使功率继电器的磁化线圈通电，功率继电器的常开触点闭合，从而点亮前照灯和外部照明灯。

2) 延时关灯模式。延时调节器是一个电位计，利用电位计发信号给光电管和放大器单元，驾驶人离开汽车前可以用延时调节器设定前照灯继续照明时间的长短。延时调节器多数安装在车灯开关上，也有的装在仪表板上。

当关闭点火开关后，由点火开关到光电管和放大器单元的相线 640 便断开。这时，通过延时调节器内部的定时电路，由灯光开关到光电管和放大器单元的相线通过光电管和放大器单元内的定时电路，继续给功率继电器供电，使功率继电器的触点继续闭合，前照灯或外部照明灯继续亮。当预定的时间一到，光电管和放大器单元便停止给功率继电器供电，功率继电器的触点断开，前照灯便熄灭。

（2）由车身模块控制的延时关灯系统　图 5-10 所示，为美国通用汽车公司采用的车身模块控制的延时关灯系统电路图。

车身模块（Body Control Module，BCM）感受光电管两端的电压降与延时控制开关两端的电压降，延时控制开关的电阻与光电管串联接线。如果外界环境亮度下降到预定值时，车身模块（BCM）便接通前照灯继电器 G 线圈和驻车灯继电器 F 线圈的搭线回路，从而点亮

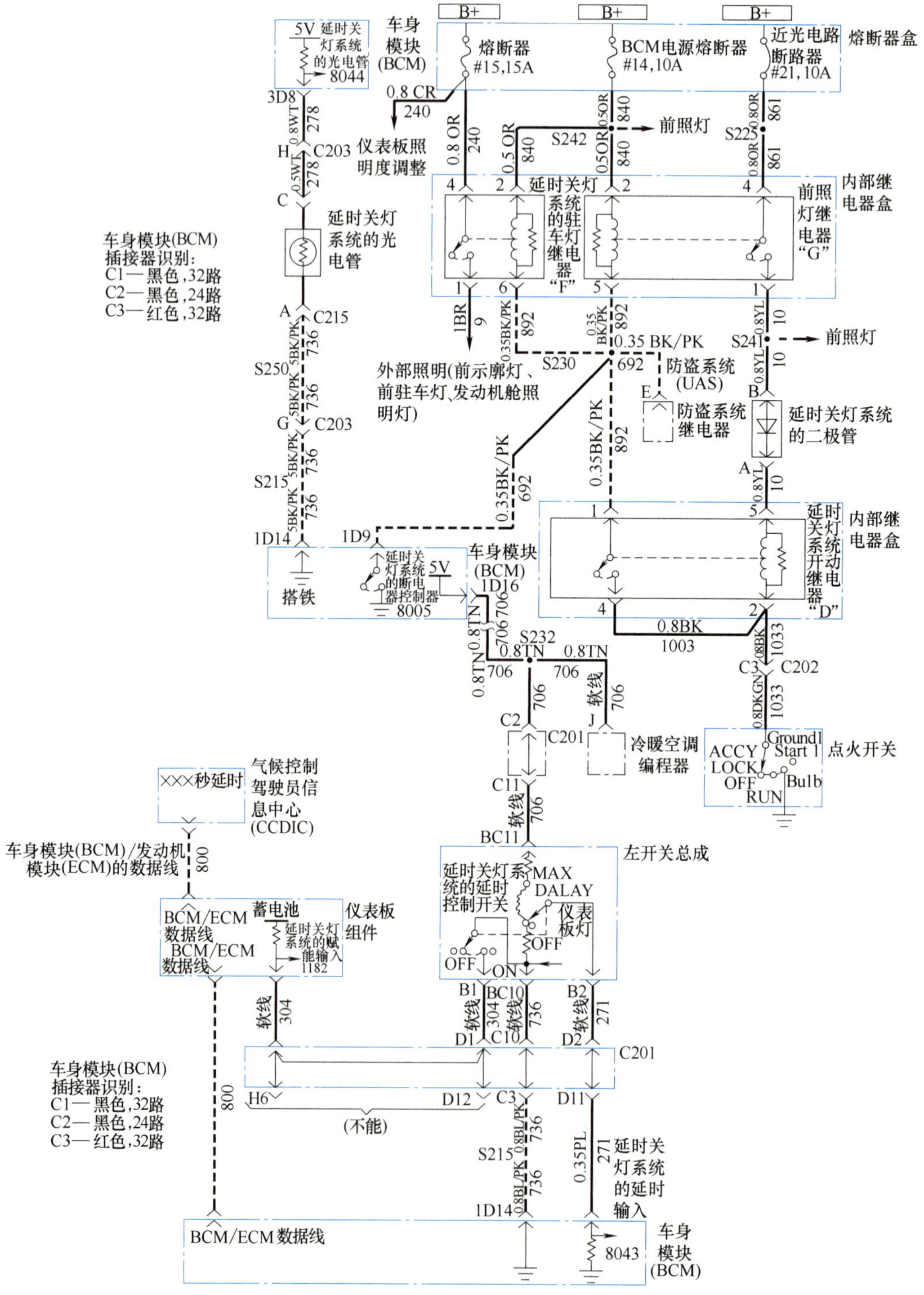

图 5-10 通用汽车采用的车身模块控制的延时关灯系统电路图

前照灯与驻车灯。在关闭点火开关之后的规定时间内，车身模块（BCM）继续维持前照灯照明电路导通，前照灯点亮，规定时间一到，前照灯熄灭。

### 3. 前照灯自动水平调整系统

当汽车货物或乘员发生变化时,可以自动调整前照灯光轴和固定角度来提高可视度,减少交通盲区。

**(1) 前照灯自动水平调整系统的工作原理** 前照灯自动水平调整系统的电路图,如图 5-11 所示。

根据汽车货物或乘员的变化,安装在前后悬架的传感器传送信号到自动水平调整控制单元。当检测到来自自动水平调整传感器的两次输入信号之间存在差异时,自动水平调整电控单元确定汽车形态,计算出光轴调整量,然后向前照灯自动水平调整系统调整执行器输入命令信号。

当前照灯自动水平调整系统检测到汽车在 0~180km/h 的车速内匀速行驶 3s,而且前照灯开关与点火开关均开启时,就可以计算出在这段时间

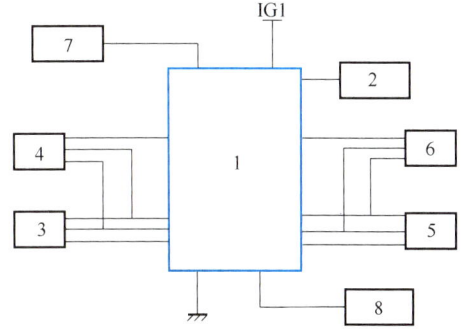

图 5-11 汽车前照灯自动水平调整系统电路图

1—自动水平调整电控单元
2—动态稳定控制系统(DSC/CM)
3—后自动水平传感器 4—前自动水平传感器
5—前照灯水平调整执行机构(LH)
6—前照灯水平调整执行机构(RH)
7—自动水平调整指示灯 8—前照灯开关

内汽车姿态的平均值,并调整光轴。当自动水平调整电控单元检测到汽车车速超过 180km/h 时,光轴将固定,直到车速降到 180km/h 以下时,才恢复自动水平调整功能。

**(2) 前照灯自动水平调整系统使用注意事项**

1)点火开关和前照灯开关都处于 ON 位置时,前照灯水平调整器运行几秒钟是正常的,说明前照灯自动水平调整系统在确定系统工作条件。

2)点火开关打到 ON 位置时,自动水平控制模块检查自动水平调整指示灯灯泡,并点亮灯泡 3s,以此来表示没有故障。

3)自动水平调整电控单元检测到故障时,故障报警功能开始运行,点亮指示灯,提醒驾驶人。

### 4. 放电式前照灯

放电式前照灯采用了低能耗、高亮度的高效气体放电灯泡,由于灯泡内充有氙气,因此也叫氙气前照灯。与普通的前照灯相比,放电式前照灯照明范围更广,而且放电式前照灯产生的光与太阳光相似,夜视能力有所提高。放电式前照灯与普通卤钨式前照灯的光照距离及宽度如图 5-12 所示。放电式前照灯的安装位置及结构如图 5-13 所示。

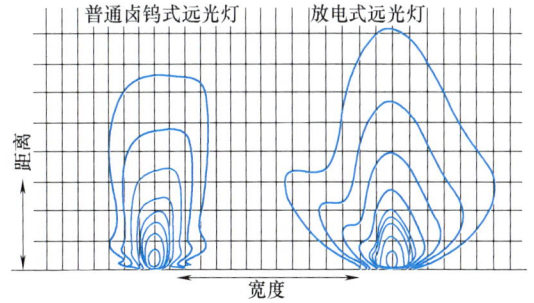

图 5-12 放电式、普通卤钨式前照灯远光灯光照情况

放电式前照灯的电控单元将直流电(9~16V)转换为交流电(25000V),并将交流电作用在灯泡两端,用来激励灯泡中的氙气。氙气通电后,灯泡内温度上升,水银气化并放出电弧。由于水银的气化和发射的电弧,灯泡内温度继续上升,金属碘化物气化分解,金属原子放电,产生光线。

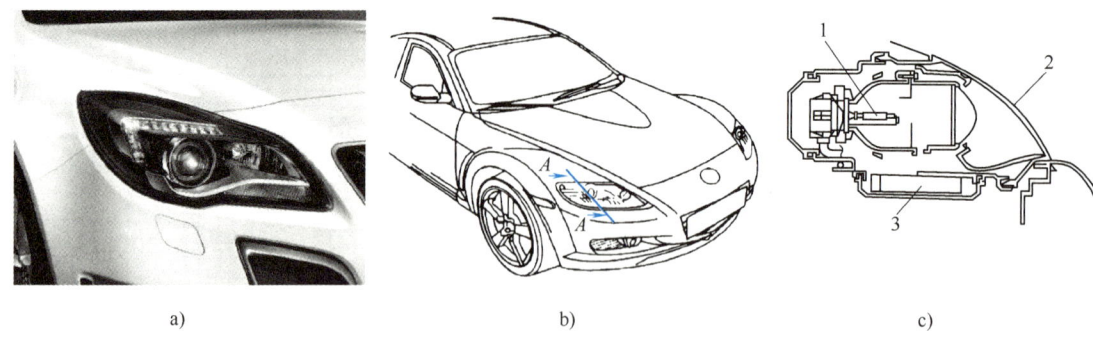

图 5-13 放电式前照灯（氙气前照灯）的实物、安装位置及结构图
a）实物　b）车上的安装位置　c）结构
1—放电式前照灯的灯泡　2—总成　3—电控单元

当放电式前照灯电控单元输入的电压不能保持正常工作电压（9～16V），电控单元会自动停止给灯泡供电，以保护灯泡。当输入电压恢复正常后，电控单元自动给灯泡供电，灯泡正常工作。

### 5. 自适应前照灯

自适应前照灯（Adaptive Head Light，AHL）也叫随动前照灯，是与行车安全息息相关的主动式安全系统，国内常称为自适应前照灯系统（Adaptive Front-lighting System，AFS）。车辆转弯时，自适应前照灯可使近光灯和远光灯在一定范围内左右摆动，根据转弯行驶情况不断调整摆动角度，最大转角为15°。因此，车辆转弯时改善了驾驶人的视野，同时又能防止对面来车使驾驶人眩目。

汽车转弯时，车辆沿圆形轨道前进。该圆形轨道通过车轮的移动和前车轮的角度位置确定。前照灯明暗界限的交界点不得位于圆形轨道的左侧，以免造成对面来车使驾驶人眩目，如图 5-14 所示。下面以宝马 E60 汽车的自适应前照灯系统为例进行说明。

（1）自适应前照灯控制开关　灯光开关打到位置"A"时，自适应前照灯才能工作。

（2）自适应前照灯系统组成及工作原理　宝马 E60 汽车自适应前照灯的系统原理图，如图 5-15 所示，原理图说明见表 5-1。

图 5-14 汽车自适应前照灯

表 5-1 宝马 E60 汽车自适应前照灯的系统原理图说明

| 序号、名称 | 说　明 |
| --- | --- |
| 1 | 灯光开关 |
| 2 | 灯光模块（LM） |
| 3 | 晴雨/行车灯传感器（RLS） |
| 4 | 安全和网关模块（SGM） |

(续)

| 序号、名称 | 说　　明 |
|---|---|
| 5 | 转向柱开关中心（SZL） |
| 6 | 制动信号灯开关 |
| 7 | 包括步进马达控制器（SMC）、双氙气灯电控单元、氙气灯（XENON）和远光灯的左旋转模块 |
| 8 | 包括步进电动机控制器、双氙气灯电控单元、氙气灯（XENON）和远光灯的右旋转模块 |
| 9 | 便捷上车及起动系统（CAS） |
| 10 | 前部高度传感器 |
| 11 | 后部高度传感器 |
| 12 | 自适应前照灯（AHL）电控单元 |
| 13 | 动态稳定控制（DSC）电控单元 |
| Byteflight | Byteflight（BMW 安全总线系统） |
| F-CAN | 底盘 CAN |
| K-CAN | 车身 CAN |
| PT-CAN | 动力传动系 CAN |
| kl.30g | 总线端 kl.30g |
| kl.56b | 总线端 |
| kl.15WUP | 唤醒导线 |

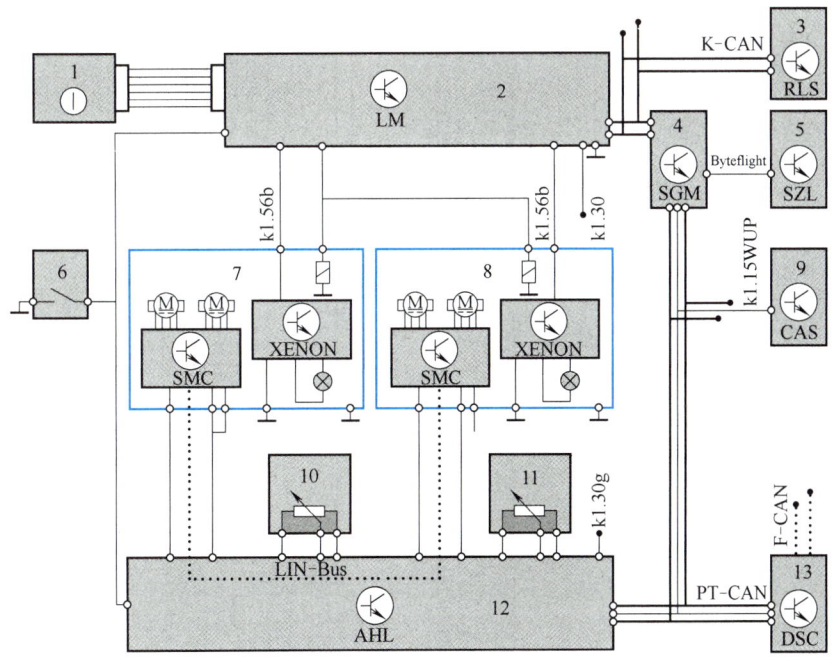

图 5-15　宝马 E60 汽车自适应前照灯的系统原理图

**6. 夜视系统**

采用夜视系统（Night Vision）的目的是为了提高驾驶的安全性。一些高档汽车采用了夜视系统。

宝马 E60 汽车采用了夜视系统，如图 5-16 所示。该系统应用远红外线原理，在黑夜里不需要灯光照射的情况下，仪表板上的显示器上可以看清楚 300m 以外路面上的行人，这个距离在灯光的照射下驾驶人是看不到的。因此，极大地提高了驾驶安全性。

图 5-16 夜视系统

宝马 E60 汽车夜视系统的原理，如图 5-17 所示，图中元件说明见表 5-2。

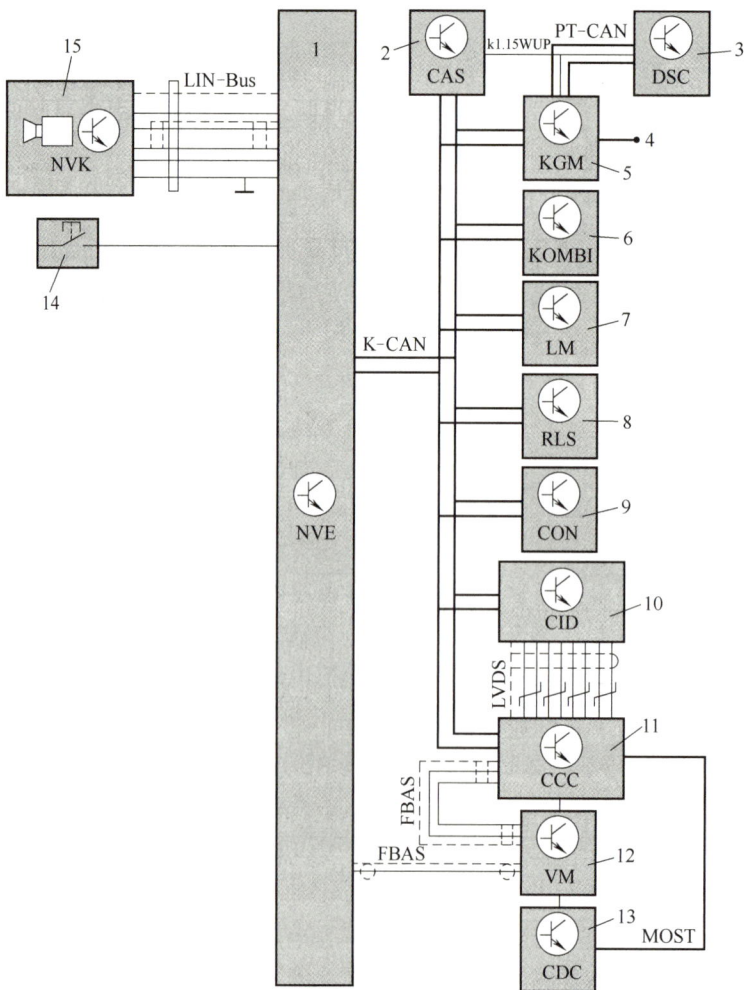

图 5-17 宝马 E60 汽车夜视系统的原理图

表 5-2　宝马 E60 汽车夜视系统的原理图说明

| 序号、名称 | 说　　明 |
|---|---|
| 1 | 电子夜视装置（NVE） |
| 2 | 便捷上车及起动系统（CAS） |
| 3 | 动态稳定控制（DSC） |
| 4 | 诊断导线 |
| 5 | 车身网关模块（KGM） |
| 6 | 组合仪表（KOMBI） |
| 7 | 灯光模块（LM） |
| 8 | 雨天/行车灯传感器（RLS） |
| 9 | 控制器（CON） |
| 10 | 中央信息显示器（CID） |
| 11 | 车载通信计算机（CCC） |
| 12 | 视频模块（VM） |
| 13 | CD 光盘转换匣（CDC） |
| 14 | BMW 夜视系统的按钮 |
| 15 | 夜视摄像机（NVK） |
| kl. 15 WUP | 唤醒导线（总线端 kl.15 唤醒） |
| FBAS | 复合彩色画面消隐同步信号（CVBS） |
| K-CAN | 车身总线 |
| LIN-Bus | 局域互联网总线 |
| LVDS | LVDS 数据导线（低压差分信号） |
| PT-CAN | 传动系总线 |
| MOST | 光缆（多媒体传输系统） |

## 5.2　汽车信号系统

### 5.2.1　转向信号灯

汽车转向信号灯主要用来指示车辆行驶方向。其灯光信号采用闪烁的方式，用来指示车辆左转或右转，以引起其他车辆和行人的注意，提高车辆的安全性。我国交通法规对转向信号灯的使用有明确的规定，并且还规定汽车在行驶中，如遇危险情况，可使前后左右四个转向灯同时闪烁，作为危险报警信号，请求其他车辆避让。

转向信号灯电路系统由转向和报警两部分电路组成，一般都是共用一个闪光器，用转向开关和危险报警开关分别进行控制。

转向信号灯电路主要由转向信号灯、闪光器、转向灯开关等组成。转向信号灯是由闪光器控制的，常见的闪光器有热丝式、电容式、翼片式和电子式等。热丝式闪光器结构简单、成本低，但闪光频率不稳定、使用寿命短、信号明暗不明显，现已被淘汰。电容式和翼片式闪光器闪光频率较为稳定,翼片式闪光器还具有结构简单、体积小、工作时伴有响声可起监控等特点。电子式闪光器具有性能稳定和工作可靠的特点,目前已广泛应用。

图 5-18 所示为简单的无触点电子式闪光器,其工作原理如下:

接通转向灯开关 3,$VT_1$ 通过 $R_2$ 得到正向偏置电压而导通饱和,$VT_2$、$VT_3$ 则截止。由于 $VT_1$ 的发射极电流很小,故转向信号灯 2 较暗。同时,电源通过 $R_1$ 对 $C$ 充电,使 $VT_1$ 的基极电位下降,当低于其导通所需正向偏置电压时,$VT_1$ 截止。$VT_1$ 截止后,$VT_2$ 通过 $R_3$ 得到正向偏置电压而导通,$VT_3$ 也随之导通饱和,转向信号灯变亮。此时,$C$ 经 $R_1$、$R_2$ 放电,使 $VT_1$ 仍保持截止,转向信号灯 2 继续发亮。随着 $C$ 放电电流减小,$VT_1$ 基极电位又逐渐升高,当高于其正向导通电压时,$VT_1$ 又导通,$VT_2$、$VT_3$ 又截止,转向信号灯 2 又变暗。随着 $C$ 的充电、放电,$VT_3$ 不断的导通、截止,如此反复,使转向信号灯 2 闪烁。

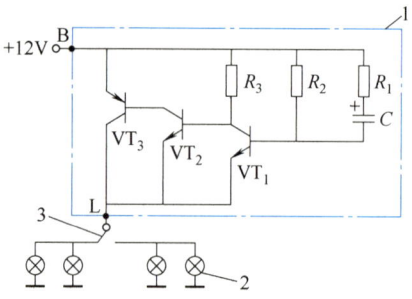

图 5-18 无触点电子式闪光器的工作原理图
1—电子式闪光器 2—转向信号灯
3—转向灯开关

### 5.2.2 危险报警信号灯

危险报警电路一般由左、右转向灯,闪光器,危险报警开关等组成。当危险报警开关闭合时,左、右转向灯同时闪烁。

其电路如图 5-19 所示,当危险报警开关闭合时,危险报警信号电路为:蓄电池正极→危险报警开关 3→电子式闪光器 2→转向灯开关 4→转向信号灯及转向指示灯 5→搭铁,这样转向信号灯及仪表板上的转向指示灯同时闪烁。

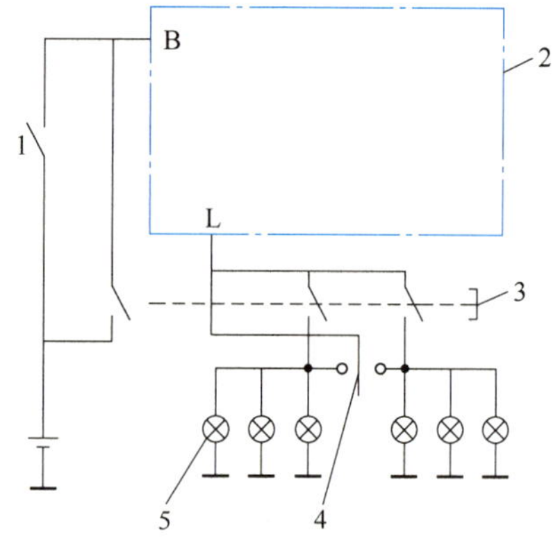

### 5.2.3 电喇叭

汽车上都装有喇叭,其作用是警告行人和其他车辆,以引起注意,保证行车和作业安全。喇叭有气喇叭和电喇叭两种,目前装车的大部分喇叭为电喇叭,如图 5-20 所示。按外形的不同,电喇叭分盆形、筒形和螺旋形三种。

图 5-19 危险报警信号灯电路
1—点火开关 2—电子式闪光器
3—危险报警开关 4—转向灯开关
5—转向信号灯及转向指示灯

**1. 盆形电喇叭**

图 5-21 所示为盆形电喇叭的结构。上、下铁心间的气隙在线圈 2 中间,因此能产生较大的吸力。它没有扬声筒,而是将上铁心 3、膜片 4 和共鸣板 5 固定在中心轴上。当电路接通时,线圈 2 产生吸力,上铁心 3 被吸下与下铁心 1 碰撞,产生较低的基本频率,并激励与膜片固定在一起的共鸣板产生共鸣,从而发出比基本频率强得多,且分布又比较集中的谐音。

其原理如下所述:

图 5-20　汽车用螺旋形电喇叭实物

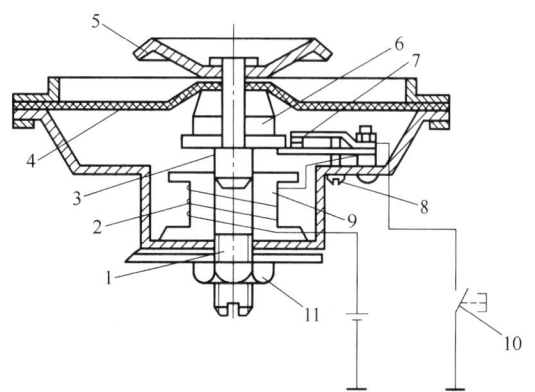

图 5-21　汽车用盆形电喇叭结构及电路图
1—下铁心　2—线圈　3—上铁心　4—膜片
5—共鸣板　6—衔铁　7—触点　8—调整螺钉
9—铁心　10—按钮　11—锁紧螺母

按下电喇叭按钮 10，电喇叭内部电路接通，电路为：蓄电池正极→线圈 2→触点 7→电喇叭按钮 10→搭铁→蓄电池负极。线圈 2 通电后产生电磁力，吸动上铁心 3 及衔铁 6 下移，使膜片向下弯曲。衔铁 6 下移将触点 7 顶开，线圈 2 电路被切断，其电磁力消失，上铁心 3、衔铁 6 及膜片 4 又在触点臂和膜片 4 自身弹力的作用下复位，触点 7 又闭合。触点 7 闭合后，线圈 2 又通电产生电磁力吸引上铁心 3 和衔铁 6 下移，再次将触点 7 顶开。如此循环，使上铁心 3 与下铁心 1 不断碰撞，产生一个较低的基本频率，并激励膜片 4 与共鸣板 5 产生共鸣，从而发出比基本频率强且分布比较集中的谐音。

**2. 筒形、螺旋形电喇叭**

筒形、螺旋形电喇叭的结构如图 5-22 所示，主要由山形铁心 5、线圈 9、衔铁 8、膜片 3、共鸣板 2、扬声筒 1、触点臂以及电容器 16 等组成。膜片 3 和共鸣板 2 借中心杆 13 与衔铁 8、调整螺母 11、锁紧螺母 12 连成一体。当按下电喇叭按钮 19 时，电流由蓄电池正极→线圈 9→触点→电喇叭按钮 19→搭铁→蓄电池负极，电流流过线圈 9 产生电磁吸力，吸

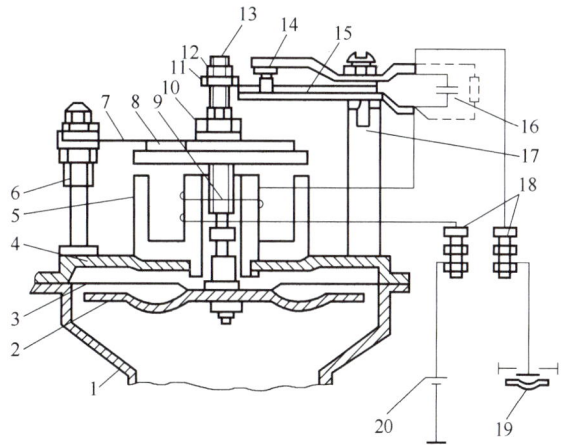

图 5-22　筒形、螺旋形电喇叭结构及电路图
1—扬声筒　2—共鸣板　3—膜片　4—底板　5—山形铁心
6—螺柱　7—弹簧片　8—衔铁　9—线圈
10、12—锁紧螺母　11—调整螺母　13—中心杆
14—固定触点臂　15—活动触点臂　16—电容器
17—触点支架　18—接线柱　19—电喇叭按钮　20—蓄电池

下衔铁 8，中心杆上的调整螺母 11 压下活动触点臂，使触点分开而切断电路。此时线圈 9 中的电流中断，电磁吸力消失，在弹簧片 7 和膜片 3 的弹力作用下，衔铁又返回原位，触点闭合，电路又接通。此后，上述过程反复进行，膜片不断振动，从而发出一定音调的声波，由扬声筒 1 加强后传出。共鸣板与膜片刚性连接，在振动时发出声响，使喇叭声音更加悦耳。

为了减小触点火花而保护触点，在触点间并联一个电容器（或消弧电阻）。

### 3. 喇叭继电器

为了得到更加悦耳动听的声音，有些汽车装有两个不同音调（高、低音）的电喇叭。当装用双喇叭时，因消耗的电流较大（15~20A），若用按钮直接控制，按钮容易烧坏，所以常用喇叭继电器控制，其结构及电路如图5-23所示。

当按下电喇叭按钮3时，继电器线圈2通电，产生的电磁力使触点5闭合，接通电喇叭电路而使电喇叭发声。电喇叭电路为：蓄电池正极→熔体→接线柱B→触点臂1→触点5→接线柱H→电喇叭→搭铁→蓄电池负极。电喇叭工作电流不经电喇叭按钮，从而保护了电喇叭按钮。

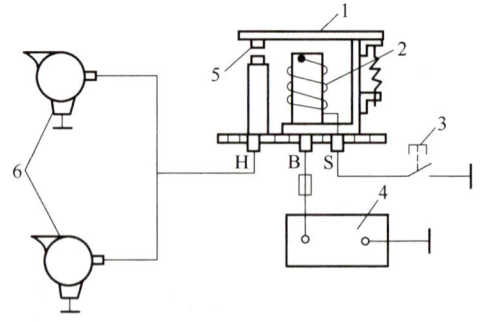

图 5-23 电喇叭的喇叭继电器电路
1—触点臂 2—继电器线圈 3—电喇叭按钮
4—蓄电池 5—触点 6—电喇叭

## 5.3 汽车报警系统

### 5.3.1 汽车报警系统的作用

为了警示汽车、发动机或某一系统处于不良或特殊状态，引起汽车驾驶人的注意，保证汽车可靠工作和安全行驶，防止事故发生，汽车上安装了多种报警装置，主要包括报警灯和监视器两类。

报警灯由报警开关控制，当被监测的系统或总成工作不正常时，开关自动接通而使报警灯发亮，以提醒驾驶人注意，如前照灯和尾灯故障报警灯、冷却液温度报警灯、机油压力报警灯、燃油不足报警灯、气压不足报警灯、制动灯断线报警灯、液面过低报警灯等。

报警灯通常安装在仪表板上，功率为1~4W，在灯泡前设有滤光片，使报警灯发出黄光或红光，滤光片上通常制有标准图形符号。有些汽车报警灯采用发光二极管显示，标准图形符号标在发光二极管旁边。

### 5.3.2 常见的汽车报警灯电路

#### 1. 制动灯信号的报警电路

因为制动灯在汽车尾部，信号灯丝烧断不易被驾驶人发现，而一旦制动灯丝烧断，在紧急制动时制动灯不亮，失去了对后面车辆驾驶人的警告作用，很容易发生追尾事故，因此危险性很大。

图5-24为制动灯报警电路，用以监视制动灯的工作情况，其工作原理如下：当踩下制动踏板时，电源经熔断器、线圈$W_2$到制动信号灯搭铁形成回路，制动灯亮；但流过

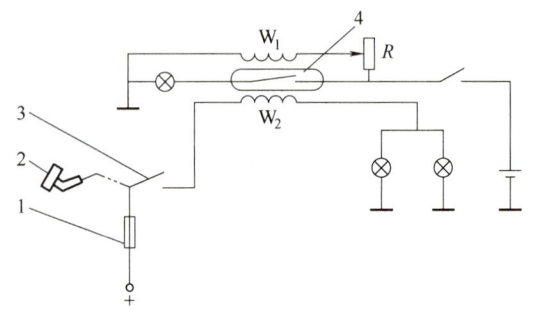

图 5-24 制动灯报警电路
1—熔断器 2—制动踏板
3—制动灯开关 4—舌簧管继电器

线圈 $W_2$ 所产生的磁场，还不足以闭合舌簧管继电器触点。但在点火开关接通的情况下，经可调电阻 $R$、线圈 $W_1$、搭铁形成回路，使 $W_1$ 中也产生磁场。这两个磁场叠加时，舌簧管继电器触点才闭合，12V 电压加在指示灯上，表示制动灯的工作正常。当一只制动灯损坏时，流过 $W_2$ 的电流减小一半，磁场减弱，舌簧管继电器触点不闭合，指示灯不亮，表示制动灯有故障。

监视指示灯的灵敏度可一次调整好，踏下制动踏板时，制动灯开关接通，调整可调电阻 $R$，直到舌簧管继电器触点闭合为止。为了模拟故障，可将一个制动灯拆下，这时，再踏下制动踏板时，指示灯应不亮。

在制动灯电路中，短路的情况比较少见，由于制动灯电路有熔断器，短路时熔断器烧断，这时，踏下制动踏板指示灯也不亮。

**2. 冷却液温度指示灯的报警电路**

在发动机工作过程中，当冷却液温度不正常时，温度指示灯可发出灯光信号，以示报警。温度传感器与冷却液温度传感器相似，由双金属片作为温度敏感元件。

如图 5-25a 所示，当冷却液温度升高到 90~95℃ 时，双金属片 1 向静触点 4 方向弯曲，使两触点接触，红色报警灯亮。

图 5-25b 则是经过改进的指示灯。双金属片开关组成一单刀双掷动作。当冷却液温度低于 60℃ 时，开关电路经绿色指示灯搭铁，绿色指示灯亮，向驾驶人提供发动机过冷的警告，使驾驶人不至于突然加速。随着冷却液温度的升高，双金属开关臂脱离冷触点，处于冷和热触点之间的某一位置。

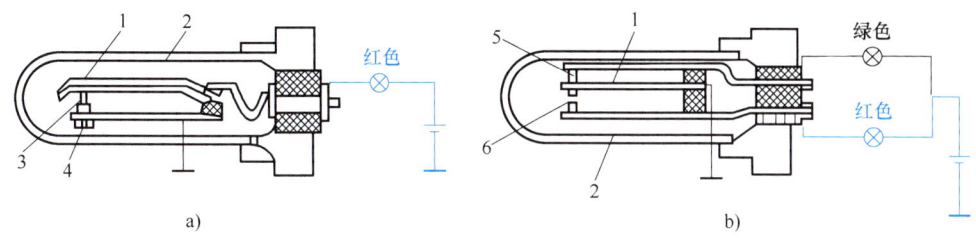

图 5-25 冷却液温度指示灯的报警电路
a) 单触点式 b) 双触点式
1—双金属片 2—壳体 3—动触点 4—静触点 5—冷触点 6—热触点

当发动机冷却液温度超过 95℃ 时，双金属片向热触点方向弯曲，与热触点闭合，红色指示灯亮，表示发动机过热。

**3. 燃油液位低的报警电路**

其作用是当燃油箱液位降到规定值以下时，仪表板上的燃油量油量报警灯点亮。

图 5-26 中所示，当燃油箱中燃油存量多时，热敏电阻元件浸在燃油中散热快，其温度较低，电阻值大，所以电路中电流很小，指示灯不亮。当燃油减少到规定值以下时，热敏电阻露出油面，

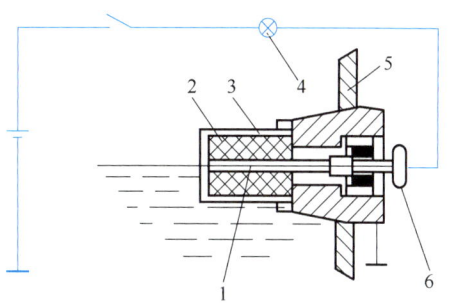

图 5-26 燃油液位低的报警电路
1—热敏电阻 2—防爆金属丝网 3—外壳
4—报警灯 5—油箱外壳 6—接线柱

散热慢,温度升高,电阻值减小,电路中电流增大,指示灯即点亮,以示报警。

**4. 制动蹄片磨损过薄的报警电路**

其作用是当制动摩擦片磨损到使用极限厚度时,发出报警信号,如图 5-27 所示。

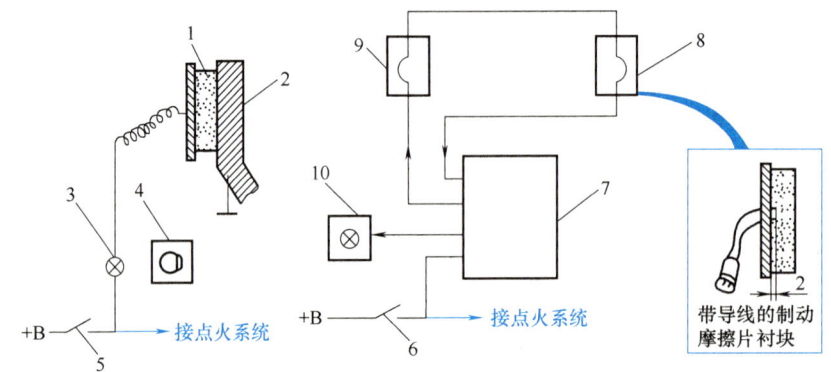

图 5-27　制动蹄片磨损过薄的报警电路

1—摩擦片衬块　2—制动盘　3、10—报警灯　4—报警灯图像标志
5、6—点火开关　7—电子控制装置　8、9—摩擦片

在图 5-27 所示装置中,是将一段导线埋设在摩擦片内部,该导线与电子控制装置 7 相连。当摩擦片磨损到使用极限厚度时,导线便被磨断,使电路中断。

当接通点火开关后,电子控制装置 7 便向摩擦片内埋设的导线通电数秒钟进行检查,若摩擦片已磨损到使用极限厚度,并且埋设的导线被磨断,电子控制装置则使报警灯 10 报警,表示制动摩擦片需要更换。

## 本章小结

汽车的照明系统分为外部照明和内部照明。外部照明设备包括前照灯、雾灯、示宽灯、转向信号灯、牌照灯等。内部照明包括室内灯、仪表照明灯、工作灯等。

前照灯的光学组件由灯泡、反射镜和配光镜三部分组成。前照灯必须采取有效的防眩目措施。常用的防眩目措施如下：采用双丝灯泡；在近光灯丝下方设配光屏；采用非对称光形；Z 形光形。

电控前照灯系统有：前照灯自动变光系统、前照灯自动开灯/延时关灯系统、前照灯自动水平调整系统、放电式前照灯、自适应前照灯以及夜视系统等。

转向信号灯电路主要由转向信号灯、闪光器、转向灯开关等组成。电子式闪光器具有性能稳定和工作可靠的特点。

危险报警电路一般由左、右转向灯,闪光器,危险报警开关等组成。当危险报警开关闭合时,左、右转向灯同时闪烁。

按外形的不同,电喇叭分盆型、筒形和螺旋形三种。目前装车的大部分喇叭为电喇叭。

汽车上安装了多种报警装置,其报警灯电路由报警开关控制,当被监测的系统或总成工作不正常时,开关自动接通而使报警灯发亮,以提醒驾驶人注意,如尾灯故障报警灯、冷却液温度报警灯、机油压力报警灯、燃油不足报警灯、制动灯断线报警灯、液面过低报警灯等。

## 思考题

1. 叙述汽车前照灯的组成，对前照灯的基本要求有哪些？
2. 新型电控前照灯有哪些？各自是如何工作的？
3. 叙述电喇叭的工作原理。
4. 为什么汽车需要装备报警系统？选择一种报警装置绘制其电路图，并叙述其工作原理。

# 第6章　汽车仪表与电子显示装置

【本章教学要点】

| 知识要点 | 掌握程度 | 相关知识 |
| --- | --- | --- |
| 汽车传统仪表 | 了解汽车传统仪表的作用、组成<br>掌握水温表的功用、组成及工作原理<br>掌握燃油量表的功用、组成及工作原理 | 汽车传统仪表的功用、组成<br>水温表、燃油量表的功用、组成及工作原理 |
| 汽车电子仪表 | 了解汽车电子仪表的作用、控制原理<br>掌握电子车速表的功用、组成及工作原理<br>掌握电子里程表的功用、组成及工作原理<br>掌握电子燃油量表的功用、组成及工作原理 | 汽车电子仪表的组成、控制原理<br>电子车速表、电子里程表以及电子燃油量表的功用、组成及工作原理 |

对汽车仪表的一般要求是：结构简单，工作可靠，显示数据准确、清晰；当电源的电压出现波动和环境温度发生变化时，数据显示的变化应尽可能小；除此之外，仪表的抗振、耐冲击性能也要好。

汽车仪表按其结构形式可分为独立式和组合式两种。独立式仪表板是将各独立的仪表固定在同一块金属板上；而组合式仪表是将各仪表封装在一个壳体内，具有结构紧凑、美观大方的特点，故在现代汽车中广泛采用。

传统仪表一般是机电式模拟仪表，只能为驾驶人提供汽车运行中必要而又少量的数据信息，已远远不能满足现代汽车新技术高速度的要求。因此，汽车电子仪表已逐步取代常规的传统仪表。

## 6.1　汽车传统仪表

### 6.1.1　水温表

水温表用于指示发动机水套中冷却液的工作温度，它由安装在仪表板上的温度表和安在发动机气缸盖水套上的冷却液温度传感器组成。

水温表可分为电热式和电磁式两种类型，冷却液温度传感器有双金属片式和热敏电阻式两种。

图 6-1 所示为电磁式水温表的结构原理。

电磁式水温表壳内固装有互成一定角度的两个铁心，铁心上分别绕有电磁线圈，其中一个与传感器串联，另一个与传感器并联，两个铁心的下端设置带指针的偏转衔铁。传感器一般配用热敏电阻冷却液温度传感器，该传感器也可与电热式水温表配用，但同时要增加一个电源稳压器。

热敏电阻是一种半导体材料，对温度有高度的灵敏性，体积可以做得很小，不需要冷却，构造简单、寿命长。

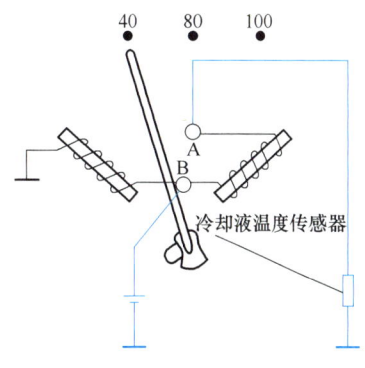

图 6-1 电磁式水温表的结构原理
A、B—指示表接线柱

### 6.1.2 燃油量表

燃油量表用于指示燃油箱中所储存的燃油量，由装在油箱中的油量传感器和仪表盘上的燃油指示表两部分组成。燃油指示表通常有电磁式和电热式两种，传感器均使用可变电阻式。

近年来还出现了新型的电子式燃油表，也称电子燃油显示器，此内容将在下一节详细介绍。

电磁式燃油量表的构造与工作原理如图 6-2 所示。

燃油量表中安装有左线圈 1 和右线圈 5，两线圈之间有一个铁质的转子 10，转子与指针 2 固定在一起。传感器由可调电阻 6，滑动臂 9 和浮子 8 组成。浮子漂浮在油面上，当浮子随油面的高低而改变位置时，可以带动滑动臂 9 做相应的滑动。

当电路接通后，左线圈 1 和右线圈 5 均产生电磁吸力，并形成一个合成磁场，吸动转子 10 偏转一定的角度，带动指针指示一定的数值。当油箱中无油时，浮子 8 下沉，可调电阻 6 被滑动臂 9 短路，右线圈被同时短路搭铁，无电流通过。此时，电源电压直接加到了左线圈 1 的两端，电流达到最大值，使其产生的电磁吸

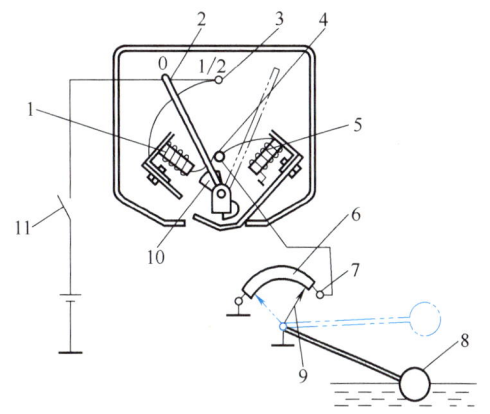

图 6-2 电磁式燃油量表构造与工作原理
1—左线圈 2—指针 3、4—指示表接线柱
5—右线圈 6—可调电阻 7—传感器接线柱
8—浮子 9—滑动臂 10—转子 11—点火开关

力最强，吸动转子 10，使指针 2 指示在"0"的位置；当油箱中的燃油增加时，浮子 8 上浮，带动滑动臂 9 滑动，可调电阻 6 的阻值变大，使指示表接线柱 4 处的电位升高，导致左线圈 1 的电流减小，右线圈 5 的电流增加，在左、右线圈的合成磁场的作用下，转子 10 带动指针向右偏转，指示出油箱中的燃油量；当油箱装满燃油时，右线圈 5 的电磁吸力最大，指针的偏转角度最大，示值为 100%，当油箱为半满时，指针 2 指在"1/2"的位置。

119

> 【小提示】
> 
> 需要注意的是：滑动臂9与可调电阻6接触不良时会产生火花，容易产生火灾。因此，传感器可调电阻6的末端须搭铁。

## 6.2 汽车电子仪表

### 6.2.1 电子仪表的组成

现代汽车上的电子仪表系统主要是基于微处理器进行工作的，传统的传感器信号通过I/O、A/D转换电路，输入到微处理器中被识别，微处理器通过驱动控制电路驱动步进电动机、动磁线圈等，指示出电流、机油压力、水温、油量、车速、发动机转速等信号，如图6-3所示。

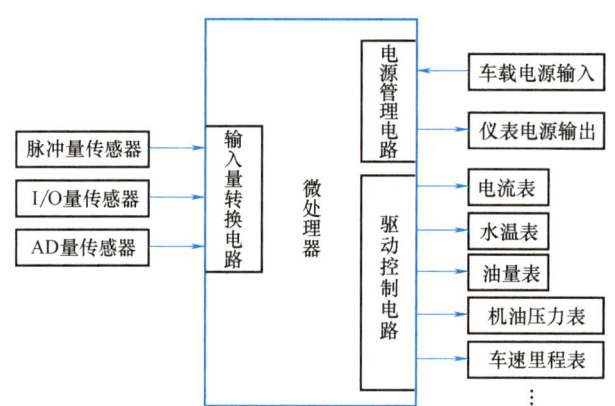

图6-3 汽车电子仪表的控制框图

随着仪表显示技术的发展，使得图形显示器件逐渐能够满足汽车仪表的要求，图形液晶显示在仪表上得到了大量应用。同时汽车电子在汽车上的应用，汽车总线技术的发展也使得汽车仪表控制器可以方便地从其他控制器中获得所需的传感器信息，同时也可以将其他控制器所需的信息通过总线传递出去。从而为仪表集成GPS导航、指南针、胎压监测功能、道路偏移显示、发动机油耗信息显示等提供条件，如图6-4所示。大多数电子仪表板都有自诊断功能，在进行自诊断时，可按下仪表板上的选择钮。当点火开关转到Acc或Run档时，仪表板便开始一次自检，检验时

图6-4 电子仪表

通常是整个仪表板发亮。与此同时，各显示器的每段字段都发亮。在自检过程中，电子仪表板上用来监测各系统的ISO标准符号一般都闪烁，检验完成时，所有仪表都显示当时的读数。若发现故障，便显示一个提醒驾驶人的代码。

## 6.2.2 电子仪表的控制原理

电子仪表的控制原理如图 6-5 所示。电子仪表的电控单元包括接口电路、中央处理器（CPU）、以及显示驱动电路等，它们与各种信号传感器相接。来自不同传感器的模拟信号或数字信号，通过接口电路、中央处理器、显示驱动电路，最后控制电子仪表板的显示器显示数据。

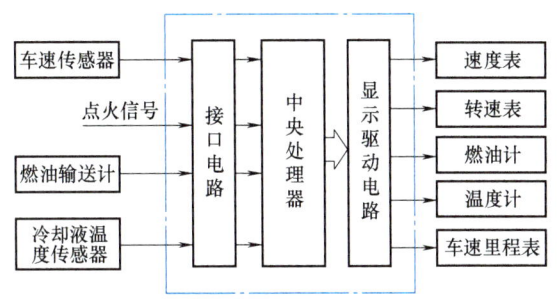

图 6-5 电子仪表的控制原理

## 6.2.3 常见的电子仪表

**1. 车速表**

图 6-6 所示为通用汽车公司所采用的一种电子车速里程表的结构框图。

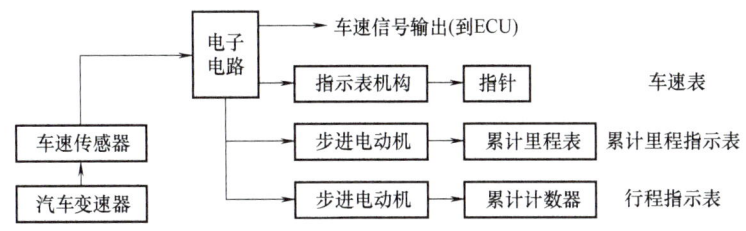

图 6-6 电子车速里程表的结构框图

图 6-7 所示为通用汽车公司采用的数字式车速表的工作原理图。车速传感器为磁脉冲式车速传感器，当转子旋转时，信号线圈便产生微弱的交变电压。交变电压信号被送至发动机控制模块（ECM）与车身控制模块（BCM）。交变电压信号经发动机控制模块（ECM）先被放大，然后被整形为数字信号。再经车身控制模块（BCM）中的中央处理器进行计算，由输出接口的驱动电路将信号提供给电子仪表的车速显示器，数字仪表板的车速显示器开始显示车速。每次将点火开关置于 Acc 或 Run 档，电控单元便对数字仪表板自检一次。

电子式车速表所采用的车速传感器有三种：磁脉冲式、霍尔效应式和光敏开关式。通用和丰田汽车采用光敏式车速传感器，奥迪汽车大都采用霍尔式车速传感器。

**2. 里程表**

和数字式车速表配合使用的里程表有两种：步进电动机的机电式和 IC（集成电路）芯片的电子式。

（1）**步进电动机** 机电式里程表所使用的步进电动机，如图 6-8 所示。步进电动机的电

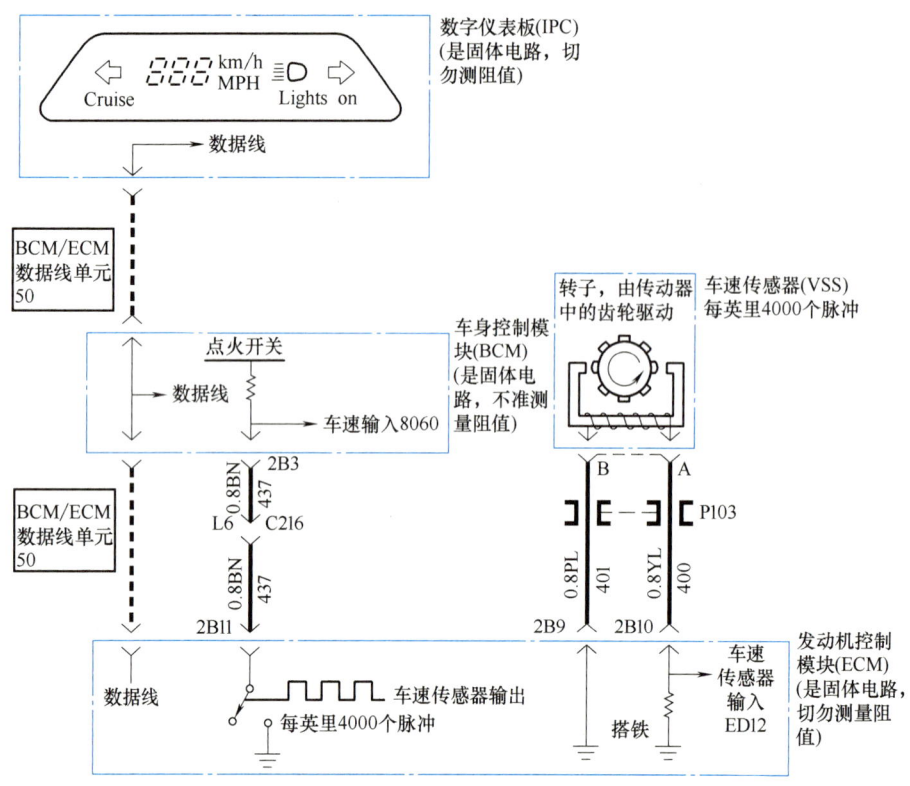

图 6-7 通用汽车的数字式车速表的工作原理图

枢内部有一个永久磁铁，定子部分是由两个或四个磁场绕组组成的。电控单元输出的电压脉冲信号加至步进电动机的磁场绕组，电枢便步进到规定的度数。当电控单元将同样的电压脉冲信号以相反的方向加至步进电动机的磁场绕组，电动机便以相反的方向步进相同的度数。

来自车速表的数字信号脉冲，经二分频电路处理，步进电动机接收的信号脉冲频率是车速传感器信号脉冲频率的一半。当步进电动机的磁场绕组接到电控单元的控制信号后，定子产生磁场，步进电动机的转子便旋转，里程表的计数器便开始工作。

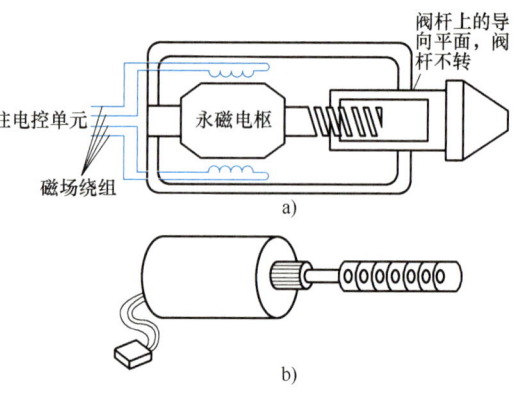

图 6-8 机电式里程表的结构
a）典型的步进电动机结构
b）步进电动机控制的里程表计数器

**（2）IC 芯片** IC 芯片式里程表采用一片非易失 RAM 芯片。非易失 RAM 芯片接收来自车速表或电控单元的行驶里程信息。电控单元每 0.5s 刷新一次里程表显示值。

许多数字仪表板都有能同时显示短程行驶里程数和累计里程数的功能，驾驶人必须做出选择。"行程里程"与"行程里程复零"原理，如图 6-9 所示。

当驾驶人按下"行程里程复零"按钮时，送给电控单元一个搭铁信号，电控单元便清除存储器里的行程里程表读数而恢复显示为零，开始计数短程行驶里程。这时，行程里程表仍继续储存累计行程里程数。

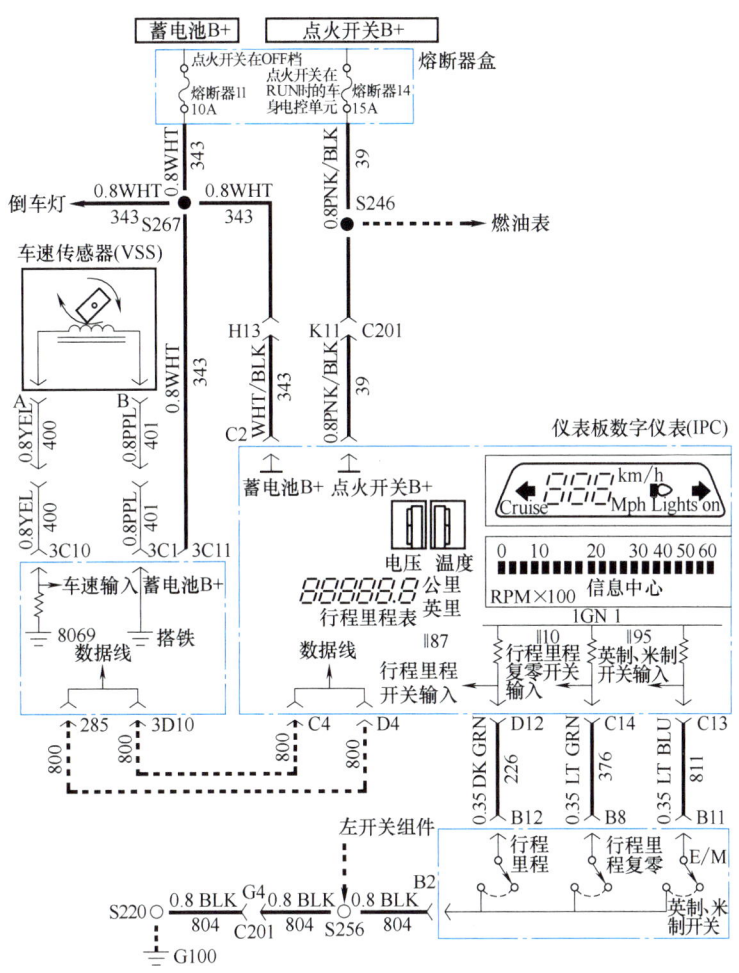

图 6-9 电子里程表工作原理图

### 3. 电子燃油量表

图 6-10 所示为电子燃油量表的电路图，原理如下：

该燃油量表电路主要由油量传感器 $R_x$、两块集成电路 LM324、LED 数字显示器等组成。

传感器采用传统的浮筒式可变电阻式传感器。电阻 $R_{15}$ 和二极管 $VD_8$ 组成稳压电路，将标准电压通过 $R_8 \sim R_{13}$ 接到 $IC_1$ 和 $IC_2$ 所组成的电压比较器反向输入端。电容 $C_{47}$ 和电阻 $R_{16}$ 还组成延时电路，使燃油量表显示器的光标不随油箱中燃油波动而发生变化。

燃油量表 LED 数字显示器的工作情

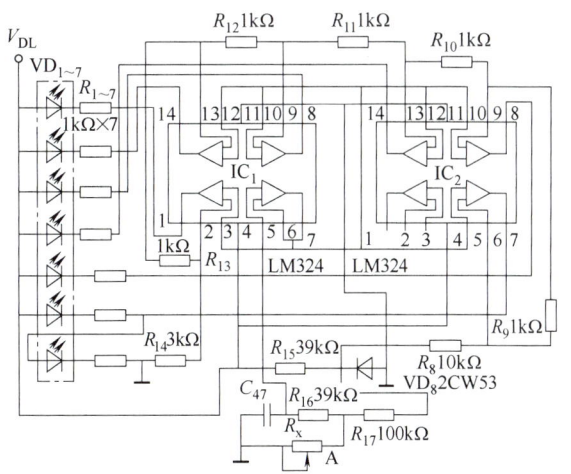

图 6-10 电子燃油量表的电路图

$R_x$—油量传感器　$V_{DL}$—电源正极
$VD_1 \sim VD_7$—发光二极管，顺序为自下而上

况如下：

1）当油箱的燃油满箱时，传感器 $R_x$ 的阻值最小，则 A 点电位最低，即 $IC_1$ 和 $IC_2$ 电压比较器的输出电压为低电平电压，此时，6 只绿色 LED（发光二极管）$VD_2 \sim VD_7$ 全部点亮，而红色发光二极管则处于熄灭的状态，表示油箱为满油状态。

2）随着油箱燃油量的逐渐减少，显示器中的发光二极管 $VD_7$，$VD_6$，…依次熄灭。油量越少，绿色 LED（发光二极管）点亮的个数越少。

3）当油箱无油时，$R_x$ 的阻值最大，则 A 点电位最高，集成块 $IC_2$ 第 5 脚电位高于第 6 脚的基准电位，6 只绿色 LED（发光二极管）全部熄灭，红色发光二极管 $VD_1$ 自动点亮，提醒驾驶人，必须加油。

## 本章小结

对汽车仪表的一般要求是：结构简单，工作可靠，显示数据准确、清晰；当电源的电压出现波动和环境温度发生变化时，数据显示的变化应尽可能小；除此之外，仪表的抗振、耐冲击性能也要好。

水温表用于指示发动机水套中冷却液的工作温度，它由安装在仪表板上的温度表和安装在发动机气缸盖水套上的冷却液温度传感器组成。

燃油量表用于指示燃油箱中所储存的燃油量，由装在油箱中的油量传感器和仪表盘上的燃油指示表两部分组成。

现代汽车上的电子仪表系统主要是基于微处理器进行工作的，传统的传感器信号通过 I/O、A/D 转换电路，输入到微处理器中被识别，微处理器通过驱动控制电路驱动步进电动机、动磁线圈等，指示出电流、机油压力、水温、油量、车速、发动机转速等信号。

电子仪表的电控单元包括接口电路、中央处理器以及显示驱动电路等，它们与各种信号传感器相接。来自不同传感器的模拟信号或数字信号，通过接口电路、中央处理器、显示驱动电路，最后控制电子仪表板的显示器显示数据。

## 思考题

1. 叙述传统仪表中水温表的组成和电磁式水温表工作原理。
2. 绘制传统仪表中燃油量表的等效电路，并叙述其工作原理。
3. 叙述电子仪表的控制原理。

# 第7章 汽车电器辅助设备

【本章教学要点】

| 知识要点 | 掌握程度 | 相关知识 |
| --- | --- | --- |
| 风窗刮水器与洗涤装置 | 了解风窗刮水器的常见结构<br>掌握调速机构工作原理和复位控制方法<br>了解间歇控制电路和工作原理<br>了解风窗洗涤装置的常见结构和工作原理<br>了解后窗玻璃除霜装置的常见结构和工作原理 | 风窗刮水器的作用、结构和工作原理，间歇式刮水器控制电路，风窗洗涤装置的结构，后窗玻璃除霜装置的结构和工作原理 |
| 电动车窗 | 了解电动车窗的常见结构<br>掌握电动车窗的控制电路<br>了解自停机构和防夹功能的工作原理 | 电动车窗的组成、分类、控制电路及工作原理 |
| 电动座椅 | 了解电动座椅的结构和调节部位<br>掌握控制电路工作原理<br>了解电动座椅的存储功能 | 普通电动座椅的结构和工作原理，带存储功能的电动座椅的结构和工作原理 |
| 电动后视镜 | 了解电动后视镜的结构和调节方法<br>掌握控制电路工作原理<br>了解折叠电路的工作原理 | 电动后视镜的结构、控制电路及工作原理 |

为了提高舒适性、实用性和安全性，现代汽车电器都配备了很多辅助设备，用来帮助驾驶人方便安全地控制行驶中的车辆。常用的辅助设备有风窗刮水器、电动车窗、电动座椅、电动后视镜等。

## 7.1 风窗刮水器与洗涤装置

### 7.1.1 风窗刮水器

汽车上的风窗刮水器俗称雨刮器，主要用来刮除附着于车辆风窗玻璃上的雨点和灰尘，以改善驾驶人的能见度，提高车辆行驶安全性能。依据机动车安全技术要求，所有汽车都须装备风窗刮水器。通常在汽车的前风窗玻璃上必须要安装风窗刮水器，保证驾驶人在雨雪天气中能够看见前方路况。现在很多汽车在后窗玻璃、前照灯甚至外侧后视镜上也配置了刮水器，进一步提高了恶劣天气环境中的行车安全性。

目前汽车上使用的刮水器有电动式、气动式两种。气动式受气源限制，只在少量重型车辆上使用。电动式结构简单、布置方便，因而使用广泛。

**1. 电动刮水器的结构**

电动刮水器是由刮水电动机驱动的一套连杆机构，将电动机的连续转动转变为刮水片的来回摆动。不同车型的连杆机构结构不尽相同。有些车型的刮水片同向摆动，有些车型的刮水片反向摆动。

图 7-1 所示为一种同向摆动的刮水器结构。电动机 5 通电旋转时，通过蜗轮蜗杆组 4 减速增矩，带动蜗轮臂 6 转动，使两个连杆 7 往复运动，从而带动刮片摇臂 3 和刮片橡胶条 1 左右摆动。弹性的刮片橡胶条紧贴玻璃表面，将水滴和灰尘刮除。

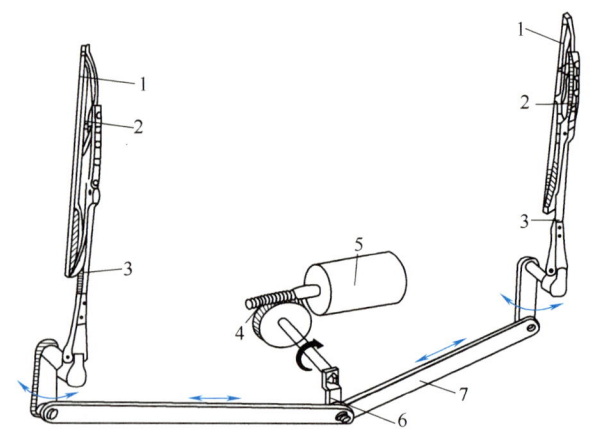

图 7-1 电动刮水器结构

1—刮片橡胶条 2—刮片支架 3—刮片摇臂
4—蜗轮蜗杆组 5—电动机 6—蜗轮臂 7—连杆

**2. 电动刮水器的工作原理**

刮水器的电动机采用和整车电源系统相匹配的 12V 或 24V 直流电动机。和其他电动机一样，按磁场结构有励磁式和永磁式两种。永磁电动机具有体积、质量小，构造简单，工作可靠且价廉等特点，被广泛采用。

根据风窗玻璃上落雨量的不同，要求刮水器有快速和慢速档位之分。因此，电动机通常被设计成有快、慢档位的双速电动机。直流电动机的转速公式为

$$n = \frac{U - I_a R_a}{KZ\Phi} \tag{7-1}$$

式中，$U$ 为电动机输入电压；$I_a$ 为通过电枢绕组中的电流；$R_a$ 为电枢绕组的电阻；$K$ 为常数；$Z$ 为正负电刷间串联的线圈数；$\Phi$ 为磁极磁通。

由式（7-1）可以看出，电动机的转速与电源电压成正比，与电枢电阻、电流、磁通和两电刷间串联的线圈数成反比。汽车风窗刮水器的电动机一般采用永磁三刷直流电动机。其上装有三只电刷（图 7-2 中的 $B_1$、$B_2$ 和 $B_3$），采用改变两电刷间串联的线圈数的方式对刮水器电动机进行变速调节。

为了不影响驾驶人的视线，要求刮水器的刮水片能够自动复位，即不管什么时候切断电源，刮水器的刮水片摇臂都能自动停止在风窗玻璃的下部。图 7-2 是一种双速刮水电动机的控制电路示意图。刮水器工作时，利用电动机的三个电刷来改变正、负电刷之间串联的线圈数，以实现电动机的变速。当对称电刷（图 7-2 中的 $B_1$ 和 $B_3$）通电时，串联线圈数较多，电动机为低速；当偏置电刷（图 7-2 中的 $B_1$ 和 $B_2$）通电时，串联线圈数较少，电动机为高速。刮水器的不同工作速度就是由电动机的高、低转速来实现的。通过控制开关，可实

现刮水器的低速、高速运转及停机复位等功能。

图 7-2 中，由尼龙制成的蜗轮 8 上，嵌有铜环 7 和 9。铜环 9 与电动机外壳相连接而搭铁。弹性触点臂 3、5 用弹性良好的磷铜片制成，其一端分别铆有触点 4、6 与蜗轮端面或铜环 7、9 接触。

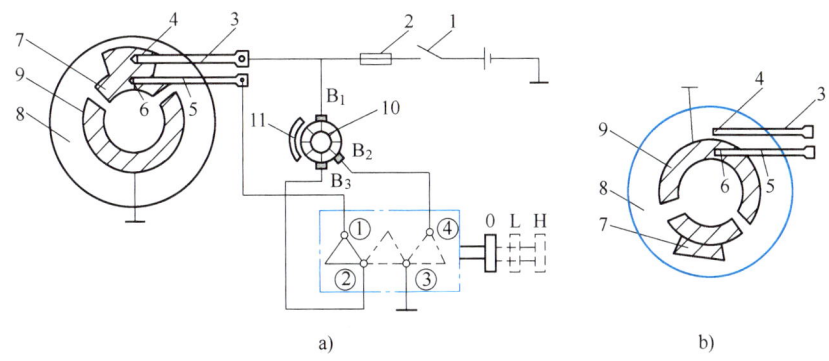

图 7-2　双速刮水电动机的控制电路

a）复位停止位置　b）持续运转位置

1—点火开关　2—熔断器　3、5—弹性触点臂　4、6—触点　7、9—铜环　8—蜗轮　10—电枢　11—定子磁铁

**（1）低速运转**　把刮水器开关拉到"L"档（低速档）时，电流从蓄电池正极→开关 1→熔断器 2→电刷 $B_1$→电枢绕组→电刷 $B_3$→接线柱②→开关"L"→接线柱③→搭铁→蓄电池负极，形成回路，电动机以低速运转。

**（2）高速运转**　当刮水器开关拉到"H"档（高速档）时，电流从蓄电池正极→开关 1→熔断器 2→电刷 $B_1$→电枢绕组→电刷 $B_2$→接线柱④→开关"H"→接线柱③→搭铁→蓄电池负极，形成回路，电动机以高速运转。

**（3）停机自动复位**　当刮水器开关推到"0"档（停止档）时，如果刮水器的刮水片没有停到规定的位置，蜗轮就处于图 7-2b 所示的持续运转位置。此时触点 6 与铜环 9 接触，则电流继续流入电枢。此时电流从蓄电池正极→开关 1→熔断器 2→电刷 $B_1$→电枢绕组→电刷 $B_3$→接线柱②→开关"0"→接线柱①→弹性触点臂 5→触点 6→铜环 9→搭铁→蓄电池负极，形成回路，电动机以低速运转，直至蜗轮转到如图 7-2a 所示的复位停止位置。此时触点 4 和 6 通过铜环 7 相连通。由于电枢转动时的惯性，电动机不能立即停下来，电动机以发电机方式运行而发电。因为电枢绕组所产生的反电动势方向与外加电压的方向相反，所以电流从电刷 $B_1$→弹性触点臂 3→触点 4→铜环 7→触点 6→弹性触点臂 5→接线柱①→开关"0"→接线柱②→电刷 $B_3$→电枢绕组，形成回路，产生制动转矩，电动机迅速停止转动，使刮水片复位到风窗玻璃下部。

图 7-3 是另一种刮水器自动复位装置：凸轮式自动复位装置。图中复位开关受旋转凸轮控制，与控制开关并联。当关闭控制开关时，只要复位开关

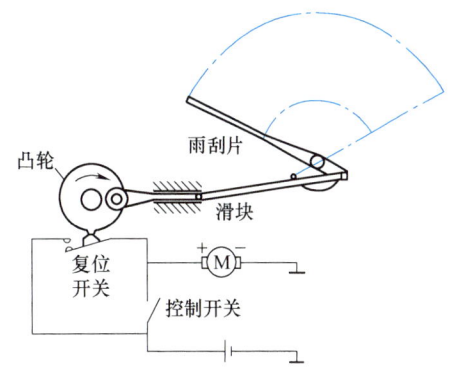

图 7-3　凸轮式自动复位装置

处于接通状态，电动机仍会一直通电旋转，直至复位开关被凸轮顶开才断电停止。

### 3. 间歇刮水器控制电路

汽车在毛毛细雨、大雾或小雪天气中行驶时，短时间内风窗玻璃上只会凝结少量细微水珠。在表面张力作用下，这些水珠不能被刮水片刮除，反而会在玻璃表面被刮成发粘雾斑，模糊驾驶者的视线。这种状态下，需要间隔较长时间刮一次水比较合适。许多汽车配备了相应的间歇刮水控制电路，分为可调节式和不可调节式。

**（1）不可调节式间歇控制电路** 不可调节式间歇刮水器的间歇控制一般利用自动复位装置和电子振荡电路或集成电路来实现，如图7-4所示。当刮水器开关置于间歇档位置（开关处于"0"位，且间歇开关闭合接通）时，电源通过复位开关向电容器 $C$ 充电。电流回路为：蓄电池正极→复位开关常闭触点（上）→电阻 $R_1$→电容器 $C$→搭铁→蓄电池负极。

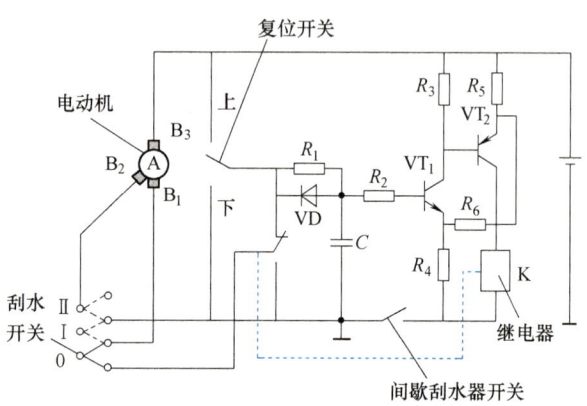

图7-4 不可调节式间歇刮水器控制电路

随着充电时间的增加，电容器两端的电压逐渐升高。当电容器 $C$ 两端电压升高到预设值时，晶体管 $VT_1$ 和 $VT_2$ 先后由截止转为导通，从而接通继电器线圈的电路。电流回路为：蓄电池正极→电阻 $R_5$→晶体管 $VT_2$（e→c）→继电器 K 线圈→间歇刮水器开关→搭铁→蓄电池负极。在电磁吸力的作用下，继电器 K 常闭触点打开，常开触点闭合，从而接通了刮水电动机的电路，电流回路为：蓄电池正极→电刷 $B_3$→刮水器电动机→电刷 $B_1$→继电器 K 常开触点→搭铁→蓄电池负极。此时电动机低速旋转。

当复位装置将复位开关的常开触点（下）接通时，电容器 $C$ 通过二极管 VD、复位开关常开触点迅速放电。随着放电时间的增长，晶体管 $VT_1$ 基极的电位逐渐降低。当电位降低到一定值时，$VT_1$ 和 $VT_2$ 由导通变为截止，从而切断了继电器 K 线圈的电路，继电器 K 复位，常开触点打开，常闭触点闭合。此时，由于自动复位开关的常开触点处于闭合状态，电动机仍将继续转动，进入复位过程。当刮水片回到原位时，复位开关的常开触点打开，常闭触点闭合时，电动机停止转动。此时电源将再次向电容器 $C$ 充电，重复以上间歇控制过程。如此反复，实现刮水片的间歇动作。

**（2）可调节式间歇控制电路** 可调节式间歇控制电路是指刮水器的控制电路根据雨量大小自动开、闭，并自动调节间歇时间。

图7-4所示控制电路的间歇控制时间取决于电容 $C$ 的充电时间。

其间歇时间和 $R_1$、$C$ 的值成正比，增加 $R_1$ 或 $C$ 的值都可以延长充电时间，从而加大每两次刮水动作之间的时间间隔。反之则减少间歇时间。在充电电路中，改变 $R_1$ 的电阻值比改变 $C$ 的电容值容易。因此，汽车上多采用可调节式电阻来制造可调节式间歇控制电路。

图7-5a所示为一种可调节式间歇刮水器间歇自动调整控制电路。电路中采用雨量传感器 M，作为充电电路中的可调电阻来改变间歇时间，如图7-5b所示。雨量传感器 M 是用尺

寸为 6.5cm×6.5cm 的镀铜板制成两个间隔很小，但互不相通的电极，安装在风窗玻璃上。在无水干燥的情况下，雨量传感器 M 不能导通，电源无法向 $C_1$ 充电，间歇控制电路处于关闭状态。风窗玻璃有水时，雨量传感器 M 导通，$C_1$ 开始充电，间歇控制电路开启。雨量传感器 M 的阻值随水量加大而减少，从而可以根据实际降雨情况自动增加或减少 $C_1$ 的充电时间，改变间歇时间。这种控制电路可实现刮水器的自动开启和速度无级调整，提高了汽车驾驶的方便性和安全性。

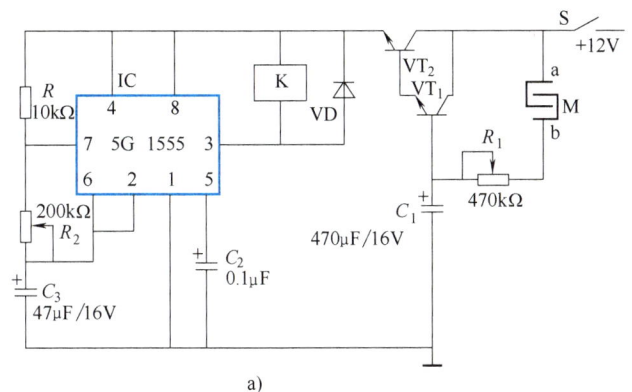
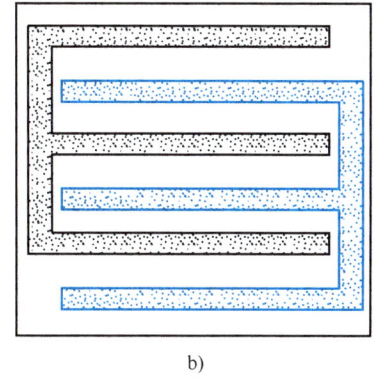

图 7-5　可调节式间歇刮水器间歇自动调整控制电路

a）控制电路　b）雨量传感器

【小提示】

　　间歇控制方法都是通过 RC 充放电电路来实现的。通过改变 RC 电路的充放电时间，就可以改变刮水器摆动的间隔时间。

　　一般采用改变 $R_1$ 阻值的方法来调节间歇时间。

## 7.1.2　风窗玻璃洗涤器

　　刮水器能够有效刮除风窗玻璃上的水，但刮除尘土和污物的能力较弱。因此，很多汽车上配备了风窗玻璃洗涤器，使普通刮水器增加了刮除尘土和污物的功能。

　　常见的风窗玻璃洗涤装置如图 7-6 所示，主要由贮液罐、洗涤泵、输液管、喷嘴等组成。洗涤泵一般由永磁直流电动机和离心叶片泵组装成为一体，喷射压力可达 70~88kPa，用于将洗涤液通过喷嘴喷射至玻璃上。

　　贮液罐用于贮存洗涤液。常用的洗涤液是在浓度不超过 205ppm（1ppm=1mg/L）的清水中添加适量的除垢剂、防冻剂和防锈剂等，具有去除油污和降低冰点的能力。洗涤液可以润湿软化玻璃表面的尘土和油污，便于刮水片将其刮除。需要注意在环境温度很低时不适合使用洗涤液，应

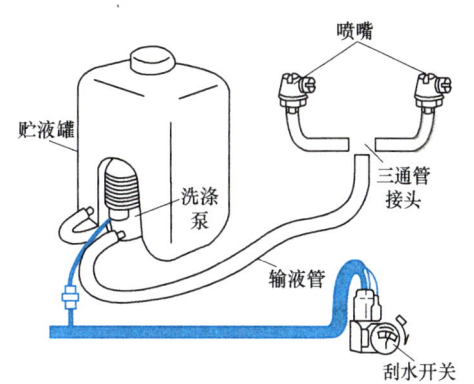

图 7-6　风窗玻璃洗涤装置

将贮液罐放空防止被冻裂。

洗涤泵一般直接安装在贮液罐上，有的安装在管路内。在离心泵的进口处设置有滤清器。洗涤泵喷嘴安装在风窗玻璃的下面，其喷嘴方向可以根据使用情况调整，喷水直径一般为0.8~1.0mm，能够将洗涤液喷射在风窗玻璃的适当位置。洗涤泵的连续工作时间不应超过1min。对于刮水和洗涤分别控制的汽车，应先开启洗涤泵，再接通刮水器。喷水停止后，刮水器应继续刮动3~5次，彻底刮除水迹，并达到良好的清洁效果。

> 【小提示】
>
> 风窗玻璃洗涤剂的作用是湿润风窗玻璃，乳化污垢，便于刮水器刮除污物，并减少刮水胶条的磨损。因此，风窗玻璃洗涤器是刮水器的辅助装置，不能单独使用。

### 7.1.3 后窗玻璃除霜装置

在较冷的天气时，空气中的水分容易在风窗玻璃上凝结成细小的水滴，甚至结冰，影响驾驶人的视线。这些水雾冰霜可能在玻璃外侧，也可能在玻璃内侧，刮水器通常不能将其完全刮除。比较有效的方法是将玻璃加热进行除霜。

在装有空调或暖风装置的汽车上，通过风道向前面及侧面风窗玻璃吹热风以加热玻璃，即可防止水分凝结。后风窗玻璃通常没有空调热风出口，常常是用电加热的方法进行除霜。常用的后风窗玻璃除霜装置如图7-7所示，在后风窗玻璃内表面均匀间隔地镀有数条导电膜，形成电热丝，在需要时接通电路，即可对风窗进行加热，这种后窗除霜装置耗电量为50~100W。

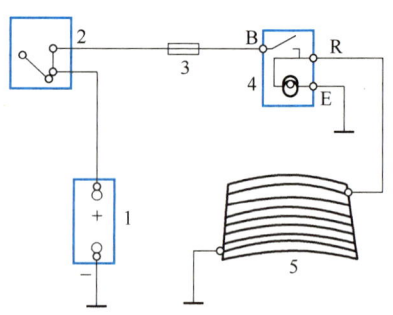

图7-7 后风窗玻璃除霜装置

1—电源 2—点火开关 3—熔断器
4—除霜器开关及指示灯 5—电热丝

## 7.2 电动车窗

### 7.2.1 电动车窗的组成和分类

现代轿车中普遍安装了电动车窗，使得驾驶人或乘员在行车过程中能够方便安全地打开或关闭车窗。电动车窗主要由车窗玻璃、车窗玻璃升降器、车窗电动机和控制开关等组成。

车窗电动机、控制开关以及仪表板接线盒在车内的布置如图7-8所示。

电动车窗上的电动机是双向的，有永磁式和双绕组串励式。每个车门各有一个电动机，通过开关控制电动机中的电流方向，从而控制玻璃的升降。

控制开关一般有两套，一套为总开关（见图7-9），装在仪表板或驾驶人侧的车门上，由驾驶人控制每个车窗玻璃的升降。另一套为分开关，分别安装在每个车窗上，这样乘员也可以对各个车窗单独进行升降控制。由于所有车窗的电动机都要通过总开关搭铁，如果总开关断开，分开关就不能起作用。

第7章 汽车电器辅助设备

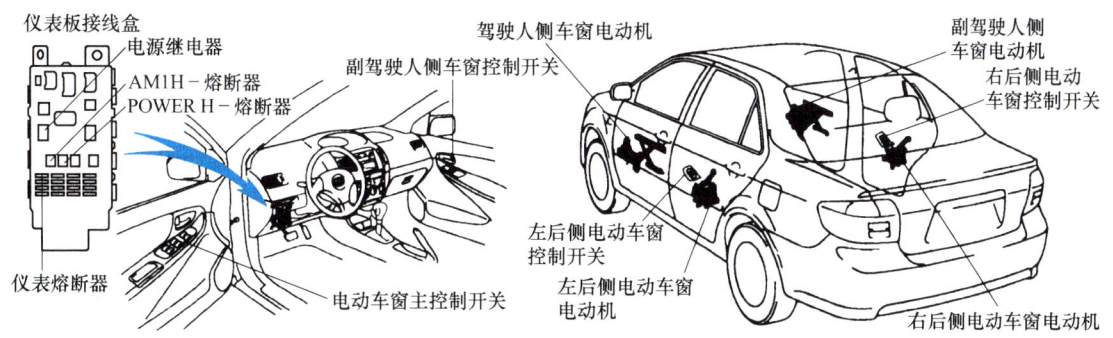

图 7-8 电动车窗部件在汽车上的分布

常见的电动车窗升降机构有绳轮式、交臂式和软轴式等几种。其中绳轮式和交臂式使用较为广泛。图 7-10 所示为绳轮式电动车窗升降机构，由电动机驱动蜗轮机构来拉动钢丝绳索，带动夹持器沿着玻璃升降导轨上升或下降。车窗玻璃固定连接在夹持器上，随之同步升降。

图 7-9 电动车窗总开关

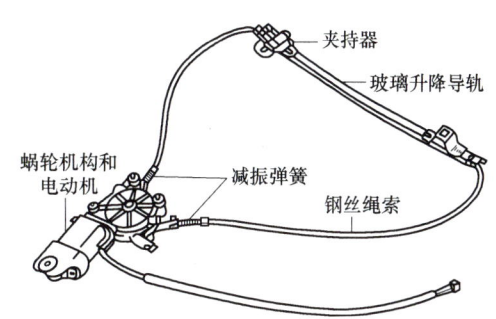

图 7-10 绳轮式电动车窗升降机构

## 7.2.2 电动车窗控制电路及工作原理

电动车窗的控制按钮结构如图 7-11 所示。

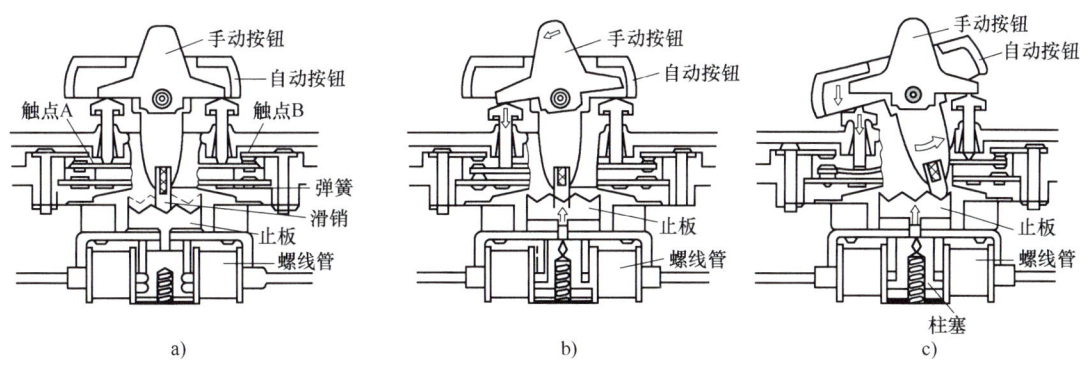

图 7-11 电动车窗控制按钮结构
a）开关复位状态 b）手动控制状态 c）自动控制状态

每个车窗的控制开关都包含手动和自动两组双向操作按钮，向前推压为上升，向后推压为下降。图 7-11a 所示为开关复位状态，触点 A 和触点 B 都和上触点接通并接地。按压手动

131

按钮可以使触点向下移动接触下触点,接通车窗电动机,控制车窗上升或下降,松开即停止。自动按钮则会保持按压状态,使触点持续导通,直至车窗上升至顶或下降至底部。自动按钮也可在中途手动退出。控制原理如下:

**(1) 手动控制玻璃升降** 图 7-12 所示为一种电动车窗的控制电路。手动控制车窗上升时,向前推压手动按钮(见图 7-11b),触点 A 与 UP(向上)接点相连,触点 B 处于原来搭铁位置,电流按 UP 箭头方向通过电动机,车窗玻璃上升直至关闭。当手离开按钮时,开关自身的回复力使其回到中间位置,触点 A 和触点 B 都复位到搭铁位置,电动机中无电流通过,车窗停止移动。若向后推压手动按钮,则触点 A 保持原位不动并处于搭铁位置,触点 B 与 DOWN(向下)接点相连,电动机按 DOWN 箭头所示的方向通过电流,电动机反转,以实现车窗玻璃向下移动,直至下降到底。

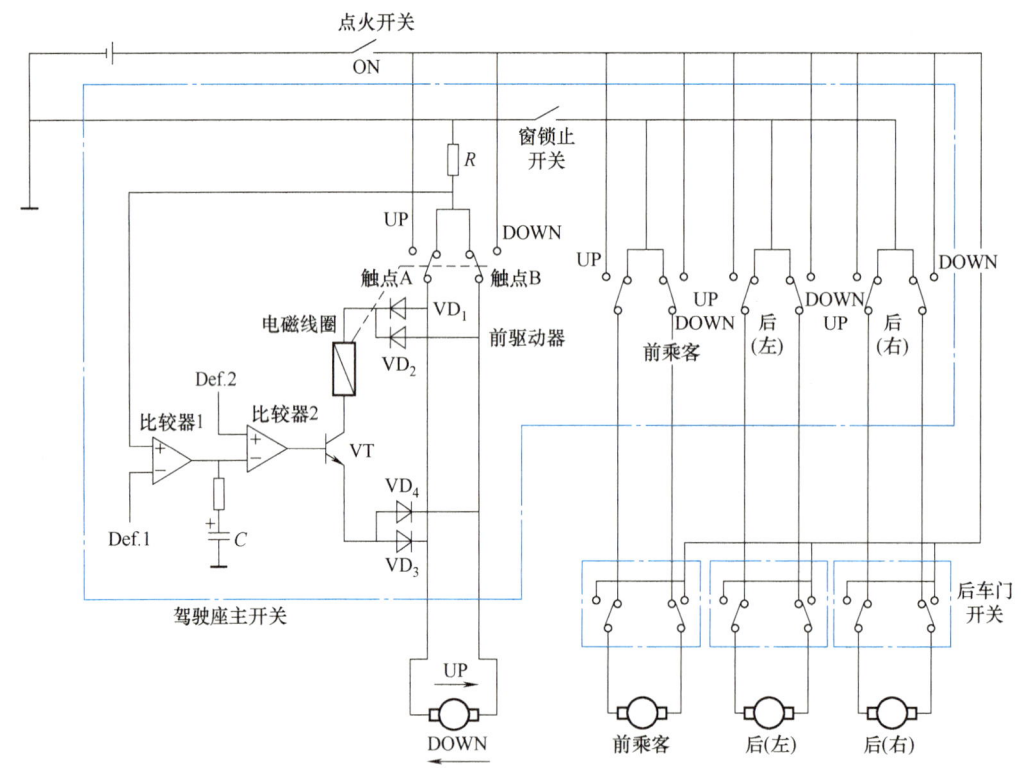

图 7-12 电动车窗控制电路

**(2) 自动控制玻璃升降** 当把自动按钮向前方按下时,如图 7-11c 所示,触点 A 与 UP 侧相连,电流按 UP 箭头方向通过电动机,车窗玻璃上升;与此同时,检测电阻 R 上的电压降低,此电压通过比较器 1 的一端,它与参考电压 Def.1 进行比较。Def.1 的电压值设定为相当于电动机锁止时的电压。所以,通常情况下,比较器 1 的输出为负电位。比较器 2 的基准电压 Def.2 设定为小于比较器 1 的输出为正电位,所以比较器 2 的输出电压为正电压,晶体管接通,电磁线圈通过较大的电流,其路径为:蓄电池"+"→点火开关→UP→触点 A→二极管 $VD_1$→电磁线圈→晶体管 VT→二极管 $VD_4$→触点 B→电阻 R→搭铁(蓄电池"-")。此电流使电磁线圈产生较大的电磁吸力,吸引驱动器开关的柱塞,将止板向上顶压,锁止自动按钮,阻止其复位。这时松手后,开关仍会保持按压状态不变。

**（3）升降自停**　当玻璃上升至终点位置，电动机被堵转，不能产生反向电动势。因此，堵转后电动机的电流增大，检测电阻 $R$ 上的电压降随之增大，当此电压超过参考电压 Def.1 时，比较器 1 输出正电位，给电容 $C$ 充电，当 $C$ 两端电压上升至超过比较器 2 的参考电压 Def.2 时，比较器 2 则输出负电位，晶体管 VT 立即截止，电磁线圈中的电流被切断，止板被弹簧通过滑销压下，自动按钮自动回复到中间位置，触点 A 处于搭铁位置，电动机停转。

在自动上升过程中，若中途想停止，则向反方向扳手动按钮，然后立刻放松。这样触点 B 短暂脱离搭铁，使电动机因回路被切断而自动停转。同时，通过电磁线圈的电流也被切断，止板弹簧通过滑销压下，自动按钮自动回复到中间位置，触点 A、B 均处于搭铁位置，电动机停转。车窗玻璃自动下降的工作情况与上述情况相反，操作时只需将自动按钮向后方按压即可。

**（4）电动车窗防夹功能**　电动车窗的上升速度较快，很容易造成夹伤乘员事故的发生。汽车电动窗具备防夹功能已是一种趋势。当车窗上升遇到障碍物（如手、头等）时可以自动停止并后退，从而可以避免事故的发生。

很多车窗防夹是通过霍尔式传感器和 ECU 来判断和控制防夹功能。其原理就是加装一组霍尔式传感器，时刻检测电动机的转速和车窗位置。在电动车窗上升过程中，一旦遇到阻碍，电动机转速就会减缓，霍尔式传感器及时将检测到的转速变化信息报告给 ECU，ECU 做出判断后向继电器发出指令，停止向电动机供电或让电流反向，使电动机停转或反转（下降），于是车窗也就停止移动或下降，因此具有一定的防夹功能。

【小提示】

电动车窗升、降功能本质上就是通过电动机的正、反转来实现的。

## 7.3　电动座椅

为了给不同身高和体型的驾驶人和乘员提供不易疲劳、安全舒适的乘坐位置，现在很多汽车中都安装了座椅调节装置。按照调节方式的不同，座椅调节装置可分为手动调节式和动力调节式。其中，动力调节式装置按照动力源的不同又分为真空式、液压式和电动式三种。电动座椅因操作方便、结构简单被广泛使用。按照座椅电动机的数目和调节方向数目的不同，电动座椅一般有两向、四向、六向、八向和多向可调等，可以进行座椅前后移动、上下升降、坐垫俯仰、靠背倾斜调节、侧背支撑调节、腰椎支撑调节以及靠枕上下、前后调节等。从安全角度考虑，驾驶人的疲劳程度直接影响行车安全，因此大多数车辆在驾驶人位置配置调节功能最多的座椅。

目前，较多车辆的电动座椅具有位置记忆存储功能，有些电动座椅还具有通风加热等功能。限于篇幅，本节仅以普通电动座椅和带记忆存储功能的电动座椅为例介绍电动座椅的结构和工作原理。

### 7.3.1　普通电动座椅

为了实现座椅位置的调节，普通电动座椅由电动机、传动装置和控制电路三个主要部分组成，其结构和电动机的安装位置如图7-13所示。双向电动机产生动力，传动装置可以把动力传至座椅，通过控制开关实现座椅不同位置的调节。

(1) **电动机** 电动座椅中使用的电动机一般为永磁式双向直流电动机。每个电动机通过一个双向控制开关来改变流经电动机内部的电流方向，从而实现电动机的驱动和转动方向的改变。

(2) **传动装置** 电动座椅的传动装置主要包括减速器、联轴节、软轴及齿轮传动机构等。减速器的作用是降速增扭。电动机通过软轴与减速器相连，动

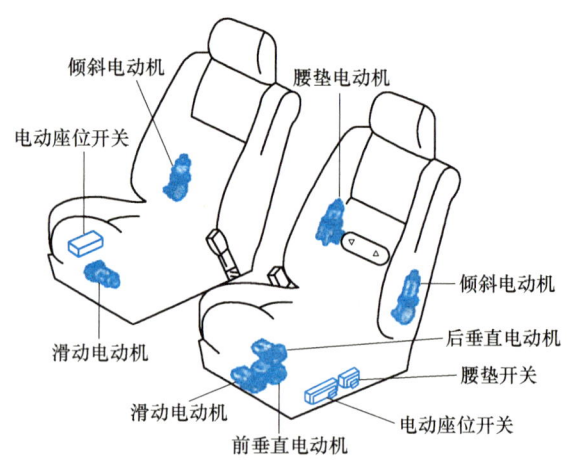

图 7-13 轿车主副驾驶位置普通电动座椅的结构

力经过减速器降速增扭以后，从减速器的输出轴输出。输出轴连接蜗轮蜗杆机构或齿轮齿条机构，带动座椅支架产生位移。

(3) **控制电路** 普通电动座椅的控制电路非常简单，每个电动机用双向复位开关直接控制即可。如图7-14所示，该电动座椅包括滑动电动机、前垂直电动机、倾斜电动机、后垂直电动机和腰垫电动机，可以实现座椅的前后移动、前部高度调节、靠背倾斜程度调节、后部高度调节及腰垫前后调节。下面以座椅靠背的倾斜调节为例，介绍电路的控制过程。

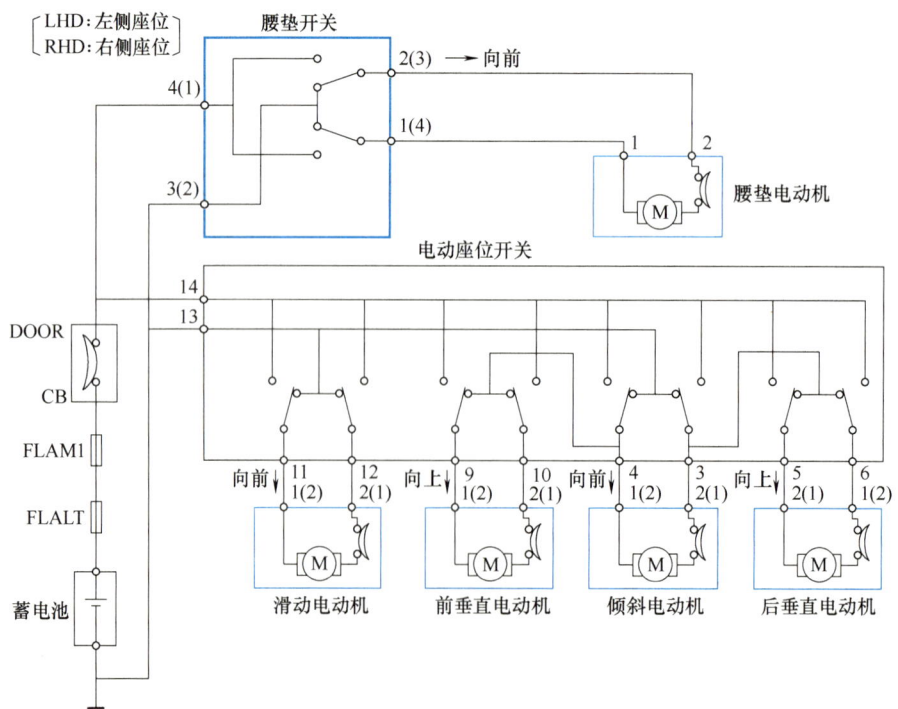

图 7-14 普通电动座椅控制电路

默认状态下双向复位开关的两组触点都接地，电动机中没有电流，处于静止状态。如果要调整靠背向前倾斜，则闭合倾斜电动机的前进方向开关，即将端子4拨至左位接通电源正极。其电流回路为：蓄电池正极→FLALT→FLAM1→CB DOOR→端子14→"向前"倾斜开关→端子4→端子1（2）→倾斜电动机→端子2（1）→端子3→端子13→搭铁。此时，座椅靠背向前移动。松开控制开关，端子4自动复位至搭铁位置，电动机停止转动，座椅靠背即停止在当时的位置。

当端子3置于右位时，倾斜电动机反转，座椅靠背后移。此时的电流回路为：蓄电池正极→FLALT→FLAM1→CB DOOR→端子14→"向后"倾斜开关→端子3→端子2（1）→倾斜电动机→端子1（2）→端子4→端子13→搭铁。

### 7.3.2 带存储功能的电动座椅

座椅的调节功能是为了满足不同身高、体型人的坐姿需要，当车辆更换驾驶人时，通常需要重新调节座椅位置。对于调节功能越多的座椅，重新调节的过程就越是繁琐。因此，高级的电动座椅会增加带有存储功能的计算机来控制，便于记忆每个指定驾驶人的座椅调节位置。这样在更换驾驶人时，只需要一个指令便可将座椅自动调节到预先设定的所有位置上。图7-15所示为带存储功能的电动座椅控制示意图。

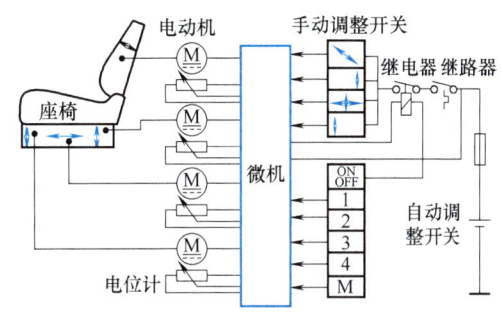

图7-15 带存储功能的电动座椅控制示意图

该系统有一个存储器，存储装置通过电位计来控制座椅的调定位置。在座椅位置调整合适之后，驾驶人按下存储器按钮，存储装置就把这些电压信号存储起来，作为重新调整位置时的基准。下次调整时，只要一按按钮，控制计算机就能按存储的状态来调整座椅位置，直至电位计全部达到预先存储的基准值，座椅便调整到位。

【小提示】

通常驾驶人座椅是全车调节功能最全面的座椅。因为驾驶人的疲劳度直接影响全车人员的安全，所以驾驶人的座椅舒适是非常必要的。

## 7.4 电动后视镜

位于车辆前门两侧的后视镜是保障行车安全，特别是倒车安全的重要装置。行车时驾驶人调整后视镜的位置比较困难，特别是乘员车门一侧的后视镜无法触及。使用电力控制系统能很方便地解决这个问题，驾驶人只需要在驾驶位置上操纵电动后视镜开关，便可获得理想的后视镜位置。

### 7.4.1 电动后视镜结构

汽车的电动后视镜一般由镜片、罩壳、驱动电动机、控制电路及操纵开关等组成。在每个后视镜镜片的背后都有两个可逆电动机,分别操纵镜片进行上下转动和左右转动。典型的电动后视镜结构和组合式控制开关如图7-16所示。

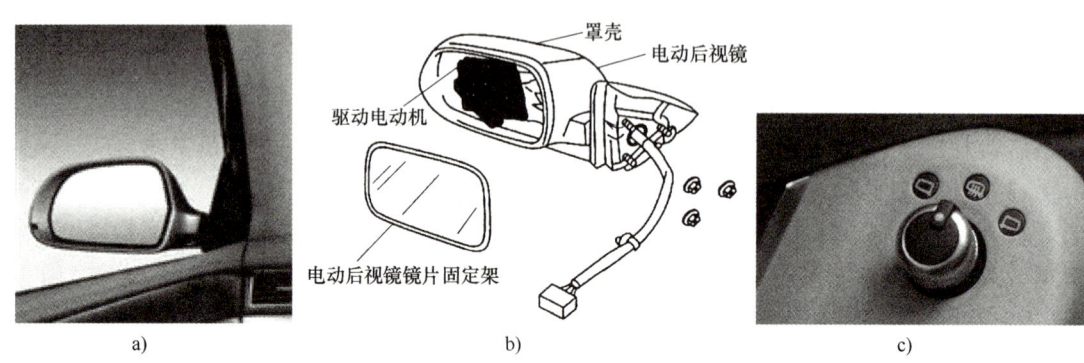

图 7-16 典型的电动后视镜结构和组合式控制开关

a)电动后视镜实物 b)结构图 c)组合式控制开关

后视镜总成是左右对称件,分别安装在左、右前门外侧前方。后视镜开关则安装在便于驾驶人触及和操控的位置,通常在驾驶人车门内侧板上或前仪表台上。后视镜开关和后视镜之间通过控制电线相连。

由于后视镜伸出车外,故容易被碰撞,停车时也会占用更宽的空间。为了在狭窄路段和停车时减少整车宽度,汽车后视镜都具有向后折叠的功能。手动折叠功能只能在停车时实现,而电动折叠后视镜可大大提高驾驶人操控的方便性。现在很多汽车更是增加了锁车自动折叠后视镜功能,可在停车时保护后视镜,减少被碰撞的概率。

### 7.4.2 电动后视镜控制电路及工作原理

图7-17所示为本田雅阁轿车电动后视镜控制电路。左、右后视镜的结构及工作原理基本相同,以左侧电动后视镜为例来介绍其工作原理。

**1. 向右倾斜控制**

当要控制左电动后视镜向右倾斜时,闭合左/右后视镜选择开关SA9至左端,再闭合向右倾斜联动开关SA8后,就形成了如下的电流回路:蓄电池正极→No.41(100A)熔断器→No.42(50A)熔断器→点火开关IG2闭合的触点→No.4(7.5A)熔断器→电动后视镜开关端子1→向右倾斜联动开关SA8闭合的上触点SA8-1→SA9-2与左端闭合的触点→电动后视镜开关端子9→左后视镜开关端子3→后视镜电动机$M_3$→左后视镜端子4→蓝/绿色导线→电动后视镜开关端子7→SA9-1与左端闭合的触点→SA8-2开关闭合的触点→电动后视镜开关端子2→黑色导线→G551搭铁点→蓄电池负极。

上述这一电流回路,使左后视镜电动机$M_3$中有从下到上的电流通过,从而使电动机$M_3$起动工作,驱动左后视镜向右倾斜。

**2. 向左倾斜控制**

当要控制左电动后视镜向左倾斜时,闭合左/右后视镜选择开关SA9至左端,再闭合向

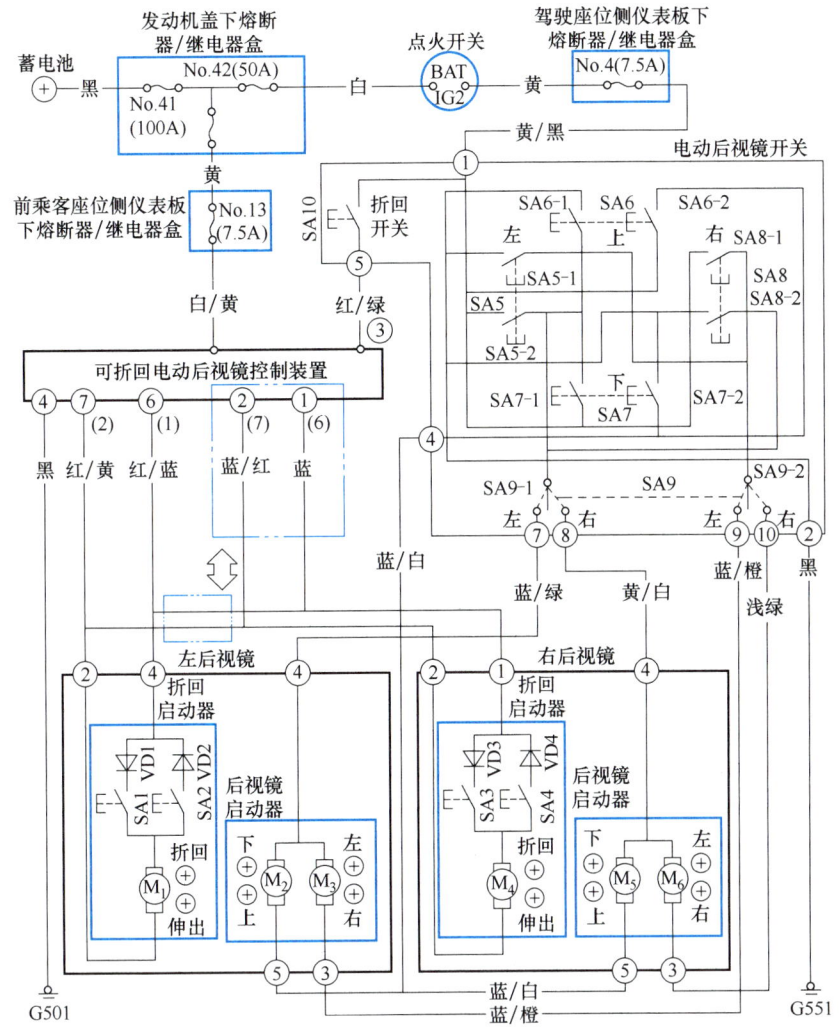

图 7-17 本田雅阁轿车电动后视镜控制电路

左倾斜联动开关 SA5 后，就形成了如下的电流回路：蓄电池正极→No.41（100A）熔断器→No.42（50A）熔断器→点火开关闭合的 IG2 触点→No.4（7.5A）熔断器→电动后视镜开关端子 1→向左倾斜联动开关 SA5-2 闭合的触点→SA9-1 与左端闭合的触点→电动后视镜开关端子 7→蓝/绿色导线→左后视镜端子 4 脚→后视镜电动机 M₃→左后视镜端子 3→蓝/橙色导线→电动后视镜开关端子 9→SA9-2 与左端闭合的触点→SA5-1 闭合的触点→电动后视镜开关端子 2→黑色导线→G551 搭铁点→蓄电池负极。

上述这一电流回路，使左后视镜电动机 M₃ 中有从上到下的电流通过，从而使电动机 M₃ 起动工作，驱动左后视镜向左倾斜。

**3. 向下倾斜控制**

当要控制左电动后视镜向下倾斜时，闭合左/右后视镜选择开关 SA9 至左端，再闭合向下倾斜联动开关 SA7 后，就形成了如下的电流回路：蓄电池正极→No.41（100A）熔断器→No.42（50A）熔断器→点火开关 IG2 闭合的触点→No.4（7.5A）熔断器一电动后视镜开关

端子 1→向下倾斜联动开关 SA7-1 闭合的触点→SA9-1 与左端闭合的触点→电动后视镜开关端子 7→蓝/绿色导线→左后视镜端子 4→后视镜电动机 $M_2$→左后视镜端子 5→蓝/白色导线→电动后视镜开关端子 4→向下倾斜联动开关 SA7-2 闭合的触点→电动后视镜开关端子 2→黑色导线→G551 搭铁点→蓄电池负极。

上述这一电流回路，使左后视镜电动机 $M_2$ 中有从上到下的电流通过，从而使电动机 $M_2$ 起动工作，驱动左后视镜向下倾斜。

**4. 向上倾斜控制**

当要控制左电动后视镜向上倾斜时，闭合左/右视镜选择开关 SA9 至左端，再闭合向上倾斜联动开关 SA6 后，就形成了如下的电流回路：蓄电池正极→No.41（100A）熔断器→No.42（50A）熔断器→点火开关 IG2 闭合的触点→No.4（7.5A）熔断器→电动后视镜开关端子 1→向上倾斜联动开关 SA6-2 闭合的触点→电动后视镜开关端子 4→蓝/白色导线→左后视镜端子 5→后视镜电动机 $M_2$→左后视镜端子 4→蓝/绿色导线→电动后视镜开关端子 7→与左端闭合的端子 SA9-1→闭合的触点 SA6-1→电动后视镜开关端子 2 脚→黑色导线→G551 搭铁点→蓄电池负极。

上述这一电流回路，使左后视镜电动机 $M_2$ 中有从下到上的电流通过，从而使电动机 $M_2$ 起动工作，驱动左后视镜向上倾斜。

**5. 可折回控制**

左右后视镜折回电路主要由可折回电动后视镜控制装置、左/右折回启动器、折回开关等组成。

**（1）可折回控制装置的供电** 可折回控制装置的供电有常通电源和可控电源两种。常通电源：由蓄电池正极电压，经 No.41（100A），No.13（7.5A），熔断器，白/黄色导线加到可折回电动后视镜控制装置。常通电源用于自动折叠后视镜时供电。可控电源：受折回开关 SA10 控制的电源，该电压是从电动后视镜开关端子 5 加到可折回电动后视镜控制装置的 3 脚上的，由可折回电动后视镜控制装置输出相应的控制电压，去驱动相应的电动机 $M_1$ 或 $M_4$ 正向运转或反向运转，以使后视镜伸出或缩回去，达到可折回控制的目的。可控电源用于手动折叠后视镜时供电。

**（2）折回控制过程** 由于左右后视镜的折回过程完全相同，以左后视镜的折回过程为例说明工作过程。SA1 与 SA2 是联动触点，改变其通断即可改变折叠电动机的电流方向，从而实现后视镜的折回与伸出。SA1 与 SA2 在左后视镜处于各种工作情况下的通/断状况如下：

后视镜平行于车身，处于折回状态时，SA2 闭合，SA1 断开。当后视镜要伸出，但尚未完全处于正常位置时，电流从可折回电动后视镜控制装置的 7 脚输出→从下到上经过 $M_1$ 电动机→SA2 开关闭合的触点→隔离二极管 $VD_2$→可折回电动后视镜控制装置端子 6，使 $M_1$ 驱动后视镜逐渐从平行于车身的状态伸出。一旦后视镜完全伸出来处于正常位置，SA2 受控就被断开，SA1 受控被闭合。

同样，当后视镜正在缩回去，但尚未完全处于平行车身状态时，也仍是 SA2 开关断开，SA1 开关闭合，电流控制回路：可折回电动后视镜控制装置端子 6 输出的电流→左后视镜的端子 4→隔离二极管 $VD_1$→SA1 闭合的触点→折回驱动电动机 $M_1$→左后视镜端子 2→可折回电动后视镜控制装置端子 7。此时折回电动机 $M_1$ 中有从上到下的电流通过，$M_1$ 起动工作，

以与上述相反的方向运转使电动后视镜逐渐缩回去。一旦后视镜完全缩回去，SA2又由受控为闭合状态，而SA1则由闭合状态受控变为断开状态，为下一次伸出做准备。

## 本章小结

现代汽车常用的辅助设备有风窗刮水器、电动车窗、电动座椅、电动后视镜等。

风窗刮水器主要用来刮除附着于车辆风窗玻璃上的雨点和灰尘，以改善驾驶人的能见度，提高车辆行驶安全性能。现在很多汽车在后窗玻璃、前照灯甚至外侧后视镜上也配置了刮水器，进一步提高了恶劣天气环境中的行车安全性。

汽车上配备的风窗玻璃洗涤器可刮除尘土和污物等。常见的风窗玻璃洗涤装置主要由贮液罐、洗涤泵、输液管、喷嘴等组成。

电动车窗使驾驶人或乘员在行车过程中能够方便安全地打开或关闭车窗，主要由车窗玻璃、车窗玻璃升降器、车窗电动机和控制开关等组成。常见的电动车窗升降机构有绳轮式、交臂式和软轴式等几种，其中绳轮式和交臂式使用较为广泛。

普通电动座椅由电动机、传动装置和控制电路三个主要部分组成。目前，较多车辆的电动座椅具有位置记忆存储功能。

汽车的电动后视镜一般由镜片、罩壳、驱动电动机、控制电路及操纵开关等组成。在每个后视镜镜片的背后都有两个可逆电动机，分别操纵镜片进行上下转动和左右转动。

## 思考题

1. 试分析电动刮水器的工作原理。
2. 试分析电动车窗的工作过程。
3. 试分析电动座椅的工作过程。
4. 试分析电动后视镜的工作过程。

# 第8章　汽车发动机管理系统

【本章教学要点】

| 知识要点 | 掌握程度 | 相关知识 |
| --- | --- | --- |
| 电控汽油机管理系统的基础知识 | 了解发动机管理系统的特点<br>掌握发动机管理系统的形式<br>掌握发动机管理系统的组成 | 发动机管理系统的特点、分类及组成 |
| 电控汽油机燃油喷射系统 | 掌握电控汽油机燃油喷射系统的空气供给、燃油供给及控制系统的组成及工作原理<br>掌握电控汽油机燃油喷射系统的控制原理，如喷油正时、喷油量及断油控制等 | 电控汽油机燃油喷射系统的空气供给系统、燃油供给系统、电子控制系统、电控燃油喷射系统的控制原理 |
| 电控汽油机辅助控制系统 | 掌握电控汽油机常见的辅助控制系统 | 发动机进气控制、发动机怠速控制、发动机排放控制 |
| 柴油共轨直喷技术 | 了解柴油共轨直喷技术的特点<br>了解高压共轨柴油喷射系统的组成及控制原理 | 高压共轨柴油喷射系统的组成及控制原理 |

发动机管理系统（Engine Management System，EMS）也称为发动机电子控制系统，通过电子控制方式对发动机的喷油、点火、空燃比、排放废气等进行优化控制，保证发动机可以在最佳工况下工作，从而提高发动机的动力性、燃油经济性和排放性。

按发动机所用燃料不同，发动机管理系统可分为汽油机管理系统、柴油机管理系统和气体燃料发动机管理系统。本章重点介绍汽油机管理系统，其主要功能是对燃油喷射和点火进行控制。除此之外还控制发动机的起动、怠速转速、空燃比、爆燃、减速断油、燃油蒸发、排气再循环、电动燃油泵等，具有系统自诊断等辅助功能。本章还将介绍柴油机管理系统，重点介绍柴油机共轨直喷技术。

## 8.1　汽油机管理系统的基础知识

### 8.1.1　汽油机管理系统的特点

传统化油器式燃油供给系统空燃比控制精度较低，各缸混合气浓度不均匀，影响了发动机的动力性能、经济性能和排放性能。20世纪70~80年代,排放与节能要求越来越严格,同时电子控制技术发展越来越成熟,使汽油机管理系统在汽车上迅速得到推广和应用。汽油机管理系统的特点及对汽车主要使用性能的影响见表8-1。

表8-1 汽油机管理系统的特点及对汽车主要使用性能的影响

| 汽油机管理系统的特点 | 对汽车主要使用性能的影响 | | | |
|---|---|---|---|---|
| | 动力性能 | 经济性能 | 排放性能 | 其他使用性能 |
| 1. 能准确测量发动机的进气量,并根据发动机工况(转速、负荷)和目标空燃比,精确计量喷油量,在各种工况下均能配制最佳空燃比的混合气 | + | ++ | ++ | 0 |
| 2. 进气系统取消了喉管,进气阻力大大减小,提高了发动机的充气效率 | ++ | + | + | 0 |
| 3. 燃油以一定压力喷射,雾化质量高;多点燃油喷射系统,各缸混合气均匀性好;采用氧传感器反馈控制,能使空燃比控制在合适的范围内 | + | + | ++ | 冷起动性能好 |
| 4. 空燃比控制系统动态响应快 | + | 0 | + | 加速性能好 |
| 5. 能自动实现冷车低怠速,有附加装置(如空调)工作时实现高怠速 | 0 | 0 | ++ | 怠速平稳,工况过度圆滑 |
| 6. 减速断油功能,当节气门关闭而发动机转速超过预定转速时,ECU控制喷油器停止喷油 | 0 | + | + | 0 |
| 7. 能根据进气温度、海拔变化,对空燃比进行修正 | 0 | + | + | 0 |

注:"+"表示此项性能良好;"++"表示此项性能优良;"0"表示此项性能一般。

### 8.1.2 汽油机管理系统的类型

汽油机管理系统可按照喷射位置、喷射装置的控制方式、喷射时刻的不同、空气流量测量方式、控制系统有无反馈信号等进行分类。

**1. 按喷射位置分类**

根据汽油的喷射位置,汽油机管理系统可分为两大类:进气管喷射和缸内喷射。

(1) **进气管喷射** 进气管喷射是将喷油器安装在进气总管或进气歧管上,向进气管内喷射汽油,进气管喷射根据喷油器的安装位置又可以分为单点喷射和多点喷射,如图8-1所示。

1) 单点喷射(Single Point Injection,SPI)。单点喷射系统在节气门体上安装一个或两个喷油器,向进气总管喷油,汽油随空气气流进入进气歧管,与空气进一步混合,进入气缸,如图8-1a所示。这种喷射系统因为喷油器位于节气门前方,故也称为节气门喷射系统。该系统主要存在各缸混合气分配不均匀的问题,已逐步被淘汰。

2) 多点喷射(Multi Point Injection,MPI)。多点喷射系统是在每缸进气口的进气歧管上装有一个喷油器,汽油直接喷射到各缸进气门的前方,与空气形成混合气,如图8-1b所示。这种喷射系统能较好地保证各缸混合气的均匀,是目前四冲程汽油机常用的喷射方式。

(2) **缸内喷射** 缸内喷射(Gasoline Direct Injection,GDI)又称缸内直喷。它是将喷油器安装在气缸盖上,如图8-2所示,在压缩行程开始前或刚开始时将汽油直接喷入气缸内,利用活塞的形状和缸内的紊流,在火花塞附近形成浓的混合气,远离火花塞的混合气相对较

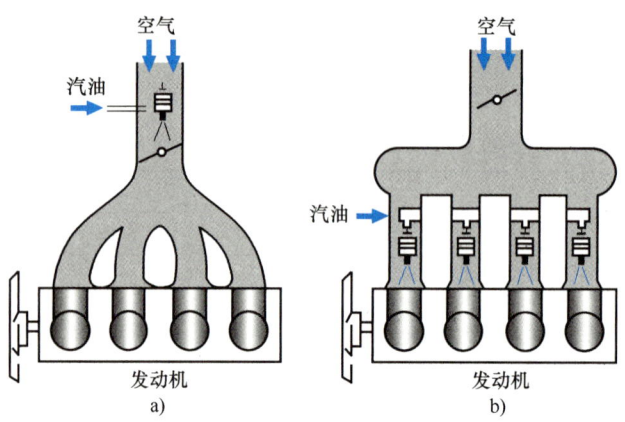

图 8-1 单点和多点缸外喷射
a) 单点喷射 b) 多点喷射

稀,可实现稀薄燃烧和分层燃烧。

目前,缸内喷射已是燃油喷射技术的主流技术。

**2. 按喷射装置的控制方式分类**

按喷射装置的控制方式分为机械控制式(K型)、机电结合控制式(KE型)和电子控制式(EFI型)喷射系统。

(1)机械控制式 汽油的计量是通过机械传动与液力传动方式实现的。

(2)机电结合控制式 汽油的计量是通过机械和电液方式实现的,但有 ECU 参与,同时增加了冷却液温度、节气门位置的修正值。

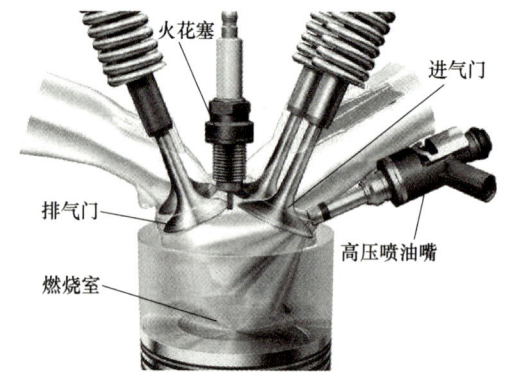

图 8-2 缸内喷射系统示意图

(3)电子控制式 汽油的计量是通过电控单元(ECU)和喷油器实现的。电子控制式汽油喷射系统通过空气流量计和各种传感器,检测发动机的运行状态,经过 ECU 对这些信号进行分析、计算、比较、判断后发出喷油脉冲和点火正时指令。

**3. 按喷射时刻的不同分类**

按喷射时刻的不同分为连续喷射系统和间歇喷射系统。

(1)连续喷射系统 在发动机运转期间连续不断地喷油。这种方式多用于机械式和机电结合控制式汽油喷射系统中。

(2)间歇喷射系统 在发动机运转期间间断地喷油,喷油量的多少取决于喷油器开启时间的长短。它按照喷油时序的不同又可分为同时喷射、分组喷射和顺序喷射,如图 8-3 所示。

1)同时喷射。同时喷射的各缸喷油器并联在一起。发动机电控单元根据曲轴位置传感器输入的基准信号,发出喷油器控制信号,使各缸喷油器同时喷油,如图 8-3a 所示。

2)分组喷射。分组喷射把多缸发动机的喷油器分为 2~3 组。电控单元分组控制喷油器进行燃油喷射,各组喷油器交替喷油,如图 8-3b 所示。

3）顺序喷射。顺序喷射也称为独立喷射，各缸喷油器按照发动机的点火顺序分别进行喷油。各缸喷油器分别由电控单元进行控制，驱动电路的通道数与气缸数相等，如图8-3c所示。

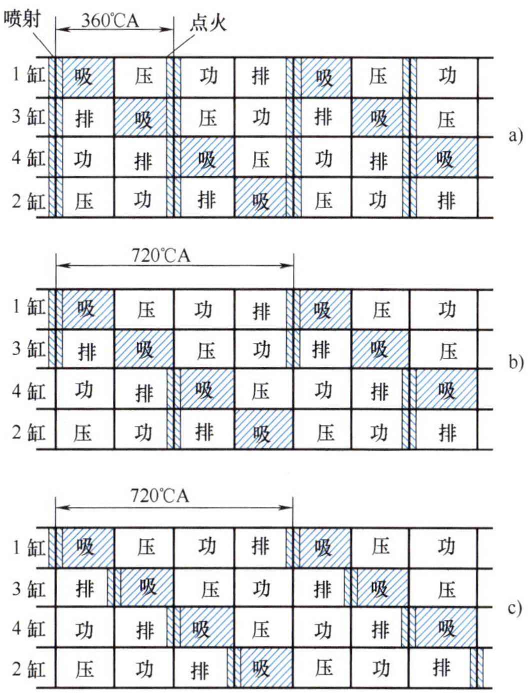

**4. 按空气流量测量方式分类**

按空气流量测量方式可分为间接测量方式和直接测量方式。

**（1）间接测量方式**（压力D型） 博世D型多点汽油喷射系统以进气管压力和发动机转速作为控制喷油器的基本喷油量的参数，如图8-4所示，通过压力传感器测出进气管的压力，再根据发动机的转速间接地推算出进气流量，从而确定喷油量。压力传感器装在节气门的后方，多用软管连通。因进气管压力与吸入的空气量间不是简单的线性关系，且管内压力有波动，故此法的检测精度不高。

图8-3 间歇喷射系统

a）同时喷射 b）分组喷射 c）顺序喷射

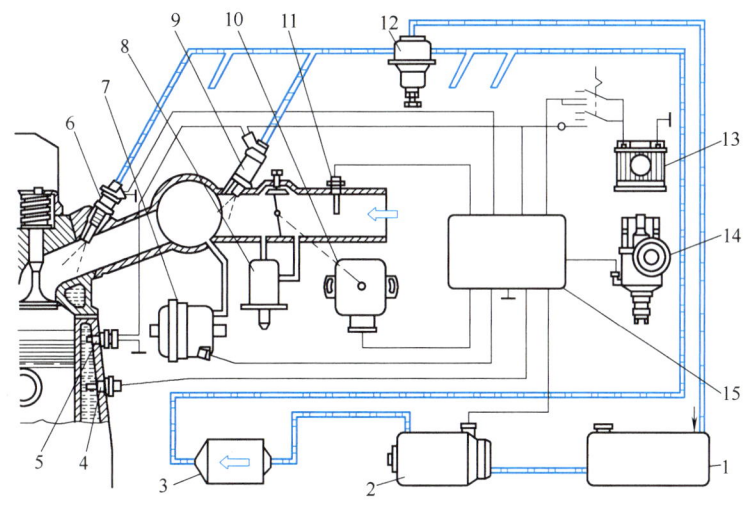

图8-4 博世D型多点汽油喷射系统

1—汽油箱 2—电动燃油泵 3—汽油滤清器 4—发动机冷却液温度传感器 5—热敏时间开关 6—喷油器 7—进气歧管绝对压力传感器 8—补充空气阀 9—冷起动喷油器 10—节气门位置传感器 11—进气温度传感器 12—燃油压力调节器 13—蓄电池 14—分电器 15—电控单元（ECU）

**（2）直接测量方式**（流量L型） 博世L型多点汽油喷射系统以进气量和发动机转速作为控制喷油器的基本喷油量的参数，如图8-5所示，用空气流量计直接检测出进气管的空气流量，再用测得的空气流量除以发动机的转速而得每一循环的空气量，由此算出每一循环的喷油量。空气流量计装在节气门的前方，其开度与节气门同步变化。此方法检测精度高于博世 D 型，目前使用较为广泛。

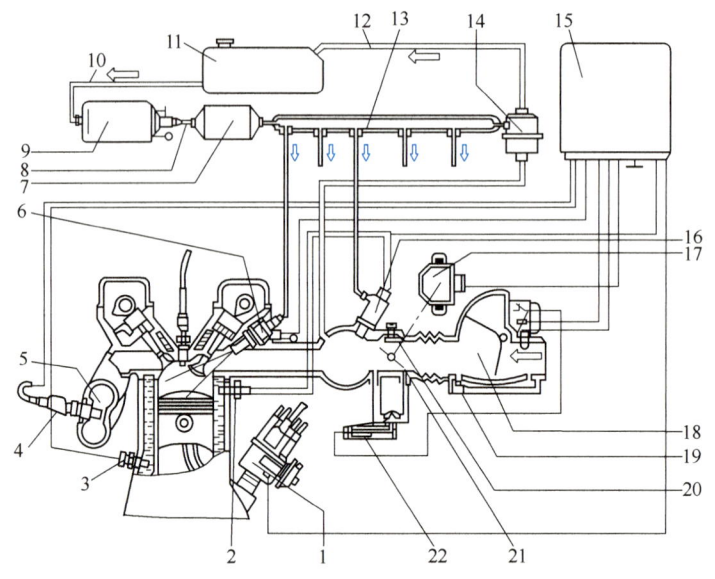

图 8-5　博世 L 型多点汽油喷射系统

1—点火分电器　2—热正时器　3—发动机冷却液温度传感器　4—氧传感器　5—排气管　6—喷油器
7—汽油滤清器　8—供油压力管　9—电动燃油泵　10—吸油管　11—汽油箱　12—回流管　13—燃油分配管
14—燃油压力调节器　15—电控单元（ECU）　16—冷起动喷油器　17—节气门位置传感器　18—空气流量计
19—怠速混合气调节螺钉　20—怠速转速调节螺钉　21—节气门　22—补充空气阀

**5. 按控制系统有无反馈信号分类**

按空燃比的控制有无反馈信号，发动机管理系统可分为开环控制和闭环控制两类。

（1）开环控制　把根据试验确定的发动机各种工况最佳参数事先存入电控单元（ECU），发动机运行中，电控单元根据各传感器的输入信号判断发动机的运行工况，从内部存储器中查出相应的控制参数，输出信号对执行机构进行控制。开环控制不检测控制结果，对控制结果的好坏不做分析和处理，因此控制精度和抗干扰能力差。

（2）闭环控制　闭环控制是 ECU 以事先设定的控制参数控制发动机，同时不断地检测发动机相关工作参数，根据检测到的信号对控制参数进行修正。如图 8-5 所示，汽油喷射系统闭环控制是利用排气管上安装的氧传感器 4 测量废气中氧含量的变化，然后计算出燃烧过程中混合气的实际空燃比，并将其与电控单元中预设的目标值进行比较，以便发出指令改变喷油脉宽修正喷油量，从而使实际空燃比保持在目标值附近，以达到最佳控制效果。

可见，汽油喷射系统闭环控制可以获得较高的空燃比控制精度，消除因产品差异和磨损等引起的性能变化对空燃比的影响，具有工作的稳定性好，抗干扰能力强的优点。

### 8.1.3　汽油机管理系统的组成

汽油机管理系统是一个综合控制系统，具有多种控制功能，其中燃油喷射控制（控制喷油量、喷油正时、燃油停供及油泵控制）和点火控制（控制点火提前角、闭合角）是主要的控制功能，进气控制、怠速控制和排放控制及故障自诊断等为辅助控制系统。图8-6为上海大众AJR型M3.8.2发动机管理系统结构组成简图。

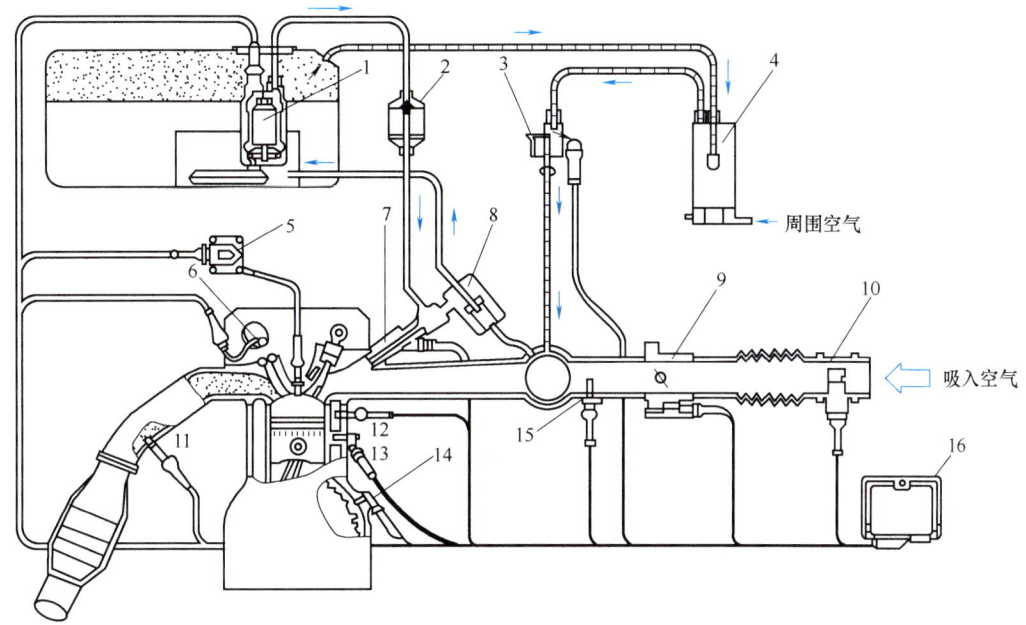

图8-6　上海大众AJR型M3.8.2发动机管理系统结构组成简图

1—电动燃油泵　2—燃油滤清器　3—碳罐电磁阀（N80）　4—碳罐　5—点火控制器及点火线圈总成　6—霍尔式凸轮轴位置传感器（G40）　7—第1、2、3、4缸喷油器　8—燃油压力调节器　9—节气门控制组件J338　10—空气流量计（G70）　11—加热型氧传感器　12—冷却液温度传感器（G62）　13—爆燃传感器　14—曲轴位置传感器（G28）　15—进气温度传感器（G72）　16—电控单元（ECU）(J220)

**1. 电控汽油机燃油喷射系统**

该系统主要包括喷油量控制、喷射正时控制。ECU根据空气流量信号和发动机转速信号确定最基本的喷油时间（即喷油量），再根据其他传感器（如冷却液温度传感器、节气门位置传感器等）对喷油时间进行修正，然后按照最后确定的总喷油时间向喷油器发出指令，使喷油器喷油或断油，能有效控制混合气空燃比，使发动机在各种工况下空燃比达到较佳值，在各种运行工况下均能获得最佳浓度的混合气，从而实现提高功率、降低油耗、减少排气污染等功效。

**2. 电控点火系统**

该系统的主要功能是点火提前角控制、通电时间（闭合角）控制与恒流控制，可使发动机在不同转速、不同负荷条件下，根据各相关传感器信号，判断发动机的运行工况和运行条件，选择最理想的点火提前角点燃混合气，并根据蓄电池电压及转速等信号控制点火线圈初级电路的通电时间，从而改善发动机的燃烧过程，使发动机输出最大的功率和转矩，而将油耗和排放降低到最低限度。此外，系统还能进行爆燃控制。

【小提示】

限于篇幅，电子控制点火系统已在第4章中进行了详细地介绍，本章不再赘述。

### 3. 辅助控制系统

（1）**进气控制系统** 该系统主要根据发动机转速和负荷的变化，对发动机的进气进行控制，以提高发动机的充气效率，从而改善发动机动力性。进气控制系统主要包括进气惯性增压控制系统、废气涡轮增压系统、可变气门控制系统、电子节气门控制系统等。

（2）**怠速控制系统** 怠速控制系统能在发动机怠速工况下，根据发动机冷却液温度、空调压缩机是否工作、变速器是否挂入档位等信号，通过怠速控制阀对发动机怠速工况下的进气量进行控制，使发动机随时以最佳怠速转速运转。

（3）**排放控制系统** 该系统主要对发动机排放控制装置的工作实行电子控制，主要包括燃油蒸发排放控制系统、排气再循环（EGR）控制系统、三效催化转化器与空燃比反馈控制系统等。

（4）**故障自诊断系统** 故障自诊断系统利用ECU监视电子控制系统各组成部分的工作情况，发现故障后，自动启动故障诊断程序，不仅保证汽车在有故障的情况下可以继续行驶，同时还将存储在存储器中的故障信息（故障码）以一定的方式显示出来，或以数据流的形式通过汽车上配置的诊断插座输出，以便于驾驶人和维修人员发现并排除故障。

（5）**失效保护系统** 失效保护系统也称为失效保护功能，主要是由电控单元（ECU）内的部分软件组成。

设置失效保护系统的目的是当电控系统出现故障后，对电控系统采取安全保护措施，防止发动机或其他部件产生新的故障。

失效保护系统的功能是：在电控系统工作中，当自诊断系统判定某传感器或其电路出现故障（即失效）时，自诊断系统启动并进入工作状态，给ECU提供设定的标准信号来替代故障信号，以保持控制系统继续工作，确保发动机仍能继续运转。此外，当个别重要的信号传感器或其电路发生故障时，有可能危及发动机安全运转，失效保护系统则会使ECU立即采取强制性措施切断燃油喷射，使发动机停止运转，确保车辆安全。失效保护系统依靠ECU内的软件完成其功能。当控制系统出现故障时，给ECU提供的设定信号不可能与实际工作情况一致，失效保护系统只能维持发动机基本运转，但不能保证控制系统的优化控制。因此，发动机的性能必然有所下降。

（6）**应急备用系统** 应急备用系统也称为应急备用功能，其功能由ECU内的备用IC（集成电路）来完成。

当ECU内的微处理器或少数重要的传感器出现故障、车辆无法行驶时，该系统使ECU把燃油喷射和点火正时控制在设定的范围内，用作各种备用功能使汽车能维持基本行驶，以便把汽车开到附近的维修站或适宜的地方，所以应急备用系统又可称为回家系统。

应急备用系统只能维持汽车的基本功能，而不能保证发动机按正常性能运行。

当自诊断系统判定发生下列故障之一时，在接通"故障指示灯"搭铁回路的同时，将自动启动应急备用系统。

1）ECU中的中央微处理器（CPU）、输入/输出（I/O）接口和存储器发生故障。

2）凸轮轴位置传感器或其电路发生故障，ECU收不到上止点信号。

3）在博世D型电控燃油喷射系统中，进气歧管绝对压力传感器或其电路发生故障。

## 8.2 电控汽油机燃油喷射系统

电控汽油机燃油喷射系统以控制单元（ECU）为控制核心，以空气流量和发动机转速为控制基础，以喷油器为控制对象，保证发动机在各种工况下都能获得与所处工况相匹配的最佳空燃比。

电控汽油机燃油喷射系统一般由空气供给系统、燃油供给系统和电子控制系统三大部分组成。

### 8.2.1 空气供给系统

空气供给系统的作用是提供和控制与发动机负荷相适应的清洁空气，与喷油器喷出的汽油形成可燃混合气。空气供给系统如图 8-7 所示，空气由空气滤清器 6 吸入，滤去空气中的尘埃等杂质后，流经空气流量计 2、节气门 1 进入进气总管，然后分配到各进气歧管。在进气歧管内，由喷油器喷出的燃油与新鲜空气混合后被吸入气缸内燃烧。汽车行驶时，空气流量由驾驶人通过加速踏板操纵节气门控制。

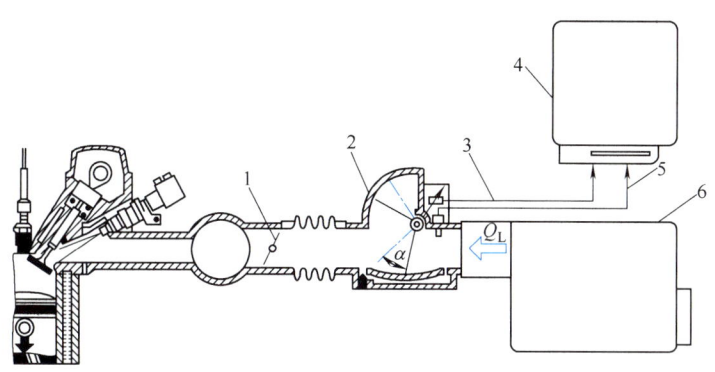

图 8-7 空气供给系统示意图

1—节气门 2—空气流量计 3—空气流量信号
4—电控单元 ECU 5—空气温度信号 6—空气滤清器

**1. 空气流量计**

空气流量计的功用是测量进入发动机的空气流量，并将测量的结果转换为电信号传输给电控单元。根据测量原理不同，空气流量计有叶片式、卡门涡旋式、热线式和热膜式等，前两种测量的是空气体积，后两种测量的是空气质量。

（1）**叶片式空气流量计** 叶片式空气流量计（又称翼片式空气流量计）是利用吸入空气的流体动力与作用在叶片上弹簧力的平衡原理工作的。

叶片式空气流量计的结构如图 8-8 所示。空气通过空气流量计主通道时，叶片 3 在吸入空气气流的压力和回位弹簧 6 的弹力作用下平衡，如果空气流量增加，则气流压力增大，导致叶片转角增大，回位弹簧弹力也相应增加，直到两力平衡为止。由于叶片转轴与电位计 5 同轴，随着叶片转角的不同，电位计将产生不同的电压信号输入电控单元。叶片式空气流量计设计有缓冲室 7 和补偿挡板 8，可以减少进气过程中由于空气脉动产生的叶片脉动。

空气流量计叶片的一侧还设有一个旁通空气道2，当发动机怠速工作时，主空气道内的叶片3关闭，只允许少量的空气经旁通道流过。在旁通道上设有怠速混合气调节螺钉1，控制旁通通道内的空气流量，以调节控制怠速工况下混合气成分。

叶片式空气流量计的工作原理如图8-9所示。

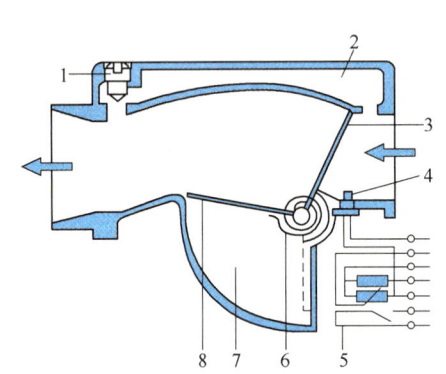

图8-8　叶片式空气流量计结构示意图
1—怠速混合气调节螺钉　2—旁通空气道　3—叶片
4—进气温度传感器　5—电位计　6—回位弹簧
7—缓冲室　8—补偿挡板

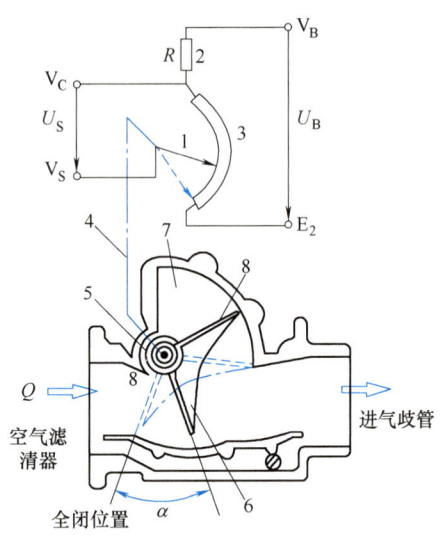

图8-9　叶片式空气流量计工作原理简图
1—滑动触点臂　2—限流电阻　3—镀膜电阻
4—转轴　5—复位弹簧　6—叶片
7—缓冲室　8—补偿挡板

当吸入发动机的空气流过传感器主进气道时，传感器叶片就会受到空气气流压力产生的推力力矩和复位弹簧弹力力矩的作用。当空气流量增大时，气流压力对叶片产生的推力力矩增大，推力力矩克服弹簧弹力力矩使叶片偏转角度增大，直到推力力矩与弹簧弹力力矩平衡为止。进气量越大，叶片偏转角度也就越大。因为叶片总成和电位计的滑臂均固定在转轴上，所以在叶片偏转的同时，滑动触点臂也随之偏转。由此可以把叶片偏转角度的变化（即进气量的变化）转换为电阻值的变化，ECU根据作用在电位计电阻上电压的变化量，即可测得发动机的进气量。根据设计电路的不同，叶片式空气流量计又可分为信号电压上升型（随着进气量的增大，信号电压升高）和信号电压下降型（随着进气量的增大，信号电压降低）这两种类型。在图8-9所示电路中，当空气流量增大时，端子"$V_C$"与"$V_S$"之间的电阻值减小，两端子之间输出的信号电压 $U_S$ 降低。当空气流量减小时，气流压力对叶片产生的推力力矩减小，推力力矩克服弹力力矩使叶片偏转的角度减小，端子"$V_C$"与"$V_S$"之间的电阻值增大，两端子之间输出的信号电压 $U_S$ 升高。利用信号电压 $U_S$ 与电源电压 $U_B$ 之比或者提供稳压源电压 $U_C$（5V），这样根据端子"$V_S$"输出的电压即可精确计算进气量。

【小提示】

众所周知，空气的质量与温度和大气压力有关。温度越低或大气压力越高，空气密度越大，空气质量就越大；反之，温度越高或大气压力越低，空气质量就越小。

叶片式空气流量计检测的是进气气流的体积流量，当进气温度或大气压力发生变化时，相同体积的空气质量就会发生变化。为了避免环境温度和大气压力变化给空气流量检测带来误差，因此所测量体积流量的流量计都分别采用了进气温度传感器和大气压力传感器进行修正。进气温度传感器一般都与空气流量计制作成一体，大气压力传感器一般都安装在电控单元（ECU）内部。

（2）卡门涡旋式空气流量计　卡门涡旋式空气流量计是利用卡门涡旋理论来测量空气流量的装置。图 8-10 为卡门涡旋式空气流量计的结构示意图，在空气通道中央有一个锥形的涡流发生器 2，当空气通过时，涡流发生器的后面会产生两列并排的旋涡，此旋涡被称为卡门旋涡。

卡门旋涡的频率 $f$ 与空气流速 $v$ 的关系为

$$f = S_t \frac{v}{d} \qquad (8-1)$$

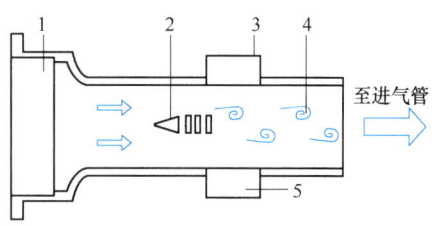

图 8-10　卡门涡旋式空气流量计结构示意图

1—整流网　2—涡流发生器
3—超声波发生器
4—旋涡　5—超声波接收器

式中，$d$ 为涡流发生器外径；$S_t$ 为斯特罗巴尔数。

合理地设计进气通道截面积和涡流发生器的尺寸，使发动机进气流速范围内的 $S_t$ 为一常数。这样，只要测出卡门涡旋的频率 $f$，就可以知道空气的流速 $v$ 乘以空气通道的截面积，便可获得空气的体积流量。

常用的涡旋频率检测方法有反光镜检测方式和超声波检测方式。图 8-10 采用的是超声波检测法，在空气流向的垂直方向安装超声波发生器 3，在其对面安装超声波接收器 5，从信号发生器发出的超声波因受卡门涡旋造成空气密度变化的影响，到达接收器的时间有变化，可测出其相位差，将其整形放大成矩形波，矩形波的脉冲频率即为单位时间内流过的涡旋数量，即卡门涡旋的频率。

（3）热线式空气流量计　热线式空气流量计是利用热线与空气之间的热传递现象进行空气质量流量测定。

图 8-11 为热线式空气流量计的结构示意图，主要由金属防护网 1、测试管 2、铂热丝 3、温度补偿电阻 4、控制电路板 5、电接头 6 和壳体 7 等组成。铂热丝 3 是正温度系数的热敏电阻，通电后变热，是热线电阻，温度补偿电阻 4 是负温度系数的热敏电阻，通电后变热，温度比热线电阻低，为冷线电阻。铂热丝和温度补偿电阻安装在测试管 2 中，测试管则安装在主进气道的中央部位，两端有金属防护网 1，并用卡箍固定在壳体 7 上。控制电路板上有电接头 6 与发动机 ECU 连接。

热线式空气流量计内部套装有一个由两个塑料护套和一个热丝支承环构成的取样管，取样管中设有一根直径很小（约 70μm）的铂金

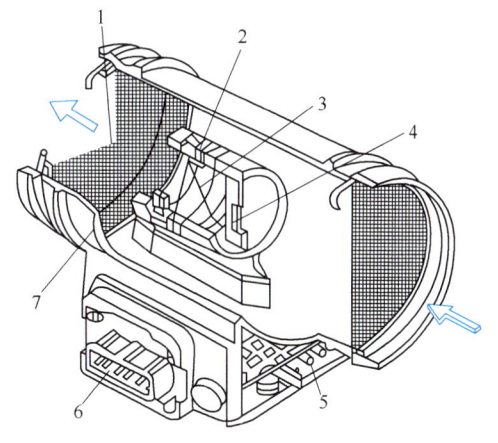

图 8-11　热线式空气流量计结构示意图

1—金属防护网　2—测试管
3—铂热丝　4—温度补偿电阻
5—控制电路板　6—电接头　7—壳体

属丝 $R_H$ 作为发热元件,并制作成"Π"形张紧在取样管内。传感器工作时,铂金属丝将被由控制电路提供的电流加热到高于进气温度 100~120℃,因此称为"热丝"。由于不同进气温度的冷却效果不同,进气温度变化会使热丝的温度发生变化而影响进气量的测量精度,因此,在热丝附近的气流上游热丝支承环前端的塑料护套内设有一只温度补偿电阻 $R_K$。该温度补偿电阻相当于一只进气温度传感器,其电阻值随进气温度的变化而变化,用以进行温度补偿。早期制作的流量计采用铂金属丝制作温度补偿电阻,该电阻丝靠近进气口一侧,称为"冷丝"。由于电阻丝在使用中容易折断而导致传感器报废,因此,目前普遍采用在氧化铝陶瓷基片上印制铂膜电阻。热丝支承环后端的塑料护套上黏结着一只精密电阻(为避免自热,采用温度系数很低的金属薄膜电阻),该电阻上的电压降即为热线式空气流量计的输出信号电压。另外,在控制电路板上还安装有高阻值的平衡电阻 $R_1$、$R_2$,该电阻器在最后调试试验中用激光修整,以便在预定的空气流下调定空气流量计的输出特性。

热线式空气流量计工作原理如图 8-12 所示,热线电阻 $R_H$,温度补偿电阻 $R_K$,精密电阻 $R_M$,电桥电阻 $R_1$、$R_2$ 组成惠斯顿电桥。

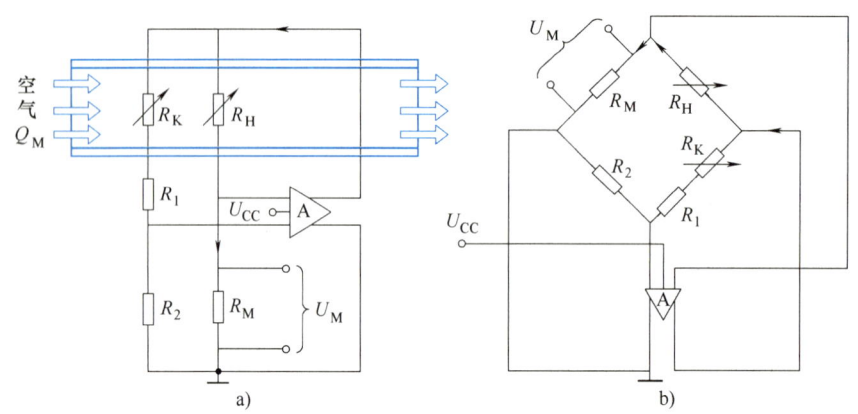

图 8-12 热线式空气流量计工作原理
a)电路连接图 b)惠斯顿电桥电路

工作时,热丝 $R_H$ 置于空气流中,在单位时间内损失的热量 $H$ 为

$$H = [(A+B)(\rho v)^n](T_H - T_K) \tag{8-2}$$

式中,$A$、$B$ 为常数,与空气物理性质和热丝的形状有关;$\rho$ 为空气密度;$v$ 为空气流速;$T_H$ 为热丝 $R_H$ 的温度;$T_K$ 为空气温度;$n$ 为随热丝的形状和雷诺数 $R_e$ 而变化,这里取近似值 0.5。

热丝产生的热量 $W$ 为

$$W = R_H I_H^2 \tag{8-3}$$

式中,$I_H$ 为通过热丝 $R_H$ 的加热电流。

在热平衡状态下,$W = H$,即

$$[(A+B)(\rho v)^n(T_H - T_K)] = R_H I_H^2 \tag{8-4}$$

由上式可知,当热丝温度 $T_H$ 和空气流的温度 $T_K$ 差值一定时,供给热丝的电能与空气质量流量成固定比例。在热丝式空气流量计中,采用了恒温差控制电路来实现流量检测。恒温差控制电路如图 8-12 所示,热丝 $R_H$ 和冷丝 $R_K$ 分别连接在惠斯顿电桥的两个臂上。当热丝的温度高于进气温度时,电桥电压才能达到平衡,并由具有电流放大作用的控制电路控制加热电流 $I_H$ 来保持热丝温度 $T_H$ 与冷丝温度 $T_K$ 之差恒定(即 $T_H$ 比 $T_K$ 高 100~120℃,这样温度补偿电阻的温度就作为一个参照标准,使进气温度的变化不至于影响热丝测量进气量的精度)。当空气流流经热丝使其受到冷却时,热丝温度降低,阻值减小,电桥电压失去平衡,控制电路立即增大供给热丝的加热电流 $I_H$,使其温度高于冷丝的温度。电流增量的大小,取决于热丝受到冷却的程度,即取决于流过传感器的空气量,随空气质量流量增大而增大,随其减小而减小(一般在 50~120mA 之间变化)。因此,通过热丝的电流是空气质量流量的单一函数,加热电流 $I_H$ 就是空气质量流量的衡量尺度,并以精密电阻 $R_M$ 的端电压 $U_M$ 作为输出信号输入 ECU,ECU 便可根据信号电压的高低计算出空气质量流量 $Q_M$ 的大小。

空气质量流量 $Q_M$ 与信号电压 $U_M$ 有如下的关系,如图 8-13 所示。

空气质量流量为

$$Q_M = K_1(U_M - K_2)^2 \tag{8-5}$$

式中,$K_1$、$K_2$ 为常数。

为防止铂热丝上沾染污物影响流量计的测量精度和灵敏度,电控单元中装有自洁电路,发动机熄火后,自动将铂热丝加热到 1000℃,烧掉铂热丝上的污物。

**(4) 热膜式空气流量计** 热膜式空气流量计的结构如图 8-14 所示。它是热线式空气流量计的改进产品,结构与热线式基本相同,只是它的发热体是热膜而不是热线,热膜由发热金属铂固定在薄的树脂膜上制成。这种结构使发热体不直接承受空气流动所产生的作用力,增加了发热体的强度,提高了流量计的可靠性。

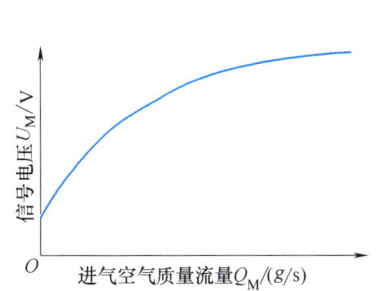

图 8-13 空气质量流量与信号电压的关系曲线图

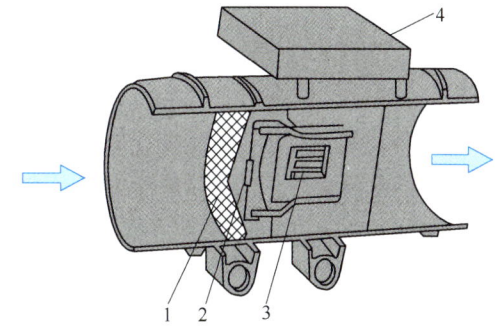

图 8-14 热膜式空气流量计结构示意图
1—防护网 2—温度传感器 3—热膜 4—控制电路

热线式和热膜式空气流量计体积小、反应灵敏,能在几毫秒内反映出空气流量的变化,测量精度不受进气气流脉动的影响,且信号与空气质量流量相对应,因此一般无须对大气压力及进气温度的变化进行修正。

**2. 进气歧管绝对压力传感器**

进气歧管绝对压力传感器(又称压感式空气流量传感器),其作用如同空气流量计,是发动机电子控制系统计算基本喷油时间和确定基本点火提前角的重要参数之一。

Bosch D 型多点汽油喷射系统就是利用进气歧管绝对压力传感器间接地测量发动机进气量,作为喷油器基本喷油量的依据之一。

进气歧管绝对压力传感器有多种形式,根据其信号产生原理不同可分为压电式、半导体压敏电阻式、电容式、差动变压器式及表面弹性波式等,目前汽车上应用最广泛的是半导体压敏电阻式进气歧管绝对压力传感器,如图 8-15a 所示。它由硅膜片 5、真空室 4、半导体压敏电阻 7、底座 10、真空管 11 和电极引线 9 等组成。硅膜片封装在真空室内,一侧为真空,另一侧作用进气歧管压力。

硅膜片是压力转换元件,用单晶硅材料组成。在硅膜片的中央部位采用光刻腐蚀技术制作成一个圆形薄膜片,并采用集成电路加工技术与台面扩散技术在圆形薄膜片的表面制作四只梳状阻值相等的半导体压敏电阻,通常称为固态压阻器件或固态电阻,如图 8-15b 所示,再利用低阻扩散层(P 型扩散层)将四只压敏电阻连接成惠斯顿电桥电路,如图 8-15c 所示。

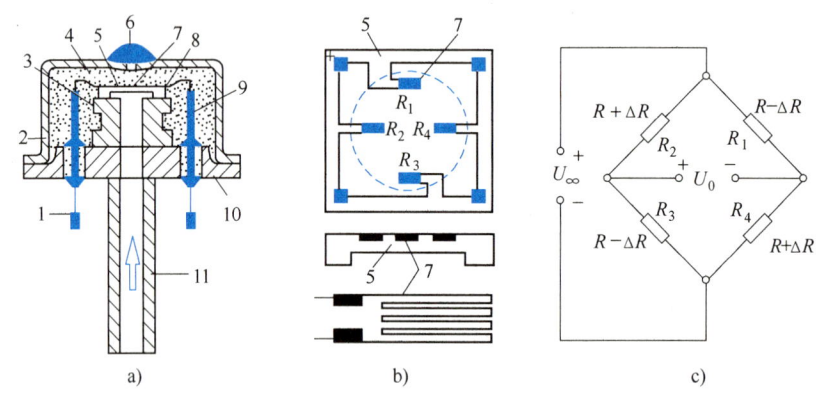

图 8-15 半导体压敏电阻式进气歧管绝对压力传感器

a) 传感器结构图 b) 硅膜片结构图 c) 等效电路图

1—引线端子 2—壳体 3—硅杯 4—真空室 5—硅膜片 6—锡焊封口 7—半导体压敏电阻
8—接线电极 9—电极引线 10—底座 11—真空管

当进气歧管绝对压力发生变化时,硅膜片的变形量就随之改变,并产生与进气歧管绝对压力相对应的电压信号。进气歧管压力越大,硅膜片的变形量越大,传感器的输出电压就越大。

半导体压敏电阻式进气歧管压力传感器的线性度好,且具有结构尺寸小、精度高、响应特性好、安装位置灵活等优点。

### 3. 节气门位置传感器

节气门位置传感器安装在节气门轴上,与节气门联动。其功用是将节气门的位置或开度转换成电信号传输给电控单元,作为电控单元判定发动机运行工况的依据之一。按输出信号的不同,节气门位置传感器可分为开关量输出型和线性量输出型两种。按结构的不同,节气门位置传感器分为触点开关式、线性可变电阻式、触点与线性可变电阻组合式三种。

**(1)开关量输出型节气门位置传感器** 开关量输出型节气门位置传感器如图 8-16 所示,内有两个触点,分别为怠速触点和全负荷触点。与节气门同轴的接触凸轮控制两个触点的闭合或断开。当发动机处于怠速工况时,节气门接近关闭,怠速触点闭合,这时电控单元将指令喷油器增加喷油量以加浓混合气。全负荷时,节气门全开,接触凸轮使全负荷触点闭合,这时电控单元将输出脉冲宽度最长的电脉冲,以实现全负荷加浓。

**(2)线性量输出型节气门位置传感器** 线性量输出型节气门位置传感器(又称为触点与线性可变电阻组合式节气门位置传感器),如图 8-17 所示,是一个线性电位计,由节气门轴带动电位计的滑动触点。当节气门开度不同时，电位计输出的电压也不同，从而将节气门由全闭到全开的各种开度转换为大小不等的电压信号传输给电控单元，使其精确地判定发动机的运行工况。

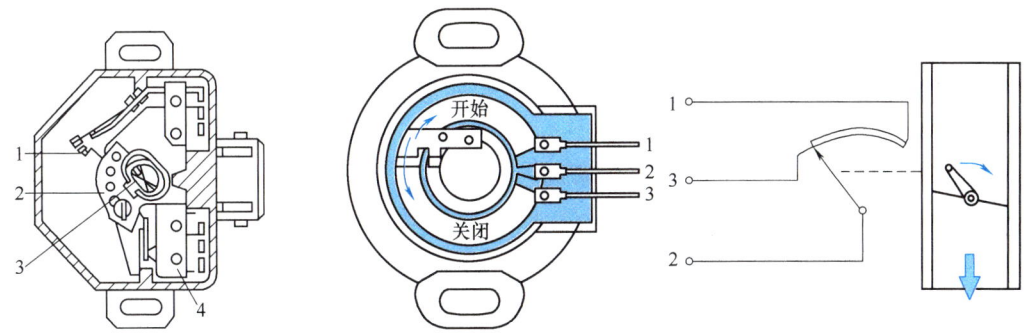

图 8-16　开关量输出型节气门位置传感器
1—全负荷触点　2—接触凸轮
3—节气门轴　4—怠速触点

图 8-17　线性量输出型节气门位置传感器
1—基准电压　2—输出电压　3—搭铁

丰田车用组合式节气门位置传感器的基本结构与原理电路如图 8-18 所示，主要由可变电阻滑动触点、节气门轴、怠速触点和壳体组成。

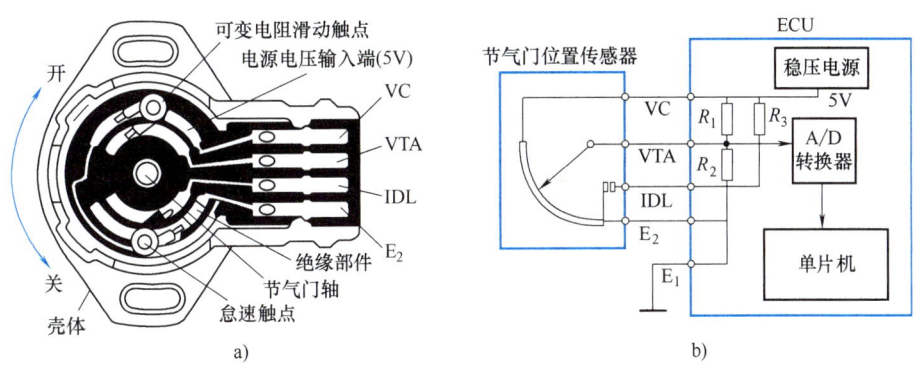

图 8-18　丰田车用组合式节气门位置传感器
a) 基本结构图　b) 原理电路图

制作在传感器底板上的可变电阻为镀膜电阻，可变电阻的滑臂随节气门轴一同转动，滑臂与输出端子 VTA 连接。滑动触点、怠速触点是两个与节气门轴同轴的触点。滑动触点可在可变电阻器上滑动，由于电阻的变化从而将节气门开度转变为电压信号输送给 ECU，ECU 由此可以获得表示节气门由全闭到全开的所有开启角度的、连续变化的电压信号，以及节气门开度的变化速率，从而更精确地判定发动机的运行工况。怠速触点专门用于确定节气门完全关闭时的位置，提供准确的怠速信号。设置怠速触点，不但可以精确确定怠速工况，而且可以用怠速时的电压值对反映节气门开度的电压值进行修正，以提高控制精度。

组合式节气门位置传感器的输出特性如图 8-19 所示。当节气门关闭或开度小于 1.2° 时，怠速触点闭合，其输出端 IDL 输出低电平（0V），当节气门开度大于 1.2° 时，怠速触点断开，输出端 IDL 输出高电平（5V）。当节气门开度变化时，可变电阻的滑臂便随节气门轴转动，滑臂上的触点便在镀膜电阻上滑动，传感器的输出端子 VTA 与 $E_2$ 之间的信号电压随之发生变化，节气门开度越大，输出电压越高。传感器输出的线性信号经过 A/D 转换器转换成数字信号后再输入到 ECU。

大众车系发动机电控系统多采用组合式节气门体，它把触点与线性可变电阻组合式节气门位置传感器与节气门控制器融为一体，取消了怠速旁通道，简化了节气门体的结构。

图 8-20 所示为上海大众 AJR 发动机节气门控制组件 J338，将节气门位置传感器 G69、怠速节气门位置传感器 G88、怠速控制电机 V60 及怠速开关 F60 合为一体。节气门位置传感器 G69 和怠速节气门位置传感器 G88，这两个部件起着节气门位置控制的作用。其电路如图 8-21 所示。

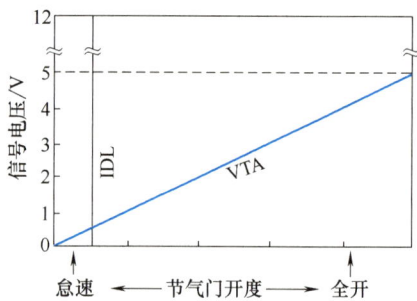

图 8-19 组合式节气门位置传感器的输出特性

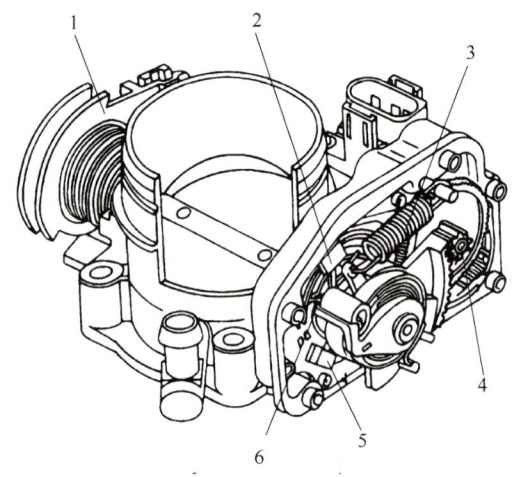

图 8-20 节气门控制组件 J338 结构
1—节气门拉索轮  2—怠速节气门位置传感器 G88
3—紧急运行弹簧  4—怠速控制电机 V60
5—节气门位置传感器 G69  6—怠速开关 F60

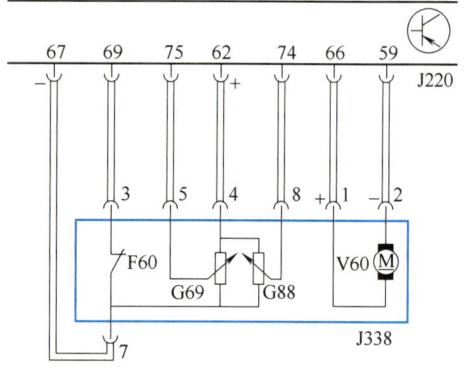

图 8-21 节气门控制组件 J338 电路图
F60—怠速开关  G69—节气门位置传感器
G88—怠速节气门位置传感器  V60—怠速控制电机
J220—发动机电控单元（ECU）

将节气门位置传感器与怠速控制系统合二为一，有利于结构的简化和综合优化控制，它是电子节气门控制系统的雏形。

### 4. 节气门体

节气门体可以控制发动机的进气量，位于空气流量计和发动机之间的进气管上。

驾驶人可以通过加速踏板控制节气门开度，对发动机的输出功率进行控制，其结构如图 8-22 所示，主要由节气门、节气门位置传感器、怠速气道等组成。

图 8-22 节气门体实物

## 8.2.2 燃油供给系统

燃油供给系统的功用是向气缸内供给燃烧所需的燃油，主要由燃油箱、电动燃油泵、燃油滤清器、燃油分配管、燃油压力调节器、喷油器和输油管等组成，其结构如图8-23所示。

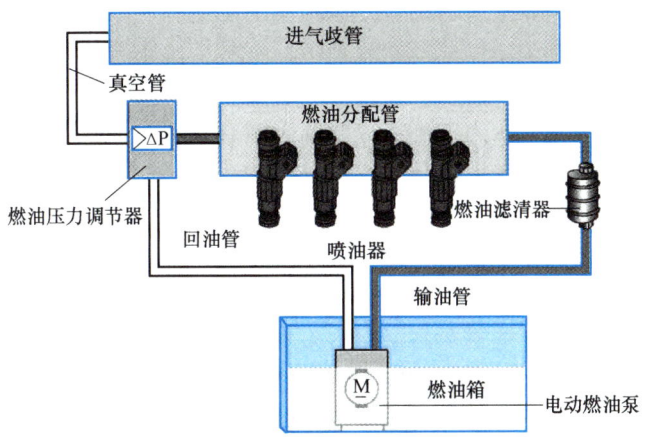

图 8-23 燃油供给系统组成

燃油由电动燃油泵从燃油箱中泵出，经输油管、燃油滤清器、由燃油压力调节器调压，然后经燃油分配管配送给各个喷油器，喷油器根据电控单元发出的指令，将适量的燃油适时喷入各进气歧管或进气总管。

**1. 电动燃油泵**

**（1）电动燃油泵的结构及工作原理**　电动燃油泵从燃油箱中吸入燃油，加压后通过喷油器供给发动机。电动燃油泵有两种安装方式：一种是在燃油箱外，安装在输油管路中的外装串联式；另一种是安装在燃油箱中的内装式。电动燃油泵根据结构形式不同可分为滚柱式、齿轮式、涡轮式和侧槽式等，图8-24为涡轮式电动燃油泵。

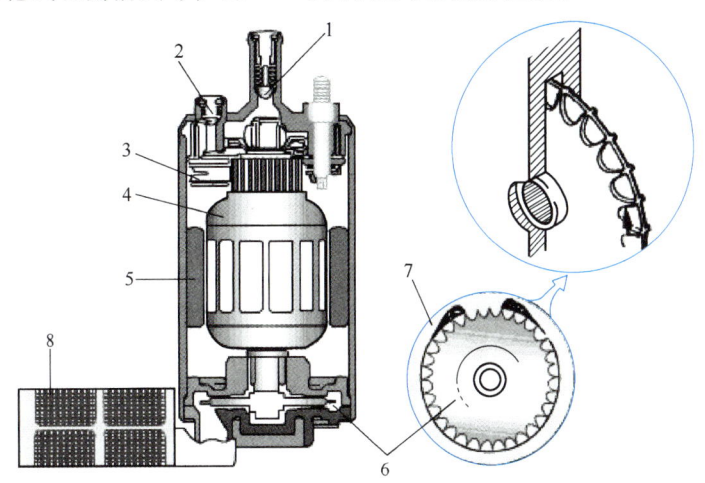

图 8-24 涡轮式电动燃油泵
1—单向阀　2—溢流阀　3—电刷　4—电枢　5—磁铁　6—叶轮　7—泵体　8—进油滤网

涡轮式电动燃油泵由电动机驱动，带动叶轮 6 高速旋转，燃油由进油滤网 8 进入叶轮与泵体 7 之间的进油腔，位于叶轮外围沟槽前后的燃油因内摩擦作用产生压力差，由于叶轮很多沟槽产生的压力差循环往复作用，使燃油升压，燃油由进油腔沿叶轮旋转方向运动到出油腔，再通过电动机内部，经出油单向阀 1 流出。

涡轮式电动燃油泵结构简单，燃油压力升高完全是由燃油的内摩擦实现的，因而效率不是很高。但此种泵压力波动小，已能达到普通滚柱式泵带稳压器的水平，因而可取消压力脉动减振器，从而使泵的结构尺寸大为缩小，能够直接装入燃油箱。

为了避免燃油管路阻塞时压力过高造成燃油管破裂或燃油泵损坏等现象，油泵中设有溢流阀 2。当油泵工作压力升高到 400kPa 时，溢流阀打开，油泵出油腔与进油腔相通，汽油在泵内循环，避免供油压力过高。

燃油泵出油口的单向阀 1 可以防止发动机停转时供油压力突然下降而引起燃油倒流。发动机熄火时，燃油泵停止转动，单向阀关闭，供油系统中仍有残余压力，油路中残余压力的存在有利于发动机再起动，并能避免高温时气阻现象的发生。

**（2）电动燃油泵的控制** 电动燃油泵只有在发动机起动和运转时才工作。在接通点火开关时，为建立燃油系统的油压，电动燃油泵往往会运行一段时间，以便发动机能顺利起动。而在其他情况下，即使点火开关接通，只要发动机没有转动，油泵就不工作。而在发动机运转过程中，则需要控制油泵保持正常运转。电动燃油泵工作的控制，通常是指对油泵电路断路继电器的控制。继电器触点闭合，油泵通电工作；继电器触点断开，油泵停止工作。

通常电动燃油泵总是在一定的转速下运转，因而输出油量不变。但在发动机高速、大负荷工况下需油量大，有必要提高油泵转速以增加泵油量。当发动机工作在低速、中小负荷工况时，应使油泵低速运转以减少泵的磨损及不必要的电能消耗，故在一些发动机中对油泵设置了转速控制机构，对电动燃油泵的转速进行控制。

1）采用油泵开关控制的油泵控制电路。此控制电路应用在早期采用叶片式空气流量计的 L 型电控燃油喷射系统中，油泵转速不变、输油量恒定，其控制电路如图 8-25 所示。

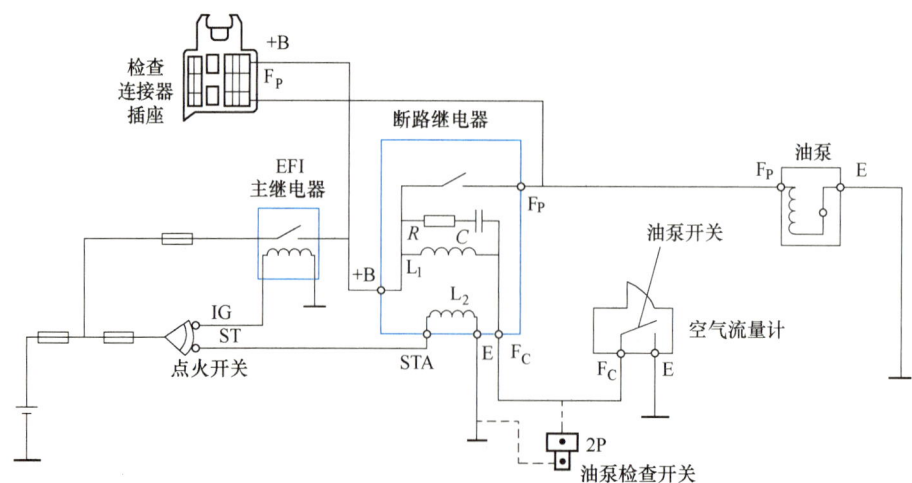

图 8-25　油泵开关控制的油泵控制电路

点火开关接通起动档（ST），继电器内线圈 $L_2$ 通电，继电器触点闭合，电源向电动燃油泵电动机供电，油泵开始工作。发动机起动后，吸入的空气流使空气流量计内的叶片转动，空气流量计内的油泵开关接通，继电器线圈 $L_1$ 通电。这时，即使断开点火开关的起动档（ST），其继电器触点仍呈接通状态。当发动机由于某种原因停止转动时，空气流量计的油泵开关断开，继电器线圈 $L_1$ 断电，继电器触点断开，油泵停止工作。

2）采用 ECU 控制的油泵控制电路。此控制电路应用于 D 型和采用热丝（膜）式、卡门涡旋式空气流量计的 L 型电控燃油喷射系统中，油泵转速不变、输油量恒定。其控制电路如图 8-26 所示。

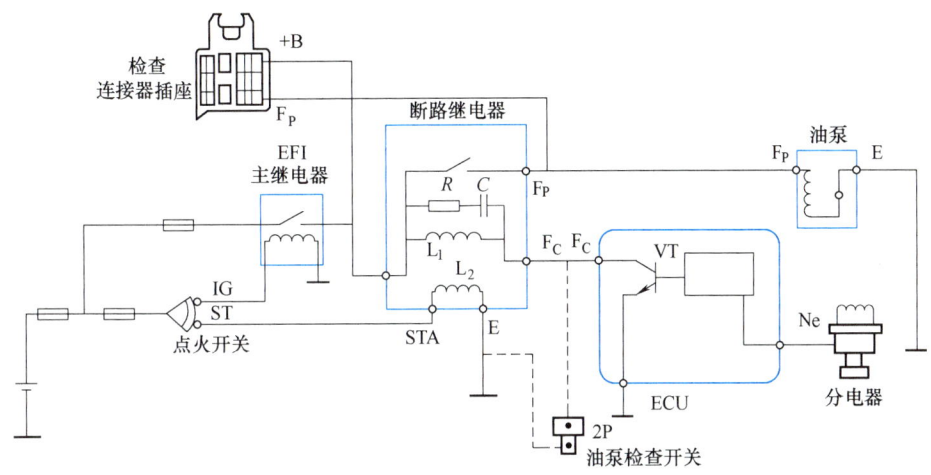

图 8-26  ECU 控制的油泵控制电路

发动机起动时，点火开关的起动档（ST）接通，继电器线圈 $L_2$ 通电，其触点闭合，油泵通电工作。发动机运转时，发动机转速信号（Ne）输入到 ECU，ECU 内晶体管 VT 导通，继电器线圈 $L_1$ 通电。因此，只要发动机运转，继电器触点总是闭合的。ECU 通过发动机转速信号来检测发动机运转状态。如发动机停止转动，晶体管 VT 截止，继电器 $L_1$ 断电，其触点断开，油泵停止工作。

3）具有转速控制的油泵控制电路。油泵转速控制常分为低速和高速两级。目前常用的油泵转速控制方式有以下三种：利用串联电阻器控制油泵的转速、利用油泵 ECU 控制油泵的转速、利用发动机 ECU 直接控制油泵的转速。

① 利用串联电阻器控制油泵的转速。图 8-27 所示为电阻器式油泵转速控制电路，它在油泵控制电路中增设一个电阻器（降压电阻）和油泵控制继电器（或称电阻器旁路继电器），对油泵转速进行二级控制（高速、低速）。当发动机工作时，ECU 根据发动机转速和负荷，对油泵控制继电器进行控制，油泵控制继电器则控制电阻器是否串入油泵电路中，以此控制电源加到油泵电动机上的不同电压，从而实现油泵转速变化。

发动机在低速或中小负荷下工作时，油泵控制继电器触点 B 闭合，电阻器串入油泵电路中，油泵以低速运转。当发动机处于高转速、大负荷下工作时，ECU 输出信号，切断油泵控制继电器线圈电路，使继电器触点 A 闭合，此时电阻器被旁路，油泵电动机直接与电源相通，油泵处于高速运转。

② 利用油泵 ECU 控制油泵的转速。为对油泵进行控制，特别是对油泵转速进行控制，专设一个油泵 ECU 对油泵转速进行二级控制（高速、低速），如图 8-28 所示。油泵 ECU 对油泵转速（泵油量）的控制，也是通过控制加到油泵电动机上的电压来实现的。

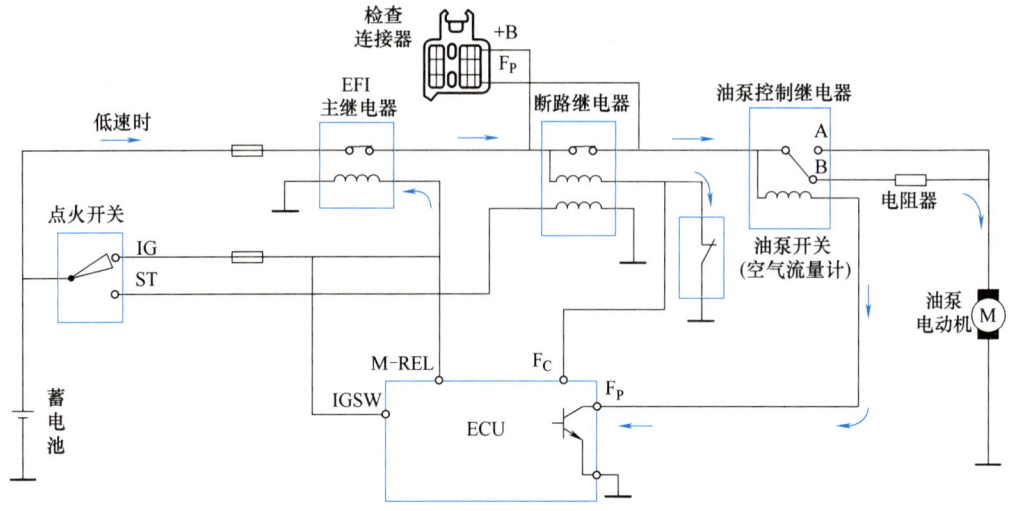

图 8-27 电阻器式油泵转速控制电路

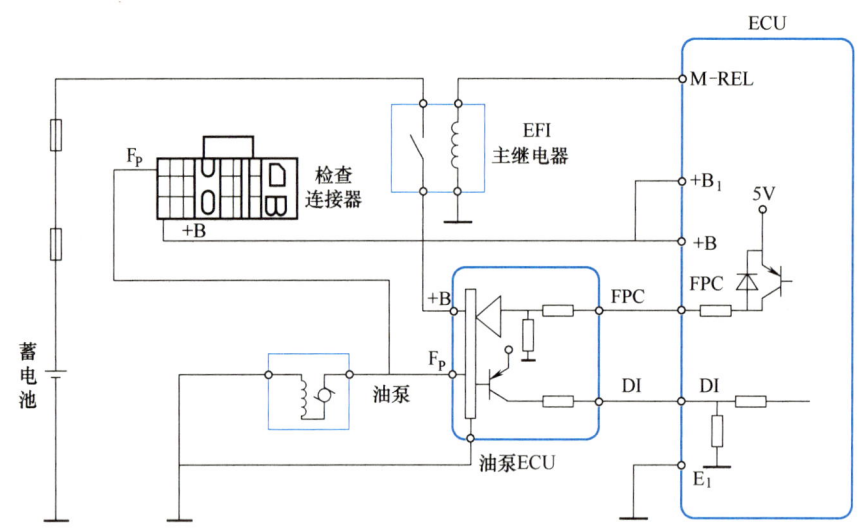

图 8-28 油泵 ECU 控制的油泵控制电路

当发动机在起动阶段或高转速、大负荷下工作时,发动机 ECU 向油泵 ECU 的 FPC(油泵控制)端输入一个高电平信号,此时油泵 ECU 的 $F_P$ 端向燃油泵电动机供应较高的电压(相当于蓄电池的电压),使油泵高速运转。发动机起动后,在急速或小负荷下工作时,发动机 ECU 向油泵 ECU 的 FPC 端输入一较低电平信号,此时 ECU 的 $F_P$ 端,向油泵电动机供应低于蓄电池的电压,使油泵低速运转。

当发动机的转速低于最低转速(如 120r/min)时,油泵 ECU 断开油泵电路,使油泵停止工作,尽管此时点火开关处于接通状态,油泵也不工作。图 8-28 中发动机 ECU 与油泵 ECU 间的连接线 DI 为油泵 ECU 的故障诊断信号线路。

③ 利用发动机 ECU 直接控制油泵的转速。如图 8-29 所示,发动机工作时,发动机 ECU 原则上根据燃油消耗量、需要的回油量和供油装置的温度等,通过内部的 IC,控制功率晶体管 VT 进行高频率(约 20kHz)的导通和截止,控制 A 点的平均降压值(分电压值),使

油泵保持在所需的工作电压。油泵工作电压与发动机负荷成正比例变化。发动机 ECU 在进行实际控制时，油泵的工作电压主要随发动机转速和喷油脉宽变化而变化（见图 8-30）。图 8-29 中的二极管 VD 为反馈二极管，在功率晶体管 VT 工作中截止的瞬间，反馈电流经过二极管构成回路，此时不仅可以平缓工作电流，也可省电功率。

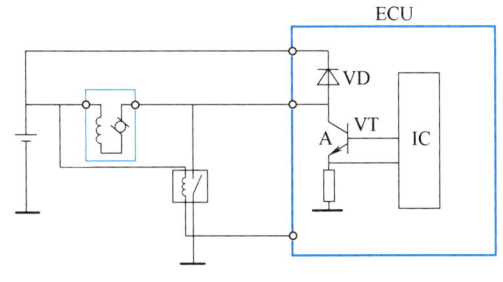

图 8-29　ECU 直接控制的油泵控制电路

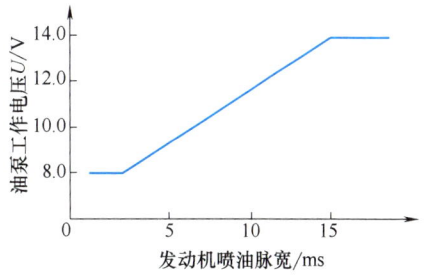

图 8-30　油泵工作特性曲线

随着发动机功率的增大，油泵的泵油量也必然增大，因而导致油泵消耗的电功率和油泵的噪声都比较大。

利用发动机 ECU 直接控制油泵的工作电压（驱动电压）进而控制油泵的转速（见图 8-30），可以减少电能消耗 40%，油泵运转噪声也降低很多。

**2. 燃油分配管**

燃油分配管（又称供油总管或油架），一般用铝合金制成圆形管状或方形管状，用螺栓固定安装在发动机进气歧管上部，如图 8-31 所示。其功用是固定喷油器和燃油压力调节器，并将燃油分配给每只喷油器。燃油分配管在燃油分配管与喷油器连接处制有小孔，以便将燃油分配到每只喷油器。有的车型配备的发动机其燃油分配管上制作有连接油压表的接口（燃油压力塞），以便测量燃油压力。

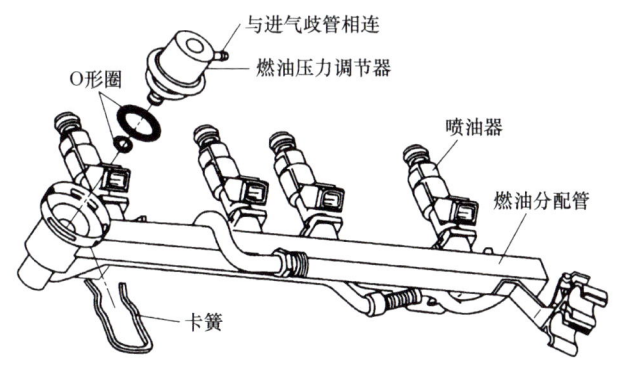

图 8-31　燃油分配管总成

虽然分配管位于发动机室上部，所处环境温度较高，燃油容易蒸发，但是，由于燃油泵油量，剩余燃油由燃油压力调节器上的回油管返回燃油箱，燃油不断流动带走了分配管、喷油器和进油管中的热量及燃油蒸气，因此，能够有效地防止气阻，提高发动机的热起动性能。

> 【小提示】
>
> 燃油分配管堵塞会导致发动机性能降低和过热。如果有喷油器被堵塞，发动机将会出现转速不稳的故障现象。为阻止杂质进入燃油通道，应在拆卸燃油分配管前先清除喷油器周围脏物或油渍。管接头应加盖，喷油器口应予以遮盖，勿将燃油通道浸在可溶液体中清洗。

### 3. 燃油压力调节器

燃油压力调节器的功用是使燃油分配管燃油压力与进气管压力之差保持恒定，一般为 250~300kPa。这样从喷油器喷出的燃油量唯一地取决于喷油器的开启持续时间，使发动机电控单元 ECU 能够通过控制电脉冲宽度来精确控制喷油量。

因为发动机所要求的喷射量，是根据 ECU 给喷油器的通电时间长短来控制的，如果不控制燃油压力，即使给喷油器的通电时间相同，当燃油压力高时，燃油喷射量会增加；当燃油压力低时，燃油喷射量会减少。为了使系统燃油压力与进气歧管压力差保持稳定，燃油压力调节器所控制的系统燃油压力应随进气歧管压力变化做相应的变化，如图 8-32 所示。

燃油压力调节器如图 8-33 所示，膜片 2 将压力调节器分隔成上下两腔。上腔为气腔，通过进气管接头 4 与节气门后的进气管相连。下腔为油腔，进油口 1 连接燃油分配管，回油管 8 与燃油箱连通。当燃油压力与进气管压力之差超过预调的压力值时，膜片下方燃油推动膜片向上压缩弹簧 5，打开回油阀 6，燃油通过回油管 8 流回燃油箱，保持喷油器内的压力恒定。燃油分配管燃油压力与进气管压力之差由弹簧 5 的弹力限定，调节弹簧预紧力可改变两者的压力差，从而改变喷油器的喷射压力。

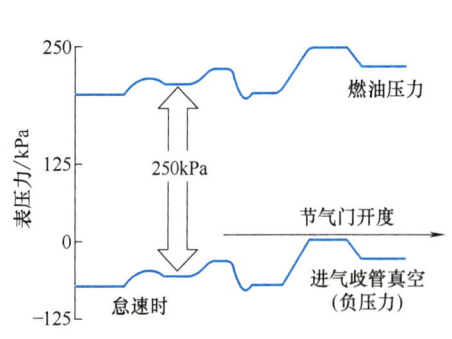

图 8-32 燃油压力调节器的工作特性

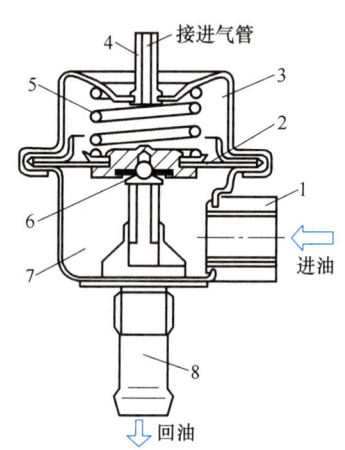

图 8-33 燃油压力调节器

1—进油口 2—膜片 3—空气室 4—进气管接头
5—弹簧 6—回油阀 7—燃油室 8—回油管

### 4. 喷油器

喷油器是电控燃油喷射系统的关键执行元件之一，它接收电控单元（ECU）送来的喷油脉冲信号，精确地计算燃油喷射量。喷油器是一种加工精度非常高的精密偶件，具有动态流量范围大、雾化性能好、抗堵塞和抗污染能力强等特点。

**（1）喷油器结构** 根据结构形式不同，喷油器主要有轴针式、球阀式和片阀式等。

图 8-34 为轴针式喷油器，主要由针阀、阀座、衔铁、电磁线圈、复位弹簧及壳体等构成。电磁线圈通电后产生磁场，吸引衔铁克服复位弹簧的弹力，带动针阀一起上移离开阀座，此时燃油从喷嘴口喷出。为使燃油充分雾化，针阀前端会磨出一段喷油轴针。电磁线圈无电流时，喷油器针阀在复位弹簧的作用下压在阀座上。电磁线圈的电流通断由电控单元控制，电控单元根据发动机传感器输入信号计算喷油量，发送喷油脉冲信号到电磁阀，该信号确定了喷油器开启时刻及其开启持续时间。

根据喷油器的电磁线圈阻值不同，喷油器可分为低电阻型喷油器（阻值为 2~5Ω）、高电阻型喷油器（阻值为 12~17Ω）。

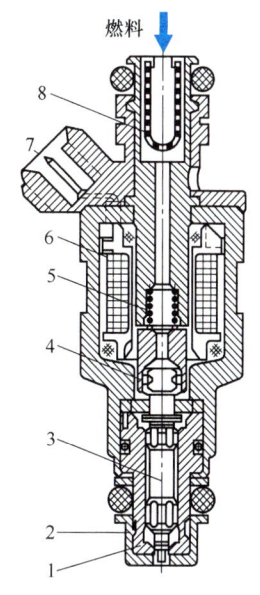

图 8-34 轴针式喷油器的结构
1—阀座 2—壳体 3—针阀 4—衔铁
5—复位弹簧 6—电磁线圈
7—插接头 8—滤网

**（2）喷油器的控制及驱动方式** 在针阀行程、喷口面积及喷射环境压力与燃油压力的压差等因素确定的情况下，喷油器的喷油量取决于针阀的开启时间，即电磁线圈的通电时间。发动机电控单元（ECU）可通过喷油器的电源或接地来实现对喷油器的控制，在发动机工作时，ECU 根据各种传感器输入信号，确定合适的喷油时刻和喷油脉宽，并向喷油器提供信号使喷油器开始喷油，切断接地信号使喷油器停止喷油。

喷油器的驱动方式分为电流驱动与电压驱动两种。电流驱动只适用于低电阻喷油器，电压驱动既可用于低电阻喷油器，又可用于高电阻喷油器。

电流驱动是指发动机电控单元（ECU）开始用一个较大的电流（8A）使电磁线圈产生较大的吸力，保证喷油器具有良好的响应性，然后再用较小的电流（2A）使针阀保持在开启状态，以防止喷油器线圈发热，减少功率消耗。在电流驱动回路中无附加电阻，低电阻喷油器直接与蓄电池连接。由于无附加电阻，回路阻抗小，ECU 向喷油器发出指令时，流过喷油器线圈的电流增加迅速，大电流使针阀迅速打开，喷油迟滞时间缩短，响应性更好。如果喷油器长时间大电流通电，就有可能烧坏喷油器的电磁线圈，因而在电流驱动方式的回路中，增加了电流控制回路。当 ECU 以一个较大的电流使电磁线圈打开后，它能控制回路中的工作电流，用一个较小的电流使喷油器针阀保持在完全打开的位置，或用脉冲电流保持喷油器针阀的有效开度。电流驱动型喷油器的控制电路如图 8-35 所示。

电压驱动是指通过控制喷油器的工作电压来控制喷油器工作，控制电路如图 8-36 所示。在电压驱动回路中，使用高电阻喷油器时可将蓄电池电压直接加在喷油器上；而使用低电阻喷油器时，必须在回路中加入附加电阻，将蓄电池电压分压后加在喷油器上，防止电磁线圈电流过大，发热而烧坏。电压驱动较电流驱动构成回路要简单，但加入附加电阻使回路阻抗加大，导致流过线圈的电流减少，喷油器上产生的电磁力降低，针阀开启迟滞时间长。一般来说，电流驱动喷油器的迟滞时间（无效喷射）最短，其次为电压驱动低电阻值型，电压驱动高电阻值型最长。

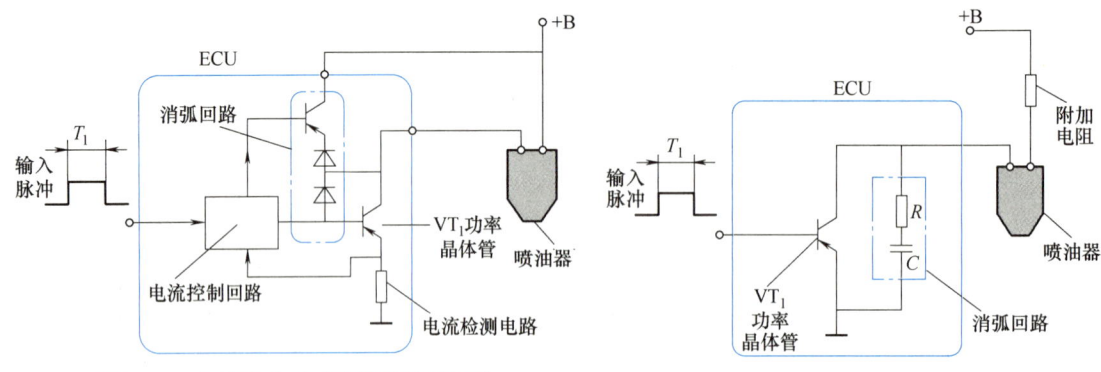

图 8-35 电流驱动型喷油器的控制回路　　图 8-36 电压驱动型喷油器的控制回路

### 8.2.3 电子控制系统

电子控制系统的功能是根据发动机工况和车辆的运行状况确定最佳的燃油喷射量，保证发动机具有良好的动力性、燃油经济性和排放性。电子控制系统由电控单元（ECU）、各种传感器、执行器，以及连接它们的控制电路所组成，如图 8-37 所示。

传感器是检测发动机工作状态的器件，它将检测到的发动机相关信息以电信号形式传递给 ECU，ECU 存储器内存储着与发动机工况相匹配的喷射持续时间、点火时刻及故障诊断等数据，ECU 经过逻辑运算，输出控制信号给执行器，通过执行器控制发动机工作状态。

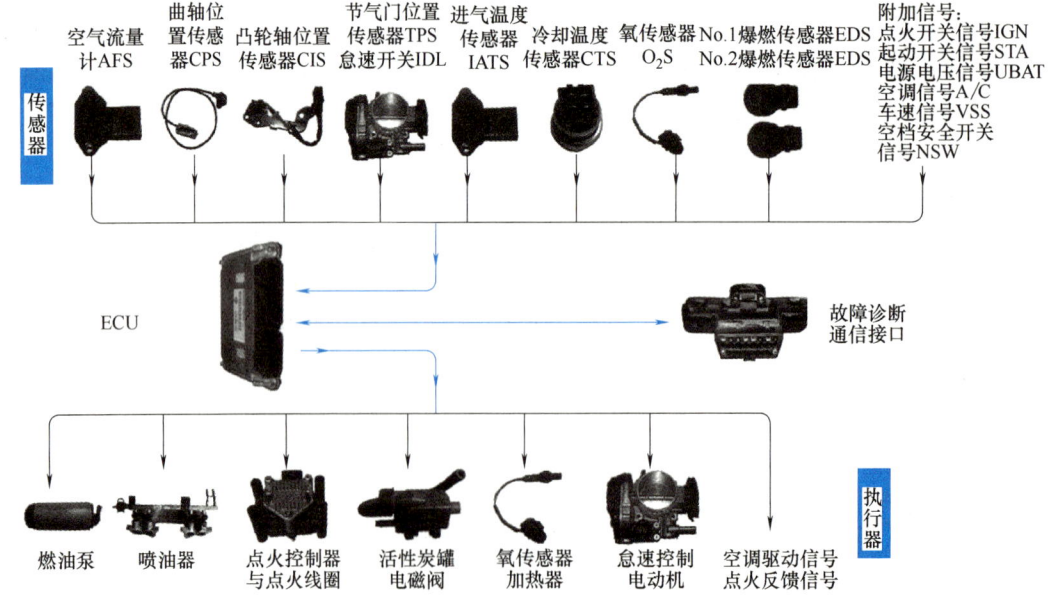

图 8-37 电子控制系统的组成

**1. 传感器**

（1）**温度传感器**　发动机温度传感器主要指冷却液温度传感器和进气温度传感器。现代汽车发动机用的温度传感器基本上都是热敏电阻式温度传感器，这种传感器是利用半导体的电阻随温度变化而改变的特性制成，有 NTC（负温度系数）和 PTC（正温度系数）两种，灵敏度高,但线性差,使用温度一般限于300℃以内,图8-38a为负温度系数的热敏电阻式温度传感器,传感器的两根导线都和电控单元连接,其中一根为搭铁线。

冷却液温度传感器安装在发动机气缸体或气缸盖上,并与冷却液接触,用来检测发动机内循环冷却液的温度,并将检测结果传输给电控单元(ECU)以便修正喷油量,热敏电阻被导热的金属套管隔水密封封装,如图8-38b所示。

进气温度传感器通常安装在空气流量计上,用来测量进气温度,并将温度变化的信息传输给电控单元作为修正喷油量的依据之一。进气温度传感器内部也是一个热敏电阻,其电阻温度特性、构造、工作原理以及与电控单元的连接方式均与冷却液温度传感器相同,如图8-38c所示。

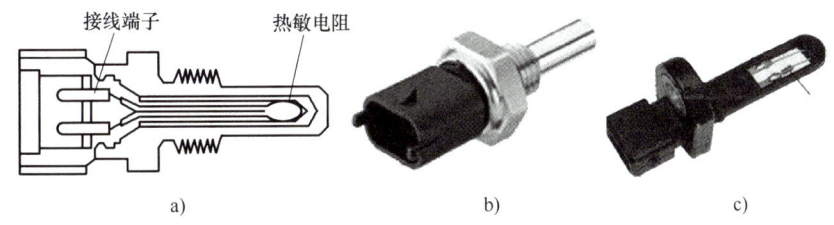

图8-38　发动机温度传感器

a)负温度系数的热敏电阻式温度传感器的结构　b)冷却液温度传感器实物　c)进气温度传感器实物

**(2) 曲轴位置传感器**　发动机曲轴位置传感器用于检测活塞上止点、曲轴转角及发动机转速,提供点火提前角、确认曲轴位置的信号,是发动机电子控制系统中最主要的传感器之一。它通常安装在曲轴前端、凸轮轴前端、飞轮上或分电器内。

曲轴位置传感器所采用的结构随车型不同而不同,可分为磁感应式、霍尔式和光电式三大类。曲轴位置传感器的结构及工作原理等内容在第4章电控点火系统已做详细介绍,此处不再赘述。

**(3) 氧传感器**　氧传感器安装在发动机排气管上,与三效催化转换器同时使用,由于三效催化转换器只有在混合气空燃比接近理论空燃比的狭小范围内净化效果才最好。因此,必须控制混合气的空燃比接近理论空燃比。

其作用是通过监测排气中氧离子的含量来获得混合气的空燃比信号,并将该信号转变为电信号输入发动机电控单元(ECU)。ECU根据氧传感器信号,对喷油时间进行修正,实现空燃比反馈控制(闭环控制),从而将空燃比控制在理论值14.7∶1附近,使发动机得到最佳浓度的混合气,从而降低有害气体的排放和节约燃油。

氧传感器可分为氧化锆($ZrO_2$)式和氧化钛($TiO_2$)式两种类型,其中应用最多的是氧化锆式氧传感器,如图8-39所示。氧化锆式又可分为加热型与非加热型两种,氧化钛式一般都为加热型。由于实用的氧化钛式氧传感器价格便宜,且不易受到硅离子的腐蚀。因此,越来越多的汽车采用氧化钛式氧传感器。

1)氧化锆式氧传感器。氧化锆式氧传感器的结构如图8-40所示,主要由钢质护管、钢质壳体、锆管、陶瓷

图8-39　氧化锆式氧传感器实物

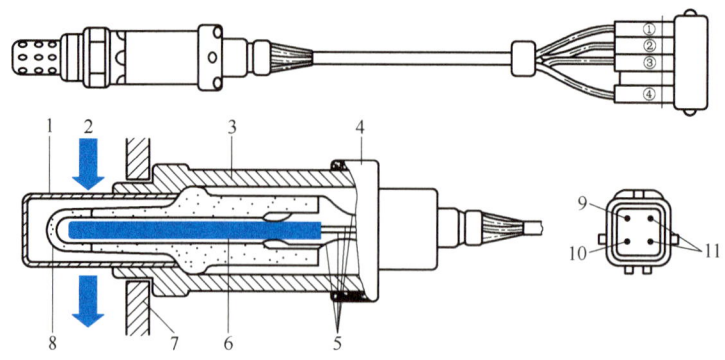

图 8-40 氧化锆式氧传感器结构

1—钢质护管 2—排气 3—钢质壳体 4—防水护套 5—电极引线 6—陶瓷加热元件
7—排气管 8—锆管 9—加热元件电源端子 10—加热元件接地端子 11—信号输出端子

加热元件、电极引线、防水护套和线束插头等组成。

该传感器采用陶瓷材料氧化锆作为敏感元件,在锆管内、外表面覆盖着一层铂薄膜作为内、外电极。氧传感器的接线端有一个金属护帽,其上开有一个小孔,使氧化锆式氧传感器内侧与大气接触,外侧与排气管中废气接触。

锆管是氧化锆式氧传感器的基本元件,它是在氧化锆($ZrO_2$)固体电解质粉末中添加少量的添加剂压力成形后再烧结而成的陶瓷管,其加工工艺与火花塞绝缘体的成形工艺完全相同。氧化锆晶体的体积变化率为4%左右,其体积变化容易导致晶体退化而失效(阻止氧离子扩散),加入添加剂的目的就是防止氧化锆晶体退化。目前常用的添加剂是氧化钇($Y_2O_3$)。

将锆管制作成试管形状,以便氧离子能均匀扩散与渗透。锆管内表面通大气,外表面通排气。在锆管的内、外表面都涂覆有一层金属铂(Pt)作为电极,并用金属线与传感器信号输出端子连接。金属铂除了起到电极作用将信号电压引出传感器之外,另一个更重要的作用是催化。在催化剂铂的作用下,当发动机排气中的有害气体一氧化碳(CO)与氧气($O_2$)接触时,就会生成无害气体二氧化碳($CO_2$)。为了防止发动机排出的废气腐蚀外层铂电极,在外层铂电极表面还涂敷有多孔氧化铝陶瓷保护层。锆管的强度很低,而且安装在排气管上承受排气压力冲击。为了防止锆管受排气压力冲击而造成锆管破碎,因此将锆管封装在钢质护管内。护管上制作有若干个小孔,以便于排气流通。在钢质壳体上制作有六角螺边和螺纹,以便安装(拧紧力矩为40~60N·m)和拆卸传感器。

氧化锆式氧传感器在温度超过300℃后,才能进行正常工作。早期使用的非加热型氧传感器靠排气加热,这种传感器必须在发动机起动运转数分钟后才能开始工作,它只有1个或2个接线端子与ECU相连,如图8-41a所示。现在,大部分汽车使用带加热器的氧传感器,如图8-41b所示,传感器内有一个电加热元件,它有3个或4个接线端子与ECU相接。可在发动机起动后的20~30s内迅速将氧传感器加热至工作温度。

氧化锆是一种固体电解质,高温情况下(大于300℃)具有氧离子电导特性,当内、外侧氧离子浓度不同产生流动时,在两电极间会产生电位差,其工作原理和输出特性,如图8-42所示。当锆管接触氧气时,氧气透过多孔铂膜电极,吸附于氧化锆,并经电子交换成为负离

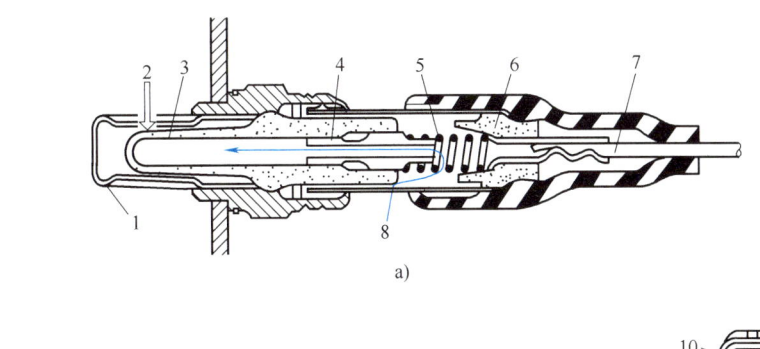

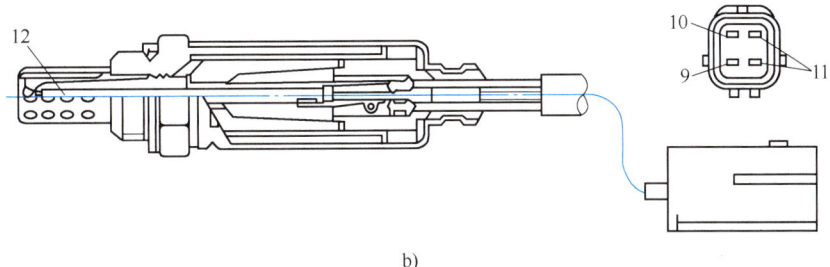

图 8-41 不同类型的氧化锆式氧传感器

a）无加热型 b）加热型

1—保护套管 2—废气 3—锆管 4—电极 5—弹簧 6—绝缘体
7—信号输出导线 8—空气 9—接地 10—加热元件电源端子 11—信号输出端子 12—加热元件

子。由于锆管内表面通大气，外表面通排气，其内、外表面的氧气分布不同，则负氧离子浓度也不同，从而形成负氧离子由高浓度侧向低浓度侧的扩散。当扩散处于平衡状态时，两电极间便形成电动势。由氧传感器的输出特性可以看出，当混合气在理论空燃比附近时，氧化锆传感器的输出电压会随着空燃比的改变而急剧变化，氧传感器起到一个浓、稀开关的作用，从而可以很灵敏地给出相应的控制信号。

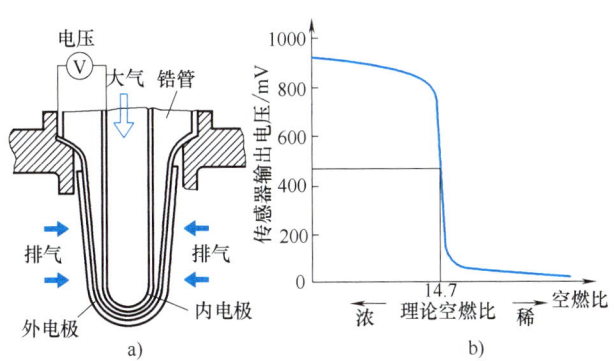

图 8-42 氧化锆式氧传感器

a）工作原理 b）输出特性

2）氧化钛式氧传感器。氧化钛式氧传感器的外形与氧化锆式氧传感器相似，结构如图 8-43 所示，主要由氧化钛传感元件、钢质壳体、加热元件和电极引线等组成。

钢质壳体上制有螺纹，以便于传感器安装。此外，在电极引线与护套之间设置一个硅橡胶密封衬垫，可以防止水汽浸入传感器内部而腐蚀电极。

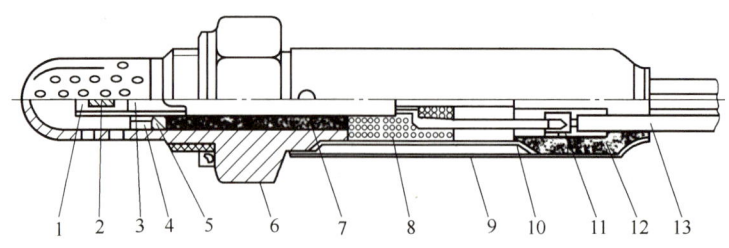

图 8-43　氧化钛式氧传感器结构

1—加热元件　2—氧化钛传感元件　3—基片　4—垫圈　5—密封圈　6—钢质壳体
7—滑石粉填料　8—密封釉　9—护套　10—电极引线　11—连接焊点　12—密封衬垫　13—传感器引线

氧化钛传感元件有芯片式和厚膜式两种。芯片式将铂金属线埋入氧化钛芯片中，金属铂兼作催化剂用。厚膜式采用半导体封装工艺中的氧化铝层压板工艺制成，从而使成本降低、可靠性提高。

由于氧化钛的电阻也随温度不同而变化，因此，在氧化钛式氧传感器内部也有一个电加热器，以保持氧化钛传感元件温度保持恒定，从而使传感器的输出特性不受温度影响。加热元件一般用钨丝或陶瓷材料制成。因为氧化钛是一种多孔性的陶瓷材料，利用热传导方式对氧化钛芯片或厚膜可以直接进行加热，所以加热效率高，达到激活温度 600℃ 需要的时间很短，这对降低发动机刚刚起动后 HC 的排放量十分有利。

氧化钛半导体材料的电阻具有随氧离子浓度的变化而变化的特性。因此，氧化钛式氧传感器的信号源相当于一个可变电阻。当发动机的可燃混合气浓时（空燃比小于 14.7），排出的废气中氧离子含量较少，氧化钛管外表面只有少量氧离子，氧化钛呈现低阻状态。与此同时，在催化剂铂的催化作用下，使剩余氧离子与排气中的 CO 产生化学反应，生成 $CO_2$，将排气中的氧离子进一步消耗掉，从而大大提高了传感器的灵敏度。当发动机的可燃混合气稀时（空燃比大于 14.7），排出的废气中的氧离子含量较多，氧化钛管外表面的氧离子浓度较大，氧化钛呈现高阻状态。

由此可见，氧化钛式氧传感器的电阻将在混合气的空燃比约为 14.7 时产生突变。当由 ECU 内部的稳压电源给氧传感器提供稳定的电压时，在其输出端便可得到一个交替变化的电压信号。当输出端子上的电压高于参考电压时，ECU 判定混合气过浓；当端子上的电压低于参考电压时，ECU 判定混合气过稀。通过 ECU 的反馈控制，可保持混合气的浓度在理论空燃比附近。在实际的反馈控制过程中，氧化钛式氧传感器与 ECU 连接的端子上的电压也是在 0.1~0.9V 之间不断变化，这一点与氧化锆式氧传感器是相似的。

（4）爆燃传感器　爆燃传感器用于检测发动机有无爆燃或爆燃倾向，并将此信号传送给发动机电控单元（ECU），借以实现点火定时的闭环控制，以便有效地抑制发动机爆燃的发生。

爆燃传感器的结构、工作原理等内容在第 4 章汽车点火系统已做详细介绍，此处不再赘述。

**2. 电子控制单元**

发动机电控单元（Electronic Control Unit，ECU）是发动机电子控制系统的核心。它由微处理器（CPU）、存储器（ROM、RAM）、输入/输出（I/O）接口、模/数（A/D）转换器以及整形、驱动等大规模集成电路组成。电控单元的功用是根据其内存的程序和数据对各种传感器输入的信息进行运算、判断、处理，然后输出指令，驱动执行元件工作。电控单元由微型计算机、输入电路、输出电路及控制电路等组成。ECU 实物及控制框图如图 8-44 所示。

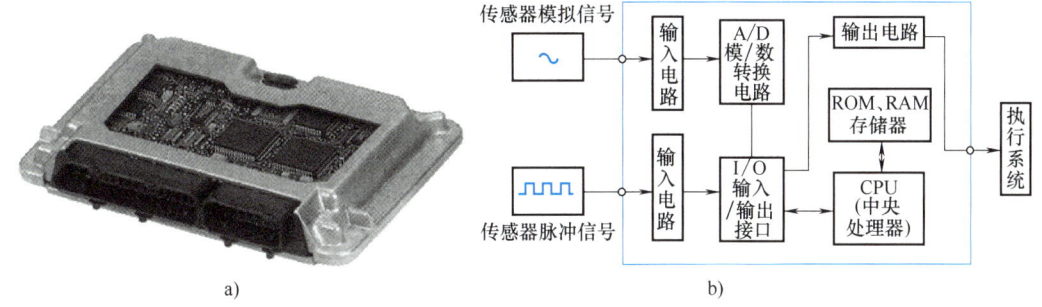

图 8-44　发动机电控单元 ECU
a) ECU 实物　b) ECU 控制框图

目前，不但在发动机上应用 ECU，在许多其他地方，例如防抱制动系统、电控自动变速器、主动悬架系统、安全气囊系统、多向可调电控座椅等都配置了各自的 ECU。为了简化电路和降低成本，汽车上多个 ECU 之间的信息传递常采用车载网络技术，将整车的 ECU 形成一个网络系统。

### 3. 执行器

执行器是电控系统的执行元件，主要用于接收 ECU 的控制指令，完成具体的控制动作。发动机电控燃油喷射系统的执行器主要有以下几种装置。

（1）**电动燃油泵**　给发动机电控系统提供规定压力的燃油。电动燃油泵的结构及工作原理已在燃油供给系统中介绍，此处不再赘述。

（2）**电动燃油泵继电器**　控制电动燃油泵电路的接通与切断。

电动燃油泵继电器如图 8-45 所示。

（3）**喷油器**　接收电控单元送来的喷油脉冲信号，精确地计算燃油喷射量。喷油器的结构及驱动电路等内容已在燃油供给系统中介绍，此处不再赘述。

（4）**氧传感器加热器**　加热氧传感器的检测部件，保证传感器正常工作。氧传感器加热器的结构及工作原理等内容已在氧传感器中介绍，此处不再赘述。

图 8-45　电动燃油泵继电器实物

## 8.2.4　电控燃油喷射系统的控制原理

ECU 通过空气流量计或进气歧管绝对压力传感器的信号计算空气流量，根据计算出的发动机进气量和发动机转速计算基本喷油脉宽（即喷油持续时间）；再根据冷却液温度、进气温度、节气门开度等与发动机工况有关的参数，对基本喷油脉宽进行修正，确定最佳喷油脉宽，以获得该工况下所需的最佳空燃比。而喷油定时则是由 ECU 根据转速和曲轴位置传感器检测到的上止点位置曲轴转角和判缸等信号确定。

电控燃油喷射系统的控制主要包括喷油正时控制、喷油持续时间（喷油量）控制以及燃油断油控制等。

**1. 喷油正时控制**

喷油正时是指喷油器何时开始喷油。对于多点间歇式喷射发动机，按照燃油的喷射方式不同可以分为同时喷射、分组喷射和顺序喷射三种类型，它们对喷油正时的要求各不相同。

（1）同时喷射的控制　同时喷射就是各缸喷油器同时喷油，其控制电路如图8-46所示，各缸喷油器并联在一起，电磁线圈中的电流由一只功率晶体管VT驱动控制。

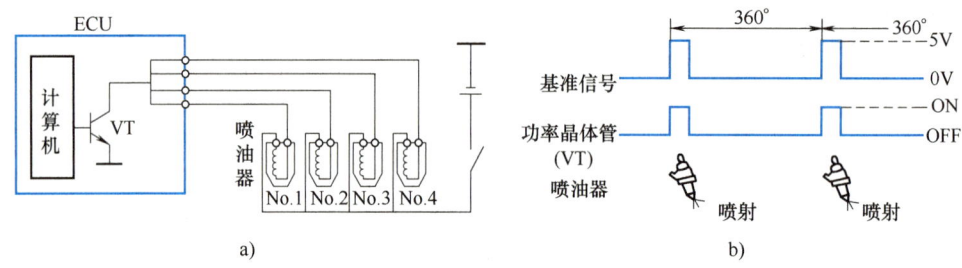

图8-46　同时喷射的控制电路

a）控制电路　b）控制信号波形

各缸喷油器同时喷油的优点是控制电路和控制程序简单，且通用性较好。其缺点是各缸喷油时刻不可能都是最佳，容易导致各缸混合气不均匀。因此，仅早期研制的燃油喷射系统采用。现代汽车仅在车辆的电控燃油喷射系统发生故障、系统处于应急运行状态时才采用这种方式。

（2）分组喷射的控制　多点燃油分组喷射就是将喷油器喷油分组进行控制，一般将四缸发动机分成两组，六缸发动机分成三组，八缸发动机分成四组。四缸发动机分组喷射的控制电路如图8-47所示。

（3）顺序喷射的控制　顺序喷射控制就是各缸喷油器按照一定的顺序喷油，因此也称独立喷射，控制电路如图8-48所示。

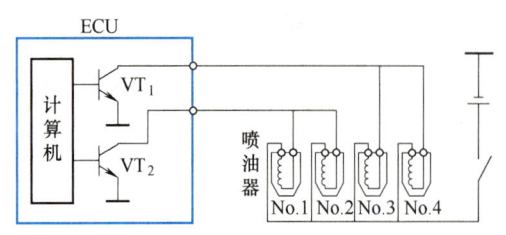

图8-47　四缸发动机分组喷射的控制电路

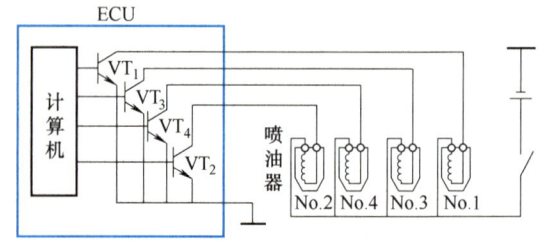

图8-48　顺序喷射的控制电路

在顺序喷射的控制中，发动机工作一个循环（即曲轴转2圈），各缸喷油器按照特定的顺序依次喷油一次，喷油正时关系如图8-3c所示。

实现顺序喷射控制的一个关键问题是需要判定哪个气缸活塞即将到达排气上止点位置。为此，在顺序喷射系统中，ECU需要一个气缸判缸信号（简称判缸信号）。根据曲轴位置（转角）信号和判缸信号（见图8-49），确定出是哪一个气缸的活塞运行至排气上止点前某一角度时，发出喷油控制指令，接通该缸喷油器电磁线圈电流，使喷油器开始喷油。

顺序喷射的优点是各缸喷油时刻均可设计在最佳时刻，燃油雾化质量好，有利于提高燃油经济性和降低废气的排放量。其缺点是控制电路和控制软件比较复杂。顺序喷射控制电路广泛应用于现代汽车上。

在顺序喷射的控制中，喷油顺序与点火顺序同步，点火时刻在压缩上止点前开始，喷油时刻在排气上止点前开始。各缸喷油器分别由计算机进行控制，驱动回路数与气缸数相等。

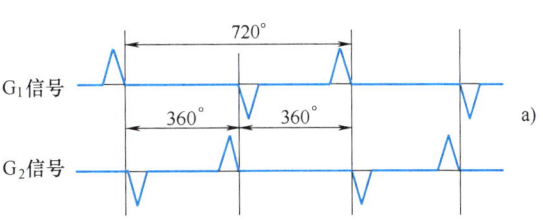

图 8-49　曲轴位置传感器信号
a）气缸判缸信号　b）曲轴转速与转角关系

### 2. 喷油量控制

喷油器的喷油量取决于喷油器电磁阀打开的时间（即喷油器喷油持续时间），也就取决于 ECU 提供的喷油脉冲信号宽度（简称为喷油脉宽）。喷油量的控制其实就是喷油器喷油持续时间亦即喷油脉宽的控制，喷油持续时间又是根据发动机在不同运转工况下传感器提供给 ECU 的各种信息来决定，目的是使可燃混合气的空燃比符合要求，使发动机具有良好的经济性和动力性，降低排放污染。喷油量控制是发动机管理系统控制的核心内容之一。

发动机工况不同，对混合气浓度的要求也不相同。特别是冷起动、怠速、急加/减速等工况，对混合气浓度都有特殊要求。

因此，喷油量控制大致可分为发动机起动时喷油量的控制和发动机起动后（运转过程中）喷油量的控制两种情况。

**(1) 发动机起动时喷油量的控制**　当发动机起动时，起动机驱动发动机运转，其转速很低（50r/min 左右）且波动较大，导致反映进气量的空气流量信号或进气压力信号误差较大。起动控制采用开环控制，电控单元（ECU）首先根据点火开关、曲轴位置传感器和节气门位置传感器提供的信号，判定发动机是否处于起动状态，以便决定是否按起动程序控制喷油，然后根据冷却液温度传感器信号确定基本喷油量。

因此，在发动机冷起动时，ECU 不是以空气流量信号或进气压力信号作为计算喷油量的依据，而是按照只读存储器（ROM）中预先编制的起动程序和预定空燃比控制喷油，如图 8-50 所示。具体地说，在起动时，ECU 根据当时的发动机冷却液温度，由存储器中的冷

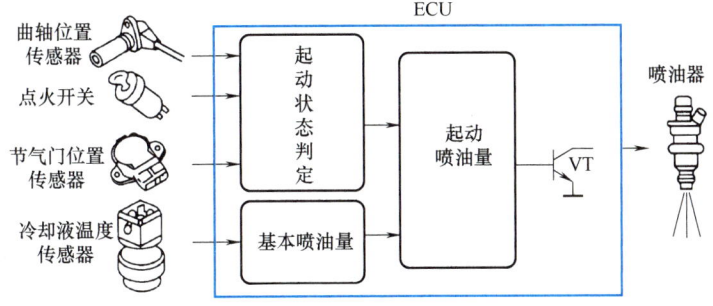

图 8-50　发动机起动时的喷油量控制

却液温度-喷油时间图找出相应的喷油脉宽图（见图8-51），然后再用进气温度和蓄电池电压等参数进行修正，得到起动时的喷油脉宽。

当点火开关接通起动档时，ECU 的 STA 端便接收到一个高电平信号，此时 ECU 再根据曲轴位置传感器和节气门位置传感器信号判定是否处于起动状态。如果曲轴位置传感器信号表明发动机转速低于 300r/min，且节气门位置传感器信号表明节气门处于关闭状态，则判定发动机处于起动状态，并控制运行起动程序。在燃油喷射系统具有"清除溢流"功能的汽车上，当发动机转速低于 300r/min 时，如果节气门开度大于 80%，那么 ECU 将判定为"清除溢流"控制，喷油器将停止喷油。

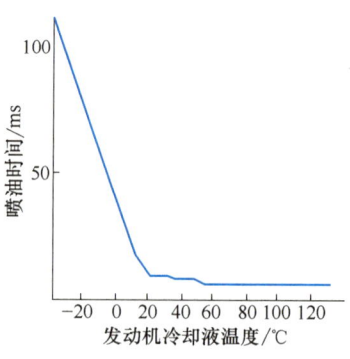

图 8-51 起动时的基本喷油脉冲宽度

当冷起动时，发动机温度很低，喷入进气管的燃油不易蒸发，吸入气缸内的可燃混合气浓度相对减小。为了保证具有足够浓度的可燃混合气，ECU 要根据冷却液温度传感器信号反映的温度高低来控制喷油器的喷油量，温度越低，喷油量越大；温度越高，喷油量越小，以使冷态发动机能够顺利起动。

（2）发动机起动后喷油量的控制　在发动机运转过程中，喷油器的总喷油量由基本喷油量、喷油修正量和喷油增量三部分组成，如图 8-52 所示。

基本喷油量由进气量传感器（空气流量计或进气歧管压力传感器）和曲轴位置传感器（发动机转速传感器）信号计算确定。

喷油修正量由与进气量有关的进气温度、大气压力、氧传感器等传感器信号和蓄电池电压信号计算确定。

喷油增量由反映发动机工况的点火开关信号、冷却液温度和节气门位置等传感器信号计算确定。

1）基本喷油量的控制。基本喷油量（或基本喷油持续时间）是在标准大气状态（温度为 20℃，压力为 101kPa），根据发动

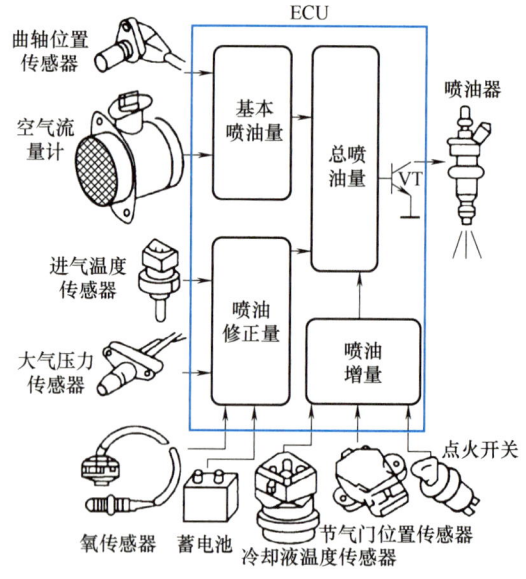

图 8-52 发动机起动后的喷油量控制

机每个工作循环的进气量、发动机转速和设定的空燃比来确定的，即

$$每循环基本喷油量 = 比例常数 \times 空气流量 / 发动机转速$$

由此可知，每循环基本喷油量与空气流量成正比，与发动机转速成反比。空气流量传感器或进气歧管绝对压力传感器和发动机曲轴位置传感器是燃油喷射系统中最重要的两个传感器，特别是空气流量计或进气歧管绝对压力传感器，其精度高低将直接影响喷油时间的计算精度，从而影响发动机的动力性和经济性。

2）喷油修正量的控制。发动机在实际运行条件改变过程中，应对基本喷油量进行适当

地修正，以保证发动机正常运行。一般考虑的主要影响因素有进气温度、大气压力、电压以及空燃比反馈等。

① 进气温度和大气压力修正。当空气温度和大气压力变化时，空气密度就会发生变化，进气量就会随之发生变化。为此，需要 ECU 根据空气温度和大气压力等信号，对喷油量进行修正，使发动机在各种运行条件下，都能获得最佳的喷油量。如图 8-53 所示为进气温度与大气压力与喷油量修正系数的关系。

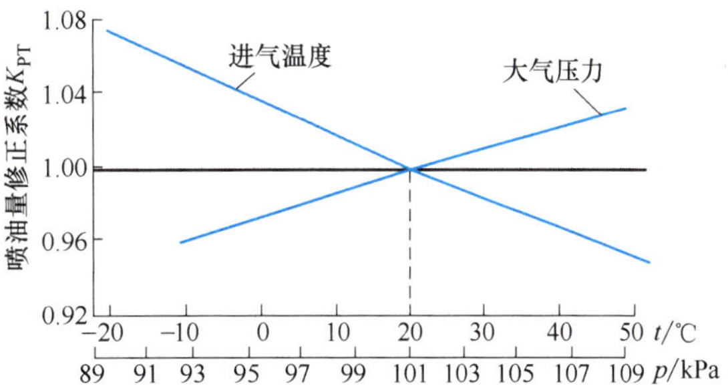

图 8-53　进气温度和大气压力与喷油量修正系数的关系

当进气温度升高时，同样体积进气量的气体质量会随着温度的升高而降低，若不对喷油量进行修正，则混合气会变浓。通常以 20℃ 为进气的标准温度，进气温度低，空气密度增大。低于 20℃ 时，ECU 增加喷油量，使混合气不致过稀；进气温度高，空气密度减少，高于 20℃ 时，ECU 使喷油量减少，以防止混合气偏浓。增加或减少的最大修正量约为 10%，修正范围约在进气温度 -20~50℃ 之间。

当汽车行驶到高原地区时，海拔增加，大气压力降低，空气密度降低，对于同样体积的空气流量，其质量就会降低。为避免混合气过浓以及油耗过高，应根据大气压力对喷油器的喷油持续时间进行修正。

② 电压修正。喷油器的电磁线圈为感性负载，其电流按指数规律变化，因此当接收到喷油脉冲信号时，喷油器阀门开启和关闭都将滞后一定时间。蓄电池电压的高低对喷油器开启滞后的时间影响较大，电压越低，开启滞后时间越长，在控制脉冲占空比相同的情况下，实际喷油量就会减小，为此必须进行修正，电压与喷油器修正通电时间的关系如图 8-54 所示。

修正喷油器通电时间时，ECU 以 14V 电压为基准，当电源电压低于 14V 时，ECU 将增加喷油脉冲的占空比，即增大修正系数，使喷油器通电（喷油）时间增长；反之，当电源电压高于 14V 时，ECU 将减小喷油脉冲的占空比，便喷油时间缩短。修正喷油时间一般为 -0.15ms，即电压每升高 1V，喷油时间缩短 0.15ms。

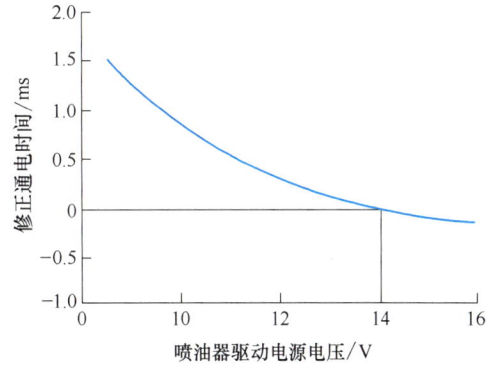

图 8-54　电压与喷油器修正通电时间关系

③ 空燃比反馈修正。为了提高发动机动力性、经济性和降低废气的排放，在不同的工况条件下空燃比也不相同。当发动机在部分负荷工况下工作时，其喷油量是按经济空燃比供给混合气成分的，即电控系统按理论空燃比（$A/F = 14.7$）或大于理论值的空燃比来控制喷油量，以控制发动机燃烧稀薄混合气，用以提高经济性和降低有害气体的排放量。当发动机在高速、大负荷或全负荷工况下运行时，为了获得良好的动力性，要求发动机输出最大功率，因此需要供给浓混合气，ECU 将根据节气门位置传感器内的功率触点信号，判定发动机是否正处于大负荷以上的工况下运行。当节气门开度大于 70°（80% 负荷）以上时，ECU 将控制运行功率空燃比程序，增大喷油量，供给小于理论值空燃比的功率混合气，满足发动

机输出最大功率的要求。

电控汽油机都配装了三效催化转换器和氧传感器的闭环控制系统，借助氧传感器反馈的空燃比信号，对喷油脉冲宽度进行反馈优化控制，将空燃比精确控制在理论空燃比（14.7）附近，利用三效催化转换器将排气中的三种主要有害成分 HC、CO、$NO_x$ 进行有效转换。空燃比、氧传感器电压信号、ECU 判定情况、反馈修正系数的关系如图 8-55 所示。

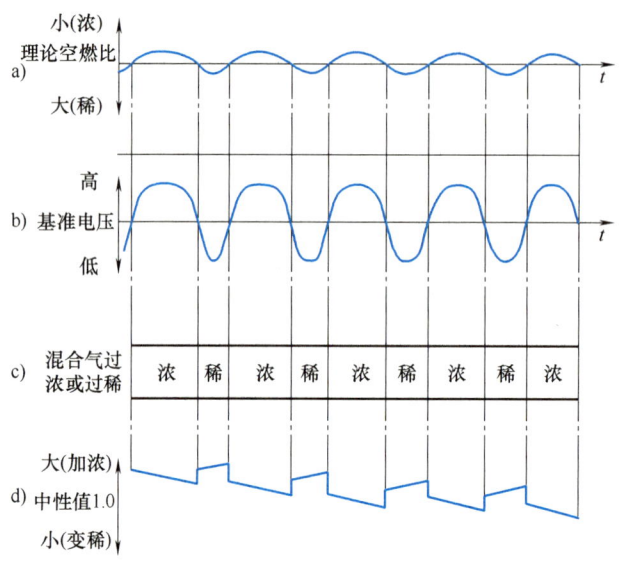

图 8-55 空燃比反馈修正系数的控制过程

a）空燃比 b）氧传感器电压信号 c）ECU 判定情况 d）反馈修正系数

根据氧传感器的输出特性，氧传感器输出电压信号在理论空燃比处发生跃变。当混合气较理论空燃比稀时，氧传感器输出低电位信号（约 0.1V）；当混合气较理论空燃比浓时，氧传感器输出高电位信号（0.8~1V）。ECU 有效地利用这一空燃比反馈信号，将其信号电压值与内部设置的基准电压值（一般为 0.45V）进行比较，从而判定混合气的浓稀程度并进行控制。如较理论空燃比浓时，则减少反馈修正系数，缩短喷油时间；反之过稀，则增大反馈修正系数，增加喷油时间，以上过程在一定的周期内重复进行，逐渐使空燃比平均值达到理论空燃比。

3）喷油增量的控制。喷油增量是在一些特殊工况下（如暖机、加速等），为加浓混合气而增加的喷油量。加浓的目的是为了使发动机获得良好的使用性能（如动力性、加速性、平顺性等）。一般在发动机起动后、暖机加浓、加速过程、大负荷工况下均需要加浓混合气。

① 起动后喷油增量的控制。发动机冷起动后，由于低温下混合气形成不良以及部分燃油在进气管上沉积，造成混合气变稀。为此，在起动后一段短时间内，必须增加喷油量，以加浓混合气，保证发动机稳定运转而不熄火。起动后增量比的大小取决于起动时发动机的温度，并随发动机的运转时间增长而逐渐减小为零。因此，起动后喷油增量修正，是对此时燃油供给不足的一种补偿措施。起动后喷油增量修正系数与喷油持续时间的关系如图 8-56 所示。

当点火开关由"STA"位置回转到"ON"位置或发动机转速已达到或超过预定值时，

ECU 根据起动时发动机冷却液的温度确定起动后加浓修正系数的初始值,然后随温度升高按某一固定速度进行衰减,逐步达到正常。即发动机起动后喷油增量的比例取决于起动时的发动机温度,并随起动后时间的增长而逐渐减小到 1。

② 暖机过程喷油增量的控制。在冷起动结束后的暖机运转过程中,发动机的温度一般不高。在这样较低的温度下,喷入进气歧管的燃油与空气的混合环境较差,容易使一部分较大的燃油液滴凝结在

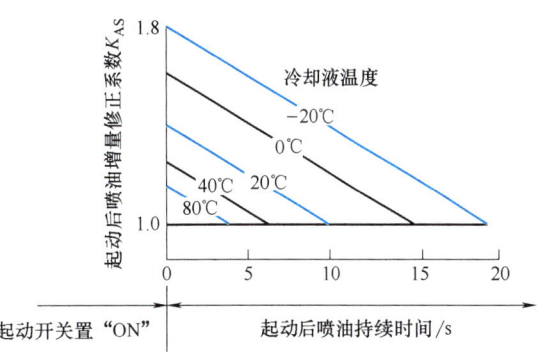

图 8-56 起动后喷油增量修正系数与喷油持续时间的关系

冷的进气管道及气缸壁面上,结果造成气缸内的混合气变稀。因此,在暖机过程中必须增加喷油量。暖机增量比的大小取决于冷却液温度传感器所测得的发动机温度,并随着发动机温度的升高而逐渐减小,直至温度升高至 80℃,暖机加浓结束。

暖机过程基本喷油持续时间的修正量与冷却液温度有关,ECU 根据冷却液温度确定初始修正量,以后随着冷却液温度的上升,暖机过程喷油增量修正量逐渐减小,当冷却液温度达到正常值后,暖机过程喷油增量修正量等于零,如图 8-57 所示。

与起动后燃油增量修正有所不同,暖机过程增量修正时间较长,应在冷却液温度达到规

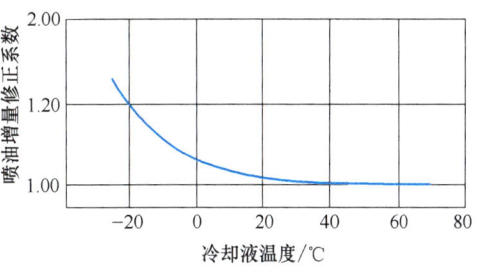

图 8-57 暖机过程喷油增量修正系数

定值以前一直持续进行,起动后喷油增量修正时间则在起动后数十秒内就完成了。可以说,暖机时喷油增量的修正,是与冷却液温度的整个上升过程伴随而行的。

暖机过程加浓混合气的情况还会出现在怠速触点 IDL 信号接通或断开时。当节气门位置传感器中的怠速触点接通或断开时,根据发动机转速,ECU 使喷油量有微量变化。

③ 加速过程喷油增量的控制。在加速工况时,电控单元(ECU)能自动按一定的增量比适当增加喷油量。使发动机能发出最大转矩,改善加速性能。电控单元(ECU)是根据节气门位置传感器测得的节气门开启的速率来判别发动机是否处于加速工况的。

加速过程喷油增量修正系数与持续时间的关系如图 8-58 所示。当汽车加速时,为了保证发动机能够输出足够的转矩,改善加速性能,必须增加喷油量。在发动机运转过程中,ECU 根据节气门位置传感器信号和空气流量计信号的变化速率辨别发动机是否处于加速工况。汽车急加速时,节气门开度突然加大,节气门位置传感器信号变化速率增大。与此同时,空气流量突然增大,进气歧管压力突然增

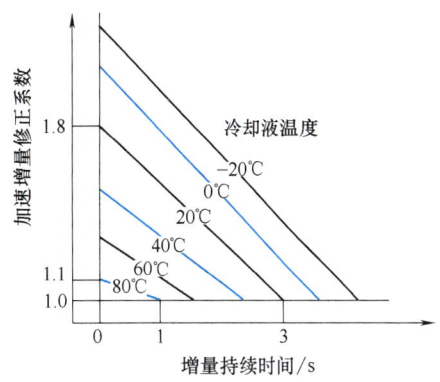

图 8-58 加速过程喷油增量修正系数与持续时间的关系

大,空气流量计信号突然升高。ECU根据这些信号,发出增加喷油量的指令,加浓混合气。燃油增量的比例大小与加浓时间取决于发动机冷却液的温度,冷却液温度越低,加速增量比越大,增加控制持续时间也越长。

④ 大负荷工况喷油增量的控制。发动机在大负荷工况下运转时(节气门开度大于70°),为了保证发动机能够输出足够的转矩,改善加速性能,应将空燃比设定在与转矩峰值相对应的12.5附近。发动机工作时,ECU是根据发动机负荷大小来修正喷油时间的,负荷状况可以根据节气门开度或进气量的大小确定。

大负荷工况时适当增加喷油时间,加浓量为正常喷油量的10%~30%。有些发动机大负荷工况的喷油量修正还与冷却液温度信号相关。冷却液温度越低,喷油增量比例越大,加浓持续时间越长。

**3. 断油控制**

断油控制是电控单元(ECU)在某些特殊工况下暂时中断燃油喷射,以满足发动机运行的特殊要求,主要包括超速断油、减速断油、清除溢流以及减转矩断油控制。

**(1) 超速断油** 超速断油控制是指当发动机转速超过允许的极限转速时,ECU立即控制喷油器中断燃油喷射,以防止发动机超速运转而损坏机件。

每台发动机的转速都有一个限定值,一般为6000~7000r/min。在实际运行过程中,ECU随时都将曲轴位置传感器测得的发动机实际转速与存储器中存储的极限转速进行比较。当发动机实际转速超过额定转速80~100r/min时,ECU控制喷油器停止喷油,限制发动机转速进一步升高,避免发动机超速运行而损坏机件。当发动机转速下降至低于额定转速时,ECU控制喷油器恢复喷油。发动机超速断油控制如图8-59所示。

**(2) 减速断油** 当汽车在高速行驶中突然松开加速踏板减速时,节气门完全关闭,为避免混合气过浓导致燃油经济性和排放性能变差,ECU根据节气门位置、发动机转速和冷却液温度等信号,判断是否满足减速断油条件,若满足,ECU则发出信号使喷油器停止喷油,当发动机转速降到某预定转速之下或节气门重新打开时,ECU发出指令,喷油器再次喷油,如图8-60所示。

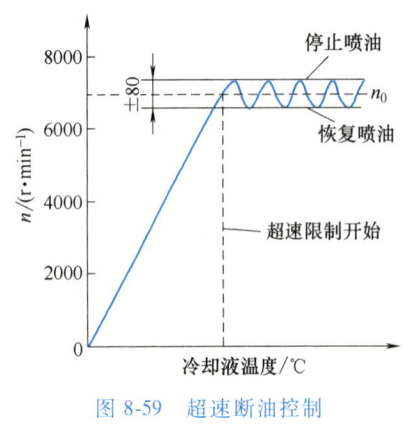

图8-59 超速断油控制

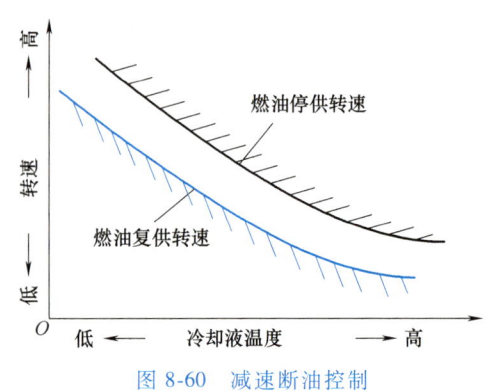

图8-60 减速断油控制

**(3) 清除溢流控制** 发动机起动时,燃油喷射系统向发动机提供较浓的可燃混合气,以便顺利起动。如果多次起动未成功,那么淤积在气缸内的浓混合气会浸湿火花塞,使其不能跳火而导致发动机不能起动。火花塞被混合气浸湿的现象称为"溢流"(或称"淹缸")。

清除溢流是指当加速踏板踩到底,同时又接通起动开关起动发动机时,ECU 自动控制喷油器的断油喷射,以便排出气缸内的燃油蒸气,使火花塞干燥以便能跳火。

清除溢流的控制条件有:

1) 点火开关处于起动位置;

2) 节气门全开;

3) 发动机转速低于 300r/min。

只有在这三个条件同时满足时,断油控制系统才能进入清除溢流工作状态。

由此可见,在起动燃油喷射式发动机时,不必踩下加速踏板,直接接通起动开关即可起动;否则断油控制系统可能进入清除溢流状态而使发动机无法起动。

**(4) 减转矩断油控制** 在配有电控自动变速器的车辆上,当行驶过程中变速器自动升档时,变速器 ECU 向发动机 ECU 发出一个减转矩信号。发动机 ECU 接收到该信号后立即发出控制指令,暂时中断个别气缸喷油,降低发动机转速,以便减轻换档冲击,这一控制功能称为减转矩断油控制。

## 8.3 电控汽油机辅助控制系统

### 8.3.1 进气控制系统

在不改变发动机气缸内容积的情况下,增加进入气缸的空气量、多喷油,可以增加混合气的总量,提高发动机的升功率。近些年来,进气控制系统主要有可变气门控制系统、电子节气门控制系统、进气惯性增压控制系统、废气涡轮增压系统等。

**1. 可变气门控制系统**

传统的自然吸气式发动机,其配气机构的配气相位和气门升程都是固定的,这就使进气量是相对固定的,其发动机动力性、经济性以及排放性的潜力均未得到充分发挥。随着汽油机的高速化和排放法规的日趋严格,为了兼顾高、低速和大、小负荷各种工况,气门开启相位、气门开启持续角度和气门升程这三个特性参数也应相应改变。目前,可变气门控制系统已经得到广泛应用。

由于各汽车生产厂家对可变气门的控制参数、方式、方法不一,因此名称也不一致。如本田公司称该装置为可变气门正时与气门升程电子控制系统,用 VTEC 表示,后来在其名称前面加注一个英文字母"i",即 i-VTEC,其中的 i(intelligent)表示具有智能的意思,如图 8-61 所示。又如丰田汽车公司则称该装置为智能可变气门正时系统,即 VVT-i。

图 8-61 本田雅阁轿车的 i-VTEC 系统

电控汽油发动机采用了可变气门电子控制后,能根据发动机性能优化的要求,在发动机中、低转速与高速运转状态下,适时地改变气门正时和气门升程,有利于更好地发挥汽油发动机的性能。

**（1）本田汽车用的 VTEC** 本田公司的 VTEC 是世界上第一个能同时控制气门开闭时间及升程两种不同情况的气门控制系统，本田公司在其大多数的车型中都使用了 VTEC 技术。与普通发动机相比，VTEC 发动机设有中、低速用和高速用两组不同的气门驱动凸轮，由发动机电控单元（ECU）根据各传感器的输入信号，通过电磁阀调节摇臂活塞液压系统同时改变进气门的正时与升程，提高发动机的燃烧效率和大负荷、高转速时的功率性能，使发动机在低速时具有较大转矩，而在高速时又能输出较大功率，大大地改善了汽车的动力性和经济性。

1）VTEC 的结构。如图 8-62 所示，VTEC 发动机的凸轮轴为每个气缸设置三个承担进气的凸轮和两个承担排气的凸轮。

每个进气门均由单独的凸轮通过摇臂来驱动，与主、副进气门所接触的摇臂分别称为主、副摇臂。在主、副摇臂之间，设有一个中间摇臂，它不与任何气门直接接触。三个摇臂并列排在一起，绕同一根摇臂轴转动。在主摇臂内有一油道与摇臂轴油道相通，在主摇臂的腔内有一正时活塞，在辅助摇臂的腔内有同步活塞 A 和 B，在正时活塞、同步活塞间有一正时弹簧，在主摇臂上设有一个正时板，VTEC 的摇臂总成结构如图 8-63 所示。

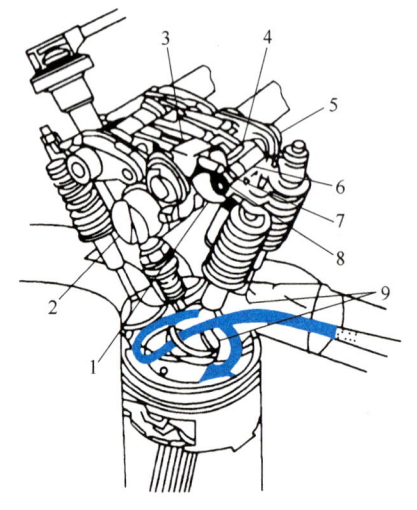

图 8-62 VTEC 的结构

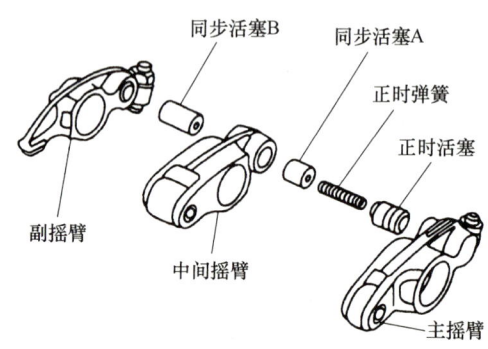

图 8-63 VTEC 的摇臂总成

1—主摇臂　2—凸轮轴　3—正时板　4—中间摇臂　5—副摇臂
6—同步活塞 B　7—同步活塞 A　8—正时活塞　9—进气门

VTEC 的主、副摇臂及中间摇臂分别与凸轮轴上的三个凸轮相对应，这三个凸轮分别称为主凸轮、辅助凸轮和中间凸轮（主、辅助凸轮又称为低速凸轮，中间凸轮又称为高速凸轮）。三个凸轮具有不同的型线，致使气门正时与升程也不相同。中间凸轮使气门升程最大，它是按发动机高转速、大负荷最佳输出功率状态要求而设计的。主凸轮升程小于中间凸轮，它是按发动机低速工作时最佳状态要求设计的。辅助凸轮的升程最小，最高处也只是略高于基圆，其作用是在低转速时，驱动副进气门稍微开启，以免喷油器喷出的燃油积聚在气门口外不能进入气缸。

VTEC 的中间摇臂一端与中间凸轮接触，接收中间凸轮驱动，中间摇臂另一端不与任何气门直接接触。发动机低转速运转时，中间摇臂的另一端推动支撑弹簧空行，并依靠它复位；高转速时，中间摇臂的另一端依靠安置在摇臂孔内的专门柱塞与主、副摇臂联动后，用来驱动主、副进气门的开闭。

VTEC 的控制系统主要由电控单元（ECU）、VTEC 电磁阀和压力开关等组成，如图 8-64 所示。其 VTEC 电磁阀总成的结构如图 8-65 所示。

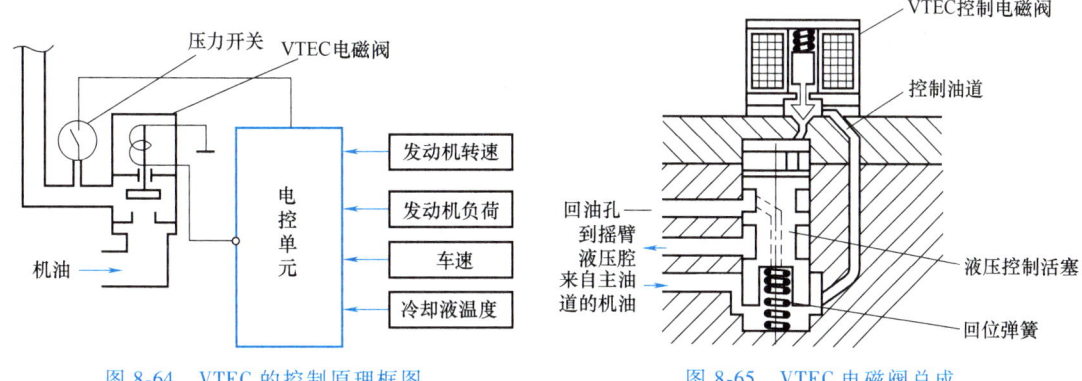

图 8-64　VTEC 的控制原理框图　　　　图 8-65　VTEC 电磁阀总成

2）VTEC 的控制原理。VTEC 工作时，发动机转速、负荷及冷却液温度等信号输入电控单元（ECU），经 ECU 分析处理后决定对配气机构是否实行 VTEC 控制，即控制 VTEC 电磁阀打开或关闭，进而控制液压执行阀和气门机构的动作。另外，VTEC 电磁阀开启后，压力开关负责检测系统是否处于工作状态，并反馈一信号给 ECU 以监控系统工作。

当发动机出现下列情况时该系统才会实行 VTEC 控制：

① 发动机转速为 2300～3200r/min 或发动机进入中等负荷以上时；

② 车速高于 10km/h 时；

③ 发动机冷却液温度高于 10℃ 时。

当发动机在低转速时，VTEC 控制电磁阀没有打开，在回位弹簧弹力的作用下液压控制活塞在最高位置，机油经活塞中部的孔流回油底壳。装在主摇臂上的正时板在回位弹簧作用下挡住正时液压活塞向右运动。此时，主摇臂、中间摇臂和副摇臂是彼此分离独立动作的，凸轮 A 与凸轮 B 分别驱动主摇臂和副摇臂以控制气门的开闭。由于凸轮 B 的升程很小，因而进气门只稍微打开。此时，中间摇臂已被凸轮 C 驱动，但由于中间摇臂与主摇臂、副摇臂是彼此分离的，故不影响气门的正常开闭，如图 8-66 所示。即在低速状态，VTEC 机构不工作，气门的开闭情况与普通顶置凸轮轴式配气机构相同。

当发动机高速运转时，由于离心力和惯性力，正时板克服弹簧作用力而取消对正时活塞的锁止。当发动机转速达到某一特定转速时，控制电磁阀接收到控制单元的信号而接通油路，一部分机油便流到液压控制活塞的顶部，使活塞向下运动关闭回油道，使机油经活塞中部的孔沿摇臂轴流到各气门摇臂的液压腔，流入正时活塞左侧，如图 8-67 所示，使同步活塞移动，将主、副摇臂和中间摇臂锁成一体，一起动作。此时，由于凸轮 C 较凸轮 B 高，所以便由它来驱动整个摇臂，并且使气门开启时间延长，开启的升程增大，从而达到改变气门正时和气门升程的目的。当发动机转速降低至设定值时，摇臂中的同步活塞端的燃油压力也将由控制单元控制而降低，同步活塞将回位弹簧推回原位，三根摇臂又将彼此分离而独立工作。

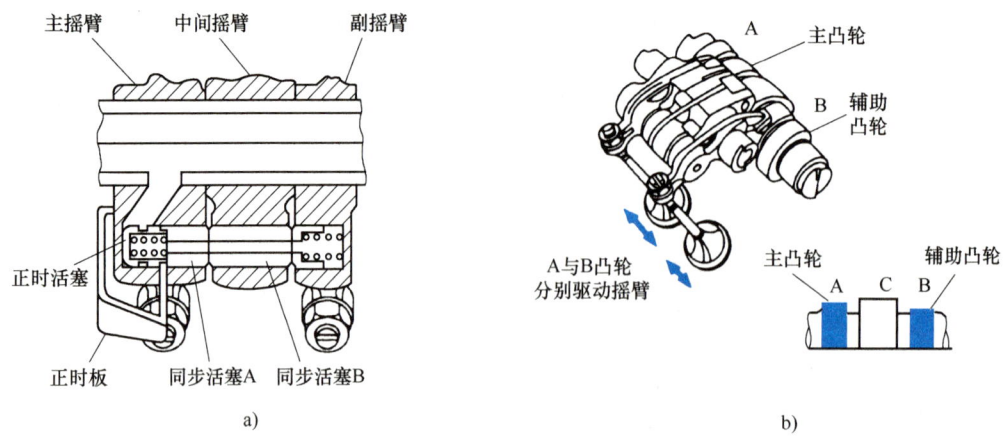

图 8-66 发动机低速运行时 VTEC 系统的工作情况
a）液压活塞工作图 b）凸轮与摇臂工作图

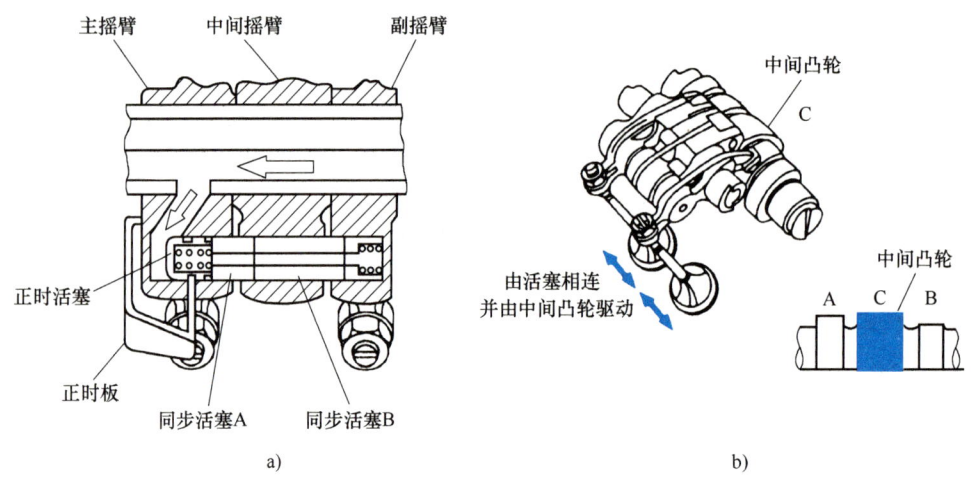

图 8-67 发动机高速运行时 VTEC 系统的工作情况
a）液压活塞工作图 b）凸轮与摇臂工作图

**（2）大众汽车用的可变气门正时系统** 大众汽车用的可变气门正时系统大多采用可变气门正时控制，主要由正时调节电磁阀、可移动活塞、正时链条、凸轮轴调整器、进气凸轮轴、排气凸轮轴构成，如图 8-68 所示。

发动机电控单元（ECU）根据发动机的转速判定可变气门正时系统是否工作。当 ECU 判定系统工作时，可变气门正时系统凸轮轴调整电磁阀通电，从而改变凸轮轴调整器内机油的流向，使可移动活塞上、下的机油压力发生变化，从而改变可移动活塞的位置。可移动活塞的上、下移动导致凸轮轴调整器上、下移动，从而推动链条上、下的长度发生变化。

当发动机在高速运转时，凸轮轴调整器向上推动可移动活塞，链条下部短、上部长。由于排气凸轮轴被正时链条固定不能转动，链条带动进气凸轮轴顺时针旋转一定角度，从而使进气门打开时间提前，使发动机提前进气，提高了进气效率和发动机功率（也称为功率调整），如图 8-69a 所示。

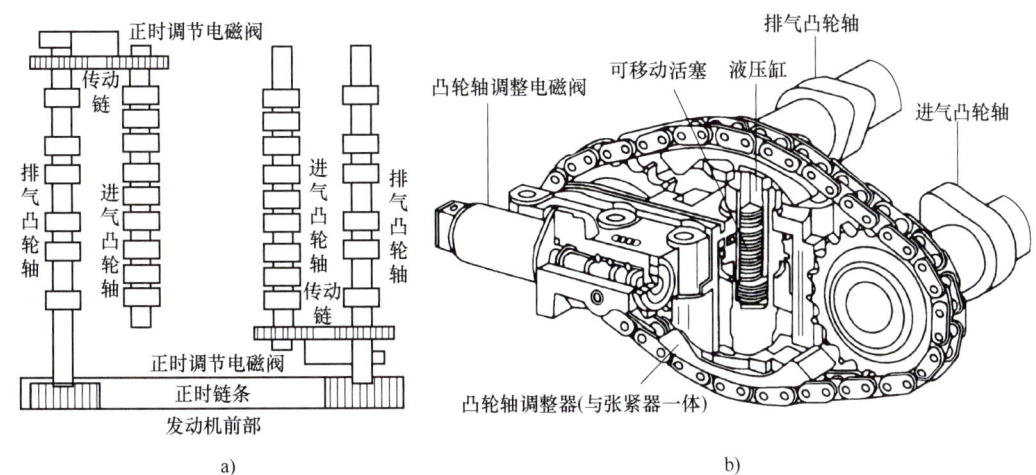

图 8-68 大众汽车用可变气门正时系统
a) 安装位置图　b) 结构图

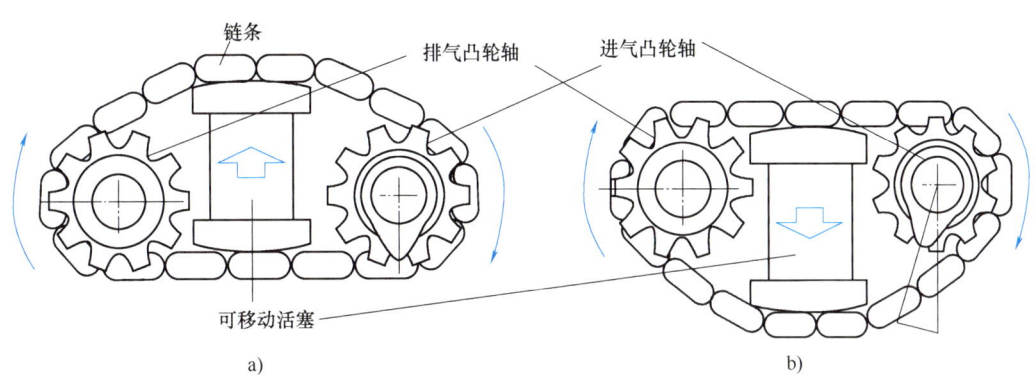

图 8-69 大众汽车用可变气门正时系统的工作情况
a) 发动机高速运转时　b) 发动机低速运转时

当发动机在中、低转速时,凸轮轴调整器向下推动可移动活塞,链条上部变短、下部变长。进气凸轮轴被逆时针旋转一定角度,进气门打开和关闭时间推迟,此时可获得大转矩输出(也称为转矩调整),如图 8-69b 所示。

**2. 电子节气门控制系统**

在传统发动机的节气门操纵机构中,其节气门拉索连接加速踏板及节气门轴,节气门开度的大小由驾驶人控制。虽然结构简单、可靠性高,但节气门的响应性差,特别是在发动机后置的大型车辆上,这一缺陷尤为突出。采用电子节气门控制系统(Electric Throttle Control System,ETCS)可降低时滞现象,提高节气门的操纵响应性,改善发动机的排放性能。

ETCS 是一种线控技术(X-By-Wire),它取消了传统节气门与加速踏板之间采用拉索或杠杆的直接机械连接机构。ETCS 在电控单元(ECU)的控制下,通过节气门体上的电动机驱动节气门,可实现节气门开度的快速精确控制,使发动机在最适当的状态下工作,从而提高了汽车的动力性、安全性及舒适性以及降低排放污染。目前,ETCS 被广泛地运用于汽车的怠速控制（ISC）、巡航控制（CCS）、驱动防滑控制（ASR）及车辆稳定性控制（VSC）等汽车动力控制系统中，为集中控制和简化结构提供了基础，并逐渐成为标准配置。

电子节气门控制系统的结构如图 8-70 所示。其控制系统主要由加速踏板模块、ECU 和节气门总成等组成，电子节气门控制系统的工作原理如图 8-71 所示。

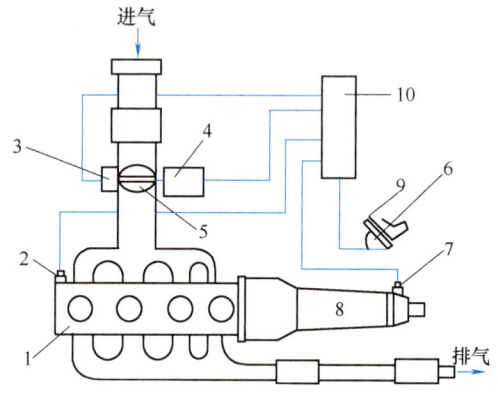

图 8-70　电子节气门控制系统的结构

1—发动机　2—曲轴位置传感器　3—节气门位置传感器　4—节气门控制电机　5—节气门
6—加速踏板位置传感器　7—车速传感器　8—变速器　9—加速踏板　10—发动机电控单元（ECU）

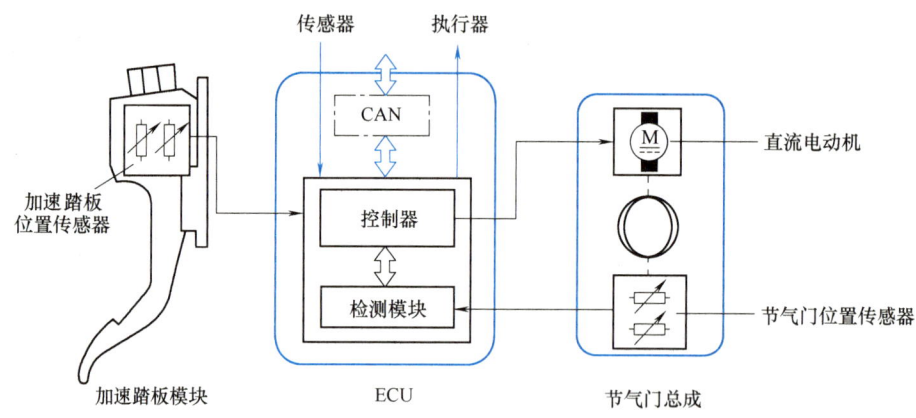

图 8-71　电子节气门控制系统的工作原理

电子节气门的开度由节气门控制器驱动的直流电动机来控制，电子节气门控制系统一般采用两个踏板位置传感器和两个节气门位置传感器，传感器两两反接，实现阻值的反向变化，即两个传感器的阻值变化量之和为零。对两个传感器施加相同的电压，两者输出的电压信号也相应反向变化，且其和始终等于供电电压。从控制理论角度讲，使用一个传感器就可使系统正常运转，但这种设计可使两个传感器相互检测，当一个传感器发生故障时能及时被识别，在很大程度上增加了系统的可靠性，从而保证行车的安全性。

1）加速踏板模块。加速踏板模块中集成了两个相同的加速踏板位置传感器，如图 8-72 所示。加速踏板位置传感器使用安装在加速踏板臂上的霍尔 IC，一个用于主信号，另一个用于副信号。它将加速踏板位置（角度）信号转化为具有不同特性的电信号，并将其输出至发动机电控单元（ECU），作为节气门开度控制的基础。

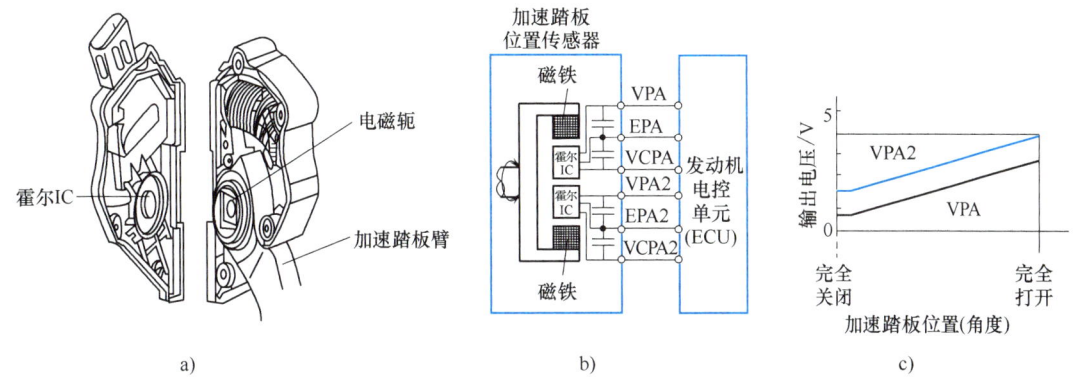

图 8-72　加速踏板模块

a）加速踏板结构　b）加速踏板位置传感器电路图　c）加速踏板位置传感器工作特性

电磁轭安装在加速踏板臂的底座上，根据施加在加速踏板上的作用力绕着霍尔 IC 旋转，霍尔 IC 将磁通量变化转化为电信号，并将其输出至发动机电控单元（ECU）。

另外，采用这种加速踏板总成设计，还可以确保当其中的某个传感器出现故障时，另外一个传感器仍然可以将驾驶人的意图传递给控制计算机，而且让驾驶人仍然能够体验到传统的机械式钢索和弹簧所产生的"脚感"。

2）节气门总成。节气门总成如图 8-73 所示，其总成包括直流电动机、减速传动机构、节气门机构和节气门位置传感器。直流电动机响应 ECU 的信号，通过减速机构来驱动节气门。节气门阀片的位置由一个电动机调节控制，该电动机采用具有响应性能好和功率消耗小的直流电动机。

发动机电控单元（ECU）根据占空比的控制和流经节气门控制电动机的电流，调整节气门角度。它能够让节气门阀片在 1°~80° 的范围内转动，以得到期望的节气门开度。对于节气门阀片的大部分转动位置，其定位精度一般都在 ±5° 的范围内。当发动机怠速运转时，节气门阀片的转角精度可以达到 ±0.1°。

图 8-73　电子节气门控制系统的节气门总成实物

电动机内部有两个方向相反的磁场，采用脉宽调制技术控制其中一个磁场相对于另一个磁场的大小。通过增大脉冲持续时间的百分比来增加调节电动机的转动角度，也就是说，脉冲持续的时间越长，调节电动机让节气门阀片转动的角度就越大。

作为一种安全保险措施，节气门阀片采用弹簧装置支撑，这样在电子节气门系统出现故障的时候，节气门阀片能够在弹簧的作用下回到怠速运转时的位置。

此外，这种电动机自身配备有两个位置传感器，能够将节气门的位置信息反馈给控制计算机，形成闭环控制。这样，当控制计算机把指令传给调节电动机后，电动机就能根据传感器反馈的信息正确地让节气门阀片转动，从而精确地定位。

节气门位置传感器集成在节气门总成中，采用的是无触点型霍尔式传感器，可以准确地反映节气门的位置。霍尔 IC 被电磁轭环绕，电磁轭随着节气门轴的转动，将当时的磁通量变化转化为电信号，并将其输出至发动机电控单元（ECU）。

节气门位置传感器的电路及其工作特性如图 8-74 所示。

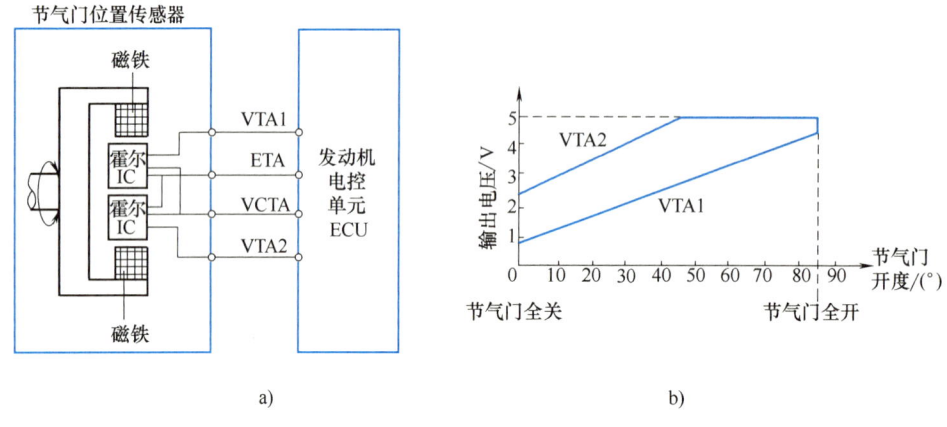

图 8-74 节气门位置传感器的电路及工作特性
a）电路图　b）工作特性

## 8.3.2　怠速控制系统

在汽车正常运行工况下，驾驶人通过加速踏板控制发动机节气门开度，调节进气量，从而达到控制发动机输出功率的目的。发动机怠速时，加速踏板完全松开，节气门处于关闭状态，空气则通过节气门缝隙或节气门旁通的怠速空气道进入发动机，空气流量计或进气歧管绝对压力传感器将检测的进气量信息转换成电信号传给发动机电控单元（ECU），ECU 再根据转速及其他修正信号控制喷油量，保证发动机在怠速工况下稳定运转。当发动机内部阻力矩发生变化时，怠速转速也会发生改变。

发动机怠速控制是通过调节怠速空气道面积以控制进气量的方法来实现的，如图 8-75 所示。汽车在交通密度大的道路上行驶时，约有 30% 的燃油消耗在怠速工况中。因此，发动机怠速转速的高低，不仅对油耗有严重的影响，对发动机的排放污染、暖机时间和使用寿命等都有一定程度的影响。

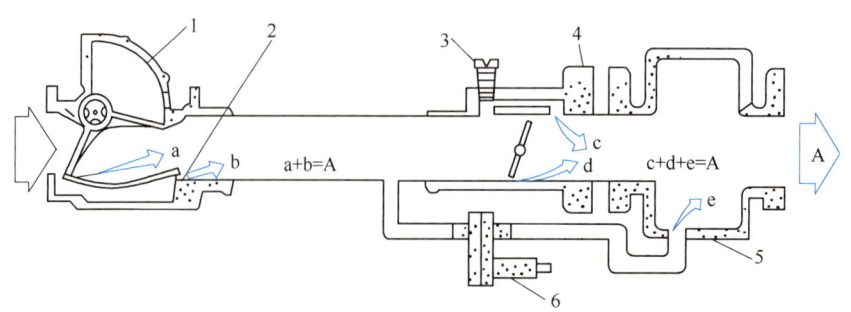

图 8-75 节气门旁通的怠速空气流量的控制
1—空气流量计　2—旁通调节螺钉　3—怠速调节螺钉　4—节流阀体　5—稳压管　6—空气阀

另外，还应考虑如冷车运转、空调及电器负荷、自动变速器、助力转向等使用情况，这些都会引起怠速转速变化，使发动机运转不稳甚至引起熄火。

**1. 怠速控制系统的组成**

发动机怠速控制系统主要由各种传感器、开关、电控单元（ECU）和怠速控制阀等组成。

车速传感器提供车速信号，节气门位置传感器提供节气门开度信号，这两个信号用来判定发动机是否处于怠速状态。发动机怠速时，节气门关闭，节气门位置传感器的开度小于1.2°或怠速触点闭合。怠速触点闭合时，传感器输出端子IDL输出低电平信号。因此，当节气门开度小于1.2°或IDL端子输出低电平信号时，且当车速为零时，说明发动机处于怠速状态，如果车速不为零，说明发动机处于减速状态。

冷却液温度传感器用于修正怠速转速。在ECU内存储有不同冷却液温度对应的最佳怠速转速。在发动机冷起动后的暖机过程，ECU根据发动机温度信号，通过控制怠速控制阀的开度来控制相应的快怠速转速，并随发动机温度升高逐渐降低怠速转速。当冷却液温度达到正常工作温度时，怠速转速恢复正常。

空调开关、助力转向开关、空档起动开关信号和电源电压信号等向ECU提供发动机负荷变化的状态信息。在ECU内部，存储有不同负荷状况下对应的最佳怠速转速。ECU根据从各传感器输入的信号，将发动机实际转速和目标转速相比较，通过比较差值来确定相当于目标转速的控制量，以驱动控制空气量的执行机构，使怠速转速保持在目标转速。

**2. 怠速控制执行机构及控制方法**

怠速转速控制的实质是对怠速进气量进行控制，以获得适宜的空燃比，使发动机在怠速工况时都能在最佳转速下稳定运转。

怠速控制的方式随车型有所不同，对电控燃油喷射系统来说，目前可分为两种：一种是控制节气门最小开度的节气门直动式；另一种是控制节气门旁通通路中空气流量的旁通空气式。

（1）节气门直动式控制　节气门直动式是通过直接控制节气门开度，调节空气通路的截面积来控制进气量，从而实现怠速控制。如图8-76所示，电控单元（ECU）根据输入信号确定目标怠速转速，发出指令调节节气门的偏转量，以控制空气的流通面积，保证与目标怠速转速相适应的空气量。

（2）旁通空气式控制　控制怠速旁通空气量的怠速控制阀的结构形式有：步进电动机式、真空控制式、旋转滑阀式、电磁控制式、占空比控制式和开关控制式等，其主要的控制项目见表8-2。

步进电动机式怠速控制阀装在节气门体上，主要由步进电动机、螺旋机构和锥面控制阀等组成，如图8-77所示。

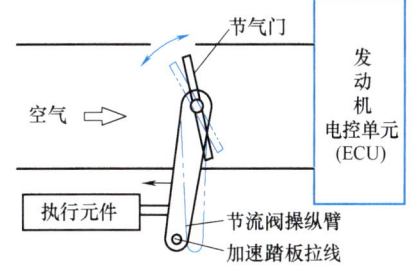

图8-76　怠速空气量的节气门直动式控制方式

表 8-2 控制信号及主要控制项目

| 控制信号 | 控制形式 | 主要控制项目 |
| --- | --- | --- |
| 发动机转速<br>节气门位置<br>车速<br>冷却液温度<br>空档起动开关<br>起动开关<br>空调开关<br>电气负载<br>助力转向开关 | 步进电动机式<br>真空控制式 | 1. 怠速<br>2. 快怠速<br>3. 空调高怠速<br>4. 电气负载高怠速 |
| | 旋转滑阀式<br>电磁控制式 | 1. 怠速<br>2. 快怠速<br>3. 电气负载高怠速 |
| | 占空比控制式<br>开关控制式 | 1. 怠速<br>2. 快怠速<br>3. 电气负载高怠速 |

螺旋机构中的螺母和步进电动机的转子制成一体，而螺杆和锥面控制阀制成一体。步进电动机中有几组励磁线圈，改变励磁线圈的通电顺序，可以改变电动机的旋转方向，步进电动机由 ECU 控制。

步进电动机式怠速控制阀的控制方法如下：与冷却液温度、空调工作状态等相对应的目标怠速转速储存在 ECU 的存储器中。ECU 根据节气门开启角度和车速信号判断发动机处于怠速工况时，按一定顺序使晶体管依次导通，分别向怠速步进电动机四个线圈供电，进而驱动步进电动机旋转，调节旁通空气道的开度，调节旁通空气量，使发动机转速达到所要求的目标值。

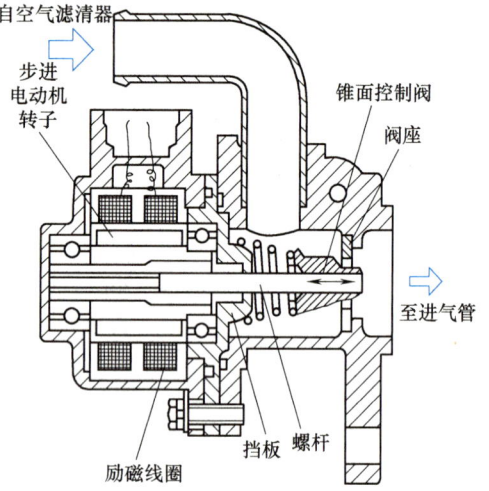

图 8-77 步进电动机式怠速控制阀

其控制项目主要有：

1）起动初始位置的确定。为了保证怠速控制阀在发动机下次起动时处于全开位置，在发动机点火开关断开后，ECU 的 M-REL 端继续向主继电器供电，使它继续保持接通状态，为下次起动做好准备，然后主继电器才断电。

2）起动控制发动机。起动时，由于怠速控制阀预先设定在全开位置，发动机起动后，若怠速控制阀仍保持在全开状态，怠速转速会升得过高。因此，在转速达到规定值（此值由冷却液温度确定）时，ECU 开始控制步进电动机转动，将阀门关小到与冷却液温度对应的阀门位置。

3）暖机控制（快怠速）。在暖机时，根据冷却液温度所确定的位置，怠速控制阀开始逐渐关小，当冷却液温度达到 70℃ 时，暖机控制结束。

4）反馈控制。当发动机处于怠速工况运转时，ECU 将发动机实际转速与存储器中预先设定的目标转速进行比较。如果发动机的实际转速低于目标转速超过一定值，则将控制怠速空气阀开大；反之，如果发动机的实际转速高于目标转速时，则将阀门关小。

5）发动机负荷变化的预控制。发动机在怠速运转时，如空档起动开关、空调开关等接通或断开，都将使发动机的怠速负荷发生变化，引起发动机怠速转速波动或熄火。为了避免这种情况，在发动机转速出现变化前，ECU 控制怠速空气阀开大或关小一个固定距离。

6）电器负载增大时的怠速控制。在怠速运转时，如使用的电器负载增大到一定程度，蓄电池电压就会降低。为了保证 ECU 的+B 端和点火开关正常的供电电压，需要控制步进电动机，相应地增加旁通道空气量，提高发动机怠速转速。

7）学习控制。ECU 通过控制步进电动机的正、反转步数，从而控制怠速控制阀的位置，达到调整发动机怠速转速的目的。由于发动机在使用期间其性能会发生变化，因此这时步进电动机控制阀门的位置虽然未变，怠速转速也会和初始设置的数值不同，ECU 利用反馈控制的方法，使发动机转速达到目标值。与此同时，ECU 将步进电动机转过的步数存储在存储器中，以便在以后的怠速控制中使用。

### 8.3.3 排放控制系统

为了减少汽车的排气污染，现代汽车采取了多种净化排气的措施，常见的有燃油蒸发排放控制系统、排气再循环系统、三效催化转换器及空燃比反馈控制系统等。

三效催化转换器安装在发动机排气消声器之前，是实现排气中的 CO、HC 和 $NO_x$ 转换为 $CO_2$、$H_2O$、$H_2$ 和 $N_2$ 的执行装置，常用 Pd（钯）（或 Pt 铂）和 Rh（铑）的混合物作为催化剂，如图 8-78 所示。

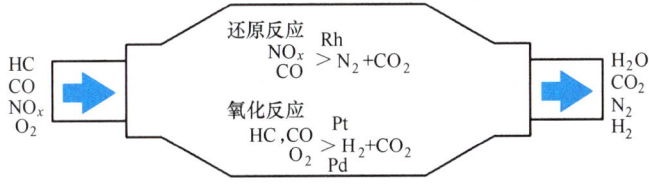

图 8-78 三效催化转换器的工作过程

三效催化转换器的使用条件相当严格。首先，装用三效催化转换器的发动机只能使用无铅汽油，防止铅覆盖在催化剂表面使催化剂失效。其次，仅当温度超过 350℃时，三效催化转换器才起催化反应。温度较低时，三效催化转换器的转换效率急剧下降。因此，三效催化转换器都安装在温度较高的排气歧管后面。最后，必须向装有三效催化转换器的发动机供给理论空燃比的混合气，才能保证三效催化转换器有较好的转换效果，如图 8-79 所示。如果混合气成分不是理论空燃比 14.7 附近的混合气，那么，CO 和 HC 氧化反应或 $NO_x$ 的还原反应不可能进行得很充分。

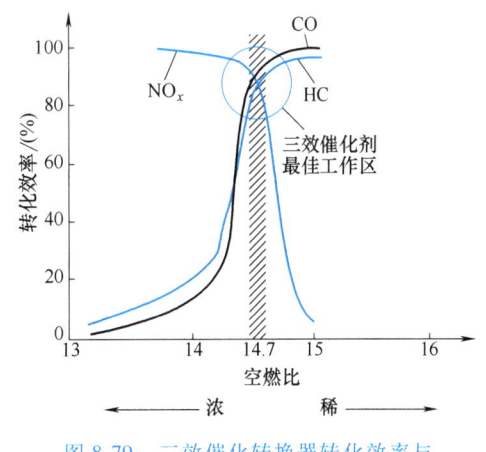

图 8-79 三效催化转换器转化效率与空燃比的关系

另外，发动机调节不当，如混合气过浓，或气缸缺火，都将引起转换器严重过热，影响转换效果。

为了使三效催化转换器的转化效率最佳，在发动机控制系统中普遍采用由氧传感器采集的信号作为反馈信号的闭环控制方式，对空燃比进行精确控制，使空燃比保持在理论空燃比附近很窄的范围内。氧传感器安装在三效催化转换器前面的排气歧管或排气管内，用来检测排气中的氧含量，以确定实际空燃比与理论空燃比相比较是浓还是稀，并向ECU反馈相应的电压信号。ECU根据氧传感器反馈的空燃比浓、稀信号，控制喷油量的增加或减少。氧传感器的结构及工作原理在前面已做详细介绍。

当混合气空燃比低于理论空燃比时，氧传感器输出高电位信号，ECU收到这一信号后，使反馈修正系数减小（开始时骤降，然后变成缓降），控制喷油器减少喷油量；由于喷油量减少，又很快使混合气变稀。当混合气空燃比高于理论空燃比时，氧传感器输出低电位信号，ECU收到这一信号后，又使反馈修正系数增大（开始时骤升，然后变成缓升），结果又控制喷油器增加喷油量，致使混合气又很快变浓。如此循环，空燃比不断地被反馈控制。

电控燃油喷射系统的空燃比反馈闭环控制原理如图8-80所示。在开环电控燃油喷射系统中，ECU只是根据转速信号、进气量信号、冷却液温度信号等确定喷油量，用以控制空燃比，但并不对实际控制的空燃比是否精确进行检测。在闭环控制系统中，氧传感器安装在三效催化转换器与发动机之间的排气管上，将检测到的废气中氧浓度信号输送给ECU，ECU根据此信号对喷油器的喷油量进行修正，使实际的空燃比更接近理论空燃比。

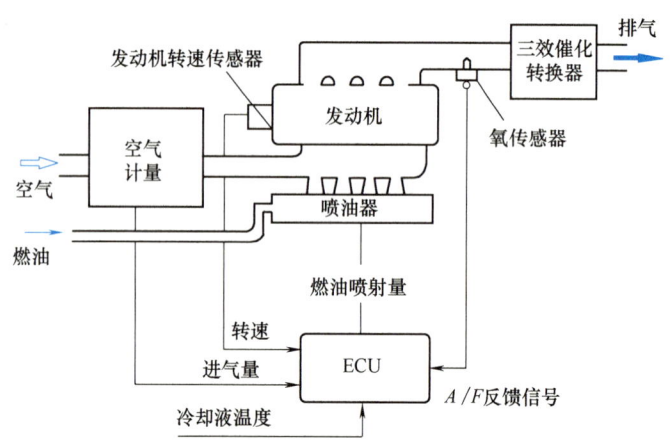

图8-80 空燃比（A/F）反馈闭环控制原理

在下列情况下需要采用闭环控制条件：

1）发动机冷却液温度达到正常工作温度（80℃）。

2）发动机运行在怠速工况或部分负荷工况。

3）氧传感器温度达到正常工作温度。氧化锆式氧传感器温度达到300℃、氧化钛式氧传感器温度达到600℃，因为此时氧传感器才能正常输出信号。

4）氧传感器输入ECU的信号电压变化频率不低于10次/min。这是因为信号电压保持不变或变化频率过低，氧传感器会失效。

采用氧传感器的闭环控制系统，在有些工况条件下是不适宜的。如发动机起动时以及刚起动未暖机时，由于发动机冷却液温度低，此时需要较浓的混合气，如此时按空燃比反馈控制系统供给的混合气在理论空燃比附近，发动机可能会熄火。又如发动机在大负荷、高转速运转时，也需要较浓的混合气，如按反馈控制供给的混合气也在理论空燃比附近，则发动机会运转不良。所以在有些情况下应停止反馈控制，即进入开环控制状态。

在下列情况下需要采用开环控制条件：

1）发动机起动。
2）起动后加浓修正。
3）暖机加浓修正。
4）节门全开、大负荷高转速。
5）加/减速燃油量修正。
6）燃油停供。
7）从氧传感器送来的空燃比过稀信号持续时间大于规定值。
8）从氧传感器送来的空燃比过浓信号持续时间大于规定值。
9）氧传感器温度未达到工作温度、氧传感器失效或其线路发生故障。

然而，空燃比反馈控制系统具有一定局限性。对于某一型号的发动机来说，基本喷油持续时间都是标准数据，ECU 按照存储器（ROM）中存储的这些数据进行控制。在实际运行过程中，由于发动机进气系统、供油系统的性能变化以及燃油成分的变化，都可能会造成实际空燃比相对于理论空燃比的偏离量不断增大。上面讲到的空燃比反馈闭环控制虽然可以修正空燃比的偏差，但是修正的范围是有限的。如果发动机的反馈闭环控制空燃比修正范围固定在±20%以内，其修正数也只能在 0.8~1.2 之间变化。当混合气过稀时，反馈修正系数会增大，反馈修正中心会偏向浓的一边，如图 8-81 所示。

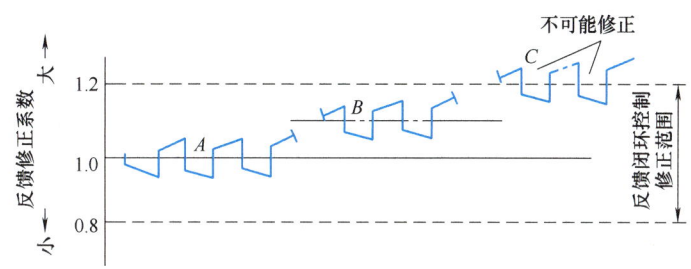

图 8-81　空燃比反馈闭环控制修正范围

当反馈修正值超出修正范围时（见图 8-81 中 C），ECU 就无法进行反馈修正。另外，空燃比反馈修正时，ECU 对喷油量是逐渐加浓或减稀的，使空燃比恢复到理论值或恢复到正常值需要一定时间（几十毫秒）。

为了补充反馈闭环控制的不足，进一步提高空燃比的控制精度，部分车型的发动机管理系统增设了空燃比学习控制功能。ECU 在反馈控制期间，根据反馈控制的修正量，设置一个与该时刻运转工况相应的学习修正量（代替反馈闭环控制修正量），此学习修正量存入存储器（RAM）内，当下次该运转工况（某负荷和转速）出现时，就根据 RAM 中相应区域存储的学习修正量，对空燃比偏差进行修正。此时氧传感器的反馈修正量转

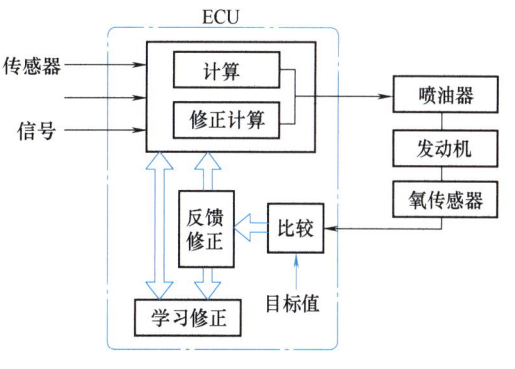

图 8-82　空燃比学习控制原理框图

为零，即反馈修正系数为 1.0。空燃比学习控制的原理框图如图 8-82 所示。

有了学习控制功能后，不仅增大了修正范围，而且由于学习控制修正量能随运转条件的变化立即反映到喷射时间上，所以提高了过渡工况时的空燃比控制精度。空燃比学习控制也是有一定范围的，当学习控制达到最高修正量时，仍需进行空燃比反馈闭环控制。当系统进入空燃比反馈闭环控制时，原则上供给的混合气是在理论空燃比附近。但发动机起动时以及起动后的暖机过程，由于发动机冷却液温度低，这时需要较浓的混合气，此时进行闭环控制，就会造成起动困难或熄火。

## 8.4 柴油机共轨直喷系统

电子控制共轨式柴油喷射系统也称为压力—时间控制式电控柴油喷射系统，这是国外于 20 世纪 90 年代中期开始推向市场的一种新型柴油机电子控制喷油系统。它取消了传统柴油机燃油供给系统的泵—管—嘴的脉动供油形式，柴油经高压油泵增压后进入共轨管，再由共轨管进入各缸喷油器。高压油泵由柴油机驱动，它的作用是向共轨管供油以维持燃油供给系统所需的压力，并通过连续调节共轨管压力来控制喷射压力，采用压力—时间式燃油计量原理，用高速电磁阀控制喷射过程。喷油压力、喷油量及喷油定时由发动机电控单元（ECU）灵活控制。

柴油机共轨直喷系统具有以下优点：

1）可实现高压喷射，喷射压力比传统直列泵高出一倍，最高可达 200MPa。

2）喷射压力独立于发动机转速，可以改善发动机低速、低负荷性能。

3）可以实现预喷射，调节喷油速率形状，实现理想喷油规律。

4）喷油定时和喷油量可自由控制；具有良好的喷射特性，可优化燃烧过程，使发动机油耗、噪声及排放等性能指标得到明显改善，并有利于改进发动机转矩特性。

5）结构简单、可靠性好、适应性强，可在所有新、老发动机上应用。

电子控制高压共轨柴油喷射系统，按功能可分为电子控制共轨系统和燃料供给系统两大部分，其基本组成如图 8-83 所示。

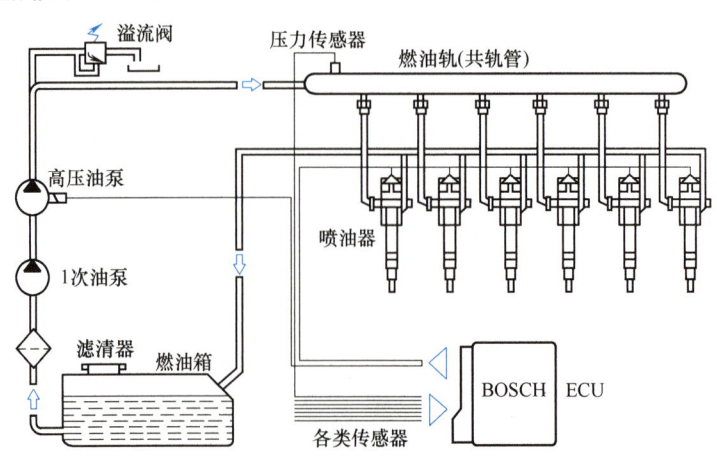

图 8-83　电子控制高压共轨柴油喷射系统的组成

电子控制共轨系统中有发动机电控单元（ECU）和各类传感器（如发动机转速传感器、加速踏板位置传感器、各种温度传感器、增压压力传感器等）。大部分传感器的工作原理与汽油机燃油供给系统的相同。

燃料供给系统主要由供油泵、共轨管和喷油器组成。供油泵有三个，分别为滚柱式输油泵、齿轮式输油泵和高压油泵。滚柱式输油泵的工作原理与汽油燃油供给系统滚柱泵的工作原理相同，安装在燃油箱中。齿轮式输油泵用于进一步提高油压，保证向高压油泵供油。高压油泵向共轨管提供高压柴油。共轨管实际上是所有喷油器共用的燃油分配管，也是高压油的储存箱，储存在共轨管内的柴油在适当时刻通过喷油器喷入发动机气缸内。共轨管安装在发动机的一侧，喷油器由喷油阀和电磁阀组成，ECU控制喷油器的开启和关闭。

电子控制共轨系统的工作过程如图8-84所示。滚柱式输油泵和齿轮式输油泵将柴油从燃油箱中吸出，此时油压约为0.2MPa，经过燃油滤清器过滤后通过电子切断阀，大部分柴油进入高压油泵，小部分柴油经过安全阀上的小孔作为冷却油通过高压油泵的凸轮轴流入压力控制阀，之后返回燃油箱。经过高压油泵增压后的燃油压力上升到135MPa，输入共轨管。共轨管上有调节压力的压力传感器和限压阀。高压柴油从共轨管流入喷油器后，一部分被喷入燃烧室，一部分经回油管返回燃油箱。

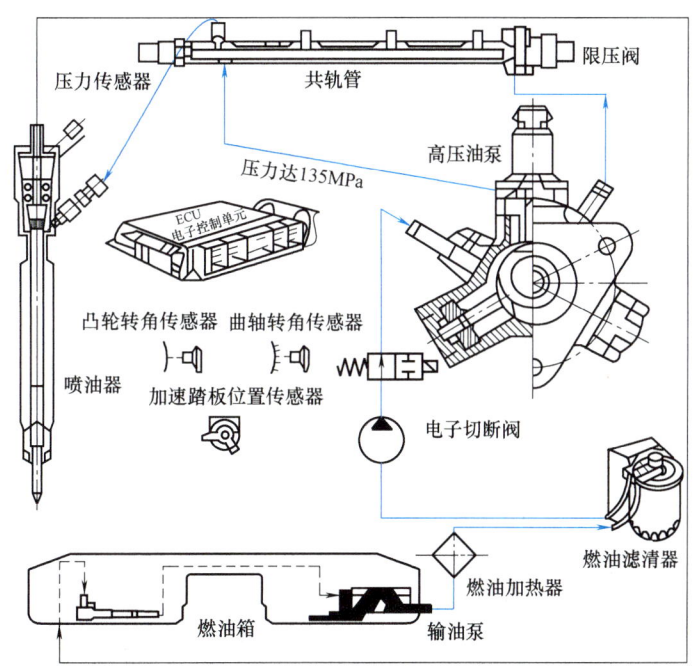

图 8-84 电子控制共轨系统的工作过程

电子控制共轨系统根据各传感器的输入信息，确定最佳喷油时间和喷油量，然后发出喷油脉冲信号，控制喷油器电磁阀的开启时刻及开启持续时间，从而精确控制发动机的工作过程。

柴油机电子控制共轨系统包括传感器、电控单元（ECU）和执行器，如图8-85所示。

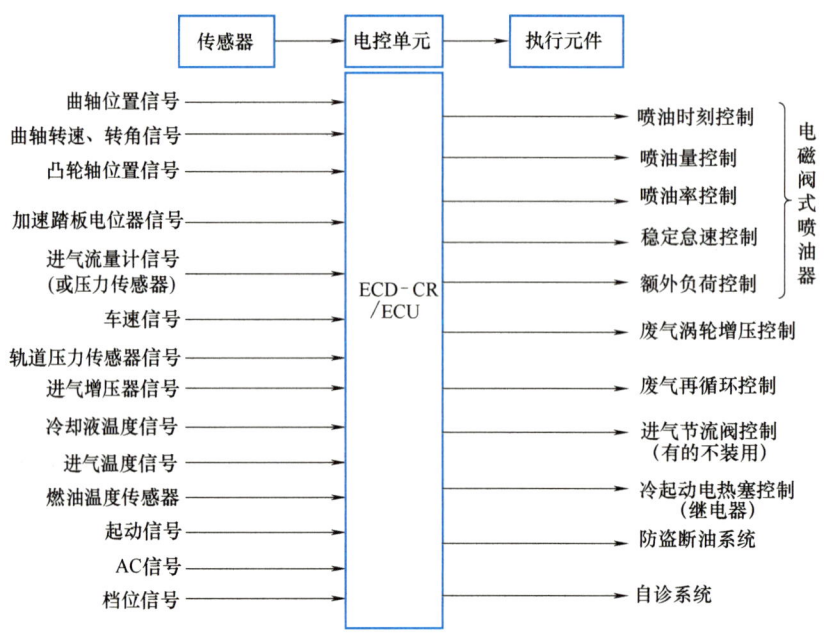

图 8-85　柴油机电子控制共轨系统组成

## 本章小结

汽车发动机管理系统通过电子控制手段对发动机的喷油、点火、空燃比、排放废气等进行优化控制，保证发动机可以在最佳工况下工作，从而提高发动机的动力性、燃油经济性和排放性。

按发动机所用燃料不同，发动机管理系统可分为汽油机管理系统、柴油机管理系统和气体燃料发动机管理系统。

汽油机管理系统可按照喷油器喷射位置分为进气管喷射和缸内喷射；按控制方式分为机械控制式、机电结合控制式和电子控制式；按喷射时刻不同分为连续喷射和间歇喷射；按空气流量测量方式分为直接测量方式和间接测量方式；按控制系统有无反馈信号分为开环控制和闭环控制。

汽油机管理系统是一个综合控制系统，其中燃油喷射控制（控制喷油量、喷油正时、燃油停供及油泵控制）和点火控制（控制点火提前角、闭合角）是主要的控制功能，进气控制、怠速控制和排放控制及故障自诊断等为辅助控制系统。

电控汽油机燃油喷射系统一般由空气供给系统、燃油供给系统和电子控制系统三大部分组成。空气供给系统的作用是提供和控制与发动机负荷相适应的清洁空气，与喷油器喷出的汽油形成可燃混合气，主要由空气滤清器、进气总管、空气流量计（进气歧管绝对压力传感器）、节气门位置传感器及节气门体、进气歧管等组成。燃油供给系统的作用是向气缸内供给燃烧所需的燃油，主要由燃油箱、电动燃油泵、燃油滤清器、燃油分配管、燃油压力调节器、喷油器和输油管等组成。电子控制系统的作用是根据发动机工况和车辆的运行状况确定最佳的燃油喷射量，保证发动机具有良好的动力性、燃油经济性和排放性，电子控制系统由电控单元、各种传感器、执行器，以及连接它们的控制电路所组成。

进气控制系统主要有进气惯性增压控制系统、废气涡轮增压系统、可变气门控制系统、电子节气门控制系统等。

怠速控制系统是通过调节发动机怠速空气道面积以控制进气量的方法来实现的，发动机怠速控制系统主要由各种传感器、控制信号开关、电子控制单元和怠速控制阀等组成。

排放控制系统主要包括燃油蒸发排放控制系统、排气再循环、三效催化转换器及空燃比反馈闭环控制系统等。

电子控制共轨式柴油喷射系统是一种新型柴油机电子控制喷油系统，也称为压力—时间控制式电控柴油喷射系统。按功能可分为燃料供给系统和电子控制共轨系统两部分，燃料供给系统主要包括供油泵、共轨管、喷油器等，电子控制共轨系统包括传感器、电控单元和执行器。

## 思考题

1. 电控燃油喷射系统跟传统的化油器式燃油供给系统相比有哪些优点？
2. 简述电控燃油喷射系统的工作原理。
3. 电控燃油喷射系统由哪几部分组成，各有作用？
4. 燃油压力调节器有何作用？它的结构和工作原理是什么？
5. 发动机传感器信号中哪些是模拟信号，哪些是数字信号，模拟信号为什么要转换成数字信号？
6. 电控燃油喷射系统的喷油量是由哪些因素决定的？
7. 简述氧传感器的结构和工作原理。
8. 空气流量计有哪几种？试比较各种空气流量计的优缺点。
9. 简述电子控制高压共轨燃油系统的组成及工作原理。
10. 发动机的排放控制系统有哪些？
11. 发动机为什么要进行断油控制？
12. 发动机为什么要进行怠速控制？

# 第9章　汽车电控自动变速器

【本章教学要点】

| 知识要点 | 掌握程度 | 相关知识 |
| --- | --- | --- |
| 自动变速器概述 | 了解自动变速器的分类、组成及工作原理 | 自动变速器的定义、分类、组成及工作原理 |
| 液力变矩器 | 掌握液力变矩器的结构及工作原理 | 液力变矩器的结构、液力变矩器的工作原理 |
| 行星齿轮变速系统 | 掌握行星齿轮变速系统的结构<br>掌握组合式行星齿轮机构的结构 | 单排行星齿轮机构的组成和传动原理；组合式行星齿轮机构的组成、传动原理；换档执行元件 |
| 液压控制系统 | 掌握液压控制系统的组成<br>掌握液压控制系统的油泵、各类滑阀的结构及工作原理<br>掌握液力变矩器的组成、结构及工作原理 | 液压控制系统的组成；油泵及调压装置、换档信号系统、阀体、换档阀、缓冲安全系统的结构及工作原理；液力变矩器控制装置的组成、结构及工作原理 |
| 电子控制系统 | 掌握电子控制系统的组成<br>掌握电子控制系统输入装置的结构及工作原理<br>掌握电子控制系统的控制过程<br>掌握电子控制系统执行元件的结构及工作原理 | 自动变速器电子控制系统的输入装置、控制装置、执行元件 |
| 无级自动变速器 | 了解无级自动变速器的特点<br>掌握无级自动变速器的结构及工作原理 | 奥迪 Multitronic CVT 的结构及工作原理 |
| 双离合器自动变速器 | 了解双离合器自动变速器的特点<br>掌握双离合器自动变速器的结构及工作原理 | 大众 DQ200 的结构及工作原理 |

汽车的变速器采用液压控制技术和电子控制技术，使变速器能够根据汽车行驶工况的变化，自动地变速、变矩，成为电子控制的自动变速控制系统，即电子控制式自动变速器。目前，汽车常用的电子控制式自动变速器按照其工作原理的不同，大致可分为三种：电控液力自动变速器（Electronic Controlled Transmission，ECT）、无级自动变速器（Continuously Variable Transmission，CVT）和双离合器自动变速器（Dual Shifting Gearbox，DSG）。

电控液力自动变速器是在液力自动变速器的基础上发展起来的，也是目前市场上应用最为广泛的自动变速器，通常简称为电控自动变速器。

无级自动变速器是指在输入轴转速不变的情况下，其输出轴速可以在一定范围内连续变化的变速器。无级变速装置多采用半径可变的主动和从动带轮，通过液压油压力变化，使主动和从动带轮的半径连续变化，从而实现主动和从动带轮间传动比的连续变化。汽车采用无级自动变速器后，可以实现发动机与变速器的最佳匹配，使发动机长时间工作在最佳工况下。因此，无级自动变速器可以有效地提高汽车的动力性、经济性和排放性能。

双离合器自动变速器是一种新型的电控机械式自动变速器，综合了自动变速器（Automatic Transmission，AT）和手动变速器（Manual Transmission，MT）的优势，同时兼顾了目前手动变速器生产线的兼容问题。由于它采用了双离合器结构，从根本上解决了电控机械式自动变速器在换档时的动力中断问题，不仅保证了车辆的动力性和经济性，而且也极大地改善了车辆运行的舒适性。

## 9.1 概述

### 9.1.1 自动变速器的定义

与手动变速器不同，自动变速器是指汽车驾驶中离合器和变速器的操纵都实现自动化，即可以实现自动换档的变速器。目前自动变速器的自动换档过程都是由自动变速器的电子控制单元控制的，因此自动变速器又简称为 EAT（Electronic Automatic Transmission）等。

现今，汽车普遍采用的电控自动变速器，可按照最佳油耗规律控制换档过程，加之采用了超速档和变矩器锁止控制等技术措施，从而使装备电控自动变速器的汽车油耗明显下降。

### 9.1.2 自动变速器的分类

在自动变速器的发展过程中出现了多种结构形式。自动变速器的驱动方式、档位数、变速齿轮的结构形式、变矩器的结构类型及换档控制形式等都有不同之处。下面从不同角度对自动变速器进行分类。

#### 1. 按汽车驱动方式分类

自动变速器按照汽车驱动方式的不同，可分为前轮驱动自动变速器（见图 9-1）和后轮驱动自动变速器（见图 9-2）两种。

前轮驱动自动变速器（又称为自动变速驱动桥，Automatic Transaxle），除了具有与后轮驱动自动变速器相同的组成外，在自动变速器的壳体内还装有差速器和主减速器。

前轮驱动汽车的发动机有纵置和横置两种。纵置发动机的前轮驱动自动变速器的结构和布置与后轮驱动自动变速器汽车基本相同，只是在后端增加了一个差速器。

横置发动机的前轮驱动自动变速器由于汽车横向尺寸的限制，要求有较小的轴向尺寸，因此常将输入轴和输出轴设计成 2 个轴线的方式。变矩器和行星齿轮机构输入轴布置在上方，输出轴则布置在下方。这样的布置减少了变速器总体的轴向尺寸，但增加了变速器的高度，因此可将阀体总成布置在变速器的侧面或上方，以保证汽车有足够的最小离地间隙。

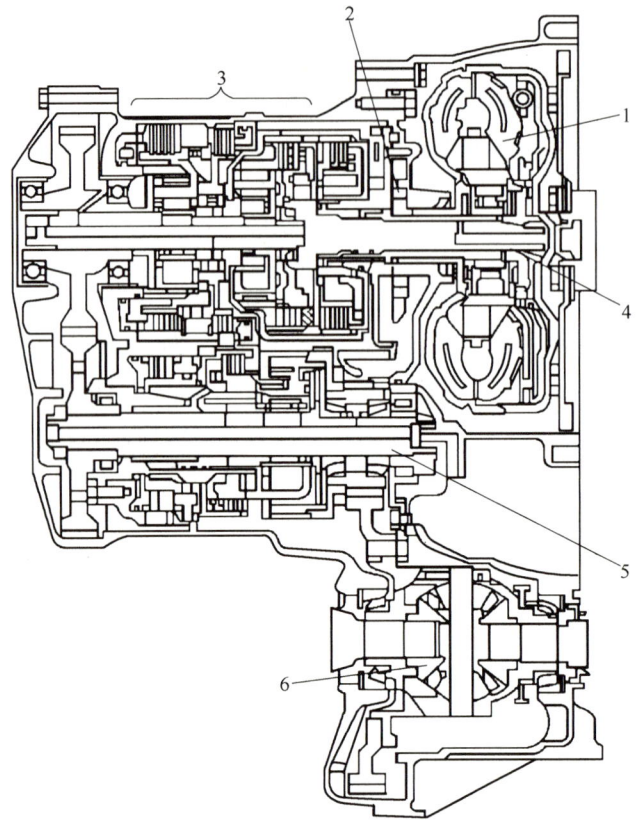

图 9-1 前轮驱动自动变速器

1—液力变矩器 2—油泵 3—行星齿轮机构 4—输入轴 5—输出轴 6—差速器

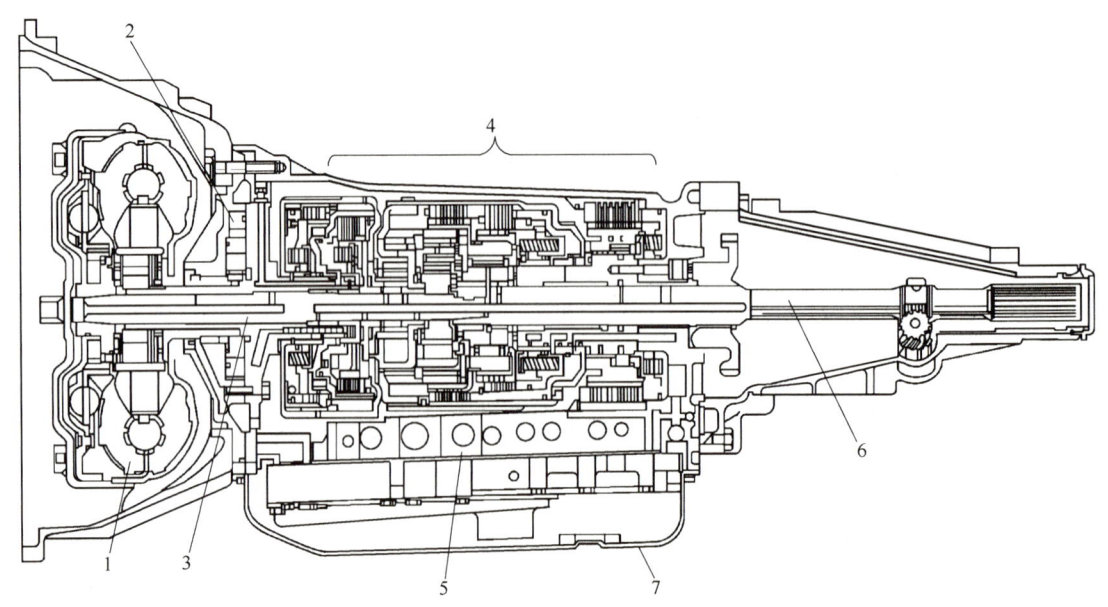

图 9-2 后轮驱动自动变速器

1—液力变矩器 2—油泵 3—输入轴 4—行星齿轮机构 5—阀体总成 6—输出轴 7—油底壳

后轮驱动自动变速器的变矩器和行星齿轮机构的输入轴及输出轴在同一轴线上，因此轴向尺寸较大，阀体总成则布置在行星齿轮机构下方的油底壳内。

**2. 按自动变速器前进档位数分类**

自动变速器按前进档的档数的不同，可分为2档自动变速器、3档自动变速器、4档自动变速器等。早期的自动变速器通常为2个前进档或3个前进档，这两种自动变速器都没有超速档，其最高档为直接档。

现代乘用车装用的自动变速器基本上都是4个前进档，即设有超速档。这种设计虽然使自动变速器的构造更加复杂，但由于设有超速档，大大改善了汽车的燃油经济性。在商用车上，大多采用了5档和6档自动变速器，一些新型乘用车上也开始采用7档和9档自动变速器。

**3. 按变矩器的类型分类**

按液力变矩器的类型不同，自动变速器大致可分为三种：普通液力变矩器式自动变速器、综合液力变矩器式自动变速器和带锁止离合器的液力变矩器式自动变速器。

普通液力变矩器是指由泵轮、涡轮和导轮三个元件组成的液力变矩器。综合式液力变矩器是指在导轮与固定导轮的套管之间装有单向离合器的液力变矩器，它可以自动进行变矩器工况与液力偶合器工况的转换。

目前，大多数乘用车的自动变速器普遍采用带锁止离合器的液力变矩器。当汽车达到一定车速时，控制系统使锁止离合器接合，将液力变矩器的输入部分和输出部分连成一体，使发动机动力直接传入齿轮变速器，从而提高了传动效率，降低了油耗。

**4. 按齿轮传动机构的类型分类**

自动变速器按其齿轮传动机构的类型不同，可分为普通齿轮式和行星齿轮式两种。普通齿轮式自动变速器体积大，最大传动比小，只有少数几种车型使用。行星齿轮式自动变速器结构紧凑，能获得较大的传动比，大多数乘用车均采用。

**5. 按控制方式分类**

自动变速器按控制方式不同，可分为液压控制式自动变速器和电子控制式自动变速器两种。液压控制式自动变速器与电子控制式自动变速器的控制原理与控制过程均有明显区别，如图9-3所示。

液压控制式自动变速器是通过机械方式，将汽车行驶的车速及节气门开度这两个参数转变为液压控制信号；阀体中的各个控制阀根据这些液压控制信号，按照设定的换档规律，通过控制换档执行机构的动作，实现自动换档。

电子控制式自动变速器是通过各种传感器，将发动机转速、节气门开度、车速、发动机冷却液温度、自动变速器油温度等参数转变为电信号，并输入电控单元（ECU）；ECU根据这些信号，按照设定的换档规律，向换档电磁阀、油压电磁阀等发出控制信号，换档电磁阀和油压电磁阀再将ECU的电子控制信号转变为液压控制信号，阀体中的各个控制阀根据这些液压控制信号，控制换档执行机构的动作，从而实现了自动换档。

**6. 按工作原理分类**

按工作原理不同，自动变速器可分为电控液力自动变速器（Automatic Transmission，

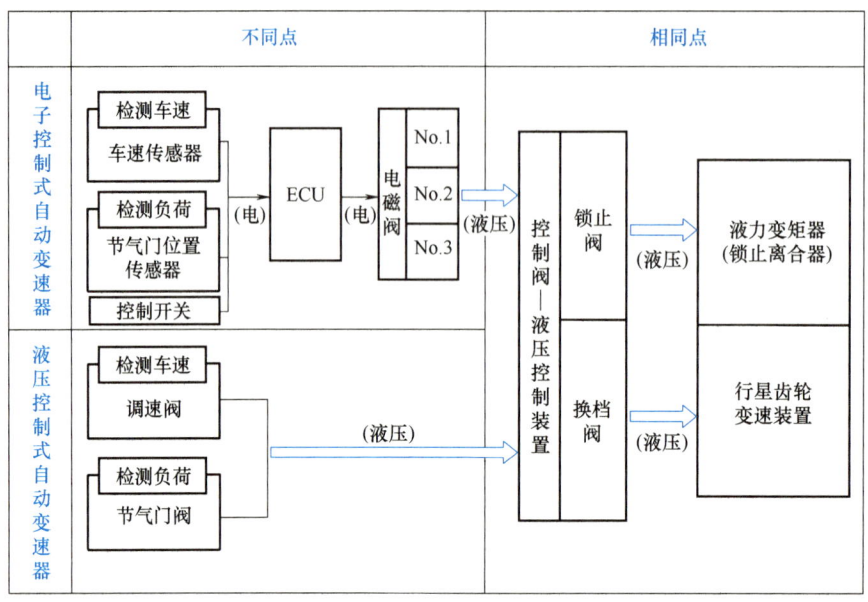

图 9-3 液压控制式与电子控制式自动变速器的区别

AT)、机械自动变速器（Automatic Mechanical Transmission，AMT）和无级自动变速器（Continuously Variable Transmission，CVT）三种。

电控液力自动变速器（或称为电控自动变速器）通常指含有液力变矩器的自动变速器；机械自动变速器在普通手动机械变速器（MT）的基础上增加了一套自动换档控制系统；无级自动变速器指无级控制速比变化的变速器，它的种类很多，有机械式、流体式和电动式等，目前应用最多的是金属带式机械无级变速器。

### 9.1.3 电控自动变速器的组成与工作原理

**1. 组成**

电控自动变速器由液力变矩器、变速系统、液压控制系统、电子控制系统和冷却滤油装置等组成。

(1) 液力变矩器 液力变矩器安装在发动机飞轮上，其主要功用是将发动机输出的动力传递给变速器的输入轴。此外，液力变矩器还能实现无级变速，且具有一定的减速增扭作用。

液力变矩器相当于普通汽车上的离合器，但它在传递力矩的方式上又不同于普通离合器。普通离合器是靠摩擦传递力矩，而液力变矩器是靠液力来传递力矩，且液力变矩器可改变发动机转矩，并能实现无级变速。

(2) 变速系统 变速系统是由换档执行机构和齿轮变速机构组成。

换档执行机构包括离合器、制动器和单向离合器，其功用是改变齿轮变速机构的传动比，从而获得不同的档位。

齿轮变速机构（又称齿轮变速器）功用是实现由起步至最高车速范围内的变速。

(3) 液压控制系统 液压控制系统由液压传动装置（油泵、自动传动液）、阀体（电磁阀、换档阀、锁止阀和调压阀等）以及连接这些液压装置的油道组成。

油泵通常安装在液力变矩器后面，由发动机飞轮通过液力变矩器壳体直接驱动，其功用：一是为液力变矩器和液压控制系统提供具有一定压力的传动油液；二是为齿轮变速机构和变速器运动部件提供润滑油液。油泵作为液压控制系统的动力源将油底壳中的自动传动液（Automatic Transmission Fluid，ATF；又称液压油或自动变速器油）泵出，经过调压阀将油压调节到规定值后，一部分输送到液力变矩器，其余部分输送到液压控制系统的控制机构、换档执行机构和齿轮变速机构，以便实现档位变换和运动部件的润滑。

液压控制系统的功用是：根据电磁阀的工作状态，控制换档元件（离合器和制动器）的油路接通与切断，从而改变齿轮变速机构的传动比来实现自动换档。

（4）**电子控制系统** 电控自动变速器的电子控制系统与其他的电子控制系统一样，也是由传感器与各种控制开关、电控单元（ECU）和执行器三部分组成，如图9-4所示。

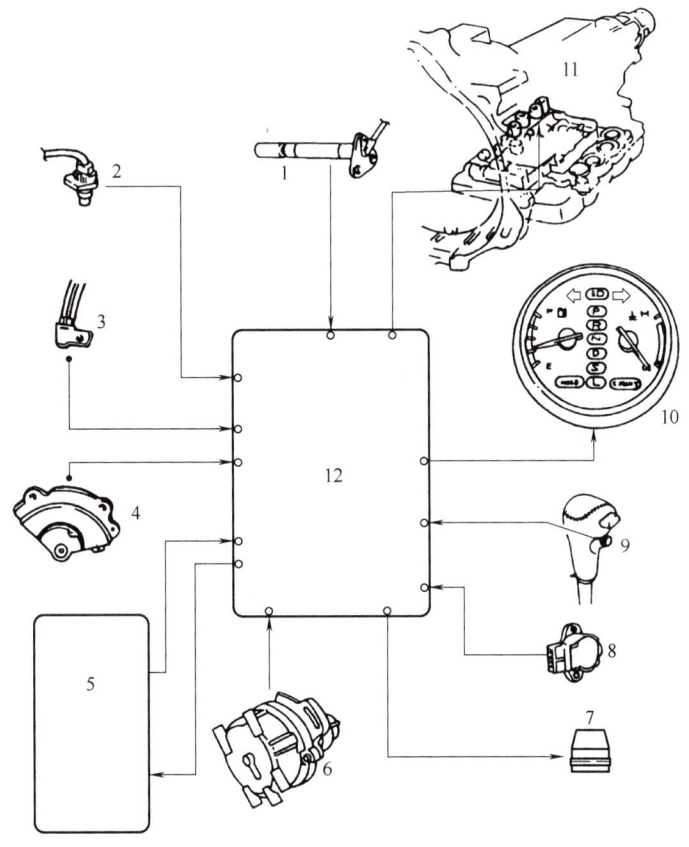

图9-4 电子控制系统

1—输入轴转速传感器 2—车速传感器 3—液压油温度传感器 4—档位开关 5—发动机电控单元（ECU）
6—发动机转速传感器 7—故障诊断插座 8—节气门位置传感器 9—模式开关 10—档位指示灯
11—电磁阀 12—自动变速器电控单元（ECU）

传感器包括节气门位置传感器、车速传感器、冷却液温度传感器等；控制开关包括换档规律选择开关（或称驱动模式选择开关）、O/D开关、空档起动开关、制动灯开关等。

执行器包括换档电磁阀和锁止电磁阀。换档电磁阀常设有两只，即No.1电磁阀和No.2

电磁阀;锁止电磁阀一般设有一只,即 No.3 电磁阀。除此之外,液压控制系统的换档电磁阀和锁止电磁阀、液力变矩器、换档离合器、换档制动器以及齿轮变速机构都属于电子控制系统的执行器。

(5) 冷却滤油装置  自动变速器油(ATF)在自动变速器工作过程中会因冲击、摩擦产生热量,还会吸收齿轮传动过程中所产生的热量,这将使油温升高。油温升高将导致 ATF 黏度下降,传动效率降低,因此必须对 ATF 进行冷却,保持油温在 80~90℃。ATF 是通过油冷却器与冷却液或空气进行热量交换的。自动变速器工作中各部件磨损产生的机械杂质,由滤油器从油中过滤分离出去,以减小机械的磨损、堵塞液压油路和控制阀卡滞。

### 2. 工作原理

电控自动变速器是通过传感器和开关监测汽车和发动机的运行状态,接收驾驶人的指令,将发动机转速、节气门开度、车速、发动机冷却液温度、自动变速器液压油温度等参数转变为电信号,并输入电控单元(ECU)。ECU 根据这些信号,按照设定的换档规律,向换档电磁阀、锁止电磁阀等发出电子控制信号;换档电磁阀和油压电磁阀再将 ECU 发出的控制信号转变为液压控制信号,阀体中的各控制阀根据这些液压控制信号,控制换档执行机构的动作,从而实现自动换档。

## 9.2 液力变矩器

液力变矩器安装于发动机和齿轮变速系统之间,以自动变速器油为工作介质。现阶段汽车采用的液力传动装置经历了如下演变过程:液力偶合器→液力变矩器→综合式液力变矩器→带锁止离合器的综合式液力变矩器。液力偶合器曾应用于早期的汽车半自动变速器及自动变速器中,目前汽车自动变速器中基本不再使用,而是广泛采用了带有锁止离合器的综合式液力变矩器。

### 9.2.1 液力变矩器的结构

在液力变矩器的发展过程中,比较有代表性的结构为三元件液力变矩器、综合式液力变矩器和四元件液力变矩器。

#### 1. 三元件液力变矩器

最初的液力变矩器由可旋转的泵轮和涡轮以及固定不动的导轮组成,称作三元件液力变矩器,如图 9-5 所示。各工作轮用铝合金精密铸造或用钢板冲压焊接而成。

泵轮 4 与变矩器壳 2 连成一体,用螺栓固定在发动机曲轴 1 后端的凸缘上。变矩器壳 2 做成两部分,装配后焊成一体(有的用螺栓连接)。壳体外面有起动齿圈 8。泵轮 4 的作用是把发动机的机械能转换成油液的动能,其内部沿径向装有许多较平直的叶片,叶片内缘装有让变速器油平滑流过的导环,当发动机运转时,泵轮内的工作液依靠离心力的作用从泵轮外缘向外喷出进入涡轮。

涡轮 3 通过从动轴 7 与传动系统的其他部件相连。涡轮 3 的作用是把液体能量转换成涡轮轴上的机械能,涡轮也装有许多叶片,叶片呈曲线形状,方向与泵轮叶片的弯曲方向相反。涡轮叶片与泵轮叶片相对放置,中间留有 3~4mm 的间隙。

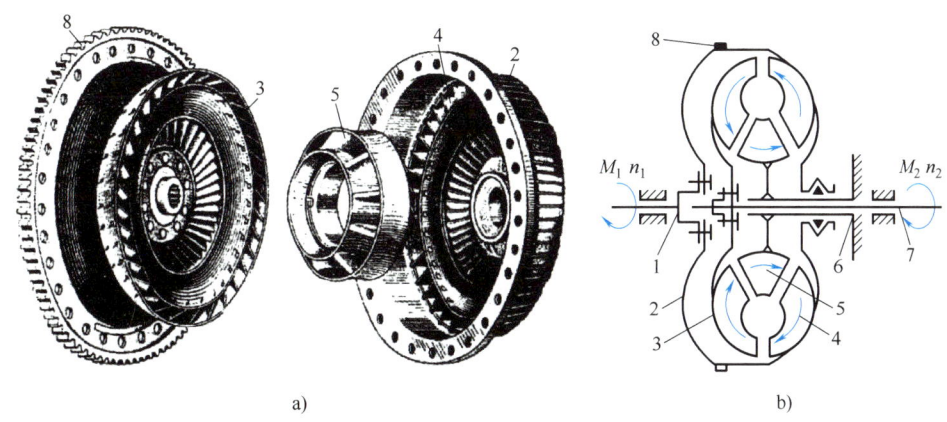

图 9-5 三元件液力变矩器结构示意图
a)液力变矩器元件 b)液力变矩器循环圆
1—发动机曲轴 2—变矩器壳 3—涡轮 4—泵轮 5—导轮 6—导轮固定套管 7—从动轴 8—飞轮齿圈

导轮 5 则固定在不动的导轮固定套管 6 上,导轮的作用是改变液流方向,增加转矩。导轮叶片截住离开涡轮的 ATF,并改变其方向,使 ATF 冲击泵轮的背面,给泵轮一个额外的助力。

所有工作轮在装配后,形成断面为循环圆的环状体。和偶合器一样,变矩器正常工作时,储于环形内腔中的工作液,除有绕变矩器轴的圆周运动以外,还有在循环圆中沿图 9-5 中箭头所示方向的循环流动,故能将转矩从泵轮传到涡轮上。

与偶合器不同的是:变矩器不仅能传递转矩,且能在泵轮转矩不变的情况下,随着涡轮的转速(反映着汽车行驶速度)不同而改变涡轮输出转矩。

变矩器之所以能起变矩作用,是由于结构上比偶合器多了导轮机构。在循环流动的过程中,固定不动的导轮给涡轮一个反作用力矩,使涡轮输出的转矩不同于泵轮输入的转矩。

**2. 综合式液力变矩器**

目前汽车自动变速器中所用的液力变矩器基本都是综合式液力变矩器,它综合利用了液力偶合器和液力变矩器的优点,传递动力更加平顺可靠,同时工作效率也得到了很大提高。综合式液力变矩器在三元件液力变矩器的基础上增加了单向离合器和锁止离合器,结构如图 9-6 所示。

(1)**单向离合器** 单向离合器(也称超越离合器或自由轮机构)按其结构形式有棘轮式、滚柱式和楔块式三种。

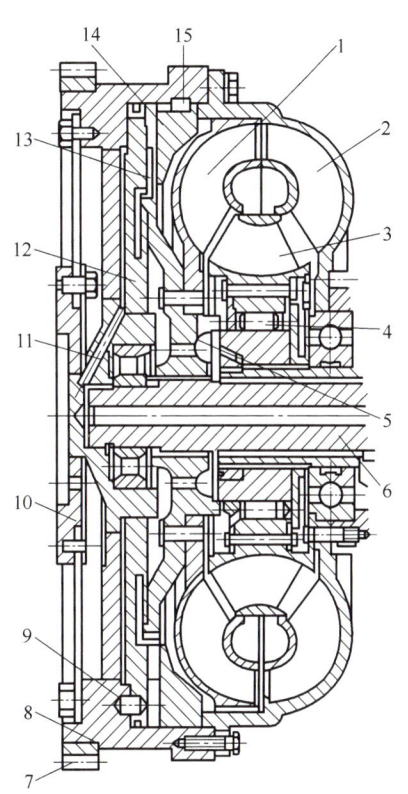

图 9-6 综合式液力变矩器
1—涡轮 2—泵轮 3—导轮 4—单向离合器 5—涡轮轮毂 6—输出轴 7—起动齿圈 8—伺服油缸 9—导向销 10—曲轴凸缘盘 11—油道 12—活塞 13—从动盘 14—传力盘 15—连接盘

液力变矩器中常用的单向离合器为滚柱式，结构如图9-7所示，由外座圈、内座圈、导轮、滚柱和不锈钢叠片弹簧组成。外座圈与导轮以铆钉或花键连接，内座圈与固定套管以花键相连，固定套管安装在变速器壳体上，因而内座圈是固定不动的。外座圈的内表面有若干个偏心的圆弧面。叠片弹簧将滚柱压向内、外座圈之间滚道比较狭窄的一端，从而将内、外两个座圈楔紧。

当涡轮转速较低、与泵轮转速差较大时，从涡轮流出的液流冲击导轮叶片正面，力图使导轮按顺时针方向（图9-7中虚线箭头所指）旋转，此时滚柱被楔紧在滚道的窄端，导轮和单向离合器外座圈一起被卡紧在内座圈上固定不动，液流可获得导轮的反作用力矩，变矩器

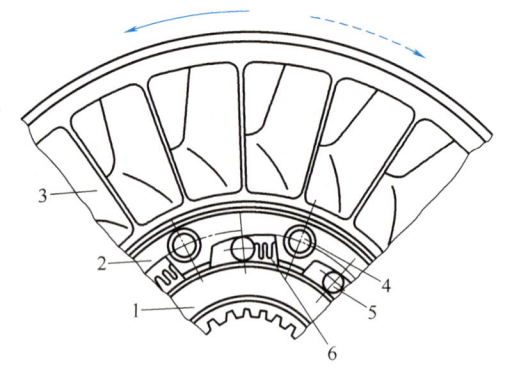

图9-7 综合式液力变矩器用单向离合器结构

1—内座圈 2—外座圈 3—导轮 4—铆钉
5—滚柱 6—不锈钢叠片弹簧

起增大输入转矩的作用。当涡轮转速升高到一定值时，液流对导轮的冲击力反向，即液流冲击导轮叶片背面，使导轮相对于内座圈按图9-7中实线箭头方向转动，滚柱被挤向滚道宽的一端，单向离合器内、外座圈松开，导轮成为自由轮，与涡轮做同向旋转，对液流不再有反作用力。此时，液力变矩器相当于只有泵轮和涡轮工作，如同液力偶合器一样。这种可以转入液力偶合器工况工作的变矩器称为综合式液力变矩器。

使用综合式液力变矩器的目的，在于当涡轮处于低速和中速段时，可利用液力变矩器能增大输入转矩的特点，而在涡轮处于高转速段时，可利用液力偶合器高效率的特点，即结合了普通液力变矩器和偶合器的优点。

电控自动变速器变速系统中用的单向离合器常为楔块式，如图9-8所示，由内环、外环、楔块、保持架等组成。

内环通过固定套用花键与变速器的壳体相连接，外环和导轮相连接，保持架借助于片状弹簧将楔块均匀等分地布置在圆形的内环和外环之间。由于楔块具有特殊的形状，使得长轴方向 $A$ 的尺寸略大于内、外环之间的距离（即内外环半径差 $B$，而在短轴方向 $C$ 的尺寸略小于内外环半径差 $B$）。

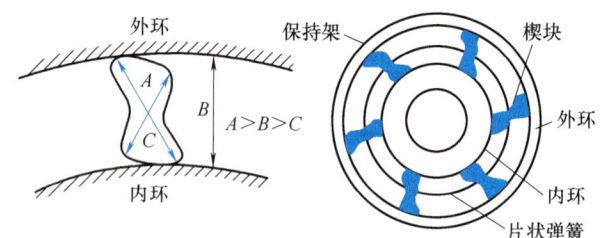

图9-8 楔块式单向离合器结构

当外环相对内环顺时针方向转动时，楔块在摩擦力的作用下立起，由于楔块被卡死在内环与外环之间，此时单向离合器处于锁止状态，从而阻止了内环与外环的相对转动。

当外环相对内环逆时针方向转动时，楔块在摩擦力的作用下倾斜，由于 $C<B$，内、外环可以相对转动，此时单向离合器处于打滑的自由状态；从而使内环与外环所连接件可相对转动，二者无动力传递和连接。保持架能够使楔块总是朝着锁止外环的方向略微倾斜，以加强楔块的锁止功能。

（2）**锁止离合器** 汽车使用液力变矩器，具有很多优点，如提高了起步性能、加速性

能和换档性能,增加了动力传动系统的减振隔振,减小了动载荷,使工作寿命延长等。但是,由于液力变矩器存在着液力损失,与机械传动相比其效率较低,且效率曲线随工况变化,最高效率也只有85%~90%,因而在正常行驶时油耗较高,经济性差。同时,因变矩器的效率低,损失的能量转换成热量,必须进行强制散热,从而增大了自动变速器的体积和重量。

考虑到汽车在平坦路面上行驶时,液力传动的优点不太明显,相反,如用机械传动,则可以提高效率,改善经济性。于是出现了闭锁式液力变矩器,它可以实现液力变矩器传动和机械直接传动两种工况,把两者的优点结合于一体。闭锁式液力变矩器内有一个由液压操纵的锁止离合器。

图9-9所示的结构中,锁止离合器的主动盘就是变矩器壳体,从动盘是可在轴向移动的压盘,通常为了减小离合器接合和分离瞬间的冲击力(即动载),从动盘内圈上带有弹性减振盘,然后与涡轮输出轴相连。主动盘和从动盘相接触的工作面上有摩擦片。压盘右面的液压油与泵轮、涡轮中的压力油相通;压盘左面的液压油通过变矩器输出轴中间的控制油道与阀板总成上的锁止控制阀相通。

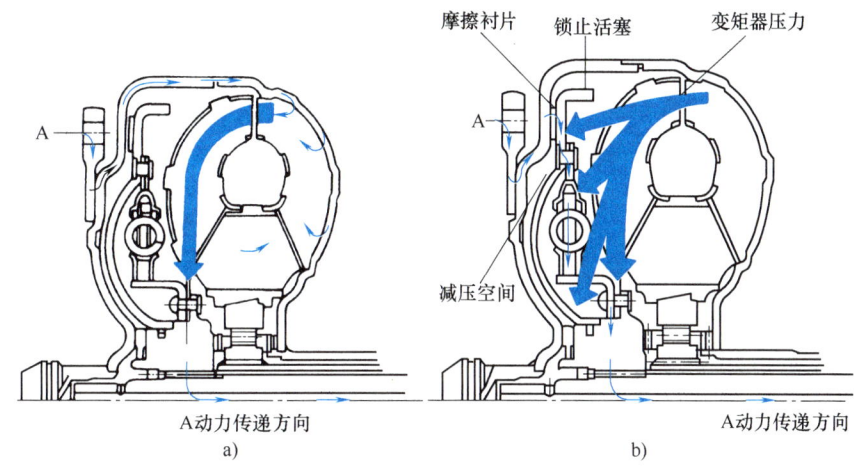

图9-9 锁止离合器的工作原理
a) 分离状态 b) 接合状态

当锁止控制阀接通变矩器压力油路时,压盘左右两侧保持相同的压力,锁止离合器处于分离状态,如图9-9a所示。动力须经液力变矩器传递,可充分发挥液力传动减振隔振、自动适应行驶阻力剧烈变化的优点,适合于汽车起步、换档或在坏路面上行驶工况使用。

当锁止控制阀接通变矩器回油油路时,压盘左侧的油压降低,而压盘右侧的液压油仍为变矩器液压油,压力较高;在此压差的作用下,压盘通过摩擦片压紧在主动盘上,锁止离合器接合,如图9-9b所示。动力经锁止离合器实现机械传动,变矩器输入(泵轮)轴与输出(涡轮)轴成为刚性连接,传动效率较高,提高了汽车的行驶速度和燃油经济性。当锁止离合器接合时,导轮单向离合器即脱开,导轮自由旋转。泵轮和涡轮虽然是同速转动,但与导轮有一定的转速差。因此,在变矩器内仍有少量液流做循环流动,从而有一定的液力损失,即使成为直接机械传动,其传动效率也略低于100%。

根据车速、节气门参数按比例转换的液压信号对锁止控制阀进行控制。现在较多采用的是根据车速、节气门参数按比例转换的电压信号,由电控单元(ECU)进行控制。

液力变矩器在进入锁止工况前,靠液力传递转矩,属于软连接,靠油液衰减振动。进入锁止工况后变矩器和摩擦式、干式离合器一样靠减振弹簧减振。变矩器的减振弹簧被均匀地布置在离合盘上(大部分是布置在外端),被夹在两个铆接在一起的钢片之间。一个钢片固定在离合器组件毂上,另一个固定在离合器盘上。锁止时,突然作用在一个钢片上的转矩被弹簧的压缩作用所吸收,后一个钢片在弹簧压缩后才转动。发动机的扭转振动在减振弹簧压缩过程中被衰减了。发动机和传动系之间的刚性联系变成弹性联系,使离合器接合柔和。

### 3. 四元件液力变矩器

液力变矩器由变矩状态到偶合状态效率显著下降,为改善这种状态,将导轮分割成两个,分别装在各自的单向离合器上,组成四元件液力变矩器,如图9-10所示。

当涡轮转速较低时,涡轮出口处工作油冲击在两导轮正面,此时两导轮的单向离合器锁住,导轮固定,如同液力变矩器工作情况。当涡轮转速增加到一定程度,工作油对第一导轮的冲击力反向,第一导轮便因单向离合器松脱而与涡轮同向旋转,此时只有第二导轮仍起变矩作用。当涡轮转速继续升高到接近泵轮转速时,第二导轮也受到工作油的反向冲击力而与涡轮及第一导轮同向转动,于是液力变矩器全部转入偶合工作状态。

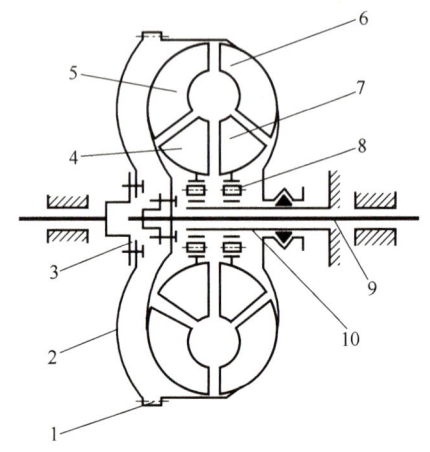

图9-10 四元件液力变矩器的结构

1—起动齿圈  2—变矩器壳  3—曲轴凸缘
4—第一导轮  5—涡轮  6—泵轮  7—第二导轮
8—单向离合器  9—输出轴  10—导轮固定套管

## 9.2.2 液力变矩器的工作原理

液力变矩器的工作原理可以通过一对风扇的工作来描述。图9-11所示,将风扇A通电,将气流吹动起来,并使未通电的电扇B也转动起来,此时动力由电扇A传递到电扇B。为了实现转矩的放大,在两台电扇的背面加上一条空气通道,使穿过风扇B的气流通过空气通道的导向,从电扇A的背面流回,这会加强电扇A吹动的气流,使吹向电扇B的转矩增加。即电扇A相当于泵轮,电扇B相当于涡轮,空气通道相当于导轮,空气相当于ATF。液力变矩器的液流如图9-12所示。

现以液力变矩器工作轮的展开图来说明液力变矩器的工作原理。沿图9-13所示的工作轮循环圆中间流线将3个工作轮叶片假想地展开,得到泵轮、涡轮和导轮的环形平面图(见图9-14)。各叶轮叶片的形状和进出口角度也被显示于图中。

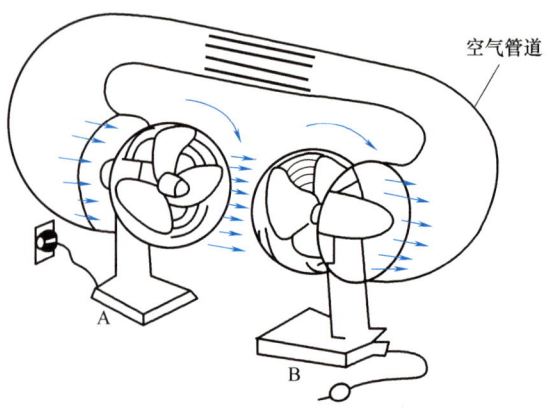

图9-11 液力变矩器的工作原理模型

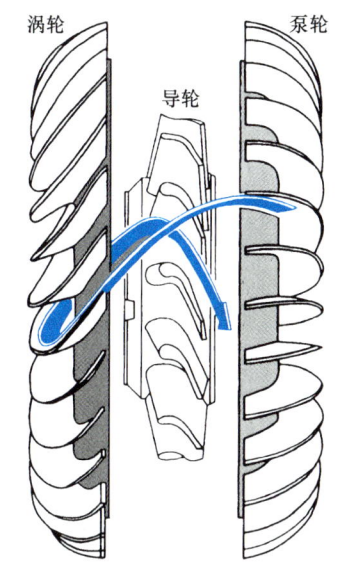

图 9-12 液力变矩器的液流示意图

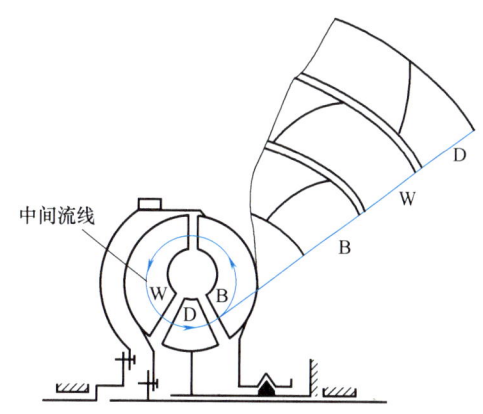

图 9-13 液力变矩器工作轮展开示意图

B—泵轮  W—涡轮  D—导轮

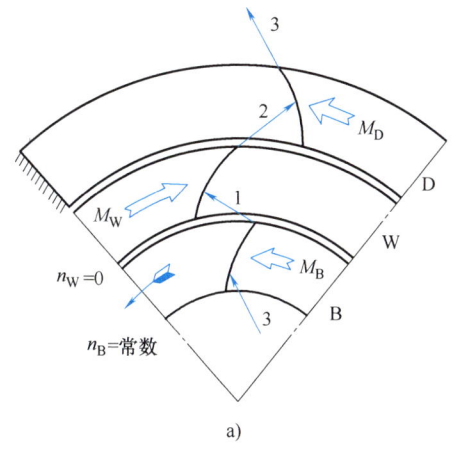

a)

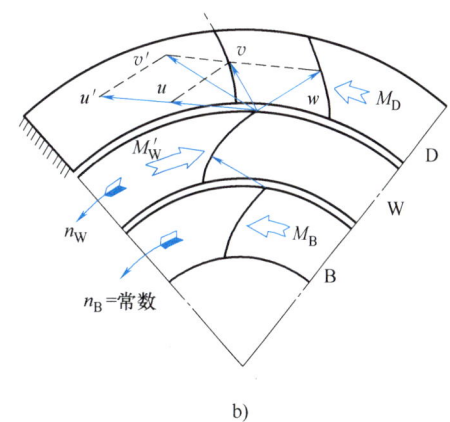

b)

图 9-14 液力变矩器工作原理图

a)当 $n_B$=常数, $n_W$=0 时  b)当 $n_B$=常数, $n_W$ 逐渐增加时

为便于说明,假设发动机转速及负荷不变,即液力变矩器泵轮的转速 $n_B$ 及转矩 $M_B$ 为常数。先以汽车起步工况为例进行讨论。

当发动机运转而汽车尚未起步时,涡轮转速 $n_W$ 为零,如图 9-14a 所示。工作液在泵轮叶片的带动下,以一定的绝对速度沿图中箭头 1 的方向冲向涡轮叶片,对涡轮有一作用力,产生绕涡轮轴的转矩（即液力变矩器的输出转矩）。此时涡轮静止不动,液流则沿着叶片流出涡轮并冲向导轮,其方向如图中箭头 2 所示,该液流也对导轮产生作用力矩。然后液流再从固定不动的导轮叶片沿箭头 3 的方向流回到泵轮中。当液流流过叶片时,对叶片作用有冲击力矩,根据作用力与反作用力定律,液流此时也会受到叶片的反作用力矩,其大小与作用力矩相等,方向相反。作用力矩或反作用力矩的方向及大小与液流进出工作轮的方向有关。

设泵轮、涡轮和导轮对液流的作用力矩分别为 $M_B$、$M_W$、$M_D$，方向如图 9-14 中箭头所示。根据液流受力平衡条件，三者在数值上满足关系式 $M_W = M_B + M_D$，即涡轮转矩等于泵轮转矩与导轮转矩之和。显然，此时涡轮转矩 $M_W$ 大于泵轮转矩 $M_B$，即液力变矩器起到了增大转矩的作用。也可以这样来理解其增矩作用，当液流冲击进入涡轮时，对涡轮有一作用力矩，此为泵轮给液流的力矩；当液流从涡轮流出冲击导轮时，对导轮也有一作用力矩，因导轮被固定在变速器壳体上，从而导轮给液流的反作用力矩通过液流再次作用在涡轮上，使得涡轮的转矩等于泵轮转矩与导轮转矩之和。

当液力变矩器输出的转矩，经传动系统传到驱动轮上所产生的牵引力足以克服汽车起步阻力时，汽车即起步并开始加速，与之相连的涡轮转速 $n_W$ 也从零起逐渐增加。定义液流沿叶片方向流动的速度为相对速度 $w$，在叶轮的作用下所具有的沿圆周方向运动的速度为牵连速度 $u$，二者的矢量和为绝对速度 $v$。涡轮转速 $n_W$ 不为零时，液流在涡轮出口处不仅具有相对速度 $w$ 而且具有牵连速度 $u$，故冲向导轮叶片的液流的绝对速度 $v$ 为两者的合成速度，如图 9-14b 所示。因设泵轮转速不变，即液流循环流量基本不变，故涡轮出口处的相对速度 $w$ 不变，变化的只是涡轮转速 $n_W$，即牵连速度 $u$ 发生变化。由图 9-14 可知，冲向导轮叶片的液流的绝对速度 $v$ 将随牵连速度 $u$ 的增加而逐渐向左倾斜，使导轮上所受转矩值逐渐减小。

当涡轮转速增大到一定值时，由涡轮流出的液流 $v$ 正好沿导轮出口方向冲向导轮，由于液体流经导轮时方向不改变，故导轮转矩 $M_D$ 为零，即涡轮转矩与泵轮转矩相等，$M_W = M_B$。

若涡轮转速 $n_W$ 继续增大，液流绝对速度 $v$ 方向继续向左倾斜，如图 9-14b 中 $v'$ 所示方向，液流冲击导轮叶片反面，导轮转矩方向与泵轮转矩方向相反，则涡轮转矩为前两者转矩之差 $M_W = M_B - M_D$，即变矩器输出转矩反而比输入转矩小。当涡轮转速 $n_W$ 增大到与泵轮转速 $n_B$ 相等时，工作液在循环圆内的循环流动停止，不能传递动力。

## 9.3 行星齿轮变速系统

汽车行驶工况比较复杂，所需的转矩比要求也不一样，液力变矩器虽能在一定范围内自动地、无级地改变转矩比和转速比，但由于液力变矩器存在变矩能力和效率矛盾的缘故，所以变矩能力有限，目前一般在 1～3 范围内，实际应用在轿车上的变矩器最高转矩比仅有 1.70～2.50，液力变矩器难以达到汽车的使用要求。因此，汽车必须设置齿轮变速机构，且应具有速比可变（即具有变速档）、转向可逆（即具有倒档）和切断动力（即具有空档）的功能。自动变速器的齿轮变速系统大多采用行星齿轮方式，主要由行星齿轮机构、换档执行元件等组成。

### 9.3.1 单排行星齿轮机构及传动原理

**1. 行星齿轮机构**

汽车自动变速器采用的行星齿轮机构主要有辛普森式和拉维娜式两种，目前六档及更多档位的自动变速器大都采用辛普森式行星齿轮机构或拉维娜式行星齿轮机构与单行星齿轮排组合的方式实现。

自动变速器是由多个行星排组成，行星排多少取决于档位数量。

最简单的行星齿轮机构称为单排行星齿轮机构，其结构如图 9-15 所示，由太阳轮、内齿圈、行星架、行星齿轮和行星齿轮轴等组成。

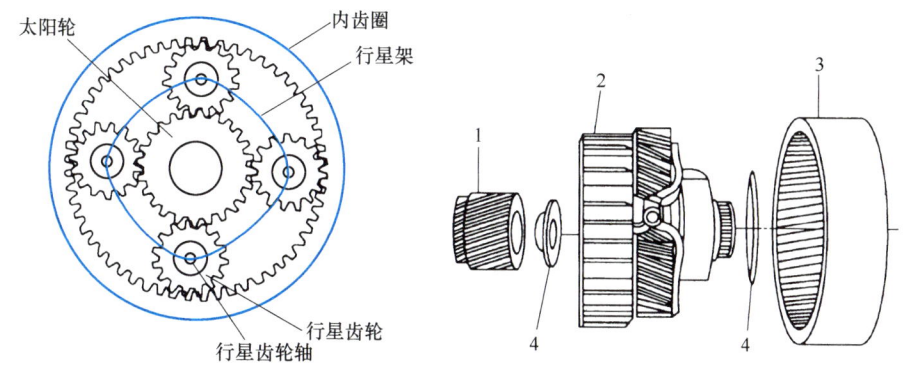

图 9-15　单排行星齿轮机构
1—太阳轮　2—行星架　3—内齿圈　4—止推垫圈

太阳轮为中心齿轮，行星齿轮有 3~6 个，对称布置在太阳轮与内齿圈（环形齿圈）之间，行星齿轮轴上安装有滚针轴承。各行星齿轮用行星架连接成为一个整体。因为各行星齿轮与太阳轮和内齿圈保持啮合，所以行星齿轮既能绕行星齿轮轴自转，又能围绕太阳轮公转，这种关系如同太阳系中地球与太阳的关系。因此，将这样的齿轮机构称为单排行星齿轮机构。

双级行星齿轮排比单级行星齿轮排多了一组行星齿轮，此时太阳轮与内行星齿轮啮合，内行星齿轮与外行星齿轮啮合，外行星齿轮与行星架啮合，内、外行星齿轮安装在同一个行星架上，如图 9-16 所示。由于在太阳轮和内齿圈之间有两组行星齿轮，因此称为双级行星齿轮机构。当行星架固定时，单级行星齿轮机构中太阳轮与内齿圈运动方向相反，而双级行星齿轮机构中太阳轮与内齿圈运动方向相同。

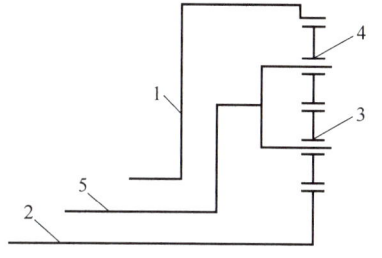

图 9-16　双级行星齿轮机构
1—齿圈　2—太阳轮　3—内行星齿轮　4—外行星齿轮　5—行星架

### 2. 行星齿轮机构的运动规律

在行星齿轮机构中，太阳轮和内齿圈为独立元件，行星齿轮和行星架安装在一起，其运动状态相互影响，因此在工作过程中也作为一个元件加以利用。

单排行星齿轮机构的受力情况如图 9-17 所示。

行星齿轮机构的运动规律和传动比计算可根据行星齿轮机构的受力情况建立力矩平衡方程式后，再根据能量守恒定律得到太阳轮、内齿圈和行星架 3 个元件上输入与输出功率的代数和为零的方程式，推导出行星齿

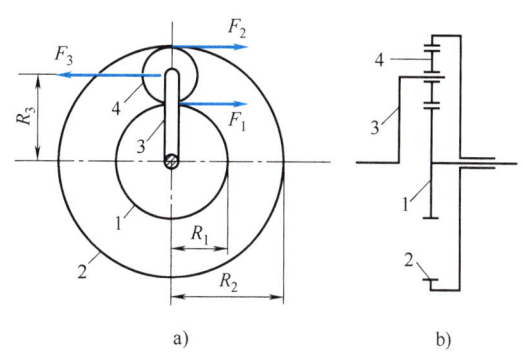

图 9-17　单排行星齿轮机构受力情况
a）受力情况　b）传动关系
1—太阳轮　2—内齿圈　3—行星架　4—行星齿轮

轮机构的运动规律方程;也可通过转速关系,假定行星架固定,此时行星齿轮系转化成定轴轮系,太阳轮和齿圈相对于行星架的转速之比等于其齿数之比,单级行星排中两者转向相反,双级行星排中两者转向相同,据此推导出行星齿轮机构的运动规律方程式如下:

单级行星齿轮排:

$$n_1 + \alpha n_2 - (1+\alpha) n_3 = 0 \qquad (9\text{-}1)$$

双级行星齿轮排:

$$n_1 - \alpha n_2 - (1+\alpha) n_3 = 0 \qquad (9\text{-}2)$$

式中,$n_1$ 为太阳轮转速,r/min;$n_2$ 为齿圈转速,r/min;$n_3$ 为行星架转速,r/min;$\alpha$ 为齿圈与太阳轮齿数之比。

### 3. 行星齿轮机构的变速原理

依据图9-17受力情况,并由运动规律方程式(9-1)可知,将太阳轮、内齿圈和行星架三者中的任一元件与主动轴相连作为动力输入元件,第二元件与被动轴相连作为动力输出元件,还要将第三元件强制固定,使其转速为零或为某一固定转速,行星齿轮排才能以一定的传动比传递动力,实现不同档位和速度的变化。另外,在行星齿轮机构中,行星齿轮对传动比没有任何影响,在传递动力过程中只起过渡作用,决定传动比的仍然是主、从动齿轮的齿数或转速。

为了便于定量分析变速传动速比,设太阳轮齿数 $Z_1 = 24$,内齿圈齿数 $Z_2 = 56$,则

$$\alpha = \frac{Z_2}{Z_1} = \frac{56}{24} \approx 2.33 \qquad (9\text{-}3)$$

**(1) 太阳轮1固定($n_1 = 0$)**

1) 内齿圈2为主动件(输入),行星架3为从动件(输出),即减速传动。

在太阳轮1固定($n_1 = 0$)的前提下,由式(9-1)可得传动比 $i_{23}$ 为

$$i_{23} = \frac{n_2}{n_3} = \frac{1+\alpha}{\alpha} \approx 1.43 \qquad (9\text{-}4)$$

当内齿圈按顺时针方向转动时,各行星齿轮既要分别绕各自的轴沿顺时针方向转动(即自转),还要绕太阳轮沿顺时针方向滚动(公转),同时带动行星架沿顺时针方向旋转。内齿圈旋转1.43转,行星架旋转1转。从动件(行星架)与主动件(内齿圈)旋转方向相同,且从动件转速低于主动件转速,因此这种方案可以实现减速传动,但其转速降低和转矩增加比上述内齿圈固定时的减速传动方案少,如将上一种方案作为减速传动低档,此种方案则可作为减速传动高档。

2) 行星架3为主动件(输入),内齿圈2为从动件(输出),即超速传动。

在太阳轮1固定($n_1 = 0$)的前提下,由式(9-1)可得传动比 $i_{32}$ 为

$$i_{32} = \frac{n_3}{n_2} = \frac{\alpha}{1+\alpha} \approx 0.70 \qquad (9\text{-}5)$$

当行星架绕固定不动的太阳轮按顺时针方向转动时,如图9-18a所示,就会带动各行星齿轮绕太阳轮沿顺时针方向滚动(公转)和绕各自的轴沿顺时针方向转动(即自转),与此同时,带动内齿圈沿顺时针方向转动。行星架旋转0.70转,内齿圈旋转1转。从动件(内齿圈)与主动件(行星架)旋转方向相同,且从动件转速高于主动件转速,这种方案可以

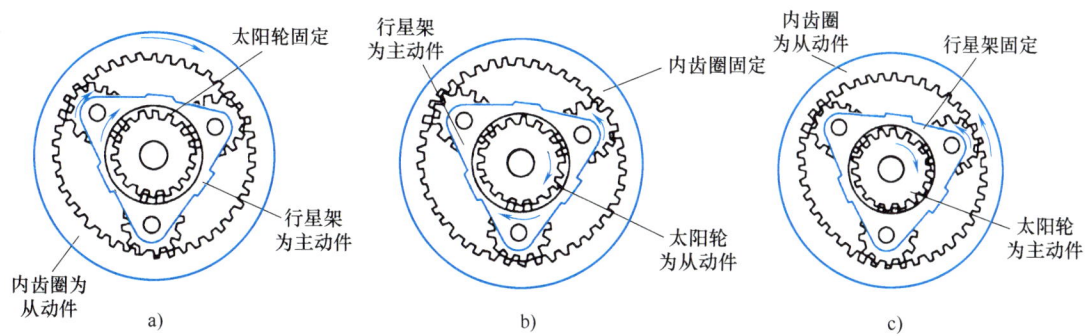

图 9-18 单级行星齿轮机构的工作情况
a）太阳轮固定 b）齿圈固定 c）行星架固定

实现超速传动。

**(2) 内齿圈 2 固定（$n_2=0$）**

1）太阳轮 1 为主动件（输入），行星架 3 为从动件（输出），即减速传动。

在内齿圈 2 固定（$n_2=0$）的前提下，由式（9-1）可得传动比 $i_{13}$ 为

$$i_{13}=\frac{n_1}{n_3}=1+\alpha\approx 3.33 \tag{9-6}$$

当太阳轮按顺时针方向转动时，各行星齿轮既要分别绕各自的轴沿逆时针方向转动（即自转），还要沿内齿圈并绕太阳轮沿顺时针方向滚动（即公转），同时带动行星架绕太阳轮沿顺时针方向旋转。太阳轮旋转 3.33 转，行星架旋转 1 转。因为从动件（行星架）与主动件（太阳轮）旋转方向相同，且从动件转速低于主动件转速，因此这种方案可以实现减速传动。

2）行星架 3 为主动件（输入），太阳轮 1 为从动件（输出），即超速传动。

在内齿圈 2 固定（$n_2=0$）的前提下，由式（9-1）可得传动比 $i_{31}$ 为

$$i_{31}=\frac{n_3}{n_1}=\frac{1}{1+\alpha}\approx 0.30 \tag{9-7}$$

当行星架按顺时针方向转动时，如图 9-18b 所示，各行星齿轮也将分别绕各自的轴沿逆时针方向转动（即自转），同时驱动太阳轮沿顺时针方向转动。行星架旋转 0.3 转，太阳轮旋转 1 转。因为从动件（太阳轮）与主动件（行星架）旋转方向相同，且从动件转速高于主动件转速，所以此种方案可以实现超速传动。

**(3) 行星架 3 固定（$n_3=0$）**

1）太阳轮 1 为主动件（输入），内齿圈 2 为从动件（输出），即倒档减速传动。

在行星架 3 固定（$n_3=0$）的前提下，由式（9-1）可得传动比 $i_{12}$ 为

$$i_{12}=\frac{n_1}{n_2}=-\alpha\approx -2.33 \tag{9-8}$$

式中，负号表示从动件与主动件的旋转方向相反。当行星架固定不动时，如图 9-18c 所示，各行星齿轮只能自转而无公转。此时行星齿轮作为惰轮使从动轮（内齿圈）与主动轮（太阳轮）反向转动。太阳轮转动 2.33 转，内齿圈转动 1 转。此种方案可以实现减速、倒档传动。

2）内齿圈 2 为主动件（输入），太阳轮 1 为从动件（输出），即倒档超速传动。

在行星架 3 固定（$n_3=0$）的前提下，由式（9-1）可得传动比 $i_{21}$ 为

$$i_{21}=\frac{n_2}{n_1}=-\frac{1}{\alpha}\approx-0.43 \qquad (9\text{-}9)$$

当行星架固定不动、内齿圈为主动轮时，行星轮作为惰轮使从动轮（太阳轮）与主动轮（内齿圈）反向转动。内齿圈转动 0.43 转，太阳轮转动 1 转。此种方案可以实现超速、倒档传动。

**（4）联锁任意两个元件**（$n_1=n_2$ 或 $n_1=n_3$ 或 $n_2=n_3$），**即直接档传动** 如将太阳轮、内齿圈和行星架 3 个元件中的任意两个元件联锁成一体（即 $n_1=n_2$ 或 $n_1=n_3$ 或 $n_2=n_3$），各齿轮间就没有相对运动，由式（9-3）可得 $n_1=n_2=n_3$，即整个行星齿轮机构将成一整体而旋转。此种方案可作为直接档传动。

**（5）所有元件都不受控制，即空档** 在太阳轮、内齿圈和行星架 3 个元件中，如果所有元件都不受约束（固定），任何两个元件也没有联锁成一体，则各元件将自动转动，即当输入轴转动时，输出轴可以不动，行星齿轮机构将不传递动力，此种方案可作为空档。

综上所述，单级行星齿轮机构的运动规律见表 9-1。

表 9-1　单级行星齿轮机构的运动规律

| 方案 | 主动件 | 从动件 | 固定件 | 传动比 | 备注 |
|---|---|---|---|---|---|
| 1 | 太阳轮 | 行星架 | 内齿圈 | $1+\alpha$ | 减速增矩 |
| 2 | 内齿圈 | 行星架 | 太阳轮 | $\dfrac{1+\alpha}{\alpha}$ | |
| 3 | 太阳轮 | 内齿圈 | 行星架 | $-\alpha$ | |
| 4 | 行星架 | 内齿圈 | 太阳轮 | $\dfrac{\alpha}{1+\alpha}$ | 增速减矩 |
| 5 | 行星架 | 太阳轮 | 内齿圈 | $\dfrac{1}{1+\alpha}$ | |
| 6 | 内齿圈 | 太阳轮 | 行星架 | $-\dfrac{1}{\alpha}$ | |
| 7 | 三个元件中任意两个连成一体 | | | 1 | 直接传动 |
| 8 | 所有元件不受约束 | | | 自由转动 | 不传递动力 |

在单级行星齿轮机构中，太阳轮齿数最少，内齿圈齿数稍大，而行星架当量齿数等于太阳轮齿数和内齿圈齿数之和，为最大。为便于记忆，可将单级行星齿轮机构的运动规律归纳如下：

1）只要行星架固定，另两个元件为主、从动件，就旋向相反，传动比根据齿数关系确定。

2）只要行星架参与传动，另两个元件之一固定，就旋向相同，传动比根据齿数关系确定。

3）若任意两元件连为一体，则实现同向等速传动比为 1，即直接档。

4）若无固定元件和元件间连接，则为空档。

用相同的方法对式（9-4）进行分析计算可得到双级行星齿轮机构的运动规律见表 9-2。

表 9-2 双级行星齿轮机构的运动规律

| 方案 | 主动件 | 从动件 | 固定件 | 传动比 | 备注 |
|---|---|---|---|---|---|
| 1 | 太阳轮 | 行星架 | 内齿圈 | $1-\alpha$ | 减速增矩 |
| 2 | 行星架 | 内齿圈 | 太阳轮 | $\dfrac{\alpha}{\alpha-1}$ | 减速增矩 |
| 3 | 太阳轮 | 内齿圈 | 行星架 | $\alpha$ | 减速增矩 |
| 4 | 内齿圈 | 行星架 | 太阳轮 | $\dfrac{\alpha-1}{\alpha}$ | 增速减矩 |
| 5 | 行星架 | 太阳轮 | 内齿圈 | $\dfrac{1}{1-\alpha}$ | 增速减矩 |
| 6 | 内齿圈 | 太阳轮 | 行星架 | $\dfrac{1}{\alpha}$ | 增速减矩 |
| 7 | 3 个元件中任意两个连成一体 | | | 1 | 直接传动 |
| 8 | 所有元件不受约束 | | | 自由转动 | 不传递动力 |

双级行星齿轮机构中，内齿圈齿数最大，太阳轮齿数最小，而行星架的当量齿数等于内齿圈齿数减去太阳轮齿数，为中间齿数。为便于记忆，可将双级行星齿轮机构的运动规律归纳如下：

1）只要内齿圈固定，另两个元件为主、从动件，就旋向相反，传动比根据齿数关系确定。

2）只要内齿圈参与传动，另两个元件之一固定，就旋向相同，传动比根据齿数关系确定。

3）若任意两个元件连为一体，则实现同向等速传动，传动比为 1，即直接档。

4）若无固定元件和元件间连接，则为空档。

单排行星齿轮机构的变速范围有限，不能满足汽车的实际需要，汽车用行星齿轮变速器是由两个或多个单排行星齿轮机构组成，其变速原理与单排行星齿轮机构相同，传动比可根据上述单排行星齿轮机构的运动规律方程式推导得出。

### 9.3.2 组合式行星齿轮机构

目前，汽车上常用的行星齿轮变速机构如下：

1）辛普森（Simpson）式行星齿轮机构。

2）拉维娜（Ravigneaux）式行星齿轮机构。

3）CR-CR 式行星齿轮机构，又称串联式或改进辛普森式行星齿轮机构。

4）威尔逊（Wilson）式行星齿轮机构。

早期的汽车自动变速器一般采用上述行星齿轮机构形成三速或四速的变速器，后来随着档位数量的增加，在上述行星齿轮机构的基础上增加一个或多个行星齿轮排和换档执行元件形成六速、八速甚至更多前进档的变速器。所以上文介绍的几种基本行星齿轮机构仍然在广泛应用。

采用辛普森式行星齿轮机构的常见的变速器有丰田汽车公司的 A341E、A342E 四速自动变速器，A350E 五速自动变速器；ZF 公司的 ZF4HP33、ZF5HP18、3HP20、3HP22；日产的 3N71B、K-R80；福特的 C3、C4、C6；通用的 THM125C、THM350、3T40、3L80 等。

拉维娜式行星齿轮机构常见的变速器有奥迪 A6 采用的 01V 五速自动变速器、A8 采用的 09E 六速自动变速器，迈腾 09G 六速自动变速器，福特 A0D、A0T，三菱 KM175、KM175，雷诺 16TA，ZF 公司的 ZF3HP12、ZF4HP18 等。

CR-CR（改进辛普森）式行星齿轮机构常见的变速器有马自达 FN4A-EL 四速变速器，凯越 4HP-16 四速变速器，别克 4T65E、4T60E、4L80E 四速自动变速器，福特 CD4E，日产 RE4R01A，雪铁龙 AL4 等。

威尔逊式行星齿轮机构常见的变速器有奔驰 722.6/W5A580 五速变速器，宝马 ZF5HP-24、ZF5HP30 五速变速器等。

**1. 辛普森式行星齿轮机构**

辛普森式行星齿轮变速器是由辛普森式行星齿轮机构和相应的换档执行元件组成的，是一种双排行星齿轮机构，根据这两组行星排在变速器中的位置，分别称为前行星排和后行星排，这两组齿轮机构由共用的太阳轮相连接。前、后行星排有两种连接方式：一种是前行星排的齿圈和后行星排的行星架相连，称为前齿圈和后行星架组件（见图 9-19），作为输出构件；另一种是前行星排的行星架和后行星排的齿圈相连，称为前行星架和后齿圈组件（见图 9-20），作为输出构件。经过上述组合，成为一种具有 4 个独立元件的行星齿轮机构。一个典型的辛普森式行星齿轮机构可以提供 3 个前进档和一个倒档。其中三档是传动比为 1 的直接档，但是这种变速器档位变换区间小，不能满足现代汽车燃油经济性的要求，现在已基本不采用，而是在原辛普森式行星齿轮机构的基础上再增加行星排发展出四速甚至更多档位

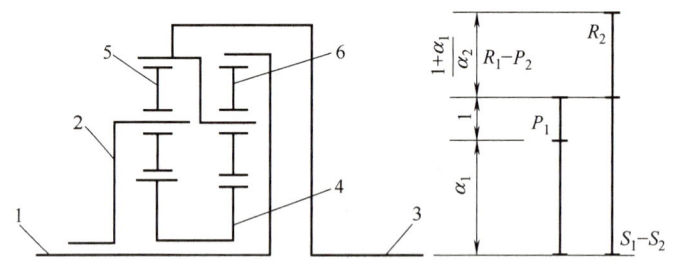

图 9-19　前齿圈和后行星架组件及其等效杠杆图

1—后齿圈　2—前行星架　3—前齿圈和后行星架　4—前后太阳轮　5—前行星齿轮　6—后行星齿轮

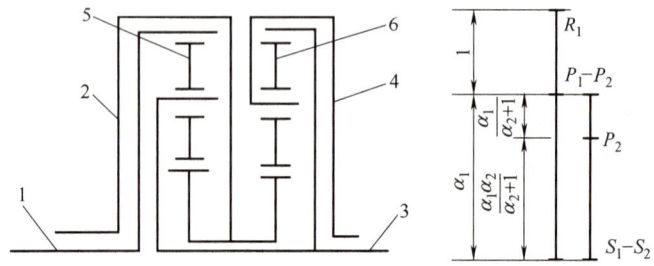

图 9-20　前行星架和后齿圈组件及其等效杠杆图

1—前齿圈　2—前后太阳轮　3—前行星架和后齿圈　4—后行星架　5—前行星齿轮　6—后行星齿轮

的变速器。

图 9-21 所示,以四速变速器为例,在辛普森式行星齿轮机构中设置 3 个离合器、4 个制动器和 3 个单向离合器,共有 10 个换档执行元件,即可使之成为 1 个具有 4 个前进档和 1 个倒档的行星齿轮变速器,各换档执行元件的功能见表 9-3。

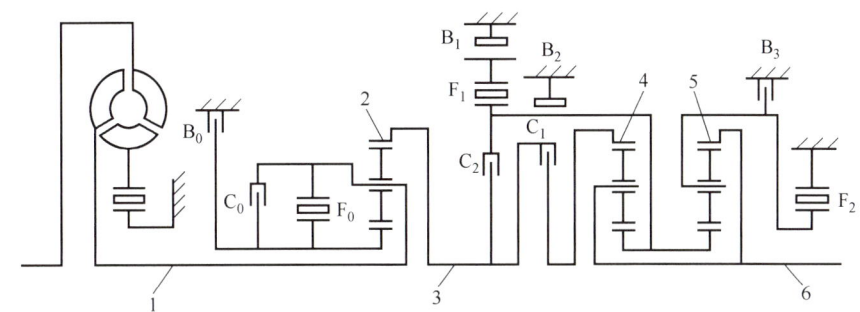

图 9-21　四档辛普森式行星齿轮变速系统结构简图

1—输入轴　2—超速行星排　3—中间轴　4—前行星排　5—后行星排　6—输出轴
$C_0$—直接离合器　$C_1$—前进离合器　$C_2$—倒档及高档离合器　$B_0$—超速制动器　$B_1$—二档制动器
$B_2$—二档强制制动器　$B_3$—低档及倒档制动器　$F_0$—直接单向离合器　$F_1$—二档单向离合器　$F_2$—低档单向离合器

表 9-3　四档辛普森式行星齿轮变速系统换档执行元件功能表

| 换档执行元件 | 功　能 |
| --- | --- |
| 直接离合器 $C_0$ | 将超速行星排的太阳轮和行星架连接成一体 |
| 前进离合器 $C_1$ | 连接输入轴和前行星排齿圈 |
| 倒档及高档离合器 $C_2$ | 连接输入轴和前、后行星排太阳轮 |
| 超速制动器 $B_0$ | 将超速行星排太阳轮与变速器外壳固结 |
| 二档制动器 $B_1$ | 与 $F_1$ 串联,将前、后行星排太阳轮与变速器外壳固结 |
| 二档强制制动器 $B_2$ | 将前、后行星排太阳轮与变速器外壳固结 |
| 低档及倒档制动器 $B_3$ | 将后排星架与变速器外壳固结 |
| 直接单向离合器 $F_0$ | 防止超速排太阳轮逆转 |
| 二档单向离合器 $F_1$ | $B_1$ 起作用时,锁定前、后行星排太阳轮,防止逆转 |
| 低档单向离合器 $F_2$ | 防止后行星排行星架逆转 |

### 2. 拉维娜式行星齿轮机构

拉维娜式行星齿轮机构由 1 个单排单级行星齿轮机构和 1 个双级单排行星齿轮机构组成,如图 9-22 所示。

前太阳轮、长行星齿轮、共用齿圈、共用行星架 4 个元件构成单级行星齿轮机构,后太阳轮、短行星齿轮、长行星齿轮、共用齿圈构成双级行星齿轮机构。前太阳轮、长行星齿轮、行星架和齿圈组成 1 个单级行星排,也称为前行星排;后太阳轮、短行星齿轮、长行星齿轮、行星架和齿圈组成 1 个双级行星排,也称后行星排。通过布置不同的换档执行元件可以得到 3 个或 4 个前进档的变速器。拉维娜式行星齿轮机构自 20 世纪 70 年代开始应用于许多轿车自动变速器,特别是前轮驱动式轿车的自动变速器,如奥迪、大众、福特、马自达等

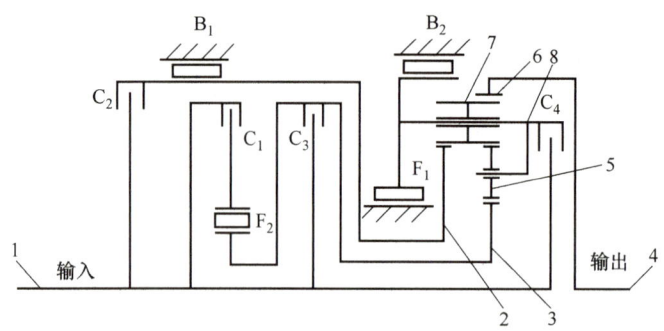

图 9-22 拉维娜式行星齿轮变速系统结构简图

1—输入轴 2—前太阳轮 3—后太阳轮
4—输出轴 5—短行星齿轮 6—齿圈 7—长行星齿轮 8—行星架

车型的自动变速器。

在拉维娜式行星齿轮机构中设置了 4 个离合器、2 个制动器和 2 个单向离合器,共有 8 个换档执行元件,即可使之成为具有 4 个前进档和 1 个倒档的四速行星齿轮变速器。在 5 个换档执行元件中,离合器 $C_1$ 用于连接输入轴和后太阳轮,它在所有前进档中都处于接合状态,故称为前进离合器。而离合器 $C_2$ 用于连接输入轴和前太阳轮,它在倒档和三档(直接档)时接合,故称为倒档及直接档离合器。制动器 $B_1$ 用于固定前太阳轮,它在二档时工作,故称为二档制动器。制动器 $B_2$ 用于固定行星架,它在倒档或自动变速器变速杆位于前进低档时工作,故称为低档及倒档制动器。单向离合器 $F_1$ 在逆时针方向对行星架有锁止作用,它只在一档时工作,故称为一档单向离合器。各换档执行元件在不同档位的工作情况见表 9-4。

表 9-4 拉维娜式行星齿轮变速系统换档执行元件功能表

| 换档执行元件 | 功　能 | 换档执行元件 | 功　能 |
| --- | --- | --- | --- |
| 前进离合器 $C_1$ | 连接输入轴、$F_2$ 和后太阳轮 | 二档和四档制动器 $B_1$ | 将前太阳轮与变速器外壳固结 |
| 倒档离合器 $C_2$ | 连接输入轴和前太阳轮 | 低档及倒档制动器 $B_2$ | 将行星架与变速器外壳固结 |
| 前进强制离合器 $C_3$ | 连接输入轴和后太阳轮 | 低档单向离合器 $F_1$ | 一档时,锁止行星架,防止其逆转 |
| 高档离合器 $C_4$ | 连接输入轴和行星架 | 前进单向离合器 $F_2$ | 汽车滑行时,处于脱离状态,后太阳轮可自由转动 |

### 3. CR-CR 式行星齿轮机构

CR-CR 式行星齿轮机构(或称改进辛普森式行星齿轮机构)是由两个单级行星齿轮排组成的,两个行星排中的太阳轮各自独立,前行星架与后齿圈连接、前齿圈与后行星架连接作为输出部分,如图 9-23 所示。

动力输入可以是前太阳轮、后太阳轮或后行星架通过布置不同的换档执行元件,最多可实现 4 个前进档和一个倒档。目前日本的马自达、日产,美国的通用、福特汽车公司的变速器采用的多为这种结构的行星齿轮机构。

### 4. 威尔逊式行星齿轮机构

还有一些自动变速器的行星齿轮机构与上述 3 种齿轮机构有所不同,它由 3 个单级行星排组成，通过添加适当的换档执行元件可以组成 5 个前进档和 2 个倒档的行星齿轮变速器，自动变速器厂家称为威尔逊式行星齿轮机构。如奔驰 722.6/W5A80 五速变速器、宝马 ZF5HP-24 和 ZF5HP30 五速变速器等都是采用的这种结构。

图 9-24 为奔驰 722.6/W5A80 五速变速器结构简图。

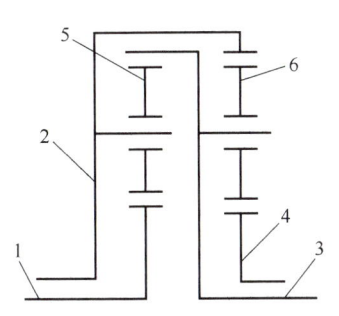

图 9-23 CR-CR 式行星齿轮变速系统结构简图

1—前太阳轮  2—前行星架后齿圈组件  3—前齿圈后行星架组件  4—后太阳轮
5—前行星齿轮  6—后行星齿轮

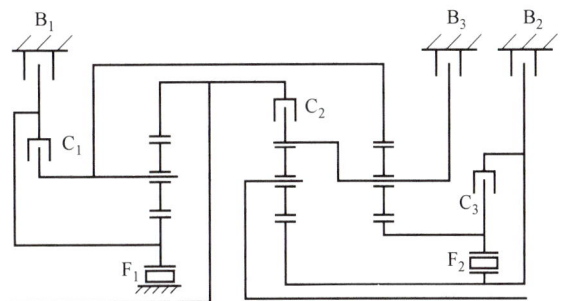

图 9-24 奔驰 722.6/W5A80 五速变速系统结构简图

## 9.3.3 换档执行元件

行星齿轮变速系统中的所有齿轮都是处于常啮合状态，其档位变换必须通过以不同方式对行星齿轮机构的基本元件进行约束（即固定或连接某些基本元件）来实现。能对这些基本元件实施约束的机构，就是行星齿轮变速系统的换档执行机构。

行星齿轮变速系统的换档执行机构主要由离合器、制动器和单向离合器 3 种执行元件组成。离合器和制动器是以液压方式控制行星齿轮机构元件的旋转，而单向离合器则是以机械方式对行星齿轮机构的元件进行锁止。单向离合器前文已经做了详细介绍，此处不再赘述。

**1. 离合器**

离合器的作用是连接轴和行星齿轮机构的旋转元件，如将行星齿轮变速器的输入轴和行星排的某个基本元件连接，或将行星排的某两个基本元件连接在一起，使之成为一个整体转动。

自动变速器中所用的离合器为多片湿式离合器。它通常由离合器鼓、离合器活塞、回位弹簧、钢片、摩擦片、花键毂等组成，其结构如图 9-25 所示。

离合器鼓是一个液压缸，鼓内有内花键齿圈，内圆轴颈上有进油孔与控制油路相通。离合器活塞

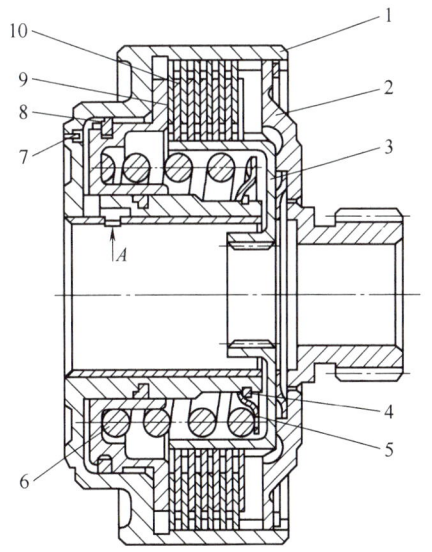

图 9-25 多片湿式离合器的结构

1—离合器鼓  2—所连接行星排的太阳轮
3—花键毂  4—卡环  5—弹簧支承盖
6—回位弹簧  7—溢流阀  8—环形活塞  9—摩擦片  10—钢片

为环形，内、外圆上有密封圈，安装在离合器鼓内。

钢片10和摩擦片9交错排列，二者统称为离合器片，均使用钢料制成，但摩擦片的两面烧结有铜基粉末冶金的摩擦材料，与钢片组成钢基粉末冶金摩擦副。近年来也有以纸质或者合成纤维材料浸树脂代替粉末冶金材料。为保证离合器接合柔和及散热迅速，离合器片浸在油液中工作，因而称为湿式离合器。钢片带有外花键齿，与离合器鼓1的内花键齿圈连接，并可轴向移动。摩擦片则以内花键齿与花键毂3的外花键槽配合，也可做轴向移动。

花键毂和离合器鼓分别以一定的方式与变速器输入轴和行星排的某个基本元件相连，与输入轴相连的通常为主动件，而另一个则为从动件。当压力油经油道进入活塞左面的液压缸时，液压作用力便克服弹簧力使活塞右移，将所有离合器片压紧，即离合器接合，与离合器主、从动部分相连的输入轴及行星排元件也被连接在一起，以相同的速度旋转。当控制阀将作用在离合器液压缸的油压力撤除后，离合器活塞在回位弹簧的作用下恢复原位，并将缸内的油液从进油孔排出，离合器分离，离合器主、从动部分可以不同转速旋转。

离合器处于分离状态时，离合器片之间有一定的轴向间隙，以保证钢片和摩擦片之间无轴向压力，这一间隙称为离合器的自由间隙。一般离合器自由间隙的标准值为0.5~2.0mm，其规定值取决于离合器片的片数、离合器在变速器中的位置，不同的生产厂家也有差别。通常离合器片数越多，或离合器交替工作越频繁，自由间隙的值就越大。自由间隙的大小可以用挡圈或压板进行调整。在使用中如出现间隙过大，则说明离合器片磨损严重，应及时更换。否则有可能因间隙过大，回位弹簧被压至全部并紧而离合器仍未完全接合，造成离合器严重打滑。而如果出现间隙过小，往往是由于离合器片有翘曲，此时需要进行更换。因间隙过小会使离合器分离不彻底，增加离合器片的磨损。

离合器在接合与分离过程中，活塞左端的离合器液压缸内不可避免的残留有少量油液。当离合器鼓随同变速器输入轴或行星排某一元件一起旋转时，残留的油液在离心力的作用下被甩向液压缸的外缘，并在该处产生一定的油压。若离合器鼓的转速较高，该油压将推动活塞压向离合器片，力图使离合器接合，从而导致钢片和摩擦片间出现不正常滑磨，影响离合器片的使用寿命。为了防止出现这种情况，在离合器活塞或离合器鼓左端的壁面上设有一个由钢球组成的溢流阀。如图9-26a所示，当液压油进入液压缸内时，钢球在油压的作用下压紧在阀座上，溢流阀处于关闭状态，保证了液压缸的密封。当液压缸内的液压油通过油路排出时，缸体内的液压力下降，溢流阀14的钢球在离心力的作用下离开阀如图9-26b所示，阀处于开启状态，残留在缸内的液压油因离心力的作用从溢流阀的阀孔中排出，使离合器得以彻底分离。

离合器所能传递的动力，或者说转矩的大小与摩擦片的面积、片数及离合器片间的压紧力有关。片间压紧力的大小由作用在离合器活塞上的油压及作用面积决定，但增大油压会引起离合器接合时的冲击。故当压紧力一定时，离合器所能传递的动力大小就取决于摩擦片的面积和片数。在同一个变速器内通常有几个离合器，考虑到通用化、标准化等因素，这些离合器的尺寸基本相同或相近，但它们所传递动力的大小各异。为了保证动力的传递，每个离合器所使用的摩擦片的片数各不相同。传递的动力越大，所需摩擦片的片数就越多。一般离合器中摩擦片片数为2~6片，钢片片数等于或多于摩擦片的片数。这样，同一厂家生产的同一类型的自动变速器可以在不改变离合器外形和尺寸的条件下，通过增、减摩擦片的片数来满足不同排量车型传递动力的要求。在这种情况下，当增加或减少摩擦片的片数时，要相

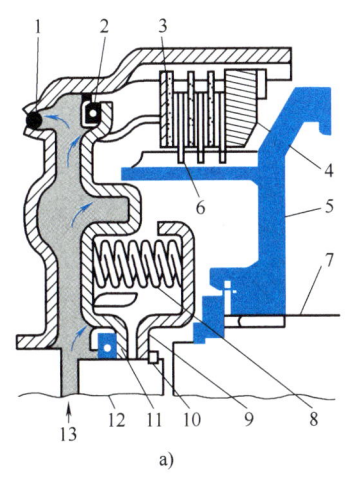
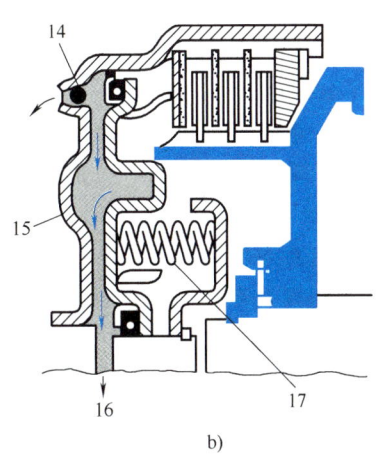

图 9-26 多片湿式离合器的工作原理
a）接合状态　b）分离状态

1—落座的单向阀（溢流阀）　2—密封圈　3—与离合器鼓花键相连的钢片　4—压盘　5—离合器鼓　6—与离合器毂花键相连的摩擦片　7—输出轴　8—被压缩的回位弹簧　9—回位弹簧座　10—挡圈　11—活塞　12—输入轴　13—进油　14—开启的单向阀（溢流阀）　15—离合器毂　16—泄油　17—张开的复位弹簧

应减少或增加钢片的片数，或者是增、减调整垫片的厚度，以保证离合器的自由间隙不变。因此，有些离合器在相邻两个摩擦片间有两片钢片，就是使自动变速器在改型时具有灵活性，而不是漏装了摩擦片。

**2. 制动器**

制动器的作用是固定行星齿轮机构中的基本元件，阻止其旋转。在自动变速器中常用的制动器有片式制动器和带式制动器两种。

（1）**片式制动器**　片式制动器由活塞、回位弹簧、钢片、摩擦片及制动鼓等组成，如图 9-27 所示。它的结构和工作原理与多片湿式离合器基本相同，只是其钢片通过外花键齿安装在变速器壳体的内花键齿圈上，摩擦片则通过内花键齿和制动器鼓上的外花键槽连接。

制动鼓与行星齿轮机构的元件相连。当液压缸中没有液压油时，制动鼓可以自由旋转。当液压油进入制动器的液压缸后，通过活塞将钢片和摩擦片压紧在一起，制动鼓以及与其相连的行星齿轮机构的某一元件被固定住而不能旋转。片式制动器的工作平顺性较好，能通过增、减摩擦片的片数来满足不同排量发动机的要求。

（2）**带式制动器**　带式制动器由制动鼓、制动带、液压缸及活塞等组成。制动鼓与行星齿轮机构的一个基本元件相连，作为一个组件一起旋转。制动带的一端用销钉固定在变速器壳体的制动带支架或制动带调整螺钉上，另一端与制动缸活塞的推杆接触。

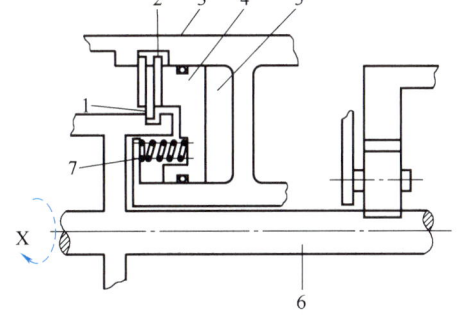

图 9-27 片式制动器的工作原理示意图

1—摩擦片　2—钢片　3—变速器壳体
4—活塞　5—液压缸　6—制动鼓
（太阳轮）　7—回位弹簧

图 9-28 所示为自动变速器中的带式制动器的结构。液压缸 1 底部内端面中央有一矩形凸台，此凸台长边大于活塞顶部孔径，而短边小于孔径。未挂倒档时，活塞被弹簧 4 压向凸台。在弹簧 6 的作用下，星形阀片 2 的顶杆也抵住凸台，两星形阀片与活塞孔端面有间隙。因此在未挂倒档时，阀总是开启的。当手动控制阀处于倒档位置时，液压油进入液压缸，经阀迅速充满活塞内腔，推动套筒 5 向下，通过顶杆 10 和摇臂 11，使制动带 12 收紧，消除了制动带和制动鼓 13 之间的间隙，即实现"预制动"。当液压缸中油压作用力升高到能克服弹簧 4 的作用力时，活塞 3 下移。在弹簧 6 的作用下，星形阀片 2 关闭活塞顶部通孔。而活塞和套筒继续下移，使制动带拉紧，即挂上倒档。

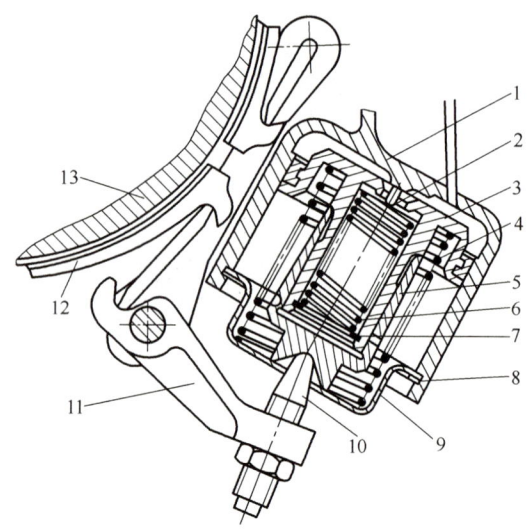

图 9-28 带式制动器结构

1—液压缸 2—星形阀片 3—活塞 4、6—弹簧 5—套筒 7、8—卡环 9—弹簧支承盘 10—顶杆 11—摇臂 12—制动带 13—制动鼓

在预制动时，套筒上的量孔均敞开。当活塞下移时，活塞内腔油液从两量孔泄出。活塞继续下移时将两量孔先后关闭。这样，可利用油液通过量孔的节流作用，提高挂入倒档的平稳性。

若将带式制动器用于行星齿轮机构高速档的操纵，则由于制动时制动鼓以高速旋转，制动带会受到来自制动鼓的反作用力。如果活塞和顶杆为刚性接触，该反作用力将使活塞产生振动，影响工作平顺性。为防止这种情况，可对结构进行改进：将顶杆通过内弹簧装在活塞上（见图 9-29），当制动带受到反作用力时，顶杆被推回，压缩内弹簧，从而起到缓冲该反作用力的效果。

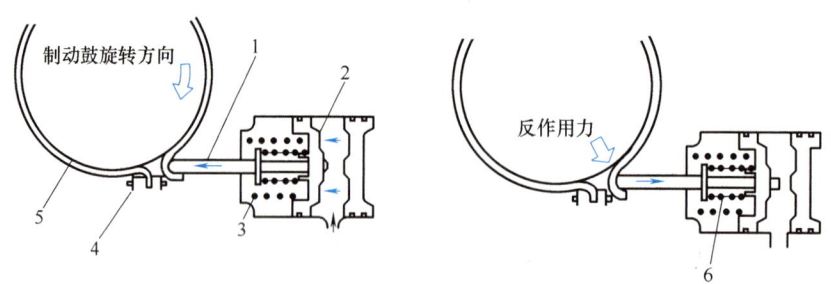

图 9-29 带式制动器的缓冲结构

1—顶杆 2—活塞 3—外弹簧 4—变速器壳体 5—制动带 6—内弹簧

如果液压缸中的液压油撤除，则活塞及顶杆等在弹簧的作用下回位，制动带放松，所挂的档位被解除。

当带式制动器处于放松状态时，制动带与制动鼓之间应有一定的间隙。间隙太大或太小都会影响制动器的正常工作。通常可用制动带调整螺钉来调整间隙。在安装时，一般将螺钉向内拧紧至一定力矩，然后再退回规定的圈数。

## 9.4 液压控制系统

　　自动变速器的行星齿轮变速系统提供了若干传动比，并且可以随汽车工况的变化实现档位的变换，而这一切都需要液压控制系统驱动换档执行元件来进行。液压控制系统的作用是提供油压，并根据车辆行驶车速和发动机负荷等情况对油压进行调节，最终实现档位的自动变换及变矩器中锁止离合器的锁止控制等。

　　液压控制系统由动力源、控制机构和执行机构三部分组成。

　　动力源是油泵，它除了向控制机构、执行机构供给液压油以实现换档外，还给液力变矩器提供冷却补偿油，向行星齿轮变速器供应润滑油。

　　控制机构包括主油路调压装置、换档信号装置、换档阀和缓冲安全装置、变矩器控制装置等。

　　执行机构包括各离合器、制动器的液压工作缸。这部分内容在上一节中已有介绍，在此不再赘述。

### 9.4.1 油泵

　　油泵是液压控制机构和液压油的动力源，它的作用是向控制机构和换档机构提供一定的油压，并给变速器内部元件提供润滑。其技术状况的好坏，对自动变速器使用性能及寿命有很大的影响。

　　油泵通常装在变矩器后端，由变矩器的泵轮通过一个轴套驱动（与发动机同速）。常见的油泵有内啮合齿轮泵、摆线转子泵和叶片泵。

【小提示】

　　当车辆出现故障而被其他车辆拖拽时，由于发动机不工作，油泵无法运转，变速器内没有润滑油的循环流动，离合器和制动器片会出现严重磨损。因此，必须将拖拽的速度控制在30km/h以内，且拖拽距离不能超过80km。最好在拖拽故障车辆时，让驱动轮脱离地面或拆掉传动轴。

　　内啮合齿轮泵在自动变速器中应用最为普遍，具有尺寸小、重量轻、流量脉动小、噪声低的特点。它主要由主动齿轮、从动齿轮、月牙隔板等组成，如图9-30所示。

　　月牙隔板的作用是将主动齿轮和从动齿轮之间的工作腔分成吸油腔和压油腔，并在泵盖上有相应的进油口和出油口。

　　当主动齿轮由发动机带动做逆时针旋转时，与其相啮合的从动齿轮也一起旋转。在左端的吸油腔，随着齿轮退出啮合，容积增大，形成局部真空，将液压

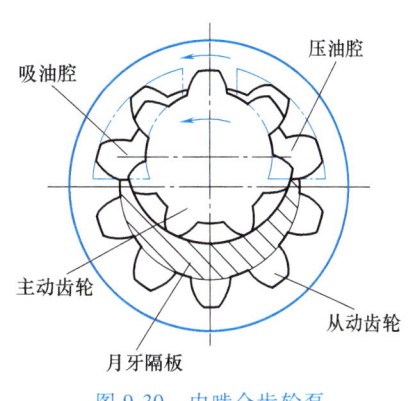

图9-30　内啮合齿轮泵

油吸入,并由于齿轮的旋转,把齿间的油液带到右端压油腔;压油腔则由于主、从动齿轮进入啮合,工作容积减少,压力增加而将油液排出。

决定油泵使用性能的主要因素是齿轮的工作间隙,特别是齿轮端面间隙的影响最大。在这些间隙处,总有一定的油液泄漏。但如果因装配或磨损的原因使得工作间隙过大,油液泄漏量就会增加,严重的甚至造成输出油液压力过低,直接影响系统正常工作。

### 9.4.2 调压装置

**1. 主油路调压阀**

液压油从油泵输出后进入主油路系统。由于油泵是由发动机直接驱动的,故其输出流量和压力均受发动机运转状况的影响。当发动机在怠速附近工作时,转速为1000r/min左右,而在最高车速时,发动机转速在6000r/min左右,从而使得油泵输出的流量和压力变化很大。当主油路压力过高时,会引起换档冲击和增加功率消耗;而主油路压力太低,又会使得离合器、制动器等执行元件打滑,两种情况均会影响液压操纵系统的正常工作。因此在主油路系统中必须设置主油路调压阀。主油路调压阀的作用是将油泵输出压力精确调节到所需值后再输入主油路。它还应满足主油路系统在不同工况、不同档位时,具有不同油压的功能要求。

1)节气门开度较小时,自动变速器所传递的转矩较小,执行机构中的离合器、制动器不易打滑,主油路压力可以降低。而当发动机节气门开度较大时,因传递的转矩增大,为防止离合器、制动器打滑,主油路压力要升高。

2)汽车在低速档行驶时,所传递的转矩较大,主油路压力要高。而在高速档行驶时,自动变速器传递的转矩小,可降低主油路油压,以减小油泵运转阻力。

3)由于倒档的使用时间较少,为减小自动变速器尺寸,倒档执行机构被做得较小,为避免出现打滑,需提高操纵油压。

主油路调压阀通常采用阶梯形滑阀,如图9-31所示。它由上部的阀芯、下部的柱塞及调压弹簧组成。在阀门的上端A处,受到来自油泵的液压作用力;下端则受到柱塞下部C处的来自发动机节气门所控制的节气门阀的液压作用力以及调压弹簧的作用力。A、C两端液压作用力的平衡,决定阀体所处的位置。

若油泵压力升高,作用在A处向下的液压力大,推动阀体下移,出油口打开,油泵输出的部分油液经出油口排回到油底壳,使工作油压被调整到规定值。当加速踏板被踩下时,发动机转速增加,油泵转速随之加快,由油泵产生的液压力也升高,向下的液压作用力增大,但此时,加速踏板控制的节气门阀油压也增强,使得向上的作用力也增大,于是主调压阀继续保持平衡,满足了发动机功率增加时主油路油压增大的要求。

倒档时,手动阀打开另一条油路,将压力油引入主调压阀柱塞的B腔,使得向上推动阀体的油压作用力增加,阀芯上移,出油口被关小,主油路压力增高,从而获得了高于D位、2位、L位等前进档位的管路压力。

**2. 副调压阀**

副调压阀又称二次调节阀,作用是根据汽车行驶速度和节气门开度的变化,自动调节变矩器的油压、各部件的润滑油压和冷却装置的冷却油压。副调压阀也是由阀体、阀芯和弹簧

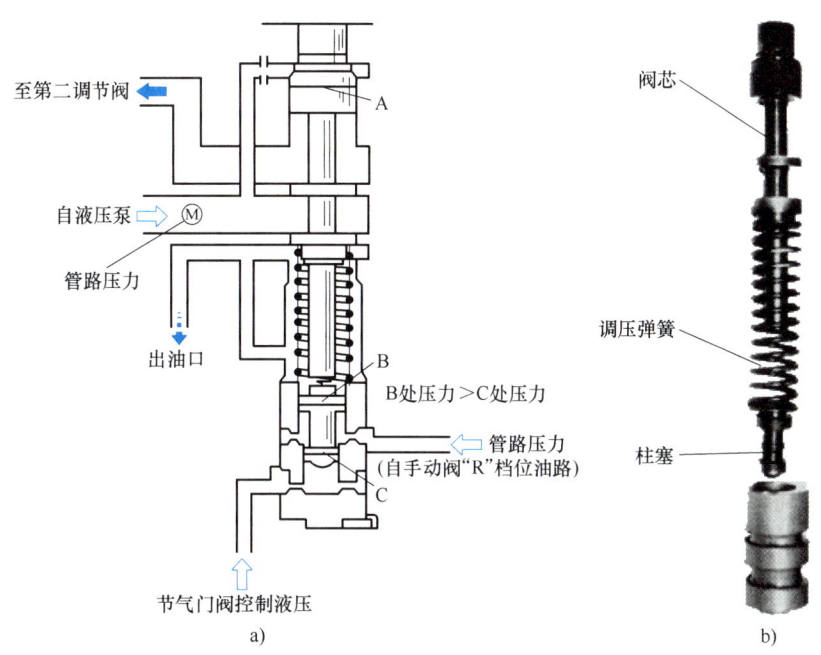

图 9-31 主油路调压阀

a）主油路调压阀结构及油路 b）主油路调压阀内部元件结构

等组成。发动机停止转动时，副调压阀用一个单向控制阀把液力变矩器的油路关闭，使自动变速器油不能外流，以免影响下一次行车时的转矩输出。

### 3. 限压阀

由于油泵由变矩器驱动，其转速与发动机转速完全相同，则油泵的输出油量和压力实际上在很大的范围内变化。为了保证自动变速器的正常工作，油泵的泵油量应满足发动机处于最低转速（怠速）时自动变速器各部分的需要，防止油压过低造成离合器、制动器打滑，影响变速器的动力传递。而当发动机高速运转时，油泵的泵油量将大大超过自动变速器各部分所需的油量和油压，导致油压过高，增加发动机的负荷，并造成换档冲击，过高的油压还会引起油液的泄漏。为避免这种现象的出现，在自动变速器的主油道上设置限压阀，使油泵的输出油压不至于过高，同时减少发动机的功率损失。

根据限压阀结构的不同，可分为球阀式和滑阀式，如图 9-32、图 9-33 所示。其工作原

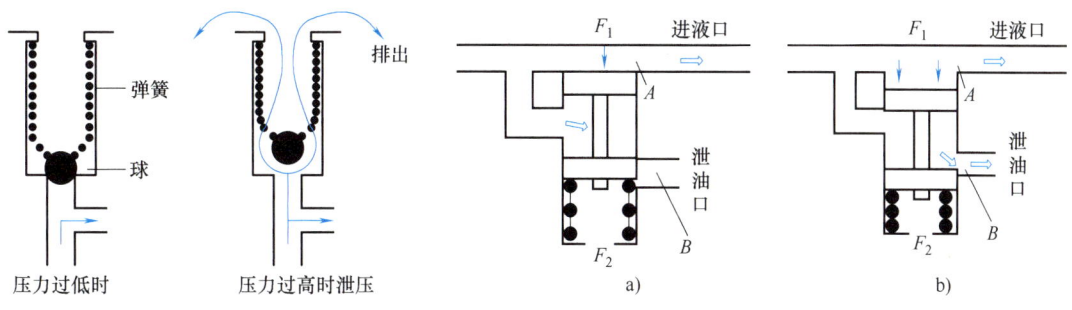

图 9-32 球阀式限压阀

图 9-33 滑阀式限压阀

a）管路压力低于弹簧预紧力 b）管路压力高于弹簧预紧力

理都是依靠弹簧预紧力限定油路的规定压力，当油路压力低于规定压力时，弹簧将球阀或滑阀压紧，使泄油通道关闭；当油路压力高于规定压力时，此时油压作用在球阀或滑阀上的力高于弹簧预紧力，使弹簧进一步压缩，从而泄油通道打开，部分油液从泄油通道流出至油底壳，使油路压力降低直至达到规定油压。

### 9.4.3 换档信号系统

给自动变速器提供换档操纵的有两个信号，即两控制参数：发动机负荷与车速。在液压控制系统中，这两个信号分别由节气门调压阀和速控阀提供。

#### 1. 节气门调压阀

节气门调压阀受发动机加速踏板控制，是随节气门开度大小（即发动机负荷大小）而改变其输出油压力高低的液压阀，输出的油压高低即为自动换档的一个信号。根据输入方式的不同，节气门调压阀分为机械式和真空式两种。

图 9-34 所示为一种常见的机械式节气门调压阀。它由上部的节气门滑阀、回位弹簧 A、下部的强制低档滑阀和调压弹簧 B 等组成。

如图 9-35 所示，真空式节气门调压阀由真空气室、推杆和滑阀等组成。

#### 2. 速控阀

速控阀也称为调速阀或离心调速器。它的作用是为自动变速器换档阀提供一个随车速大小而变化的

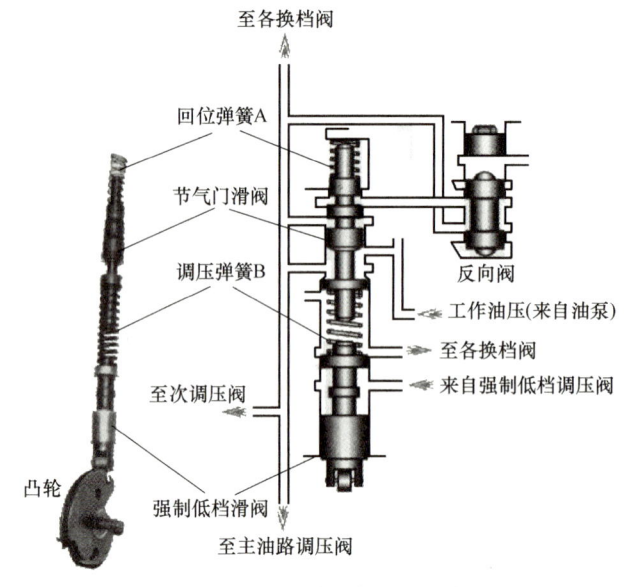

图 9-34 机械式节气门调压阀

控制油压。因其基本原理是利用轴旋转时重块所产生的离心力来控制滑阀阀芯的位置，故称为离心调速阀。常见的调速阀有普通复合式双级调速阀和中间传动复合式双级调速阀两种。此处只介绍普通复合式双级调速阀。

该调速阀通常装在变速器的输出轴上，由输出轴直接驱动。图 9-36 所示为丰田车用的 A42DL 等型号自动变速器中所用的普通复合式双级离心调速阀。

### 9.4.4 阀体及换档阀

#### 1. 阀体

阀体是液压控制系统中的核心部件，一般安装在变速器的下面或侧面，通常由上阀体、下阀体和阀体板组成。在上、下阀体中，安装有许多液压控制阀，这些控制阀的控制油道制作在阀体上，与单向阀、阀体板上的孔等组合在一起，构成了液压控制系统中的主要控制油路，如图 9-37 所示。

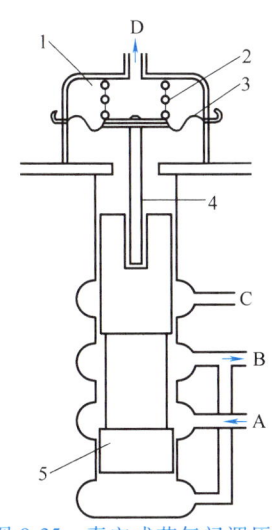

图 9-35 真空式节气门调压阀

1—真空气室 2—膜片弹簧 3—膜片 4—推杆 5—滑阀
A—主油路进油口 B—节气门油压出油口
C—泄油口 D—真空接口

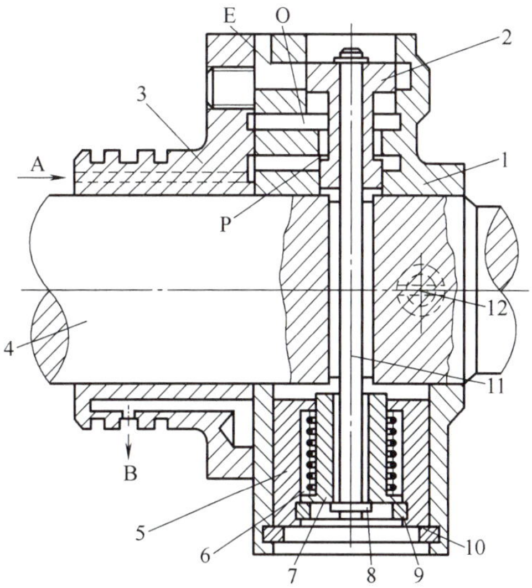

图 9-36 普通复合式双级离心调速阀

1—外壳 2—滑阀 3—调速阀盖 4—变速器输出轴
5—大重块 6—弹簧 7—小重块 8、9、10—锁环
11—调速阀轴 12—外壳锁紧螺钉
P—阀入口 O—阀出口 E—泄油口

### 2. 换档阀组

换档阀组根据换档信号系统提供的信号，控制自动变速器中液压操纵油路的方向，由此决定所处的不同档位。换档阀组主要由手动阀、换档控制阀等组成。

**（1）手动阀** 手动阀又称选档阀，是安装在控制系统阀板总成中的多路换向阀，由驾驶室内的自动变速器的变速杆控制。变速杆的作用与普通手动变速器的变速杆不同。手动变速器变速杆的工作位置就是变速器的档位，变速器有几个档位，变速杆就有几个工作位置。而自动变速器变速杆的位置是自动变速器的工作方式，与档位数并不

图 9-37 阀体总成

对应。如变速杆置于前进档（D）位置时，对四档自动变速器而言，变速器则可根据换档信号在1~4档之间自动变换。当变速杆置于前进低档2位（或S位）时，自动变速器只能在1、2档间自动变换。当变速杆置于前进低档1位（或L位）时，自动变速器被限制在1档工作。手动阀还提供倒档（R）、空档（N）、停车档（P）等功能。

图 9-38 所示为自动变速器手动阀，在阀体上有多条油道，一条进油道与油泵主油路相连，其余为出油道，分别通至D位、S位、L位、P位和R位相应的滑阀或直接通往换档执行元件。

**（2）换档控制阀** 换档控制阀（简称换档阀）是一种由弹簧液压控制的两位换向阀，就像一个液压开关，它根据发动机负荷（节气门开度）或汽车速度的变化，自动控制档位

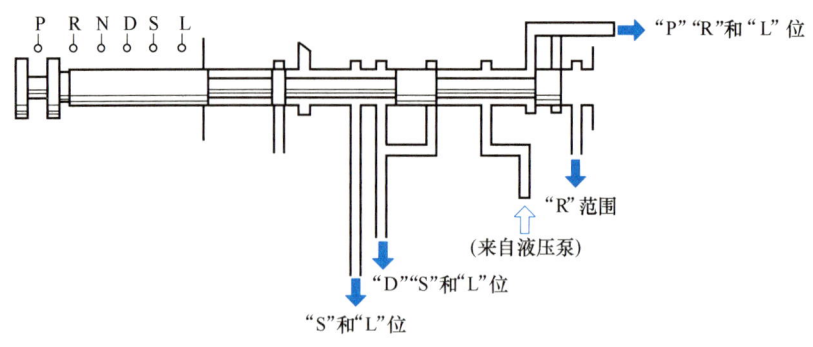

图 9-38 自动变速器手动阀

的升、降，使自动变速器始终处于最适合汽车行驶工况的档位。图 9-39 所示为自动变速器手动阀的工作原理示意图。

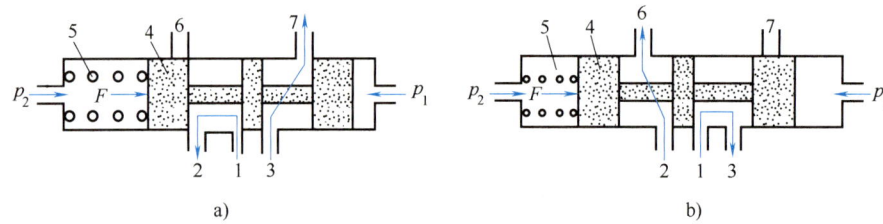

图 9-39 自动变速器手动阀
a) 切换至低档　b) 切换至高档
1—主油路进油口　2—至低档执行元件　3—至高档执行元件　4—滑阀　5—弹簧　6、7—泄油口
$p_1$、$p_2$—工作油压　$F$—弹簧弹力

在换档阀的两端作用有来自主油路的工作油压 $p_1$、$p_2$，换档阀阀芯的位置取决于两端控制压力的大小。当阀芯左端作用有工作油压时，换档阀移至右端；反之，当阀芯右端作用有工作油压时，换档阀移至左端。当阀芯两端都有或者都没有工作油压时，即阀芯两端压力相同时，在弹簧弹力 $F$ 作用下，换档阀位于低档油路接通位置。在换档阀移动过程中，开启或关闭油路，并改变油路方向，从而实现换档。当换档阀移至左端时，变速器升高一个档位；当换档阀从左端移至右端时，变速器降低一个档位。由此可知，自动变速器的升档和降档完全是由换档阀两端的油压大小来控制的。现代电控液压的自动变速器中，通常通过电磁阀的开、闭来控制换档阀两端的油压，简化了变速器的液压系统，同时通过电控系统的工作可以实现更多更复杂的换档规律。

因每个换档阀只有两个工作位置，即只能在两个档之间变换，对四档变速器而言，要有三个换档阀。它们的工作原理完全一样，只是控制的档位不同而已。

### 9.4.5 缓冲安全系统

**1. 蓄压器**

自动变速器中常用蓄压器来缓冲换档冲击。蓄压器也称储能器或减振器，一般由减振活塞和弹簧组成（见图 9-40），它与离合器或制动器并联安装，液压油进入离合器或制动器活塞工作腔 B 的同时也进入蓄压器，将蓄压器活塞 A 压下，以此方式降低 B 腔的压力，防止离合器片或制动器片快速接合时引起的冲击。

#### 2. 单向节流阀

单向节流阀布置在换档阀至换档执行元件之间的油路中，如图 9-41 所示。其作用是对流向换档执行元件的自动变速器油产生节流作用，在换档执行元件接合时延缓油压增大的速率，以减小换档冲击；在换档执行元件分离时，单向节流阀对换档执行元件的泄油不产生节流作用，以加快泄油过程，使换档执行元件迅速分离。

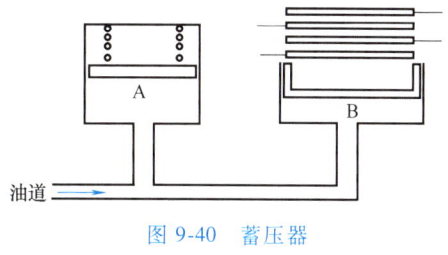

图 9-40 蓄压器

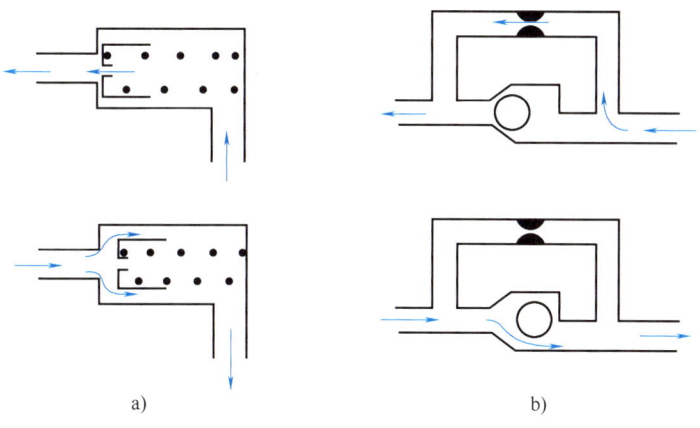

图 9-41 单向节流阀
a) 弹簧式节流阀 b) 球阀式节流阀

### 9.4.6 液力变矩器控制装置

自动变速器在液力工况下工作时，其内部的工作油液要传递发动机的大部分功率，而由于液力变矩器效率不够高，损失的功率转化成热的形式，使得油液的温度升高，过高的油温会加速油液的老化变质，破坏密封，甚至产生沸腾，影响正常工作。另外，液力变矩器工作轮中有些区域，工作液体的流速高，压力低，往往出现气蚀，使得传递的转矩减小。因此，液力变矩器控制装置的作用就是把变矩器中的高温油引出加以冷却，然后加压送回到变矩器进行补偿。如果是闭锁式液力变矩器，控制装置则还要控制变矩器中的锁止离合器。

液力变矩器控制装置由压力调节阀、锁止信号阀、锁止继动阀等滑阀及相应的油路组成。

#### 1. 压力调节阀

液力变矩器的压力调节阀是将主油路的压力减压后送入变矩器，因为油泵输出的油压较高，而变矩器的补偿油压只需要 0.2~0.51MPa。不少自动变速器的压力调节阀与主油路调压阀做成一体，直接调节由主油路输出的压力油，然后送往变矩器。汽车液力变矩器内的热油从导轮与泵轮之间或导轮与涡轮之间的通道引出，经冷却器冷却后用于行星齿轮变速器齿轮和轴承的润滑，然后流回油底壳。

## 2. 锁止信号阀及锁止继动阀

液力变矩器中锁止离合器是由锁止信号阀和锁止继动阀共同控制的。

锁止信号阀和锁止继动阀均由滑阀及弹簧组成。锁止信号阀受控于锁止电磁阀，阀芯上方作用着主油路压力，下方受弹簧控制并与 $B_2$ 管路油路相通。根据锁止信号阀的锁止信号，通过改变通往液力变矩器的 ATF 流向，使液力变矩器内的锁止离合器接合或分离，如图 9-42 所示。

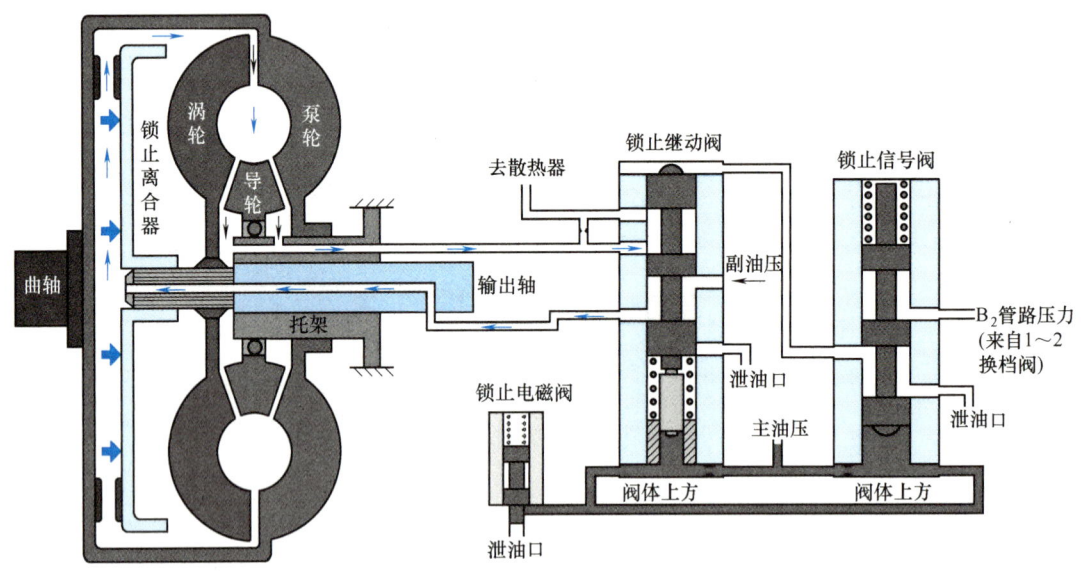

图 9-42　锁止离合器分离状态

当车速较低时，ECU 使锁止电磁阀处于断电状态，其阀门关闭（见图 9-42），锁止信号阀阀芯在管路主油压的作用下克服弹簧弹力使其阀芯保持在下方位置，从而将锁止继动阀下端的油路与泄油口相通，锁止继动阀上方的主油路压力及弹簧弹力共同作用在阀芯上方，锁止继动阀阀芯处于下端位置，变矩器的锁止离合器压盘左侧与主油道副油压相通，锁止离合器处于分离状态，自动变速器为液力传动工况，发动机动力全部经变矩器传递。

当汽车以超速档行驶，且达到一定的车速时，ECU 使锁止电磁阀得电，其阀门打开，锁止信号阀和锁止继动阀上方的主油路油压下降，锁止信号阀阀芯在弹簧弹力的作用下使其阀芯上移，锁止信号阀阀芯处于上方位置，来自 $B_2$ 管路压力通过锁止信号阀作用在锁止继动阀的下端，从而使锁止继动阀克服弹簧弹力上移，锁止继动阀阀芯处于上端位置，变矩器的锁止离合器压盘右侧与主油道副油压相通，锁止离合器处于接合状态，自动变速器成为机械传动工况，发动机动力经锁止离合器直接传至行星齿轮变速器输入轴，如图 9-43 所示。

锁止离合器接合时对应的车速，即锁止工作点。当汽车车速下降到液力变矩器解除锁止状态时，ECU 向锁止电磁阀发出断电指令，通过锁止信号阀和锁止继动阀切换锁止离合器油路，使液力变矩器的锁止离合器处于分离状态。

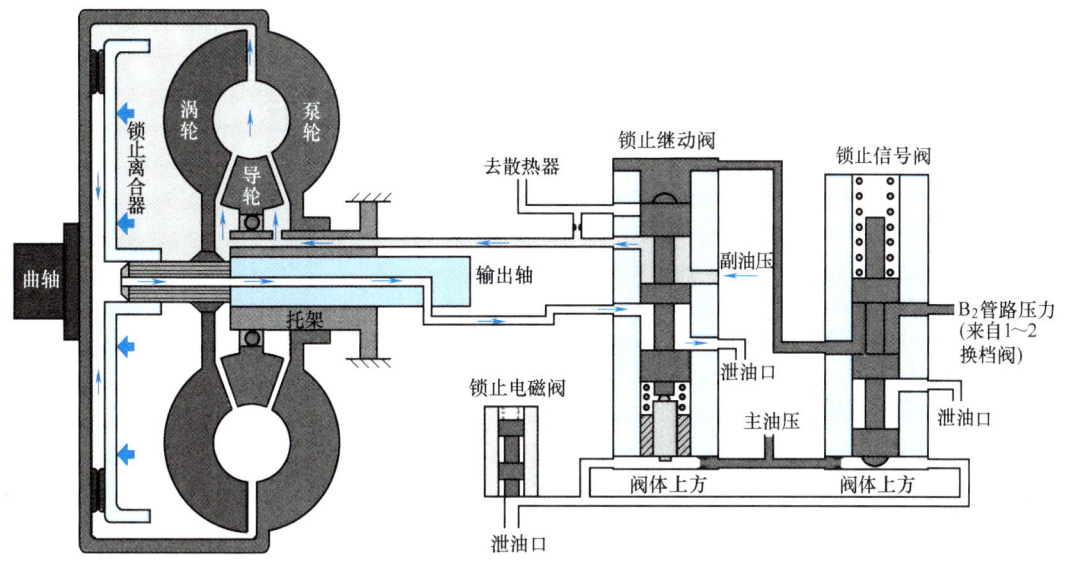

图 9-43　锁止离合器接合状态

## 9.5　电子控制系统

自动变速器的电子控制系统是由输入装置、控制装置和执行元件三部分组成。输入装置包括各种传感器和控制开关，监测车辆速度、节气门开度和其他情况，并将这些信号送到电控自动变速器 ECU（ECT-ECU）中。控制装置主要是指自动变速器的电控单元 ECT-ECU，ECT-ECU 接收传感器信号，按照预定的换档规律决定换档时机及液力变矩器的锁止时间，并向执行元件发出控制指令。执行元件主要是电磁阀，电磁阀根据电子控制单元所发出的指令开启或关闭相应地接通或断开液压油路，从而控制液压元件的动作，实现自动变速器的自动换档，如图 9-44、图 9-45 所示。

### 9.5.1　输入装置

**1. 传感器的结构及工作原理**

自动变速器电子控制系统中有多个传感器，常用的有节气门位置传感器、发动机转速传感器、车速传感器、输入轴转速传感器和自动变速器油温传感器。

（1）节气门位置传感器　发动机节气门的开度大小是驾驶人根据汽车的行驶条件通过加速踏板来控制的。行驶条件不同，对自动变速器换档规律的要求也不一样。节气门位置传感器安装在发动机节气门体上并与节气门联动，其作用就是测量发动机节气门的开度，使 ECU 了解发动机负荷，以此作为自动变速器换档的一个依据。

这与发动机管理系统内的节气门位置传感器是同一元件，前文已介绍，此处不再赘述。

（2）发动机转速传感器　发动机转速测量常用脉冲信号式转速传感器，除测量转速外，它还可以测量发动机曲轴角度位置，与发动机管理系统内的发动机转速传感器是相同的，前文已介绍，此处不再赘述。

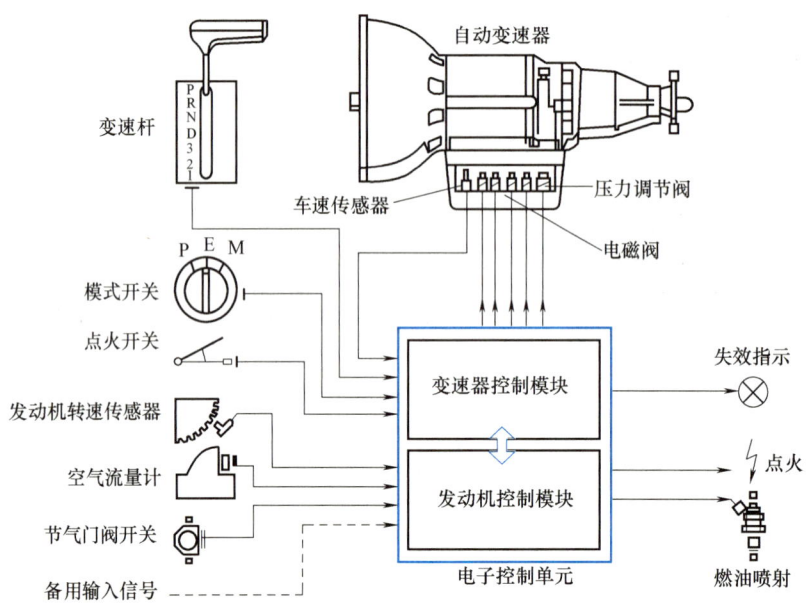

图 9-44 自动变速器电子控制系统

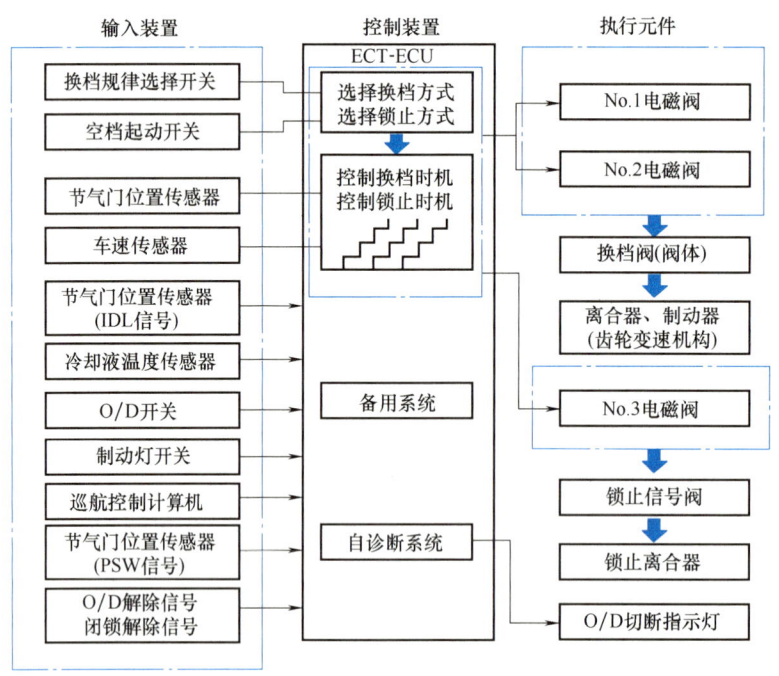

图 9-45 丰田车用 A140E 自动变速器电子控制系统组成框图

**(3) 车速传感器** 车速传感器的种类较多,在此只介绍常用的两种。

1) 电磁感应式车速传感器。电磁感应式车速传感器主要由永久磁铁和电磁感应线圈两部分组成,用于检测自动变速器输出轴转速。检测到的输出轴转速信号被送往 ECT-ECU,处理后成为车速信号,作为控制换档的另一个主要依据。

该车速传感器安装在变速器输出轴附近,为了获取感应信号,须靠近装在输出轴上的停车锁止齿轮或感应转子,如图9-46所示。当输出轴转动时,停车锁止齿轮或感应转子的凸齿不断地靠近和离开车速传感器,使感应线圈内的磁通量发生变化,从而产生交流感应电压。车速越高,输出轴转速就越高,感应电压的脉冲频率也就越高。ECT-ECU则按照单位时间内感应出的电压脉冲频率数,计算出输出轴转速,然后换算成车速。

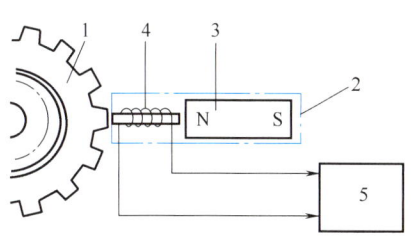

图9-46 车速传感器工作原理
1—停车锁止齿轮 2—车速传感器 3—永久磁铁 4—感应线圈 5—ECU

2)光电式车速传感器。如图9-47所示,光电式车速传感器上有发光二极管、光电器件以及转速表齿轮软轴驱动的遮光板。该传感器的工作电路如图9-48所示。当遮光板没有遮光时,发光二极管的光线射到光电晶体管上,光电晶体管的集电极中有电流通过,该管导通,同时晶体管VT也导通,因此有5V电压输出。脉冲频率取决于车速,当车速为60km/h时,软轴的转速为637r/min,其中每转一圈,传感器就有20个脉冲输出,ECT-ECU根据此脉冲数计算出车速。

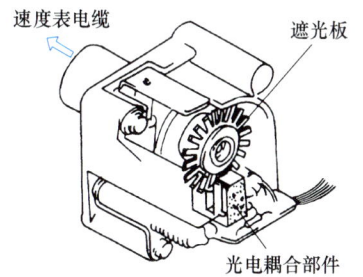

图9-47 光电式车速传感器结构

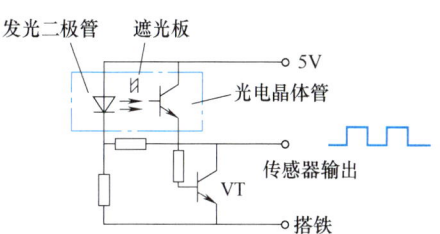

图9-48 光电式车速传感器的工作电路

**(4) 输入轴转速传感器** 输入轴转速传感器与车速传感器相似,也是一种电磁感应式转速传感器。它安装在行星齿轮变速器输入轴(液力变矩器涡轮输出轴)附近或与输出轴连接的离合器鼓附近的壳体上(见图9-49),用于检测输入轴转速,并将信号送入ECT-ECU,以更精确地控制换档过程。它还作为变矩器涡轮的转速信号,与发动机转速即液力变矩器泵轮转速信号进行比较,计算出变矩器的转速比,以优化锁止离合器的控制过程,减小换档冲击,改善汽车的行驶平顺性。

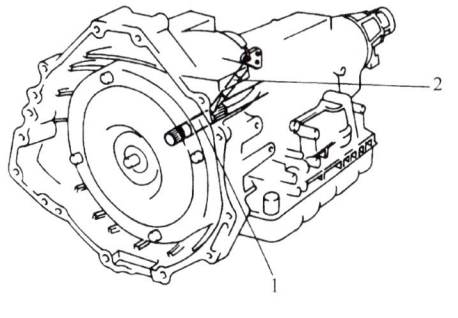

图9-49 输入轴转速传感器的安装位置
1—行星齿轮变速器输入轴 2—输入轴转速传感器

**(5) 自动变速器油温传感器** 自动变速器油温传感器安装在自动变速器油底壳内的液压阀阀板上(见图9-50),用于连续监控自动变速器油的温度,以作为ECT-ECU进行换档控制、油压控制、锁止离合器控制的依据。在汽车起步或低速大负荷行驶时,液力变矩器转速比小,效率低,发热严重,造成油温高,因而在超过某一温度界限时,变速器要在较高的发动机转速状况下才开始换档。随着汽车车速的提高，液力变矩器的转速比增大，发热减小，油温下降，自动变速器又重新开始正常的换档行驶程序。

自动变速器油温传感器采用热敏电阻型，它是利用热敏电阻阻值随温度变化而变化这一特性来检测油温的。通常使用具有负温度系数的热敏电阻，即温度越高时，电阻值越小。ECT-ECU 就是根据其电阻值的变化计算出自动变速器油的温度。

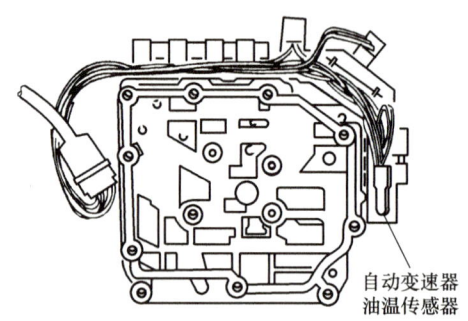

图 9-50　自动变速器油温传感器的安装位置

**2. 控制开关的结构及工作原理**

自动变速器电子控制系统中常用的开关有空档起动开关、模式开关、制动灯开关、强制降档开关和手动换档开关等。

**（1）空档起动开关**　空档起动开关（Neutral Start Switch，NSW）也称档位开关，大众车系称作多功能开关，其作用：一是控制自动变速器只有在 P 位或者 N 位时，才能起动发动机；二是将变速杆的位置信号，送到档位指示灯 P、R、N、D、S、L 等位置，点亮相应的指示灯；三是将变速杆信号送到 ECT-ECU，是电控单元控制自动换档的前提条件。空档起动开关结构及电路如图 9-51 所示。

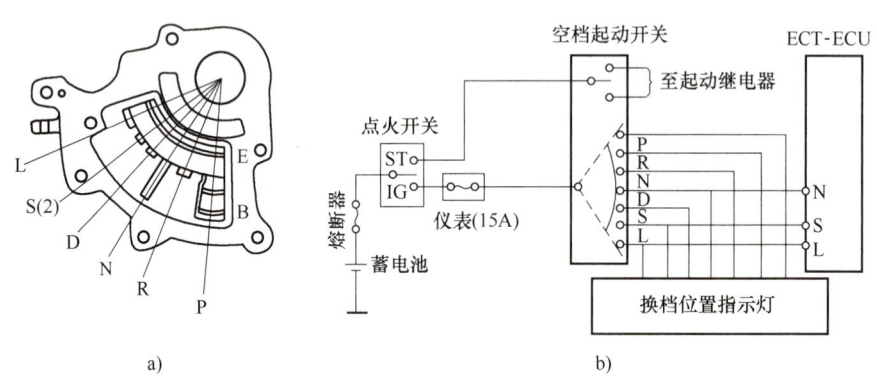

图 9-51　空档起动开关结构及电路
a）结构简图　b）电路

空档起动开关通常安装在变速器外部的档位控制轴上。变速杆、空档起动开关、手动阀三者位置要保持一致。当点火开关处于起动位置，空档起动开关只有在 N 位或 P 位时，起动机的控制线路才能接通，发动机才能起动，可以避免变速杆在行车时起动发动机可能造成的危险。在 R、S、L 位分别向 ECT-ECU 提供档位信号，如果 ECT-ECU 没有接到档位信号，ECT-ECU 便认为当前处于 D 位。当变速杆在 D 位时，ECT-ECU 按照 D 位的程序控制电磁阀。变速杆在 S 位时，电控自动变速器的 S 位可以控制变速器升入 3 档，ECT-ECU 不发出升入 OD 档的指令。

**（2）模式开关**　模式开关安装在变速杆盖板上，驾驶人可依行驶环境及喜好选择任一驾驶模式，即选择自动变速器的换档规律，以满足不同的使用要求，如图 9-52 所示。

常见的控制模式大致有以下几种：

1）经济模式（Economy）。经济模式以汽车获得最佳燃油经济性为目标设计换档规律。当自动变速器在经济模式下工作时，其换档规律使汽车在行驶过程中，发动机经常在经济转速范围内运行，从而降低了燃油消耗。这种换档规律，通常当发动机转速相对较低时，就会换入高一档，即提前升档。

2）动力模式（Power）。动力模式以汽车获得最大动力性为目标设计换档规律。当自动变速器在动

图 9-52　模式开关

力模式下工作时，其换档规律使汽车在行驶过程中，发动机经常处在大转矩、大功率范围内运行，从而提高了汽车的动力性能和爬坡能力。通常这种换档规律，只有发动机转速较高时，才能换入高一档，即延迟升档。

3）普通模式（Normal）。普通模式的换档规律介于经济模式与动力模式之间。它使汽车既保证了一定的动力性又有较好的燃油经济性。

4）手动模式（Manual）。手动模式让驾驶人可以以手动方式选择合适的档位，使汽车像装用了手动变速器一样行驶，而又不必像手动变速器那样换档时必须踩离合器踏板。

5）雪地模式（Snow）。雪地模式适用于在雪地上行驶。当变速杆置于"S"位时，自动变速器保持在 S 档工作。而变速杆置于"1"位时，自动变速器保持在 1 档工作。如初始位置在 S 档，则当车速降至 1 档后，不再升档。

上述控制模式并不是每一种电控自动变速器所必备的，通常自动变速器只具备这些模式中的若干项，有些甚至只有一种模式固化于计算机程序中，因而没有模式开关。

**（3）制动灯开关**　在自动变速器控制中，制动灯开关的主要工作是制动时临时解除液力变矩器锁止和解除 P 位锁止。当制动踏板被踩下 40% 时，锁止电磁阀不再提供锁止油压，取消液力变矩器锁止离合器工作；当制动踏板未被踩下时，取消暂时驻车控制，制动灯开关的安装位置及电路如图 9-53 所示。

在非制动状态时，开关内的触点没有接通，制动灯不亮，此时 ECT-ECU 的 STP 端子电压为 0V，液力变矩器的锁止离合器可以进入

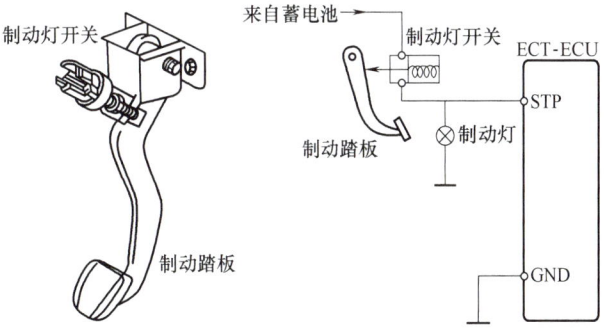

图 9-53　制动灯开关的安装位置及电路

锁止状态；在制动状态，开关内部触点闭合，制动灯控制电路接通。同时，STP 端子的输入电压变为 12V。当 ECT-ECU 接到 12V 的输入信号后，将解除锁止离合器的锁止状态，避免制动时发动机熄火。

如果后轮被抱死，制动又正在进行时，为防止发动机失速，ECT-ECU 也会取消锁止离合器的工作。该信号也用于 D 位的暂时驻车控制。如果 STP 信号电路断路，ECT-ECU 不会取消锁止离合器的工作，踩下制动踏板，就有发动机熄火的故障。在某些车型中，制动灯开

关信号也从驻车制动器开关输入,用作对锁止离合器取消锁止的信号。

**(4) 强制降档开关** 强制降档开关用来检测加速踏板打开的程度,此开关闭合,表示驾驶人要求较高的动力,ECT-ECU 接到此信号后将降低一个档位。

强制降档开关安装在加速踏板的后面或节气门体上,与 ECT-ECU 连接如图 9-54 所示。

当加速踏板踩下超过节气门开度的 95% 时,强制降档开关接通,并向 ECT-ECU 输送信号,这时 ECT-ECU 按其设置的程序(一般在车速低于 50km/h 时)控制变速器降一个档位,以提高汽车的加速性能。某些车型取消了强制降档开关而使用节气门位置传感器的信号作为强制降档信号。

**(5) 手控换档开关** 手控换档开关用于手—自一体的电液控自动变速器(AMT)上,开关一般安装在变速杆的下

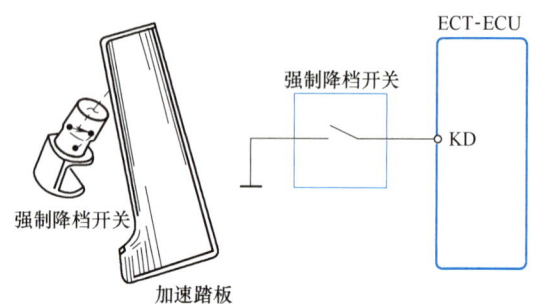

图 9-54 强制降档开关及电路

面。不同的车型对手控换档开关的命名不同,如 BMW 称为 Steptronic 开关,AUDI 称为 Tiptronic 开关,BENZ 称为 Touch shif 开关。当自动变速器选择用手控操纵换档模式时,手控换档开关首先给出计算机档位的确认信号,然后通过操纵变速杆,ECT-ECU 根据手控换档开关的信号"+"控制升档,"-"控制降档。开关及线路构成如图 9-55 所示,不同的车型其开关的控制线路不同。当手控换档开关失效时,计算机不再根据变速杆的操作控制升档和降档。

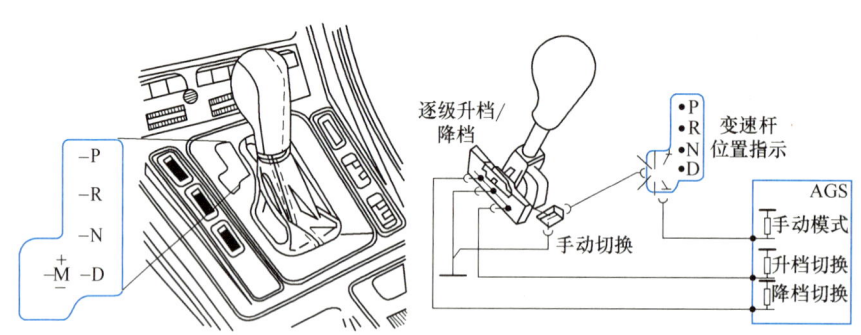

图 9-55 手控换档开关及电路

## 9.5.2 控制装置

**1. 电子控制单元**

电子控制单元是电子控制自动变速器的控制装置,称为 ECT-ECU 或电控自动变速器 ECU,参见图 9-45。

目前,ECT-ECU 虽然有的是独立的,但有相当多的 ECT-ECU 是与发动机 ECU 组成一体的,常称为发动机和变速器 ECU 或动力控制模块 PCM。这是因为 ECT-ECU 所采用的传感器信号有些是与发动机 ECU 共用的,且 ECT-ECU 与发动机控制进行联系的项目较多。

与发动机 ECU 类似,ECT-ECU 由电源、输入电路、输出电路、信号转换器和计算机等

组成。其中计算机主要由中央处理器（CPU）、存储器和输入输出（I/O）接口等几部分组成。

ECT-ECU 根据传感器输入的信号确定换档点和变矩器锁止时机，并控制相应电磁阀工作。ECT-ECU 只允许变速杆处于"P"位或"N"位时，才能起动发动机。起动后换入前进档位后系统便进入自动控制。驾驶人根据路况、车速、负载等，通过模式选择开关选择适宜的规律行驶。中央处理器（CPU）每隔一定时间收集一次输入信号，处理这些信息（车速、节气门开度等），并从存储器中读出预置的该节气门开度下的最佳换档点速度，与当时采样的车速比较后，判断是否换档。如需换档则通过 I/O 接口发出换档指令给换档电磁阀实现升档或降档。当路况需人为干预时，可松开加速踏板提前换入高档，踩加速踏板提前换入低档，或将变速杆置于低档，系统则退出自动控制。

**2. 控制过程**

ECT-ECU 是电控自动变速器的控制中心，在 ECT-ECU 的存储器中，除了存储有进行数学计算和逻辑判断所需的控制参数和控制程序之外，还存储有变速器换档规律脉谱图 MAP 和变矩器锁止时机脉谱图 MAP。

自动变速器在 ECT-ECU 的控制下，当选档手柄处于 P 或 N 位置时，起动继电器线圈电路才能接通，发动机才能被起动。当选档手柄处于 D、L、S、R 位置时，起动继电器线圈不能接通，发动机不能起动。

发动机起动后，当选档手柄拨到前进档位置时，ECT-ECU 便根据模式选择开关工作状态选择相应的换档规律，并根据节气门开度和车速等信号自动控制变速器换档时机和液力变矩器锁止时机。车速传感器、节气门位置传感器和控制开关信号随时输入 ECT-ECU，输入回路和模/数转换电路对这些信号进行处理，转换成 CPU 能够识别的电信号，CPU 按照一定频率对其进行采样，并将采样信号与预先存储在只读存储器（ROM）中的换档参数进行比较运算或逻辑判断，从而确定是否换档和锁止液力变矩器。当采样得到的车速信号、节气门开度信号和控制开关信号与最佳换档参数或锁止参数一致并确定升档或降档以及锁止变矩器时，CPU 便向电磁阀发出控制指令，控制齿轮变速机构换档或锁止液力变矩器。电磁阀控制换档阀（或锁止阀）动作，换档阀阀芯移动就会改变换档（或锁止）离合器和制动器的油路，从而实现自动换档（或变矩器锁止）。

**（1）换档时机的控制过程** 换档时机控制是电控自动变速器的重要内容之一，汽车在任何工况下，ECT-ECU 都能给出最佳的换档时机以便提高汽车的动力性和经济性。

汽车自动变速器的变速杆或模式开关处于不同位置时，对汽车的使用要求不同，换档规律也不同。通常计算机将汽车在不同使用要求下的最佳换档规律以自动换档规律脉谱图 MAP 的形式储存在存储器中。自动换档控制过程如图 9-56 所示。

自动换档的工作原理：汽车在行驶时，计算机根据选档手柄位置和模式开关的信号从存储器中选出相应的自动换档图，再将车速传感器、节气门位置传感器测得的车速、节气门开度与所选的自动换档图进行比较。如在一定节气门开度下行驶的汽车达到设定的换档车速时，计算机便向换档电磁阀发出电信号，由电磁阀的动作决定液压油通往各操纵元件的流向，以实现档位的自动变换。

在汽车行驶过程中，ECT-ECU 随时接收的信息包括：档位开关提供的变速杆位置

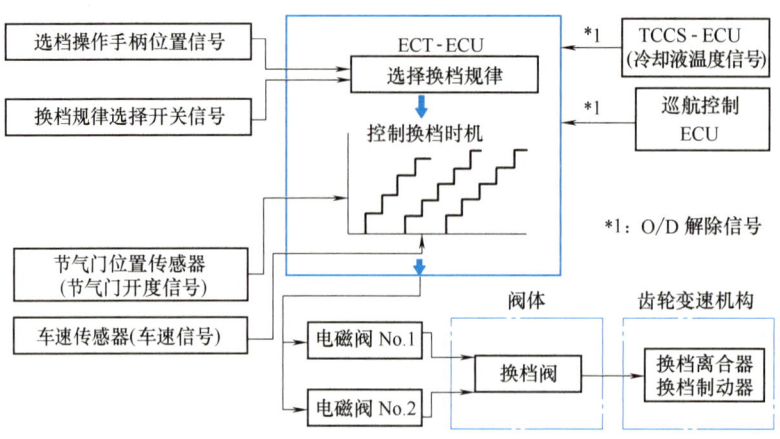

图 9-56 自动换档控制过程

("D"、"S"或"L"位)信号,驱动模式选择开关提供的驾驶人选择的换档规律("Normal""Power"或"Economy")信号,节气门位置传感器提供的发动机节气门开度(即发动机负荷)信号,No.1、No.2 车速传感器提供的汽车行驶速度信号。除此之外,还要接收发动机 ECU 和巡航控制 ECU 输入的解除超速行驶信号。

当车速和节气门开度达到选定换档规律的最佳换档时机时,立即向电磁阀发出通电或断电指令,控制阀体中的换档阀动作。换档阀阀芯移动时,就会接通或关闭行星齿轮变速器中换档离合器和制动器的控制油路,使离合器和制动器接合或分离,从而实现自动换档。

汽车最佳换档车速主要取决于汽车行驶时的节气门开度。不同节气门开度下的最佳换档车速可以用自动换档图来表示,如图 9-57 所示。节气门开度越小,汽车的升档车速和降档车速越低。反之,汽车升档和降档车速越高。

节气门开度相同时,动力模式的各档升档车速及降档车速都要比经济模式各档升档车速及降档车速高。升档车速越高,加速动力性能越好,反之,升档车速越低,则燃油经济性就越好。

**(2) 变矩器锁止时机的控制过程** 变矩器锁止时机的控制就是控制何时锁止液力变矩器,将发动机动力直接传递到变速器,从而提高传动效率,并改善燃油经济性。

液力变矩器锁止时机的控制过程如图 9-58 所示。

液力变矩器中,锁止离合器的工作是由 ECT-ECU 控制的。计算机按照设定的控制程序,通过一个锁止电磁阀来控制锁止离合器的接合或分离。正确的锁止离合器控制程序应当是既能满足自动变速器的工作要求,保证汽车的行驶能力,又能最大限度地降低燃油消耗。自动变速器在各种工作条件下的最佳锁止离合器控制程序被存储于计算机的存储器中,计算机根据自动变速器的档位、控制模式等工作条件从存储器中选择出相应的锁止离合器控制程序,再将车速、节气门开度与锁止离合器控制程序进行比较,当车速足够高,且其他各种条件均满足锁止要求时,计算机向锁止电磁阀输出电信号,使锁止离合器接合,实现液力变矩器的锁止。例如当变速器油温低于 20℃时,锁止离合器不锁止,当油温在 150℃以上时,电控自动变速器 ECU 控制锁止离合器强制进入锁止状态。当冷却液温度高于 65℃,锁止条件具备时锁止。

一般在同时具备以下几个条件时,锁止离合器锁止:

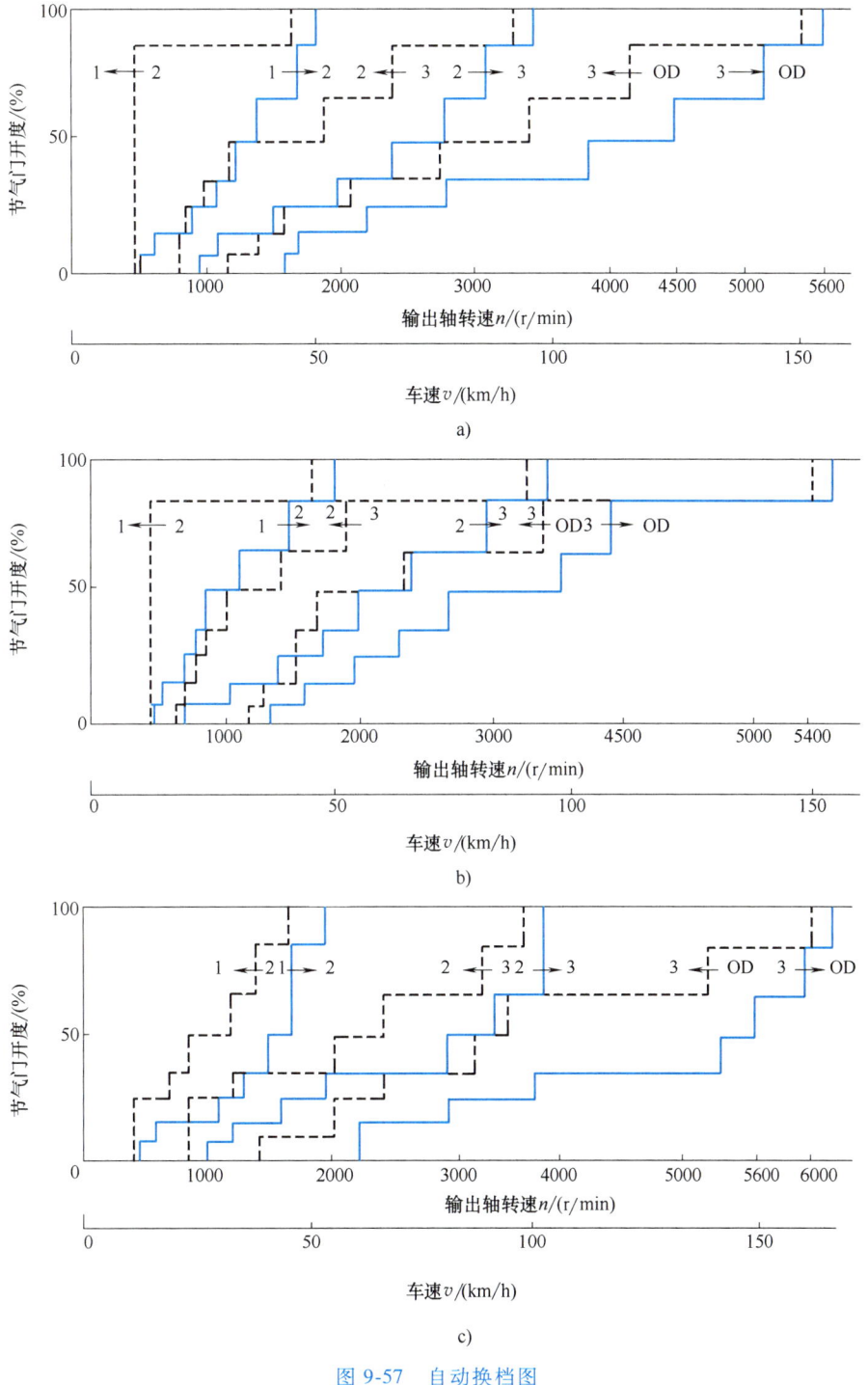

图 9-57 自动换档图

a)"N"普通模式　b)"E"经济模式　c)"P"动力模式

1)发动机冷却液温度65℃以上,变速器油温20℃以上。

2)无制动信号。

3)车速在55km/h以上。

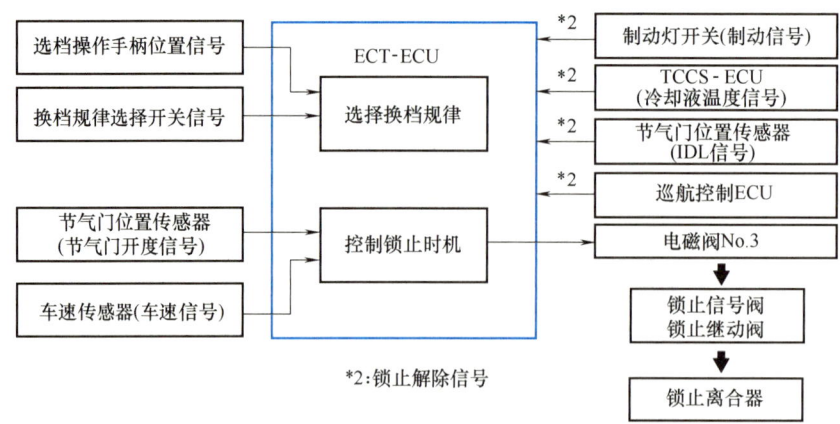

图 9-58　液力变矩器锁止时机的控制过程

4）节气门开启。

5）档位信号是 D 位。

根据目前实际使用需求，自动变速器已将锁止范围扩大，即在 2 档、3 档均有锁止机会。另外为减轻对发动机的冲击和充分发挥传动效率，又增加了半锁止工况，经过渡后再进入全锁止，以减小锁止冲击。

(3) **主油路油压的控制过程**　电控自动变速器的电液控制系统，是以一个油压电磁阀来产生节气门油压。油压电磁阀是脉冲式电磁阀，计算机根据节气门位置传感器测定的节气门开度，控制发往油压电磁阀的脉冲信号的占空比，使主油路油压随节气门开度而变化。节气门开度越大，脉冲电信号的占空比越小，油压电磁阀的泄油孔开度越小，节气门油压也就越大。节气门油压被作为控制油压反馈到主油路调压阀，使主油路调压阀随着节气门开度的变化调节主油路压力的高低，以获得不同发动机负荷下主油路压力的最佳值，并将驱动油泵所需的动力减少到最小。

由于倒档使用的时间较少，为减小自动变速器的体积，通常将倒档执行组件机构中的尺寸缩得最小，同时传递转矩较大，因此倒档油压较其他档位时高。

除正常的主油路油压控制之外，变速器计算机还可以根据各个传感器测得自动变速器的工作条件，在一些特殊情况下，对主油路油压做适当的修正，使油路压力控制获得最佳效果，如图 9-59 所示。

为减小换档冲击，ECT-ECU 在自动变速器换档过程中按照节气门开度的大小，通过油压电磁阀适当减小主油路油压，以改善换档质量。变速器计算机还可根据自动变速器油温传感器的信号，在变速器油温未达到正常工作温度时，将主油路油压调至低于正常值，以防止因油温低、黏度较大而产生换档冲击；当变速器油温过低时，变速器计算机使主油路压力升至最大值，以加速离合器、制动器的结合，防止温度过低时因变速器油黏度过大而使换档过程过于迟缓。变矩器锁止时机的控制就是控制何时锁止液力变矩器，将发动机动力直接传递到变速器，从而提高传动效率，并改善燃油经济性。

(4) **改善换档品质的控制过程**　在自动变速器换档时，计算机发出延迟发动机点火的信号，通过控制发动机转矩保证换档平顺。另外，计算机还可通过调压电磁阀调节行星齿轮系统执行机构的工作压力，使执行元件柔和地接合，进一步提高换档品质。

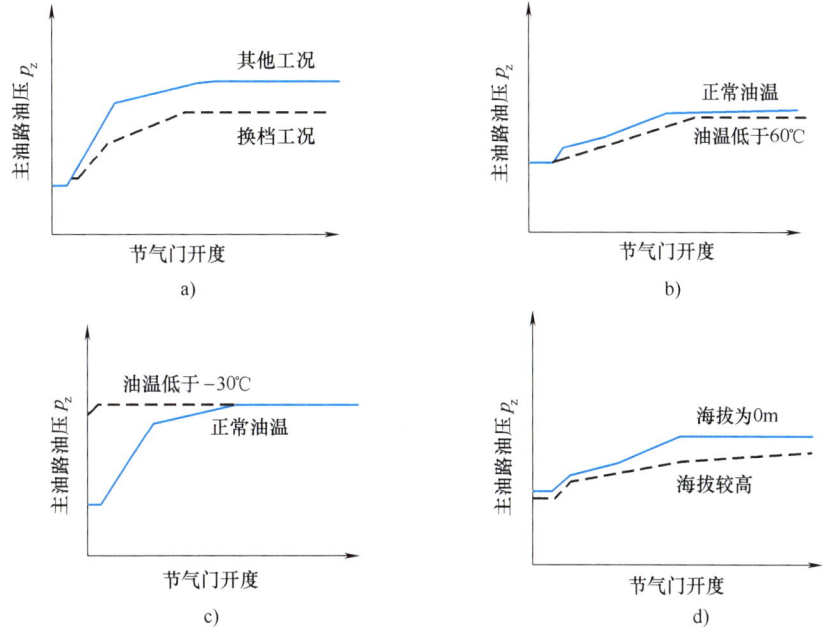

图 9-59 主油路油压控制的修正

a）换档修正　b）油温过高修正　c）油温过低修正　d）海拔修正

目前常见的改善换档品质的控制功能有以下几种：

1）换档油压控制。在升档或降档的瞬间，ECT-ECU 通过油路压力电磁阀适当降低主油路油压，以减小换档冲击，达到改善换档质量的目的。也有一些控制系统是在换档时通过电磁阀减小减振器活塞的背压，以降低离合器或制动器液压缸内油压的增长速度，达到减小换档冲击的目的。

2）减小转矩控制。在换档的瞬间，通过延迟发动机的点火时间或减少喷油量，暂时减小发动机的输出转矩，以减小换档冲击和汽车加速度出现的波动。

减转矩控制过程是：ECT-ECU 在自动变速器升档或降档的瞬间，向发动机 ECU 发出减转矩控制信号，发动机微型计算机接收到这一信号后，立即延迟发动机的点火时间或减少喷油量，执行减转矩控制，如图 9-60 所示。由图中可看出，减转矩控制明显地降低了换档过程中发动机转速和汽车加速度的变化。这也就改善了乘坐的舒适性。

3）N-D 换档控制。在变速杆由驻车档或空档位置换至前进档或倒档位置，或相反地进行换档时，ECT-ECU 通过调整发动机的喷油量，将发动机的转速变化减至最小程度，以改善换档质量。

如果没有这种控制，当自动变速器变速杆由 P 位或 N 位换至 D 位或 R 位时，由于发动机负荷增加，转速将下降；反之，由 D 位或 R 位换至 P 位或 N 位时，由于发动机负荷减小，转速将上升。具有 N-D 换档控制功能的自动变速器在进行这种操作时，若输入轴转速传感器所测得的输入轴转速变化超过规定值，ECT-ECU 将向发动机 ECU 发出 N-D 换档控制信号，发动机微型计算机根据这一信号发出增加或减小喷油量指令，以防止发动机转速变化过大，如图 9-61 所示。

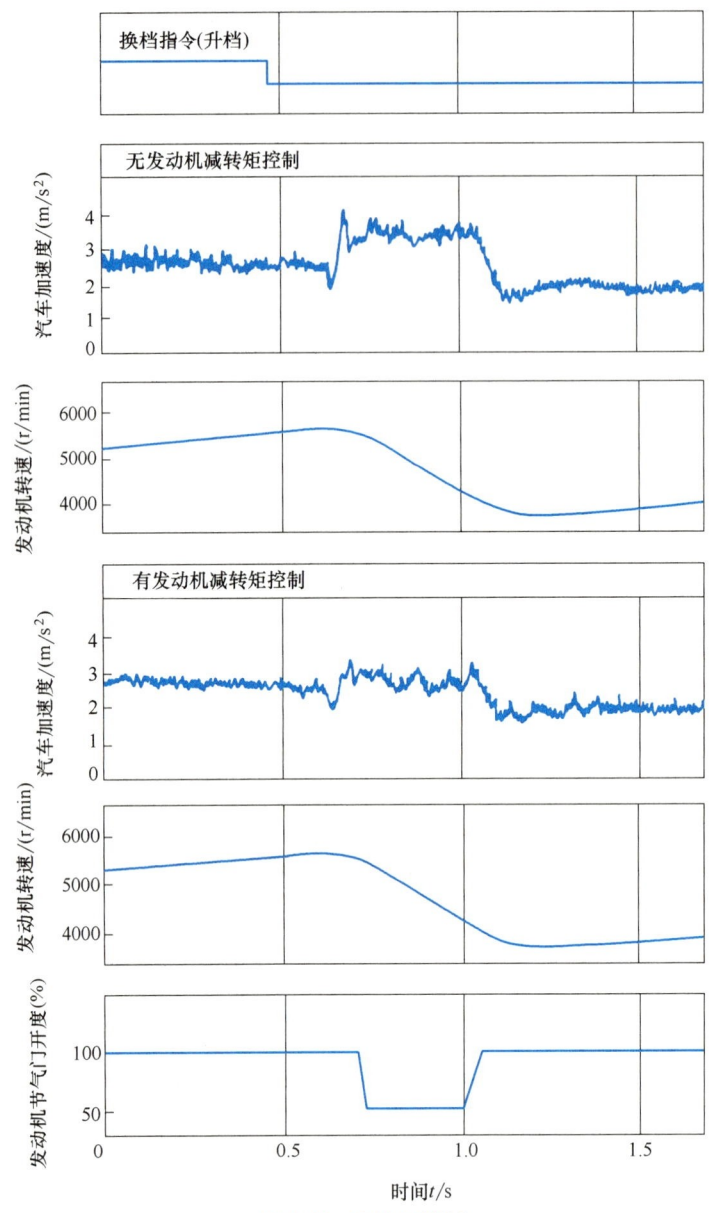

图 9-60 减转矩控制

（5）发动机制动作用的控制过程　ECT-ECU 按照设定的控制程序，在变速杆位置、车速、节气门开度等满足一定条件时，向强制离合器电磁阀或强制制动器电磁阀发出电信号，打开强制离合器或强制制动器的控制油路，使之接合或制动，让自动变速器具有反向传递动力的能力，从而在汽车滑行时可以实现发动机制动。

（6）故障自诊断与失效保护　ECT-

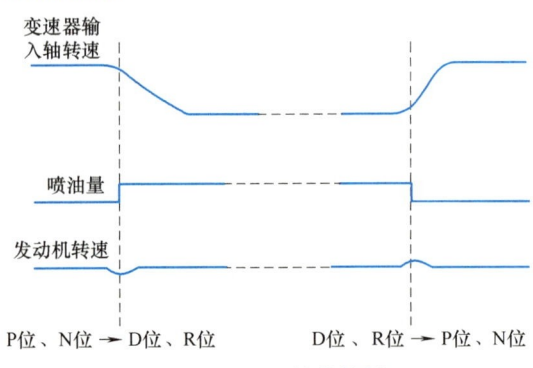

图 9-61　N-D 换档控制

ECU 的微型计算机根据各个传感器测得的信号按存储器预先设定的控制程序，向各个执行器发出相应的控制信号来控制自动变速器的工作。如果电子控制装置中的某个传感器出现了故障，不能向微型计算机传送信号，或某个执行器损坏，便不能完成微型计算机的控制指令，直接影响 ECT-ECU 对自动变速器的控制，使自动变速器不能正常工作。

为了及时地发现电子控制装置中的故障，并在出现故障时尽可能使自动变速器保持最基本的工作能力，以维持汽车行驶，便于汽车进厂维修。目前许多新型电子控制自动变速器的电子控制装置都具有故障自诊断和失效保护功能。这种电子控制装置在微型计算机内设有专门的故障自诊断电路，它在汽车行驶过程中不停地监测自动变速器电子控制装置中所有传感器和电动执行器的工作情况。

通常，一旦发现某个传感器或执行器有故障，工作不正常时，ECT-ECU 具有以下几种保护功能：

1) 在汽车行驶时，仪表板上的自动变速器故障警告灯闪亮，即说明电子控制装置出现故障，以提醒驾驶人立即将汽车送至修理厂维修。

2) 将检测到的故障内容以故障码的形式存储在微型计算机的存储器内，只要不拆除汽车蓄电池，被测到的故障码就会一直保存在微型计算机内。即使是汽车行驶中偶尔出现的一次故障，微型计算机也会及时地检测到，并记录下来。在维修时，维修员可以采用一定的方法将存储在微型计算机内的故障码读出，为查找故障部位提供可靠的依据。

3) 微型计算机按设定的失效保护程序控制自动变速器的工作，保持汽车的基本行驶能力。当然，在这种状态下，自动变速器的工作性能会受到一些影响。

① 传感器出现故障后，微型计算机采取的失效保护功能主要有：

节气门位置传感器出现故障时，微型计算机根据怠速开关的状态进行控制：当怠速开关断开时（加速踏板被踩下），按节气门 1/2 开度状态进行控制，同时节气门油压按最大值输出；当怠速开关接通时（加速踏板完全放松），按节气门处于全闭状态进行控制，同时节气门油压按最小值输出。

车速传感器出现故障时，微型计算机不能进行自动换档控制，此时自动变速器的档位可由变速杆的位置决定：在 D 位或 S 位（或 2 位）时，自动变速器为超速档或 3 档；在 L 位（或 1 位）时，为 2 档或 1 档；或不论变速杆为任何前进档，自动变速器均为 1 档，以保持汽车最基本的行驶能力。许多车型的自动变速器有两个车速传感器，其中一个为仪表板上车速表用的传感器（常称为第一车速传感器），另一个用于自动变速器的换档控制（常称为第二车速传感器）。这两个传感器都与微型计算机连接。当用于换档控制的车速传感器损坏时，微型计算机可利用车速表传感器的信号来控制换档。

输入轴转速传感器出现故障时，微型计算机停止减转矩控制，此时换档冲击会有所增大。

变速器油温传感器出现故障时，微型计算机按变速器油温度为 80℃ 进行控制。

② 执行器出现故障后，微型计算机采取的失效保护功能主要有：

换档电磁阀出现故障时，不同的微型计算机有不同的失效保护功能。一种是不论有几个换档电磁阀出现故障，微型计算机都将停止所有换档电磁阀的工作，此时自动变速器的档位将完全由变速杆的位置决定：在 D 位或 S 位（或 2 位）时，自动变速器被固定为 3 档；在 L 位（或 1 位）时，被固定为 2 档。另一种是几个换档电磁阀中有若干个故障出现时，微型计算机控制其他无故障的电磁阀工作，以保证自动变速器仍能自动升档或降档，当然，此时会失去某些档位的功能，而且升档或降档规律有所变化，例如，可能直接由 1 档升至 3 档或超速档。表 9-5 为某型自动变速器换档电磁阀工作与档位的关系。

表 9-5 某型自动变速器换档电磁阀工作与档位的关系

| 档位 | 正常工作情况 | | | No.1 电磁阀失灵 | | | No.2 电磁阀失灵 | | | 两个电磁阀失灵 | | |
|---|---|---|---|---|---|---|---|---|---|---|---|---|
| | 电磁阀 | | 传动档位 | 电磁阀 | | 传动档位 | 电磁阀 | | 传动档位 | 电磁阀 | | 传动档位 |
| | No.1 | No.2 | | No.1 | No.2 | | No.1 | No.2 | | No.1 | No.2 | |
| D 位 | 开 | 关 | 1 档 | × | 开 | 3 档 | 开 | × | 1 档 | × | × | OD 档 |
| | 开 | 开 | 2 档 | × | 开 | 3 档 | 开 | × | 1 档 | × | × | OD 档 |
| | 关 | 开 | 3 档 | × | 开 | 3 档 | 关 | × | OD 档 | × | × | OD 档 |
| | 关 | 关 | OD 档 | × | 关 | OD 档 | 关 | × | OD 档 | × | × | OD 档 |
| S 位 | 开 | 关 | 1 档 | × | 开 | 3 档 | 关 | × | 1 档 | × | × | 3 档 |
| | 开 | 开 | 2 档 | × | 开 | 3 档 | 关 | × | 3 档 | × | × | 3 档 |
| | 关 | 开 | 3 档 | × | 开 | 3 档 | 关 | × | 3 档 | × | × | 3 档 |
| L 位 | 开 | 关 | 1 档 | × | 关 | 1 档 | 开 | × | 1 档 | × | × | 1 档 |
| | 开 | 开 | 2 档 | × | 开 | 2 档 | 开 | × | 1 档 | × | × | 1 档 |

强制离合器或强制制动器的电磁阀出现故障时，ECT-ECU 控制电磁阀停止工作，让强制离合器或强制制动器始终处于接合状态，使汽车减速时总可以利用发动机的制动作用。

锁止电磁阀出现故障时，ECT-ECU 控制锁止离合器停止工作，使其始终处于分离状态。

### 9.5.3 执行元件

执行元件是指电子控制系统中的各种电磁阀。电磁阀将电信号转变成油压信号。按照电磁阀的控制方式可分为开关式、线性脉冲式和电流控制式三种。按照电磁阀的功能可分为换档电磁阀、锁止电磁阀和油压电磁阀等。按照电磁阀控制油路的流向可分为二通式、三通式等。

**1. 开关式电磁阀**

开关式电磁阀通常是用来控制换档阀和变矩器锁止离合器油路的开启或关闭。它由电磁线圈、衔铁、阀芯和球阀等组成，如图 9-62a 所示。

其工作原理：

当电磁线圈断电时，由主油道 6 来的液压油将球阀 4 和阀芯 3 推向上，使球阀关闭通向泄油孔 5 的油路，与此同时球阀打开通向控制油道 7 的油路，使主油道的液压油进入控制油道，如图 9-62b 所示。

当电磁线圈通电时，电磁力使阀芯下移推动球阀向下，关闭主油道的进油孔，与此同时，球阀打开通往泄油孔的油路，使控制油道与泄油孔相通，则控制油道中的油液经泄油孔泄出，如图 9-62c 所示。

**2. 线性脉冲式电磁阀**

线性脉冲式电磁阀一般是用来控制油路中的油压。它由电磁线圈、衔铁、阀芯及滑阀等组成，如图 9-63 所示。

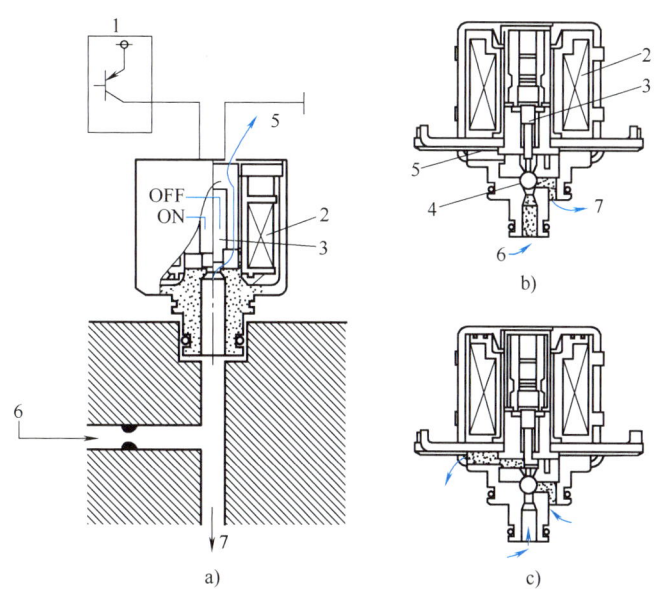

图 9-62 开关式电磁阀

a）结构　b）电磁线圈断电工况　c）电磁线圈通电工况

1—电控单元（ECU）　2—电磁线圈　3—衔铁和阀芯
4—球阀　5—泄油孔　6—主油道　7—控制油道

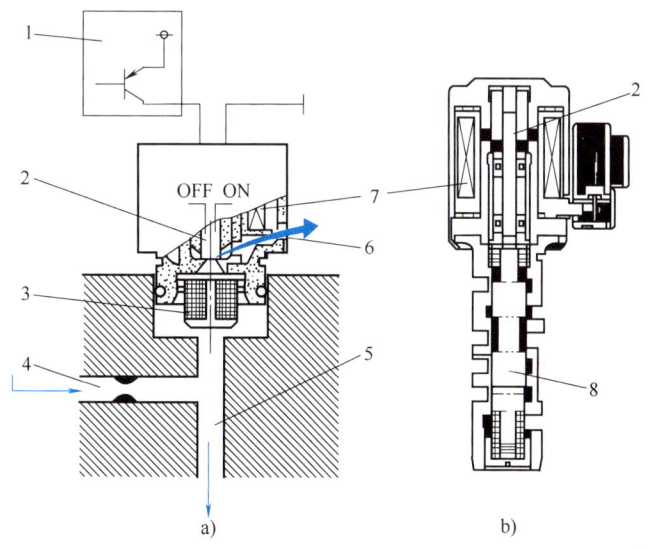

图 9-63 线性脉冲式电磁阀

a）普通的线性脉冲式电磁阀　b）带滑阀的线性脉冲式电磁阀

1—电控单元（ECU）　2—衔铁和阀芯　3—滤网　4—主油道　5—控制油道
6—泄油孔　7—电磁线圈　8—滑阀

其工作原理是：当电磁线圈通电时，电磁力使阀芯或滑阀移动，打开泄油孔，液压油从泄油孔泄出，油路压力随之下降。当电磁线圈断电时，阀芯或滑阀在弹簧力的作用下关闭泄油孔，使油路中的压力上升。

线性脉冲式电磁阀和开关式电磁阀的区别在于控制它的电信号不是恒定不变的电压信号，而是一个固定频率的脉冲电信号。它在脉冲电信号的作用下不断反复地开启和关闭泄油孔。ECT-ECU 就是通过改变每个脉冲周期内电流接通和断开的时间比率（称为占空比），如图 9-64 所示，来改变电磁阀开启和关闭时间的比率，从而控制油路中的压力。占空比越大，经电磁阀泄出的液压油越多，油路压力就越低；反之，占空比越小，油路压力就越大。

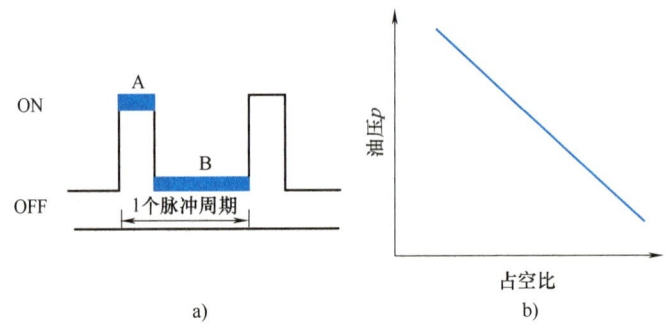

图 9-64　线性脉冲式电磁阀工作原理
a）脉冲周期示意图　b）占空比与油压的线性关系

脉冲式油压电磁阀根据节气门位置传感器电压信号控制节气门油压的高低。节气门开启角度越大，输出电压越高，油压电磁阀调节出来的节气门油压就越高。由于节气门油压负责调节主油压，所以节气门油压越高，主油压就越高。

脉冲式换档电磁阀替代了传统的蓄压器，在换档瞬间通过保压、卸压，在离合器和制动器接合瞬间降低主油压，以有效地防止换档冲击。

脉冲式锁止电磁阀负责变矩器锁止油压调节。与之相对应的锁止继动阀负责变矩器锁止离合器进入和退出锁止时机的控制。

## 9.6　无级自动变速器

### 9.6.1　概述

液力变矩器和行星齿轮变速器组成的电控自动变速器，虽然得到了广泛的应用。但是，由于其结构复杂、质量较大、成本高，在微型和普通级轿车上的应用受到一定限制。因此一种能连续换档的机械式无级变速器（Continuously Variable Transmission，CVT）得到了发展。在 20 世纪 70 年代中后期，荷兰的 VDT（Van Doorne's Transmission b.V）公司，成功地研制了一种新型机械式无级变速传动系统—金属带式无级自动变速器，简称 VDT-CVT。如图 9-65 所示为金属带式无级自

图 9-65　金属带式无级自动变速器

动变速器。

## 9.6.2 奥迪 Multitronic CVT 的结构及工作原理

本节以奥迪 Multitronic CVT（常称其为 01J CVT）为例进行介绍。奥迪 01J CVT 主要由飞轮减振装置、前进档离合器、倒档制动器、行星齿轮机构、速比变换器、液压控制系统和电控系统等组成，如图 9-66 所示。

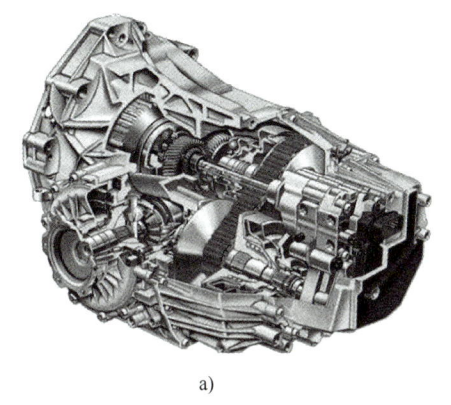
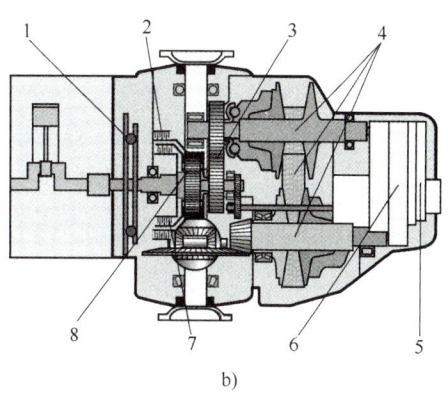

图 9-66 奥迪 01J CVT

a）实物图 b）结构图

1—飞轮减振装置 2—倒档制动器 3—辅助减速齿轮 4—速比变换器 5—电子控制系统
6—液压控制系统 7—前进档离合器 8—行星齿轮机构

发动机输出转矩通过双质量飞轮传递给变速器，前进档离合器和倒档制动器都是湿式摩擦元件，两者均为起动装置。倒档的旋转方向是通过行星齿轮机构改变的。发动机的转矩通过辅助减速齿轮传到速比变换器，并由此传到主减速器、差速器。液压控制系统和电子控制系统集成一体，位于变速器内部。

**1. 前进档离合器/倒档制动器及行星齿轮机构**

奥迪 01J CVT 的起动装置是前进档离合器和倒档制动器，并与行星齿轮机构一起实现前进档和倒档，只做起动装置，并不改变传动比，这与在自动变速器中离合器和制动器的功用是不同的。

奥迪 01J CVT 的前进档离合器和倒档制动器均是采用湿式多片式结构，这与电控液力自动变速器中的离合器和制动器的结构是相同的，其工作原理此处不再赘述。

行星齿轮机构的结构如图 9-67 所示，由齿圈、两个行星轮、行星架、太阳轮组成。当太阳轮顺时针转动时，驱动行星轮Ⅰ逆时针转动，再驱动行星轮Ⅱ顺时针转动，最后驱动齿圈也顺时针转动。

奥迪 01J CVT 传运简图如图 9-68 所示。

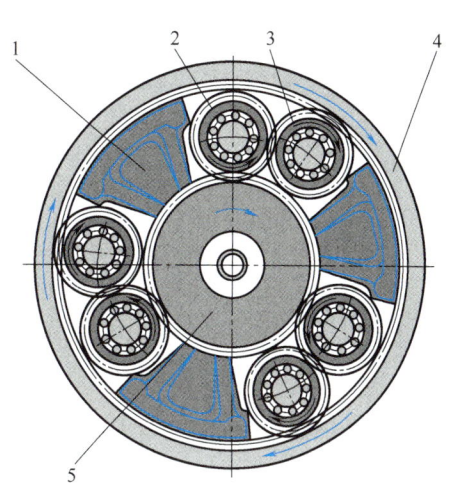

图 9-67 行星齿轮机构的结构

1—行星架 2—行星轮Ⅰ 3—行星轮Ⅱ 4—齿圈 5—太阳轮

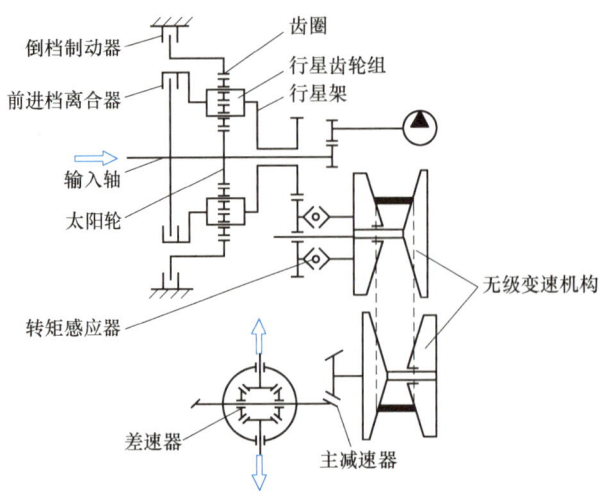

图 9-68 奥迪 01J CVT 传动简图

### 2. 速比变换器

速比变换器是奥迪 01J CVT 最重要的装置，其功用是实现无级变速传动。

速比变换器由两组滑动锥面链轮和专用传动链条组成，如图 9-69 所示为 01J CVT 用的链轮及传动链条。

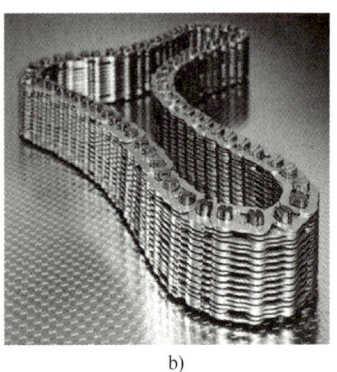

图 9-69 奥迪 01J CVT 的链轮及传动链条
a) 链轮  b) 传动链条

主动链轮由发动机通过辅助减速齿轮驱动，发动机转矩由传动链条传递到从动链轮装置，并由此传给主减速器。每组链轮装置中的其中一个链轮可沿轴向移动，来调整传动链条的跨度尺寸，从而连续地改变传动比，如图 9-70 所示。

### 3. 液压控制系统

奥迪 01J CVT 的液压控制系统也像自动变速器的液压控制系统一样，担负着系统油压的控制、油路的转换控制、用油元件的供油以及冷却控制等作用。

液压控制系统的油路如图 9-71 所示。为防止系统工作压力过高，限压阀将油泵产生的最高压力限制在 0.82MPa，并通过输导控制阀向三个压力调节电磁阀提供一个恒定的 0.5MPa 的输导控制压力。压力阀防止起动时油泵吸入空气，当油泵输出功率高时，压力阀打开,允许 ATF 从回油管流到油泵吸入侧,提高油泵效率。施压阀控制系统压力,在各种工况下都始终能够提供足够的油压。图 9-71 中的电磁阀 N88、N215 和 N216 称为压力控制阀,它们将控制电流转变为相应的液压控制压力。

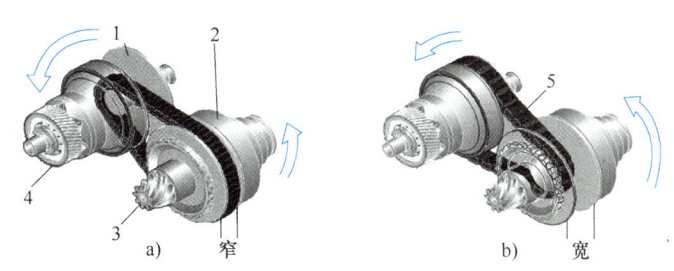

图 9-70 速比变换器的工作原理
a)低速(传动比大) b)高速(传动比小)
1—主动链轮装置 2—从动链轮装置 3—动力输出 4—动力输入 5—传动链条

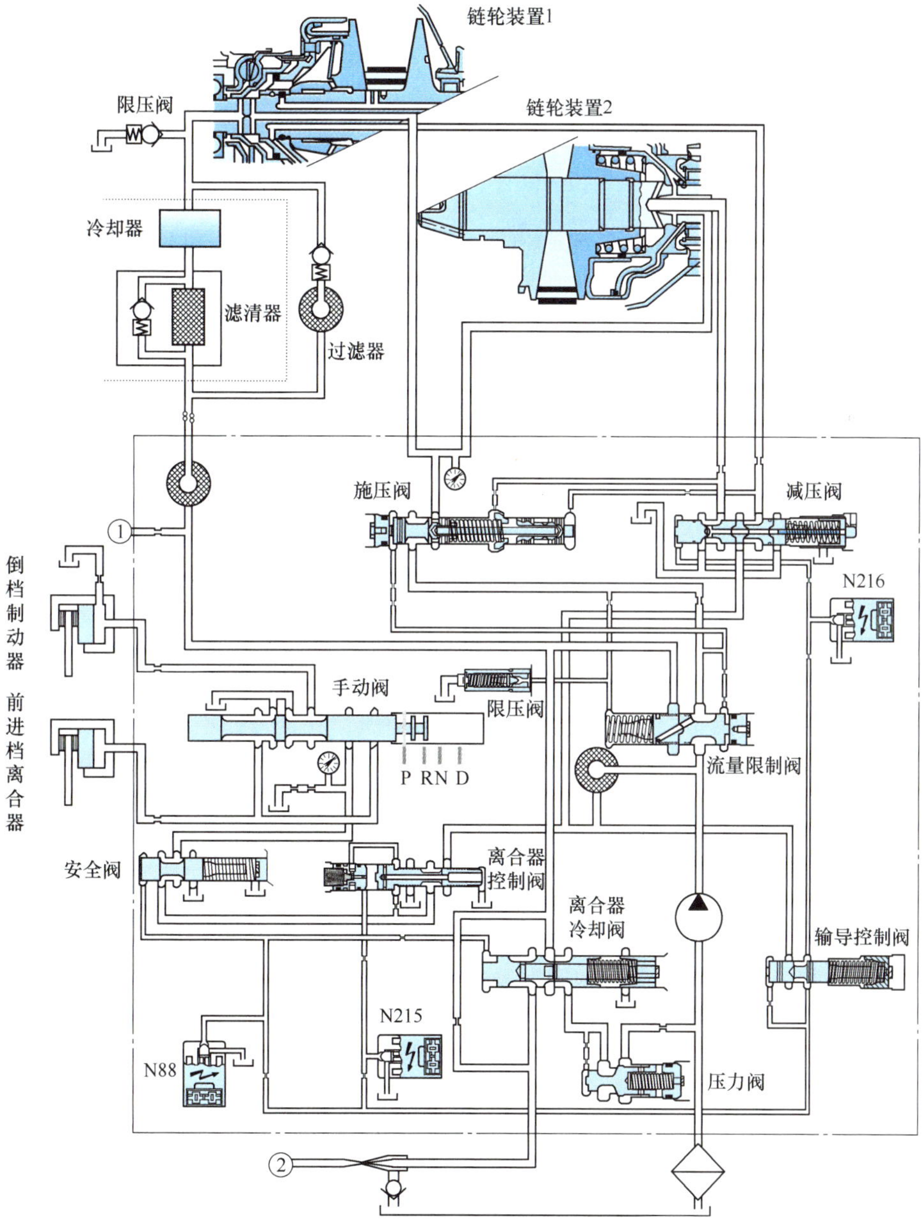

图 9-71 液压控制系统的组成

#### 4. 电子控制系统

奥迪 01J CVT 的电子控制系统由电子控制单元、输入装置（传感器、开关）和输出装置（电磁阀）三部分组成。其特点是电子控制单元集成在速比变换器内，控制单元直接用螺栓紧固在液压控制单元上。三个压力调节阀与控制单元间直接通过坚固的插头连接，没有连接线。图 9-72 所示为电子控制系统的组成。

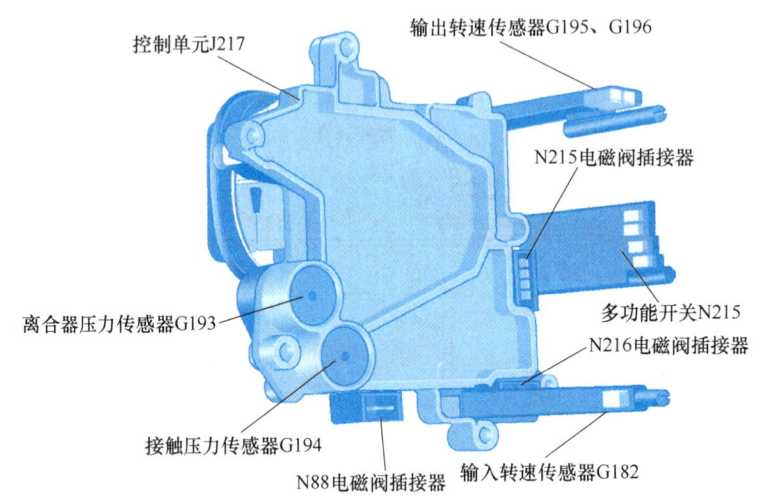

图 9-72　电子控制系统的组成

## 9.7　双离合器自动变速器

### 9.7.1　概述

传统的固定轴式齿轮变速器具有效率高、成本低、结构简单等优点，从而获得广泛应用。但这种变速器换档困难，换档时容易造成动力中断，并且驾驶人水平对汽车行驶性能有较大影响。虽然随着同步器的使用，代替了原有的滑动齿轮换档和接合套换档，使这方面性能已有很大改善，但是与人们期望的自动换档仍有差距。

新型的电子控制机械式自动变速器（AMT），对传统机械变速器进行合理控制，完成汽车起步、换档等自动控制功能。AMT 用先进的电子技术改造传统的手动机械式变速器使其自动化，不仅能保留原齿轮变速器效率高、成本低等长处，而且还具有电控自动变速器的自动换档的优点。但 AMT 换档时要切断动力（分离离合器），在动力切断和再次接合时必然引起传动系统冲击，同时动力切断过程也造成了动力损失，影响了车辆的乘坐舒适性和动力性。为从根本上解决 AMT 切断动力换档带来的问题，近年来出现了一种双离合器自动变速器（DSG），DSG 不仅保证了车辆的动力性和经济性，也极大地改善了车辆运行的舒适性。同时，DSG 仍然采用平行轴式齿轮变速机构，因此手动变速器厂可充分利用现有的生产能力。

### 9.7.2　大众 DQ200 的结构及工作原理

大众 DQ200 双离合变速器，是首款实现国产化七速双离合器自动变速器（或称为大众

DSG），能传递的最大转矩为 250N·m，主要装备于高尔夫、速腾、迈腾、大众 CC、宝来、新帕萨特、新迈腾等车型上，其型号为 0AM。

DQ200 由双离合器模块、齿轮变速机构和机电控制模块三部分组成，如图 9-73 所示。

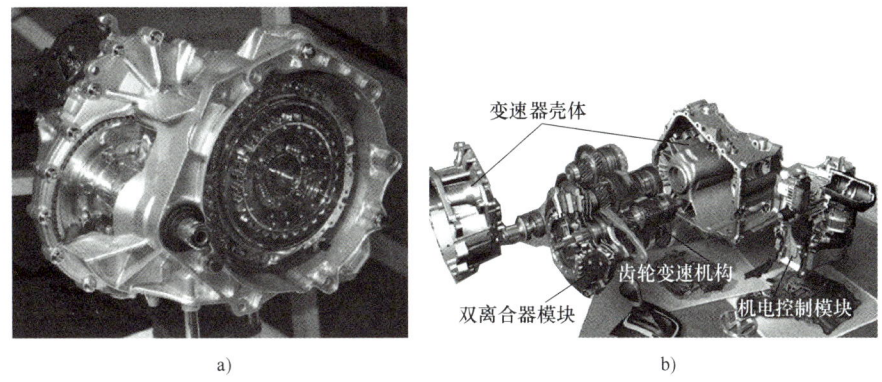

图 9-73 大众 DQ200 双离合器自动变速器组成
a）实物 b）组成

### 1. 双离合器模块

双离合器模块中的两个离合器与传统的干式离合器类似。根据切换的档位，机电控制模块的 ECU 操纵离合器的分离和接合，如图 9-74 所示。

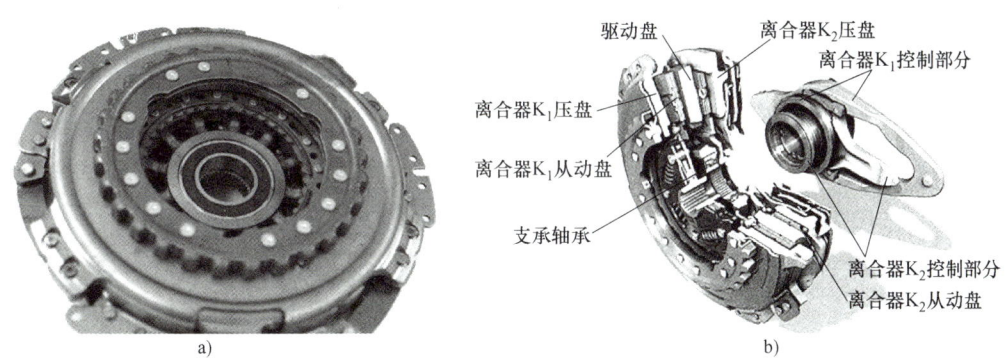

图 9-74 双离合器自动变速器的双离合器模块
a）双离合器模块实物 b）双离合器及控制部分

发动机输出端固定有双质量飞轮，双离合器位于壳体上。双质量飞轮上的内齿，通过和双离合器支承环上的外齿互相啮合，支承环和驱动盘紧密连接在一起，从而将发动机转矩从曲轴上的双质量飞轮传递到双离合器的驱动盘。

驱动盘通过滚珠轴承支承在输入轴 2 上，驱动盘的前工作面与离合器 $K_1$ 从动盘相邻，后工作面与离合器 $K_2$ 从动盘相邻（图 9-75）。在压盘的作用下，如果其中一个离合器从动盘被压紧，转矩就从驱动盘上传递至相应离合器从动盘上，并传给对应齿轮变速机构输入轴。

### 2. 齿轮变速机构

齿轮变速机构由输入轴、输出轴、各档齿轮、同步器总成、拨叉和变速器壳体等组成。

(1) 输入轴　输入轴也成驱动轴，如图9-76所示，共有两根。输入轴2为中空轴结构，输入轴1从中空的轴2中穿过，两根轴上均有一个滚珠轴承支撑在变速器的壳体上，输入轴2的另一个支撑轴承在驱动盘上，而输入轴1的另一个支撑轴承在飞轮中心孔上。每根输入轴通过花键和离合器连接，根据啮合的档位，它们分别将发动机转矩传递到输出轴上。

输入轴2为中空轴结构，通过花键与离合器$K_2$连接，该轴装有2、4、6档和倒档齿轮。变速器的输入速度由轴上专门的变速器输入转速传感器的小齿轮获得，如图9-77a所示。

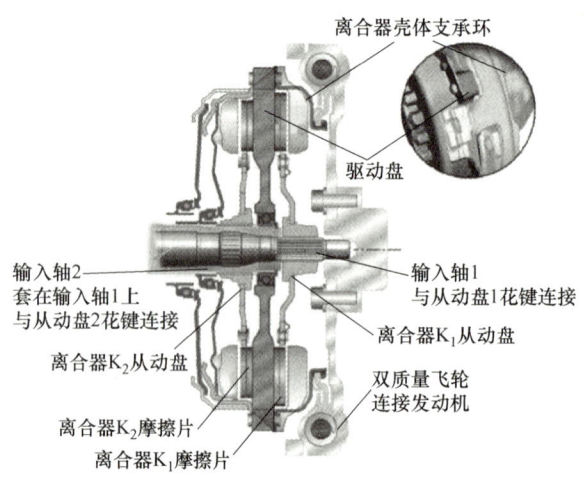

图9-75　双离合器模块的结构

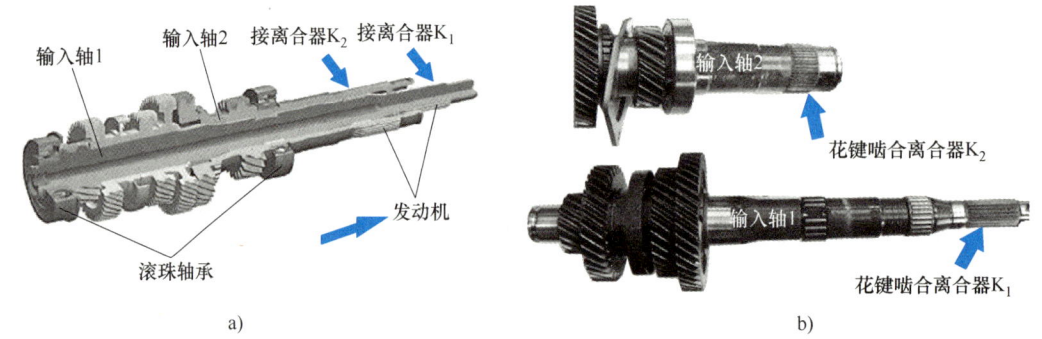

图9-76　齿轮变速机构的输入轴1和输入轴2

a）分解的输入轴1、输入轴2　b）套装后的输入轴1、输入轴2

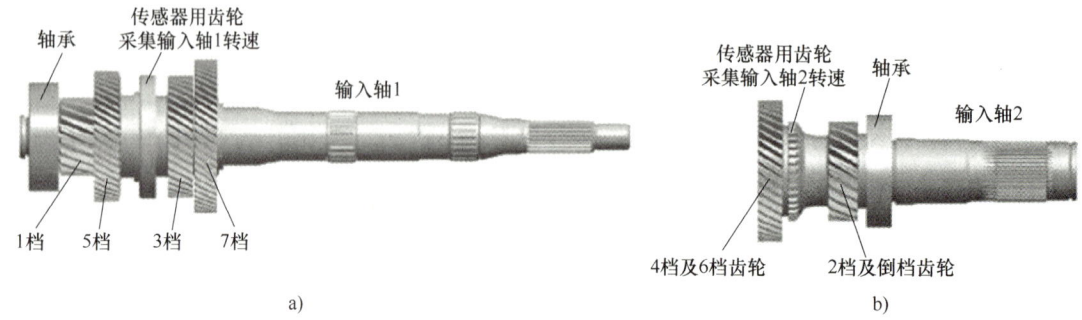

图9-77　输入轴1、输入轴2上的各档位齿

a）输入轴1的档位齿　b）输入轴2的档位齿

输入轴1通过花键和离合器$K_1$连接。该轴装有1、3、5、7档齿轮。该轴上也有一个用于变速器输入转速传感器测量的脉冲轮，以记录变速器输入转速，如图9-77b所示。

(2) 输出轴　输出轴共有三根（见图9-78、图9-79），位于变速器壳体内。发动机转矩从输入轴传递到输出轴上,再通过各输出轴上的输出齿轮,传递至差速器主传动齿轮上。不同的输出轴上装有不同的齿轮及换档机构。带锁止件的表面涂钼的铜制同步器用于所有档位以匹配不同的速度。根据换档负荷,各档位分别使用单件式、两件式或三件式同步器。

输出轴 1 上装有:1、2、3 档的换档机构,均为三件式同步器;4 档的换档机构,为两件式同步器。

输出轴 2 上装有:5、6、7 档的换档机构,均使用两件式同步器;中间齿轮 $R_1$ 和齿轮 $R_2$,用于倒档。

输出轴 3 上装有:单件式同步器的倒档换档机构,驻车锁止机构,如图 9-80 所示。

三根输出轴的输出齿轮均与差速器壳体上的主减速器从动齿轮啮合,分别将不同档位时的转矩和转速通过差速器传递至半轴和车轮。

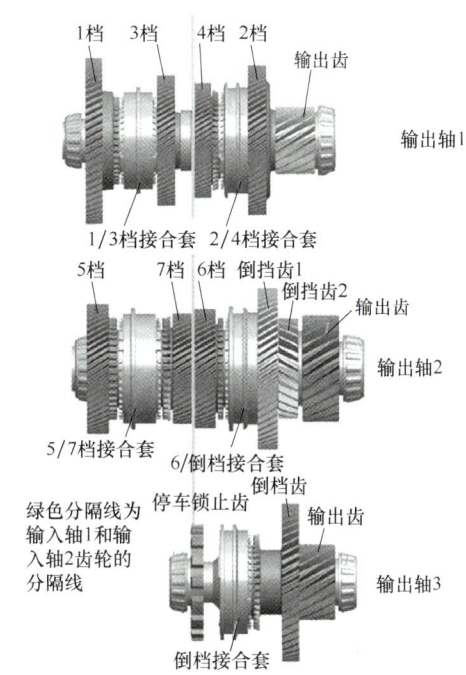

图 9-78 输出轴 1、输出轴 2 和输出轴 3

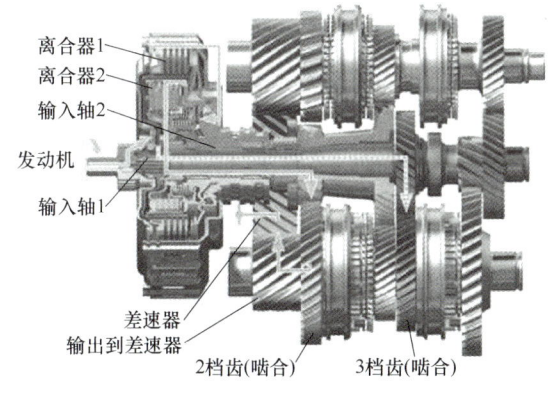

图 9-79 输入轴、输出轴及差速器的位置关系

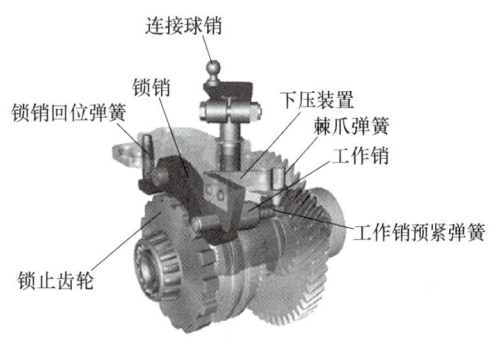

图 9-80 驻车档锁止机构

### 3. 机电控制模块

机电控制模块是变速器的核心控制单元,包括电子控制系统和液压控制系统。该模块安装在变速器壳体上,是一个自动控制单元。所有传感器信号和其他控制单元的信号都在这里汇总,所有程序都通过它来执行和监测。

机电控制模块的电子控制系统如图 9-81 所示,电子控制单元内集成了 11 个传感器。

双离合器变速器有两套独立的油路:机械变速器的润滑油循环油路和机电控制模块的液压操纵系统油路。用于机械式变速器各轴和齿轮的润滑供油方式和其他普通手动变速器一样,在此不再赘述。

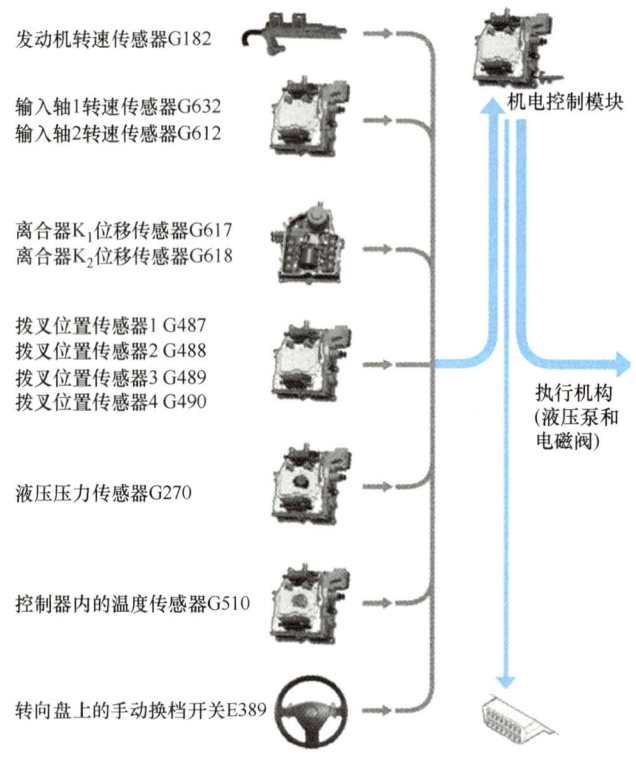

图 9-81 机电控制模块（电子控制系统部分）的组成

在机电装置模块里的电子液压控制单元及其油路，用于产生换档和操纵离合器所需的油压力，控制并调节 8 个电磁阀，切换 8 个档位和操纵 2 个离合器。

液压控制系统的组成部件如图 9-82 所示。

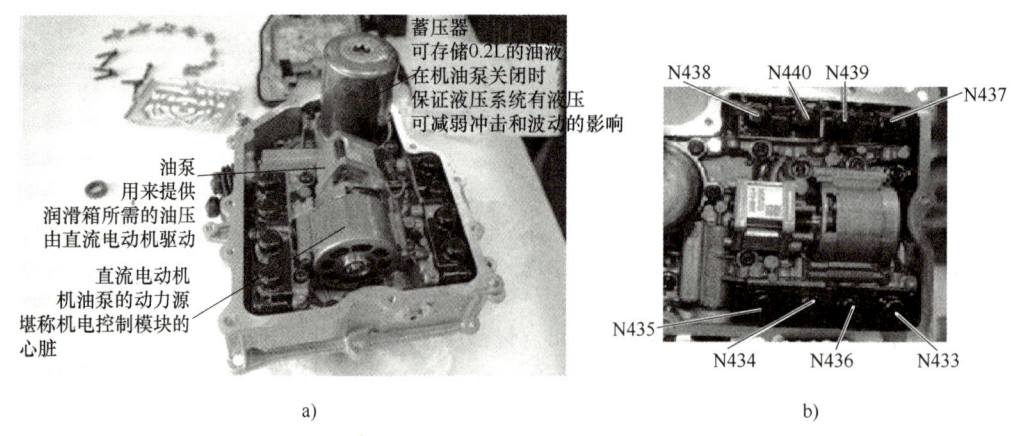

图 9-82 机电控制模块（液压控制系统部分）的组成
a) 油泵、蓄压器的位置　b) 电磁阀的位置

双离合器变速器的液压控制系统油路如图 9-83 所示。

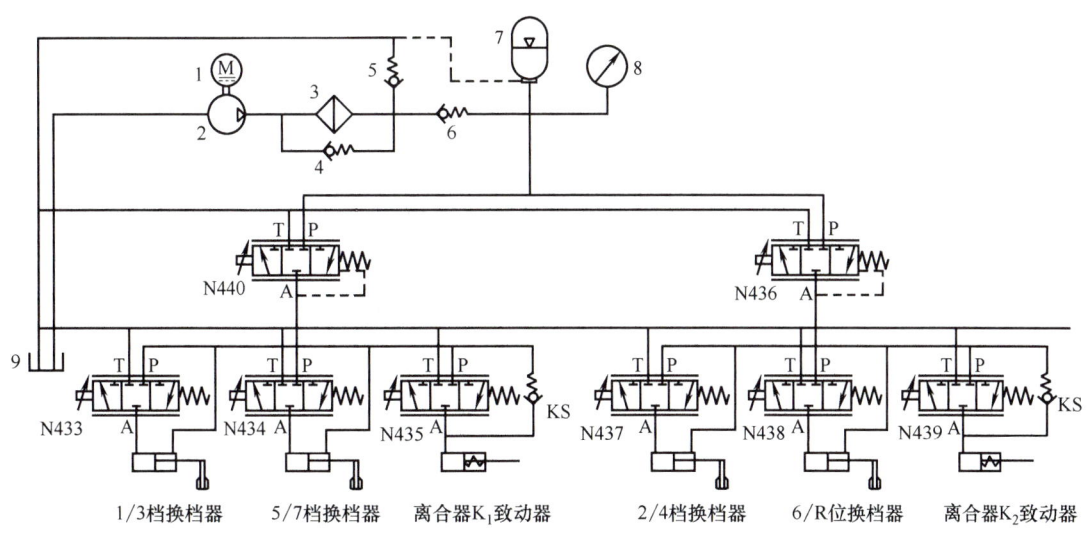

图 9-83　液压控制系统的油路

1—直流电动机　2—油泵　3—滤清器　4、6—单向阀　5—限压阀　7—蓄压器　8—液压压力传感器　9—ATF 油箱

## 本章小结

汽车常用的电子控制式自动变速器按照其工作原理的不同可分为三种：电控液力自动变速器、无级自动变速器和双离合器自动变速器。

电控液力自动变速器由液力变矩器、变速系统、液压控制系统、电子控制系统和冷却滤油装置等组成。

汽车上广泛采用了带有锁止离合器的综合式液力变矩器，综合式液力变矩器是在三元件液力变矩器的基础上增加单向离合器和锁止离合器。它综合利用了液力偶合器和液力变矩器的优点，使传递动力更加平顺可靠，同时工作效率也得到了大大提高。

电控自动变速器采用的变速系统主要有辛普森式和拉维娜式两种。依据行星齿轮机构的受力情况，并依据运动规律方程式，将太阳轮、齿圈和行星架三者中的任一元件与主动轴相连作为动力输入元件，第二元件与被动轴相连作为动力输出元件，并将第三元件强制固定，使其转速为零或为某一固定转速，行星齿轮排才能以一定的传动比传递动力，从而实现不同档位和速度的变化。

液压控制系统由动力源、控制机构和执行机构三部分组成。动力源主要由油泵组成。控制机构包括主油路调压装置、换档信号装置、换档阀和缓冲安全装置、变矩器控制装置等。执行机构包括各离合器、制动器的液压工作缸。

电子控制系统是由输入装置、控制装置和执行元件三部分组成。输入装置包括各种传感器和控制开关，监测车辆速度、节气门开度和其他情况，并将这些信号送至电子控制单元（ECU）中。控制装置主要是指自动变速器的电控单元（ECU）。执行元件主要是电磁阀，电磁阀根据电控自动变速器 ECU 所发出的指令完成开启或关闭，接通或断开相应的液压油路，从而控制液压元件的动作，实现自动变速器的自动换档。

发动机起动后，当选档手柄拨到前进档位置时，电控自动变速器 ECU 便根据模式选择开关工作状态选择相应的换档规律，并根据节气门开度和车速等信号自动控制变速器换档时机和液力变矩器锁止时机。车速传感器、节气门位置传感器和控制开关信号随时输入电控自动变速器 ECU，输入回路和模/数转换电路对这些信号进行处理，转换成 CPU 能够识别的电信号，CPU 按照一定频率对其进行采样，并将采样信号与预先存储在只读存储器（ROM）中的换档参数进行比较运算或逻辑判断，从而确定是否换档和锁止液力变矩器。当采样得到的车速信号、节气门开度信号和控制开关信号与最佳换档参数或锁止参数一致并确定升档或降档以及锁止变矩器时，CPU 便向电磁阀发出控制指令，控制齿轮变速机构换档或锁止液力变矩器。电磁阀控制换档阀（或锁止阀）的动作，通过换档阀阀芯的移动来改变换档（或锁止）离合器和制动器的油路，从而实现自动换档（或变矩器锁止）。

无级自动变速器 CVT 主要由飞轮减振装置、前进档离合器/倒档制动器及行星齿轮装置、速比变换器、液压控制单元和电控单元组成。

双离合器自动变速器 DSG 主要由双离合器模块、齿轮变速机构和机电控制模块三部分组成。

1. 自动变速器有哪些特点？
2. 自动变速器是如何进行分类的？有哪些类型？
3. 简述电控自动变速器的组成和工作原理。
4. 液力偶合器与液力变矩器的结构与工作原理有哪些异同？
5. 综合式液力变矩器由哪些元件组成？各有什么特点？
6. 液力变矩器中锁止离合器的作用是什么？
7. 行星齿轮机构有哪些类型？
8. 单排行星齿轮机构有几种组合方案？如何实现增速、减速和反向传动？
9. 设单排行星齿轮机构的齿圈有 73 齿，太阳轮有 33 齿，设计组合方案，并计算传动比。
10. 换档执行元件有哪些？各有什么作用？
11. 简述液压控制系统的组成和工作原理。
12. 自动变速器的油泵、主油路调压阀各有什么作用？
13. 叙述液力变矩器控制装置的组成及工作原理。
14. 绘制自动变速器电子控制系统框图。
15. 电子控制系统是如何改善换档品质的？
16. 电子控制系统是如何进行油压调节和控制的？
17. 电控自动变速器的换档正时是如何实现的？
18. 叙述奥迪 CVT 的组成，绘制其动力传递简图。
19. 双离合器自动变速器有哪些特点？
20. 叙述大众 DQ200 七速双离合器自动变速器的组成。
21. 绘制 DQ200 七速双离合器自动变速器的液压控制系统油路图。

# 第10章 汽车主动安全性控制系统

【本章教学要点】

| 知识要点 | 掌握程度 | 相关知识 |
| --- | --- | --- |
| 防抱制动系统（ABS） | 了解轮胎滑移率的概念和控制区间<br>掌握轮速传感器和加速度传感器的结构和工作原理<br>了解 ABS-ECU 的功能模块和工作原理<br>掌握两位两通电磁阀和三位三通电磁阀的工作过程 | 汽车防抱制动系统的理论依据、组成、作用及控制过程 |
| 电子控制制动力分配系统（EBD） | 了解 EBD 和 ABS 之间的关系<br>掌握 EBD 分配制动力的方法 | 电子控制制动力分配系统的作用、控制过程 |
| 驱动防滑转系统（ASR/TCS/TRC） | 了解轮胎滑移率的概念和控制区间<br>了解滑转率和滑移率之间的关系、相似和不同之处<br>掌握 ASR 和 ABS 两大系统的公用部件和不同部件<br>掌握 ASR 的控制和调节方法 | 驱动防滑转系统的理论依据、功用、组成以及控制方法 |

　　汽车安全性指汽车在行驶中避免事故，保障行人和乘员安全的性能，一般分为主动安全性、被动安全性、事故后安全性和生态安全性。现代汽车越来越注重安全性，在其电子控制系统中都会配备主动安全装置和被动安全装置，辅助驾驶人对车辆进行行驶稳定性控制，减少事故伤害程度。

　　汽车主动安全装置在车辆有撞击危险之前可以起到预防和干预作用，其目的是提高汽车行驶的稳定性，减少操控的偏差。常见电子控制安全装置如防抱制动系统（ABS），具有防滑、防锁死功能，能有效提高制动性能，防止甩尾、侧滑。电子制动力分配系统（EBD），能自动调节前、后轴的制动力分配比例，提高制动效能，在一定程度上可以缩短制动距离，并配合 ABS 提高制动稳定性。驱动防滑装置（ASR），可以避免车辆加速时驱动轮打滑，维持车辆行驶方向的稳定性。牵引力控制系统（TRC），能使汽车在各种行驶状况下获得最佳的牵引力，减少光滑路面上打滑现象的发生。电子稳定系统（ESP），不但控制驱动轮，而且可以控制从动轮，在转向不足时，还可以校正方向。ESP 系统包含 ABS 及 ASR，是这两种系统功能上的延伸。因此，ESP 称得上是当前汽车防滑装置的最高级形式。电子辅助制动系统（EBA），能有效降低加速踏板和制动踏板之间切换频率。汽车防撞系统，是防止汽车发生碰撞的一种智能装置，能够自动发现可能与汽车发生碰撞的车辆、行人或其他障碍物体，发出警报或同时采取制动或规避等措施，以避免碰撞的发生。

汽车被动安全装置是指在无法避免碰撞事故的情况下，依靠车辆本身保护，将撞击伤害降到最低的装置。车辆的钢板、车身结构、安全带、安全气囊、头枕、可溃缩的转向盘及制动踏板等都是被动安全的重要组成部分，其中安全带和安全气囊可以实现电子控制。

限于篇幅，本章主要介绍主动安全性控制系统。

## 10.1 汽车防抱制动系统

防抱制动系统（Anti-lock Braking System，ABS）是附加在传统机械制动系统中的辅助装置，目的是将传统的由制动踏板单一控制的制动过程转变为瞬态控制的制动过程，其特点是在任何情况下都能使紧急制动的车轮保持在最佳的制动状态，获得最佳的制动效果。

### 10.1.1 防抱制动系统的基础知识

只装备传统制动系统的汽车在紧急制动时，经常会因为制动力过大而抱死车轮拖滑。此时，车辆将失去方向控制能力，无法主动避开前方障碍，车辆本身也容易出现滑转现象。同时，试验证明，车轮抱死滑移时地面附着力下降，导致制动效果下降，增大了制动距离。ABS系统的控制理论就是要实现车辆制动全过程中方向可控，并能达到或接近最佳制动效果。

当汽车匀速行驶时，实际车速$v$（即车轮中心的纵向速度）与车轮速度$v_w$（即车轮滚动的圆周速度）相等，车轮在路面上的运动为自由滚动。当驾驶人踩下制动踏板后，在制动器摩擦力矩的作用下，车轮的角速度减小，实际车速与车轮速度之间就会产生一个速度差，轮胎与地面之间就会产生相对滑移。轮胎滑移的程度用滑移率$S$来表示。

**1. 车轮滑移率$S$**

车轮滑移率是指实际车速$v$与车轮速度$v_w$之差和实际车速$v$的比率，其表达式为

$$S = \left(\frac{v-v_w}{v}\right) \times 100\% = \left(1-\frac{v_w}{v}\right) \times 100\% = \left(1-\frac{r\omega}{v}\right) \times 100\% \tag{10-1}$$

式中，$S$为车轮滑移率；$v$为车速（m/s）；$v_w$为车轮速度，即车轮瞬时圆周速度，$v_w = r\omega$（m/s）；$r$为车轮半径（m）；$\omega$为车轮转动角速度，$\omega = 2\pi n$（rad/s）。

滑移率与车轮行驶状态之间的关系如下：

1）当$v=v_w$时，滑移率$S=0$，车轮自由滚动。
2）当$v_w=0$时，滑移率$S=100\%$，车轮完全抱死滑移。
3）当$v>v_w$时，滑移率$0<S<100\%$，车轮边滚动边滑动。滑移率$S$越大，车轮滑移程度越大。

**2. 车轮滑移率$S$与附着系数$\varphi$的关系**

在汽车制动过程中，除车轮旋转平面的纵向附着力外，还有垂直于车轮旋转平面的横向

附着力。纵向附着力决定汽车纵向运动,影响汽车的制动距离;横向附着力则决定汽车的横向运动,影响汽车的转向控制能力和行驶稳定性。

汽车纵向附着系数和横向附着系数对滑移率有很大影响。在地面附着条件差(如在冰雪路面上制动)的情况下,由于道路附着力很小,使得最大地面制动力大幅度减小。因此,在制动踏板力很小时,地面制动力就会达到最大附着力,车轮就会抱死滑移。在不同路面上附着系数与滑移率之间的关系如图10-1所示(图中虚线与实线标注的上下顺序一一对应)。

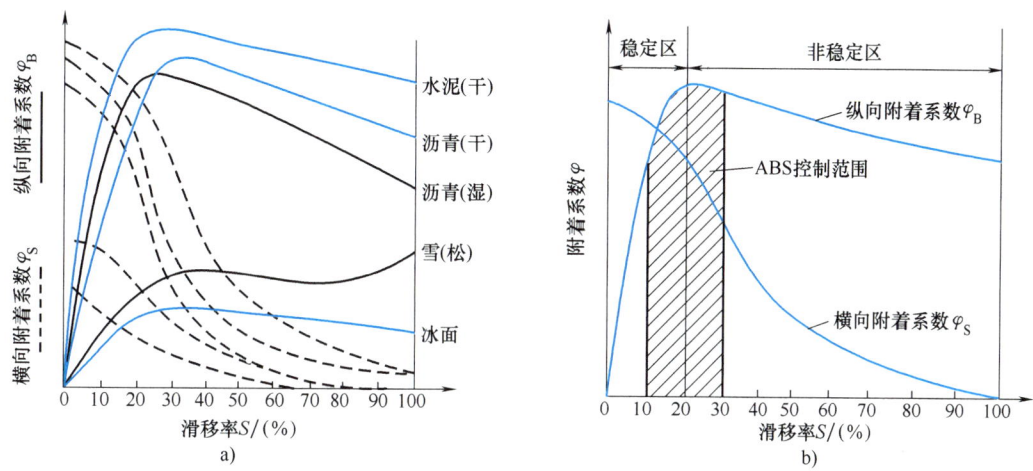

图 10-1　附着系数与滑移率的关系

a)不同路面状态时　b)干燥硬实路面

由图可知:

1)附着系数取决于路面性质。一般说来,干燥路面附着系数大,潮湿路面附着系数较小,冰雪路面附着系数更小。

2)在各种路面上,附着系数都随滑移率的变化而变化。

3)在各种路面上,当滑移率为20%左右时,纵向附着系数最大,制动效果最好。

【小提示】

　　汽车最大制动力不是由制动器的最大摩擦力决定,而是受限于路面附着系数。同一辆车,在不同路面条件下的最大制动力是不同的。所以路面湿滑时一定要减速行驶。

　　ABS控制理论的目的不是增大制动力,而是在各种路面条件下都能利用最大的路面附着系数进行紧急制动。

纵向附着系数最大时的滑移率称为理想滑移率或最佳滑移率。当滑移率超过理想滑移率时,纵向附着系数减小,产生的地面制动力随之下降,制动距离将增长。滑移率大于理想滑移率后的区域称为非稳定制动区域或非稳定区,如图10-1b所示。

横向附着系数是研究汽车行驶稳定性的重要指标之一。横向附着系数越大,汽车制动时的行驶稳定性和保持转向控制的能力越强。当滑移率为零时,横向附着系数最大;随着滑移率的增加,横向附着系数逐渐减小。

综上所述,为了获得最佳的制动效能,ABS系统应将车轮滑移率控制在10%~30%范围内。图10-2所示为紧急制动时有无ABS系统的制动效果对比。在装备ABS的情况下,因为前轮不会抱死,所以汽车具有转向控制能力,能够躲避前方的障碍物。在无ABS的情况下,一旦车轮趋于抱死,维持前轮转向运动能力的横向附着力即随之丧失,无论驾驶人如何调整转向盘,汽车仍按原行驶方向滑行而将前方障碍物撞倒,并且制动距离较长。

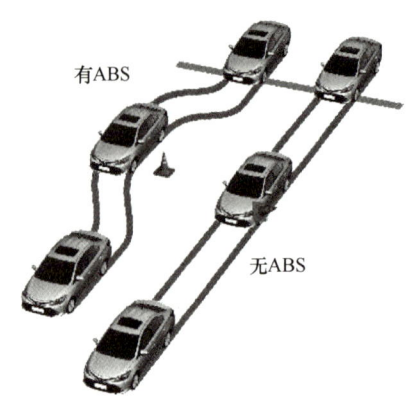

图 10-2　ABS 制动效果示意图

### 10.1.2　防抱制动系统的组成

尽管各车型的防抱制动系统的结构形式各不相同,但都是在常规制动系统(液压制动系统或气压制动系统)的基础上,增设了一套电子控制装置。通常,ABS系统是由轮速传感器、ABS电控单元(ECU)和制动压力调节器三个部分组成,如图10-3所示。

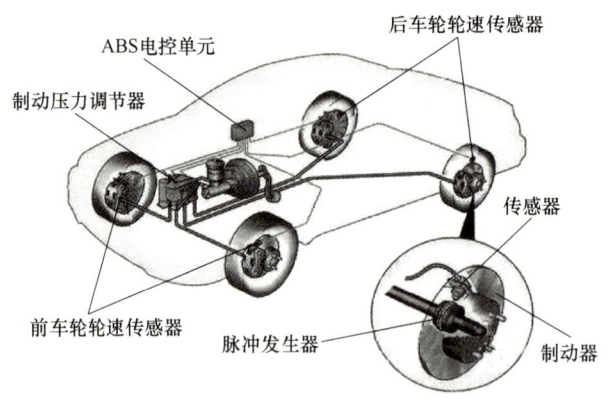

图 10-3　ABS 系统的基本组成

轮速传感器提供车轮转速、车速变化和制动减速度等电子信号;ABS电控单元(ECU)是由单片机构成的计算机系统,因此也称为ABS-ECU,用于分析和计算传感器所提供的车速信号,并向制动压力调节器发出调节指令;制动压力调节器是一组电磁阀门系统,可以调节制动管路压力,改变制动器的制动力,使得车轮滑移率保持在预先设定的20%附近。

图10-4所示为防抱制动系统ABS的基本结构框图。

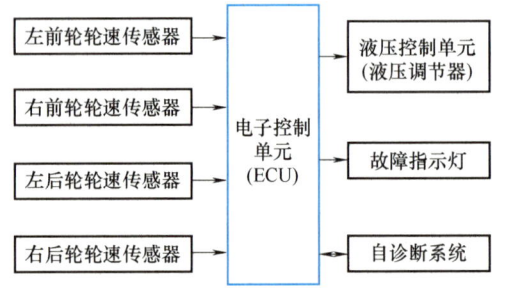

图 10-4　ABS 系统基本结构框图

1. 传感器

ABS 系统的传感器主要包括轮速传感器、减速度传感器等。

（1）轮速传感器　轮速传感器的功用是检测车轮的转速并把转速信号传递给 ECU。它安装在随车轮或驱动轴旋转的齿圈处，并与齿圈对准，通过齿圈的旋转变化采集车轮的转速信号，如图 10-5 所示。常见的轮速传感器包括电磁感应式轮速传感器和霍尔效应式轮速传感器。

1）电磁感应式轮速传感器。轮速传感器主要由齿圈和电磁感应头两部分组成，如图 10-6 所示。轮速传感器通常设置在车轮处，如图 10-7 所示。也有些车型则设置在主减速器或变速器中，如图 10-8 所示。

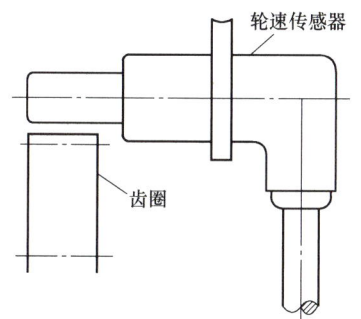

图 10-5　轮速传感器安装方式

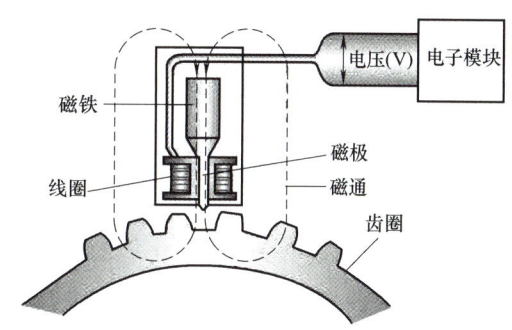

图 10-6　电磁感应式轮速传感器

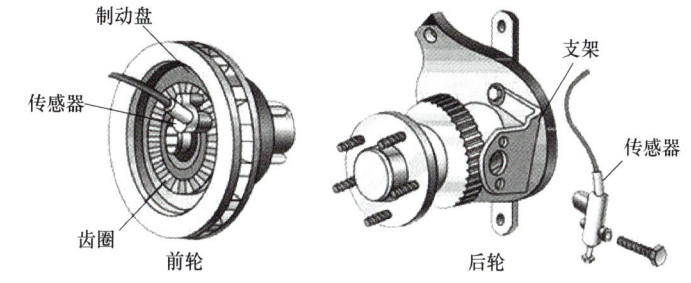

图 10-7　轮速传感器在车轮处的安装方式

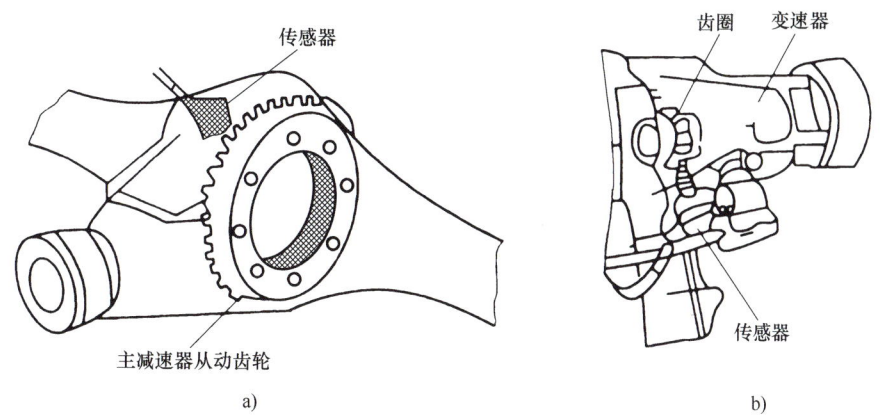

图 10-8　轮速传感器在传动系统中其他安装位置

a）主减速器中安装方式　b）变速器中安装方式

轮速传感器的齿圈安装在随车轮一同转动的部件上，如半轴、轮毂、制动盘等；而电磁感应头则安装在车轮附近不随车轮转动的部件上，如半轴套管、转向节等。电磁感应头与齿圈之间的间隙很小，通常在 0.5～1.0mm 之间，多数汽车轮速传感器的间隙是不可调的。

一些后轮驱动的汽车只在主减速器中或变速器中安置一个电磁感应式轮速传感器，如图 10-8 所示。传感器安置在主减速器输入轴上（或者直接利用主减速器齿轮）或变速器输出轴上。轮速传感器设置在传动系统中，该轮速传感器检测到的是两后轮的平均转速，因此，只适用于对两后轮进行同一控制的布置形式。

电磁感应头主要由磁铁、磁极和线圈组成。传感器齿圈是由磁阻较小的铁磁性材料组成，如图 10-6 所示。当齿圈的齿根与电磁感应头的端部相对时，电磁感应头端部与齿圈之间的间隙最大，通过传感线圈的磁力线最少；而当齿圈的齿顶与电磁感应头端部正对时，间隙最小，通过传感线圈的磁力线最密集。当齿圈随同车轮转动时，齿圈的齿根和齿顶交替地与传感器感应头端部相对，通过传感线圈的磁力线随之发生疏密交替变化，在传感线圈中就会感应出交变电压。交变电压的频率与齿圈的齿数和转速成正比，因此，转速传感器输出的交变电压频率就与车轮的转速成正比。另外，车轮转速也会影响传感器输出交变电压的幅值大小。

2）霍尔效应式轮速传感器。其基本原理如图 10-9 所示，永磁体的磁力线穿过霍尔元件，通向齿轮，这时齿轮的作用相当于一个集磁器。当齿轮处于图 10-9a 所示状态时，磁力线分散，穿过霍尔元件的磁场相对较弱。当齿轮处于图 10-9b 所示状态时，磁力线密集，穿过霍尔元件的磁场较强，引起霍尔电压的变化。

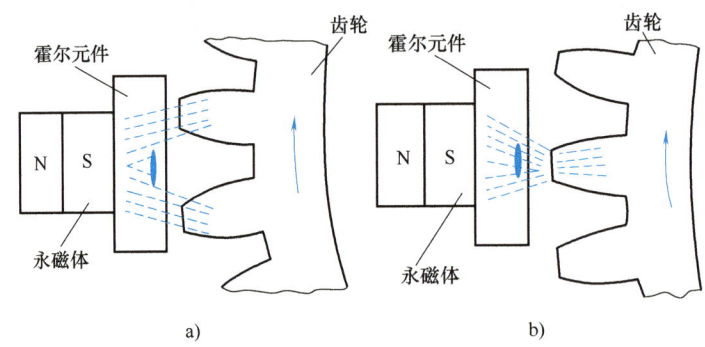

图 10-9　霍尔效应式轮速传感器的基本原理
a）霍尔元件磁场较弱　b）霍尔元件磁场较强

通过齿轮的运动，霍尔元件输出 mV 级的准正弦波电压。若要将它变换成标准 TTL 脉冲电压，需通过放大、整形电路来实现。经放大整形后的转速信号波形如图 10-10 所示。$U_1$ 是霍尔元件直接输出的模拟电压波形，$U_2$ 是经过放大后的电压波形，$U_3$ 是将模拟波形转换为数字信号后的输出波形，$U_4$ 是将数字信号调整至标准电压后的波形。

(2) 减速度传感器　减速度传感器（也称 G 传感器）能测出汽车制动时的减速度，识别是否为雪路、冰路等易滑路面。目前使用的减速度传感器主要有差动变压器式、水银开关式和光电式。

1）差动变压器式 G 传感器。差动变压器式 G 传感器通常利用差动变压器获得减速度信号，其结构及输出特性如图 10-11 所示。汽车在正常行驶时，差动变压器线圈内的铁心处于线圈中部位置。当汽车制动减速时，铁心受惯性力（其惯性力与汽车的加、减速度的大小成正比，而方向相反）作用前后移动，从而使差动变压器线圈内的感应电流发生变化，转换为电压作为输出信号。惯性力不同，铁心在线圈内所处的位置随之不同，输出电压信号值的大小也不同。

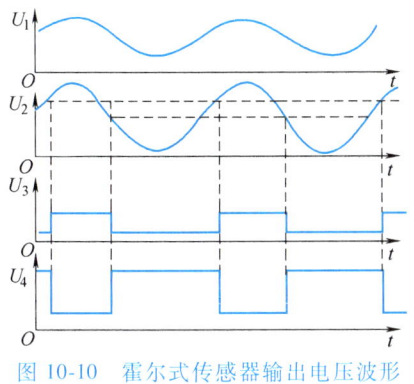

图 10-10　霍尔式传感器输出电压波形

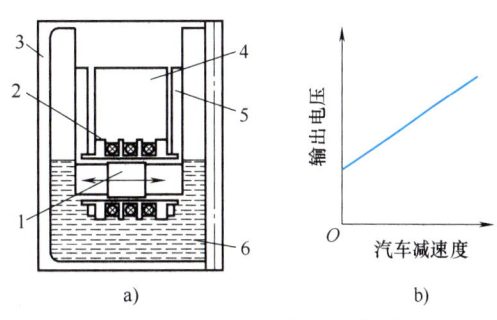

图 10-11　差动变压器式 G 传感器

a）差动变压器结构　b）差动变压器输出特性
1—铁心　2—线圈　3—差动变压器　4—印制电路板
5—片簧　6—变压器油

2）水银开关式 G 传感器。水银开关式 G 传感器工作原理如图 10-12 所示。两个水银开关沿汽车纵向相对倾斜布置，利用水银的液态和导电性实现开关的通断，来判断车身的减速度。当制动减速度较小时，水银在重力作用下落在玻璃管下部，并接通位于下部的导线触点，开关接通。当制动减速度增大时，水银在惯性力的作用下沿向前方滚动，当其惯性力克服重力时，水银上升离开底部，使得底部导线触点无法接通，开关断开。因此，通过水银开关的位置、方向和通断可以判断制动减速度大小，并由此判断路面附着系数的大小。

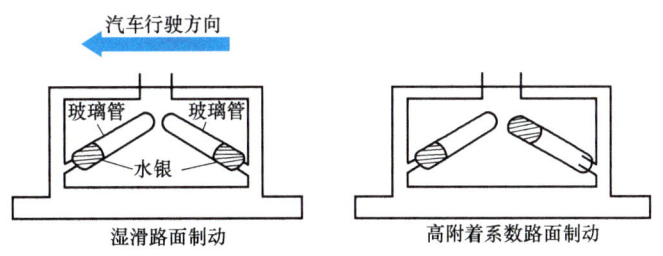

图 10-12　水银开关式 G 传感器工作原理

3）光电式 G 传感器。光电式 G 传感器由两只发光二极管 LED、两只光电晶体管、一块透光板和信号处理电路等组成，结构如图 10-13a 所示。

透光板的作用是透过或阻断光信号。当透光板上的开口位于发光二极管与光电晶体管之间时，发光二极管发出的光线能够照射到光电晶体管上，使光电晶体管导通，如图 10-13b 所示。当透光板上的齿扇位于发光二极管与光电晶体管之间时，发光二极管发出的光线被透光板上的齿扇挡住而不能照射到光电晶体管上，光电晶体管处于截止状态，如图 10-13c 所示。

图 10-14 所示为光电式 G 传感器安装在汽车上的工作状态。当汽车匀速行驶时，透光板静止不动，传感器无信号输出。当汽车减速时，透光板沿汽车纵向摆动。减速度大小不同，

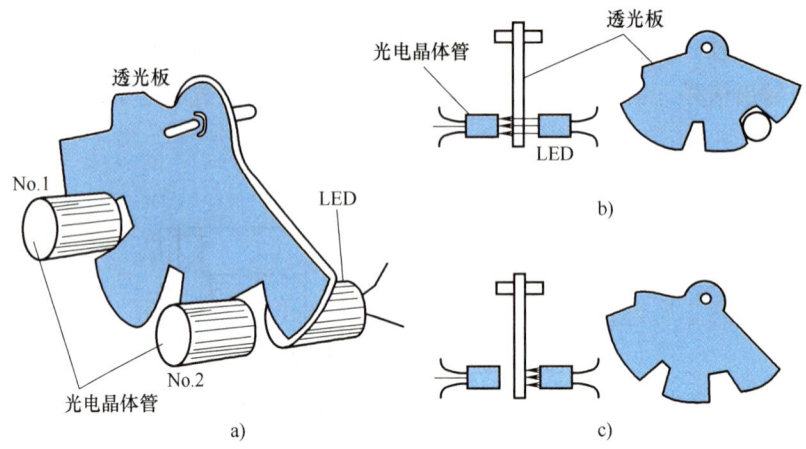

图 10-13 光电式 G 传感器工作原理
a）传感器结构  b）透光状态  c）阻断状态

透光板摆动角度就不同，两只光电晶体管"导通"与"截止"状态也就不相同。减速度越大，透光板摆动角度越大。根据两只光电晶体管的输出信号，就可将汽车减速度区分为四个等级，见表 10-1。ABS-ECU 接收到传感器信号后，就可以判断路面附着力状况，从而采取相应的控制措施。

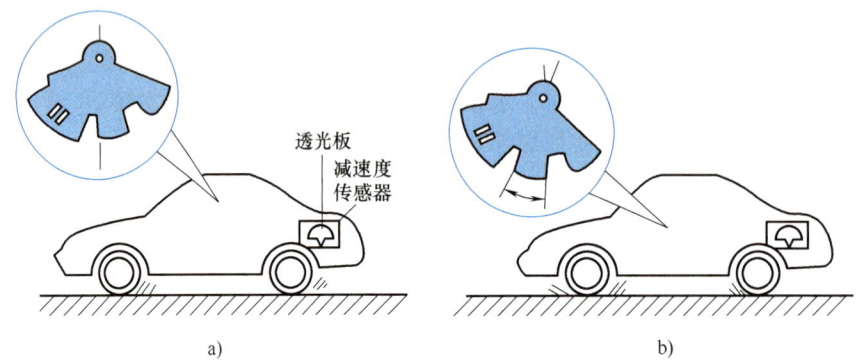

图 10-14 光电式 G 传感器安装在汽车上的工作状态
a）匀速行驶  b）减速行驶

表 10-1 光电式 G 传感器减速度分级

| 减速度率等级 | 低减速度率 1 | 低减速度率 2 | 中等减速度率 | 高减速度率 |
| --- | --- | --- | --- | --- |
| No.1 晶体管 | 导通 | 截止 | 截止 | 导通 |
| No.2 晶体管 | 导通 | 导通 | 截止 | 截止 |

**2. 防抱制动系统电控单元（ABS-ECU）**

ABS-ECU 是防抱制动系统的控制中枢，其作用是接收从各个轮速传感器送来的信号，经整形放大变换为同频率的方波脉冲信号，经计算电路计算汽车参考车速、各车轮速度和减速度（或加速度），并对计算结果与设定的基准值加以比较，发出控制指令信号，经功率放大器放大，控制制动压力调节器的电磁阀动作，从而调节制动压力。此外，ECU 还具有对整个 ABS 工作状况进行自检和安全监视警告功能。当系统发生故障时，首先停止 ABS 的工作，并使仪表板上的 ABS 报警灯点亮，将故障信息编成代码保存在存储器中，以备自诊断时读取故障码，供维修诊断参考。

ABS-ECU 发展到现在采用两个微处理器（CPU），主要目的是保证 ABS 的安全性。ABS-ECU 的两个 CPU 接收同样的输入信号，通过通信对两个微处理器的处理结果进行比较。如果两个微处理器处理的结果不一致，微处理器立即发出控制指令使 ABS 退出工作，防止系统发生逻辑错误。

虽然各种车型 ABS-ECU 内部电路及控制程序有所不同，但其基本组成大致相同，如图 10-15 所示，主要由主控 CPU、辅控 CPU、稳压模块、电磁阀驱动模块、回液泵电动机驱动模块、信号处理模块以及安全保护电路等组成。

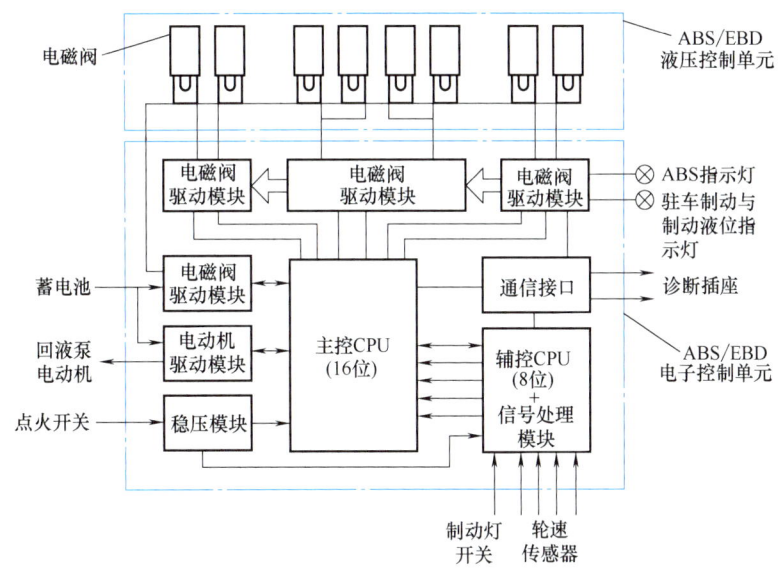

图 10-15　ABS-ECU 电路模块功能结构

驱动模块的主要功能是将 CPU 输出的数字信号（如压力控制信号）进行功率放大并驱动执行元件（电磁阀、电动机）工作，实现制动压力"升高""保持"或"降低"的调节功能。

安全保护电路由电源监控、故障记忆和 ABS 指示灯驱动电路等组成，其主要功能是接收蓄电池（或发动机）的电压信号，监控电源电压是否在稳定范围内，同时将 12V 或 24V 电源电压变换为 ABS-ECU 工作需要的 5V 电压。

### 3. 制动压力调节装置

ABS 是附加在传统机械制动系统上的，不能独立工作。包含制动压力调节装置的液压制动系统如图 10-16 所示。

制动压力调节器（又称为液压调节器）是 ABS 的执行器，由电磁阀、储液器、回液泵和电动机等组成，安装在制动总泵（主缸）与车轮制动分泵（轮缸）之间，主要功用是根据 ABS-ECU 的控制指令，自动调节制动分泵（轮缸）的制动压力。

电磁阀是制动压力调节器的主要部件，通过电磁阀动作便可控制制动压力"升高""保

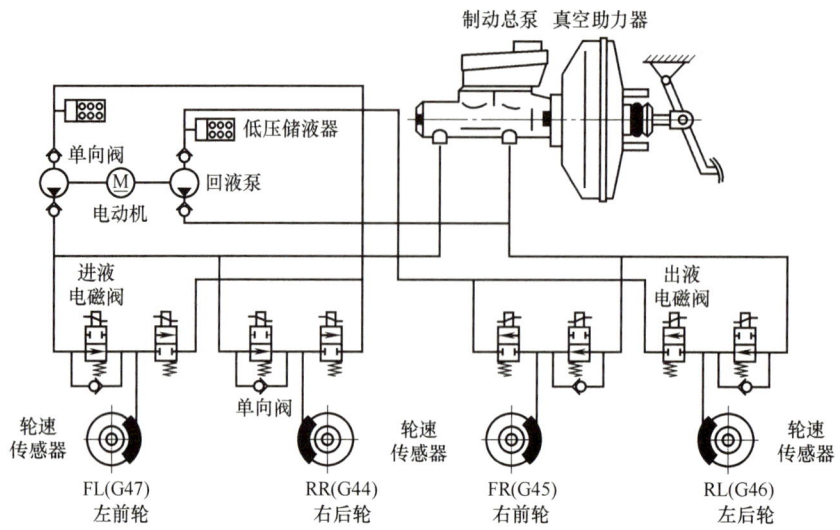

图 10-16　包含制动压力调节装置的液压制动系统

持"和"降低"。ABS 常用的电磁阀有两位两通电磁阀和三位三通电磁阀两种。

**（1）两位两通电磁阀**　两位两通电磁阀分为常开电磁阀和常闭电磁阀两种。两种电磁阀的结构相似，其基本结构如图 10-17 所示，主要由电磁铁机构、球阀、复位弹簧、顶杆、限压阀和阀体等组成。在电磁线圈未通电时，常开电磁阀的球阀与阀座处于分离状态，常闭电磁阀的球阀与阀座处于接触状态。

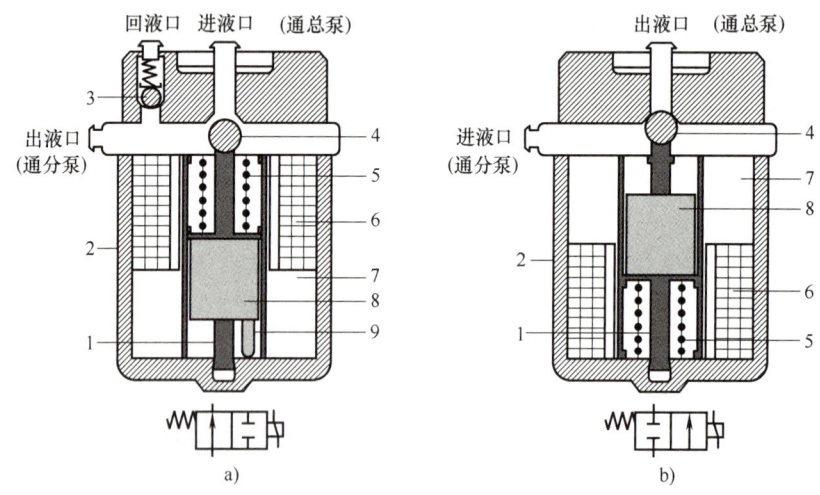

图 10-17　两位两通电磁阀的基本结构
a）常开电磁阀　b）常闭电磁阀
1—顶杆　2—壳体　3—限压阀　4—球阀　5—复位弹簧　6—电磁线圈　7—阀体　8—活动铁心　9—限位杆

在常开电磁阀中，设有一根顶杆，顶杆和限位杆与活动铁心固定在一起，复位弹簧一端压在活动铁心上，另一端压在与阀体相连的弹簧座上。限压阀的功能是限制电磁阀的最高压力。当制动液压力过高时，限压阀打开泄压，以免压力过高损坏电磁阀。在两位两通常闭电磁阀中，一般不设置限压阀。

当电磁线圈未通电时，在复位弹簧弹力作用下，活动铁心带动顶杆和限位杆下移复位，直到限位杆与缓冲垫圈相抵为止。顶杆下移时，球阀随之下移，使电磁阀阀门处于开启状态，制动液从进液口经球阀阀门、出液口流出。

当电磁线圈通电时，活动铁心产生电磁吸力，压缩复位弹簧并带动顶杆一起上移，顶杆将球阀压在阀座上，电磁阀阀门处于关闭状态，进液口与出液口之间的制动液通道关闭。

常闭电磁阀的工作原理与常开电磁阀类似。由上可见，该电磁阀是根据电磁线圈通电和断电，使球阀处于开启和关闭两个位置或两种状态，同时又有进液口与出液口两条通路，因此称为两位两通（二位二通）电磁阀。球阀在电磁线圈未通电时处于开启状态，则称为两位两通常开电磁阀，如图10-17a所示；如果电磁线圈未通电时，球阀处于关闭状态，那么就称为常闭电磁阀，如图10-17b所示。这种具有开启和关闭功能的两位两通电磁阀在液压管路中能够实现压力导通和阻断的功能。

**（2）三位三通电磁阀** 三位三通电磁阀的结构如图10-18所示。电磁阀的进液口11通过制动管路与制动总泵（主缸）相连，出液口18通过制动管路与制动分泵（轮缸）相连，回液口1通过回液管与储液器相连，回液球阀4焊接在压板17上，进液球阀5焊接在压板15上。进液口和出液口的过滤器2、10用于过滤制动液中的杂质，保证球阀密封良好。球阀与阀座的加工精度极高，在20MPa压力下仍能保证密封良好。阀芯采用非磁性支承环3、7导向，以便减小摩擦。

三位三通电磁阀的工作状态由ABS-ECU通过控制电磁线圈8中电流的大小进行控制，工作状态如下。

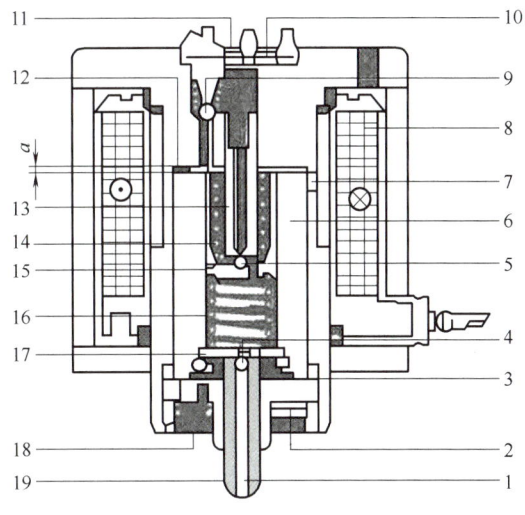

图10-18 三位三通电磁阀的结构

1—回液口（接回液管路） 2、10—过滤器
3、7—非磁性支承环 4—回液球阀 5—进液球阀
6—阀芯 8—电磁线圈 9—单向阀 11—进液口（接主缸）
12—阀芯工作气隙（$a=0.25mm$） 13—进液球阀座
14—副弹簧 15、17—压板 16—主弹簧
18—出液口（连接轮缸） 19—回液球阀座

1）升压状态。当电磁线圈未接通电流（$I=0A$）时，在主、副弹簧预紧力的作用下，阀芯下移至极限位置，使进液球阀打开（即进液口打开），回液球阀紧压在阀座上，回液阀处于关闭状态（即回液口关闭）。因此，来自制动总泵的制动液经进液口、进液球阀、电磁阀腔室、出液口流入车轮制动分泵，如图10-19a所示，从而使制动分泵内制动液压力随制动踏板力的升高而升高。此时，制动液压管路的状态和传统液压制动系统一样。

2）保压状态。当电磁线圈通过电流较小（$I=2A$）而产生的电磁吸力较小时，阀芯向上位移量较小（约0.1mm）。阀芯上移时，压缩刚度较大的主弹簧并推动压板压缩刚度较小的副弹簧，使进液球阀关闭（即进液口关闭），但压板位移量很小，不足以使回液球阀打开。由于进液口和回液口都被关闭，制动液既不增加也不减少，因此制动分泵中制动液的压力"保持"不变，如图10-19b所示。

3）降压状态。当电磁线圈通过的电流较大（$I=5A$）而产生的电磁吸力较大时，阀芯

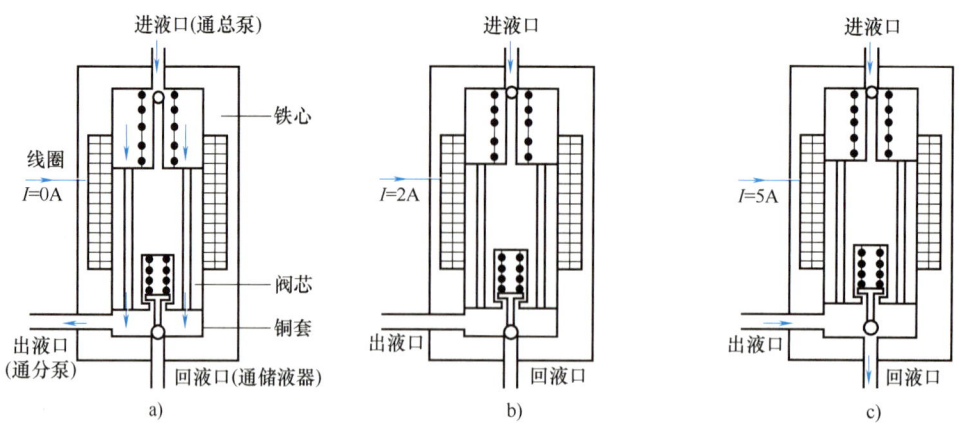

图 10-19 三位三通电磁阀工作原理
a）升压位置 b）保压位置 b）降压位置

向上的位移量较大（0.25mm）。阀芯带动压板上移使回液阀开启（即回液口打开），进液阀保持关闭状态。此时制动分泵的制动液经回液口、回液管流入储液器，使制动分泵压力"降低"，如图 10-19c 所示。

单向阀 9 与进液阀并列设置的目的是：当电磁阀腔室内制动液压力高于进液口制动压力时，腔室内制动液压力将克服单向阀弹簧的弹力将单向阀推开，制动液将从进液口流出而泄压，保证电磁阀腔室内制动液压力不会高于进液口制动液的压力。单向阀的另一个功用是在制动踏板放松时，使制动分泵中的制动液保持一定的压力。

由上可知，电磁阀在电磁线圈电流大小不同（较大电流、较小电流、零电流）时，其动作具有上、中、下三个工作位置。此外，由于该电磁阀具有进液口、出液口和回液口三个通路，所以称为三位三通电磁阀（常简写为 3/3 电磁阀）。

**（3）储液器与电动回液泵** 储液器分为低压储液器和高压储液器两种，分别与不同形式的制动压力调节器配用。低压储液器主要用于储存 ABS 减压过程中从制动分泵流回的制动液，同时衰减回流制动液的压力波动。高压储液器通常称为蓄压器，用于储存制动时所需的高压制动液。高压储液器大多为黑色气囊，它是制动系统的能源，故又称为蓄能器。

电动回液泵由永磁式直流电动机与柱塞泵组成。电动机根据 ABS-ECU 的控制指令，通过凸轮驱动柱塞在泵套内上下运动，如图 10-20 所示。低压储液器内设有一个活塞和弹簧。

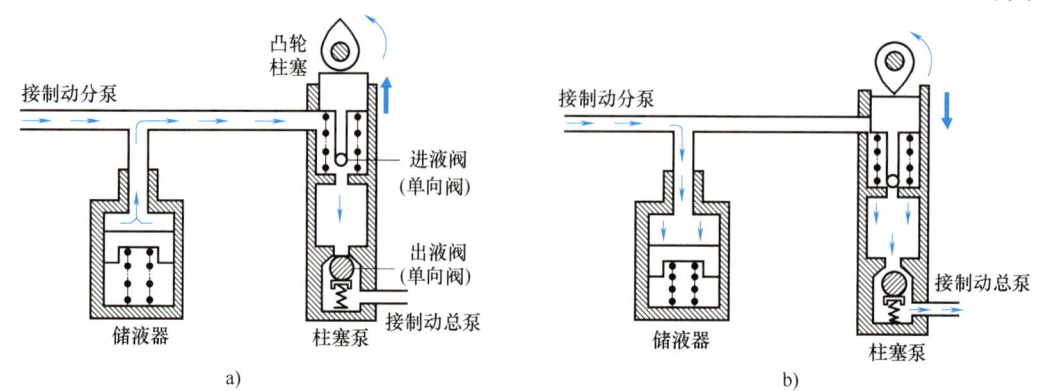

图 10-20 低压储液器与电动回液泵
a）柱塞上行时储液 b）柱塞下行时回液

ABS 工作过程中，当需要制动压力降低时，制动压力调节器的回液阀打开，具有一定压力的制动液就会从制动分泵经制动压力调节器的回液阀流入储液器和柱塞泵。与此同时，ABS-ECU 控制电动回液泵转动，驱动柱塞泵的凸轮随电动回液泵旋转而转动。

当凸轮驱动柱塞上升时，柱塞泵的进液阀打开，回液阀在弹簧弹力作用下关闭，制动液流入柱塞泵泵腔，如图 10-20a 所示。当柱塞下行时，泵腔内制动液压力升高，克服出液阀弹簧弹力将出液阀打开，制动液压入制动总泵，如图 10-20b 所示。由于电动回液泵的主要功用是将制动液泵回制动总泵，所以称为电动回液泵。

制动液流入储液器时，推动活塞并压缩弹簧向下移动，使储液器储液容积增大，暂时储存制动液，减小回流制动液的压力波动。

### 10.1.3 防抱制动系统的工作原理

**1. ABS 对制动系统进行调节的控制理论**

轮胎-道路接触面之间的附着系数和滑移率是影响制动效果的重要参数。电子控制防抱制动系统的控制原理是：根据车轮减速度和滑移率是否达到某一设定值来判定车轮是工作在附着系数—滑移率曲线（见图 10-1b）的稳定区域还是工作在非稳定区域，并通过调节制动分泵的制动液压力，充分利用道路附着力将车轮滑移率控制在 10%～30% 的稳定区域范围内，从而获得最佳制动效能。

汽车在任何道路上行驶都是一个复杂的随机动态变化过程。在现有技术条件下，直接测量汽车实际行驶速度、瞬态道路附着系数和轮胎滑移率需要复杂且庞大的设备。在汽车上安装这样的设备是既昂贵也不现实的。因此，当前车载 ABS 普遍采用自适应控制方式来实现对轮胎滑移率的监测和控制。这种控制方法是预先设定车轮加、减速度以及滑移率阈值，通过检测车轮的角速度来计算车轮速度和加、减速度，再利用车轮速度和存储在存储器中的制动开始时的汽车速度计算车轮的参考滑移率。ABS 工作时，ABS-ECU 将这些控制参数与预先设定的阈值（又称为门限值）进行比较，根据比较结果决定是否需要对制动系统进行干预和调节。当 ABS 介入制动系统进行滑移率调节时，ABS-ECU 通过控制制动压力调节器的电磁阀动作来改变制动压力大小，并在控制过程中记录前一控制周期（在制动过程中，从制动降压、保压到升压为一个控制周期）的各个控制参数，再根据这些参数值确定下一个控制周期的控制条件。

【小提示】

　　ABS 的控制依据是轮胎滑移率；控制方法是改变制动力的大小；控制目标是将轮胎最大滑移率保持在预先设定的稳定区域内。

在汽车行驶过程中，轮速传感器不断向 ABS-ECU 输入车轮速度信号。ABS-ECU 根据车轮速度信号可计算出车轮圆周速度，再对车轮圆周速度进行微分计算可得到车轮的加、减速度。

当踩下制动踏板时，制动灯开关接通，并向 ABS-ECU 输入一个高电平（电源电压）信号，ABS 即进入工作状态。因为在制动条件相同的情况下，道路附着系数不同，制动效果也不相同，所以 ABS 一般都将制动控制过程分为高附着系数、低附着系数和附着系数，由高到低三种情况分别进行控制。ABS 工作时，ABS-ECU 首先根据减速度信号判定路面状况，减速度大于一定值为高附着系数路面，减速度小于一定值为低附着系数路面，然后根据判定结果调用相应的控制程序，通过控制电磁阀阀门打开与关闭，使电磁阀处于"降压""保压"或"升压"状态来改变车轮制动分泵的压力，从而实现制动防抱死。图 10-21 所示为高附着系数路面制动状态下的 ABS 控制原理。

在制动初始阶段，车轮制动分泵的制动液压力随制动踏板力升高而升高，车轮滚动的圆周速度 $v_w$ 降低、减速度增加，如图 10-21 第 1 阶段曲线所示。此阶段 ABS 没有控制指令和动作，制动效果和未加装 ABS 时一致。

当减速度增加到设定阈值（$-a$）时，ABS-ECU 发出指令使相应的电磁阀转换到"保压"状态，控制过程进入第 2 阶段，此时制动分泵压力保持不变。因为减速度刚刚超过设定阈值时，车轮还工作在 $\varphi_B$—$S$ 曲线（见图 10-1）的稳定区域，所以滑移率较小，且小于设定阈值（$S_1$）。滑移率利用参考车速 $v_{ref}$ 计算求得，称为参考滑移率。参考车速由 ABS-ECU 根据存储器中存储的制动开始时的车轮速度确定，并按设定的斜率（该斜率略大于纵向附着系数最大值所对应的汽车减速度值）下降。

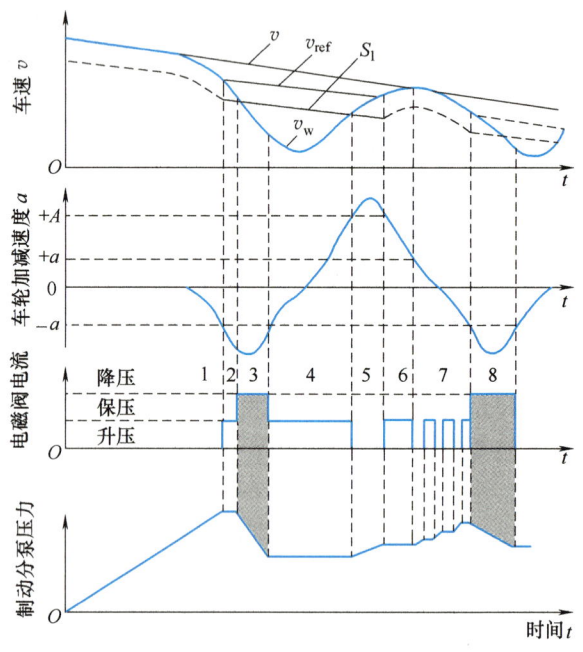

图 10-21 高附着系数路面制动状态下的 ABS 制动控制原理
$v$—车速 $S_1$—滑移率阈值 $v_{ref}$—参考车速 $v_w$—车轮滚动的圆周速度
$+A$、$+a$—车轮加速度阈值 $-a$—车轮减速度阈值

在制动过程中，任一时刻的参考滑移率可由参考车速计算得出。在保压过程中，如果参考滑移率继续增大至大于滑移率阈值时，ABS-ECU 发出指令使相应的电磁阀转换到"降压"状态，控制过程进入第 3 阶段。

制动压力降低后，在汽车惯性力作用下车轮减速度开始回升。当减速度回升到高于减速度阈值（$-a$）时，ABS-ECU 发出指令使相应的电磁阀转换到"保压"状态，控制过程进入第 4 阶段，减速度由负值逐渐增加到正值，直到超过加速度阈值（$+a$）。

在制动压力保持过程中，加速度继续升高。当加速度超过更大的加速度阈值（$+A$）时，ABS-ECU 发出指令使相应的电磁阀转换到"升压"状态，控制过程进入第 5 阶段。

制动压力升高后，车轮加速度降低，当加速度低于加速度阈值（$+A$）时，ABS-ECU 发出指令使相应的电磁阀转换到"保压"状态，控制过程进入第 6 阶段。

当加速度降低到加速度阈值（$+a$）时，ABS-ECU 将发出指令使相应的电磁阀在"升压"和"保压"状态之间交替转换，使得制动压力处于相对较慢的上升过程，控制过程进入第 7 阶段。此阶段车轮速度降低，加速度减小。

当加速度降低到减速度阈值（$-a$）时，控制过程进入第 8 阶段，控制方法和第 3 阶段相同,ABS进入第二个控制周期,控制过程与上述相同。

在车轮加速度从设定阈值($+A$)减小到($-a$)期间,即在第6、7控制阶段,因为车轮制动分泵的制动压力一直低于制动总泵直接输出的制动压力,所以 ABS-ECU 不再考虑滑移率的变化情况。

汽车紧急制动时,在 ABS-ECU 的控制下,制动压力调节器以($2 \sim 10$)次/s 的频率调节制动分泵压力,将各车轮的滑移率控制在理想滑移率附近,不仅能够缩短制动距离,而且还能最大限度地保证制动时汽车的稳定性和安全性。对于驾驶人而言,只要用力猛踩制动踏板,可获得最大制动效果,而不必担心剧烈制动影响车辆行驶轨迹。

**2. 两位两通电磁阀式 ABS 的控制过程**

汽车装备两位两通电磁阀式制动压力调节器时,其防抱制动系统 ABS 的控制过程基本相同。下面以桑塔纳 2000GSi/3000 型轿车采用的 MK20-I 型 ABS 为例说明其控制过程。

当驾驶人在汽车行驶之前接通点火开关时,ABS 就会自动进入自检状态。在自检过程中,仪表板上的 ABS 指示灯发亮约 2s 后自动熄灭,同时能够听到继电器触点断开与闭合的响声以及回液泵电动机起动时的响声,在制动踏板上也能感觉到轻微的振动。

当 ABS 在汽车行驶过程中发生故障时,ABS 将自动关闭,退出工作状态。同时仪表板上的 ABS 指示灯亮起,警示驾驶人。此时常规制动系统将继续保持正常工作状态。

当控制系统的电源电压低于允许的最低电压值(10.5V)时,ABS 将自动关闭,同时 ABS 指示灯发亮指示。一旦电源电压恢复正常值时,控制系统将再次起动 ABS,指示灯自动熄灭。

ABS 系统正常时,当驾驶人踩下制动踏板时,ABS 立即投入工作,制动压力调节器各执行元件的工作状态见表 10-2。

表 10-2 MK20-I 型 ABS 制动压力调节器各执行元件工作状态

| 执行元件名称 | 常规制动时 | 保压时 | 降压时 | 升压时 |
| --- | --- | --- | --- | --- |
| 进液阀 | 打开 | 关闭 | 关闭 | 间歇开闭 |
| 出液阀 | 关闭 | 关闭 | 间歇关闭 | 关闭 |
| 回液泵电动机 | 不转动 | 运转 | 运转 | 运转 |

【小提示】

基于安全角度考虑,ABS 发生故障时不能让汽车失去基本制动能力。因此,ABS-ECU 工作时会一直检测 ABS 故障。发生故障时,ABS-ECU 必须关闭压力调节器等执行机构,使得制动系统恢复到常规制动状态,保证汽车的常规制动功能不受影响。此时,制动系统失去的只是防抱死功能。

(1)**常规制动(ABS 不工作)时制动系统工作情况** 在汽车进行常规制动(ABS 未投入工作)时,制动系统的工作状态如图 10-22 所示。ABS 的执行机构未投入工作,进液阀、出液阀和柱塞泵电动机均不通电。两位两通电磁阀处于初始状态,在回位弹簧弹力作用下,进液阀阀门打开、出液阀阀门关闭。进液阀阀门打开使制动总泵与制动分泵之间的液压管路

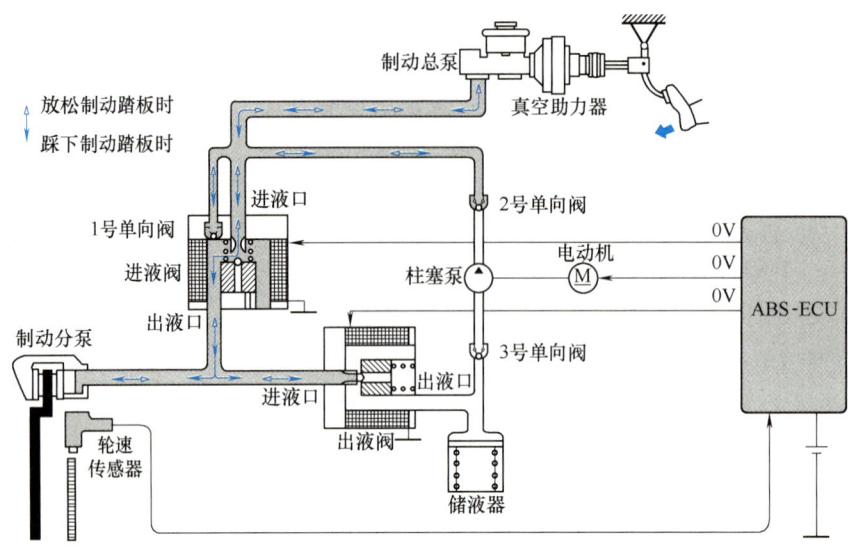

图 10-22 常规制动时两位两通电磁阀式制动系统工作情况

构成通路；出液阀阀门关闭将制动分泵与储液器之间的液压管路阻断。

当踩下制动踏板时，制动总泵中制动液压力升高，制动液从制动总泵直接流入制动分泵，制动液通道为：制动总泵→两位两通进液阀进液口→电磁阀阀门→两位两通进液阀出液口→制动分泵。制动分泵制动液的压力随制动总泵制动液的压力升高而升高。

当放松制动踏板时，制动分泵中具有一定压力的制动液通过两条通道流回制动总泵。一条通道是原路返回：制动分泵→两位两通进液阀出液口→电磁阀阀门→两位两通进液阀进液口→制动总泵；另一条通道是：制动分泵→两位两通进液阀出液口→电磁阀腔室→1号单向阀（泄压阀）→制动总泵。

**（2）制动压力保持（保压）状态制动系统工作情况** 当四个车轮中的任意一个车轮趋于抱死时，制动压力调节器的电磁阀就会根据 ABS-ECU 的控制指令，通过调节该车轮制动分泵的制动液压力"保持（保压）""降低（降压）"或"升高（升压）"，从而达到制动防抱死的目的。

当驾驶人踩下制动踏板的行程较大，使制动分泵的制动力大于车轮与地面之间的附着力时，车轮就会趋于抱死滑移。此时车轮减速度很大，当 ABS-ECU 根据轮速传感器输入信号计算得到的车轮减速度达到设定阈值时，就会控制制动压力调节器进入"保压"状态，如图 10-23 所示。

控制"保压"时，ABS-ECU 向进液阀和柱塞泵电动机的驱动模块电路发出高电平控制指令、向出液阀的驱动模块电路发出低电平控制指令。进液阀驱动模块电路接收到高电平控制指令时，便接通进液阀电磁线圈电流，进液阀阀芯产生电磁吸力并克服回位弹簧弹力而移动，常开阀门关闭，将制动总泵与制动分泵之间的液压管路切断。控制出液阀的是低电平指令，因此其阀门没有动作，保持常闭状态。由于进液阀和出液阀均处于关闭状态，制动液在管路中不能流动，因此制动压力处于保持状态。柱塞泵电动机驱动模块电路接收到 ABS-ECU 发出的高电平控制指令时，将使电动机接通 12V 电源运转。柱塞泵运转的目的是将储液器中剩余的制动液泵回制动总泵。"保压"时各执行元件的工作状态见表 10-2。

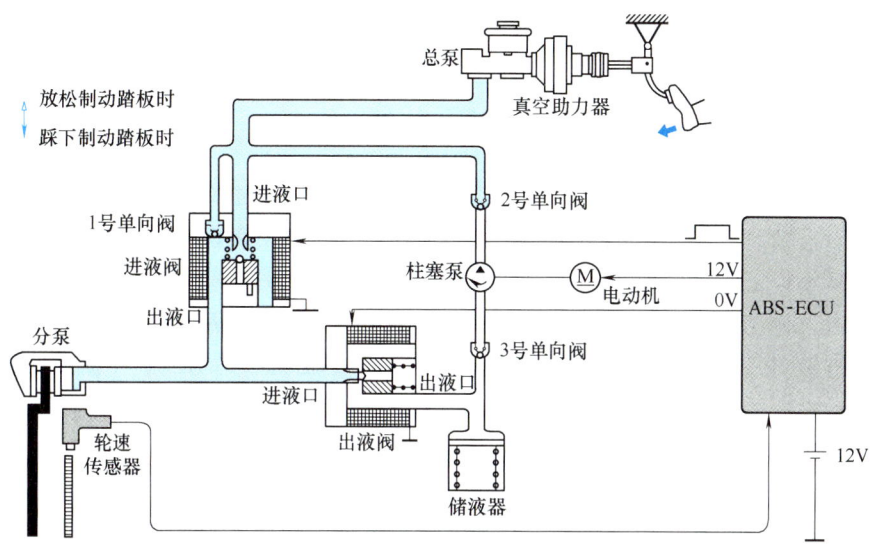

图 10-23 "保压"时两位两通电磁阀式制动系统工作情况

**(3) 制动压力降低（降压）时制动系统工作情况** 在制动总泵与制动分泵之间的液压管路切断后，车轮滑移率将逐渐增大，并会超出 ABS 设定的控制范围（MK20-Ⅰ型 ABS 设定为 15%~30%），因此需要降低制动分泵内制动液的压力，使滑移率减小。"降压"通过将制动分泵内的部分制动液泄流到低压储液器，并利用电动回液泵将制动液泵回制动总泵来实现。

ABS 进入"保压"控制状态后，当 ABS-ECU 根据轮速传感器输入信号计算得到的车轮滑移率达到设定阈值时，就会控制制动压力调节器进入"降压"状态，如图 10-24 所示。

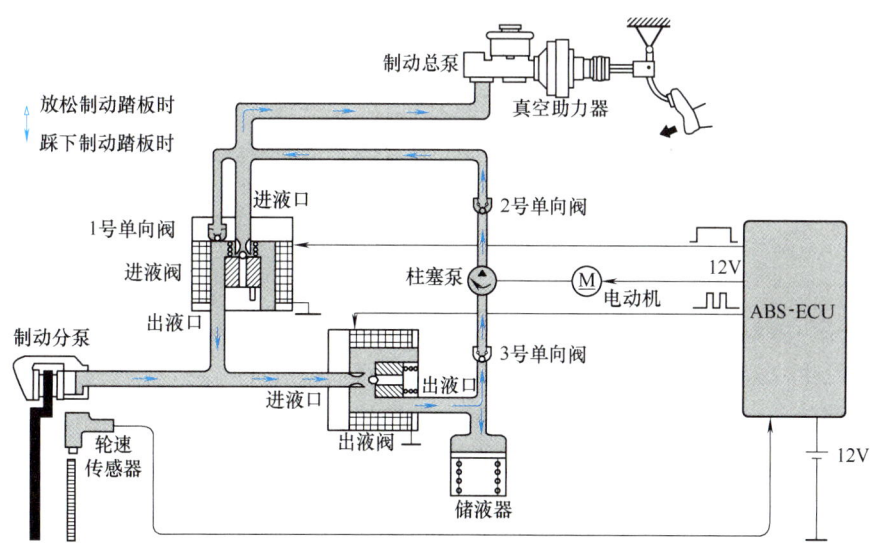

图 10-24 "降压"时两位两通电磁阀式制动系统工作情况

控制"降压"时，ABS-ECU 向进液阀的驱动模块电路发出高电平控制指令，使进液阀阀门保持关闭；向出液阀驱动模块电路发出一系列脉冲控制信号。当脉冲上升沿到来时，出液阀驱动模块电路使出液阀阀门打开；当脉冲下降沿到来时，出液阀驱动模块电路使出液阀门关闭。每个脉冲信号都将使出液阀迅速打开后又迅速关闭，使制动分泵内制动液压力逐渐降低，使得车轮抱死滑移成分减少，滚动成分增加。频繁开启和关闭出液阀的目的是为了防止制动压力降速过快。

当出液阀阀门打开时，制动分泵内的制动液便经出液阀泄流到低压储液器。与此同时，ABS-ECU 还将向柱塞泵驱动模块电路发出高电平控制指令，使电动机接通 12V 电源运转。制动液流入储液器时，推动活塞并压缩弹簧向下移动，使储液器储液容积增大，暂时存储制动液，可以减小回流制动液的压力波动。当储液器中的制动液达到一定量（储液器容量约为 3.6mL）时，电动柱塞泵运转便将储液器中的制动液泵回制动总泵，回液通道为：制动分泵→出液阀进液口→出液阀阀门→出液阀出液口→储液器→3 号单向阀→电动柱塞泵→2 号单向阀→制动总泵。随着制动分泵中的制动液流回制动总泵，制动管路中制动液的压力随之降低，从而达到防止车轮抱死滑移的目的。"降压"时各执行元件的工作状态见表 10-2。

**（4）制动压力升高（升压）时制动系统工作情况**　"降压"控制使制动分泵内制动液压力降低后，车轮制动力随之减小，车轮加速度在惯性力作用下越来越大。为了得到最佳制动效果，需要 ABS 进入"升压"状态，如图 10-25 所示。

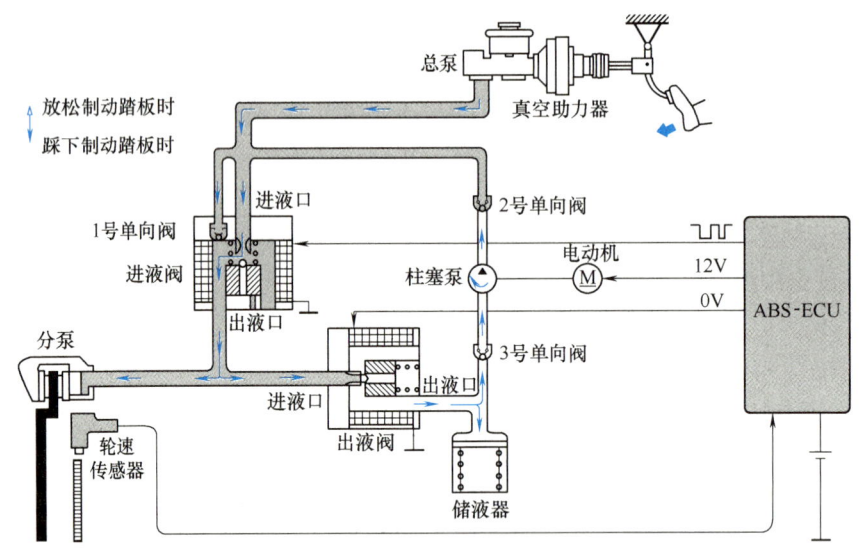

图 10-25　"升压"时两位两通电磁阀式制动系统工作情况

在"降压"控制后，当 ABS-ECU 根据轮速传感器信号计算得到的车轮加速度达到设定阈值时，将发出控制指令使出液阀保持常闭状态，将制动分泵与储液器之间的液压管路关闭。此时制动分泵中的制动油液不再被释放，制动力也不再下降。与此同时，ABS-ECU 向进液阀驱动模块电路发出一系列脉冲控制信号使进液阀间歇打开与关闭。当脉冲上升沿到来时，进液阀驱动模块电路使阀门常开的进液阀关闭；当脉冲下降沿到来时，进液阀驱动模块电路使进液阀阀门打开，将制动总泵与制动分泵之间的液压管路构成通路，使制动分泵的压力随制动总泵制动液压力升高而升高。

进液阀打开时制动液从制动总泵流入制动分泵，制动液通道为：制动总泵→进液阀进液口→进液阀阀门→进液阀出液口→制动分泵。每个脉冲信号都将使进液阀迅速关闭后又迅速打开，使制动分泵内制动液压力逐渐升高，从而增强制动效果。"升压"时各执行元件的工作状态见表10-2，柱塞泵电动机运转将储液器中剩余的制动液泵回进液管路。

（5）**ABS 制动时总泵压力与分泵压力之间的关系**　对于常规制动系统，制动总泵和分泵之间通常是用液压管路直接连通的，因而压力是同步升高和降低的。ABS 会根据路面附着系数的大小主动降低分泵制动压力。图 10-26 所示为紧急制动时两位两通电磁阀式 ABS 执行机构的控制曲线，以及制动压力和轮速的变化曲线。

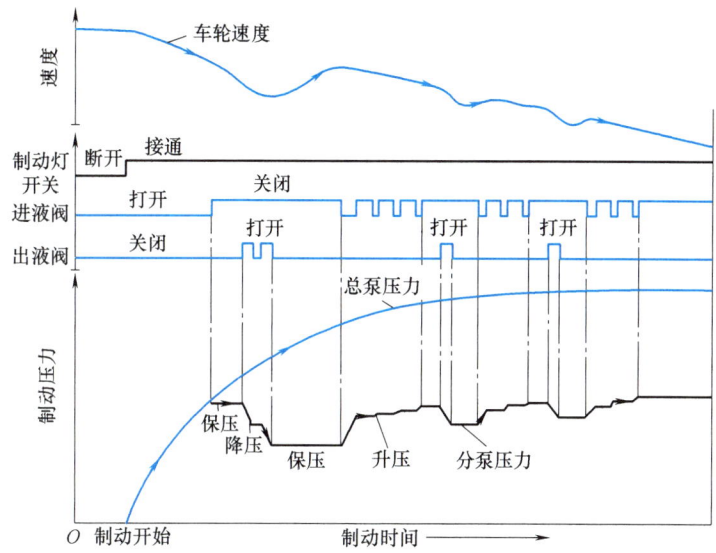

图 10-26　两位两通电磁阀式 ABS 执行机构的控制曲线和制动压力、轮速变化曲线

紧急制动时，驾驶人会用最大脚力猛踩制动踏板，制动总泵和分泵压力迅速上升，同时制动灯开关接通，ABS 立即启动并监控轮胎滑移率。当车轮趋于抱死时，ABS 执行机构介入对制动系统压力进行调节，不断重复上述"升压""保压""降压"过程。此时制动分泵的压力明显低于制动总泵压力，并处于高低反复变化的调节状态，从而将车轮滑移率控制在设定阈值范围内，防止车轮抱死滑移。

当制动液从制动总泵流入制动分泵（升压）时，制动踏板将下沉；当制动液从制动分泵泵回制动总泵（降压）时，制动踏板将回升，制动踏板振动作用在脚掌上会有抖动感觉，在装备 MK20-Ⅰ型 ABS 的桑塔纳 2000GSi/3000 型轿车上抖动感觉为 2~7 次/s。驾驶人可据这种现象来判断 ABS 工作是否正常。

**3. 三位三通电磁阀式 ABS 的控制过程**

汽车用三位三通电磁阀式防抱制动系统（ABS）的工作情况大同小异，下面以奥迪 100/200 型轿车装备的 ABS 为例说明。表 10-3 为该 ABS 制动压力调节器的工作状态。

表 10-3　三位三通电磁阀式 ABS 制动压力调节器工作状态

| 执行元件名称 | 常规制动时 | 保压时 | 降压时 | 升压时 |
| --- | --- | --- | --- | --- |
| 进液阀 | 打开 | 关闭 | 关闭 | 打开 |
| 出液阀 | 关闭 | 关闭 | 打开 | 关闭 |
| 柱塞泵电动机 | 不转动 | 运转 | 运转 | 运转 |

(1) 常规制动（ABS 不工作）时制动系统工作情况　在汽车进行常规制动（ABS 未投入工作）时，制动系统的工作状态如图 10-27 所示。ABS 的执行机构未投入工作，电磁阀和柱塞泵电动机均不通电，三位三通电磁阀在回位弹簧预紧力的作用下，进液阀打开、回液阀关闭。进液阀打开将制动总泵与分泵之间的液压管路接通；回液阀关闭将制动分泵与储液器之间的液压管路阻断，各执行元件的工作状态见表 10-3。

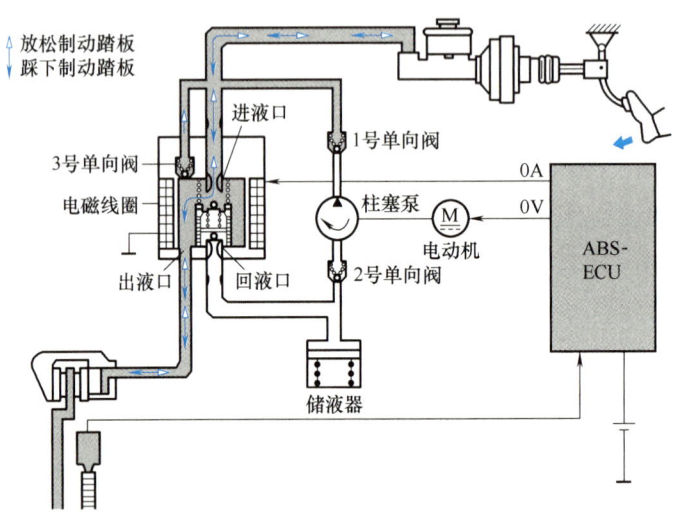

图 10-27　常规制动时三位三通电磁阀式制动系统工作情况

当踩下制动踏板时，制动总泵中制动液压力升高，制动液从制动总泵流入制动分泵，制动液通道为：制动总泵→三位三通电磁阀进液口→进液阀阀门→出液口→制动分泵。制动分泵中制动液的压力随制动总泵制动液压力的升高而升高。

当放松制动踏板时，制动分泵中具有一定压力的制动液通过两条通道流回制动总泵。一条通道是：制动分泵→三位三通电磁阀出液口→进液阀阀门→进液口→制动总泵；另一条通道是：制动分泵→三位三通电磁阀出液口→电磁阀腔室→3 号单向阀→制动总泵。

柱塞泵管路中 2 号单向阀的功用是：防止储液器和回液管路中的制动液流入柱塞泵。

(2) 制动压力保持（保压）时制动系统工作情况　在汽车制动过程中，当传感器信号表明车轮减速度或滑移率达到设定阈值需要保持制动压力时，ABS-ECU 便控制电磁阀线圈接通较小电流（约 2A），电磁阀阀芯克服回位弹簧弹力移动较小间隙（0.1mm），使进液阀和回液阀均处于关闭状态，制动液在管路中不能流动，如图 10-28 所示，压力处于"保持"状态。"保压"时各执行元件的工作状态见表 10-3。此时柱塞泵电动机接通 12V 电源运转，将储液器中剩余的制动液泵回制动总泵。

(3) 制动压力降低（降压）时制动系统工作情况　当 ABS-ECU 根据车速和轮速传感器信号计算并判定某个车轮制动趋于抱死需要降低制动分泵压力时，ABS-ECU 便控制电磁阀线圈接通较大电流（约 5A），产生较强电磁吸力使三位三通电磁阀的阀芯移动较大间隙（0.25mm），进液阀阀门关闭、回液阀阀门打开，如图 10-29 所示。制动分泵中的制动液便从出液口、电磁阀腔室、回液口流入储液器。

与此同时，ABS-ECU 还将接通柱塞泵电动机电源，使电动机和柱塞泵运转将储液器和

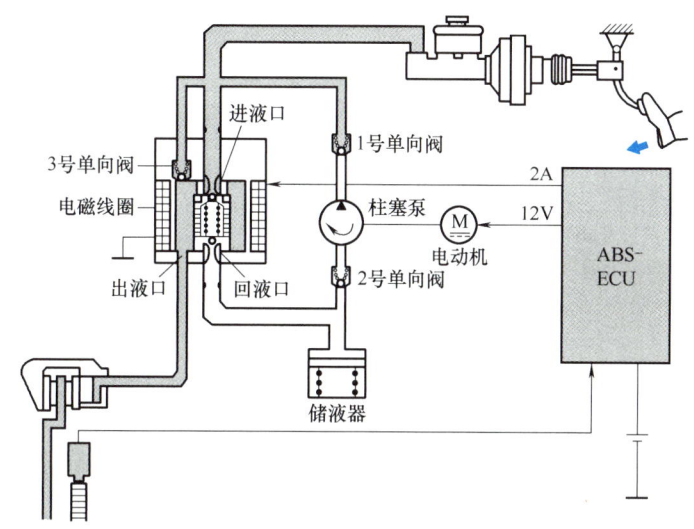

图 10-28 "保压"时三位三通电磁阀式制动系统工作情况

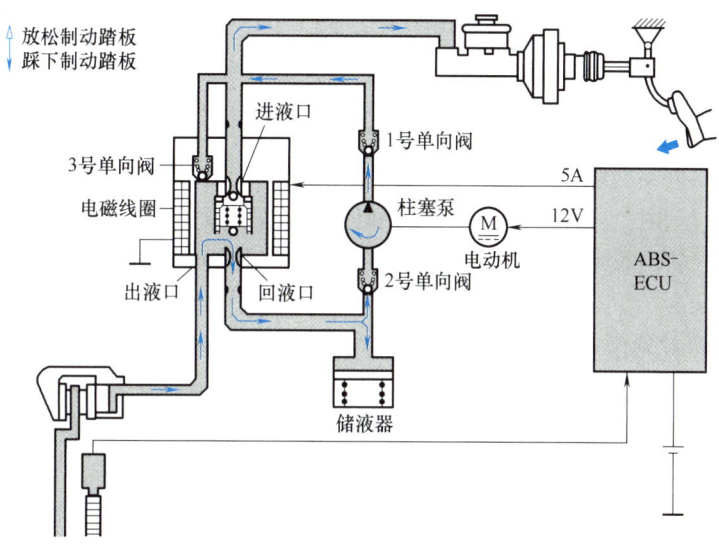

图 10-29 "降压"时三位三通电磁阀式制动系统工作情况

回液管路中的制动液泵回制动总泵,各执行元件的工作状态见表 10-3。回液通道为:制动分泵→出液口→电磁阀腔室→柱塞阀→储液器→2 号单向阀→电动柱塞泵→1 号单向阀→制动总泵。随着制动分泵中的制动液流回制动总泵,分泵中制动液的压力随之降低,从而达到防止车轮抱死的目的。

（4）制动压力升高（升压）时制动系统工作情况　当 ABS-ECU 根据车速和轮速传感器信号计算并判定需要升高车轮制动分泵制动液压力时,ABS-ECU 将切断三位三通电磁阀线圈电流,电磁阀在回位弹簧弹力作用下复位,进液阀阀门打开,回液阀阀门关闭,如图 10-30 所示。进液阀打开使制动总泵与制动分泵之间的液压管路构成通路;回液阀关闭使制动分泵与储液器之间的液压管路关闭。

制动液从制动总泵流入制动分泵,制动液通道为:制动总泵→进液口→进液阀阀门→电磁阀腔室→出液口→制动分泵。制动分泵的压力随制动总泵制动液压力升高而升高，各执行元件的工作状态见表10-3。柱塞泵电动机运转将储液器中剩余的制动液泵回制动总泵。

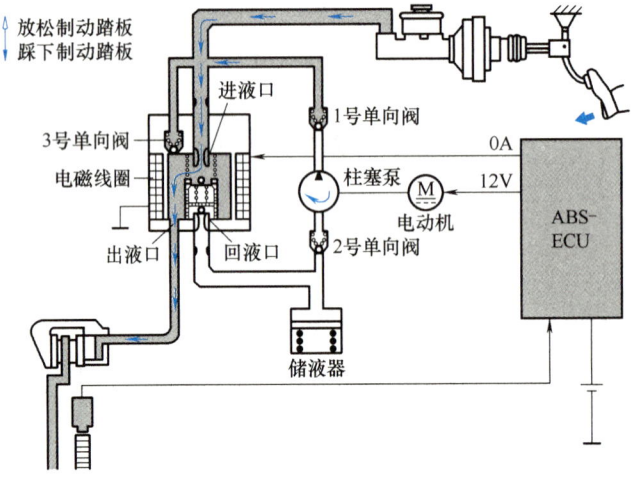

图 10-30 "升压"时三位三通电磁阀式制动系统工作情况

## 10.2 汽车电控制动力分配系统

汽车获得良好制动效能的前提条件是具有足够的制动器制动力，同时地面又能提供较大的附着力。汽车行驶时，各个车轮上的载荷和路面附着系数是不一样且动态变化的。汽车制动时的制动距离、转向控制能力和行驶稳定性不仅与车轮制动力的大小有关，而且还与制动力的分配比例有关。

汽车电控制动力分配系统（Electronic Control Brake Force Distribution System，EBD）的功用是根据制动减速度和车轮载荷的变化，自动改变前、后轴车轮制动器制动力的分配比例，提高制动效能，从而缩短制动距离，并配合 ABS 以提高行驶稳定性。

### 10.2.1 电控制动力分配系统组成

汽车电控制动力分配系统（EBD）由减速度传感器（制动减速度也可由轮速传感器提供的轮速变化率求得）、电控单元 EBD-ECU 和制动压力调节器组成。EBD 是在 ABS 的基础上拓展开发的主动安全控制系统，其减速度传感器（或轮速传感器）、EBD-ECU 和制动压力调节器均可与 ABS 共用，在汽车已经装备 ABS 的基础上，无须增加任何硬件，只需增设编制制动力分配软件程序，就能实现制动力分配控制功能，所以又称为电子控制制动力分配程序（Electronic Control Brake Force Distribution Programs），相应的电控单元称为防抱与制动力分配电控单元（ABS/EBD-ECU），执行器是 ABS 制动压力调节器电磁阀。

### 10.2.2 电控制动力分配系统的控制过程

在现有汽车前、后轮制动器制动力固定比值的制动系统中，实际制动力分配曲线与理想的制动力分配曲线相差很大。如图10-31所示，当载荷不同时，汽车前、后轮制动力的理想分配比例也不同。同时，汽车行驶时的惯性力也会影响制动力的理想分配比例。如果各个车轮之间不能按照理想分配比例分配制动力，紧急制动时必然会发生一些车轮抱死，而另一些车轮却未达到最大制动能力的情况。

EBD 实际制动力分配曲线兼顾制动稳定性和最短制动距离并优先考虑制动稳定性的原则进行控制。前、后车轮制动力的可调范围如图 10-31 中阴影范围所示，各型汽车不同制动减速度时的制动力数据预先经过试验测得，并以制动力数据 MAP 形式存储在 ROM 中。

当汽车制动时，ABS/EBD-ECU 首先根据制动减速度信号，从 ROM 存储的制动力数据 MAP 中查询得到前、后车轮制动力的分配数值，然后向 ABS 的制动压力调节器（电磁阀）发出"升压"或"保压"控制指令，从而实现前、后车轮制动力的最佳分配。

汽车电控制动力分配系统（EBD）和防抱制动系统（ABS）等主动安全技术是一个控制功能相互融合、工作时机相互协调的有机整体。当 EBD 分配给车轮的制动力大于轮胎附着力时，车轮就会抱死滑移，此时防抱制动系统（ABS）就会投入工作，通过调节（减小）车轮的制动力将滑移率控制在 10%~30% 之间，从而提高制动效能。

当汽车在弯道制动时，整车轴荷向外侧偏移，内侧车轮的轴荷减小，外侧车轮的轴荷增大。因此，内侧车轮附着力未能充分利用，外侧车轮也需要增大制动力来充分利用其附着力。为此，增设一只转向盘转角传感器（也可与车身稳定性控制系统共用），用其检测出转向盘的转向方向与转动角速度，ABS/EBD-ECU 即可实现弯道制动时内、外侧车轮制动力的最佳分配，如图 10-32 所示。图中箭头长短表示制动力的大小。为了保证汽车在弯道制动时的制动稳定性，ABS/EBD-ECU 分配给外侧车轮的制动力明显大于内侧车轮的制动力，从而保证汽车沿弯道稳定行驶，并能获得最佳制动效能。

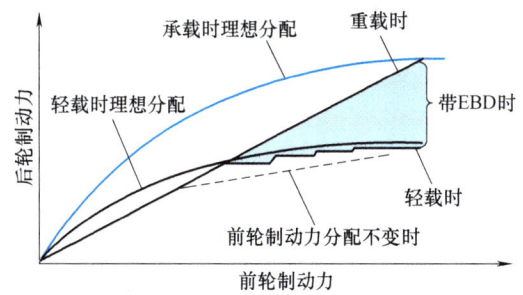

图 10-31　EBD 控制范围和制动力理想分配曲线

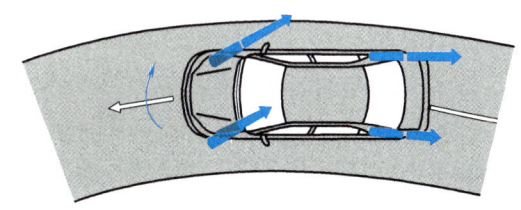

图 10-32　弯道制动时 EBD 控制制动力分配图

## 10.3　汽车驱动防滑转系统

### 10.3.1　驱动防滑转系统的功用

驱动防滑转系统（Anti-Slip Regulation System，ASR），又称为驱动轮防滑转调节系统。因为防止驱动轮滑转都是通过调节驱动轮的驱动力（牵引力）来实现，故又称为牵引力控制系统（Traction Force Control System，TCS 或 TRC）。

驱动防滑转系统（ASR）的功用是：在车轮开始滑转时，自动降低发动机的输出转矩，减小传递给驱动轮的驱动力，防止驱动力超过地面附着力而导致车轮滑转；或通过增大滑转驱动轮的阻力来增大未滑转驱动轮的驱动力，提高总驱动力，从而提高车辆的通过性以及起步、加速时的安全性。

ASR 与 ABS 密切相关，都是汽车的主动安全装置，两个系统通常同时采用。ABS 的作用是自动调节（增大或减小）制动力，防止车轮抱死滑移；ASR 的作用是维持附着条件，防止驱动轮打滑空转，增大总驱动力。

### 10.3.2　驱动防滑转系统的调节机理

ASR 的调节机理和 ABS 的调节机理具有较大的相似性，目标都是要防止车轮滑动，最大限度地利用轮胎和路面之间的附着力。汽车车轮"打滑"分为两种情况：一是汽车制动时车轮抱死"滑移"；二是汽车驱动时车轮"滑转"（打滑空转）。ABS 是防止车轮在制动时抱死而滑移，ASR 则是防止驱动轮原地不动地滑转。ABS 是依据滑移率来进行控制和调节，ASR 则是依据滑转率来进行控制和调节。

#### 1. 滑转率

驱动轮的滑转程度用滑转率 $S_d$ 表示，其表达式为

$$S_d = \frac{v_w - v}{v_w} \times 100\% \tag{10-2}$$

式中，$v_w$ 为车轮速度，即车轮瞬时圆周速度，$v_w = r\omega$（m/s）；$r$ 为车轮半径（m）；$\omega$ 为车轮转动角速度，$\omega = 2\pi n$（rad/s）；$v$ 为车速（m/s）。

1）当 $v_w = v$ 时，滑转率 $S_d = 0$，车轮自由滚动。

2）当 $v = 0$ 时，滑转率 $S_d = 100\%$，车轮完全处于滑转状态，此时车轮原地空转，但不能向前滚动。

3）当 $v_w > v$ 时，滑转率 $0 < S_d < 100\%$，车轮既有滚动又有滑转。滑转率越大，车轮滑转程度也就越大。

#### 2. 滑转率与附着系数的关系

车轮滑移率、滑转率与路面条件之间的关系如图 10-33 所示，车轮制动时的滑移率分布在坐标系的第一象限，车轮滑转率分布在坐标系的第三象限。由图可见：

1）附着系数随路面性质的不同而发生大幅度的变化。

2）在各种路面上，附着系数均随滑转率的变化而变化，且在各种路面上当滑转率为 20% 时，附着系数达到最大值。若滑转率继续增大，则附着系数逐渐减小。

图 10-34 为路面附着系数与滑移率和滑转率的关系。可以看出，滑移率和滑转率是对称关系，因此 ASR 和 ABS 的理论依据是相似的，只是控制区间相反。

通常当车轮滑转率处于 20% 时，轮胎与路面之间的制动纵向附着系数为最大值，该值称为峰值附着系数 $\mu_p$。当滑转率为 100% 时，车轮处于完全滑转状态，此时轮胎与路面之间的纵向附着系数称为滑动附着系数 $\mu_s$。$\mu_s$ 总是小于 $\mu_p$。通常，在干燥硬实路面上，$\mu_s$ 比 $\mu_p$ 小 10%～20%；在湿滑硬实路面上，$\mu_s$ 比 $\mu_p$ 小 20%～30%。

车轮在路面上自由滚动时，横向附着系数 $\mu_y$ 最大。随着车轮滑转率的升高，横向附着系数 $\mu_y$ 会迅速减小。当滑转率达到 100% 时，横向附着系数 $\mu_y$ 减小到零。此时，车轮将丧失横向力，很容易在路面上发生横向滑移。

当车轮滑转率处于纵向峰值附着系数附近时，具有最大的纵向附着力，横向附着力则下

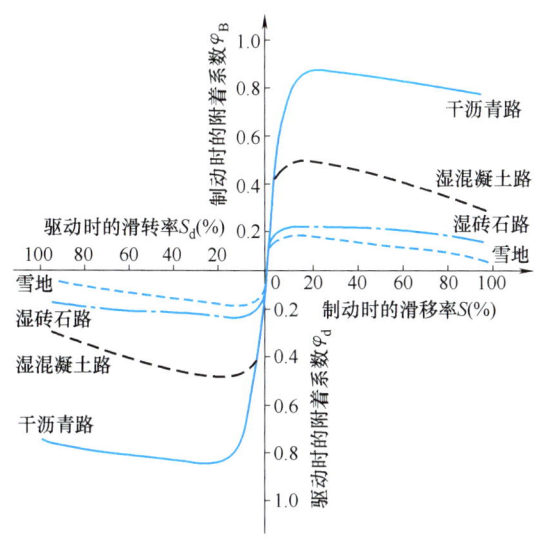 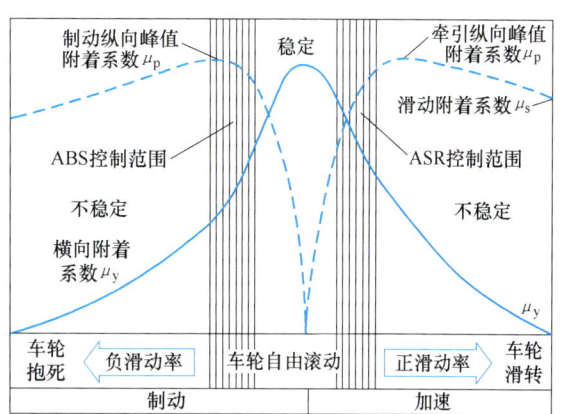

图 10-33　各种路面条件下的车轮滑移率和滑转率图　　图 10-34　路面附着系数与滑移率和滑转率的关系

降至 50%~75% 左右。因此，将车轮滑转率控制在该范围，汽车可以获得最大的纵向推进力和较好的横向稳定性。通常，ASR 的最佳滑转率范围为 5%~25%。

驱动防滑转系统（ASR）的基本控制原理就是将滑转率控制在最佳滑转率（10%~30%）范围内，从而获得较大的附着系数，使路面提供的附着力得到充分利用。汽车装备 ASR 后，在汽车起步、加速或在冰雪路面上行驶时，驾驶人无须特别小心地踩加速踏板。ASR 能根据路面状况自动调节驱动力，使驱动力达到最大值。

### 10.3.3　驱动防滑转系统的控制方法

防止驱动轮滑转的控制方法主要有：控制发动机的输出转矩、控制驱动轮的制动力以及控制防滑转差速器的锁止程度三种。这些控制方法的最终目的都是调节驱动轮上的驱动力，并将驱动轮的滑转率控制在最佳滑转率范围内。

**1. 控制发动机的输出转矩**

通过调节发动机的输出转矩来调节驱动轮的驱动力的控制方法能够保证发动机输出转矩与地面提供的驱动转矩相匹配，因此可以改善燃油经济性，减少轮胎磨损，使汽车具有良好的行驶稳定性和乘坐舒适性。对于前轮驱动汽车，能够得到良好的转向操纵性。在装备电子控制燃油喷射系统 EFI 的汽车上，普遍采用了控制发动机输出转矩的方法来实现防滑转调节。

控制发动机输出转矩的方法有：控制点火时间、控制燃油供给量、控制节气门开度等。

（1）**控制点火时间**　由内燃机工作原理可知：减小汽油机的点火提前角或切断个别气缸的点火电流，均可微量降低发动机的输出转矩。

现代汽车普遍采用电子点火系统，其点火时刻是根据发动机转速、负荷以及冷却液温度等信号确定。在汽车行驶过程中，驱动防滑转系统电控单元（ASR-ECU）根据轮速传感器和车速传感器信号即可计算确定驱动轮滑转率的大小，通过减小点火提前角，即可微量降低发动机的输出转矩。当驱动轮滑转率很大，延迟点火时刻不能达到控制滑转率的目的时，可中断个别气缸点火来进一步减小滑转率。

为了防止排放增加和三效催化转化器过热，在中断点火时必须同时中断燃油喷射。恢复点火时，点火时刻应缓慢提前，保证发动机输出转矩平稳增加。

**（2）控制燃油供给量** 短时间中断供油也可微量调节发动机的输出转矩，但响应速度没有减小点火提前角迅速。这种控制方法适用于未采用燃油喷射系统的汽油机或柴油机汽车。在采用电子加速踏板的汽车上，根据电子加速踏板行程大小，通过调节汽油机节气门开度或柴油机喷油泵拉杆位置，使进气量或供油量改变即可调节发动机的输出转矩，控制方法如图 10-35 所示。

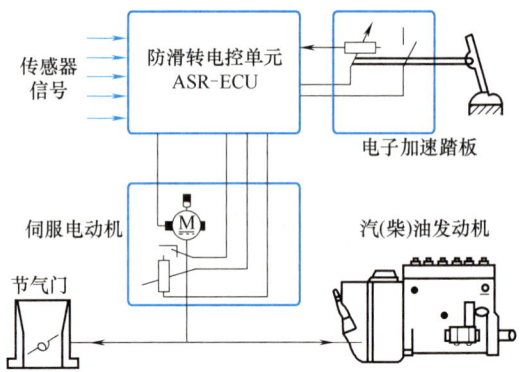

图 10-35 发动机输出转矩控制方法

当驾驶人操作电子加速踏板时，电子加速踏板的行程信号由传感器输入 ASR-ECU，ASR-ECU 根据预先存储的数据和发动机转速、冷却液温度、进气温度等信号确定伺服电动机（步进电动机）控制电压或电流的大小，再由伺服电动机调节节气门开度或喷油泵拉杆位置，通过调节进气量或供油量来调节发动机的输出转矩。

**（3）控制节气门开度** 控制节气门开度可以控制进入气缸的进气量，从而能够显著改变发动机的输出转矩。在装备 EFI 的汽车上，ASR-ECU 根据轮速传感器和车速传感器信号计算确定驱动轮滑转率的大小之后，通过控制节气门开度和燃油喷射量等即可调节发动机的输出转矩。当驱动轮滑转率超出规定值范围时，ASR-ECU 便向执行器发出控制指令，减小节气门的开度，缩短喷油器的喷射时间或中断个别喷油器喷油，迅速降低发动机输出转矩，防止驱动力滑转。

**2. 控制驱动轮的制动力**

控制驱动轮的制动力实际上是利用差速器的差速作用（效能）来获得较大的驱动力。作用在驱动轮上的驱动力如图 10-36 所示。

处于高附着系数 $\varphi_H$ 路面上的右侧驱动轮能够产生的驱动力为 $F_H$，处于低附着系数 $\varphi_L$ 路面上的左侧驱动轮能够产生的驱动力为 $F_L$。根据差速器转矩等量分配特性，此时汽车的驱动力只取决于低附着系数路面上的驱动力 $F_L$。尽管右侧驱动轮能够产生的驱动力为 $F_H$，但是其获得的驱动力只能与左侧驱动轮产生的驱动力 $F_L$ 相等（$F_H = F_L$），即两只驱动轮能够获得的驱动力为 $2F_L$。为了阻止低附着系数路面上行驶的左侧驱动轮产生滑转，对其施加一个制动力 $F_B$，通

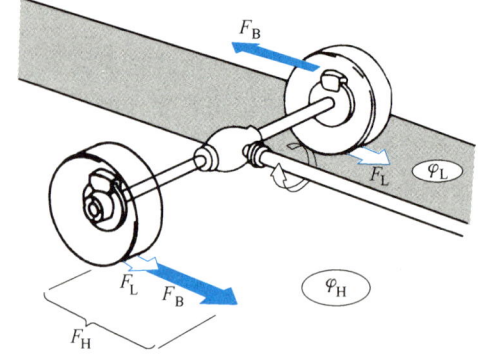

图 10-36 施加制动力时驱动轮的驱动力

过差速器的差速作用，在右侧驱动轮上也会产生作用力 $F_B$，从而右侧总驱动力为 $F_H = F_L + F_B$。此时两只驱动轮能够获得的总驱动力就为 $F_{TH} = F_H + F_L = 2F_L + F_B$。由此可见，当给低附着力的驱动轮施加一个制动力 $F_B$ 后，两侧车轮实际可获得的最大总驱动力便增大了 $F_B$，发

动机的输出转矩就可按增大后的驱动力进行调节。

对驱动轮施加制动力是使驱动轮保持最佳滑转率且响应速度较快的控制方法，一般作为仅采用控制节气门开度来调节发动机输出转矩的补充控制。在设计控制系统时，为了保证乘坐舒适性，制动力不能太大；此外，为了避免制动器过热，施加制动力的时间不能过长，因此，这种方法仅限于低速行驶时短时间使用。

**3. 控制防滑转差速器的锁止程度**

控制差速器的锁止程度必须采用防滑转差速器进行控制。防滑转差速器是一种由电控单元控制的可锁止差速器，其控制原理如图10-37所示。

在防滑转差速器向车轮输出驱动力的输出端设置有一个离合器。调节作用在离合片上的油液压力，即可调节防滑转差速器的锁止程度。油压逐渐降低时，防滑转差速器锁止程度逐渐减小，传递给驱动轮的驱动力就逐渐减小；油压升高时，差速器锁止程度随之增加，驱动力逐渐增大。油液压力来自储

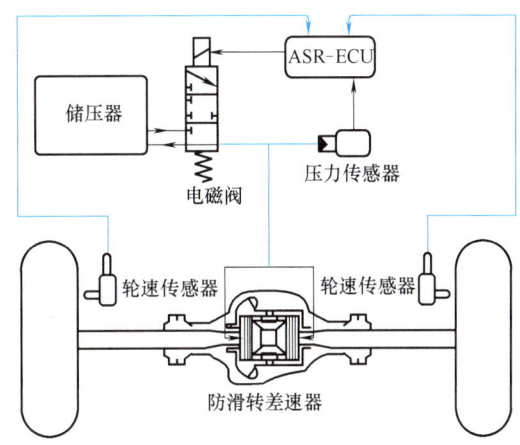

图 10-37　防滑转差速器控制原理图

压器的高压油液，压力大小由 ASR-ECU 通过控制电磁阀使压力"升高""保持""降低"进行调节，并由压力传感器和驱动轮上的轮速传感器反馈给电控单元，从而实现反馈控制。通过调节防滑转差速器的锁止程度，即可调节传递给驱动轮的驱动力，所以汽车在各种附着系数不同的路面上起步和行驶时，都具有较好的稳定性和操纵性。对于越野汽车，则可大大提高越野通过性。

在汽车实际装备的 ASR 中，为了充分发挥电子控制系统的控制功能并有效地防止驱动轮滑转，一般都将不同的控制方法组合在一起进行控制。常用的组合方式有：组合控制发动机的输出转矩和驱动轮的制动力；组合控制发动机的输出转矩和控制差速器的锁止程度。

## 本章小结

汽车安全性直接关系到驾乘人员的安全，分为主动安全性、被动安全性、事故后安全性和生态安全性。相比机械式安全装置，电控安全装置具有疾速响应的特点。

防抱制动系统（ABS）是在汽车上应用最早的电控安全装置之一。ABS 是加装在传统制动系统上的电子控制装置，其控制原理是调节车轮的滑移率，让轮胎和路面之间的纵向附着力和横向附着力同时处于比较大的状态。控制方法是通过制动管路中加装的电磁阀调节车轮制动压力的大小，从而调节滑移率。电磁阀分为两位两通式和三位三通式，执行过程分为"升压""保压"和"降压"三个过程，通过循环调节保持车轮滑移率范围。

电子控制制动力分配系统（EBD）和传统机械制动力分配系统相比，具有能够依据地面附着力的变化而动态调节的特性。EBD 硬件可以完全和 ABS 通用，只需另加一套软件即可。EBD 通过电磁阀调节各个车轮制动管路的压力大小，即可实现制动力的动态分配。

汽车驱动防滑转系统（ASR/TRC）的工作原理和 ABS 相似，目标主要是解决驱动力大于地面附着力使得车轮滑转失去方向控制能力的问题。ASR 控制目标是滑转率，通过调节发动机转矩、滑转侧车轮制动力和差速器锁止程度等方法来进行控制。

### 思考题

1. 汽车装备安全装置的目的是什么？主动安全装置与被动安全装置主要有哪些？
2. 在汽车制动过程中，车轮抱死滑移的根本原因是什么？怎样防止车轮抱死滑移？
3. 什么是轴控式防抱制动系统（ABS）？轴控式防抱制动系统（ABS）可分为哪两种？
4. 什么是低选控制（SL）？什么是高选控制（SH）？
5. ABS 的常用传感器有哪些？试分析其结构和工作原理。
6. 什么是汽车制动系统的控制通道？为什么小轿车普遍采用三通道防抱制动系统？
7. 为什么汽车制动防抱电控单元（ABS-ECU）要采用两个微处理器（CPU）？
8. 驾驶人怎样判定防抱制动系统功能是否正常？
9. 电子控制防抱制动系统的控制原理是什么？
10. 分析说明两位两通电磁阀式防抱制动系统（ABS）的控制过程。
11. 分析说明三位三通电磁阀式防抱制动系统（ABS）的控制过程。
12. 为什么汽车电子控制制动力分配系统（EBD）又可称为电子控制制动力分配程序？
13. 当汽车在起步、加速或在冰雪路面上行驶时，为什么车轮容易出现滑转现象？
14. 在控制发动机输出转矩和对驱动轮施加制动来调节驱动轮滑转率的控制系统中，当汽车低速和高速行驶时，分别采用什么方法来防止车轮滑转？
15. ABS、EBD、EBA 和 ASR 实现控制功能的共同特点是什么？

# 第11章　汽车舒适性控制系统

【本章教学要点】

| 知识要点 | 掌握程度 | 相关知识 |
| --- | --- | --- |
| 汽车电控悬架系统 | 了解电控悬架系统的功能、分类、组成及工作原理<br>掌握电控悬架系统和结构特点，包括传感器、电动单元和执行机构 | 电控悬架系统的基本知识，电控悬架系统的结构特点 |
| 汽车电控助力转向系统 | 了解转向系统的设计要求和基本类型<br>掌握液压式电控助力转向、电动式电控助力转向及四轮转向控制系统的结构特点及工作原理 | 电控助力转向系统的基本知识，液压式电控助力转向，电动式电控助力转向，四轮转向控制系统 |

　　汽车舒适性是指为乘员提供舒适、愉快的乘坐环境，以及货物的安全运输和方便安全的操作条件的性能。汽车舒适性包括：汽车平顺性、汽车噪声、汽车空气调节性能、汽车乘坐环境及驾驶操作性能等。它是现代高速、高效率汽车的一个主要性能。

　　本章重点介绍几种与汽车舒适性相关的电子控制系统，主要是电控悬架系统和电控助力转向系统。

## 11.1　汽车电控悬架系统

### 11.1.1　悬架的力学模型和性能评价

#### 1. 悬架的力学模型

　　悬架是汽车重要组成部分，它把车体和车轴弹性连接起来，并承受车轮和车体之间的作用力，缓冲来自不同路面给车体传递的冲击载荷，衰减各种动载荷引起的车体振动。

　　目前汽车上普遍采用的是传统机械悬架。传统悬架系统主要由弹簧、减振器和导向机构三部分组成。其中弹簧、减振器和轮胎的综合特性，决定了汽车的行驶性、操纵性和乘坐的舒适性。尽管多年来汽车悬架系统做了许多改进，但由于传统悬架系统使用的是定刚度弹簧和定阻尼系数减振器，只能适应特定的道路与行驶条件，无法满足变化莫测的路面状况和汽车行驶状况，而且这种悬架只能被动地承受地面对车身的各种作用力，无法使操纵性和乘坐舒适性达到和谐。这种传统悬架系统也被称为被动悬架系统。

随着人们对汽车操纵性和舒适性要求的不断提高，以及电子技术的飞速发展，电子控制技术被有效应用于现代汽车悬架系统中。电子控制悬架系统的最大优点就是它能使悬架随不同的路况和行驶状态做出不同的反应，既能使汽车的乘坐舒适性达到令人满意的状态，又能使汽车的操纵稳定性达到最佳状态。因此电子控制悬架系统被广泛用于大型客车和大型货车，并逐渐应用在高档轿车上。

悬架的力学模型是进行性能分析和系统设计的基础。由于所研究问题的出发点不同，为了简化研究对象，突出问题的本质，通常用不同的简化模型来描述。常用的简化模型为二自由度1/4车体模型和四自由度1/2车体侧倾/俯仰模型及七自由度整车模型，如图11-1所示。

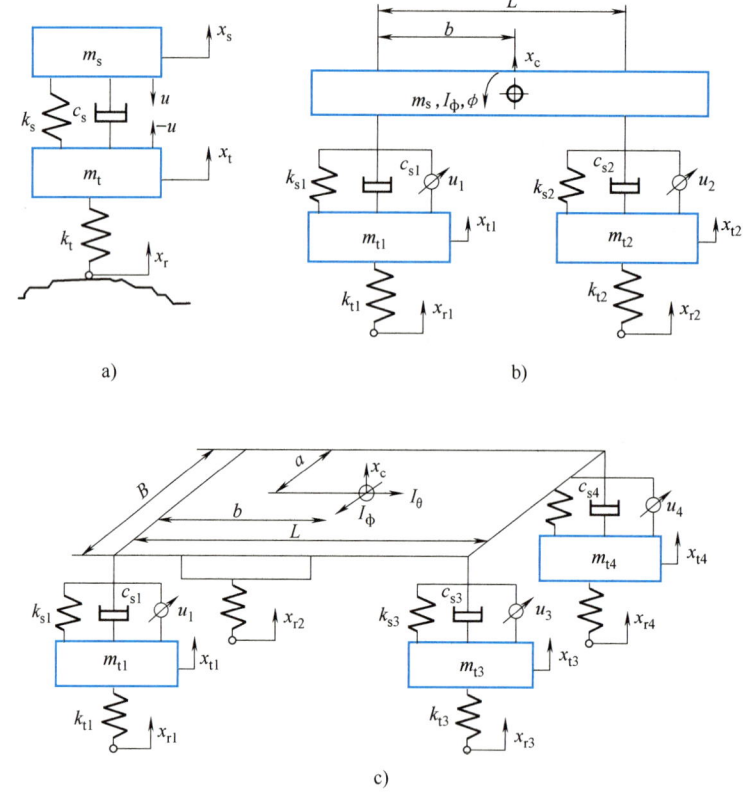

图 11-1 常用的几种简化模型

a）二自由度 1/4 车体模型　b）四自由度 1/2 车体侧倾/俯仰模型　c）七自由度整车模型
$m_s$—车体质量　$m_t$—非簧载质量　$k_s$—悬架刚度系数　$k_t$—轮胎刚度系数　$x_s$—车体的垂直位移
$x_r$—路面的垂直位移　$x_t$—非簧载质量位移　$c_s$—悬架的阻尼系数　$u$—控制力

由机械式被动悬架，可引出电控悬架（简称电子悬架）的基本概念和系统设计时的基本问题。图11-2所示为汽车上采用的传统悬架（麦弗逊式前独立悬架），具体的结构可能与电子悬架不同，但研究来自不平路面的激励引起车体的垂直振动都可用图11-1a所示的二自由度1/4车体模型表示。

**2. 悬架的性能评价**

为了评价悬架本身缓冲减振效果，一般用1/4车体模型作为研究对象，主要性能指标为

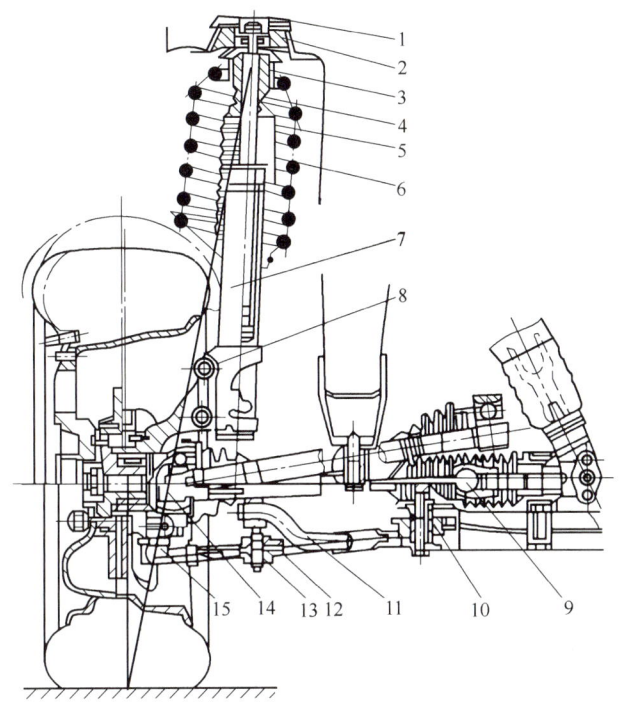

图 11-2 传统悬架的结构

1—连接板总成 2—带轴承的隔振块总成 3—螺旋弹簧上托盘 4—前缓冲块 5—防尘罩 6—螺旋弹簧
7—筒式减振器 8—转向节 9—转向拉杆内铰链 10—横摆臂内铰链 11—横向稳定器 12—横摆臂
13—橡胶缓冲块 14—传动轴 15—横摆臂球铰链

悬架的平顺性、悬架的动挠度及轮胎的动载荷（或轮胎的接地性能）。最后把所有单个悬架用某种算法协调起来，以满足整车的性能指标要求，如抗侧倾、抗仰俯特性。

以下对悬架性能评价的研究中，$x_s$ 表示车体的垂直位移，$x_r$ 表示路面的垂直位移，$x_t$ 表示非簧载质量位移，$k_t$ 表示轮胎刚度系数。

**(1) 传递函数（幅频特性）评价法** 由路面冲击引起车体位移变化，用平顺性传递函数表示为

$$H_{x_r \sim x_s}(s) = \frac{x_s(s)}{x_r(s)} \tag{11-1}$$

平顺性传递函数还可以根据需要，做等效变换得到几种不同形式的表达形式，如：

$$H_{\dot{x}_r \sim \ddot{x}_s}(s) = \frac{\ddot{x}_s(s)}{\dot{x}_r(s)} = \frac{s^2 x_s(s)}{s x_r(s)} = s H_{x_r \sim x_s}(s) = \frac{H_{\dot{x}_r \sim \ddot{x}_s}}{s} \tag{11-2}$$

轮胎的动变形传递函数为

$$H_t(s) = \frac{x_t(s) - x_r(s)}{x_r(s)} \tag{11-3}$$

由此轮胎的动变形产生的动载荷为

$$H_{tf}(s) = k_t \frac{x_t(s) - x_r(s)}{x_r(s)} = k_t H_t(s) \tag{11-4}$$

为了满足车辆的操纵性能，要求车轮能始终接触地面。同样可定义描述轮胎的接地性能的传递函数为

$$H_{tf}(s) = \frac{x_t(s)}{x_r(s)} \tag{11-5}$$

接地传递函数与轮胎的动变形传递函数之间的关系为

$$H_{tf}(s) = 1 - H_t(s) \tag{11-6}$$

在冲击作用下引起悬架的变形或动挠度，用传递函数表示为

$$H_d(s) = \frac{x_s(s) - x_t(s)}{x_r(s)} \tag{11-7}$$

当传递函数确定以后，令 $s = j\omega$，就得到了相应的幅频特性函数。如悬架平顺性和轮胎接地幅频特性可以分别表示为

$$|H_{x_r \sim x_s}(j\omega)| = \left|\frac{x_s(j\omega)}{x_r(j\omega)}\right| \tag{11-8}$$

$$|H_{tf}(j\omega)| = \left|\frac{x_t(j\omega)}{x_r(j\omega)}\right| \tag{11-9}$$

悬架平顺性和轮胎接地传递函数的理想幅频特性如图 11-3 所示。对于悬架的动挠度，是在满足图示理想幅频特性的前提下，要求悬架的动挠度越小越好。实际上，由于汽车结构的限制（无论是机械悬架，还是电控悬架），悬架的最大动挠度非常有限，理想幅频特性是永远不可能实现的。

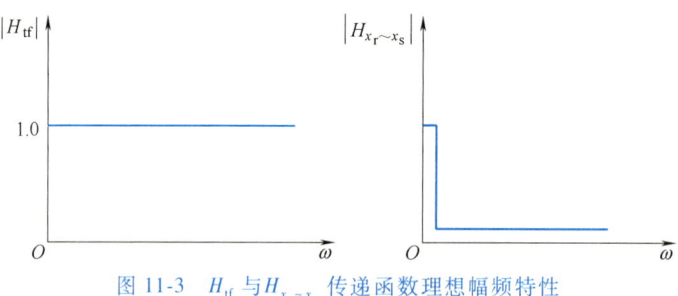

图 11-3　$H_{tf}$ 与 $H_{x_r \sim x_s}$ 传递函数理想幅频特性

**（2）方均根值评价法**　汽车在不平路面行驶，路面的随机激励对悬架的平顺性、轮胎的动态载荷及悬架的动挠度的影响也常用簧载质量加速度的方均根值 $\sigma_{\ddot{x}_s}$、轮胎动态载荷方均根值 $\sigma_f$ 及悬架的动挠度方均根值 $\sigma_d$ 描述。

1) 悬架振动响应方均根值。汽车悬架近似为线性系统，对 1/4 车辆的悬架系统，车辆加速度响应的功率谱密度 $G_{\ddot{x}_s}(f)$ 与路面位移输入的功率谱密度 $G_{x_r}(f)$ 之间的关系可表示为

$$G_{\ddot{x}_s}(f) = |H_{x_r \sim \ddot{x}_s}(f)|^2 G_{x_r}(f) \tag{11-10}$$

以车辆静平衡位置作为原点，则振动响应量的均值 $E_{\ddot{x}_s}$ 应为零。因此它的统计特性，即方差等于方均根值，并可由功率谱密度对频率积分求得

$$\sigma_{\ddot{x}_s}^2 = \int_0^\infty G_{\ddot{x}_s}(f) df = \int_0^\infty |H_{x_r \sim \ddot{x}_s}(f)|^2 G_{x_r}(f) df \tag{11-11}$$

式中，$\sigma_{\ddot{x}_s}$ 为车体加速度标准差，因为值 $E_{\ddot{x}_s}=0$，故 $\sigma_{\ddot{x}_s}$ 就是方均根值；$G_{x_r}(f)$ 为路面激励功率谱，由车速和路面粗糙度系数确定；$H_{x_r\sim\ddot{x}_s}(f)$ 为平顺性传递函数，是由悬架的结构形式和所采用的控制规律确定。

同理可得悬架的动挠度、轮胎动载荷标准差分别为

$$\sigma_d^2 = \int_0^\infty |H_d(f)|^2 G_{x_r}(f)\mathrm{d}f \quad (11\text{-}12)$$

$$\sigma_f^2 = \int_0^\infty |H_{tf}(f)|^2 G_{x_r}(f)\mathrm{d}f \quad (11\text{-}13)$$

式中，$\sigma_d$ 为悬架动挠度标准差（后文统称为方均根值），表示在路面激励 $x_r$ 作用下，簧载质量位移与非簧载质量之差（$x_s-x_t$）的一个统计值；$\sigma_f$ 为轮胎动载荷标准差，其物理意义为轮胎的动态变形成产生的动载荷的统计值。$\sigma_f$ 用时域表示为

$$F_d = k_t(x_t - x_r) \quad (11\text{-}14)$$

2）概率分布与方均根值的关系。对悬架统计特性方均根值的要求，可由概率分布给定。当分布是均值为零的正态分布时，振动响应 $x$ 的概率分布完全可以由方均根值 $\sigma_x$ 确定。$x$ 幅值的绝对值超过 $x_0 = \lambda\sigma_x$ 的概率 $P$ 与 $\lambda$ 取值有关。表 11-1 给出了界限值 $x_0$ 与常用的 $\lambda$ 值之间在正态分布时的概率分布。

表 11-1 界限值 $x_0$ 与常用的 $\lambda$ 值之间在正态分布时的概率分布

| $\lambda$ | 1 | 2 | 2.58 | 3 | 3.29 |
|---|---|---|---|---|---|
| $P$ | 31.7% | 4.6% | 1% | 0.3% | 0.1% |
| $1-P$ | 68.3% | 95.4% | 99% | 99.7% | 99.9% |

对于线性系统，如果输入量是正态分布的，则输出量也必然是正态分布的。大量的测量表明，路面的随机输入和汽车的振动响应都基本上符合正态分布。这样汽车振动响应的方均根值与其概率分布间存在表 11-1 所示的简单关系，即方均根值 $\sigma_x$ 界限值 $x_0 = \lambda\sigma_x$ 和概率 $P$ 由其中任意两个可求出第三个。

## 11.1.2 主动悬架控制

**1. 簧载质量的振动控制**

某轿车装备的主动悬架如图 11-4 所示，采用的是 Sky-hook 控制算法。通过性能试验证实，该悬架系统无论是抑制来自地面的冲击，还是抑制车辆的各种操作引起车体姿态的变化，都具有非常明显的效果。

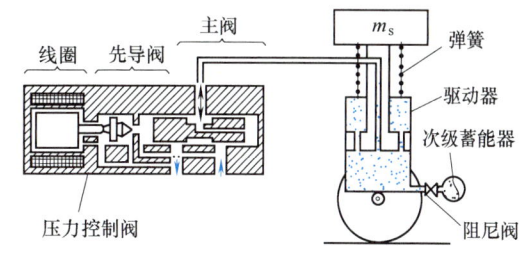

图 11-4 某轿车装备的主动悬架

由悬架等效的力学模型得：

$$C_2(\dot{x}_2 - \dot{x}_1) + k_2(x_2 - x_1) = F \quad (11\text{-}15)$$

由原悬架可以得到以下方程：

$$k_2(x_2 - x_1) + C_a(\dot{x}_2 - \dot{x}_1) + k_a(x_2 - x_1) = F \quad (11\text{-}16)$$

式中，$C_a$ 为储能器节流口阻尼系数；$k_a$ 为油气弹簧刚度系数。

把式（11-16）与式（11-15）进行比较得到等效阻尼系数，即

$$C_2 = C_{eq}(s) = C_a + \frac{k_a}{s} \quad (11\text{-}17)$$

在低频段，等效阻尼系统主要取决于油气弹簧刚度，静态阻尼系数为无穷大。在高频段，等效阻尼系统趋近稳态，极限值为油气弹簧的阻尼系数。

由计算可以得出，天棚阻尼悬架在谐振频率的峰值为

$$\left|\frac{x_2}{x_1}\right|_{s=j\omega_2} = \frac{\sqrt{4\varepsilon_2^2+1}}{2(\varepsilon_2+\varepsilon_s)} \quad (11\text{-}18)$$

只要确定合理的阻尼系数，就可使式（11-19）成立，即

$$\varepsilon_2^2 \geqslant \sqrt{\varepsilon_2^2+\frac{1}{4}}-\varepsilon_2 \quad (11\text{-}19)$$

保证车体振动在谐振频率的峰值小于 1。可见，天棚阻尼悬架比被动悬架在谐振频率的峰值明显降低。

在试验台上对悬架的测试结果如图 11-5 所示，天棚阻尼器的谐振峰值减小了 10dB。结果表明，天棚阻尼悬架具有很好的隔振效果。

**2. 非簧载质量的振动控制**

某车的悬架系统，车体的振动由主动天棚阻尼器控制（主动控制，低频），而非簧载质量的高频振动则随着次级蓄能器（见图 11-6）的弹簧刚度、阻尼阀的流动阻尼力，以及主动控制阀的流动阻尼力作用下自然衰减（高频特性属于被动控制）。因为天棚阻尼器是以车体

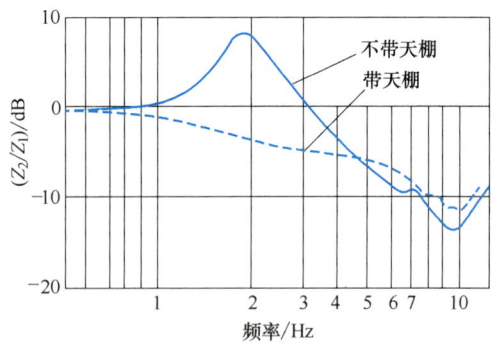

图 11-5 天棚阻尼器的作用

的运动速度作为控制信号，非簧载质量在阀口的阻尼力作用下自然衰减，其运动不影响主动控制，故对于非簧载质量的运动，天棚阻尼压力控制阀则相当于一个阻尼装置。其等效阻尼模型如图 11-7 所示，由此图可求得它的传递特性，即

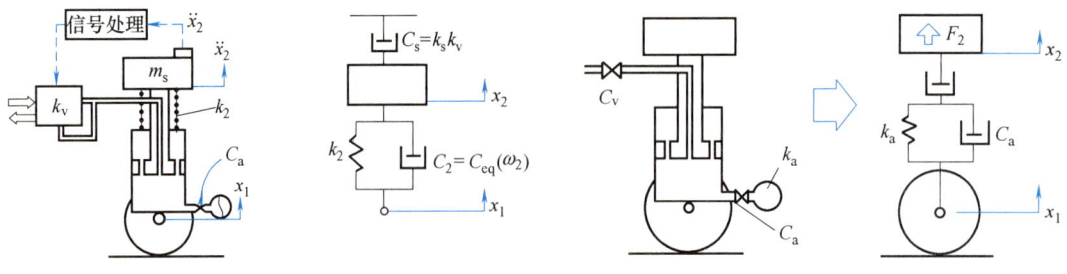

图 11-6 次级蓄能器的等效图　　　　图 11-7 等效阻尼模型

$$C_v[(\dot{x}_2-\dot{x}_1)-(\dot{x}_a-\dot{x}_1)] = F_2 \quad (11\text{-}20)$$

$$C_a(\dot{x}_a-\dot{x}_1)+k_a(x_a-x_1) = F_2 \quad (11\text{-}21)$$

由式（11-20）和式（11-21）得

$$(x_a-x_1) = F_2/(k_a+C_a s) \quad (11\text{-}22)$$

$$\frac{F_2}{(\dot{x}_2-\dot{x}_1)} = C_v \frac{k_a + C_a s}{(C_a + C_v)s + k_a} \quad (11\text{-}23)$$

由此得等效阻尼 $C_{eq}(\omega)$，即

$$C_{eq}(\omega) = C_v \frac{(k_a + C_a s)}{(C_a + C_v)s + k_a} = |H(j\omega)|\cos[\angle H(j\omega)] \quad (11\text{-}24)$$

在低频段，等效阻尼系数趋近 $C_v$。随着频率得升高，等效阻尼系数降低，趋近于 $C_v C_a/(C_v + C_a)$，这正好与期望的阻尼特性一致（见图 11-8）。通过优化系数 $k_a$、$C_v$、$C_a$，得到主动悬架的平顺性幅频特性，如图 11-9 所示。与被动悬架进行比较，表明主动悬架在整个频率范围内都具有优良的减振性能。

同理，仿照侧倾控制（见图 11-10）可实现仰俯控制。最后得到每个驱动器的总作用力为

$$F_i = F_{i\text{-aky}} + F_{i\text{-roll}} + F_{i\text{-pitch}} \quad (i = 1, 2, 3, 4) \quad (11\text{-}25)$$

式中，$F_{i\text{-roll}}$、$F_{i\text{-pitch}}$ 都是以力偶的形式出现，符号由侧倾和俯仰的加速度方向确定。

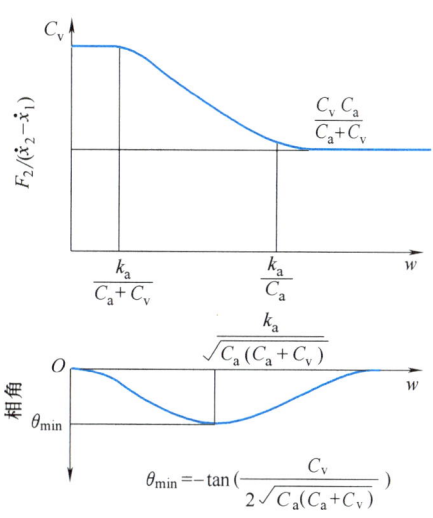

图 11-8 阻尼系数频率特性

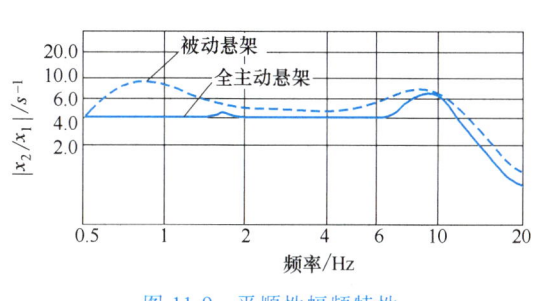

图 11-9 平顺性幅频特性

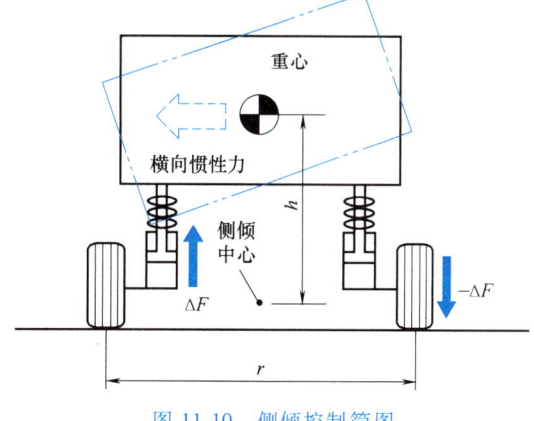

图 11-10 侧倾控制简图

## 11.1.3 电控悬架系统的基础知识

**1. 电控悬架系统的功能**

电子控制悬架系统（Electronic Control Suspension System，ECSS）也称为电子调节悬架系统（Electronic Modulated Suspension System），可以根据汽车行驶路面、行驶速度和载荷变化等，自动调节悬架系统的刚度、减振器的阻尼力和车身高度的大小，从而使车辆的行驶平顺性和操纵稳定性在各种行驶条件下达到最佳的组合，主要有以下功能。

（1）**控制减振器的阻尼** 通过对减振器阻尼系数的调整，防止汽车急速起步或急加速

时车尾下蹲；防止紧急制动时的车头下沉；防止汽车急转弯时车身横向摇动；防止汽车换档时车身纵向摇动等，提高行驶平顺性和操纵稳定性。

(2) 控制弹性元件的刚度　与减振器一样在各种工况下，通过对弹性元件弹性系数的调整，来改善汽车的乘坐舒适性与操纵稳定性。

(3) 调整车身高度　无论车辆的负载多少，都可以保持汽车高度一定，车身保持水平，从而使前照灯光束方向保持不变；当汽车在坏路面上行驶时，可以使车身高度增加，防止车桥与路面相碰；当汽车高速行驶时，又可以使车身高度降低，以便减少空气阻力，提高操纵稳定性。

随着汽车电子技术的发展和进步，许多中高档轿车、大客车以及越野汽车都装备了电子控制悬架系统。

### 2. 电控悬架系统的分类

电子控制悬架属于主动悬架，按照是否包含动力源，分为半主动悬架（无源主动悬架）和全主动悬架（有源主动悬架）两大类。

(1) 半主动悬架　半主动悬架不考虑改变悬架的刚度，只考虑改变悬架阻尼来调节的悬架的减振性能，因此其调节装置主要由无动力源的可控的阻尼元件组成。半主动悬架在被动悬架基础上增加的元件不多，工作时几乎不需要额外消耗车辆动力，但对汽车悬架的性能有明显的提高，因此这种系统具有较好的应用前景。

半主动悬架根据阻尼调节方式的不同分为有级半主动式（阻尼力有级可调）和无级半主动式（阻尼力连续可调）两种。

(2) 全主动悬架　全主动悬架可以根据汽车的运动状态和路面状况，适时地调节悬架的刚度和阻尼，使其处于最佳减振状态。其中阻尼调节可以采用和半主动悬架相似的方法，而刚度调节则必须利用额外的能源来实现。全主动悬架系统是在被动悬架系统（弹性元件、减振器、导向装置）中附加一个可控制作用力的装置，通常由执行机构、传感器和电控单元（ECU）组成。

全主动悬架的调节动作最终由主动弹簧来实现，主动弹簧是全主动悬架系统执行机构，受 ECU 控制。主动弹簧有刚度可调的弹簧和阻尼可调的减振器。阻尼的调节一般采用和半主动悬架类似的无源调节方式，刚度的调节必须采用有源的方式。根据采用的可调节刚度的弹性元件种类，全主动悬架的主动弹簧分为主动油气、空气和液力弹簧。

## 11.1.4　电控悬架系统的组成和工作原理

电子控制悬架系统主要由感应汽车运行状况的各种传感器、控制开关、电子控制悬架电控单元及执行机构等组成。传感器一般有车身高度传感器、车速传感器、加速度传感器、转向盘转角传感器、节气门位置传感器等。控制开关有模式选择开关、制动灯开关、停车开关和车门开关等。执行机构有可调阻尼力的减振器，可调节弹簧高度和弹性大小的弹性元件等。

电控悬架系统的一般工作原理是：传感器和控制开关向电控单元输入车身以及汽车行驶的状态信息，电控单元接收传感器和控制开关输入的电信号，并向执行机构发出控制指令，执行机构产生一定的机械动作，从而改变车身高度、弹性元件刚度或减振器阻尼。

现代汽车电控悬架系统由于控制功能和控制方法的不同，其结构形式多种多样。图 11-11

为丰田汽车电子控制悬架系统的组成。高度控制开关设有"High（高）"和"Normal（正常）"两个档位，操纵高度控制开关可以使汽车车身高度的目标高度变为"正常"状态或"高"状态。由于高速行驶时车身过高会影响车身稳定性，因此当车速达到一定值时，高度控制系统能自动将车身高度由"高"状态切换到"正常"状态，保证汽车的行驶稳定性和减小行驶阻力。当点火开关断开后，如果车身高度因乘员或载荷量变化而高于目标值时，高度控制系统能自动将车身高度降低到目标高度，从而改善汽车驻车时的稳定性。

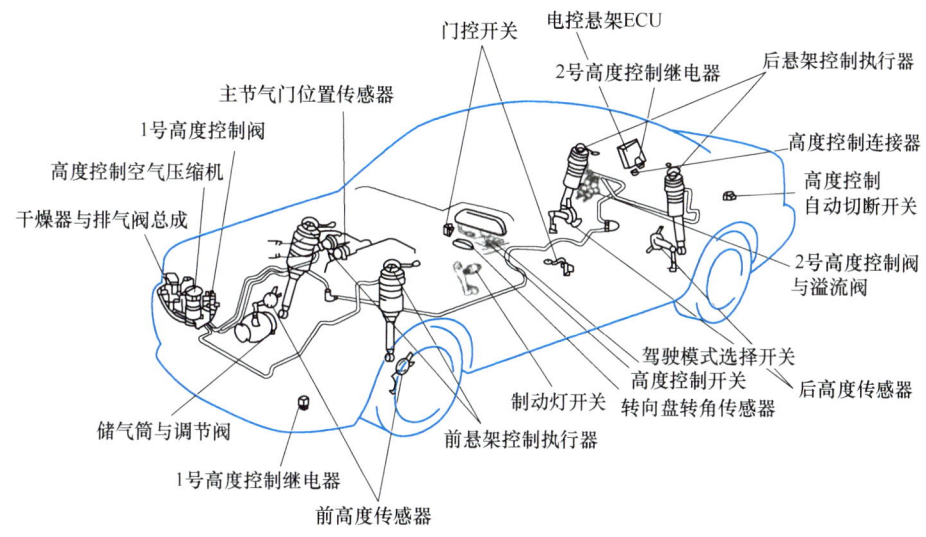

图 11-11　丰田汽车电子控制悬架系统

高度控制自动切断开关能使空气弹簧悬架系统关闭，防止车身过高或拖车时产生意外运动。驾驶模式选择开关用于选择减振器阻尼的工作模式，一般设有"自动""坚硬"和"柔软"等工作模式。当驾驶人踩下制动踏板时，将送给电控单元一个制动灯开关信号，ECU 将控制前部空气弹簧刚度和减振器阻尼变成"坚硬"状态，以便抑制汽车制动时的点头现象。

**1. 传感器**

**（1）转向盘转角传感器**　转向盘转角传感器的功用是检测转向盘的中间位置、转动方向、转动角度和转动角速度。在电子控制悬架中，ECU 根据车速传感器信号和转向盘转角传感器信号，判断汽车转向时侧向力的大小和方向，以控制车身的侧倾。

现代汽车多采用光电式转向盘转角传感器，其结构和安装位置如图 11-12 所示。在转向

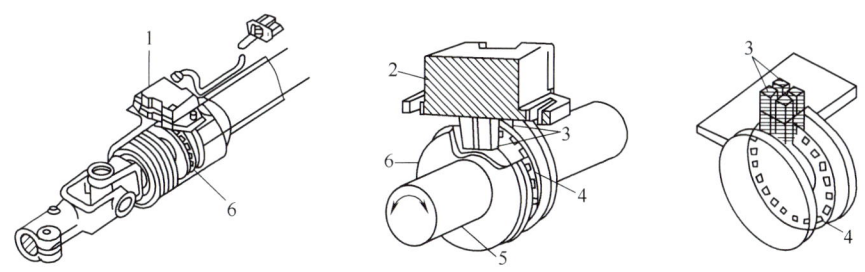

图 11-12　光电式转向盘转角传感器的结构和安装位置

1、2—转角传感器　3—光电器件　4—遮光盘　5—转向轴　6—传感器圆盘

盘的转向轴上装有一个带窄缝的圆盘，圆盘上的窄缝呈等距均匀分布，传感器光电器件中的发光二极管和光电晶体管相对安装在遮光盘两侧形成遮光器。

当转动转向盘时，带窄缝的圆盘使遮光器之间的光束产生通/断变化，遮光器的这种反复开/关状态产生与转向轴转角呈一定比例的系列数字信号，ECU 根据此信号的变化判断转向盘的转角和转速，电路原理图如图 11-13 所示。

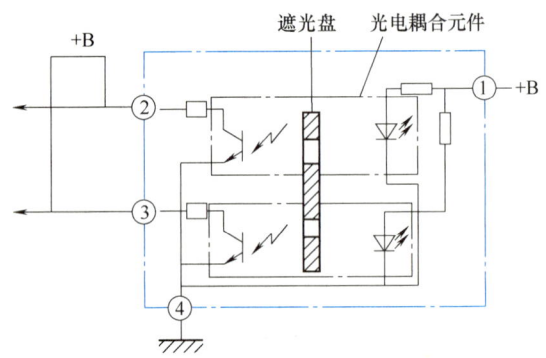

图 11-13　光电式转向盘转角传感器电路原理

（2）加速度传感器　加速度传感器的功用是检测汽车转向时，汽车因离心力的作用而产生的横向加速度或纵向加速度，并将产生的电信号输送给 ECU，使 ECU 能判断悬架系统的阻尼力改变的大小及空气弹簧中空气压力的调节情况，以维持车身的最佳姿势。根据测量原理不同，常用的加速度传感器有差动变压器式、球位移式、半导体加速度传感器等。

图 11-14 所示是差动变压器式加速度传感器。当汽车转弯（或加速、减速）行驶时，心杆在汽车横向力（或纵向力）的作用下会产生位移，在励磁线圈（一次绕组）通以交流电的情况下，随着心杆位置的变化，检测线圈（二次绕组）的输出电压也会发生变化。所以，检测线圈的输出电压与汽车横向力（或纵向力）相对应，反映了汽车横向力（或纵向力）的大小。悬架系统 ECU 根据此输入信号可以正确判断汽车横向力（或纵向力）的大小，对车身姿势进行控制。

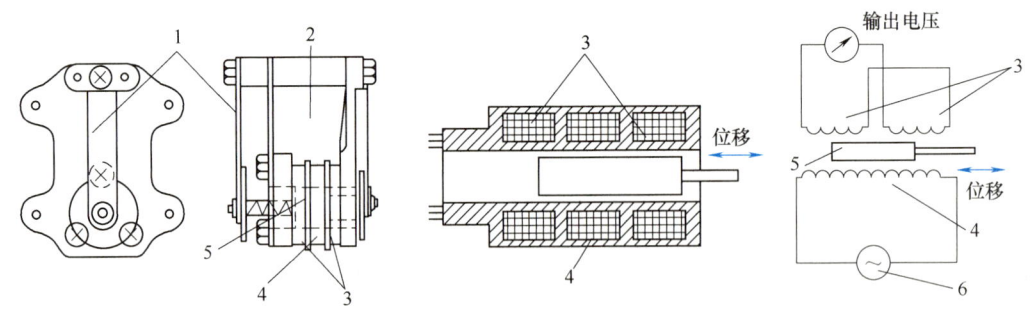

图 11-14　差动变压器式加速度传感器
1—弹簧　2—封入硅油　3—检测线圈　4—励磁线圈　5—心杆　6—电源

（3）车身高度传感器　车身高度传感器是检测汽车行驶时车身高度的变化情况（汽车悬架的位移量），并将其转换成电信号输入悬架系统的电子控制单元（ECU）。根据测量原理的不同车身高度传感器有片簧开关式、霍尔集成电路式、光电式。前两者属于接触式车身高度传感器，在使用过程中，如果磨损会影响测量的精度和灵敏度，光电式属于非接触式车身高度传感器，被广泛应用于现代汽车上。

图 11-15 所示是光电式车身高度传感器的结构和安装示意图。在主动悬架系统中，要对车身高度进行检查和调节，一般只需在悬架上安装三个车身高度传感器即可，位置在左、右前轮和后桥中部。如果传感器多于三个，会出现调整干涉的现象。在传感器上，有一根靠导

杆带动转动的转轴，转轴上固定一个开有许多窄槽的圆盘，圆盘两边是由发光二极管和光电晶体管组成的光电耦合器，如图 11-15a 所示。每一个光电耦合器由四组发光二极管和光电晶体管组成。一般情况下，传感器中有两个光电耦合器组件。

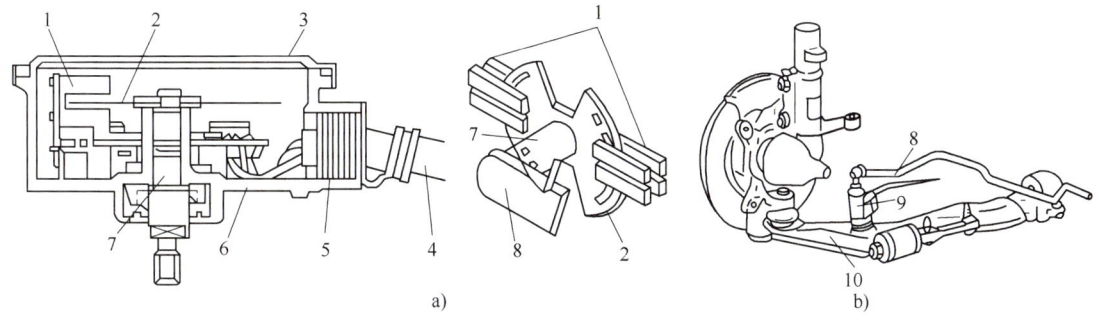

图 11-15　光电式车身高度传感器

a）光电式车身高度传感器结构　b）车身高度传感器的安装示意图
1—遮光器　2—圆盘　3—传感器盖　4—信号线　5—金属油封环　6—传感器壳
7—传感器转轴　8—导杆　9—传感器　10—下摆臂

光电式车身高度传感器一般固定在车架上，如图 11-15b 所示，传感器轴的外端装有导杆，导杆的另一端通过一连杆与独立悬架的下摆臂连接。当车身高度发生变化时（如汽车载荷发生变化），导杆将随悬架摆臂的上下移动而摆动。从而通过传感器转轴驱动圆盘转动，使光电耦合器组件相对应的发光二极管和光电晶体管上的光线产生 ON/OFF 的转换。光电晶体管把接收到的光线 ON/OFF 转换成电信号，并通过导线输送给悬架电子控制单元（ECU）。ECU 根据每一个光电耦合器上每组发光二极管和光电晶体管 ON/OFF 转换的不同组合，判断圆盘转过的角度，从而计算出悬架高度的变化情况。

表 11-2 为具有四个光电耦合器组件的状态与车高对照表。

悬架系统进行高度调节时，如果只需要判断四个车高区域，则车身高度传感器中只需两个光电耦合器组件即可。此时光电耦合器组件的状态与车高对照见表 11-3。

表 11-2　四个光电耦合器组件的状态与车高的对照表

| 车高 | 光电耦合器组件的状态 | | | | 车高范围/mm | 计算结果 |
| --- | --- | --- | --- | --- | --- | --- |
| | 1 | 2 | 3 | 4 | | |
| 高 | OFF | OFF | ON | OFF | 15 | 过高 |
| | OFF | OFF | ON | ON | 14 | |
| | ON | OFF | ON | ON | 13 | |
| | ON | OFF | ON | OFF | 12 | 高 |
| | ON | OFF | OFF | OFF | 11 | |
| | ON | OFF | OFF | ON | 10 | |
| | ON | ON | OFF | ON | 9 | |
| | ON | ON | OFF | OFF | 8 | 普通 |
| | ON | ON | ON | OFF | 7 | |
| | ON | ON | ON | ON | 6 | |

（续）

| 车高 | 光电耦合器组件的状态 | | | | 车高范围/mm | 计算结果 |
|---|---|---|---|---|---|---|
| | 1 | 2 | 3 | 4 | | |
| 低 | OFF | ON | ON | ON | 5 | 低 |
| | OFF | ON | ON | OFF | 4 | |
| | OFF | ON | OFF | OFF | 3 | |
| | OFF | ON | OFF | ON | 2 | |
| | OFF | OFF | OFF | ON | 1 | 过低 |
| | OFF | OFF | OFF | OFF | 0 | |

表 11-3　两个光电耦合器组件的状态与车高的对照表

| 车高检验区域 | 光电耦合器 A | 光电耦合器 B | 车高检验区域 | 光电耦合器 A | 光电耦合器 B |
|---|---|---|---|---|---|
| 过高 | OFF | ON | 偏低 | ON | OFF |
| 偏高 | OFF | OFF | 过低 | ON | ON |

（4）**车速传感器**　车速是汽车悬架系统常用的控制信号，汽车车身的侧倾程度取决于车速和汽车转弯半径的大小。通过对车速的检测来调节电控悬架的阻尼力，从而改善汽车行驶的安全性。

根据测量原理不同，车速传感器分为舌簧开关式、磁阻元件式、磁脉冲式和光电式。通常，舌簧开关式和光电式车速传感器安装在汽车仪表板上，与车速表装在一起，通过软轴与变速器的输出轴相连；磁阻元件式和磁脉冲式车速传感器装在变速器上，通过蜗杆蜗轮机构与变速器的输出轴相连。

（5）**节气门位置传感器**　悬架控制系统中利用节气门位置传感器信号来判断汽车是否在进行急加速。节气门位置传感器先将信号输入发动机 ECU，然后发动机 ECU 再将此信号输入电控悬架 ECU。

（6）**驾驶模式选择开关**　驾驶模式选择开关位于变速器操纵手柄旁。驾驶人根据汽车的行驶状况和路面情况选择悬架的运行模式，从而决定减振器的阻尼力大小。

通过操纵驾驶模式选择开关，可使悬架系统工作在四种运行模式：自动/标准（Auto/Normal）；自动/运动（Auto/Sport）；手动/标准（Manu/Normal）；手动/运动（Manu/Sport），如图 11-16 所示。

当选择自动档时，悬架系统可以根据汽车行驶状态自动调节减振器的阻尼力，以保证汽车乘坐舒适性和操纵稳定性。其控制功能见表 11-4。

表 11-4　系统控制功能

| 汽车行驶状态 | 减振器阻尼力（悬架状态） | |
|---|---|---|
| | 自动/标准模式 | 自动/运动模式 |
| 一般情况下 | 软 | 中等 |
| 汽车急加速、急转弯或紧急制动时 | 硬 | 硬 |
| 高速行驶时 | 中等 | 中等 |

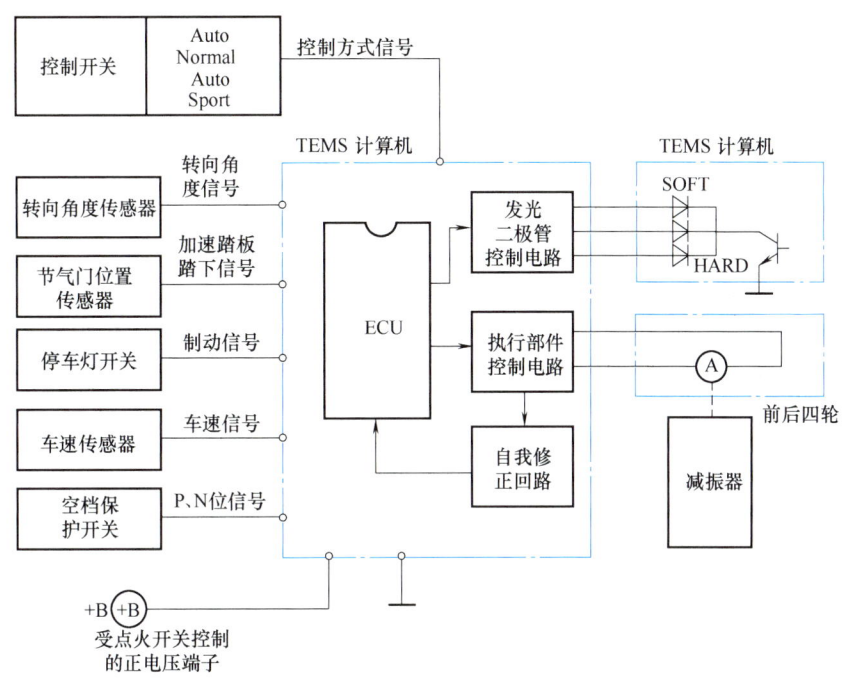

图 11-16 悬架电子控制单元 ECU 电路

### 2. 电子控制单元（ECU）

悬架电子控制单元（ECU）一般由输入电路、微处理器、输出电路和电源电路等组成。ECU 是悬架控制系统的中枢，具有以下几种功能。

（1）**提供稳压电源** 控制装置内部所用电源和各种传感器的电源均由稳压电源提供。

（2）**放大传感器信号** 用接口电路将输入信号（如各种传感器信号、开关信号）中的干扰信号除去，然后放大、变换极值、比较极值，变换为适合输入控制装置的信号。

（3）**计算输入信号** ECU 根据预先写入只读存储器（ROM）中的程序对各输入信号进行计算，并将计算结果与内存的数据进行比较后，向执行机构（电动机、电磁阀、继电器等）发出控制信号。输入 ECU 的信号除了开/关信号外还有电压信号时，还应进行 A/D 转换。

（4）**驱动执行机构** ECU 用输出驱动电路将输出驱动信号放大，然后输送到各执行机构，如电动机、电磁阀、继电器等，以实现对汽车悬架参数的控制。

（5）**检测悬架故障** ECU 用故障检测电路来检测传感器、执行器、线路等的故障，当发生故障时，将信号送入 ECU，目的在于即使发生故障，也应使悬架系统安全工作，而且在修理故障时容易确定故障所在位置。

### 3. 执行机构

（1）**阻尼力控制执行机构**

1）可调阻尼减振器。图 11-17 所示是可调阻尼力减振器结构图，主要由阻尼孔、回转阀控制杆、回转阀等构成。活塞杆做成空心杆，中心装有回转阀控制杆，回转阀控制杆的上端与执行器相连。回转阀控制杆的下端装有回转阀，回转阀上有三个油孔，活塞杆上有两个油孔。缸筒中的油液一部分经活塞上的阻尼孔在缸筒的上下两腔流动；一部分经回转阀与活塞杆上连通的油孔在缸筒的上下两腔间流动。

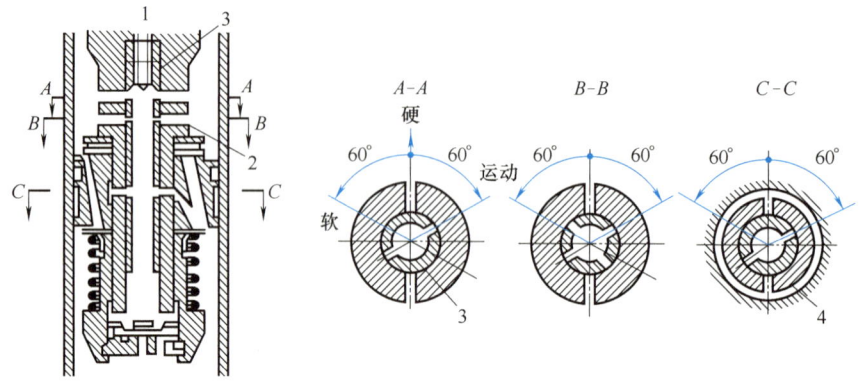

图 11-17　可调阻尼力减振器的结构图

1—回转阀控制杆　2—阻尼孔　3—回转阀　4—活塞杆

当电子控制单元（ECU）促使执行器工作时，通过回转阀控制杆带动回转阀相对活塞杆转动，回转阀与活塞杆上的油孔连通或切断，从而增加或减少油液的流通面积，使油液的流动阻力改变，达到调节减振器阻尼力的目的。A-A、B-B、C-C 三个截面的阻尼孔全部被回转阀封住，此时只有减振器下面的主阻尼孔仍在工作，所以这时阻尼为最大，减振器被调节到"硬"状态。当回转阀从"硬"状态位置顺时针转动 60°时，B-B 截面的阻尼孔打开，A-A、C-C 两截面的阻尼孔仍关闭，因为多了一个阻尼孔参加工作，所以减振器处于"运动"状态。当回转阀从"硬"状态位置逆时针转动 60°时，A-A、B-B、C-C 三个截面的阻尼孔全部打开，这时减振器的阻尼最小，减振器处于"软"状态。

2) 直流电动机式执行器。图 11-18 所示是丰田汽车采用的直流电动机式执行器，主要由直流电动机、小齿轮、扇形齿轮、电磁线圈、挡块、控制杆组成。每个执行器安装在悬架系统中减振器的顶部，并通过控制杆与回转阀相连接，直流电动机和电磁线圈由 ECU 控制。

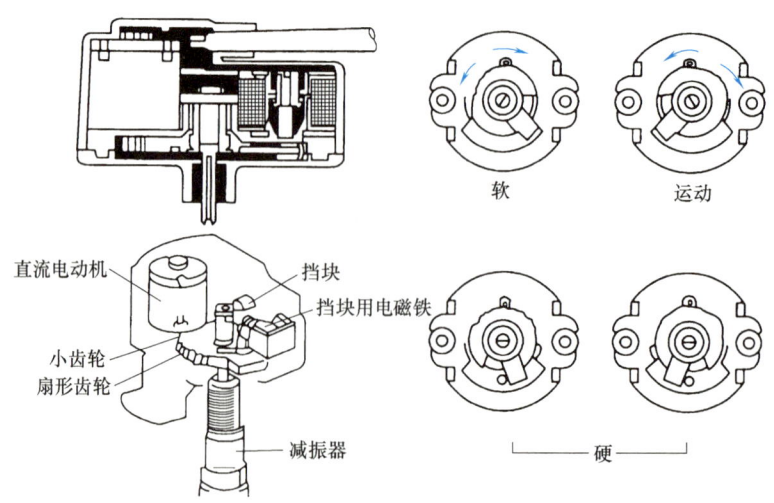

图 11-18　直流电动机式执行器

ECU 输出控制信号使电磁线圈通电控制挡块与扇形齿轮的凹槽分离，同时，直流电动机根据输入的电流方向做相应方向的旋转，以驱动扇形齿轮做对应方向的偏转，从而带动控制杆改变减振器回转阀与活塞杆油孔的连通情况，保证减振器的阻尼力按需要的阻尼力大小和方向进行改变。当阻尼力调整合适后，直流电动机和电磁线圈断电，挡块重新进入扇形齿轮的凹槽，保持调整好的阻尼力大小能够稳定。执行器的直流电动机和电磁线圈在工作时的通电方式见表 11-5。

表 11-5 执行器的通电方式

| 减振器的阻尼状态 | | 直流电动机 | | 电磁线圈 |
| --- | --- | --- | --- | --- |
| 调整前 | 调整后 | 正极 | 负极 | |
|  | 软 | − | + | 断开 |
|  | 中等 | + | − | 断开 |
| 软 | 硬 | + | − | 接通 |
| 中等 | 硬 | − | + | 接通 |

当 ECU 发出软阻尼力信号时，扇形齿轮上凹槽的一边靠在挡块上为止；如发出中等硬度信号，直流电动机反向通电，使扇形齿轮顺时针方向偏转，直到扇形齿轮上凹槽的另一边靠在挡块上为止；当 ECU 发出硬阻尼力信号时，ECU 同时向电动机和电磁线圈发出控制信号，电动机带动扇形齿轮离开软阻尼力位置或中等阻尼力位置，同时电磁线圈将挡块拉紧，使挡块进入扇形齿轮中间的一个凹槽内。

可调节阻尼力减振器的执行装置为直流电动机与三级齿轮减速机构，如图 11-19 所示，主要由直流电动机、齿轮减速机构、电刷、印制电路板、档位转换开关、制动电路等组成。该执行器有 "Touring" 和 "Sport" 两种控制模式。执行器在工作时，驱动轴带动电刷在印制电路板上扫过，可以接通或切断模式选择开关的电流通路。驱动轴每转 90° 进行一次 Touring/Sport 的转换，从而控制直流电动机的工作状态。电刷与印制电路板形成两个接点开关 $SW_1$ 和 $SW_2$，它们分别与模式选择开关的 "Touring" 档和 "Sport" 档做电路上的连接，如图 11-20 所示。模式选择与接点开关 $SW_1$、$SW_2$ 状态的关系见表 11-6。

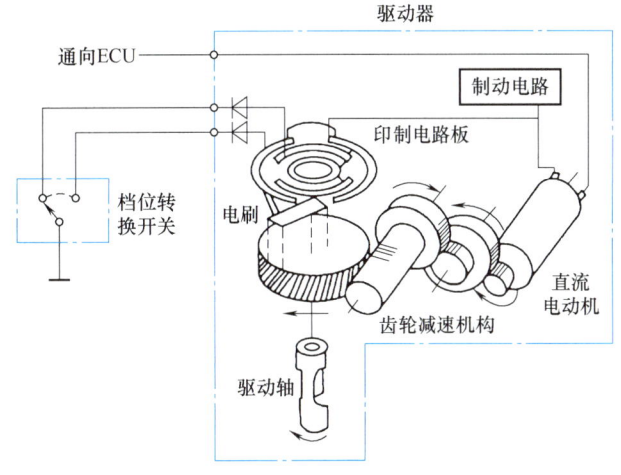

图 11-19 可调节阻尼力减振器的执行装置

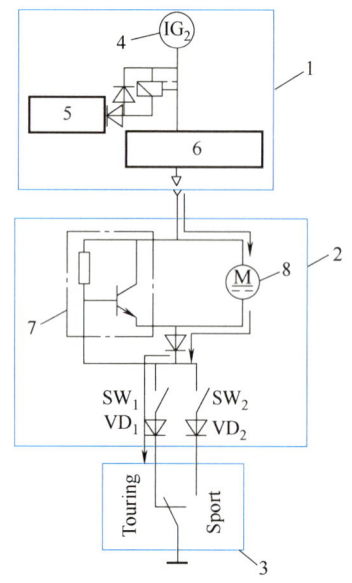

图 11-20　直流电动机与三级齿轮减速机构的控制电路

1—ECU　2—减振器驱动器　3—档位转换开关　4—电源电路
5—时间电路　6—电压控制电路　7—制动电路　8—直流电动机

表 11-6　模式选择与接点开关 $SW_1$、$SW_2$ 状态的关系

| 接点开关 | Touring 档 | Sport 档 |
|---|---|---|
| $SW_1$ | OFF | ON |
| $SW_2$ | ON | OFF |

当模式选择开关转换到"Touring"档时，ECU 与驱动电路被接点开关 $SW_1$ 接通，电动机工作时带动输出轴转动，从而使减振器回转阀转动，这时减振器的阻尼力变为"软"状态。同时当输出轴的转角超过 90°时，输出轴上的电刷使接点开关 $SW_1$ 断开，而接点开关 $SW_2$ 接通。电动机电路被切断进入能耗制动状态而停止运转，维持减振器的阻尼力为"Touring"档状态。

当电动机外电路被切断时，电动机因惯性作用会继续运转，产生较大的感应电动势。为防止电动机被烧坏，电路中设有制动保护回路。电动机外电路被切断时所产生的感应电动势经制动回路而消耗，电动机停止运转处于待命状态。

（2）悬架刚度控制执行机构　悬架刚度电子控制系统也称为变刚度空气弹簧悬架系统，执行机构为变刚度空气弹簧气压腔，其结构如图 11-21 所示。变刚度空气弹簧气压腔分为主、副气压腔，主气压腔容积可变，在其下部有一个可伸展的隔膜，压缩空气进入主气压腔可升高悬架的高度，反之使悬架高度下降。主、副气压腔设计为一体既能节省空

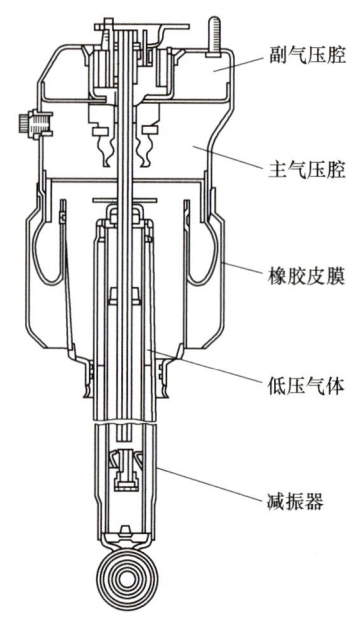

图 11-21　变刚度空气弹簧气压腔的基本结构

间，又能减轻重量。悬架的上方与车身相连，随着车身与车轮的相对运动，主气压腔的容积在不断变化。主、副气压腔之间有一通道，气体可以相互流通，通过改变主、副气压腔的气体通道的大小来改变空气悬架的刚度。减振器的活塞通过中心杆（阻尼调整杆）和齿轮系与直流步进电动机相连接。步进电动机转动可改变活塞阻尼孔的大小，从而改变减振器的阻尼系数。

悬架刚度的自动调节原理如图 11-22 所示，在主、副气压腔之间的气体阀体上设有大小两个通道。空气阀控制杆由步进电动机驱动，空气阀控制杆转动时，阀芯随之转动。阀芯转过一定角度时，气体通道的大小就会改变，主、副气压腔之间气体的流量就会改变，从而使空气弹簧悬架的刚度发生变化。空气弹簧悬架的刚度分为"低""中""高"三种状态。

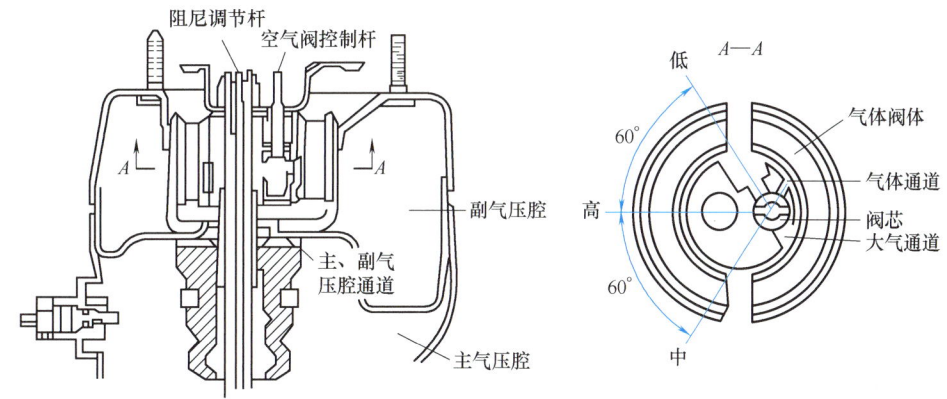

图 11-22　悬架刚度自动调节原理

当阀芯开口转到图 11-22 的"低"位置时，气体通道的大口被打开。主气压腔的气体经过阀芯的中间孔、阀体侧面通道与副气压腔的气体相通，主、副气压腔之间的空气流量越大，相当于参与工作的气体容积增大，悬架刚度处于低状态。

当阀芯开口转到图 11-22 的"中"位置时，气体通道的大口被关闭、小口被打开。主、副气压腔之间的流量小，悬架刚度处于中间状态。

当阀芯开口转到图 11-22 的"高"位置时，主、副气压腔之间的气体通道全部被封闭，主、副气压腔之间的气体相互不能流动。压缩空气只能进入主气压腔，悬架在振动过程中，只有主气压腔的气体单独承担缓冲工作，悬架刚度处于高状态。

**（3）车身高度控制执行机构**　车身高度控制系统在汽车乘员或载荷变化时自动调节悬架（车身）高度的原理是：当汽车乘员或载荷增加时，ECU 将自动调高悬架使车身高度升高；反之，当汽车乘员或载荷减小时，ECU 将自动调低车身高度，控制原理如图 11-23 所示。

1）车身高度不变时悬架系统的控制。当车身高度传感器输入 ECU 的信号表示车身高度在设定高度范围内时，ECU 将发出控制指令使空气压缩机停止转动，空气减振器内的空气量保持不变，车身高度保持在正常位置。

2）车身高度降低时悬架系统的控制。当汽车乘员或载荷增加使车身高度"偏低"或"过低"时，车身高度传感器将向 ECU 输入车身"偏低"或"过低"的信号。ECU 接收到车身高度降低的信号时，立即向空气压缩机继电器和车身高度控制电磁阀发出电路接通指

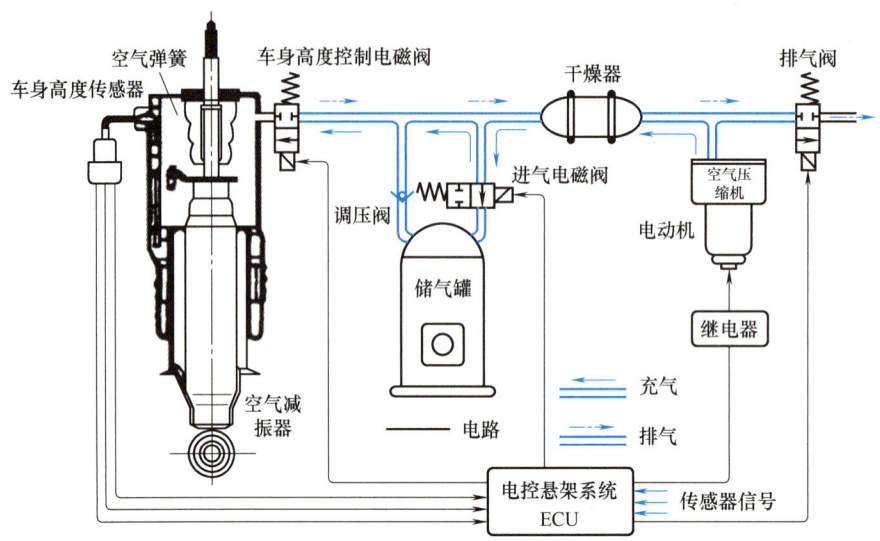

图 11-23 车身高度控制原理

令，在接通高度控制空气压缩机继电器电路使空气压缩机运转的同时，接通车身高度控制电磁阀线圈电路使电磁阀打开，压缩空气进入空气弹簧的气压腔，气压腔充气量增加，从而使车身高度上升。

3）车身高度升高时悬架系统的控制。当汽车乘员或载荷减少使车身高度"偏高"或"过高"时，车身高度传感器将向 ECU 输入车身升高的信号。ECU 接收到升高的信号时，立即向空气压缩机继电器发出电路切断指令，并向排气阀和车身高度控制电磁阀发出电路接通指令，空气压缩机继电器触点迅速断开使电动机电路切断而停止运转，排气阀和车身高度控制电磁阀线圈电路接通使电磁阀打开，空气从减振器气压腔，经车身高度控制电磁阀，空气软管，干燥器，排气阀排出，气压腔空气量减少使车身高度降低。

## 11.2 汽车电控助力转向系统

### 11.2.1 转向系统的设计要求及类型

**1. 转向系统的设计要求**

（1）**优越的操纵性** 当汽车行驶在狭窄弯曲的道路上要转弯时，转向系统必须保证灵活、平顺。

（2）**合适的转向力** 如没有其他的障碍物，转向力在汽车停止时应较大，随汽车行驶速度的增加而减少。为了有更加好的"路感"，要求在低速行驶时应有较小的转向力，而在高速时转向力要加大。

（3）**平顺的回转性能** 要求在转向结束时，转向盘能自动回正，即使车轮回到直线行驶的位置上，当驾驶人放松转向盘之后，这个回位动作必须平顺地进行。

（4）**要有随动作用** 转向车轮的偏转角和驾驶人转动转向盘的转角要保持一定的关系，并能使转向车轮保持在任一偏转角位置上。

（5）减小从道路表面传来的冲击　要求转向装置决不可以因道路表面不平坦而使转向盘失去控制或造成反转的情况。

（6）工作可靠　当助力转向系统发生故障或失效时，应能保证通过人力进行转向操纵。

**2. 转向系统的类型**

汽车转向系统可按转向的能源不同，分为机械转向系统和助力转向系统两类。机械转向系统是依靠驾驶人操纵转向盘的转向力来实现车轮转向；汽车助力转向系统是在驾驶人的控制下，借助于汽车发动机产生的液体压力或电动机驱动力来对车轮转向实现助力，所以助力转向系统也称为转向助力装置。由于普通机械转向系统存在转向轻便性与转向灵敏性的矛盾，目前车辆上基础都配置了助力转向系统。

助力转向系统具有可使转向操纵灵活、轻便，能吸收路面对前轮产生的冲击，在设计汽车时转向器的结构形式可灵活选择等优点。按控制方式不同，助力转向系统可分为传统助力转向系统和电子控制助力转向（Electric Control Power Steering，EPS）系统。

传统助力转向系统在设计时存在着一些矛盾：如果所设计的固定放大倍率是为了减小汽车在停车或低速行驶状态下转动转向盘的力，则当汽车以高速行驶时，会使转动转向盘的力显得太小，不利于对高速行驶的汽车进行方向控制；反之，如果所设计的固定放大倍率是为了增加汽车在高速行驶时的转向力，则当汽车停驶或低速行驶时，转动转向盘就会显得非常吃力。

电子控制助力转向系统，根据动力源不同可分为液压式电控助力转向（Electro-hydraulic Power Steering，EHPS）系统和电动式电控助力转向（Electric Power Steering，EPS）系统。

EHPS系统是在传统的液压助力转向系统的基础上增设了控制液体流量的电磁阀、车速传感器和电子控制单元等。电子控制单元根据检测到的车速信号，控制电磁阀，使转向助力放大倍率实现连续可调，从而满足高、低速时的转向助力要求，工作原理如图11-24所示。

EPS是利用直流电动机作为动力源，电子控制单元根据转向参数和车速等信号，控制电动机转矩的大小和方向。电动机的转矩由电磁离合器通过减速机构减速增大转矩后，加在汽车的转向机构上，使之得到一个与工况相适应的转向作用力，工作原理如图11-25所示。通过EPS系统，可使驾驶人在汽车低速行驶时操纵转向轻便、灵活；而在中、高速行驶时又可以增加转向操纵力，使驾驶人的手感增强，从而可获得良好的转向路感，提高转向操纵的稳定。

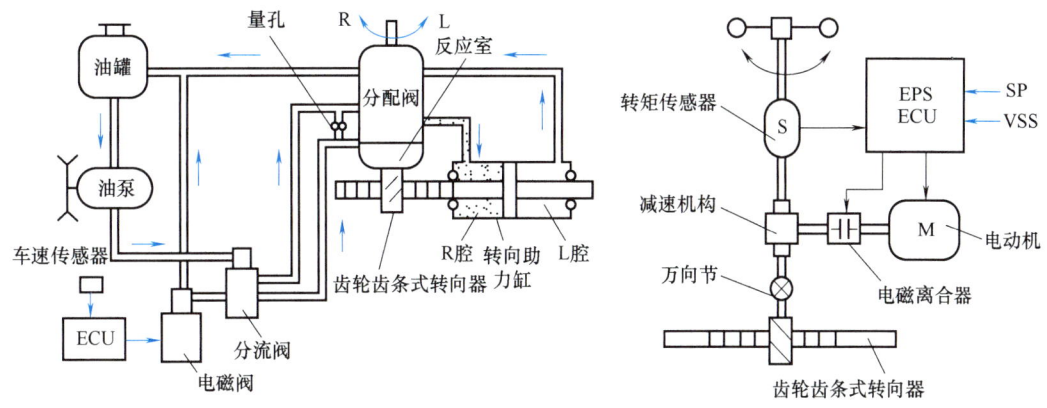

图11-24　液压式电控助力转向系统的工作原理　　图11-25　电动式电控助力转向系统的工作原理

## 11.2.2 液压式电控助力转向（EHPS）系统

EHPS 系统是在传统的液压助力转向系统的基础上，增设电子控制装置而构成的。根据控制方式的不同，EHPS 系统可分为流量控制式、反力控制式和阀灵敏度控制式三种形式。

### 1. 流量控制式 EHPS 系统

流量控制式 EHPS 系统根据车速传感器信号调节助力转向装置供应的压力油液，改变油液的输入、输出流量，以控制转向力。优点是在原来助力转向功能上再增加压力油液流量控制功能即可，可以降低成本、简化结构。缺点是当流向助力转向机构的压力油液降低到极限值时，将改变转向控制部分的刚度，使其下降到接近转向刚性。这样，在低供给油量区域内，对于快速转向会产生压力油量不足，降低了响应性。

图 11-26a 所示为日产轿车上使用的流量控制式 EHPS 的结构图。它的特点是在一般液压助力转向系统的基础上增加了旁通流量控制阀、车速传感器、转向角速度传感器、EPS 控制器和控制开关等。

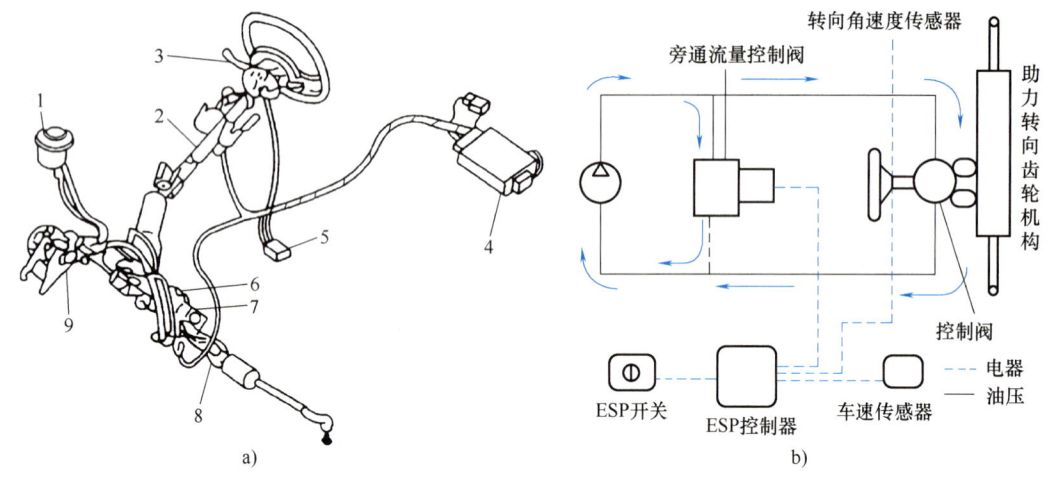

图 11-26　日产轿车的流量控制式 EHPS 系统
a）结构图　b）系统原理示意图
1—转向油罐　2—转向柱　3—转向角速度传感器　4—EPS 控制器　5—转向角速度传感器连接器
6—旁通流量控制阀　7—ESP 控制线圈　8—转向传动机构　9—转向助力泵

在转向助力泵与转向机体之间设有旁通管路，在旁通管路中设有旁通流量控制阀。ECU 根据采集到的车速传感器、转向角速度传感器和控制开关等信号，判断汽车的行驶状态，然后向旁通流量控制阀发出控制信号，控制旁通流量，从而调整向转向器供油的流量，如图 11-26b 所示。

当向转向器供油流量减少时，助力转向控制阀灵敏度下降，转向助力作用降低，转向力增加。在该系统中，驾驶人利用仪表板上的转换开关，可以选择三种不同行驶条件的转向力特性曲线，如图 11-27 所示。另外，ECU 还可根据转向角速度传感器输出信号的大小，在汽车急转弯时，按照图 11-28 所示的转向力特性实施最优控制。

图 11-29 所示为该系统旁通流量控制阀的结构示意图。在阀体内装有主滑阀 2 和稳压滑阀 7，在主滑阀的右端与电磁线圈柱塞 3 连接，主滑阀与电磁线圈的推力成正比移动，从而

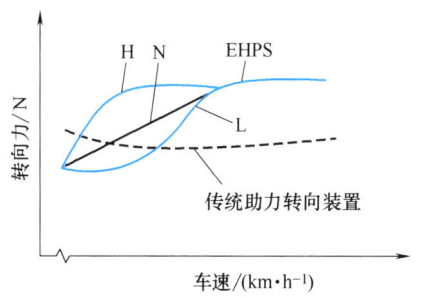

图 11-27　三种不同行驶条件的转向力特性曲线

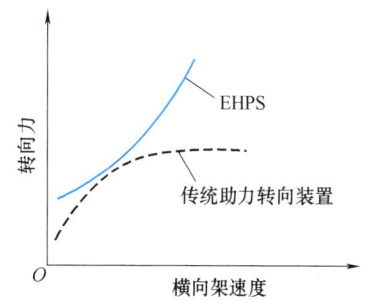

图 11-28　汽车急转弯时的转向力特性

改变主滑阀左端流量主孔 1 的开口面积。调整调节螺钉 4 可以调节旁通流量的大小。稳压滑阀的作用是保持流量主孔前后压差的稳定，以使旁通流量与流量主孔的开口面积成正比。当因转向负荷变化而使流量主孔前后压差偏离设定值时，稳压滑阀阀芯将在其左侧弹簧张力和右侧高压油压力的作用下发生滑移。如果压差大于设定值，则阀芯左移，使节流孔开口面积减小，流入到阀内的液压油量减少，前后压差减小；如果压差小于设定值，则阀芯右移，使节流孔开口面积增大，流入到阀内的液压油量增多，前后压差增大。流量主孔前后压差的稳定，保证了旁通流量的大

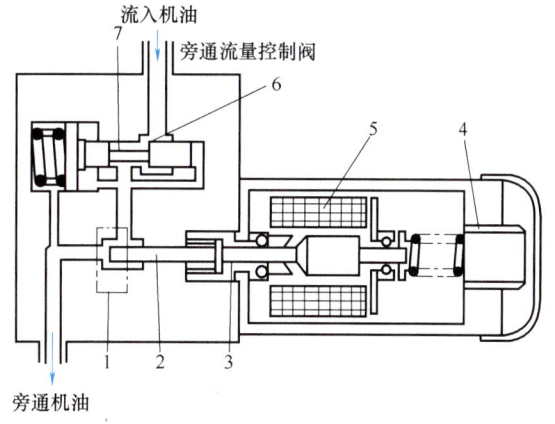

图 11-29　旁通流量控制阀结构示意图
1—流量主孔　2—主滑阀　3—电磁线圈柱塞　4—调节螺钉
5—电磁线圈　6—节流孔　7—稳压滑阀

小只与主滑阀控制的流量主孔的开口面积有关。

图 11-30 为日产轿车流量控制式助力转向系统电路图。系统中电子控制单元的基本功能是接收车速传感器、转向角速度传感器及变换开关的信号，以控制旁通流量控制阀的电流，并具有故障自诊断功能。当控制单元、传感器、开关等电气系统发生故障时，安全保险装置能够确保与一般助力转向装置的功能相同。

**2. 反力控制式 EHPS 系统**

反力控制式 EHPS 系统是一种根据车速大小，控制反力室油压，从而改变输入、输出增益幅度以控制转向力。其优点表现在，具有较大的选择转向力的自由度、转向刚度大、驾驶人能感受到路面情况、可以获得稳定的操作手感等。其缺点是结构复杂，且价格较高。

图 11-31 所示为反力控制式 EHPS 系统的工作原理图。反力控制式 EHPS 系统主要由转向控制阀、分流阀、电磁阀、助力缸、转向液压泵、储油箱、车速传感器（图中未画出）及 ECU 等组成。转向控制阀是在传统的整体转阀式助力转向控制阀的基础上增设了油压反力室而构成。扭力杆的上端通过销钉与回转阀阀杆相连，下端与小齿轮轴用销钉连接。小齿轮轴的上端通过销钉与控制阀阀体相连。转向时，转向盘上的转向力通过扭力杆传递给小齿轮轴。当转向力增大，扭力杆发生扭转变形时，控制阀体和回转阀阀杆之间将发生相对转

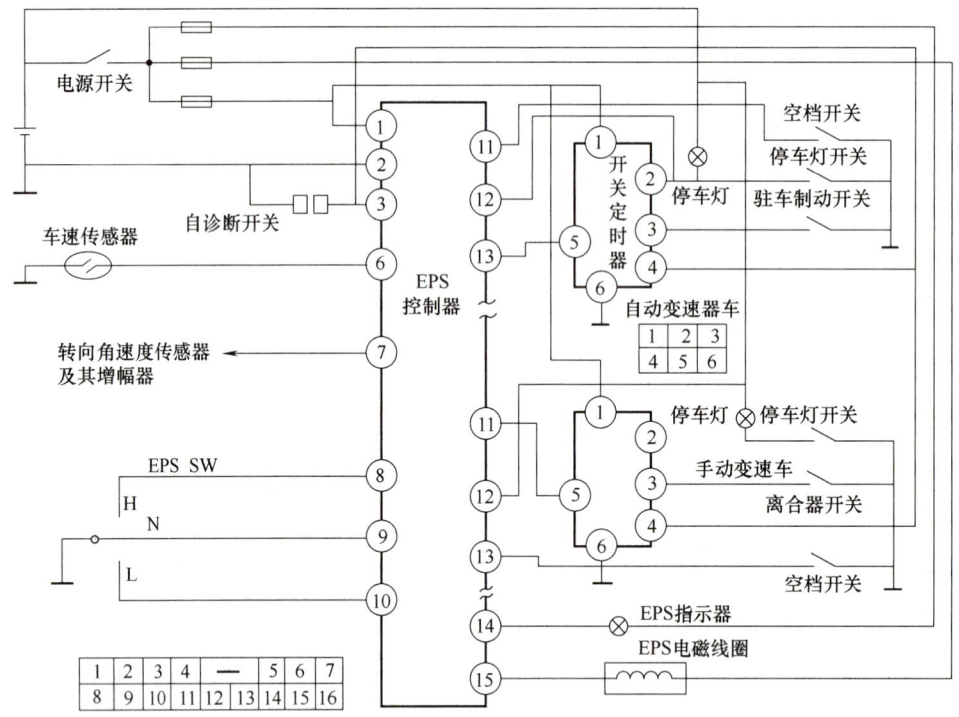

图 11-30　日产轿车流量控制式助力转向系统电路图

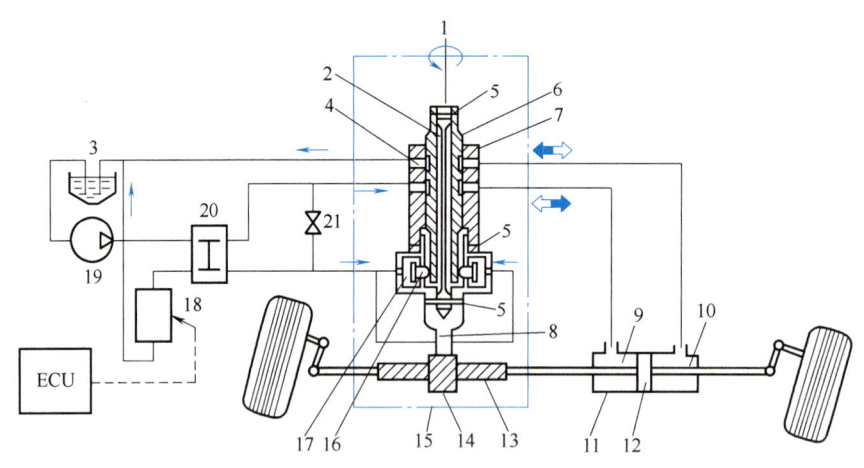

图 11-31　反力控制式 EHPS 系统的工作原理图

1—转向盘　2—扭力杆　3—转向油罐　4—接口　5—销钉　6—控制阀轴　7—回转阀　8—小齿轮轴
9—左室　10—右室　11—转向助力缸　12—活塞　13—齿条　14—小齿轮　15—转向齿轮箱　16—柱塞
17—油压反力室　18—电磁阀　19—转向助力泵　20—分流阀　21—小节流孔

动,于是就改变了阀体和阀杆之间油道的通、断和工作油液的流动方向,从而实现转向助力作用。

分流阀的作用是把来自转向助力泵的液压油向控制阀一侧和电磁阀一侧进行分流。按照车速和转向要求,改变控制阀一侧与电磁阀一侧的油压,确保电磁阀一侧具有稳定的液压油流量。固定小孔的作用是把供给转向控制阀的一部分流量分配到油压反力室一侧。

电磁阀的作用是根据需要，将油压反力室一侧的液压油流回转向油灌。

ECU 根据车速的高低线性控制电磁阀的开口面积。当车辆停驶或速度较低时，ECU 使电磁线圈的通电电流增大，电磁阀开口面积增大，经分流阀分流的液压油。通过电磁阀重新回流到转向油罐中，所以作用于柱塞的背压（油压反力室压力）降低。于是柱塞推动控制阀回转阀阀杆的力较小，因此只需要较小的转向力就可使扭力杆扭转变形，使阀体与阀杆产生相对转动而实现转向助力作用。

当车辆在中、高速区域转向时，ECU 使电磁线圈的通电电流减小，电磁阀开口面积减小，所以油压反力室的油压升高，作用于柱塞的背压增大，于是柱塞推动回转阀阀杆的力增大。此时需要较大的转向力才能使阀体与阀杆之间做相对转动（相当于增加了扭力杆的扭转刚度）而实现转向助力作用，从而在中、高速时可使驾驶人获得良好的转向手感和转向特性。

### 3. 阀灵敏度控制式 EHPS 系统

阀灵敏度控制式 EHPS 系统是根据车速控制电磁阀，直接改变助力转向控制阀的油压增益（阀灵敏度）来控制油压的。这种转向系统结构简单、部件少、价格便宜，而且具有较大的选择转向力的自由度，与反力控制式转向相比，转向刚性差，但可以最大限度提高原来的弹性刚度来加以克服，从而获得自然的转向手感和良好的转向特性。图 11-32 所示为某轿车所采用的阀灵敏度控制式 EHPS 系统。该系统对转向控制阀的转子阀做了局部改进，并增加了电磁阀、车速传感器和电子控制单元（ECU）等。

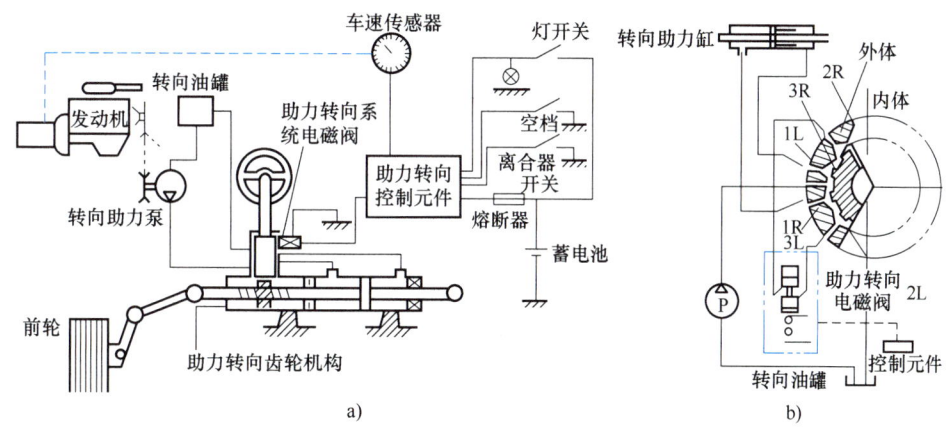

图 11-32 阀灵敏度控制式 EHPS 系统
a）系统示意图  b）转子阀

（1）**转子阀** 一般在圆周上形成 6 条或 8 条沟槽，各沟槽利用阀部外体，与转向助力泵、转向助力缸、电磁阀及转向油罐连接。图 11-33 所示为转子阀及电磁阀结构剖面图。

图 11-34 所示为阀部的等效液压回路图。转子阀的可变小孔分为低速专用小孔（1R、1L、2R、2L）和高速专用小孔（3R、3L）两种，在高速专用可变孔的下边设有旁通电磁阀回路，其工作过程如下：

当车辆停止时，电磁阀完全关闭，如果此时向右转动转向盘，则高灵敏度低速专用小孔 1R 及 2R 在较小的转向转矩作用下即可关闭。转向液压泵的高压油液经 1L 流向转向动力缸右腔室，其左腔室的油液经 3L、2L 流回储油箱，所以此时具有轻便的转向特性，如图 11-34a 所示。而且施加在转向盘上的转向力矩越大，可变小孔 1L、2L 的开口面积越大，节流作用就越小，转向助力作用越明显。

随着车辆行驶速度的提高，在助力转向控制元件的作用下，电磁阀的开度也线性增加，如果向右转动转向盘，则转向助力泵的高压油液经 1L、3R 旁通电磁阀流回转向油罐。此时，转向助力缸右腔室的转向助力油压就取决于旁通电磁阀和灵敏度低的高速专用可变孔 3R 的开度，如图 11-34b 所示。车速越高，电磁阀的开度越大，旁路流量越大，转向助力作用越小；在车速不变的情况下，施加在转向盘上的转向

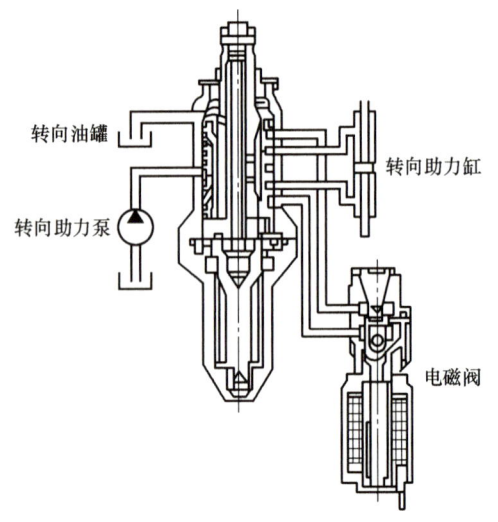

图 11-33 转子阀及电磁阀结构剖面图

力越小，高速专用小孔 3R 的开度越大，转向助力作用也越小。当转向力增大时，3R 的开度逐渐减小，转向助力作用也随之增大。由此可见，阀灵敏度控制式 EHPS 系统可使驾驶人获得非常自然的转向手感和良好的速度转向特性。所以具有多工况的转向特性如图 11-34c 从低速到高速的过渡区间，由于电磁阀的作用，按照车速控制可变小孔的油量，因而可以按顺序改变特性。

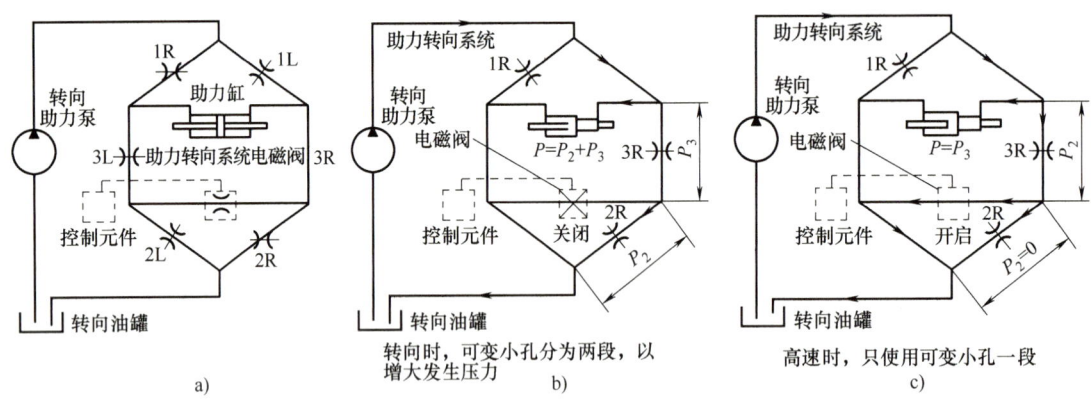

图 11-34 阀部的等效液压回路图
a) 静止  b) 转向  c) 高速

（2）**电磁阀**　电磁阀结构如图 11-33 所示，该阀设有接控制上下流量的旁通油道，是可变的节流阀。在低速时向电磁线圈通以最大的电流，使可变孔关闭，随着车速升高，依次减小通电电流，可变孔开启；在高速时，开启面积达到最大值。该阀在左右转向时，油液流动的方向可以逆转，所以在上下流动方向中，可变小孔必须具有相同的特性。为了确保高压时流体有效作用于阀，必须提供稳定的油压控制。

（3）**电子控制单元**　如图 11-35 所示为阀灵敏度控制式 EHPS 系统的电路图，ECU 接收来自车速传感器的信号，控制向电磁阀和电磁线圈的输出电流。

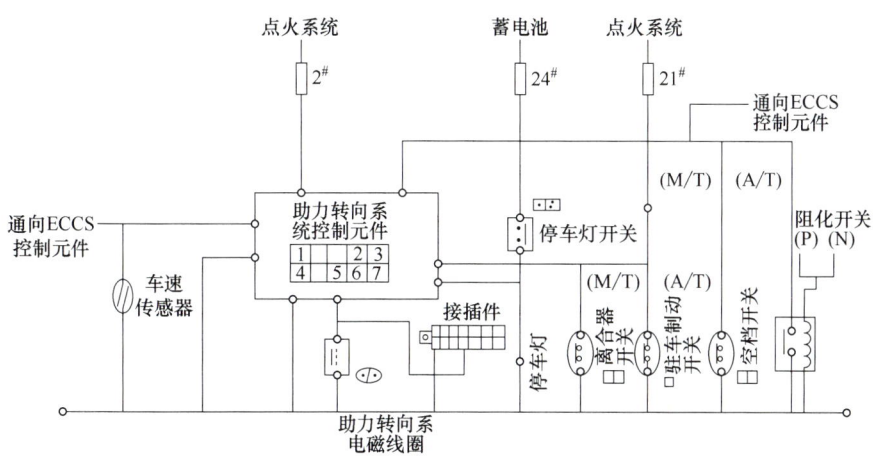

图 11-35 阀灵敏度控制式 EHPS 系统的电路图

## 11.2.3 电动式电控助力转向系统

电动式电控助力转向系统是一种直接依靠电动机提供辅助转矩的电动助力式转向系统。该系统用电动机代替了电控式液压助力转向系统中的液压缸，用电子开关代替了液压分配阀，电动机由汽车电源系统供电。当驾驶人转动转向盘时，电动式电控助力转向系统中的传感器检测其运动情况，使电动机产生足够的动力带动转向轮做适当的偏转，实现转向。

**1. 电动式电控助力转向系统的优点**

电动式电控助力转向系统同液压式电控助力系统相比，具有以下优点：

1）将电动机、离合器、减速装置、转向杆等各部件装配成一个整体，既无液压管路又无控制阀，使其结构紧凑、质量减轻。

2）没有液压式电动助力系统所必需的常态运转的转向助力泵，电动机只是在需要转向时才通电源，所以动力消耗和燃油消耗均可降到最低。

3）省去了液压系统，所以不需要给转向助力泵补充油液，也不必担心漏油。

4）可以比较容易地按照汽车性能的需要设置、修改转向助力特性。

电动式电控助力转向系统还设有安全保护装置，由一个在主电源电路中能切断电动机电源的继电器和一个安装在电动机与减速齿轮之间并能把它们断开的电磁离合器组成。如果系统发生故障，安全保护装置就会开始工作，恢复到无助力的常规转向模式，确保行车安全。

**2. 电动式电控助力转向系统的工作原理**

电动式电控助力转向系统主要由转矩传感器、电控单元（ECU）、电磁离合器、电动机及减速机构等组成，如图 11-36 所示。

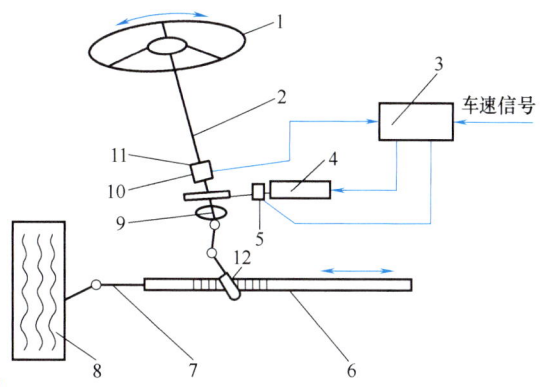

图 11-36 电动式电控助力转向系统的基本组成

1—转向盘 2—转向轴 3—ECU 4—电动机 5—电磁离合器
6—转向齿条 7—横拉杆 8—转向轮 9—输出轴
10—扭力杆 11—转矩传感器 12—转向齿轮

电动式电控助力转向系统的电控单元（ECU）根据汽车行驶速度信号、转矩及转向角信号控制电动机及减速机构产生助力转矩，使汽车行驶在低、中和高速下都能获得最佳的转向效果。

电动机连同电磁离合器和减速齿轮一起，通过一个橡胶底座安装在左车架上。电动机的输出转矩由减速齿轮增大，并通过万向节、转向器中的助力小齿轮把输出转矩送至齿条，向转向轮提供转矩。

当操纵转向盘时，装在转向盘轴上的转矩传感器不断地测出转向轴上的转矩信号，该信号与车速信号同时输入到 ECU。ECU 根据这些输入信号，确定助力转矩的大小和方向，即选定电动机的电流和转向，调整转向辅助助力的大小。

电动机的转矩由电磁离合器通过减速机构减速增加转矩后，加在汽车的转向机构上，使之得到一个与汽车工况相适应的转向作用力。

### 3. 电动式电控助力转向系统的结构

**（1）转矩传感器**　转矩传感器的作用是测量转向盘与转向器之间的相对转矩，以作为电动助力的依据之一。常用的转矩传感器有光电式、磁电式和磁阻式。

1）光电式转矩传感器。光电式转矩传感器由遮光圆盘和光电管组成，属于非接触式转矩传感器，如图 11-37 所示。

它由两个带孔的遮光圆盘和一个弹性扭力杆组成。遮光圆盘随转向盘一起转动，每个遮光器由一个发光二极管和一个光电晶体管组成，彼此面对面相对安装，中间由扭力杆弹性连接。当转向盘转动时，因转向阻力的存在，扭力杆变形，两个光电器件之间的光电信号值即出现差值，此差值即为转向助力的度量值。转向力矩越大，扭力杆变形越大，差值角度就越大。此转矩和方向信号传送给 ECU。ECU 再根据车速传感器信号以及车辆状态信号（静态或动态），经过编程处理，通过助力电动机，提供转向助力量化控制。

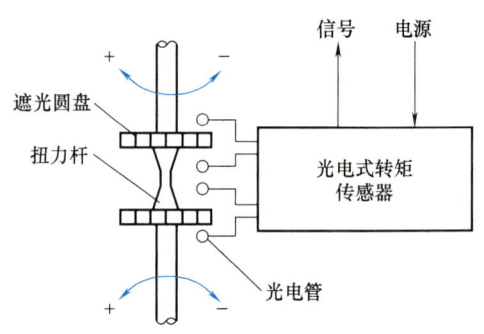

图 11-37　光电式转矩传感器

2）磁电式转矩传感器。磁电式转矩传感器有两对磁极环，相对安装，连接输入轴和输出轴，以磁性连接替代了弹性连接的扭力杆，如图 11-38 所示，同样属于非接触式转矩传感器。磁电式转矩传感器的优点是体积小、输出的信号值精度高。当输入轴与输出轴之间产生扭转角度差值时，磁极环之间的空气间隙发生变化，从而引起电磁感应线圈中磁感应量发生变化，它就是转向助力的度量值，此信号输出给 ECU 作为转向助力的依据之一。

3）磁阻式转矩传感器。磁阻式转矩传感器如图 11-39 所示，输入轴上装有多极磁环，输出轴上装有磁阻元件，两者用扭力杆弹性连接，可相对角位移。转向时扭力杆变形，多极磁环旋转，引起磁通的变化，使磁阻元件的阻值发生变化，因而输出电压发生变化，它就是转向助力的度量值，此信号输出给 ECU 作为转向助力的依据之一。

**（2）电磁离合器**　电磁离合器的作用是 EPS 系统发生故障时，离合器分离，转向助力变为普通手动转向。有些车型没有电磁离合器，失效保护控制在电控助力转向系统的 ECU 中，停止对电动机供电，转为手动转向。

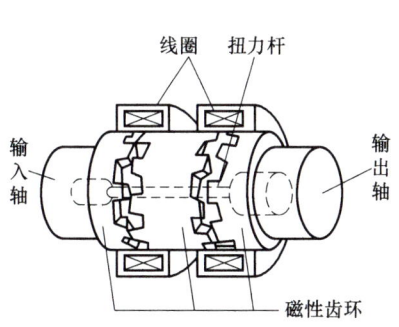
图 11-38 磁电式转矩传感器

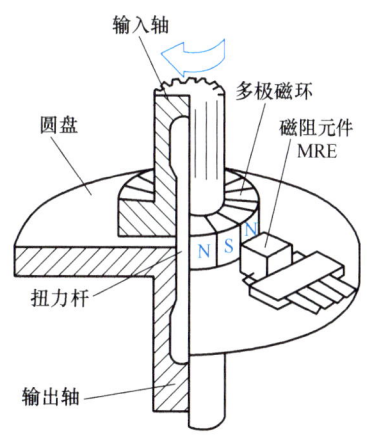
图 11-39 磁阻式转矩传感器

（3）电动机　EPS 系统上所采用的电动机是在一般汽车用电动机基础上加以改进后得到的。为了改善操纵感、降低噪声和减少振动，有的电动机转子外圆表面开有斜槽，有的则改变定子磁铁的中心处或底部的厚度。电动机的特性如图 11-40 所示。

转向助力用直流电动机需要正反转控制，图 11-41 所示为一种比较简单适用的控制电路。$a_1$、$a_2$ 为触发信号端。当 $a_1$ 端得到输入信号时，晶体管 $VT_3$ 导通，$VT_2$ 得到基极电流而导通，电流经 $VT_2$、电动机 M、$VT_3$ 搭铁而构成回路，于是电动机正转，当 $a_2$ 端得到输入信号时，电流则经 $VT_1$、电动机、$VT_4$、搭铁而构成回路，电动机则因电流方向相反而反转。控制触发信号端电流的大小，就可以控制通过电动机电流的大小。

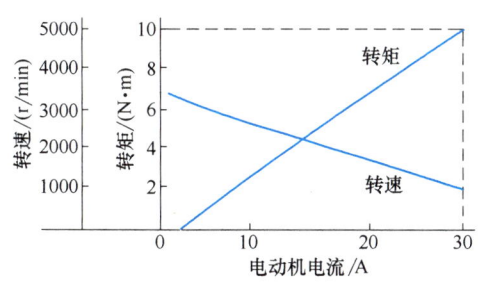
图 11-40 电动机的特性

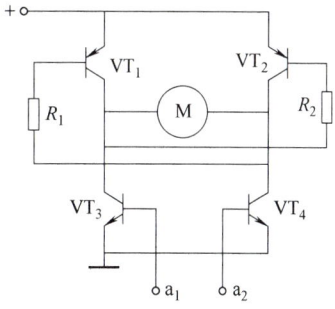
图 11-41 电动机正反转控制电路

电动机的工作范围限定在某一速度区域内，如果超过规定速度，则离合器使电动机停转，且离合器分离，不再起传递动力的作用。在不加助力的情况下，离合器可以清除电动机惯性的影响。同时，在系统发生故障时，因离合器分离，可以恢复手动控制转向。

为了减少加与不加助力时驾驶车辆感觉的差别，设法使离合器具有滞后输出特性，同时还使其具有半离合状态区域。

（4）减速机构　减速机构的作用是把电动机的输出转矩放大后，再传给转向齿轮箱，通常为蜗轮蜗杆式或行星齿轮式，如图 11-42 所示。为了抑制噪声和提高耐久性，减速机构采用了部分树脂材料及特殊齿形。

**4. 电动式电控助力转向系统的控制**

电动式电控助力转向系统的控制电路框图如图 11-43 所示。控制电路的中心是 8B 的单

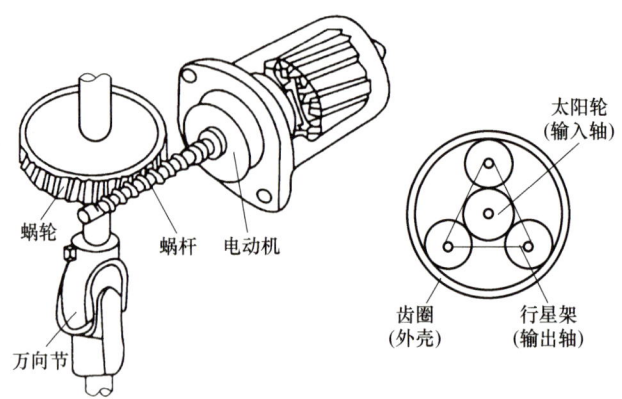

图 11-42　电动机和减速机构

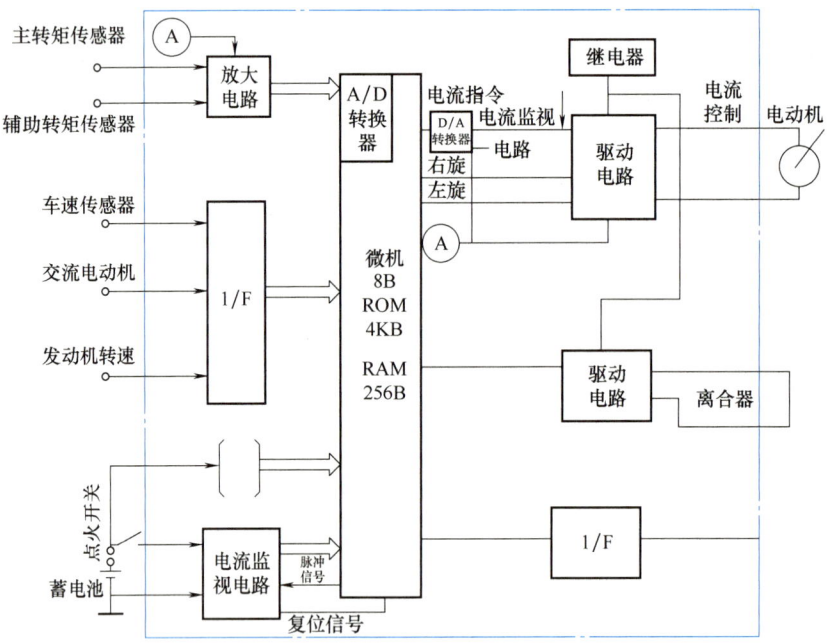

图 11-43　电动式电控助力转向系统的控制电路框图

片微型计算机，内装 256B 的 RAM，4KB 的 ROM 和 8B 的 A/D 转换器。

主转矩传感器和辅助转矩传感器的转矩及电动机的信号及电动机的电流信号，通过 A/D 转换器输入到微型计算机中，而车速信号、发动机转速、蓄电池电压和起动机开关的通断状态、交流发电机的 L 端子电压则通过接口电路输入到微型计算机中。

转矩信号通过 A/D 转换器输入到微型计算机后，微型计算机根据车速范围并按照规定的转矩电动机电流变换值，确定出电动机的电流指令值，把电流指令值输入到 D/A 转换器转换成模拟信号，之后输入到电流控制电路中去；同时，微型计算机还输出电动机的旋转方向指示信号，这个信号输入电动机的驱动电路后，便决定了电动机的旋转方向。

电流控制电路把上述的已成为模拟信号的电流指令与电动机的实际电流相比较后，产生二者幅度相同的斩波信号。驱动电路收到斩波信号与旋转方向指令信号之后，则输出指令，驱动功率 MOS-FET 电路，控制电动机的电流，使其按规定的方向旋转。

当超过规定的车速时，离合器的驱动信号被切断，电动机与减速机构分离，同时电动机也停止工作。

控制元件还具有故障自我诊断功能，当发生电气系统故障时，能自动停止助力。同时，微型计算机可以记忆故障内容，并使故障指示灯点亮。维修时，可读取故障码，找出故障原因。出现电气故障后，控制电路停止向电动机供电，在装有离合器的 EPS 系统上，离合器脱开，恢复到手动控制转向。

### 11.2.4　四轮转向控制系统

目前，绝大多数汽车都是以两个前轮作为转向车轮，这样的转向系统称为两轮转向（Two-wheel Steering，2WS）系统。

为了使汽车具有更好的弯道通过性和操纵稳定性，一些汽车在后桥上也安装了转向系统，四个车轮均为转向车轮，这样的转向系统称为四轮转向（Four-wheel Steering 或 All-wheel Steering，4WS）系统。

**1. 4WS 车的转向特性**

汽车采用 4WS 系统的目的是在汽车低速行驶时，依靠逆向转向（前、后车轮的转角方向相反）获得较小的转向半径，改善汽车的操纵性；在汽车以中、高速行驶时，依靠同向转向（前、后车轮的转角方向相同）减小汽车的横摆运动，使汽车可以高速变换行进路线，提高转向时的操纵稳定性。

(1) **4WS 车低速时的转向特性**　汽车在低速转向的情况下，可以认为车辆的前进方向和车的朝向是大体一致的，所以各车轮上几乎不产生转向力。四个车轮的前进方向的垂线交于一点，车辆以此交点（转向中心）为中心进行转向。

图 11-44 所示为低速转向时的行驶轨迹，由于 2WS 车转向时只有前轮发生偏转，所以转向中心大致在后轴的延长线上。而 4WS 车由于对后轮进行逆向转向操纵，转向中心要比 2WS 车超前并靠近车体处。在低速转向时，若前轮转向角相同，则 4WS 车的转弯半径更小，内轮差也更小，所以转向性好。对乘用车而言，如果后轮逆向转向 5°，则最小转弯半径可减少约 0.5m，内轮差可减小约 0.1m。

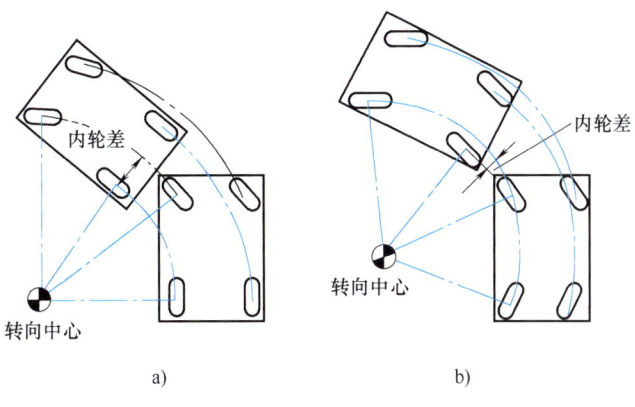

图 11-44　低速转向时的行驶轨迹
a) 2WS　b) 4WS

**（2）4WS 车中高速时的转向特性**　直行汽车的转向是下列两个运动的合成，即车辆的质心点绕改变前进方向的转向中心的公转和绕质心点自身的自转运动。

图 11-45 为 2WS 车高速转向时车辆的运动状态。前轮转向时，前轮产生侧偏角 $\alpha$，并产生旋转向心力使车体开始自转。当车体出现偏向时，后轮也出现侧偏角 $\beta$，且也产生旋转向心力。四轮分担自转和公转的力，一边平衡一边转向。但是，车速越高，离心力就越大。所以必须给前轮更大的侧偏角，使它产生更大的旋转向心力。而且，为了使后轮也产生与此相对应的侧偏角，使车体有更大的自转运动。但是，车速越高，车体的自转运动就越不稳定，容易引起车辆的旋转或侧滑。

理想的高速转向的运动状态是尽可能使车体的倾向和前进方向一致，以防多余的自转运动，使前、后轮产生足够的旋转向心力。在 4WS 车上通过对后轮的同相转向操纵，使后轮也产生侧偏角 $\alpha$，使它与前轮的旋转向心力相平衡，从而抑制自转运动。这样有可能得到车体方向与车辆前进方向相一致的稳定转向状态，如图 11-46 所示。

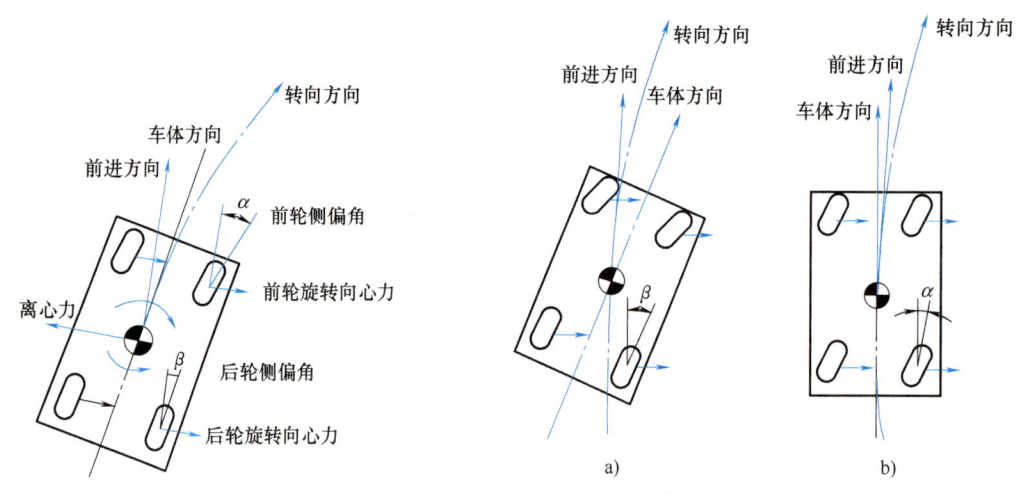

图 11-45　2WS 车高速转向时车辆的运动状态

图 11-46　高速转向时的 2WS 车与 4WS 车同向转向操纵的比较
a）2WS 汽车　b）4WS 汽车

根据控制方式的不同，4WS 系统可分为转向角比例控制式 4WS 系统与横摆角速度比例控制式 4WS 系统两种。

**2. 转向角比例控制式 4WS 系统**

转向角比例控制，是指使后轮的偏转方向在低速区与前轮的偏转方向相反，在高速区与前轮的偏转方向相同，并同时根据转向盘转向角度和车速情况控制后轮与前轮偏转角度比例。

转向角比例控制式 4WS 系统的基本组成如图 11-47 所示。前、后转向机构通过连接轴相连。转动转向盘时，齿条式转向器齿条在推动前转向横拉杆左右移动使前轮偏转转向的同时，带动输出小齿轮转动，通过连接轴传递到后转向控制机构带动后轮偏转。

**（1）系统组成**

1）转向枢轴。如图 11-48 所示，转向枢轴外套与扇形齿轮做成一体，可绕转向枢轴左

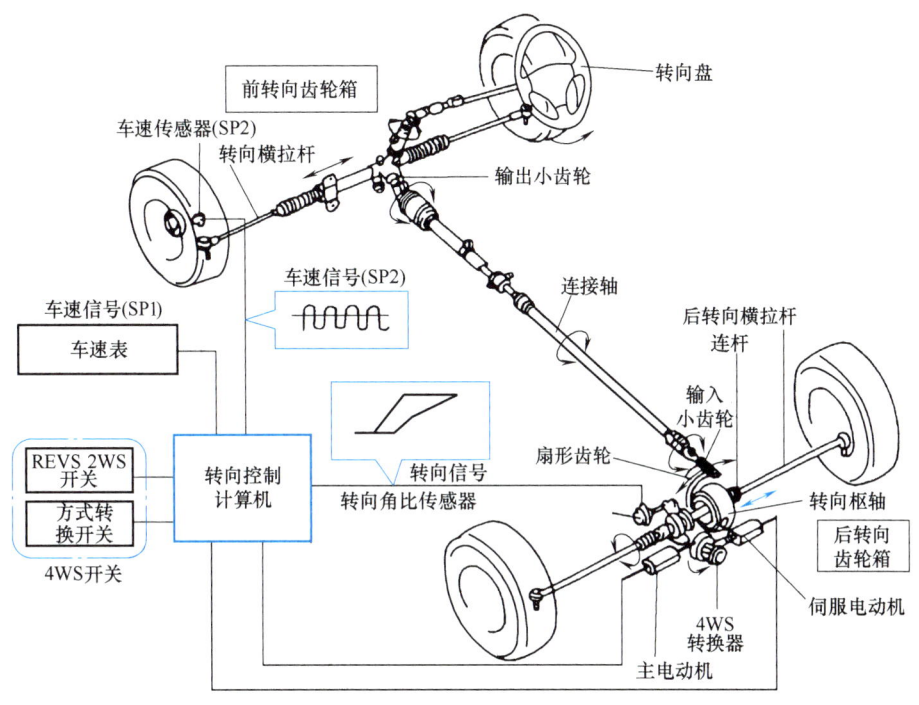

图 11-47 转向角比例控制式 4WS 系统的基本组成

右回转中心左、右偏转；内套与一个突出在从动杆上的偏置轴相连。从动杆可在 4WS 转换器电动机的驱动下，以从动杆回转中心为轴正、反向运动，并可使偏置轴在转向枢轴内上、下旋转约 55°。

与连接轴相连的输入小齿轮向左或向右转动时，旋转力就传到扇形齿轮上，扇形齿轮带动转向枢轴、偏置轴使从动杆左、右摆动。从动杆的左、右摆动又使后转向横拉杆移动，从而带动后转向节臂转动，使后轮转向。

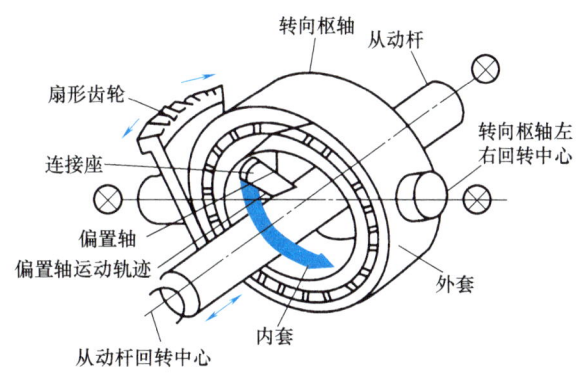

图 11-48 偏置轴与转向枢轴的构造

从动杆可在电动机及传动装置的操纵下自转，使从动杆上的偏置轴相对于转向枢轴摆动轴线的角度发生变化，后轮的转向角比例和转向方向也随即发生相应变化。偏置轴与转向枢轴的工作原理如图 11-49 所示。

当偏置轴的前端与转向枢轴左右旋转中心一致时，即使让转向枢轴左右倾转，从动杆也完全不动，此时后轮处于中立状态（中间状态），如图 11-49a 所示。当偏置轴的前端处于转向枢轴左右旋转中心的上方时，从动杆被带动向左移动，则后轮相对于前轮反向转动，如图 11-49b 所示。当偏量轴的前端处于转向枢轴左右旋转中心的下方时，从动杆被带动向右移动，则后轮相对于前轮同向转动，如图 11-49c 所示。

2）4WS 转换器。4WS 转换器的作用是驱动从动杆转动，实现 2WS 向 4WS 方式的转换

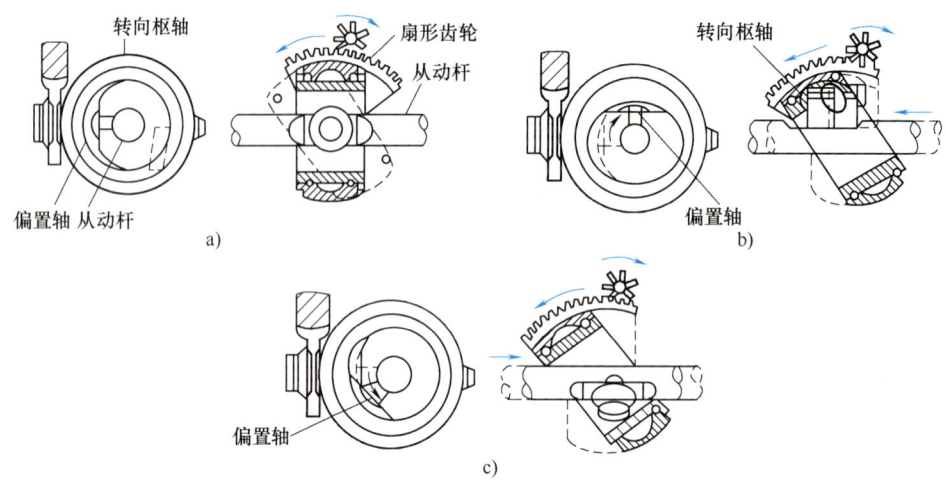

图 11-49 偏置轴与转向枢轴的工作原理
a) 中立状态  b) 反向运动  c) 同向运动

和后轮转向方向与转向角比例控制。4WS 转换器与后轮转向传感器的工作原理及电压特性如图 11-50 所示。

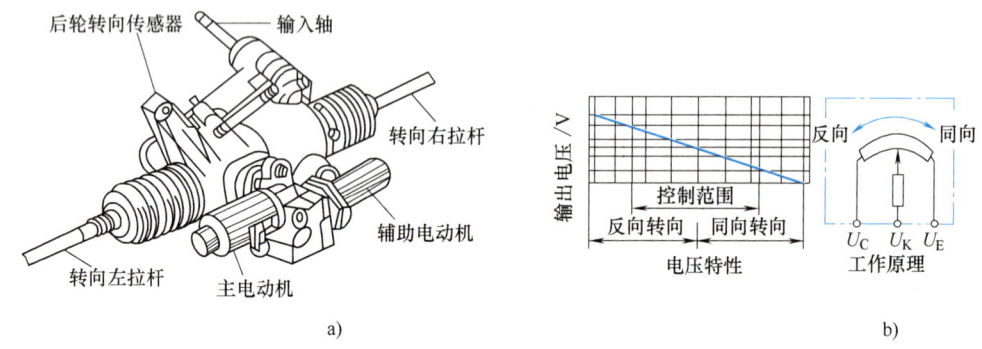

图 11-50 4WS 转换器与后轮转向传感器的工作原理及电压特性
a) 后轮执行机构（4WS 转换器）  b) 后轮转向传感器的工作原理与电压特性

4WS 转换器由主电动机、辅助电动机、行星齿轮减速机构和蜗轮蜗杆机构组成，主、辅电动机的工作受转向 ECU 控制。正常情况下，作为备用的辅助电动机不工作，由主电动机带动转换器输出轴转动；当主电动机不能工作时，由辅助电动机带动转换器输出轴转动。

为检测 4WS 转换器的工作状态，在从动杆蜗轮的侧面设有滑动电阻式转向角比例检测传感器，随时向 ECU 反馈转向角比例控制状态，以便 ECU 随时进行控制和修正。

3）转向角比例控制系统。转向角比例控制系统主要由电控单元（ECU）、车速传感器、4WS 工况转换开关、转向角比例传感器和 4WS 转换器等组成。

图 11-51 所示为转向角比例控制式 4WS 系统的工作原理。

(2) 系统的主要控制功能

1）转向控制方式的选择。当通过 2WS 选择开关选择 2WS 方式时，ECU 控制 4WS 转换器使后轮在任何车速下的转向角为零，这是为习惯于前轮转向的驾驶人设置的；在 4WS 方式下，驾驶人可根据驾驶习惯和行驶情况通过 4WS 转换开关进行 NORM 工况与 SPORT 工况

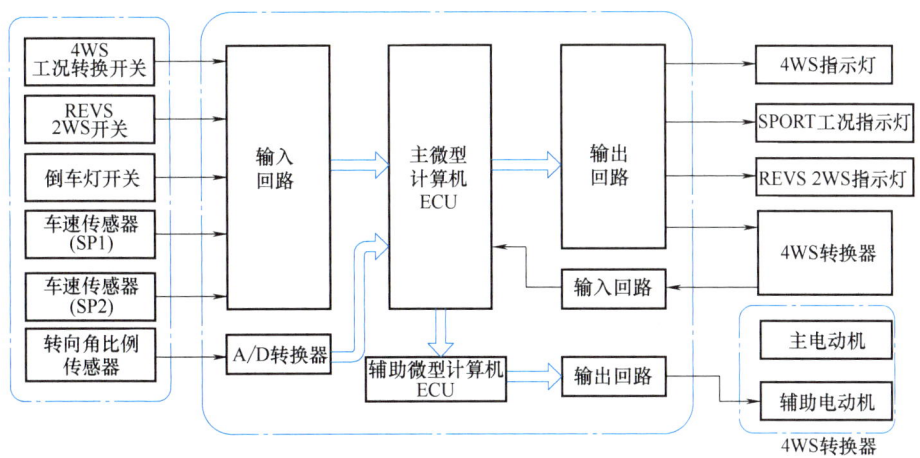

图 11-51 转向角比例控制式 4WS 系统的工作原理

的转换，对后轮转向角比例控制特性进行选择。

2) 转向角比例控制。当选定 4WS 方式时，ECU 根据车速信号和转向角比例传感器信号，计算车速与转向角的实际数值，控制 4WS 转换器电动机调节后轮转向角控制比例。

3) 安全保障功能。当转向控制系统发生故障时，4WS 故障警告灯将点亮，并在 ECU 中记忆故障部位，同时，后备系统实施以下控制。

① 当 4WS 转换器主电动机发生故障时，ECU 驱动辅助电动机工作，使后轮以 NORM 模式与前轮做同向转向运动，并根据车速进行转向角比例控制。

② 当车速传感器发生故障时，ECU 以两个车速传感器 SP1 和 SP2 中输出的车速信号高者为依据，控制 4WS 转换器主电动机仅进行同向转向的转向角比例控制。

③ 当转向角比例传感器发生故障时，ECU 驱动 4WS 转换器辅助电动机使后轮处于与前轮同向转向最大值，并终止转向角比例控制。如果辅助电动机发生故障，则通过驱动主电动机完成这一控制。

④ 当 ECU 出现异常时，4WS 辅助电动机驱动后轮至与前轮同向转向最大值位置，以避免后轮处于反向运动状态，并终止转向角比例控制。当后轮处于与前轮同向转向状态时，后轮的最大转向角很小，并且有利于确保高速转向时的方向稳定性。

**3. 横摆角速度比例控制式 4WS 系统**

横摆角速度比例控制是一种能根据检测出的车身横摆角速度来控制后轮转向量的控制方法。它与转向角比例控制相比，具有两方面优点：一是它可以使汽车的车身方向从转向初期开始就与其行进方向保持高度一致；二是它可以通过检测车身横摆角速度感知车身的自转运动，因此，即使有外力（如横向风等）引起车身自转，也能马上感知，并可迅速通过对后轮的转向控制来抑制自转运动。

**(1) 系统组成** 图 11-52 是横摆角速度比例控制式 4WS 系统的结构示意图。

后轮转向机构通过转换控制阀油路可以实现后轮转向。后轮转向角由两部分合成：一部分是大转角控制产生的后轮转向角（最大角度为 5°），另一部分是小转角控制产生的后轮转向角（最大角度为 1°）。大转角控制与前轮转向连动，通过转角传动拉索完成机械转向；小转角控制与前轮转向无关，通过脉动电动机完成电控转向。

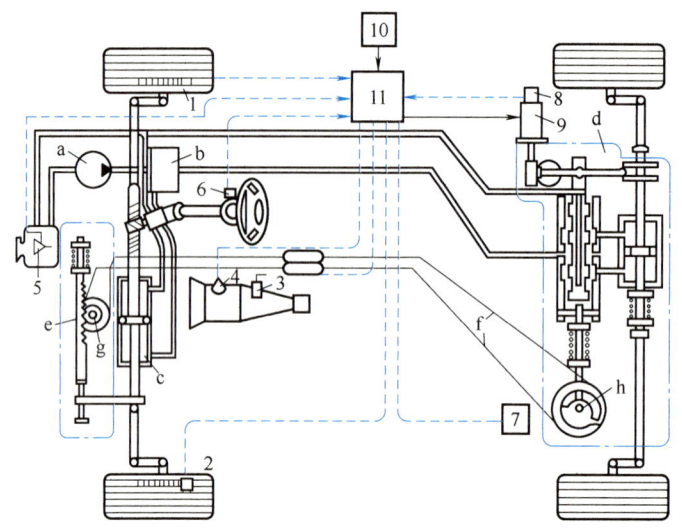

图 11-52 横摆角速度比例控制式 4WS 系统的组成

a—液压泵  b—分流器  c—前转向助力器  d—后转向助力器  e—带轮传动组件
f—转角传动拉索  g—前带轮  h—后带轮

1、2—轮速传感器  3—车速传感器  4—档位开关  5—油面高度传感器  6—转角传感器  7—横摆角速度传感器
8—电动机转角传感器  9—转向电动机  10—ABS-ECU  11—4WS-ECU

1)前轮转向机构。前轮转向机构如图 11-53 所示。转向盘 1 的转动可传到齿轮齿条副 2 上,随着齿条端部 4 的移动又使控制齿条 5 左、右移动,并带动小齿轮转动。由于前带轮 6 与小齿轮做成一体,故前带轮也随着小齿轮一起进行正、反方向转动。

同时前带轮的转动又通过转角传动拉索 7 传递到后轮转向机构中的后带轮上。控制齿条存在一个不敏感行程,转向盘左右 250°以内的转角正好处于此范围内。因此,在此范围内将不会产生与前轮连动的后轮转向,由于高速行驶时转向盘不可能产生这样大的转角,所以当汽车高速行驶时,后轮仅由脉动电动机控制转向。

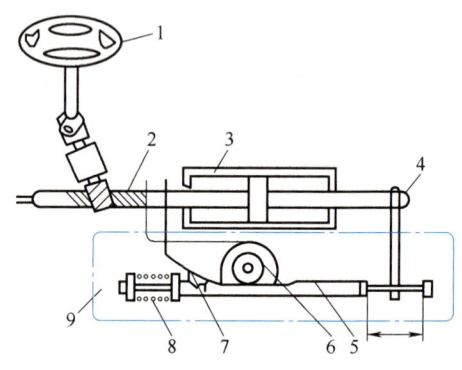

图 11-53 前轮转向机构

1—转向盘  2—齿轮齿条副  3—转向助力缸
4—齿条端部  5—控制齿条  6—前带轮
7—转角传动拉索  8—弹簧  9—带轮传动组件

2)后轮转向机构。后轮转向机构如图 11-54 所示。在机械转向时,转角传动拉索的行程变化传递到后带轮 1。由于控制凸轮 16 与后带轮制成一体,故此时控制凸轮随后带轮一同转动,拉动凸轮推杆 2 沿凸轮轮缘运动,使阀套筒 15 左、右移动。

当转向盘向左转动时,后带轮 1 向右转动,此时控制凸轮轮缘向半径减小的方向转动,将凸轮推杆 2 拉出,使阀套筒 15 向左边移动。

当转向盘向右转动时,与上述相反,控制凸轮轮缘向半径增大的方向转动,把凸轮推杆 2 推向里面,使阀套筒 15 向右边移动。来自液压泵的压力油油路根据阀套筒 15 与滑阀 4 的相对位置进行切换。

## 第11章 汽车舒适性控制系统

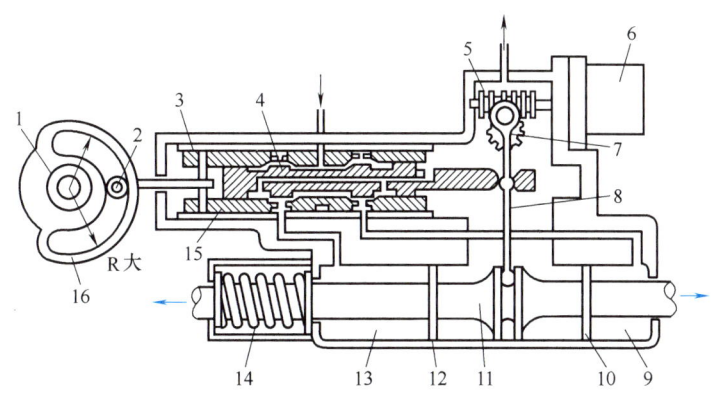

图 11-54 后轮转向机构

1—后带轮 2—凸轮推杆 3—衬套 4—滑阀 5—主动齿轮 6—脉动电动机 7—从动齿轮
8—驱动阀控制杆 9—液压缸右室 10、12—功率活塞 11—液压缸轴 13—液压缸左室
14—弹簧 15—阀套筒 16—控制凸轮

当转向盘向左转动时，阀套筒15向左方移动，把来自液压泵的液压油输进液压缸的右室9，驱动功率活塞10向左移动。此时，与功率活塞做成一体的液压缸轴11就被推向左方，带动后轮向右转向。

相反，当转向盘向左转动时，功率活塞10被推向右方，带动后轮向左转向。由此可见，在机械转向时，后轮都是反向转向。

在电动转向时，阀套筒15固定不动。此时，由脉动电动机6通过驱动阀控制杆8的左右摆动控制滑阀4左、右移动，从而引起功率活塞10的左、右运动，其动作原理与上述机械转向时相同。

由于脉冲电动机是根据ECU的指令进行正、反向转动的，所以它完成的后轮转向与前轮转向无关。

(2) 控制原理

1) 后轮转角控制。转向盘转角与后轮转角的关系如图11-55所示。图中的后轮转角特性是由机械转向与电动转向特性合成后得到的。

从图11-55可以看出，转向盘转角在左、右250°以上的反向领域内，实际上表现的是汽车在低速时的大转角与停车时的转向切换操作，而在中、高速内的转向就变成了仅在电动转向范围内的后轮转向。

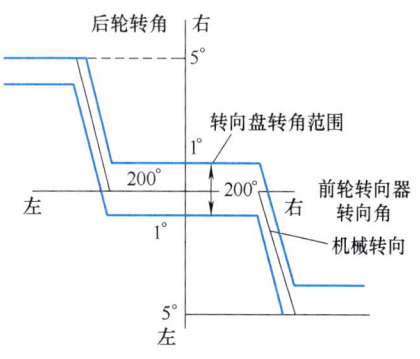

图 11-55 转向盘转角与后轮转角的关系

ECU能随时读取来自车速传感器的信号，然后计算出与车辆状态相适应的后轮目标转向角，再驱动脉动电动机，完成后轮转向操作。

① 大转角控制（机械式转向）。大转角控原理如图11-56所示。当前轮转角处于不敏感范围内时，阀套筒7与滑阀2的相对位置处于中立状态。

因此，从液压泵来的油液就流回储油箱中。此时液压缸左、右室仅存有低油压，液压缸轴5在回位弹簧的作用下，处于中立位置。

当前轮向左转向时，阀套筒7向左移动，它与滑阀2之间就产生了相对位移，使a部与

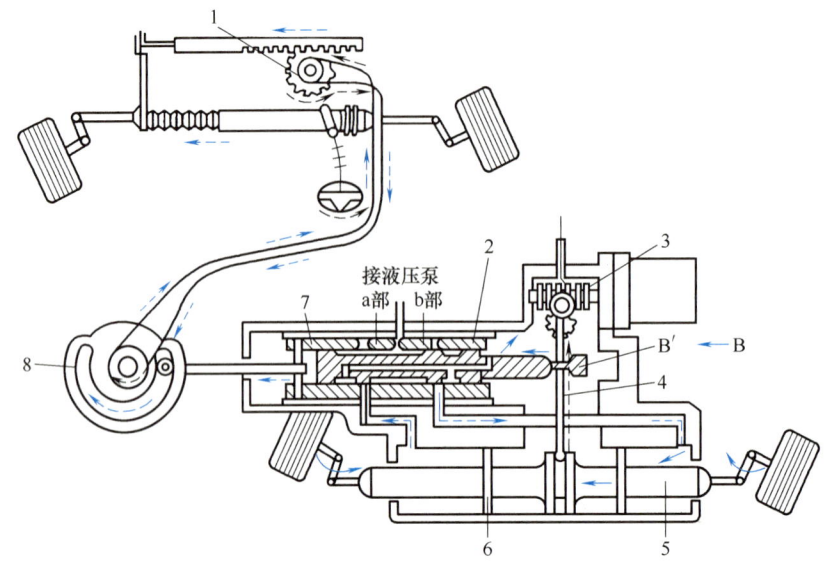

图 11-56 大转角控制原理

1—前带轮 2—滑阀 3—支点A 4—阀控制杆 5—液压缸轴 6—功率活塞 7—阀套筒 8—控制凸轮

b部的阻尼作用减小,使液压油进入到动力液压缸的右室,把功率活塞6、液压缸轴5推向左侧,使后轮向右转向。由于液压缸轴5向左移动,脉动电动机还没有起动,故此时阀控制杆以支点A为中心向左转动,带动滑阀移动到比B点更左边的B'点。由于这个原因,已减小的a部与b部的阻尼作用又增大,使液压缸右室内的压力下降。其结果是当液压缸轴5移动到目标位置后,a部与b部又会产生较大的阻尼作用,就正好达到与由车轮产生的外力相平衡的位置,从而使后轮不产生过大的转向。

在外力产生变化时,液压缸轴5也产生微量的移动变化,引起阀控制杆4对滑阀2产生一个相应的反馈量,变化到与外力相平衡所需的活塞压力的阻尼作用,使其始终保持平衡。

② 小转角控制（电控转向）。小转角控制原理如图11-57所示。脉动电动机的旋转由一个蜗轮传送给从动齿轮4,使阀控制杆5摆动。当脉动电动机驱动从动齿轮左转时,阀控制杆上端支点A以被动齿轮的中心点O为转动中心向A'点摆动。

在脉动电动机起动的瞬间,后液压缸轴还没有移动,因此阀控制杆5就以C点为中心向左方摆动,使阀控制杆上的B点移动到B'点位置,带动滑阀2左移,如图11-57a所示。由于转角传动拉索没有动作,故此时阀套筒1是固定不动的,因此滑阀2的移动就使滑阀、阀套筒之间产生相对位移,使a部与b部的阻尼作用减小,使液压泵的液压油作用到液压缸左室,使液压缸轴向右移动。

在液压缸轴向右移动的过程中,阀控制杆以支点A'为中心转动,带动滑阀向右移动到B″,如图11-57a所示,使a部和b部的阻尼作用增大,油压降低,从而达到与大转角控制转向时一样的力的平衡。

2) 使汽车滑移角为零的控制。使汽车滑移角为零的控制是抑制4WS车在转向初期过渡阶段出现车身向转向内侧转动滞后现象的控制方法。这种控制方法可在转向开始的瞬间控制后轮反向转动,使车身产生自转运动,抑制公转运动,防止车身向转向外侧转动。

此时,横摆角速度传感器会检测出自转运动的增大,并反馈给控制系统,控制后轮产生

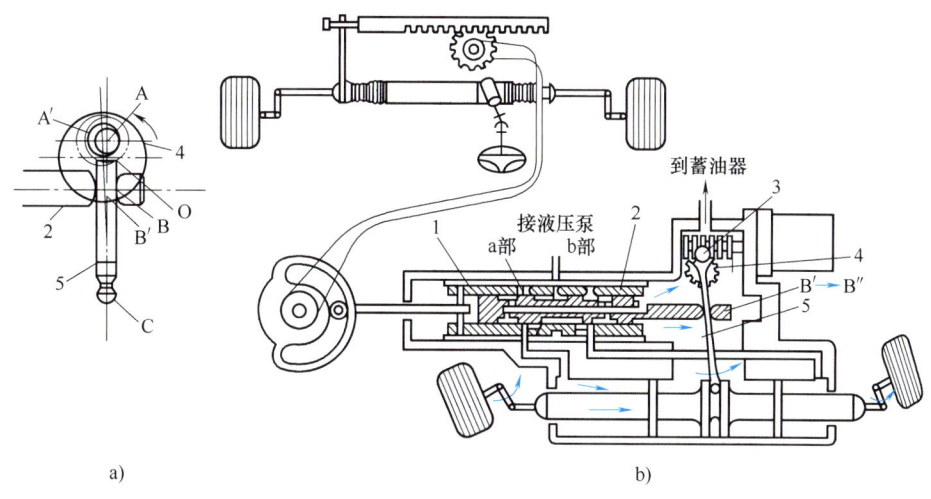

图 11-57　小转角控制原理

a）阀控制杆的运动　　b）整体的运动

1—阀套筒　2—滑阀　3—支点 A　4—从动齿轮　5—阀控制杆

一个同方向转动，取得自转与公转运动的平衡。这样就能保证从转向初期到转向结束汽车滑移角始终为零。

3）受到横向风作用时的控制。在突然受到横向风作用，车辆将要偏向时，横摆角速度传感器会立即感知到这一偏转倾向，控制系统就会操纵后轮向消除将要发生的横摆运动的方向转动。

由于后轮的转动，在车身上会产生力矩，减少由横向风产生的自转运动，使车身的偏差减低到最小。

4）ABS 作用的控制。在一般情况下，由于比较重视中、低速域的转向响应性，因此其横摆角速度的增益会比高速域的横摆角速度增益有所降低，但在 ABS 作用时，更重视的是制动时车辆的稳定性。所以，会把 ABS 开始起作用时的横摆角速度增益一直保持到制动结束。

## 本章小结

电控悬架是一种主动悬架，它可根据不同的路面条件、不同的装载质量、不同的行驶车速来控制悬架系统的刚度、阻尼系数和车身高度，从而使车辆的平顺性和操纵稳定性在各种行驶条件下达到最佳的组合。

电控悬架由传感器、电控单元（ECU）和执行机构组成。传感器主要有车身加速度传感器、车身高度传感器、车速传感器、转向盘转角传感器、制动灯开关、节气门位置传感器、模拟选择开关等。执行机构一般由电磁阀、步进电动机及气泵电动机等组成。

悬架阻尼的改变一般是通过控制步进电动机驱动可调阻尼力减振器中的有关部件，来改变阻尼孔的大小，会产生三个阻尼值。悬架刚度的改变一般是通过空气弹簧或油气弹簧来实现。空气弹簧式主动悬架使空气弹簧主、副气压腔之间连通阀发生改变，使主、副气压腔之间的气流量发生变化，从而改变悬架的弹簧刚度。车身高度的改变一般是通过改变弹簧气室中的空气量来实现的。

汽车助力转向系统是借助于汽车发动机产生的液体压力或电动机驱动力来对车轮转向实现助力，以提高汽车转向的轻便性。电控助力转向系统根据动力源不同可分为液压式电控助力转向（EHPS）系统和电动式电控助力转向（EPS）系统。

传统液压助力转向系统由机械转向器、转向控制阀、转向助力缸、转向助力泵和油管等组成。液压式电控助力转向系统是在普通液压助力转向系统的基础上增加了一套电控系统形成的，从而可以实现对转向助力大小的控制。根据控制方式的不同，液压式电控助力转向系统又可分为流量控制式、反力控制式和阀灵敏度控制式三种形式。

电动式电控助力转向系统是在普通机械转向系统的基础上增加了一套电控系统形成的，其执行机构主要由电动机、电磁离合器、减速装置等部件组成。

思考题

1. 电控悬架系统的功用是什么？
2. 电子调节悬架系统主要由哪些部件组成？
3. 根据功能不同，电子控制悬架系统主要由哪几种类型？
4. 电子控制悬架系统采用的控制方式有哪几种？
5. 电子控制悬架系统调节空气弹簧悬架高度的方法是什么？怎么样调节车身高度？
6. 电控悬架系统调节减振器阻尼的状态有哪三种？
7. 简述液压式电控助力转向系统的组成及工作原理。
8. 根据控制方式不同，液压式电控助力转向系统可以分为哪几种形式？
9. 简述电动式电控助力转向系统的组成及工作原理。
10. 简述电控四轮转向系统的功能及转向原理。
11. 在不同车速下，装备四轮转向系统的汽车，其前后轮处于何种偏转状态？

# 第12章　汽车车载网络技术

【本章教学要点】

| 知识要点 | 掌握程度 | 相关知识 |
| --- | --- | --- |
| 车载网络技术的作用、车载网络的类型 | 了解车载网络技术的作用、分类 | 车载网络技术的发展，车载网络的分类 |
| CAN 总线的特点、协议，CAN 总线的组成及数据传输过程 | 掌握 CAN 总线的协议 掌握 CAN 总线的组成、数据传输原理与过程 | CAN 总线的简介 CAN 总线协议 CAN 总线的组成及数据传输过程 |
| MOST 总线的组成、数据传输过程 | 掌握 MOST 总线的组成、工作状态、控制原理及数据传输过程 | MOST 总线的简介 MOST 总线的组成及数据传输 |
| FlexRay 总线的特性 | 掌握 FlexRay 总线的组成、特性 | FlexRay 总线的简介 FlexRay 总线的特性 |

为实现汽车内部各个电子控制系统之间的数据共享和快速传输，同时显著降低线束用量、提高汽车电子系统的安全性和可靠性，现代汽车普遍采用了以控制器局域网（Controlle Area Network，CAN）、局部连接网络（Local Interconnect Network，LIN）等为代表的车载网络系统。

一辆汽车不管有多少个电子控制系统，每个电子控制系统的电控单元（ECU）都只需引出两条线共同接在两个节点上，这两条导线就称为数据总线，也称为网线。构建车载网络系统并对汽车实施网络化控制的技术体系称为车载网络技术（Vehicle Network Technology）。

## 12.1　概述

### 12.1.1　车载网络技术的发展

自 1980 年起，汽车上开始装用车载网络。1983 年，日本丰田公司在世纪牌汽车上采用光纤车门多路传输集中控制系统，车身电控单元可对各车门锁、电动车窗进行控制。

1986—1989 年，汽车车身系统采用了铜网线，如日产公司的车门多路传输集中控制系统、GM 公司的车灯多路传输集中控制系统等，都已处于批量生产阶段。同时，一些汽车网络标准也纷纷推出，如德国 Robert Bosch 公司的 CAN 网络标准、美国汽车工程师学会（Society of Automotive Engineers，SAE）提出的 J1850、马自达的 PALMNET、德国大众的 ABUS 等。

20 世纪 90 年代，由于集成电路技术和电子器件制造技术的迅速发展，用廉价的单片机作为总线的接口端，采用总线技术布线的价格也逐渐进入了实用化阶段。

为了实现音响系统的数字化，建立了将音频数据与信号系统综合在一起的 AV 网络，该网络采用光缆连续地传输大容量的数据。

当汽车引入智能交通系统（Intelligent Transport System，ITS）后，开始使用更大容量的网络，如 DDB（Domestic Digital Bus）协议、MOST（Media Oriented Systems Transport）及 IEEE 1394 等。随着汽车电子技术的发展，欧洲提出了控制系统的新协议 TTP（Time Trigger Protocol）。

2000 年以后，随着车载网络的进一步细分，低端 LIN 网络产生。由于汽车各个系统对数据的传输速率要求不同，汽车上常用的总线分为 CAN 总线和 LIN 总线两大类。CAN 总线用于对数据传输速率和带宽要求较高的场合，如发动机电控单元和 ABS 电控单元等。LIN 总线用于对数据传输速率要求较低的场合，多使用在不需要总线的高带宽和多功能的场合，为车载网络提供辅助功能，如智能传感器和车身系统的通信。

目前，多路总线传输技术在国内外已成功地运用到各种品牌汽车上，一些厂家和公司也对汽车多路总线传输制定了进一步的标准，各大公司还在不断推出新的总线形式及相关标准。几种典型车载网络的成本比例与通信速度的对比如图 12-1 所示，典型的车载网络系统名称、适用范围、传输速率与应用车系见表 12-1。

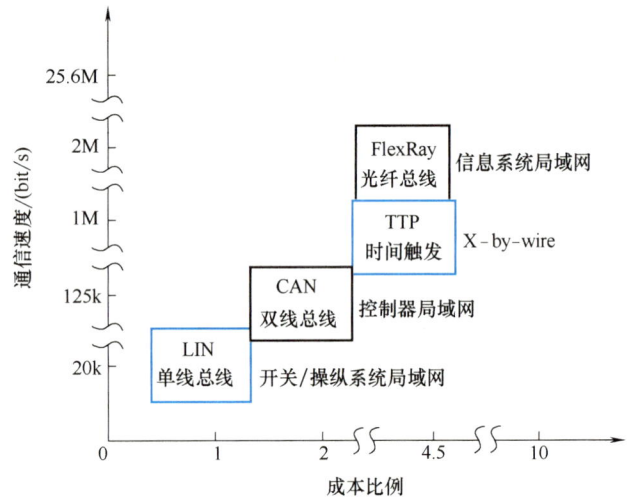

图 12-1 几种典型车载网络的成本比例与通信速度的对比

表 12-1 典型车载网络系统一览表

| 车载网络系统名称 | 适用范围 | 传输速率 | 应用车系 |
| --- | --- | --- | --- |
| CAN（Controller Area Nerwork） | 车身控制系统、动力传动控制系统 | 1Mbit/s | 欧、美、日、韩各车系均有应用 |
| VAN（Vehicle Area Network） | 车身控制系统 | 1Mbit/s | 法国车系 |
| J1850 | 车身控制系统 | 10.4~41.6kbit/s | 美国车系 |
| LIN（Local Interconnect Network） | 车身控制系统 | 20kbit/s | 德国车系 |
| IDB-C（Intelligent Data BUS on CAN） | 汽车多媒体系统 | 250kbit/s~100Mbit/s | |
| TTP/C（Time Triggered Protocal by CAN） | 被动安全系统 | 2~25Mbit/s | |
| TTCAN（Time Triggered CAN） | 被动安全系统 | 1Mbit/s | |

（续）

| 车载网络系统名称 | 适用范围 | 传输速率 | 应用车系 |
| --- | --- | --- | --- |
| Byteflight | 被动安全系统 | 10Mbit/s | 宝马车系 |
| FlexRay | 被动安全系统、行驶动态管理系统 | 10Mbit/s | 宝马车系 |
| DDB/Optical(Domestic Digital Bus/Optical) | 汽车多媒体系统 | 5.6Mbit/s | 奔驰车系 |
| MOST(Media Oriented Systems Transport) | 汽车多媒体系统 | 22.5Mbit/s | 德国车系 |
| IEEE1394 | 汽车多媒体系统 | 100Mbit/s | 美国车系 |
| IDB-1394 | 汽车多媒体系统 | | 美国、日本车系 |
| Bluetooth | 无线通信、语音系统、个人娱乐 | 1Mbit/s | 欧、美、日、韩各车系均有应用 |
| Ethernet | 维修时的车辆编程、汽车多媒体系统 | 100Mbit/s | 宝马车系 |

## 12.1.2 车载网络的分类

### 1. 按网络拓扑结构分类

网络的拓扑结构（Topological Structure）是指网上计算机或设备与信息传输介质形成的节点与数据传输线的物理结构构成模式。车载网络的拓扑结构主要有线形、星形、环形等。

（1）**线形拓扑结构** 线形拓扑结构是一种信道共享的物理结构。这种结构中总线具有信息的双向传输功能，普遍用于控制器局域网的连接，总线一般采用同轴电缆或双绞线，如图12-2所示。

线形拓扑结构的优点：安装简单，易于扩充或删除一个节点，且无须停止网络的正常工作，某个节点的故障不会殃及整个系统。由于各个节点共用一个总线作为数据通路，信道利用率高。

其缺点：由于信道共享，连接的节点不宜过多，并且总线自身的故障可以导致整个系统崩溃。

车载网络多采用这种结构，如CAN总线系统。动力CAN数据总线（高速）速率为500kbit/s，用于动力系统和底盘系统数据总线；舒适CAN数据总线（低速）速率为100kbit/s，用于将中央门锁系统、车窗玻璃升降等系统联网。

（2）**星形拓扑结构** 星形拓扑结构是一种以中央节点为中心，把若干外围节点连接起来的辐射式互联结构，如图12-3所示，这种结构适用于局域网。

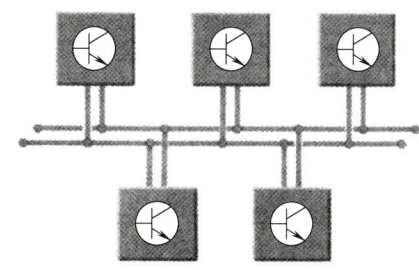

图12-2 线形拓扑结构

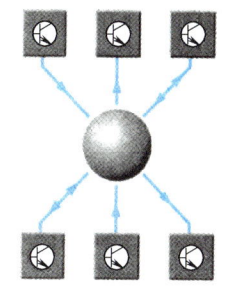

图12-3 星形拓扑结构

星形拓扑结构的特点：结构简单、安装容易、费用低，通常以集线器作为中央节点，便于维护和管理。中央节点的正常运行对网络系统来说是至关重要的。中央节点负载重，扩充困难，信道利用率较低。

由于车载网络的应用目的之一就是简化线束，所以这种结构不可能成为整车网络的结构，只在某一总成或系统上使用。

（3）**环形拓扑结构** 环形拓扑结构由各节点首尾相连形成一个闭合环形线路，如图 12-4 所示。环形网络中的信息传输是单向的，即沿一个方向从一个节点传到另一个节点；每个节点需安装中继器，以接收、放大、发送信号。

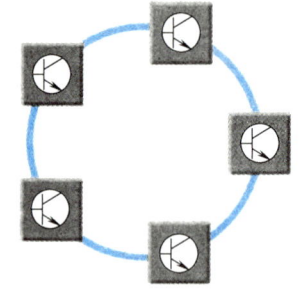

图 12-4 环形拓扑结构

环形拓扑结构的特点是结构简单、建网容易、便于管理。

其缺点是：当节点过多时，将影响传输效率，不利于扩充，某一个节点发生故障时，整个网络就不能正常工作。

奥迪和宝马等车系的影音娱乐系统上采用的 MOST 总线即为环形拓扑结构，通过光脉冲传输数据，且只能朝一个方向传输数据。光缆用作传输媒介可以传输各种数据（如控制信息、音频和图像数据），并提供各种数据服务。

**2. 按信息传输速率分类**

为方便研究和设计应用，美国汽车工程师学会（SAE）的汽车网络委员会按照系统的复杂程度、传输流量、传输速率、传输可靠性、动作响应时间等参量，将汽车数据传输网络划分为 A、B、C、D、E 五类。

A 类网络是面向传感器/执行器控制的低速网络，数据传输位速率通常小于 10kbit/s，主要用于车外后视镜调节，电动车窗、灯光照明等的控制。

B 类网络是面向独立模块间数据共享的中速网络，位速率在 10～125kbit/s 之间，主要应用于车身电子舒适性模块、仪表显示等系统。

C 类网络是面向高速、实时闭环控制的多路传输网络，位速率在 125kbit/s～1Mbit/s 之间，主要用于发动机控制、ABS、ESP 等系统。

D 类网络是智能数据总线（Intelligent Data BUS，IDB）网络，主要面向影音娱乐信息、多媒体系统，其位速率在 250kbit/s～100Mbit/s 之间。按照 SAE 的分类，IDB-C 为低速网络，IDB-M 为高速网络，IDB-Wireless 为无线通信网络。

E 类网络是面向汽车被动安全系统的网络，其位速率为 10Mbit/s。

就目前的技术水平而言，以上几种网络技术在汽车上多采用组合方式，即车身和舒适性控制单元都连接到低速 CAN 总线上，并借助于 LIN 总线进行外围设备控制。而汽车高速控制系统，通常会使用高速 CAN 总线将其连接在一起。

远程信息处理和多媒体连接需要高速互连，且数据传输量大，视频传输又需要同步数据流格式，因此，影音娱乐信息、多媒体系统多采用 DDB 总线或 MOST 总线。无线通信则通过蓝牙（Bluetooth）技术加以实现。

随着技术的不断进步，在未来的 5～10 年里，时间触发协议（TTP）和 FlexRay 将得到广泛使用。

但是，时至今日，仍没有一个通信网络可以完全满足未来汽车的所有成本和性能要求。

因此，在车载网络系统中，多种总线、协议并存，各自发挥自身所长，且彼此协同工作的局面还将继续存在下去。

现阶段常用的车载网络技术标准、协议特性和参数归纳见表 12-2。

表 12-2 车载网络技术标准、协议特性和参数

| 类别 | A 类 | B 类 | C 类 | 诊断 | 多媒体 | X-by-Wire | 安全 |
|---|---|---|---|---|---|---|---|
| 名称 | UN | ISO 11519-2 | ISO 11898（SAE J1939） | ISO 15765 | DDB(MOST) | FlexRay | Safety Bus |
| 所属机构 | 摩托罗拉 | ISO/SAE | ISO/TMC-ATA | ISO | 飞利浦 | 宝马 & 戴姆勒-克莱斯勒 | 德尔福 |
| 用途 | 智能传感器 | 控制、诊断 | 控制、诊断 | 诊断 | 数据流控制 | 电传控制 | 气囊 |
| 介质 | 单根线 | 双绞线 | 双绞线 | 双绞线 | 光纤 | 双线 | 双线 |
| 媒体访问 | 主/从 | 竞争 | 竞争 | TESTER/SLAVE | TOKEN RING | FTDMA | 主/从 |
| 数据长度 | 8B | 0~8B | 8B | 0~8B | | 12B | 24~39B |
| 位速率 | 20kbit/s | 10~1250kbit/s | 1Mbit/s（250kbit/s） | 250kbit/s | 12Mbit/s（25Mbit/s） | 5Mbit/s | 500kbit/s |
| 总线最大长度 | 40m | 40m(典型) | 40m | 40m | 无限制 | 无限制 | 未定 |
| 最大节点数 | 16 | 32 | 30(STP) 10(UTP) | 32 | 24 | 64 | 64 |
| 制造成本 | 低 | 中等 | 中等 | 中等 | 高 | 中等 | 中等 |

## 12.2 CAN 总线技术

### 12.2.1 CAN 总线的简介

CAN 是 Controller Area Network（控制器局域网）的缩写，是国际标准化的串行通信协议。目前，CAN 总线是车载网络系统中应用最多，也最为普遍的一种总线技术。

**1. CAN 总线的结构特点**

CAN 总线系统上并联有多个控制单元，具有以下特点：

1）可靠性高。系统能将数据传输故障（不论是由内部还是外部引起的）准确地识别出来。

2）使用方便。如果某一控制单元出现故障，其他控制单元还可以保持原有功能，以便进行信息交换。

3）数据密度大。所有控制单元在任一瞬时的信息状态均相同，这样就使得两控制单元之间不会有数据偏差。如果系统的某一处有故障，那么总线上所有连接的元件都会得到通知。

4）数据传输快。连成网络的各控制单元之间的数据交换速率必须很快，这样才能满足实时要求。

5）采用双线传输，抗干扰能力强，数据传输的可靠性高。

### 2. CAN 总线的传输速率

目前，CAN 总线中的信号是采用数字方式经铜导线传输的，其最大稳定传输速率可达 1Mbit/s。譬如，大众和奥迪公司将最大标准传输速率规定为 500kbit/s。

考虑到信号的重复率及产生出的数据量，CAN 总线系统分为三个专门的系统。

1）驱动 CAN 总线（高速）：亦称动力 CAN 总线，其标准传输速率为 500kbit/s，可充分满足实时要求，主要用于发动机、变速器、ABS、转向助力等汽车动力系统的数据传输。

2）舒适 CAN 总线（低速）：标准传输速率为 100kbit/s，主要用于空调系统、中央门锁（车门）系统、座椅调节系统的数据传输。

3）信息 CAN 总线（低速）：标准传输速率为 100kbit/s，主要用于对响应速度要求不高的领域，如导航系统、组合音响系统、CD 转换控制等。

### 3. CAN 总线的自诊断功能

由于自身的布置和结构特点，CAN 总线工作时的可靠性很高。如果 CAN 总线系统出现故障，故障就会存入相应的控制单元故障存储器内，可以用诊断仪读出这些故障。

### 4. CAN 总线的传输线颜色特点

CAN 总线基本颜色为橙色；CAN-L（低位）均为棕色；CAN-H（高位）中的驱动系统传输线为黑色，舒适系统传输线为绿色，信息系统传输线为紫色。

网络使用数据链路接口（DLC）为解码器提供接口。由于所有系统信息可通过另一根（冗余）导线进行传递，当数据总线的一根导线损坏时，系统仍可继续工作。若两根导线损坏，会影响诊断功能。

## 12.2.2 CAN 总线协议

汽车各控制单元在使用计算机网络进行通信时须使用和解读相同的"语言"，这种语言称为"协议"。同时，随着 CAN 技术的应用推广，还要求这些通信协议进行标准化。1991 年 9 月，Bosch 公司制定并发布了 CAN 技术规范（Version 2.0），该技术规范包括 A 和 B 两部分。CAN 2.0A 给出了曾在 CAN 技术规范版本 1.2 中定义的 CAN 报文格式，而 CAN 2.0B 给出了标准的和可扩展的两种 CAN 报文格式。1993 年 11 月，ISO 正式颁布了道路交通运输工具-数字交换-高速通信控制器局域网国际标准（ISO 11898-高速 CAN）以及低速标准（ISO 11519-低速 CAN）。美国汽车工程师学会等组织和团体也以 CAN 协议为基础颁布本组织的标准见表 12-3，将汽车通信协议按传输速率进行分类见表 12-4。

表 12-3 CAN 协议相关标准

| 名称 | 位速率/(kbit/s) | 规格 | 使用范围 |
| --- | --- | --- | --- |
| SAE J1939—11 | 250 | 双线制,屏蔽式双绞线 | 载货汽车,大型客车 |
| SAE J1939—12 | 250 | 双线制,屏蔽式双绞线,供给电压 12V | 农业机械 |
| SAE J2284 | 500 | 双线制,双绞线（无屏蔽） | 汽车(高速:动力传动系统) |
| SAE J2411 | 33.3,83.3 | 单线制 | 汽车(低速:车身系统) |
| NMEA-2000 | 62.5,125,250,500,1000 | 双线制,屏蔽式双绞线,供给电源,供给电压 24V | 船舶 |

（续）

| 名称 | 位速率/(kbit/s) | 规格 | 使用范围 |
|---|---|---|---|
| Device Net | 125,250,500 | 双线制,屏蔽式双绞线,供给电源,供给电压24V | 工业设备 |
| CAN open | 10,20,50,125 500,800 | 双线制,双绞线,选用(屏蔽、电源) | 工业设备 |
| SDS | 50,125,500,1000 | 双线制,屏蔽式双绞线选用(电源) | 工业设备 |

表 12-4 通信协议按照传输速率分类

| | 等级 | 传输速率/(kbit/s) | 用途 | 协议 |
|---|---|---|---|---|
| 电通信 ↕ 光通信 | A | 0~10(车身系统) | 照明装界、电动车窗、电动座椅、中央门锁等 | 低速 CAN(0~125kbit/s),LIN |
| | B | 10~125(状态信息系统) | 组合仪表、驱动信息、自动空调、故障诊断 | J1850,VAN |
| | C | 125~1000(实时控制系统) | 发动机、自动变速器、ABS、电子悬架等 | 高速 CAN(125~10000kbit/s) |
| | D | 50000(多媒体) | — | D2B 光纤通信,MOST,IEEE 1394 |

CAN 网络结构如图 12-5 所示。

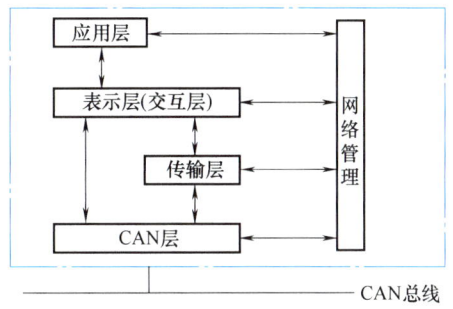

图 12-5 CAN 网络结构

CAN 协议是包括 ISO 规定的 OSI（开放系统互连）基本参考模型的传输层、数据链路及物理层的协议，见表 12-5。

表 12-5 ISO/OSI 基本参考模型

| ISO/OSI 的基本参考模型 | | 各层定义的主要项目 |
|---|---|---|
| 软件控制 | 7层:应用层 | 提供各种实际可以应用的服务 |
| | 6层:表示层 | 对数据的表现形式进行变换,例如文字的调整、数据的压缩、加密 |
| | 5层:会话层 | 为实现会话通信,按正确的顺序控制数据的发送与接收 |
| | 4层:传输层 | 保证按顺序控制数据及更正错误等的通信品质,例如订正错误、重新发送的控制 |
| | 3层:网络层 | 选择数据的传输途径及中转,例如各控制单元之间的数据交换及地址管理 |
| 硬件控制 | 2层:数据链路层 | 将从物理层获得的信号(字符集)汇总成具有某种意义的数据,提供控制顺序,以便对控制传输错误等的数据加以传输 |
| | 1层:物理层 | 规定通信时所使用的电缆、插座等媒体,信号的标准等,以实现设备信号之间的交接,例如信号电平、发送与接收、电缆及插接器等形式 |

CAN 协议中的 ISO/OSI 基本参考模型的传输层、数据链路层及物理层的定义见表 12-6。

表 12-6 CAN 协议中的 ISO/OSI 基本参考模型的定义和功能

| 基本参考模型 | 定义事项 | 功　能 |
| --- | --- | --- |
| 传输层 | 再发送控制 | 永久再试 |
| (LLC)数据链路层 | 选择接收的报文(验收滤波)<br>过载通知<br>恢复管理 | 能够实现点—点相连、同报文一齐连接、同报文分组连接<br>通知:接收准备未完成<br>再传输 |
| (MAC)数据链路层 | 报文的成帧化<br>连接控制方式<br>数据冲突时的仲裁<br>故障扩散的抑制功能<br>错误的通知<br>错误的检测<br>响应方式<br>通信方式 | 包括 4 种帧:数据帧、远程帧、错误帧与过载帧<br>争用方式(对应于多点传送)<br>通过仲裁,优先程度高的 ID 可以继续发送<br>自动判别出是暂时性错误还是连续性错误,并排除故障节点是否有 CRC 错误、填充错误、位错误、ACK 错误、格式错误<br>可以检测出所有单元的经常性错误<br>有 ACK、NACK 两种 |
| 物理层 | 位的编码<br>位定时<br>周期方式 | 利用 NRZ 方式编码,6 位填充<br>位定时,位取样数(由用户选定)<br>利用同步段(SS)实现同步(重新同步功能) |

注：LLC 为逻辑链路控制；MAC 为媒体访问控制。

CAN 协议包括 ISO/OSI 参考模型中的数据链路层和物理层，如图 12-6 所示。物理层分为物理层信号（PLS）、物理媒体连接（PMA）和媒体从属接口（MDI），数据链路层分为逻辑链路控制（LLC）和媒体访问控制（MAC）。

MAC 的运行借助于"故障界定实体"进行监控。故障界定是使判别短暂干扰和永久性故障的一种自检机制。物理层可借助检测和管理物理媒体对故障实体进行监控（如总线短路或断路，总线故障管理）。LLC 和 MAC 两个同等的协议实体通过交换帧或协议数据单元（PDU）相互通信。CAN 协议的数据链路层由 N 层协议数据单元 NPDU、N 层服务数据单元 N-SDU 和 N 层指定的协议控制信息 N-PCI 构成。

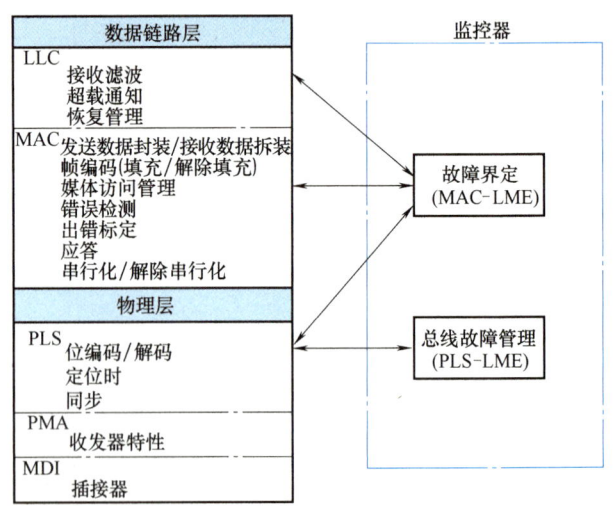

图 12-6 数据链路层和物理层功能框图

**1. 数据链路层**

**(1) 逻辑链路控制（LLC）子层**

1) 功能。LLC 子层功能包括接收滤波、超载通知和恢复管理。

接收滤波：在 LLC 子层上开始的帧跃变是独立的，其自身操作与先前的帧跃变无关。

帧内容由标识符命名。标识符并不能指明帧的目的地，但描述数据的含义，每个接收器通过帧接收滤波确定此帧与其是否有关。

超载通知：若接收器内部条件要求延迟下一个 LLC 数据帧或 LLC 远程帧，则通过 LLC 子层开始发送超载帧。最多可产生两个超载帧，以延迟下一个数据帧或远程帧。

恢复管理：发送期间，对于丢失仲裁或被错误干扰的帧，LLC 子层具有自动重发送功能。在发送完成之前，帧发送服务不被用户认可。

2）LLC 帧结构。LLC 帧是等同 LLC 实体（LPDU）之间进行交换的数据单元。

① LLC 数据帧。LLC 数据帧由 3 个位场，即标识符场、DLC（数据字长度码）场和数据场组成，如图 12-7 所示。

| 标识符场 | DLC场 | 数据场 |

图 12-7　LLC 数据帧结构

标识符场：标识符长度为 11 位，其最高 7 位（ID-10～ID-4）不应全为"1"。

DLC 场：DLC 指出数据场字节数。DLC 由 4 位构成，数据场长度可为 0，数据帧允许数据字节数为 0～8，表 12-7 中规定数值以外的其他数值不能使用。

表 12-7　由 DLC 标示的数据字节数编码

| 数据字节数 | DLC | | | |
| --- | --- | --- | --- | --- |
| | DLC3 | DLC2 | DLC1 | DLC0 |
| 0 | 0 | 0 | 0 | 0 |
| 1 | 0 | 0 | 0 | 1 |
| 2 | 0 | 0 | 1 | 0 |
| 3 | 0 | 0 | 1 | 1 |
| 4 | 0 | 1 | 0 | 0 |
| 5 | 0 | 1 | 0 | 1 |
| 6 | 0 | 1 | 1 | 0 |
| 7 | 0 | 1 | 1 | 1 |
| 8 | 1 | 0 | 0 | 0 |

数据场：由数据帧内被发送的数据组成，包括 0～8 个字节，每个字节包括 8 位。

② LLC 远程帧。LLC 远程帧由标识符场和 DLC 场组成，如图 12-8 所示。

LLC 远程帧标识符格式与 LLC 数据帧标识符格式相同，只是不存在数据场。DLC 的数值是独立的，此数据为对应数据帧的数据长度码。

| 标识符场 | DLC场 |

图 12-8　LLC 远程帧结构

（2）媒体访问控制（MAC）子层

1）功能模型。MAC 子层功能框图如图 12-9 所示。MAC 层划分为完全独立工作的发送部分和接收部分。

发送数据封装：接收 LLC 帧及接口控制信息，循环冗余检验（CRC）通过向 LLC 帧附加帧起始（SOF）和远程发送请求（RTR）、保留位、CRC、应答（ACK）和帧结束

（EOF）。

发送媒体访问管理：确认总线空闲后，开始发送过程（通过帧间空间应答）；MAC 帧串行化；插入填充位（位填充）；在丢失仲裁情况下，退出仲裁并转入接收方式；错误检测（监控、格式检验）；应答校验；确认超载条件；构造超载帧并开始发送；构造出错帧并开始发送；输出串行位流至物理层准备发送。

接收媒体访问管理：由物理层接收串行位流；解除串行结构并重新构建帧结构；检测填充位（解除位填充）；错误检测（CRC、格式校验、填充规则校验）；发送应答；构造错误帧并开始发送；确认超载条件；重新激活超载帧结构并开始发送。

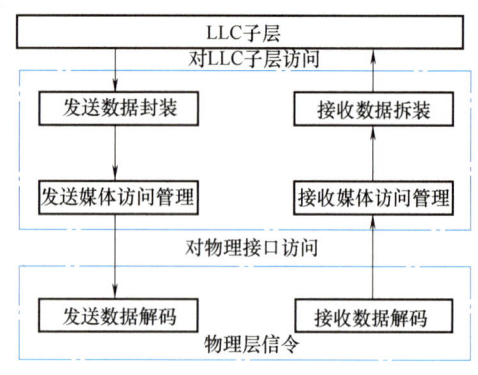

图 12-9　MAC 子层功能框图

接收数据拆装：从接收帧中去除 MAC 信息；输出 LLC 帧和接口控制信息至 LLC 子层。

2）MAC 帧结构。CAN 数据在节点间发送和接收以 4 种不同类型的帧出现和控制：一是数据帧将数据由发送器传至接收器；二是远程帧由节点发送，以请求发送具有相同标识符的数据帧；三是出错帧可由任何节点发出，以检验总线错误；四是超载帧用于提供先前和后续数据帧或远程帧之间的附加延时。另外，数据帧和远程帧以帧间空间与先前帧隔开。

① MAC 数据帧由 7 个不同位场构成，即帧起始、仲裁场、控制场（两位保留位+DLC 场）、数据场、CRC 场、ACK 场和帧结束，如图 12-10 所示。

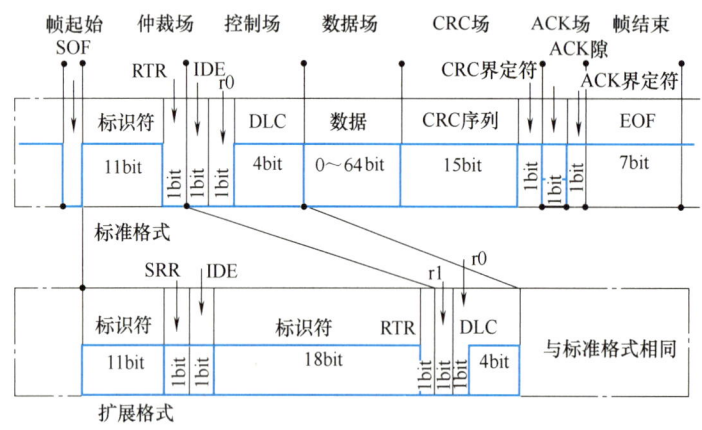

图 12-10　MAC 数据帧

帧起始：标志数据帧和远程帧的起始，由单个"显性"位构成。只有当总线处于空闲状态时，才允许节点开始发送，所有节点必须同步于首先开始发送节点帧起始引起的上升沿。

仲裁场：表明数据优先顺序的区域，由来自 LLC 子层的标识符和 RTR 位构成。在 MAC 数据帧中，RTR 位数值为"0"。

控制场：表明预约位数和数据字节数的区域，由 6 位构成，包括两位用于 DLC 扩展的保留位。接收器接收"0"和"1"位，作为所有组合中的保留位。在定义保留位功能前，发送器只发送"0"位。

数据场：与 LLC 数据场格式相同。

CRC 场：表示循环冗余码区域，包括 CRC 序列，后随 CRC 界定符。CRC 循环冗余检验是将发送的数据看成高次多项式，用预先选定的生成多项式对其进行模 2 除运算后，将余数附加在数据位之后发送。接收方对送来的数据列用同一生成多项式进行模 2 除运算，没有余数则证明接收的数据正确。

ACK 场：ACK 场为两位，即 ACK 隙和 ACK 界定符。发送节点的 ACK 场中，送出两个"隐性"位。在 ACK 隙内，所有接收匹配 CRC 序列的节点，以"显性"位改用发送器的"隐性"位送出一个应答。ACK 界定符为 ACK 场的第二位，其必须是"隐性"位，因此，ACK 隙被两个"隐性"位（ACK 界定符和 CRC 界定符）所包围。

帧结束：MAC 的每个数据帧和远程帧均由 7 个"隐性"位构成的标志序列界定。

② MAC 远程帧：激活为数据接收器的节点，可通过发送一个远程帧，启动源节点发送各自的数据。一个远程帧由 6 个不同位场构成，即 SOF、仲裁场、控制场（两位保留位 + DLC 场）、CRC 场、ACK 场和 EOF，如图 12-11 所示。

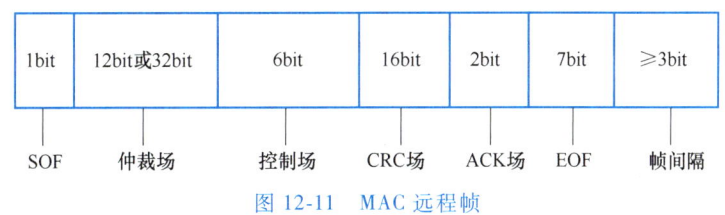

图 12-11　MAC 远程帧

仲裁场由来自 LLC 子层的标识符场和 RTR 位构成。在 MAC 数据帧中，RTR 位数值为"1"。SOF、控制场、CRC 场、ACK 场和 EOF 等位场数值均与 MAC 数据帧的相应位场相同。

③ 出错帧：由两个不同场构成，第一个由来自不同节点的错误标志叠加给出，第二个为错误界定符。

错误标志：分为活动错误标志和认可错误标志，前者由 6 位连续的"显性"位组成，后者由 6 位连续的"隐性"位组成。认可错误标志部分或所有位由来自其他节点的"显性"位改写。

错误界定符：由 8 位"隐性"位构成。发送错误标志后，每个节点送出"隐性"位，并监控总线，直至其检测到"隐性"位，然后开始发送剩余的 7 个"隐性"位。

④ 超载帧：MAC 子层存在两类具有相同格式的超载帧，即 LLC 要求的超载帧和重激活超载帧，前者为 LLC 子层所要求，表明内部超载状态；后者由 MAC 子层的一些出错条件而启动发送。

超载帧包括超载标志和超载界定符，超载标志的完整形式相应于活动错误标志。超载界定符与错误界定符具有相同的形式。超载标志由 6 个"显性"位构成，超载界定符由 8 位"隐性"位构成。

帧间空间：数据帧和远程帧同前述的任何帧（数据帧、远程帧、出错帧、超载帧）均由称为帧间空间的位场隔开。相反，超载帧和出错帧前面不存在帧间空间，并且多个超载帧也不用帧间空间分隔。帧间空间包括间歇场和总线空闲场，对先前帧已发送"错误—认可"的节点还有暂停发送场，如图 12-12 所示。

间歇场：由3个"隐性"位构成。间歇期间不允许节点开始发送数据帧或远程帧，仅起标注超载条件的作用。

总线空闲场：可以是任意长度，总线空闲时任何节点均可访问总线以便发送。其他帧发送期间，等待发送的帧在紧随间歇场后的第一位启动。若在总线空闲期间检测到总线上"显性"位将被理解为帧起始。

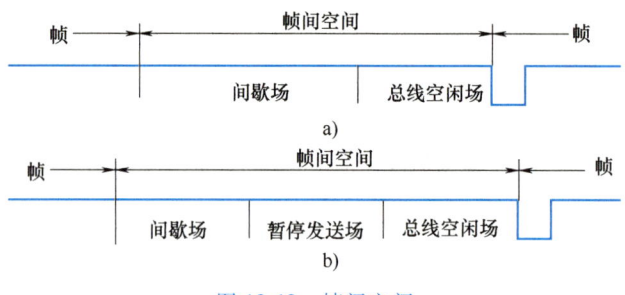

图 12-12　帧间空间

a) 非"错误—认可"或已收到先前帧节点的帧间空间
b) 先前帧已发送"错误—认可"节点的帧间空间

暂停发送场："错误—认可"节点完成发送后，其在紧随间歇后，被允许发送下一帧前，送出8位"隐性"位。期间，若有发送启动（由其他节点引起），则节点变为该帧的接收器。

3) MAC帧编码和发送/接收。SOF、仲裁场、控制场、数据场和CRC序列帧段均以位填充方法进行编码。当发送器在发送位流中检测到5个数值相同的连续位（包括填充位）时，在实际发送位流中，自动插入一个补码位。数据帧或远程帧的其余位场（CRC界定符、ACK场和EOF）为固定形式，不进行位填充。出错帧和超载帧也为固定格式，同样不使用位填充方法进行编码。帧中的位流按照非归零方法编码，即在位总计时时间内产生的位电平为常数。

一帧应由SOF开始逐个位场进行发送，在第一位场内应首先发送最高位，如图12-13所示。对于发送器和接收器，一帧的有效时点不同。对于发送器，若在帧结束完成前不存在错误，则该帧为有效。若一帧被破坏，则进行恢复处理。对于接收器，若在帧结束最后一位前不存在错误，则该帧为有效。

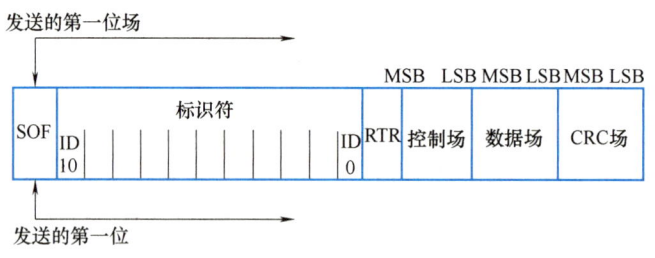

图 12-13　位发送次序

4) 媒体访问和仲裁。当检测到间歇场未被"显性"位中断后，认为总线被所有节点释放。总线一旦释放，"错误—活动"节点接收当前或先前的"错误—认可"节点都可以访问总线。当完成暂停发送，并且期间没有其他节点开始发送时，发送当前帧或已发送完先前帧的"错误—认可"节点可以访问总线。当允许节点访问总线时，MAC数据帧和MAC远程帧可以起始发送。MAC错误帧和MAC超载帧如按上述规定被发送，发送期间，发送数据帧或远程帧的每个节点均为总线主站。

当许多节点一起开始发送时，此时只有发送具有最高优先权帧的节点变为总线主站。这种解决总线访问冲突的机理是基于竞争的仲裁。仲裁期间，每个发送器将发送位电平与总线上监测到的电平进行比较。若相等，则节点可以继续发送。当送出一个"隐性"电平，而监测到"显性"电平时，表明节点丢失仲裁，不应再送更多位。当送出"显性"电平，而监测到"隐性"电平时,表明节点检测出位错误。

基于竞争的仲裁依靠标识符和紧随其后的 RTR 位完成。具有不同标识符的两帧中,优先权被标注于帧中,较高优先权的标识符具有较低的二进制数值。若具有相同标识符的数据帧和远程帧同时被初始化,数据帧较远程帧具有较高优先权,通过按照 RTR 位数值标志达到。

除仅当总线释放时,可以启动发送这一原则外,还存在解决冲突的下列原则:在一个系统内,每条信息必须标以唯一的标识符;具有给定标识符和非零 DLC 的数据帧仅可由一个节点启动;远程帧仅可由全系统内确定的 DLC 发送,该数据长度码为对应数据帧的 DLC;具有相同标识符和不同 DLC 远程帧的同时发送将导致不能解决的冲突。

5)错误检测。MAC 子层具有检测、填充规则校验、帧校验、15 位循环冗余码校验和应答校验功能。

错误类型有位错误、填充错误、CRC 错误、形式错误和应答错误。

位错误:正在向总线发送一位的节点同时在检测总线。当检测到的位数值与送出的位数值不同时,则检验到位错误。但仲裁期间,当送出隐性信息位或 ACK 隙期间送出隐性位时,而检测到显性位不认为是位错误;送出认可错误标志,而检测到显性位的节点不将其确定为位错误。

填充错误:在使用位填充方法进行编码的帧场中,出现第六个连续相同电平的位时,则检测到填充错误。

CRC 错误:CRC 序列由发送器的 CRC 计算结果构成,接收器以发送器相同的方法计算 CRC。当计算的 CRC 序列不等于接收到的序列时,则检测到 CRC 错误。

形式错误:当固定格式位场含有一个或更多非法位时,则检测到形式错误。但接收器在帧结束的最后位检测到显性位时,不将其理解为形式错误。

应答错误:在发送 ACK 隙期间未检测到显性位时,则检测到一个应答错误。当检测到错误时,LLC 子层即被通知,且 MAC 子层启动发送错误标志。当任何节点检测到位错误、填充错误、形式错误或应答错误时,由各自节点在下一位启动发送错误标志。当检测到 CRC 错误时,错误帧在紧随 ACK 界定符后的那位起始发送,除非另一个错误条件的错误帧已经准备好启动。

网络中的任何一个节点,根据其错误计数器数值,可能处于下列 3 种状态之一。

一是"错误激活"节点:可正常参与总线通信,并在检测到错误时,发出一个活动错误标志。活动错误标志由 6 个连续显性位组成,并遵守位填充规则和在规定帧中出现的所有固定格式。

二是"错误认可"节点:不应发送活动错误标志,并参与总线通信,但在检测到错误时,发送一个认可错误标志。认可错误标志由 6 个连续的隐性位组成。一个"错误认可"完成报文发送后,在间隙场送出 8 个隐性位作为"错误认可"节点,在开始进一步发送前将等待一段附加时间。

三是"总线脱离"节点:当一个节点由于请求故障界定实体而对总线处于关闭状态时,其处于"总线脱离"状态。在"总线脱离"状态下,节点既不发送,也不接收任何帧。只有应用户请求,节点才能解脱"总线脱离"状态。

为进行错误界定,在总线上的每个单元中都设置有两种计数器,即发送出错计数器和接收出错计数器。节点错误状态转换如图 12-14 所示。

若系统启动期间，仅有一个节点在线，该节点发送一些帧且得不到应答时，检测错误并重发帧。它可变为"错误认可"，但不会由此进入"总线脱离"状态。

关闭或"总线脱离"的节点，必须通过启动子程序拖入运行，以便在启动发送前，与已经有效的节点同步。当 11 个隐性位为应答界定符+帧结束+间歇或错误/超载界定符+已检测到间歇时，则可达到同步；若此期间不存在其他有效节点，则需等待未变为"总线脱离"的其他节点。

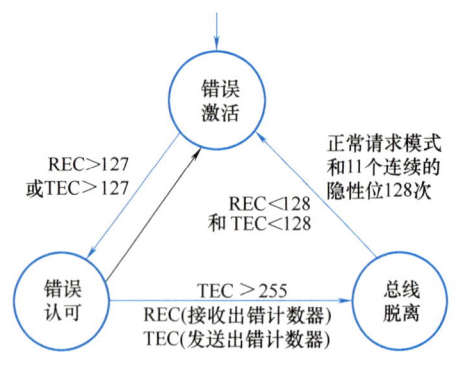

图 12-14 节点错误状态转换

**2. 物理层**

（1）物理层结构　物理层结构如图 12-15 所示。

物理信令（PLS）：用于实现与位表示、定时和同步相关的功能。

媒体访问单元（MAU）：表示用于耦合节点至发送媒体的物理层的功能部分。MAU 由物理媒体附属装置（PMA）和媒体相关接口（MDI）构成。PMA 层实现总线发送/接收的功能电路，并提供总线故障检测方法。MDI 实现物理媒体和 MAU 之间机械和电气接口。

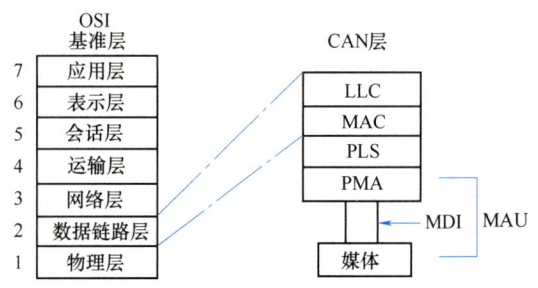

图 12-15 物理层结构

（2）位时间　位时间即一位的持续时间。在位时间框架内执行的总线管理功能，如电控单元同步状态、网络发送延迟补偿和采样点定位，均由 CAN 协议集成电路的可编程位定时逻辑确定。

理想发送器在无重同步情况下，以正常位速率给出每秒发送的位数。正常位时间可划分为分开的和不覆盖的时间段，即同步段（Sync-Seg）、传播段（Prop-Seg）、相位缓冲段 1（Phase-Seg 1）和相位缓冲段 2（Phase-Seg 2）。

同步段用于同步总线上的各个节点或设备，在此段内等待一个跳变沿。传播段用于补偿网络内的物理延迟时间，包括总线上的信号传播时间和电控单元的内部延迟时间。相位缓冲段 1 和相位缓冲段 2 用于补偿沿相位误差，可通过重同步延长或缩短。

采样点用于读取总线电平，并转换为相应位数值，位于相位缓冲段 1 的结束处。信息处理时间始于采样点，被保留用作计算子序列电平的时间段。

位时间按时间量程进行编程，时间量程是由振荡器周期推出的固定时间单位。当前可编程整数的预分刻度范围为 1~32 时，自时间份额最小值开始。

（3）同步　同步包括重同步和硬同步，遵从下列规则：

① 在一个位时间内仅允许一种同步。

② 只有先前采样点检测到的数值（先前读总线数值）不同于边沿后显现的总线数值时，边沿才被用于同步。

③ 总线空闲期间，当存在隐性至显性的跳变沿时，即完成硬同步。

④ 所有满足规则①和②的其他隐性至显性的跳变沿和在低位速率情况下，选择的显性至隐性跳变沿将被用于重同步；若只有隐性至显性沿被用于重同步，由于具有正相位的隐性至显性跳变沿，发送器将不完成重同步。

### 12.2.3　CAN 总线的组成及数据传输过程

#### 1. CAN 数据传输系统组成

CAN 数据传输系统由一个控制器、一个收发器、两个数据传输终端以及两条数据传输线组成。除了数据传输线，其他元件都置于控制单元内部。控制单元功能不变，如图 12-16 所示。

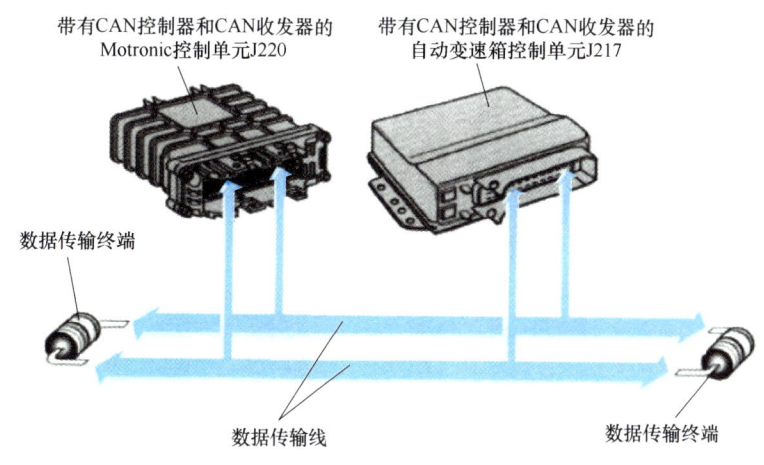

图 12-16　CAN 总线的基本组成

（1）**CAN 控制器**　CAN 控制器的作用是接收控制单元中微处理器发出的数据，处理数据并传给 CAN 收发器。同时，CAN 控制器也接收 CAN 收发器收到的数据，处理数据并传给微处理器。

（2）**CAN 收发器**　CAN 收发器是一个发送器和接收器的结合，将 CAN 控制器提供的数据（逻辑电平）转化为电信号（线路输送电平）并通过数据总线发送出去。同时，它也接收 CAN 总线数据，并将数据传输给 CAN 控制器。

（3）**数据传输终端**　数据传输终端实际上是一个电阻器，其作用是保护数据。它防止数据在终端被反射，以回声的形式返回，影响数据的传输。

（4）**数据传输线**　如图 12-17 所示，CAN 数据传输线是传输数据的双向数据线，分为 CAN 高位数据线（CAN-High）和 CAN 低位数据线（CAN-Low）。为了防止外界电磁波干扰和向外辐射，CAN 数据传输线通常缠绕在一起。这两条线的电位相反，如果一条

图 12-17　CAN 总线的双绞线

是 5V，另一条就是 0V，始终保持电压总和为一常数。通过这种办法，CAN 数据总线得到了保护而免受外界的电磁场干扰，同时 CAN 数据总线向外辐射也保持中性，即无辐射。

**2. CAN 总线数据传输原理与过程**

（1）数据传输原理　如图 12-18 所示，CAN 数据总线的数据传输原理在很大程度上类似电话会议的方式。一个用户（控制单元 1）向网络中"说出"数据，而其他用户"收听"到这些数据。一些控制单元认为这些数据对它有用，它就接收并且应用这些数据，而其他控制单元也许不会理会这些数据。故数据总线里的数据并没有指定的接收者，而是被所有的控制单元接收及计算。

数据由二进制数构成，即"0"或"1"。"1"表示电路接通，"0"则表示断开。也就是只有"是"或"否"两个状态，如图 12-19 所示。

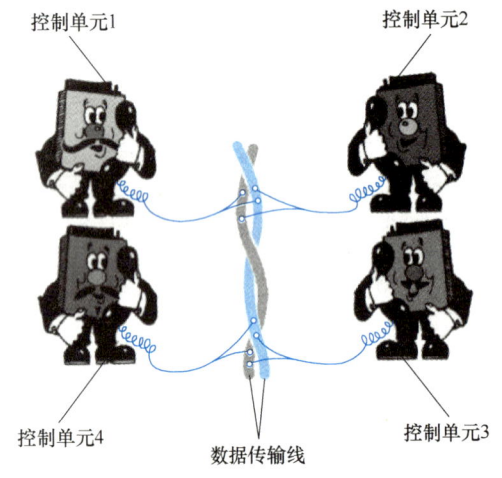

图 12-18　数据总线数据传输原理

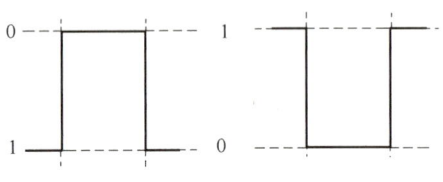

图 12-19　二进制状态图

位是信息的最小单位（单位时间电路状态）。1 位数可表示 2 种状态，2 位数则可表示 4 种状态；3 位数可表示 8 种状态，依此类推，最大的数据是 64 位，它可表示的信息量为 $2^{64}$，用二进制数字表示温度信息的实例见表 12-8。

表 12-8　用二进制数字表示温度信息

| 1 位数值的变化 | 产生信息 | 2 位数值的变化 | 产生信息 | 3 位数值的变化 | 产生信息 |
| --- | --- | --- | --- | --- | --- |
| 0（5V） | 10℃ | 00 | 10℃ | 000 | 10℃ |
| 1（0V） | 20℃ | 01 | 20℃ | 001 | 20℃ |
|  |  | 10 | 30℃ | 010 | 30℃ |
|  |  | 11 | 40℃ | 011 | 40℃ |
|  |  |  |  | 100 | 50℃ |
|  |  |  |  | 101 | 60℃ |
|  |  |  |  | 110 | 70℃ |
|  |  |  |  | 111 | 80℃ |

（2）数据传输过程　数据的具体传输过程包括提供数据、发送数据、接收数据、检查

数据、接受数据，如图12-20所示。

1）提供数据。控制单元2向CAN控制器提供数据用于传输。

2）发送数据。CAN收发器从CAN控制器处接收数据，将其转化为电信号发出。这些数据以数据列的形式进行传输。数据列是由一长串二进制（高电平与低电平）数字组成（0110100100111011……），可以将其分成7个区域：开始域、状态域、检验域、数据域、安全域、确认域、结束域，如图12-21所示。

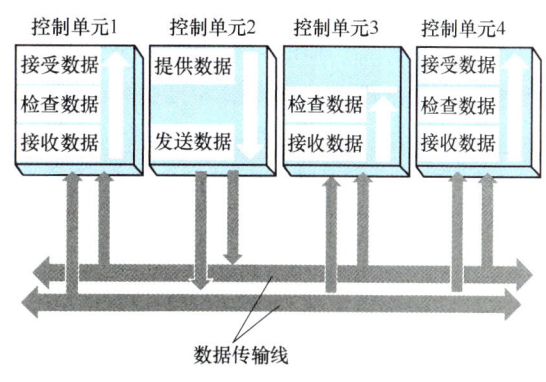

图12-20　数据的传输过程

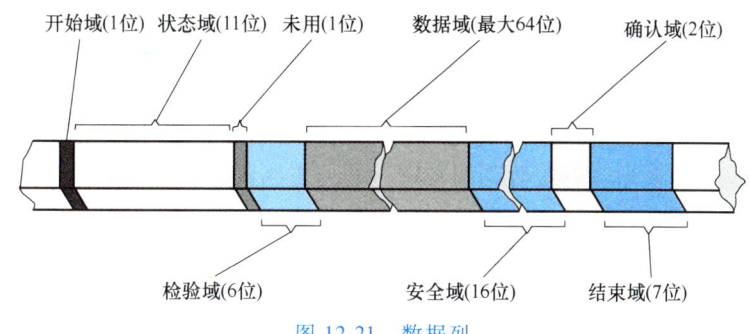

图12-21　数据列

① 开始域。标志数据列的开始。

② 状态域。确认数据列的优先级别。如果两个或更多控制单元都要同时发送各自的数据，为了避免多个信息在传递时发生冲突，CAN数据总线在同一时刻只允许传递一个数据，优先级高的控制单元优先发送。

而数据的优先级别是由二进制的11位数值来表示。当多个控制单元同时发送数据时，在数据传输线上由左到右对表示优先级别的11位数字，进行逐一的比较。如果一个控制单元发送了一个低电位（用"1"表示）而检测到一个即将接收的高电位（用"0"表示），那么，该控制单元就停止发送而转变为接收状态；如果一个控制单元向外发送高电位（用"0"表示），而同时另一个控制单元向外发送低电位（用"1"表示），则数据传输线将体现高电位（用"0"表示）。

例如：发动机控制单元要发送的数据为"00101000000"；而自动变速器控制单元要发送的数据为"01000100000"；ABS控制单元要发送的数据为"00011010000"。

那么，数据传输线将如何传输这些数据呢？首先，第一位均为"0"，数据传输线上也体现为"0"；三个数据的第二位数字，自动变速器控制单元准备向外发送"1"，而发动机控制单元和ABS控制单元均准备向外发送"0"。因此，自动变速器控制单元，发送了一个低电位（用"1"表示），而接收一个高电位（用"0"表示），那么，自动变速器控制单元将失去优先权，而转为接收状态，数据传输线传送"0"；再比较第三位数字，发动机控制单元准备向外发送"1"，而ABS控制单元准备向外发送"0"，同理，发动机控制单元将失去优先权而转为接收状态，数据传输线传输"0"。通过比较三个数据的状态域，可以确定

ABS 控制单元具有最高优先权，从而可以接管数据总线的控制权，该优先权保证其持续发送数据直至发送终了。ABS 控制单元结束发送数据后，因发动机控制单元的优先权高于自动变速器控制单元，所以数据总线的发送次序是：首先发送 ABS 控制单元数据，然后发送发动机控制单元数据，最后发送自动变速器控制单元数据。

③ 检验域。显示数据区中包含的数据数目。该域可以让接收者检验其是否收到传输来的全部信息。

④ 数据域。传给其他控制单元的信息，其大小由总线的宽度决定。例如传输一组 8 位数的信息，在两条数据线的数据是一样的，如图 12-22 所示。

⑤ 安全域。检测传输数据中的错误。

⑥ 确认域。接收者发给发送者的信号，用来告知已正确收到数据列。若有错误被检验到，则接收者迅速通知发送者。这样发送者将再次发出该数据列。

图 12-22　数据信息传输

⑦ 结束域。标志数据列的结束。这是显示错误以得到重新发送数据的最后一次机会。

3）接收数据。所有与 CAN 数据总线一起构成网络的控制单元称为接收器。

4）检查数据。控制单元对接收到的数据进行检查判断，看是否是需要的数据。

5）接受数据。如果所接收的数据是重要的、有用的，它将被接受并进行处理，反之将其忽略。

## 12.3　MOST 总线技术

### 12.3.1　MOST 总线的简介

MOST 是媒体信息传送的网络标准。MOST 是采用塑料光缆（POF）的网络协议。将音响装置、电视、全球定位系统及电话等设备相互连接起来，给客户带来了极大便利。在 MOST 中，不仅对通信协议给出了定义，而且也说明了分散系统的构筑方法。

MOST 网络可以不需要额外的主控计算机系统，结构灵活、性能可靠和易于扩展。MOST 网络光纤作为物理层的传输介质，可以连接视听设备、通信设备以及信息服务设备。MOST 网络支持"即插即用"方法，在网络上可以随时添加和去除设备。

MOST 网络的特点非常适应汽车媒体设备应用环境的需要，所以汽车行业已经把 MOST 技术作为将来汽车上媒体系统的一个标准。汽车生产商采用 MOST 主要是由于其性能可靠、成本低、系统简单、结构灵活、数据兼容性好和良好的 EMI 性能。使用光纤可以减少 250m 的线束，减轻 4.5kg 重量。这种结构为将来可以随时加入新媒体设备节点的结构提供了基础，而且特别适合于车上媒体设备和信息设备的声控技术应用。

随着车上信息设备的不断增加，驾驶中使用这些设备的情况越来越多，通过声控系统访问这些设备是最安全和最经济的方式，被认为是将来车上设备使用的首选人机接口方式。通过 MOST 网络把人机语音接口与车上媒体设备、通信设备以及其他信息设备连接，是实现这种车上设备语音访问技术的有效方式。

MOST 为多媒体时代的车载电子设备所必需的高速网络、分散系统的构筑方法、遥控操作及集中管理的方法等提出了方案。BMW 7 系列、Daimier Chrysle 公司 E 系列已经采用了 MOST，而且 Audi 公司的 A8、Volvo 公司的 XC90 也采用 MOST。在不久的将来，MOST 将成为汽车用多媒体设备所不可缺少的技术。

### 12.3.2 MOST 总线的组成及数据传输

#### 1. MOST 总线的基本组成

MOST 总线的节点结构模型如图 12-23 所示。MOST 网络可以连接基于不同内部结构和内部实现技术的节点，其拓扑结构可以是环行网、星形网或菊花链。MOST 网络上的设备分享不同的同步和异步数据传输通道，不同类型的数据具有不同的访问机制。

MOST 网络有集中管理和非集中管理两种模式：集中管理模式的管理功能由网络上的一个节点实施，当其他节点需要这些服务时，必须向该节点申请；非集中管理模式的网络管理分布在网络上的节点中，不需要这种中心管理。MOST 网络由 MOST 连接机制、MOST 系统服务和 MOST 设备三个方面决定。MOST 网络启动时，为每一个网络设备分配一个地址。数据传输时，通过同步位流实现各节点的同步。

MOST 设备连接到 MOST 上的任何应用层部分都是 MOST 设备。因为 MOST 设备建立在 MOST 系统服务层上，可应用 MOST 网络提供的信息访问功能以及位流传送的同步频道和数据报文异步传送功能，向系统申请用于实时数据传送的带宽，同时还可以以报文形式访问网络和发送/接收数据。MOST 网络中的设备可以协同工作，同时传送数据流、控制信息和数据报文。

MOST 设备包括节点应用功能块、网络服务接口、发送器/接收器及物理层接口，如图 12-24 所示。

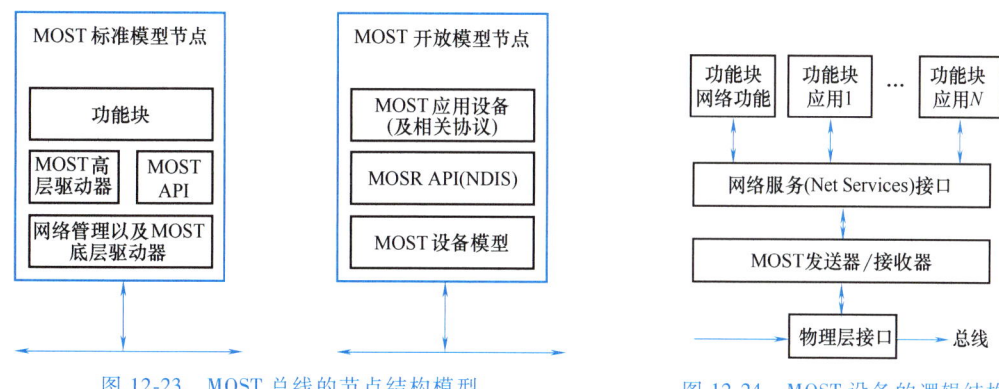

图 12-23 MOST 总线的节点结构模型　　图 12-24 MOST 设备的逻辑结构

典型 MOST 设备的硬件结构如图 12-25 所示。其中，RX 表示输入信号；TX 表示发送信号；Ctrl 表示控制信号。对于一些简单的设备，可以没有微控制器部分，由 MOST 功能模块（MOST 发送器/接收器）直接将应用系统连接到网络。

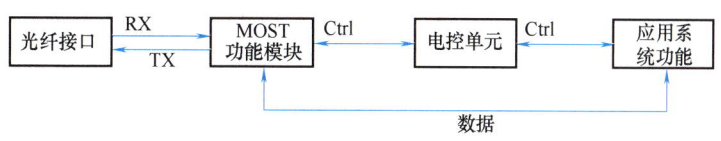

图 12-25 典型 MOST 设备的硬件结构

MOST 总线电控单元结构如图 12-26 所示。

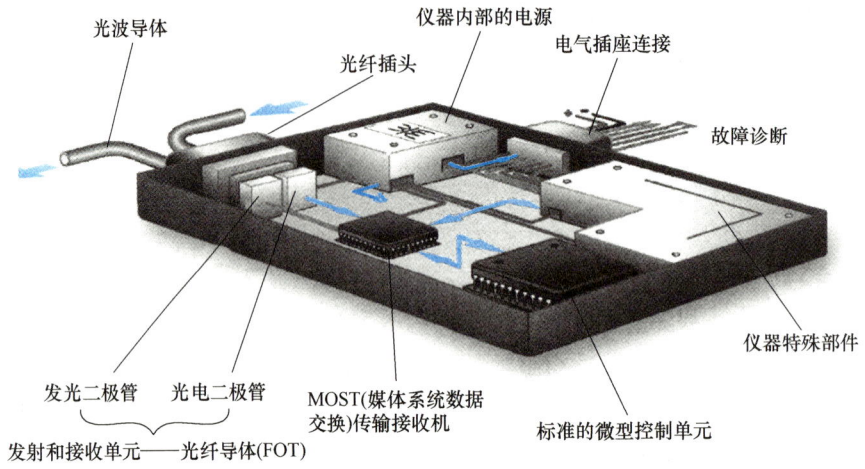

图 12-26　MOST 总线电控单元结构

### 2. MOST 总线的工作状态

**（1）休眠模式**　处于休眠模式时，MOST 总线内没有数据交换，静态电流降至最小值，系统处于待命状态，只能由系统管理器发出的光波启动脉冲来激活。

进入休眠模式的条件如下：

1）MOST 总线系统上的所有控制单元都已准备好要切换到休眠状态。

2）其他总线系统没有通过网关提出任何要求。

3）故障自诊断系统没有处于工作状态。

在上述的条件下，MOST 总线可通过下述方法切换到休眠状态：

1）在蓄电池放电时，由蓄电池管理器经网关切换到休眠状态。

2）通过自诊断仪器（如 VAS 5051）激活"运输模式"，使 MOST 总线系统切换到休眠状态。

**（2）备用模式**　MOST 总线系统处于备用模式时，无法为用户提供任何服务，给人的感觉就像系统已经关闭一样。但这时 MOST 总线系统仍在后台运行，所有的输出介质（如显示屏、收音机放大器等）都不工作或不发声。

备用模式在发动机起动及系统持续运行时被激活。

备用模式的激活条件如下：

1）由其他数据总线通过网关激活，如驾驶人侧车门门锁打开、车钥匙插入点火开关、点火开关 ON 档接通等。

2）由 MOST 总线上的某个控制单元来激活，如外界打入的电话等。

**（3）通电工作模式**　MOST 总线系统处于通电工作模式时，控制单元完全接通，MOST 总线上有数据交换，用户可使用影音娱乐、通信、导航等所有功能。

### 3. MOST 总线的控制原理

MOST 总线采用环形拓扑结构，如图 12-27 所示。电控单元通过光导纤维沿环形方向将数据发送到下一个电控单元，该过程持续进行，直至首先发出数据的电控单元又接收到这些数据为止，即形成一个封闭环。MOST 总线通过数据总线自诊断接口和诊断 CAN 对自身进行诊断。

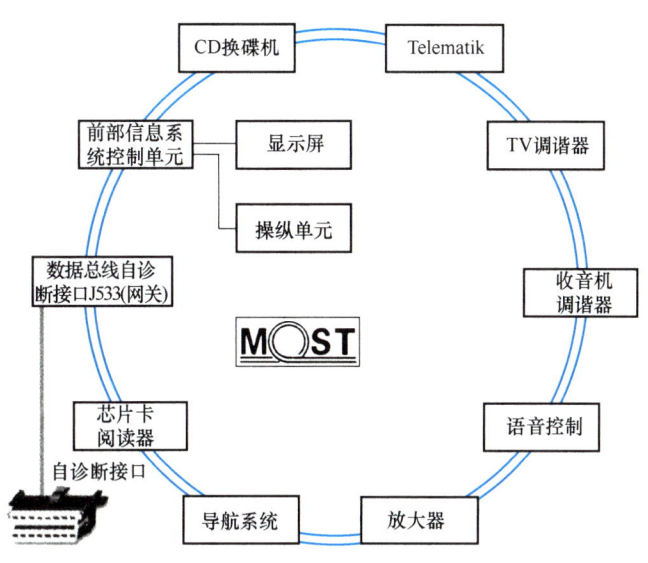

图 12-27　MOST 总线的环形拓扑结构

在 MOST 总线中，每个终端设备（节点、控制单元）在一个具有环形结构的网络中通过光导纤维环相互连接。

图 12-28 所示，音频、视频数据信息在环形总线上循环。

当一个节点要发送数据时，该节点生成发射就绪信息，并把它改成"占用"信息。被作为接收器地址的节点复制数据，并在环形总线中继续发送。如果数据重新到达发射器，发射器就把数据从环上删除并重新生成发射就绪信息。

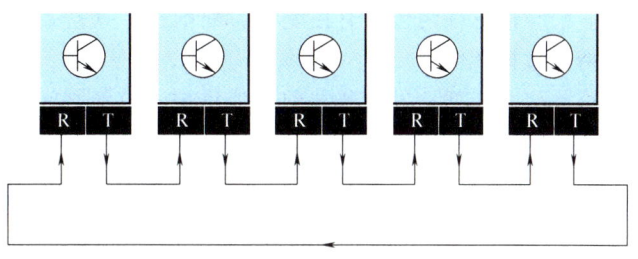

图 12-28　音频、视频信息在 MOST 环形总线上循环
R—接收器　T—发射器

各个控制单元之间的连接通过一个数据只沿一个方向传输的环形总线实现。也就是说，一个控制单元拥有两根光导纤维，一根光导纤维用于发射器，一根光导纤维用于接收器。

**4. MOST 总线的数据传输**

MOST 系统管理器以 44.1kHz 的脉冲频率向环形总线上的下一个控制单元发送信息帧（Frames）。由于使用了固定的时间光栅和脉冲频率，MOST 系统允许传输同步数据。

在 MOST 系统中，音频和视频信息必须以同步数据形式，用相同的时间间隔发送。MOST 系统采用的 44.1kHz 这个固定的脉冲频率与数字式音频、视频装置（如 CD 机、DVD 机、DAB 收音机）的传输频率是相同的，可以实现整个系统的脉冲频率同步。

在 MOST 系统中，一个信息帧的大小为 64B（1B＝8bit），可分成以下几部分（见图 12-29）。

（1）**起始区**　表示一个信息帧的开始，每段信息帧都有自己的起始区。

（2）**分界区**　用于区分起始区和数据区。

（3）**数据区**　MOST 总线在数据区最多可将 60B 的有效数据发送到控制单元。数据分为

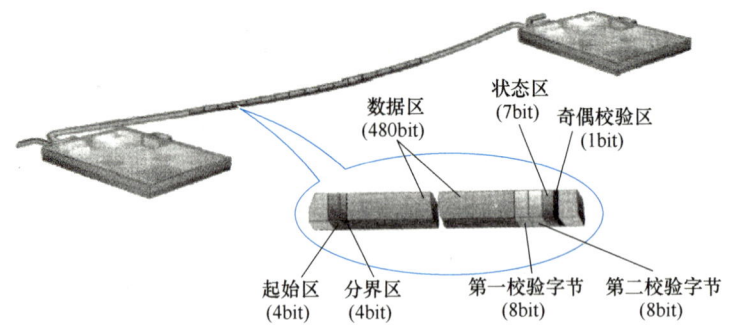

图 12-29　MOST 信息帧的数据结构

两种类型：其一是同步数据，如音频和视频信息；其二是异步数据，如图片、文字信息等。数据区的分配是可变的、数据区的异步数据为 0~36B，同步数据为 24~60B，同步数据的传输具有优先权。

异步数据根据发射器/接收器的地址（标识符）和可用异步总容量，以 4B 为一个数据包被记录并发送到接收器上。

（4）校验字节　两个校验字节传送发射器/接收器地址（标识符）和接收器的控制指令（如放大器音量增大或音量减小）信息。

一个信息组中的校验字节在控制单元内汇成一个校验信息帧。一个信息组中有 16 个信息帧。校验信息帧内包含有控制和诊断数据，这些数据由发射器传送到接收器，称为根据地址进行的数据传输。

这些信息包括：发射器与前部信息控制单元之间的通信、接收器与音频放大器之间的通信以及控制信号（音量增大或音量减小）等。

（5）状态区　包含用于给接收器发送信息帧的信息。

（6）奇偶校验区　用于最后检查数据的完整性，该区的内容将决定是否需要重复一次发送过程。

## 12.4　FlexRay 总线技术

### 12.4.1　FlexRay 总线的简介

目前，FlexRay 总线已经成为车载网络系统的标准，将在今后引领车载网络系统的发展方向。FlexRay 是继 CAN 和 LIN 之后的最新研发成果，可以有效管理多重安全和舒适功能，如 FlexRay 适用于线控操作（X-by-Wire）。

由于目前通过 CAN 总线实现联网的方式已经达到其效率极限，因此业界普遍认为，FlexRay 将是 CAN 总线的替代标准。

FlexRay 是戴姆勒-克莱斯勒的注册商标。1999 年，宝马与戴姆勒-克莱斯勒和半导体制造商 Freescale 和飞利浦合作创建了 FlexRay 协会，以开发新型通信技术。后来博世和通用也加入了该协会。从 2002 年至今，福特汽车公司、马自达、Elmos 和西门子 VDO 也相继加入该协会。在此期间，世界范围内几乎所有有影响的汽车制造商和供货商都加入了 FlexRay 协会。

FlexRay 总线系统是一种新型通信系统，目标是在电气设备与机械电子组件之间实现可靠、实时、高效的数据传输，以确保满足未来新的车载网络技术的需要。

由于控制单元在车辆内联网对通信系统技术方面的要求越来越高，同时认识到有必要为基础系统提供一个开放式标准化解决方案，因此开发了新型通信系统 FlexRay。FlexRay 总线系统为车内分布式网络系统的实时数据传输提供了有效协议。

FlexRay 总线系统是专门瞄准下一代汽车应用及"线控"应用的新型网络通信系统，旨在应用于需要高通信带宽和决定性容错数据传输能力的底盘控制、车身控制和动力总成控制等场合。FlexRay 总线系统具有创新的功能和安全的特点，能够使汽车系统安全达到一个很高的、崭新的水平。FlexRay 总线系统不仅能简化汽车电子系统和通信系统结构，同时还可帮助汽车电子控制单元变得更加稳定和可靠。

FlexRay 总线的最大数据传输速率为每通道 10Mbit/s，明显高于以前在车身和动力传动系统/底盘系统所用的数据总线。以前只有使用光导纤维才能达到该数据传输速率。

除较高的带宽外，FlexRay 总线还支持确定性数据传输且能以容错方式进行配置，即个别组件失灵后其余的通信系统仍能可靠地继续工作。

FlexRay 总线具有以下优点：
1）数据传输速率较高（可达 10Mbit/s，而 CAN 仅为 0.5Mbit/s）。
2）确定性（实时）数据传输。
3）数据通信可靠。
4）支持系统集成。

### 12.4.2 FlexRay 总线的特性

**1. 总线拓扑结构**

FlexRay 总线系统有不同的拓扑结构和形式安装在车内，既可以采用线形总线拓扑结构，也可以采用星形总线拓扑结构，还可以采用混合总线拓扑结构。

（1）线形总线拓扑结构　在线形总线拓扑结构（见图 12-30）中，所有控制单元（例如 $SG_1 \sim SG_3$）都通过一个双线总线连接。该总线采用两根铜芯双绞线，CAN 总线也使用这种连接方式。

线形总线拓扑结构在两根导线上传输相同的信息，但电平不同。线形总线拓扑结构所传输的差分（差动）信号不易受到干扰，仅适用于电气数据传输。

（2）星形总线拓扑结构　在星形总线拓扑结构（见图 12-31）中，卫星式控制单元（控

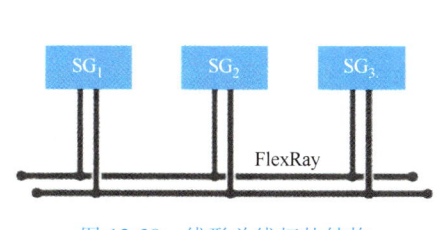

图 12-30　线形总线拓扑结构

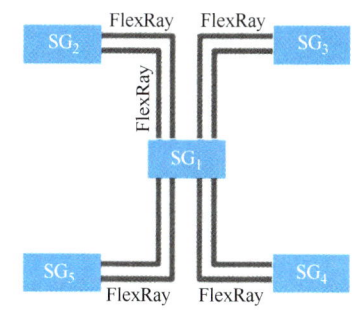

图 12-31　星形总线拓扑结构

制单元 $SG_2 \sim SG_5$）分别通过一个独立的导线与中央主控制单元（$SG_1$）连接。这种星形总线拓扑结构既适合于电气数据传输，也适合于光学数据传输。

**(3) 混合总线拓扑结构** 在混合总线拓扑结构中，同一个总线系统内可以使用不同的拓扑结构。总线系统的一部分采用线形总线拓扑结构，另一部分为星形总线拓扑结构。

### 2. 冗余数据传输

在容错性系统中，即使某一总线导线断路，也必须确保数据能继续可靠传输。这一要求可以通过在第二个数据信道上进行冗余数据传输来实现，如图12-32所示。

具有冗余数据传输能力的总线系统使用两个相互独立的信道。每个信道都由一组双线导线组成。一个信道失灵时，该信道应传输的信息可在另外一条没有发生故障的信道上传输。

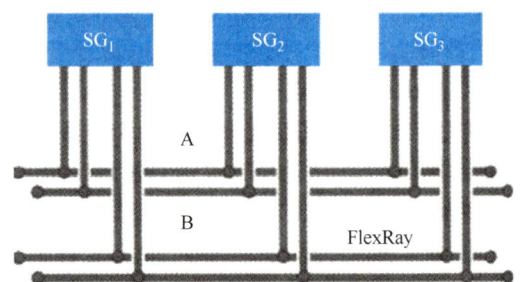

图12-32 冗余数据传输
A—信道1 B—信道2

### 3. 信号特性

FlexRay总线信号必须在规定范围内。图12-33和图12-34给出了总线信号的正常波形和非正常波形。无论在时间轴上还是电压轴上，总线信号都不应进入内部区域。

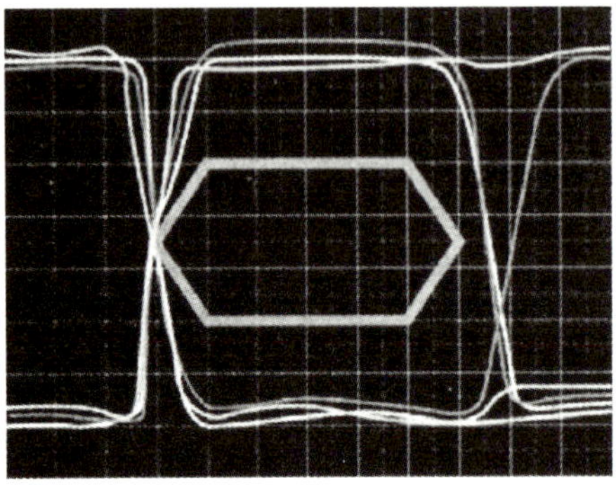

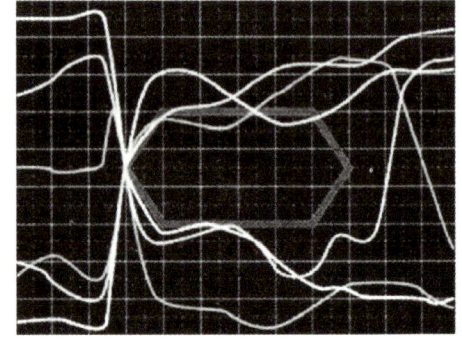

图12-33 正常波形

注：该图为实验室研究用专业示波器显示波形。

图12-34 非正常波形

注：该图为实验室研究用专业示波器显示波形。

FlexRay总线系统的电压范围如下：

**(1) 系统接通** 系统接通时，如果无总线通信，则其电压为2.5V。

**(2) 高电平信号** 高电平信号的电压为3.1V（电压信号上升600mV）。

**(3) 低电平信号** 低电平信号的电压为1.9V（电压信号下降600mV）。

### 4. 确定性数据传输

CAN网络是一个事件触发式总线系统，发生一个事件时就会传输数据。多个事件汇集在一起时，可能在后续信息发送时出现延迟现象。如果无法成功准确地传输一条信息，该信息将一直发送，直至相应通信设备确认已接收到。如果CAN总线系统内出现故障，可能会导致这些事件触发的信息汇集在一起并造成总线系统过载，即各信号的传输要延迟很长时间，这样会导致各系统的控制性能变差。

FlexRay 总线系统是一种时间触发式总线系统，它也可以通过事件触发方式进行部分数据传输。在时间控制区域内，时隙分配给确定的信息。一个时隙是指一个规定的时间段，该时间段对特定信息（例如转速）开放。这样，在 FlexRay 总线系统内重要的周期性信息以固定的时间间隔传输，因此不会造成 FlexRay 总线过载。

对时间要求不高的其他信息则在事件控制区域内传输。FlexRay 总线系统内确定性数据的传输过程如图 12-35 所示。

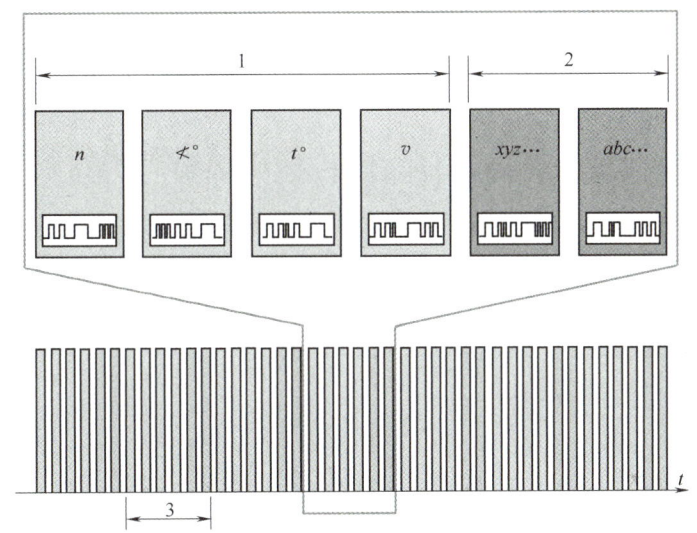

图 12-35　FlexRay 总线系统内确定性数据的传输过程

1—循环数据传输的时间触发区域　2—循环数据传输的事件触发区域　3—循环［总循环时间 5ms，其中 3ms 为静态（时间触发），2ms 为动态（事件触发）］　$n$—转速　$\alpha°$—角度　$t°$—温度　$v$—车速　$xyz\cdots$，$abc\cdots$—事件触发的信息　$t$—时间

确定性数据传输用于确保时间触发区域内的每条信息都能实现实时传输，即每条信息都能在规定时间内进行传输。

因此，FlexRay 总线系统不会由于总线系统过载而导致重要总线信息发送延迟。如果由于暂时性总线故障（例如 EMC 故障）导致一条信息丢失，则该信息不会再次发送，在为此规定的下一时隙内将发送当前数值。

### 5. 唤醒和休眠特性

在宝马车系中，虽然可通过总线信号唤醒 FlexRay 总线控制单元，但大部分 FlexRay 总线控制单元由 CAS（便捷上车及起动系统）通过一个附加唤醒导线进行唤醒。该唤醒导线的功能与以前宝马车系 PT-CAN 内的唤醒导线（15WUP）相同，其信号曲线也与 PT-CAN 的信号曲线一样。

主动转向系统和 VDM（垂直动态管理系统）不通过唤醒导线，而是通过总线信号唤醒。随后通过接通供电直接由 VDM 启用四个减振器卫星式控制单元。

FlexRay 总线的唤醒信号曲线如图 12-36 所示，从中可以清楚地看出车辆开锁（打开车门锁）和起动时的典型电压曲线。

第一阶段：驾驶人用车钥匙或遥控器将车辆开锁。CAS 控制单元启用唤醒脉冲并通过唤醒导线将车辆开锁信号（高电平）传输给所连接的 FlexRay 控制单元。

第二阶段：驾驶人打开车门，进入车内。在将车钥匙插入点火开关之前，由于总线端子 R 仍处于断开状态，总线系统内的信号电平再次下降（低电平）。

第三阶段：驾驶人起动发动机，总线端子 16 接通，则总线系统内的信号电平保持在设定值（高电平），直至再次关闭总线端子 15。

第四阶段：驾驶人关闭发动机，拔出车钥匙，锁好车门。此时，总线端子 R 再次处于断开状态。当总线端子 R 处于断开状态时，FlexRay 总线系统进入休眠模式，以免耗电过多。为确保所有控制单元都进入休眠模式，FlexRay 总线系统内的每个控制单元都自动注销。如果有某些控制单元未能进入休眠模式（可能会导致系统耗电过多），系统会自动存储一条故障信息。当对车辆进行电能（能量）诊断工作时将评估这条故障信息。

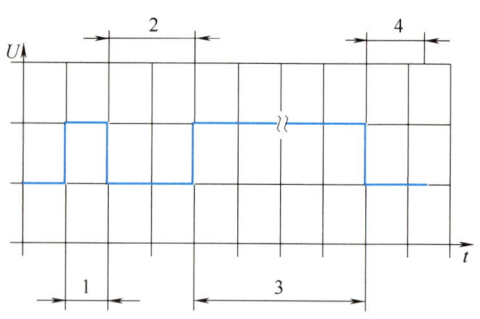

图 12-36　FlexRay 总线的唤醒信号曲线

第一阶段—车辆开锁　第二阶段—信号电平再次下降
第三阶段—起动发动机后信号电平保持在设定值
第四阶段—休眠模式

**6. 同步化**

为了能够在联网控制单元内同步执行各项功能，需要有一个共同的时基。由于在所有控制单元内部都是利用其自身的时钟脉冲发生器工作的，因此，必须通过总线进行时基匹配。

控制单元测量某些同步位的持续时间，据此计算平均值并根据这个数值调整总线时钟脉冲。同步位在总线信息的静态部分中发送。系统启动后，只要 CAS 控制单元发送一个唤醒脉冲，FlexRay 总线上的两个授权唤醒控制单元之间就会开始进行同步化。该过程结束时，其余控制单元相继自动在 FlexRay 总线上注册，计算出各自的差值并进行校正。

此外，在运行期间还会对同步化进行计算校正。这样可以确保最小的时间差，从而在较长时间内不会导致传输错误。

## 本章小结

一辆汽车不管有多少个电控单元，每个电控单元都只需引出两条线共同接在两个节点上，这两条导线就称为数据总线，也称为网线。构建车载网络系统并对汽车实施网络化控制的技术体系称为车载网络技术。

车载网络按网络拓扑结构可分为线形结构、星形结构、环形结构等几种；按信息传输速率分类可分为 A、B、C、D、E 五类。

CAN 总线系统上并联有多个控制单元，可靠性高、使用方便、数据密度大、数据传输快。CAN 总线系统采用双线传输，抗干扰能力强，数据传输的可靠性高，CAN 总线中的信号是采用数字方式经铜导线传输的，其最大稳定传输速率可达 1Mbit/s。CAN 数据传输系统由一个控制器、一个收发器、两个数据传输终端以及两条数据传输线组成。

MOST 是媒体信息传送的网络标准，采用塑料光缆（POF）的网络协议。MOST 网络可以不需要额外的主控计算机系统，结构灵活、性能可靠和易于扩展，支持"即插即用"方法，在网络上可以随时添加和去除设备。MOST 网络的拓扑结构可以是环形网、星形网或菊花链。MOST 总线采用环形拓扑结构，电控单元通过光导纤维沿环形方向将数据发送到下一个电控单元，该过程可持续进行，直至首先发出数据的电控单元又接收到这些数据为止，即形成一个封闭环。

FlexRay 总线系统是一种新型通信系统，可在电气设备与机械电子组件之间实现可靠、实时、高效的数据传输，为车内分布式网络系统的实时数据传输提供了有效协议。FlexRay 总线系统是专门瞄准下一代汽车应用及"线控"应用的新型网络通信系统，最大数据传输速率为每通道 10Mbit/s。FlexRay 总线系统还支持确定性数据传输且能以容错方式进行配置。FlexRay 总线系统是一种时间触发式总线系统，它也可以通过事件触发方式进行部分数据传输。

### 思考题

1. 简述车载网络的分类。
2. CAN 总线的数据帧由哪几部分组成？
3. 简述 CAN 总线的组成。
4. 叙述 CAN 总线的数据传输原理。
5. 简述 MOST 的组成及控制原理。
6. FlexRay 总线的特性有哪些？

# 第13章 纯电动汽车电子控制技术

【本章教学要点】

| 知识要点 | 掌握程度 | 相关知识 |
| --- | --- | --- |
| 纯电动汽车电子控制技术概述 | 了解电动汽车的定义、分类<br>掌握纯电动汽车的定义,了解其特点 | 电动汽车的定义、分类<br>纯电动汽车的定义、特点 |
| 纯电动汽车电池管理系统及控制技术 | 掌握纯电动汽车电池管理系统的组成及控制方法<br>掌握电池组电压均衡器的基本形式、控制方法<br>了解典型车型的电池管理系统 | 纯电动汽车电池管理系统的概念及要求、组成及控制方法,电池组电压均衡器,典型纯电动汽车电池管理系统 |
| 纯电动汽车驱动电机系统及控制技术 | 了解纯电动汽车驱动电机系统的组成<br>掌握驱动电机常用的控制技术<br>了解驱动电机智能控制算法<br>掌握驱动电机的匹配原则、参数匹配<br>掌握电机控制器的组成、工作原理 | 纯电动汽车驱动电机系统组成,驱动电机控制技术,驱动电机系统智能控制算法,驱动电机匹配,电机控制器的功能、组成、工作原理 |
| 纯电动汽车充电技术 | 了解电动汽车充电设施及充电模式<br>熟练分析充电接口形式 | 纯电动汽车的充电设施、充电模式、充电接口 |
| 纯电动汽车整车控制器 | 熟悉整车控制器的结构及工作原理 | 纯电动汽车整车控制器的功能、技术要求、结构与工作原理 |

  汽车工业发展至今,电动汽车逐渐成为解决现有问题的答案并成为汽车发展的重要一环。电动汽车(Electric Vehicle,EV)是指以车载动力电池为能量源,全部或部分由电机驱动,符合道路交通、安全法规等各项要求的汽车。电动汽车又可分为纯电动汽车(Battery Electric Vehicle,BEV)、混合动力电动汽车(Hybrid Electric Vehicle,HEV)和燃料电池电动汽车(Fuel Cell Electric Vehicle,FCEV)。

  电动汽车中的纯电动汽车可最大幅度减低燃油消耗和改善尾气排放,顺应当今汽车安全、智能、环保的主题。纯电动汽车是指驱动能量完全由电能提供的、由电机驱动的汽车。它利用动力电池作为储能动力源,通过电池向电机提供电能,驱动电机运转,能量由电缆传递,它是涉及机械、动力学、电化学、电机学、微电子与计算机控制等多种学科的高科技产品。其最大特点就是在行驶过程中零排放、零污染、噪声小、结构简单、维修方便,同时有规模、系统地发展纯电动汽车可以有效平抑城市电网的峰谷差,效益可观。各国对纯电动汽车的发展研究投入巨大，纯电动汽车的相关技术和研发理念也日新月异，在现代电力电子技术发展下，纯电动汽车已经形成了自己独特的特点。

纯电动汽车的电子控制技术是电动汽车动力系统集成的核心部分，是体现整车企业自主知识产权和产品水平的核心技术；其技术成熟度及产品水平直接影响整车的动力性、安全性及经济性，是纯电动汽车产业化成功与否的关键技术；是促进节能与新能源汽车创新体系和产业链形成的不可或缺的关键环节，具有重要的战略意义。

纯电动汽车的电子控制技术主要由以下几个关键系统组成。

（1）**纯电动汽车电源管理系统及控制技术**　在纯电动汽车中，动力电池组作为核心部件之一，在整车制造成本中占有极高的比重，其性能的优劣也深刻影响着纯电动汽车的性能、安全与售卖。单体电池之间由于电芯材料和制作工艺等因素的制约存在不一致性，在实际应用中可能会导致电池组整体寿命的缩减甚至于在严重过充中存在爆炸的隐患。因此，纯电动汽车配有一套具有针对性的电源管理系统是必不可少的。

（2）**纯电动汽车驱动电机系统及控制技术**　电机是汽车的重要动力装置之一，电机驱动的主要任务是把电能转换为机械能，用以克服汽车行驶时受到的空气阻力、滚动阻力等。同时，电机还可以进行发电，回收机械能。纯电动汽车的驱动电机系统及其控制技术是满足纯电动汽车动力性要求的关键技术之一。

（3）**纯电动汽车充电技术**　与传统汽车以加装燃油进而提供续航不同，纯电动汽车通过对其电池进行充电来实现续航。充电技术的成熟和发展与纯电动汽车的发展息息相关。

限于篇幅，本章仅介绍纯电动汽车关键系统的电子控制技术。

## 13.1　纯电动汽车电池管理系统及控制技术

### 13.1.1　纯电动汽车电池管理系统

**1. 电池管理系统的概念及要求**

（1）**电池管理系统的定义**　电池管理系统（Battery Management System，BMS）是连接动力电池和电动汽车的重要纽带，其精准的控制和管理为动力电池的完美应用保驾护航。

电池管理系统（BMS）是指监视蓄电池的状态（温度、电压、电流、荷电状态等），可以为蓄电池提供通信、安全、电芯均衡及管理控制，并提供与应用设备通信接口的系统。

电池管理系统在电动汽车控制框图中的位置如图13-1所示。

电池管理系统和动力电池组一起组成电池包整体，与电池管理系统有通信关系的两个部件分别是整车控制器和充电机。电池管理系统通过CAN总线与电动汽车整车控制器通信，上报电池包状态参数；接收整车控制器指令，配合整车需要，确定功率输出；监控整个电池包的运行状态，保护电池包不受过放、过热等非正常运行状态的侵害；充电过程中与充电机交互，管理充电参数，监控充电过程正常完成。

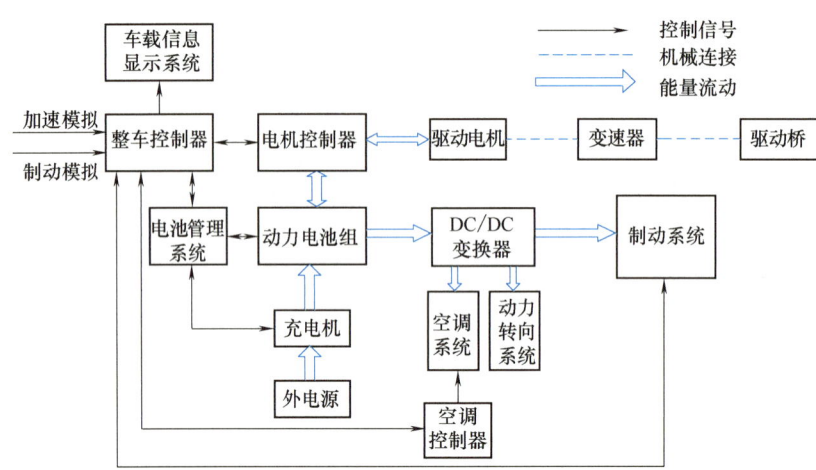

图 13-1　电池管理系统在电动汽车控制框图中的位置

**(2) 电池管理系统的要求**　电池管理系统应可实现以下的要求：

1) 电池参数检测。它包括总电压、总电流、单体电池电压检测（防止出现过充、过放甚至反极现象）、温度检测（最好每串电池、关键电缆接头等均有温度传感器）、烟雾探测（监测电解液泄漏等）、绝缘检测（监测漏电）、碰撞检测等。

2) 电池状态估计。它包括荷电状态（State of Charge，SOC）或放电深度（DOD）、健康状态（State of Heath，SOH）、功能状态（SOF）、能量状态（SOE）、故障及安全状态（SOS）等。

3) 在线故障诊断。它包括故障检测、故障类型判断、故障定位、故障信息输出等。故障检测是指通过采集到的传感器信号，采用诊断算法诊断故障类型，并进行早期预警。电池故障是指电池组、高压电回路、热管理等各个子系统的传感器故障，执行器故障（如接触器风扇、泵、加热器等），以及网络故障，各种控制器软、硬件故障等。电池组本身故障是指过电压（过充）、欠电压（过放）、过电流、超高温、内短路故障、接头松动、电解液泄漏、绝缘能力降低等。

4) 电池安全控制与报警。它包括热系统控制、高压电安全控制。BMS 诊断到故障后，通过网络通知整车控制器，并要求整车控制器进行有效处理（超过一定阈值时 BMS 也可以切断主回路电源），以防止高温、低温、过充、过放、过电流、漏电等对电池和人身的损害。

5) 充电控制。BMS 中具有一个充电管理模块，它能够根据电池的特性、温度高低以及充电机的功率等级，控制充电机给电池进行安全充电。

6) 电池均衡。不一致性的存在使得电池组的容量小于组中最小单体的容量。电池均衡根据单体电池信息，采用主动或被动、耗散或非耗散等均衡方式，尽可能使电池组容量接近于最小单体的容量。

7) 热管理。根据电池组内温度分布信息及充、放电需求，决定主动加热散热的强度，使得电池尽可能工作在最适合的温度，充分发挥电池的性能。

8) 网络通信。BMS 需要与整车控制器等网络节点通信；同时，BMS 在车辆上拆卸不方便，需要在不拆壳的情况下进行在线标定、监控、自动代码生成和在线程序下载（程序更新而不拆卸产品）等，一般的车载网络均采用 CAN 总线技术。

9）信息存储。用于存储关键数据，如 SOC、SOH、SOF、SOE、累积充放电 A·h 数、故障码和一致性等。车辆中的真实 BMS 可能只有上面提到的部分硬件和软件。每个电池单元至少应有一个电池电压传感器和一个温度传感器。对于具有几十个电池的电池系统，可能只有一个 BMS 控制器，或者将 BMS 功能集成到车辆的主控制器中。对于具有数百个电池单元的电池系统，可能有一个主控制器和多个仅管理一个电池模块的从属控制器。对于每个具有数十个电池单元的电池模块，可能存在多个模块电路接触器和平衡模块，并且从控制器像测量电压和电流一样管理电池模块，控制接触器，均衡电池单元并与主控制器通信。根据所报告的数据，主控制器将执行电池状态估计，故障诊断，热管理等。

10）电磁兼容。由于电动汽车使用环境恶劣，要求 BMS 具有好的抗电磁干扰能力，同时要求 BMS 对外辐射小。

**2. 电池管理系统的组成及控制方法**

电池管理系统（BMS）是用来对蓄电池组进行安全监控及有效管理，以提高蓄电池使用效率的装置。对于电动汽车而言，通过该系统对电池组进行充、放电的有效控制，可以达到增加续驶里程、延长使用寿命、降低运行成本的目的，并可保证动力电池组应用的安全性和可靠性。

目前，动力电池管理系统已经成为电动汽车不可缺少的核心部件之一。

**（1）基本组成及功能** 对电池管理系统功能和用途的理解是随着电动车辆技术的发展逐步丰富起来的。最早的电池管理系统仅仅进行电池一次测量参数（电压、电流、温度等）的采集，之后发展到二次参数（SOC、内阻）的测量和预测，并根据极端参数进行电池状态预警。现阶段电池管理系统除能完成数据测量和预警功能外，还可通过数据总线直接参与车辆状态的控制。

电池管理系统的主要工作原理可简单归纳为：数据采集，即电路采集电池状态信息数据后，电子控制单元（ECU）进行数据处理和分析，然后电池管理系统根据分析结果对系统内的相关功能模块发出控制指令，并向外界传递参数信息。图 13-2 为电池管理系统工作原理示意图。

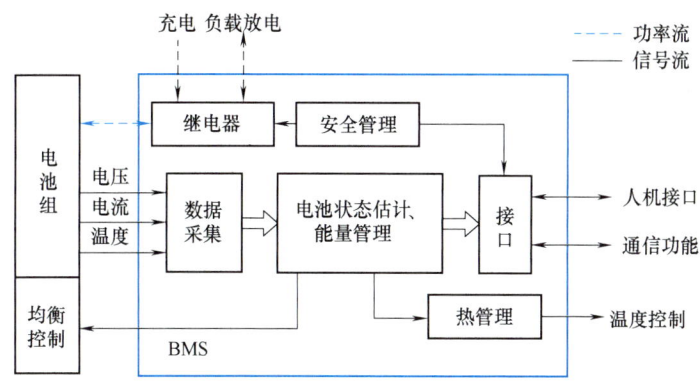

图 13-2 电池管理系统工作原理示意图

在结构上，电池管理系统一般由传感器（用于测量电压、电流和温度等）、带微处理器的控制单元和输入/输出接口等组成。

BMS最基本的作用是监控电池的工作状态（电池的电压、电流和温度，预测动力电池的SOC和相应的剩余行驶里程），管理电池的工作情况（避免出现过度放电、过度充电、温度过高和单体电池之间电压严重不平衡现象），以便最大限度地利用电池的存储能力和循环寿命。电池管理系统的核心数据处理和计算功能一般是由单片机来完成的。

在功能要求上，电池管理系统主要由数据采集、电池状态估计、能量管理、安全管理、热管理、均衡控制、通信功能和人机接口等组成。

1）数据采集：电池管理系统的所有算法都是以采集的动力电池数据作为输入，其中采样速率、精度和置滤波特性是影响电池系统性能的重要指标。电动汽车电池管理系统的采样速率一般要求大于200Hz（50ms）。

2）电池状态估计：包括电池组荷电状态SOC和电池组健康状态SOH两方面。SOC用来提示动力电池组剩余电量，是计算和估计电动汽车续驶里程的基础；SOH是用来提示电池技术状态、预计可用寿命等健康状态的参数。

3）能量管理：主要包括以电流、电压、温度、SOC和SOH为输入进行充电过程控制及以SOC、SOH和温度等参数为条件进行放电功率控制两个部分。

4）安全管理：监视电池电压、电流和温度是否超过正常范围，防止电池组过充、过放。现在在对电池组进行整组监控的同时，多数电池管理系统已经发展到对极端单体电池进行过充、过放和过温安全状态管理。

5）热管理：在电池工作温度超高时进行冷却，低于适宜工作温度下限时进行电池加热，使电池处于适宜的工作温度范围内，并在电池工作过程中总保持电池单体间温度均衡。对于大功率放电和高温条件下使用的电池，电池的热管理尤为必要。

6）均衡控制：电池的一致性差异导致的电池组的工作状态是由最差电池单体决定的。在电池组各个电池之间设置均衡电路，实施均衡控制的目的是使各单体电池充、放电的工作情况尽量一致，以提高整体电池组的工作性能。

7）通信功能：通过电池管理系统实现电池参数和信息与车载设备或非车载设备的通信，为充、放电控制，整车控制提供数据依据是电池管理系统的重要功能之一。根据应用需要，数据交换可采用不同的通信接口，如模拟信号、PWM信号、CAN总线等。

8）人机接口：根据设计的需要设置显示信息以及控制按键等。

**（2）数据采集方法**

1）单体电压检测方法。电池单体电压采集模块是动力电池组管理系统中的重要一环，其性能好坏或精度高低决定了系统对电池状态信息判断的准确程度，并进一步影响了后续的控制策略能否有效实施。常用的单体电压检测方法有以下五种。

① 继电器阵列法。图13-3所示为基于继电器阵列法的电池电压采集电路原理框图，

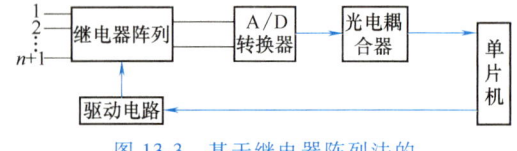

图13-3 基于继电器阵列法的电池电压采集电路原理框图

其由端电压传感器、继电器阵列、A/D转换器、光电耦合器和多路模拟开关等组成。如果需要测量$n$块电池串联成的电池组的端电压，就要将$n+1$根导线引入电池组中各节点。当测量第$m$块电池的端电压时，单片机发出相应的控制信号，通过多路模拟开关、光电耦合器和继电器驱动电路选通相应的继电器，将第$m$和$m+1$根导线引到A/D转换器。通常开关

器件的电阻都比较小，配合分压电路之后由于开关器件的电阻所引起的误差几乎可以忽略不计，而且整个电路结构简单，只有分压电阻和 A/D 转换器以及电压基准的精度能够影响最终结果的精度，通常分压电阻和 A/D 转换器的误差都可以做得很小。所以，在所需测量的电池单体电压较高且对精度要求也高的场合最适合使用继电器阵列法。

② 恒流源法。恒流源电路进行电池电压采集的基本原理是：在不使用转换电阻的前提下，将电池端电压转化为与之呈线性变化关系的电流信号，以此提高系统的抗干扰能力。在串联电池组中，由于电池端电压就是电池组相邻两节点间的电压差，故要求恒流源电路具有很好的共模抑制能力，一般在设计过程中多选用集成运算放大器来达到此目的。由于设计思路和应用场合的不同，恒流源电路会有多种不同形式，图 13-4 所示即为其中一种，它是由运算放大器和绝缘栅型场效应晶体管组合而成的减法运算恒流源电路。

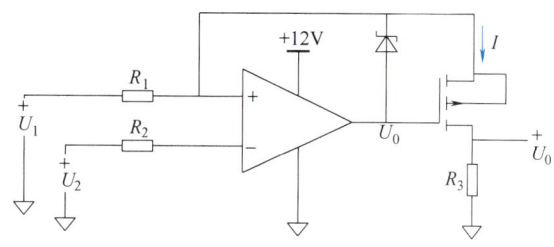

图 13-4　减法运算恒流源电路

③ 隔离运算放大器采集法。隔离运算放大器是一种能够对模拟信号进行电气隔离的电子器件，广泛用作工业过程控制中的隔离器和各种电源设备中的隔离介质。它一般由输入和输出两部分组成，二者单独供电，并以隔离层划分，信号经输入部分调制处理后经过隔离层，再由输出部分解调复现。隔离运算放大器非常适合应用于电池单体电压采集电路中，它能将输入电池端电压信号与电路隔离从而避免了外界干扰而提高系统采集精度，增强其可靠性。下面以一个典型应用实例来说明，图 13-5 所示为隔离运算放大器在 600V 动力电池组管理系统中的应用，其中共有 50 块标定电压为 12V 的水平铅蓄电池，其端电压被隔离运算放大器电路逐一采集。

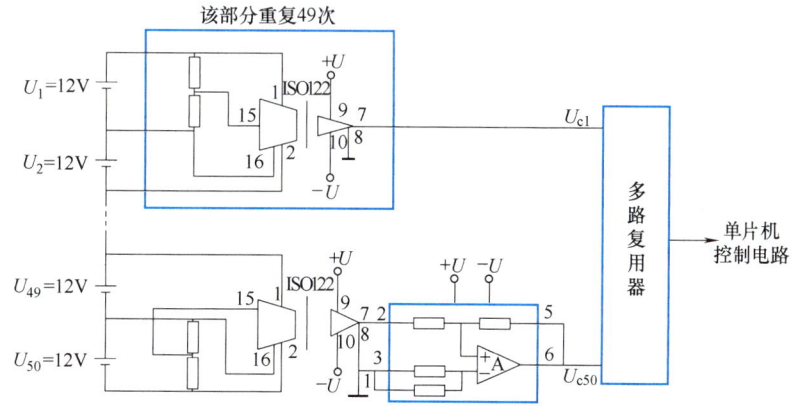

图 13-5　隔离运算放大器在 600V 动力电池组管理系统中的应用

从图 13-5 中不难发现，ISO122 的输入部分电源就取自动力电池组，输出部分电源则出自电路板上的供电模块，电池端电压经两个高精密电阻分压后输入运算放大器，与之呈线性关系的输出信号经多路复用器后交于单片机控制电路处理。隔离运算放大器采集电路虽然性能优越，但是其较高的成本影响了其应用。

④ 压/频转换电路采集法。当利用压/频（V/F）转换电路实现电池单体电压采集功能

时，压/频转换器的应用是关键，它是把电压信号转换为频率信号的器件，具有良好的精度、线性度和积分输入等。LM331 是美国 FS 公司生产的高性价比集成 VF 芯片，采用了新的温度补偿带隙基准电路，在整个工作温度范围内和低至 4V 电源电压以上都有极高的精度。

图 13-6 所示为 LM331 高精度压/频转换电路原理图，电压信号直接被转换为频率信号，即可进入单片机的计数器端口进行处理，而不需要 A/D 转换。此外，为了配合压/频转换电路在电池单体电压采集系统中的应用，相应选通电路和运算放大电路也需加以设计，以实现多路采集的功能，这种方法涉及的元器件比较少，但是压控振荡器中含有电容器，而电容器的相对误差一般都比较大，而且电容越大相对误差也越大。

⑤ 线性光电耦合放大电路采集法。基于线性光电耦合器的电池单体电压采集电路实现了

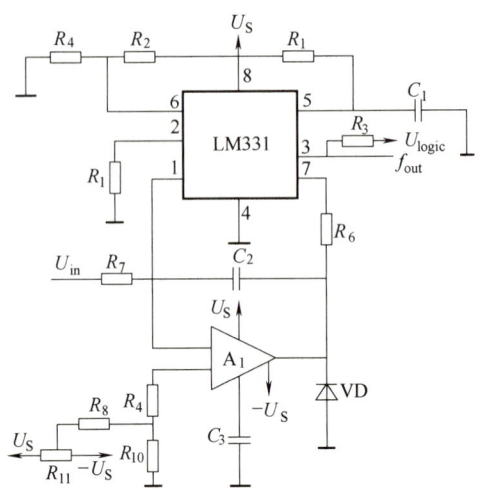

图 13-6　LM331 高精度压/频转换电路原理图

信号采集端和处理端之间的隔离，从而提高了电路的稳定性与抗干扰能力。从图 13-7 中不难看出，电池单体电压值（即 $U_1$ 与 $U_2$ 之差）经过运算放大器 $A_1$ 后被转化为电流信号 1 并流过线性光电耦合器 TIL300 经光电耦合器隔离后输出与 $I_1$ 呈线性关系的电流，再由运算放大器 $A_2$ 转化为电压值得以进行 A/D 转换并完成采集。值得注意的是，线性光电耦合器两端需要使用不同的独立电源，在图中分别标示为 +12V 和 -12V。可见，线性光电耦合器放大电路不仅具有很强的隔离能力和抗干扰能力，还使模拟信号在传输过程中保持了较好的线性度，因此可以与继电器阵列或选通电路配合应用于多路采集系统中。但其电路相对较复杂，影响精度的因素较多。

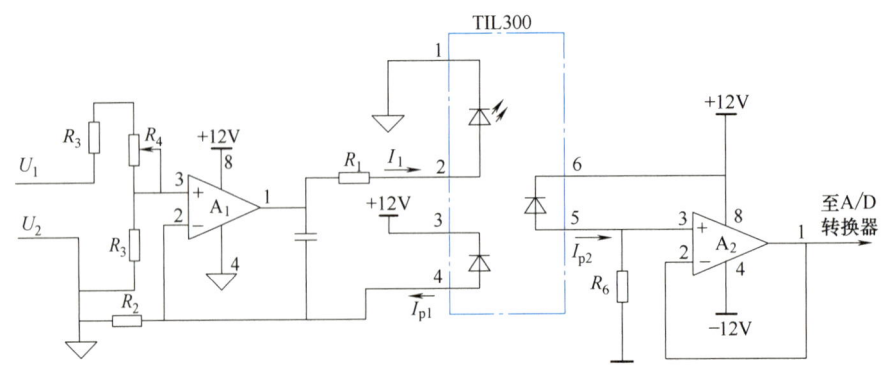

图 13-7　基于线性光电耦合器 TIL300 的电池单体电压采集电路原理图

2）电池温度采集方法。电池的工作温度不仅会影响电池的性能，而且直接关系到电动汽车使用的安全问题。因此，准确采集温度参数显得尤为重要。采集温度并不难，关键是如何选择合适的温度传感器。目前使用的温度传感器很多，比如热敏电阻、热电偶和集成温度传感器等。

① 热敏电阻采集法。热敏电阻采集法的原理是利用热敏电阻阻值随温度的变化而变化的特性，将一个定值电阻和热敏电阻串联起来构成一个分压器，从而把温度的高低转化为电压信号，再通过 A/D 转换得到温度的数字信息。热敏电阻成本低，但线性度不好，而且制造误差一般也比较大。

② 热电偶采集法。热电偶的作用原理是双金属体在不同温度下会产生不同的热电动势，通过采集这个电动势的值就可以查表得到温度的值。由于热电动势的值仅和材料有关，所以热电偶的准确度很高。但是由于热电动势都是毫伏等级的信号，所以需要放大，外部电路比较复杂。一般来说金属的熔点都比较高，所以热电偶一般均用于高温测量。

③ 集成温度传感器采集法。由于温度的测量在日常生产、生活中用得越来越多，所以半导体生产商们推出了很多集成温度传感器。这些温度传感器虽然很多都是基于热敏电阻采集法，但在生产的过程中都会进行校正，所以精度可以媲美热电偶，而且直接输出数字量，很适合在数字系统中使用。

3）电池工作电流采集方法。常用的电流检测方法有分流器检测、互感器检测、霍尔式传感器检测和光纤传感器检测四种。其中，光纤传感器昂贵的价格影响了其在控制领域的应用；分流器成本低、频率响应好，但使用麻烦，必须接入电流回路；互感器只能用于交流测量；霍尔式传感器性能好，使用方便。目前，在电动车辆动力电池管理系统电流采集与监测方面应用较多的是分流器和霍尔式传感器。

**(3) 电池状态的估计方法**　对于整个电池状态的控制、电动车辆续驶里程的预测和估计具有重要的意义。SOC 估计的常用算法如下：

1）开路电压法。开路电压法是最简单的测量方法，主要是根据电池组开路电压判断 SOC 的大小。由电池的工作特性可知，电池组的开路电压和电池的剩余容量存在着一定的对应关系。

某动力电池组的电压与容量的对应关系如图 13-8 所示，随着电池放电容量的增加，电池的开路电压降低，由此可以根据一定的充、放电倍率时电池组的开路电压和 SOC 的对应曲线，通过测量电池组开路电压的大小，估算出电池 SOC 的值。

2）容量积分法。容量积分法是指通过对单位时间内，流入、流出电池组的电流进行累积，从而获得电池组每一轮放电能够放出的电量，确定电池 SOC 的变化。

3）电池内阻法。电池内阻有交流内阻（常称交流阻抗）和直流内阻之分，它们都与 SOC 有密切关系。

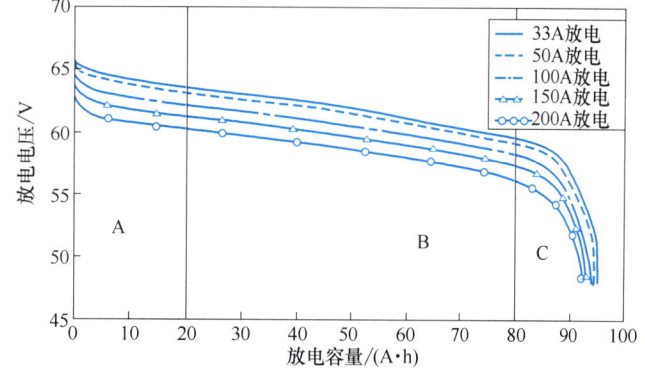

图 13-8　某动力电池组电压与容量的对应关系

交流阻抗为电池电压与电流之间的传递函数，是一个复数变量，表示电池对交流电的反抗能力，要用交流阻抗仪来测量。电池交流阻抗受温度影响较大，是对其电池处于静置后的开路状态，还是对电池在充、放电过程中进行交流阻抗测量，存在争议，所以很少在实车测量中使用。

直流内阻表示电池对直流电的反抗能力，等于在同一个很短的时间段内，电池电压变化量与电流变化量的比值。在实际测量中，将电池从开路状态开始恒流充电或放电，以相同时间内负载电压和开路电压的差值除以电流值就是直流内阻。直流内阻的大小受计算时间段影响，若时间段短于10ms，则只有欧姆内阻能够检测到；若时间段较长，则内阻将变得复杂。准确测量电池单体内阻比较困难，这是直流内阻法的缺点。在某些电池管理系统中，通常将内阻法与Ah计量法组合使用来提高SOC的估算精度。

4) 模糊逻辑推理法和神经网络法。模糊逻辑推理和神经网络是人工智能领域的两个分支。模糊逻辑推理法接近人的形象思维方式，擅长定性分析和推理，具有较强的自然语言处理能力；神经网络法采用分布式存储信息，具有很好的自组织和自学习能力。它们共同的特点是均采用并行处理结构，可从系统的输入、输出样本中获得系统输入、输出关系。电池是高度非线性的系统，可利用模糊逻辑推理法与神经网络法的并行结构和学习能力估算SOC，某动力电池组电压与容量的对应关系如图13-9所示。

5) 卡尔曼滤波法。卡尔曼滤波（Kalman filtering）法

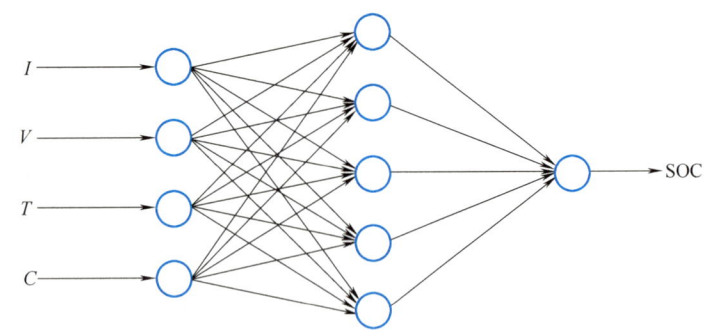

图13-9 某动力电池组电压与容量的对应关系

是一种利用线性系统状态方程，通过系统输入、输出观测数据，对系统状态进行最优估计的算法。卡尔曼滤波法的核心思想是对动力系统的状态做出最小方差意义上的最优估算。卡尔曼滤波法适用于各种电池，与其他方法相比，尤其适合于电流波动比较剧烈的纯电动汽车动力电池SOC的估计，它不仅给出了SOC的估计值，还给出了SOC的估计误差。卡尔曼滤波法的缺点是要求电池SOC估计精度越高，电池模型就越复杂，涉及大量矩阵计算，工程上难以实现且该法对于温度、自放电率以及放电倍率等因素对容量的影响考虑的不够全面。

**(4) 电池均衡控制方法** 为了克服电池不一致带来的严重影响，在电池使用中，人们强烈提出对电池进行均衡的要求。为此，近十几年来，许多电池管理系统（BMS）的研发者采用各种各样的方法来对电池进行均衡。归纳起来包括分流法（旁路法）、切断法和并联法。

1) 分流法（旁路法）。在充电时，当某一电池的充电电压超过设定值时，通过并联在该电池的电阻分流该电池的一部分电流，从而达到降低该电池充电电压的目的。这种方案，结构复杂、体积大、分流时发热量大、通用性差。此种分流方法，未必非要在电池过电压后才开始分流，可以在电压比平均电压高时就开始分流平衡。

2) 切断法。在充电时，当某一电池的充电电压超过设定值时，通过自动控制开关切断该电池的电路，同时闭合旁路开关，从而使电流绕过这块电池，继续向下一块电池充电。切断法开关个数是电池数目的2倍。切断法需要充电器配合，要求充电器能够动态适应1个电芯到全部电芯的充电，且在切换电池后要能够动态地调整充电电压、充电电流，实现恒流、恒压充电以及浮充等，对充电器的要求比较高。

3）并联法。并联法就是将电池按先并后串的连接方式使用，这也是一些电池生产厂家和电池使用者企图利用一些小容量电池组合成大容量、高电压电池组所采用的方法。电池并联后，无法测量各单体电池的电压，因而也就无法实施对电池组中各单体电池的监控。可见，采用并联法是无法实现电池组电池的均衡效果的。

（5）**热管理系统**  由于过高或过低的温度都将直接影响动力电池的使用寿命和性能，并有可能产生电池系统的安全问题，并且电池箱内温度场的长久不均匀分布将造成各电池模块、单体间性能的不均衡。因此，电池组热管理系统对于电动车辆动力电池系统而言是必需的。可靠、高效的电池组热管理系统对于电动车辆的可靠安全应用意义重大。

电池组热管理系统有以下功能：

1）电池组温度的准确测量和监控；
2）电池组温度过高时的有效散热和通风；
3）低温条件下的快速加热；
4）有害气体产生时的有效通风；
5）保证电池组温度场的均匀分布。

（6）**数据通信系统**  数据通信系统是电池管理系统的重要组成部分之一，主要涉及电池管理系统内部主控板与检测板之间的通信及电池管理系统与车载主控制器、非车载充电机等设备间的通信等。在有参数设定功能的电池管理系统上，还包括电池管理系统主控板与上位机的通信。CAN 通信方式是现阶段电池管理系统通信应用的主流，在国内外大量产业化的电动汽车电池管理系统以及关于电池管理系统数据通信标准中均提倡采用。RS232、RS485 等方式在电池管理系统内部通信中也有应用。

图 13-10 所示为车载运行模式下电池管理系统的结构。该系统可实现单体电池电压检测、电池温度检测、电池组工作电流检测、绝缘电阻检测、冷却风机控制、充放电次数记录、电磁和 SOC 的估测等功能。其中，RS232 主要实现主控板与上位机或手持设备的通信，完成主控板、检测板各种参数的设定；RS485 主要实现主控板与检测板之间的通信，完成主控板电池数据、检测板参数的传输；CAN 通信分为 $CAN_1$ 和 $CAN_2$ 两路，$CAN_1$ 主要与车载主控制器通信，完成整车所需电池相关数据的传输；$CAN_2$ 主要与车载仪表、非车载充电机通信，实现电池数据的共享，并为充电控制提供数据依据。

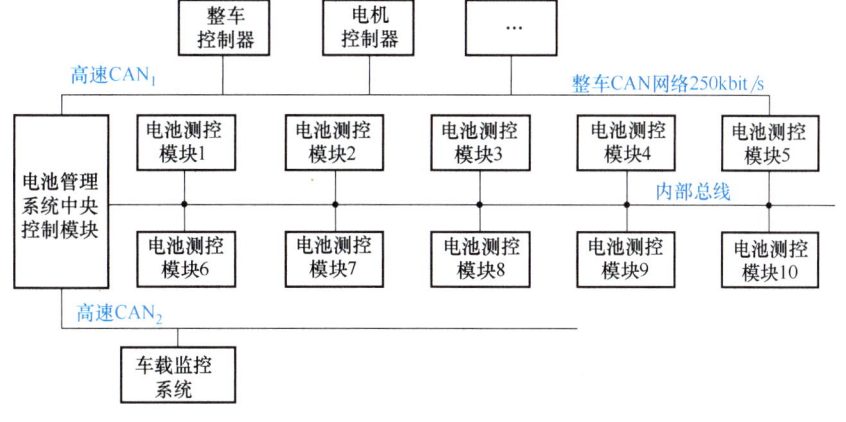

图 13-10  车载运行模式下电池管理系统的结构

通过高速 $CAN_1$ 将实时的、必要的电池状态告知整车控制器以及电机控制器等设备，以便采用更加合理的控制策略，其既能有效地完成运营任务，又能延长电池使用寿命。同时，电池管理系统（中央控制模块）通过高速 $CAN_2$ 将电池组的详细信息告知车载监控系统，完成电池状态数据的显示和故障报警等功能，为电池的维护和更换提供依据。

在应急充电模式下，电池管理系统结构如图 13-11 所示，充电机实现与电动汽车的物理连接。此时的车载高速 $CAN_2$ 加入充电机节点，其余不变。充电机通过高速 $CAN_2$ 了解电池的实时状态，调整充电策略，实现安全充电。

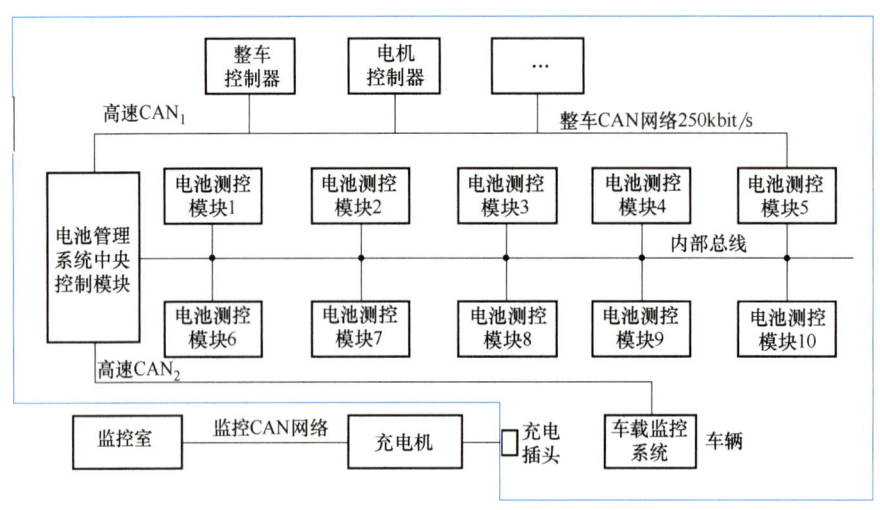

图 13-11　应急充电模式下电池管理系统的结构

### 13.1.2　电池组电压均衡器

电池组电压均衡器实质上是一个功率电子控制器，均衡每个电池中的电压。此外，通过一些其他方法，例如测量实际容量和每个电池的内部电阻（瞬时 SOC 计算），也可以平衡每个电池的 SOC。在每个电池的充电和放电期间，即使在容量和内部电阻高度分散的条件下仍具有相同的 SOC。如果所有的电池具有相同 SOC 利用率，它们就可以在整个电池组的平均水平同步退化。如果可以这样的话，那么所有的电池将在电池组整个寿命期间具有相同的容量。那么就能避免只要一个电池到达寿命，而导致整个电池组的循环寿命过早结束。如果 SOC 均衡后，仍然存在某些电池更快退化的情况，均衡器将进一步降低这些电池的电流需求，从而减少需求和退化。

均衡器的基本形式有电阻式、电感-电容式、电容式和电感式等。

**1. 电阻式均衡器**

在较高电压的电池中，电阻式均衡器能够轻松地清除多余的电能，如图 13-12 所示。因此，

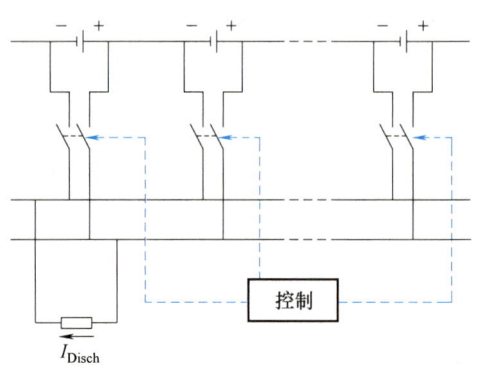

图 13-12　典型电阻式均衡器

它们最为便宜,被广泛地用于笔记本计算机的电池中。很明显,由于自身的发热问题,电阻式均衡器往往具有 30~500mA 范围的低均衡电流,且只在充电和浮选的最后阶段工作。另外,由于电池应避免在高温下工作,同时,由于结构的原因,所有的均衡电流均被转换成热能,这样的均衡器结构不推荐用于高可靠性的动力电池组。

### 2. 电容式均衡器

如图 13-13 所示,电容式均衡器使用投切电容器,从较高电压电池转移能量至较低电压的电池。切换电池间的电容,使每个电池物理上具有相同的电压。电容式均衡器表现出比电阻式均衡器更高的电流能力。

电容式均衡器能相当简单地实现。同时,电容式均衡器的主要缺点是,无法控制励磁涌流,在电池电压差异大的情况下,会导致具有潜在破坏性的纹波电流流入电池。因此,在均衡 SOC 时它们不允许任何电压差。

### 3. 电感式均衡器

如图 13-14 所示,电感式均衡器或以变压器为基础的均衡器使用电感器,从高电压电池将能量转移到较低电压电池。其实,这是高端均衡器使用最广泛的组合,能够满足大多数用于车辆的能量存储需求:高均衡电流、高效率,且配置可控。

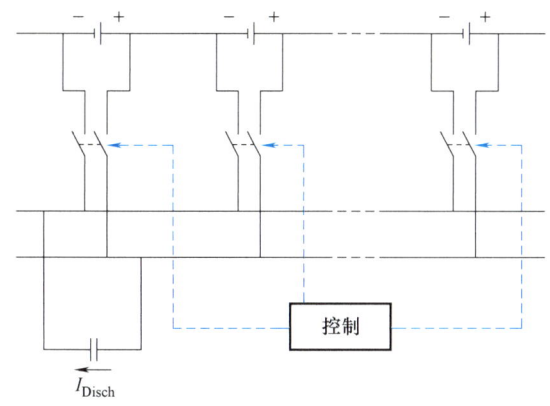

图 13-13 典型电容式均衡器

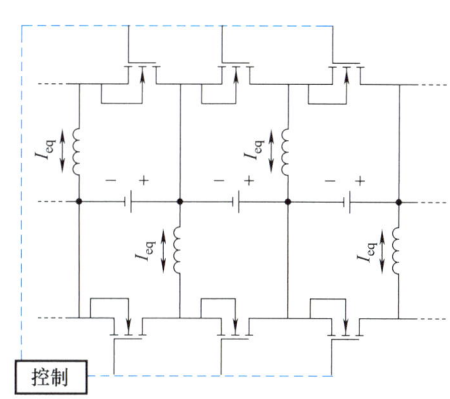

图 13-14 典型电感式均衡器

电感式均衡器允许控制器不依赖于电池电压而补偿电池的内部电阻,并且能够提高均衡电流。另一方面,需要一些附加的组件以避免纹波电流进入电池。通常,这种配置每个电池需要两个开关(加上驱动和控制)。另外,由于开关损耗,电流的分布趋向于高度集中在相邻的电池。因此,高电压电池将最大限度在相邻电池间分配电流,而不是平均地分布在电池组的所有电池中。在这种情况下,以更高的处理能力和少量额外费用为代价,传统的 50% 占空比切换方案可以由多个全面方案来代替。

### 4. Cuk 均衡器

Cuk 均衡器正如其名称,是一个电感—电容式均衡器,主要基于 Cuk 均衡器的拓扑结构。Cuk 均衡器拥有几乎所有的积极特性,外加一个非常小的纹波电流。然而,它需要在电力电容器和双级开关(更高的电压和电流处理)花费额外费用。图 13-15 所示为一个典型

Cuk 均衡器的示意图。

Cuk 均衡器不会导致由于串联电容器而引起附加损耗，比传统电感式均衡器效率略低。与电感式均衡器类似，当 Cuk 均衡器分配电池中的均衡电流时同样会表现出一系列问题。Cuk 均衡器以额外的处理能力为代价，具有较高的电流和复杂的控制功能。

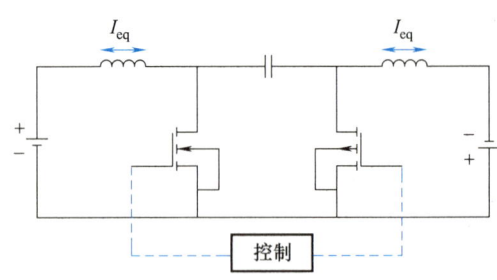

图 13-15　典型 Cuk 均衡器

### 13.1.3　众泰 E30EV 纯电动汽车电池管理系统

众泰 E30EV 纯电动汽车的电池管理系统主要由电池管理系统（BMS）、维修开关及动力电池等组成。众泰 E30EV 纯电动汽车将电池管理系统控制单元与动力电池统一集成安装在动力电池包中。

如图 13-16 所示，众泰 E30EV 纯电动汽车 EV-BMS 由 1 个电池管理主控单元（BCU）和 1 个电池管理从控单元（BMI21S）构成。

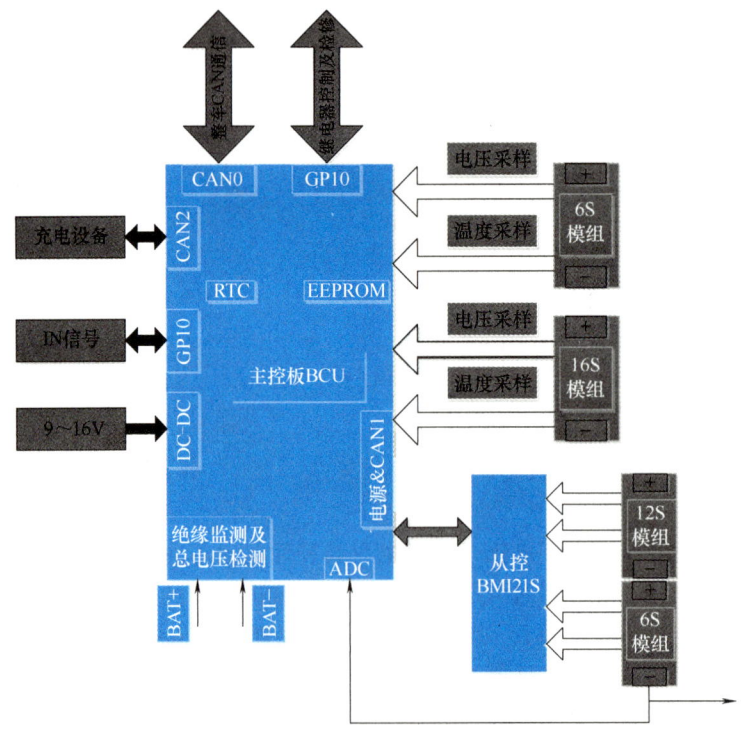

图 13-16　众泰 E30EV 纯电动汽车 EV-BMS 系统连接框图

众泰 E30EV 的电池管理系统 EV-BMS 主要有如下功能：
1) 电池单体电压及电池组总电压检测（40 个单体电压及总电压）；
2) 电池组温度检测及热管理（10 个外部温度点检测及 2 路内部温度检测，加热控制电路）；

3) 电池组充放电电流的检测（分流器）；

4) 3 路 CAN 通信（整车 CAN、内部 CAN、预留快充 CAN）；

5) 管理系统供电电源检测，系统上电控制（ACC&ON& 慢充），延时掉电等功能；

6) 电池组高压模块的管理（总正 & 慢充，总负，预充，加热）；

7) 电池组故障诊断（包含但不限于过电压、欠电压、过电流、过温、绝缘、SOC 过低 CAN 通信、预充电失败、继电器故障等）；

8) 电池组 SOC 估算；

9) 在线软件升级功能；

10) 外部控制信号的检测（高电压接插件状态，唤醒信号等）；

11) 电池组漏电检测；

12) 慢充及快充检测接口（国标）；

13) EV-BMS 数据存储功能；

14) 单体电芯均衡功能；

15) 充电管理（交流充电和直流充电）；

16) 实时最大允许充放电功率或电流估算。

## 13.2 纯电动汽车驱动电机系统及控制技术

### 13.2.1 电动汽车用电机概述

随着新能源汽车的迅速发展，电机已经成为汽车的重要动力装置之一，包括纯电动汽车、混合动力电动汽车和燃料电池电动汽车所用的直流电机（DC Motor）、交流感应电机（AC Induction Motor，AIM）、永磁电机（Permanent Magnet Motor，PMM）和开关磁阻电机（Switched Reluctance Motor，SRM）等，见表 13-1。其中永磁电机还包括永磁同步电机（Permanent Magnet Synchronous Motor，PMSM）和永磁无刷直流电机（Brushless DC Motor，BLDCM）。

表 13-1 电动汽车常用驱动电机类型

| 特性 | 直流电机 | 交流感应电机 | 永磁电机 | 开关磁阻电机 |
| --- | --- | --- | --- | --- |
| 功率密度 | 低 | 中 | 高 | 较高 |
| 转矩转速特性 | 一般 | 好 | 好 | 好 |
| 转速范围/(r/min) | 4000~6000 | 9000~20000 | 4000~15000 | >15000 |
| 易操作性 | 最好 | 好 | 好 | 好 |
| 可靠性 | 差 | 好 | 一般 | 好 |
| 结构的坚固性 | 差 | 好 | 一般 | 好 |
| 尺寸及重量 | 大、重 | 一般、一般 | 小、轻 | 小、轻 |

直流电机在低速时的转矩较大且容易控制，所以早期的电动汽车都采用直流电机驱动系统，但直流电机的换向器和电刷需定期维护。目前，随着技术的发展，许多先进的电机驱动技术显示出优于直流电机的性能，它们在高效率、高功率密度、有效的再生能量回馈、坚固

性、可靠性和免维护性等方面具有明显的优势。在这些电机中，矢量控制的感应电机最受欢迎，技术也最成熟，但其缺点是在小负荷范围内效率低。永磁无刷电机比其他电机的效率和功率密度都高，但在高速恒功率工作区很难进行弱磁控制。永磁混合式无刷电机是一种特殊的永磁无刷电机，这种电机加入了励磁绕组，永磁磁通分量和励磁磁通分量在气隙中叠加形成气隙磁通，气隙磁通可通过调节励磁电流来控制，因而这种电机在宽转速范围内具有最佳效率。开关磁阻电机在电动汽车上也很有应用前景，因为它自身的结构和相应的功率转换器的结构都非常简单可靠，且转速范围宽、散热能力强，能在各种环境下工作并且再生制动的能量回收效率高，但必须解决转矩脉动和噪声问题。

电动汽车中常用的电机主要有直流电机、交流感应电机、永磁电机、开关磁阻电机等类型，其特点见表13-1。

电机驱动的主要任务是把电能转换为机械能，使汽车能克服空气阻力、滚动阻力和加速阻力而前进，同时电机还可以发电，回收机械能。电动汽车对驱动电机的要求主要包括：

1）电动汽车用电机应具有瞬时功率大、加速性能好、过载能力强（过载3~4倍）、使用寿命长等特点。

2）电动汽车用电机调速范围宽，包括恒转矩区和恒功率区。要求在低速运行时可以输出恒定大转矩，来适应快速起动、加速、负荷爬坡等要求；高速时能够输出恒定功率，有较大的调速范围，以适应平坦的路面超车等高速行驶要求。

3）在汽车减速时，电动汽车用电机应能够实现再生制动，将能量回收并反馈回电池，使得电动汽车具有最佳的能量利用率。

4）在整个运行范围内，电动汽车用电机应使驱动系统效率达到最优化，以降低驱动系统损耗，提高一次充电的续驶里程。

由电机和变速器构成的电动汽车动力系统，可获得不同的高转矩、低转速和恒功率、高转速动力特性，实现汽车行驶对动力的不同需求。电动汽车的驱动系统灵活多样，可采用单电机或多电机驱动，可选用或不用变速器，可选用或不用差速器，可选用轴式电机或轮边电机等驱动系统结构。

汽车在各种行驶工况下行驶时，所需的转矩和功率是行驶速度的函数，取决于不同车速行驶时所遇到的行驶阻力。电机的转矩转速特性必须满足汽车的这种需要。在电机的工作转速范围内，转矩与转速成反比，转矩特性是一条双曲线，转速低时转矩大，转速高时转矩小这种特性比较接近汽车的行驶工况。但是各种电机的转矩特性与这种理想特性是有区别的，通常是通过采用控制系统或者变速系统对电机的输出工作特性进行调控，使其满足汽车的行驶工况要求。

## 13.2.2　纯电动汽车驱动电机系统

**1. 驱动电机系统组成**

纯电动汽车的驱动电机系统（Drive Motor System）的任务是在驾驶人的控制下，将蓄电池的能量高效转化为车轮的动能，或者将车轮上的动能反馈到蓄电池中。从驱动电机的类型来看，驱动电机系统可分为直流电机驱动系统和交流电机驱动系统。从功能的角度看，驱动电机系统由电气和机械两大系统组成，其中，电气系统由驱动电机、功率转换器和驱动电控制器三个子系统组成；而机械系统主要包括机械传动装置和车轮，其系统结构框图如图 13-17 所示。

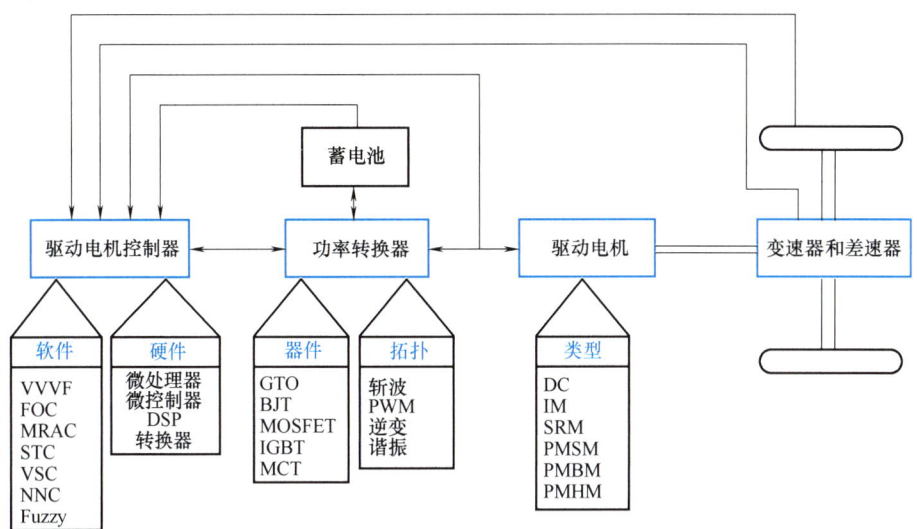

图 13-17　纯电动汽车驱动电机系统结构框图

【小提示】

图 13-17 中所示的英文缩写含义如下：

VVVF（Variable Voltage and Variable Frequency）表示变频变压；

FOC（Field Oriented Control）表示磁场矢量控制；

MRAC（Model Reference Adaptive Control）表示模型参考自适应控制；

STC（Self Tuning Control）表示自校正控制；

VSC（Variable Structure Control）表示变结构控制；

NNC（Neural Network Controller）表示神经网络控制器；

Fuzzy 表示模糊控制；

GTO（Gate Turn-off Thyristor）表示门极关断晶闸管；

BJT（Bipolar Junction Transistor）表示双极结型晶体管；

MOSFET（Metal Oxide Semiconductor Field Effect Transistor）表示金属氧化物半导体场效应晶体管；

IGBT（Insulated Gate Bipolar Transistor）表示绝缘栅极双极型晶体管；

MCT（MOS Controlled Thyristor）表示 MOS 控制晶闸管；

DC（DC Motor）表示直流电动机；

IM（Induction Motor）表示感应电机；

SRM（Switched Reluctance Motor）表示开关磁阻电机；

PMSM（Permanent Magnet Synchronous Motor）表示永磁同步电机；

PMBM（Permanent Magnet Brushless Motor）表示永磁无刷电机；

PMHM（Permanent Magnet Hybrid Motor）表示永磁混合电机。

驱动电机控制器分为三个功能模块：传感器、调理驱动电路与处理器。传感器测得电流、电压、温度、速度、转矩以及电磁通等，转变为电信号，通过调理驱动电路把这些电信号输入到处理器。处理器的输出信号通常经过调理驱动电路放大，驱动功率转换器的半导体元器件。在驱动和能量再生过程中，通过功率转换器调节能量源与电机之间的能量流动。

**2. 纯电动汽车驱动电机控制技术**

（1）直流电机控制

1）直流电机的工作原理。直流电机具有起动快、制动及时、可在大范围内平滑调速、控制电路相对简单等特点。直流电机主要由定子、转子、换向器和电刷4个部分组成，如图13-18所示。常见的直流电机定子为一对南北极的磁铁，转子为线圈绕组，换向器是固定在转子上的两个金属半环，电刷由弹簧片制作，压紧在换向器上，转子转动时直流电源通过电刷和换向器向转子线圈供电。

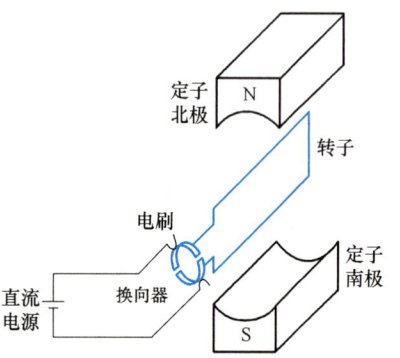

图13-18 有刷直流电机的结构

直流电机的基本工作原理如图13-19所示。图13-19a所示为电机正转的情形，电源极性为上正下负，电流首先从转子线圈的顶端流进，然后从转子线圈的底端流出，形成环形电流，根据右手法则，线圈产生从右往左的磁力线，相当于产生了一对左北（N）右南（S）的等效"转子磁铁"，"转子磁铁"在定子磁铁的吸引下，拖动转子逆时针转动。相同的原理，图13-19b所示为电机反转的情形，电源极性为下正上负，电流首先从转子线圈的底端流进，然后从转子线圈的顶端流出，根据右手法则，线圈产生从左往右的磁力线，相当于产生了一对右北（N）左南（S）的等效"转子磁铁"，"转子磁铁"在定子磁铁的吸引下，拖动转子顺时针转动。

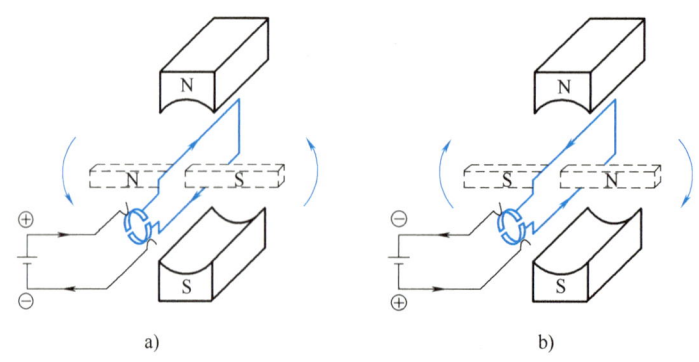

图13-19 直流电机的基本工作原理
a）电源上正下负、电机正转 b）电源下正上负、电机反转

根据上面的分析可知，只要改变电源的供电方向，即可改变直流电机的转动方向。

另外，在拖动负载不变的情况下，直流电机的转速和电源电压成正比，那么只要在驱动电路中改变电压的大小，即可改变电机的转速。

直流电机驱动系统的直流电机控制器通常采用斩波控制器，斩波控制器通过控制电枢电压实现对电机转速控制；在恒功率区，保持电枢电压不变，通过控制励磁电流实现对电机转矩和转速的控制。

2）斩波控制器基本原理。将一个固定的直流电压变化成另一个直流电压称为DC/DC变换。实现这种变化的装置称为DC/DC变换器或者斩波电路。为了简化分析，假设下面条件成立：开关（比如MOSFET）是理想开关；忽略感抗和容抗产生的损耗；电源内阻为零且有很强的滤波能力；输出级有一个滤波电路，且负载可以用一个等效电阻代替；直流电机可用一个直流电压、一个电阻和电感来代替。在这种电路中输入电压是固定的，可以通过控制开关的导通和关断时间 $t_{on}$ 和 $t_{off}$ 来控制输出电压的平均值。图13-20所示为直流电机驱动系统工作原理示意图。当导通时间变换时，其输出的平均电压随着改变，因此通过改变导通时间调节输出电压的大小，即

$$U_O = \frac{1}{T}\int_0^{T_s} u_O(t)\mathrm{d}t = \frac{1}{T}\left(\int_0^{t_{on}} U_D \mathrm{d}t + \int_{t_{on}}^{T_s} 0\mathrm{d}t\right) = \frac{t_{on}}{T_s}U_D = DU_D \tag{13-1}$$

式中，$T$ 为一个PWM周期；$U_D$ 为导通电压；$D$ 为占空比。

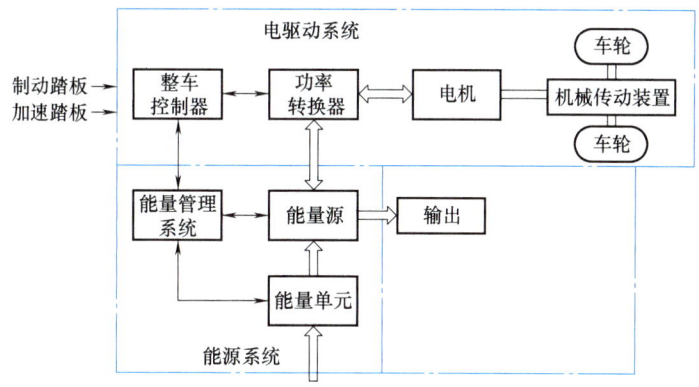

图13-20 直流电机驱动系统工作原理示意图

最常用的斩波电路有升压式、降压式、升降压式、库克式及全桥式五种。这里主要介绍升压式斩波电路。

图13-21所示的电路有两个缺点：

① 各元器件不可能是理想器件，电路中有电感储能，在开关的瞬间很有可能将开关损坏；

② 输出电压 $U$ 在 $U_D$ 和 0 之间来回变换，这在工程应用中是不允许的。

为了克服上述缺点，常采用图13-22所示的升压式斩波电路。

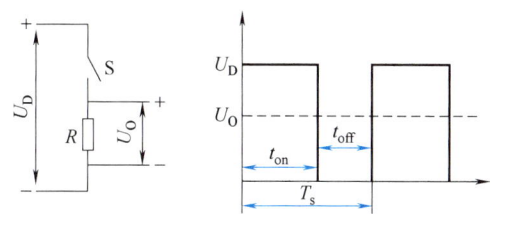

图13-21 DC/DC基本变换电路

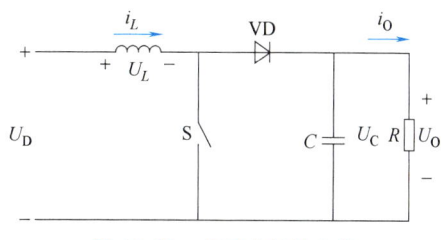

图13-22 升压式斩波电路

工作原理：当开关 S 导通时，二极管 VD 反偏，隔断输出级与输入级的电路。当开关 S 断开时，电源与电感储能一起给负载供电，只要电容 C 足够大，就能保证输出电压波动在要求范围内。其开关 S 导通和断开的等效电路如图 13-23 所示。

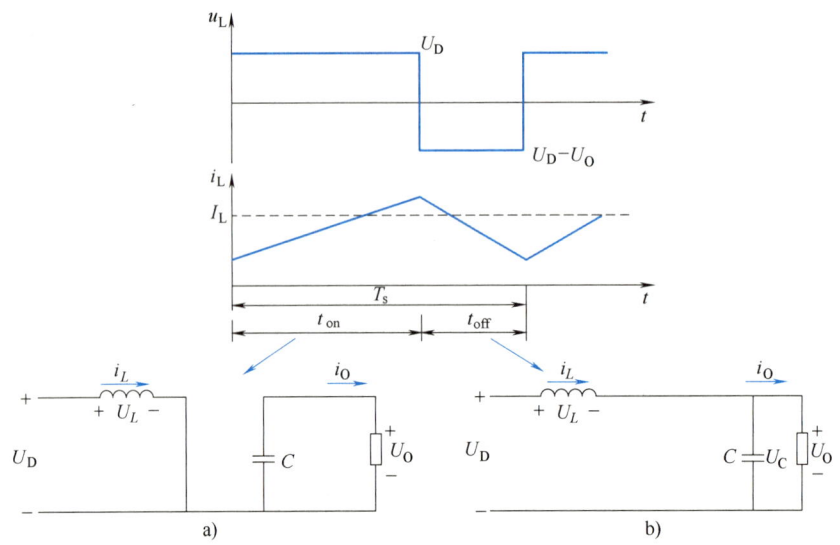

图 13-23　连续电流导电模式的导通与断开
a) 导通　b) 断开

在一个 $T_s$ 周期内，电感两端电压对时间积分为零，得

$$\frac{U_O}{U_D}=\frac{T_s}{t_{off}}=\frac{1}{1-D} \tag{13-2}$$

假设电流为理想电路，则无损耗，输出功率应等于输入功率，则有

$$U_D I_D = U_O I_O \tag{13-3}$$

联立式（13-2）与式（13-3），得

$$\frac{I_O}{I_D}=1-D \tag{13-4}$$

当开关闭合时，$U_D \rightarrow L \rightarrow S$ 构成回路，等效电路如图 13-23a 所示，输入电流流过电感，二极管 VD 防止电容对地放电，此过程电源 $U_D$ 对电感充电，电感存储了电源的能量。当开关断开时，$U_D \rightarrow L \rightarrow VD \rightarrow C$ 构成回路，等效电路如图 13-23b 所示，由于前一个阶段电感 L 上已经存储了部分能量，此阶段电源 $U_D$ 与电感同时对电容充电，此时电容两端的电压 $U_C$ 大于电源电压 $U_D$，当电容取合适值时，可保证在开关连续导通、闭合过程中电容两端电压纹波在定值范围内，从而达到升电压的效果。

（2）交流感应电机控制

1）交流感应电机驱动系统组成。图 13-24 所示为交流感应电机控制原理示意图。与直流电机驱动不同，交流感应电机需要逆变器将直流变成交流，DC/AC 变换器通常称为逆变器，逆变器通常分为电压输入式和电流输入式。由于电压输入式逆变器结构简单且能进行双向能量转换，所以电动汽车上几乎只使用这种逆变器。典型的三相全桥电压输入式逆变器如图 13-25 所示。根据不同的需要，其输出波形可以为方波、六步式或是脉宽调制波形。比如，可以为永磁无刷直流电机输出方波，可为感应电机输出脉宽调制波形。脉宽调制波形的谐波合适，且它的基本量和频率在转速控制时变化平缓，适于感应电机的控制。

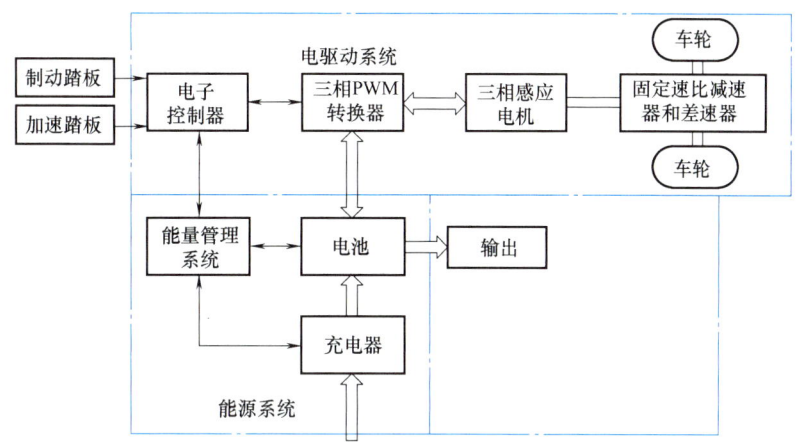

图 13-24　交流感应电机控制原理示意图

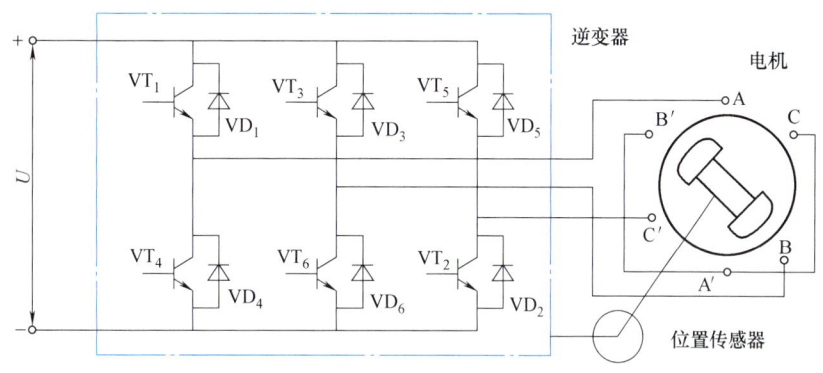

图 13-25　三相全桥电压输入式逆变器

2）直接转矩控制。交流电机驱动控制常用的控制方法包括变频变压控制、磁场定向矢量控制和直接转矩控制，这里主要介绍直接转矩控制。

近年来，直接转矩控制逐渐发展成为一种新型的高性能的交流变频调速技术。1985 年德国鲁尔大学 Depenbrock 教授首次提出了直接转矩控制理论，并在 1987 年把它推广到弱磁调速范围。它的控制方式主要有两种。

其一是使定子磁链依照正六边形轨迹运动，与其他方式相比，它的主要优点是控制方式结构简单，容易实现，在输出同样的频率时元器件开关次数最少，开关损耗也小，因而广泛应用于要求元器件开关频率不能太高的大功率场合。其缺点是由于在这种方法中定子磁链是按照六边形轨迹运动的，故电压、电流波形畸变比较严重，低速时转矩脉动较大，会在一定程度上限制直接转矩控制的性能发挥。

其二是日本学者 Takahashi 提出的一种定子磁链运动轨迹近似为圆形的控制方案。这种方法通过实时计算电机转矩和磁链的误差，结合电机定子磁链的空间位置来选择相应的开关矢量。由于磁链运动轨迹近似为圆形，在一定程度上减少了电压、电流中的谐波含量，但控制系统更复杂一些。这种控制方式能充分发挥新型电力电子器件的开关频率优势，因而在中小功率场合获得广泛应用。

直接转矩控制是将电机输出转矩作为控制对象，通过控制定子磁场矢量控制电机转速，不需要复杂的坐标变换和转子数学模型，只是通过控制PWM型逆变器的导通和切换方式，控制电机的瞬时输入电压，改变磁链的旋转速度来控制瞬时转矩，使系统性能对转子参数呈现鲁棒性。

直接转矩控制系统组成原理如图13-26所示，主要包括磁链调节器、转矩调节器、磁链和转矩观测器、转速调节器等。其中，磁链观测器对磁链的观测是否准确对整个控制系统的稳定性有着举足轻重的作用，而开关策略和磁链、转矩调节是先进控制算法的核心部分。

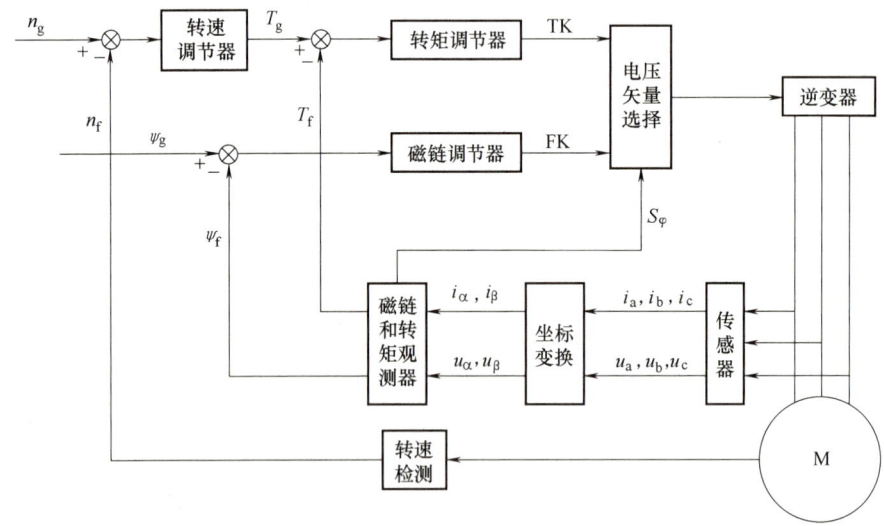

图13-26　直接转矩控制系统组成原理

① 磁链观测器：定子磁链观测器的准确性，可以说是直接转矩控制技术实现的关键。定子磁链无论是幅值还是相位，若出现较大的误差，控制性能都会变坏，或者出现不稳定。解决磁链问题较为通用的方法为间接测量方法，即通过测量定子电压、定子电流和转速等建立定子磁链的观测模型，在控制中实时准确算出定子磁链的幅值和相位。常用的磁链观测模型有基于定子电压和电流的磁链观测模型、基于定子电流和转速的磁链观测模型以及基于定子电压和转速的磁链观测模型。

② 磁链调节器：控制定子磁链在给定值的附近变化，输出磁链控制信号。

③ 转矩观测器：任务是用状态检测转矩模型，完成电磁转矩的计算。

④ 转矩调节器：任务是实现对转矩的直接控制。为了控制转矩，转矩调节器必须具备两个功能：转矩调节器直接调节转矩；在调节转矩的同时，控制定子磁链的旋转方向，以加强转矩的调节。

⑤ 转速调节器：在直接转矩控制系统中，主要是通过控制电压空间矢量来控制转速，从而控制转矩。而转矩的控制又成为转速控制的基础，故在系统中应用闭环控制，闭环控制系统具有简洁、直观等特点。从传感器中引出转速反馈信号与转速给定信号做比较后送入PI调节器，调节器的输出直接作为转矩的给定值，便可以实现转速的闭环控制。

直接转矩控制过程：通过传感器检测得到定子电流、电压的分量，然后通过磁链观测器和转矩观测器分别获得定子磁链的实际值和转矩的实际值，将定子磁链的实际值与给定值输入磁链调节器，通过滞环比较器实现磁链的自控制。与通过速度测量得到的转速之差，经过转速调节器得到转矩给定值，将转矩的实际值与给定值输入转矩调节器，实现转矩的自控制。

直接转矩控制具有以下主要特点：

① 直接转矩控制直接在定子坐标系下分析交流电机的数字模型，控制电机的磁链和转矩。它不需要将交流电机与直流电动机做比较、等效和转化。它既不需要模仿直流电动机的控制，也不需要为解耦而简化交流电机的数学模型。它省掉了矢量旋转变换等复杂的变换和计算。因此，它所需要的信号处理工作特别简单。

② 直接转矩控制采用空间矢量的概念来分析三相交流电机的数学模型和控制各物理量，使问题变得特别简单明了。与矢量控制的方法不同，它不是通过控制电流、磁链等来间接控制转矩，而是把转矩直接作为被控量，直接控制转矩。因此它不用获得理想的正弦波波形，也不专门强调磁链完全理想的圆形轨迹。相反，从控制转矩的角度出发，它强调的是转矩的直接控制效果，因而采用离散的电压状态和六边形磁链轨迹或近似圆形磁链轨迹的概念。

③ 直接转矩控制磁通估算所用的是定子磁链，只要知道定子电阻就可以把它观测出来。而磁场定向矢量控制所用的是转子磁链，观测转子磁链需要知道电机转子电阻和电感。因此，直接转矩控制大大减少了矢量控制技术中控制性能易受参数变化影响的问题。

④ 直接转矩控制技术对转矩实行直接控制。它的控制效果不是取决于电机的数学模型是否能够简化，而是取决于转矩的实际状况，它的控制既直接又简化。因此，从理论上看，直接转矩控制具有矢量控制所不及的转子参数鲁棒性和结构上的简单性。然而在技术实现上，直接转矩控制往往很难体现出优越性来，调速范围不及矢量控制宽，其根源主要在于其低速转矩特性差、稳态转矩脉动的存在及带负载能力的下降，这些问题制约了直接转矩控制进入实用化的进程。直接转矩控制也存在不足，逆变器的 PWM 采用电压空间矢量控制方式，性能优越，但同时不可避免地产生了转矩脉动、调速性能降低的问题。此外，该方法对逆变器开关频率提高的限制较大，定子电阻对电机低速性能也有较大影响，如在低速区，定子电阻的变化会引起定子电流和磁链的畸变，以及转矩脉动、死区效应和开关频率等问题。

（3）永磁电机控制　永磁电机包括永磁同步电机和无刷直流电机，该类型电机具有体积小、重量轻、功率密度大、低速输出转矩大、精度高、效率高、噪声小、维护简单等优点，但是在高速运行时比异步电机复杂，需要检测转子磁极位置；另外，永磁体还存在退磁问题，造价也较高。目前，研究重点是位置检测、换向和控制，可以表现为以下几方面：换向逻辑的分析和确定、脉动转矩的削弱、无位置传感系统、新型控制策略。控制策略的研究包括变结构控制、模糊控制与 PID 控制相结合的控制，以及各种全局优化方法与模糊控制方法的结合。这里主要介绍无刷直流电机的控制。

1）无刷直流电机的工作原理。无刷直流电机的工作原理与有刷直流电机基本相同，利用电机转子位置传感器输出信号控制电子换相线路去驱动逆变器的功率开关器件，使电枢绕组依次馈电，从而在定子上产生不连续的旋转磁场，拖动电机转子旋转。同时，随着电机转子的转动，转子位置传感器又不断送出位置信号，以不断地改变电枢绕组的通电状态，使得在某一磁极下导体中的电流方向保持不变，继而驱动电机，如图 13-27 所示。

2）无刷直流电机的控制。按照无刷直流电机的控制方法可以分为有位置传感器控制和

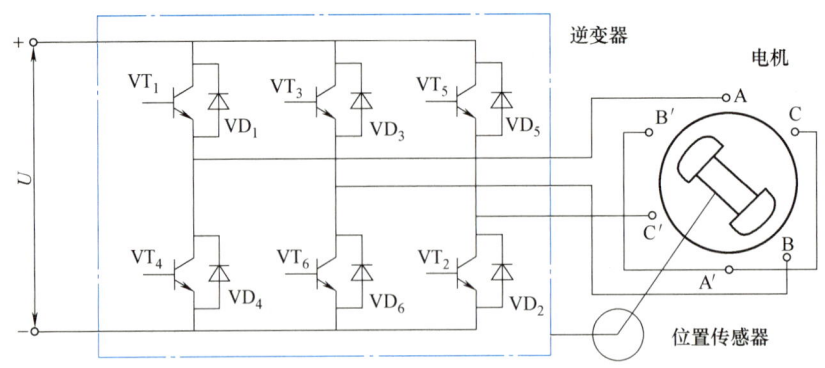

图 13-27　无刷直流电机的工作原理图

无位置传感器控制。

有位置传感器控制是指在无刷直流电机定子上安装位置传感器来检测转子旋转过程中的位置，将转子磁极的位置信号转换成电信号，为电子换相电路提供正确的换相信息，以此控制电子换相电路中功率开关管的开关状态，保证电机各相按顺序导通，在空间形成间断式的旋转磁场，驱动永磁转子连续不断地旋转。无刷直流电机中常用的位置传感器有霍尔式位置传感器、磁敏晶体管位置传感器及光电式位置传感器等。

无位置传感器控制，无须安装传感器，使用场合广泛，相对于有位置传感器控制有较大的优势，因此，无刷直流电机的无位置传感器控制已逐渐成熟。无刷直流电机的无位置传感器控制中，不直接使用转子位置传感器，但在电机运转过程中，仍然需要转子位置信号，以控制电机换相。因此，如何通过软硬件间接获得可靠的转子位置信号，成为无刷直流电机无位置传感器控制的关键。转子位置信号检测方法主要利用检测定子电压、电流等容易获取的物理量实现转子位置的估算，例如反电动势法、电感法、电机方程计算法、状态观测器法、人工神经网络法等。

图 13-28 为永磁无刷直流电机控制的原理示意图。

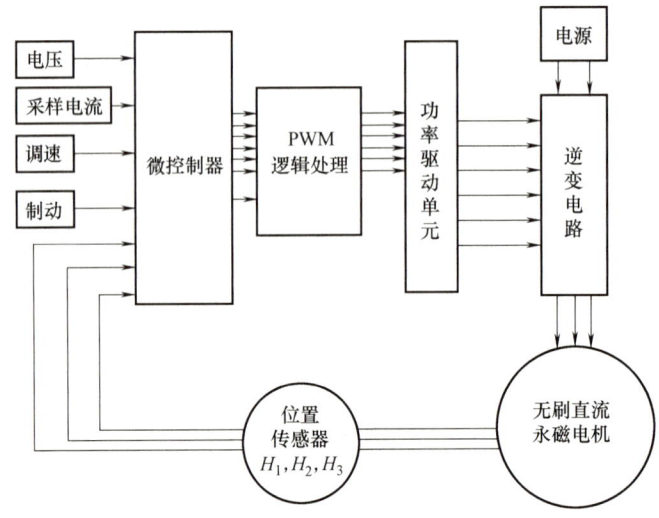

图 13-28　永磁无刷直流电机的原理示意图

## 3. 驱动电机系统智能控制算法

**（1）常用智能控制算法介绍** 为了提高电机的控制性能和控制精度，减小对模型依赖程度，模糊控制、神经网络控制、AI等智能控制算法开始应用于电机的控制。

采用智能控制方法的电机控制系统，智能控制器处于外环充当速度控制器，而内环电流控制、转矩控制仍采用PI控制、直接转矩控制，这主要是因为外环是决定系统的根本因素，而内环主要的作用是改造对象特性以利于外环的控制，各种扰动给内环带来的误差可以由外环控制或抑制。同时，利用人工智能的控制器不用人工干预就能进行系统故障诊断和错误修正。

**（2）直流电动机的 PID（Proportional-Integral-Derivative）闭环控制**

1）PID算法的基本原理。PID算法，即比例—积分—微分算法，它是把系统的输出误差进行比例放大、积分和微分后反馈到输出单元，进行实时调节的算法。

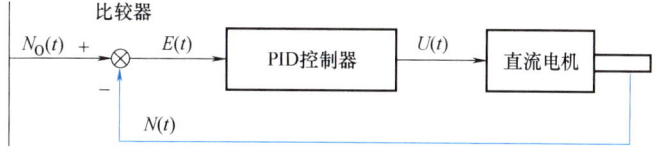

图 13-29 直流电机的 PID 调速系统

图 13-29 所示为直流电机的 PID 调速系统。给定转速 $N_O(t)$ 与电机的实际转速 $N(t)$ 相比较，得出的偏差值 $E(t) = N_O(t) - N(t)$，经 PID 控制器计算后输出控制电压 $U(t)$，驱动电机改变其转速。

$E(t)$ 是 PID 算法的输入，$U(t)$ 是输出，具体关系为

$$U(t) = K_P \left[ E(t) + \frac{1}{T_I} \int_0^t E(t)\,\mathrm{d}t + T_D \frac{\mathrm{d}E(t)}{\mathrm{d}t} \right] \tag{13-5}$$

式中，$K_P$ 为比例系数；$T_I$ 为积分常数；$T_D$ 为微分常数。

在 PID 控制中，比例环节的作用是对偏差做出快速响应，$K_P$ 越大，控制能力越强，但过大的 $K_P$ 会增大超调量（超过给定值的量）。另外，比例环节可以减少静态误差（稳定时与给定值比较的偏差），但不能完全消除。图 13-30 使用比例环节把电机的转速从 0 提升到 2500r/min，提升过程比较快，但出现了超调，且存在静态误差。

积分环节的作用是消除积累下来的偏差（静态误差）。在控制过程中，只要有偏差存在，积分环节的输出就不断增大，直到偏差 $E(t) = 0$，输出才可能稳定在某个值上。但积分环节会降低响应速度，增加超调量。$T_I$ 越大，积分作用越弱。图 13-31 是在比例环节的基础

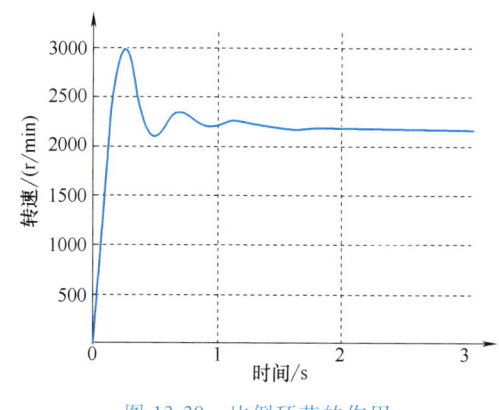

图 13-30 比例环节的作用

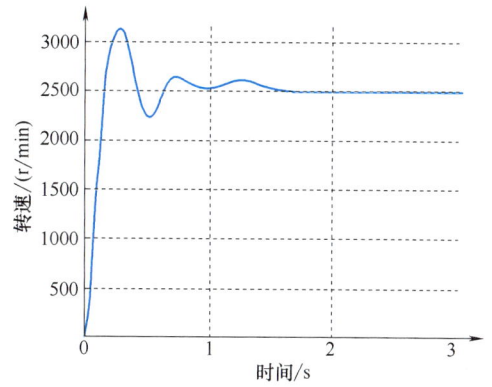

图 13-31 比例环节+积分环节的作用

上加上积分环节，先前的静态误差得到消除，电机趋于 2500r/min，但增加了另外一段超调量。

微分环节根据偏差的变化趋势进行控制。偏差变化得越快，微分环节输出就越大，并且能在偏差值变大前进行修正。微分环节有利于减小超调量，克服振荡。$T_D$ 越大，微分的作用越大。图 13-32 是在比例环节的基础上加上微分环节，比例环节所产生的超调量得到有效压制，但依然存在静态误差。

图 13-33 使用了 PID 的所用环节控制电机。每个环节各尽其职，比例环节 P 快速提升速度，积分环节 I 消除静态误差，微分环节 D 压制超调量。

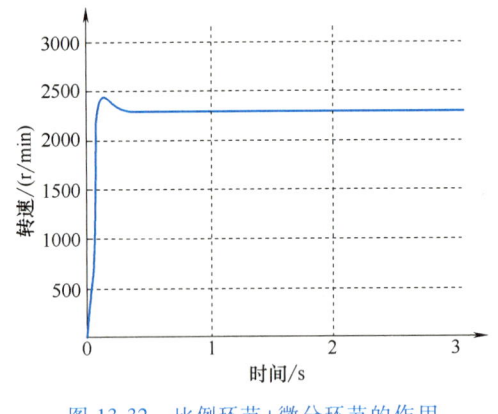

图 13-32　比例环节+微分环节的作用 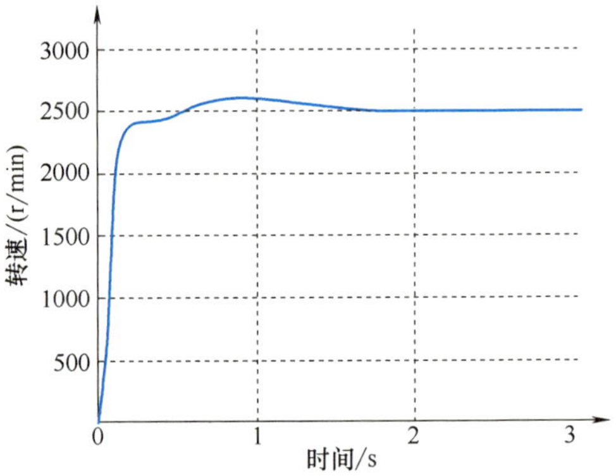　　　　图 13-33　比例环节+积分环节+微分环节的作用

2）PID 闭环的程序原理。PID 算法能在一定范围内稳定转速，使转速稳定在给定值上，表现出较硬的机械特性，能在负载变化时保持速度不变。

PID 算法需要有几个输入参数，需要知道电机的速度反馈，即电机的当前速度，给定电机的目标速度，还有 PID 算法的 PID 参数，如图 13-34 所示。根据机械特性调整好 PID 参数，就可以让电机速度跟随目标速度值。

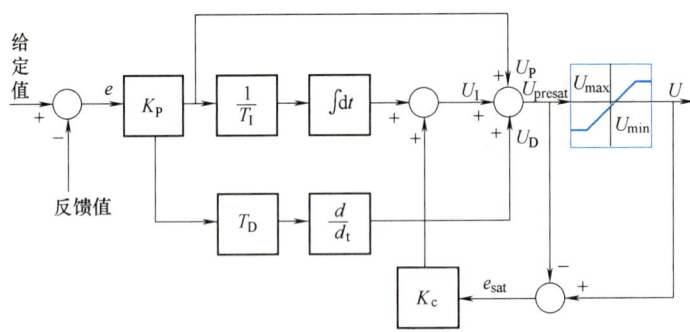

图 13-34　PID 算法框图

PID 算法的流程图如图 13-35 所示。

部分实现 PID 算法程序如下。算法中为了避免浮点运算，每个变量被放大 1024 倍（左移 10 位）后被使用，也就是所谓的 Q10 格式。当乘法运算时，Q10×Q10=Q20，所以要重新右移 10 位，让结果变成 Q10。

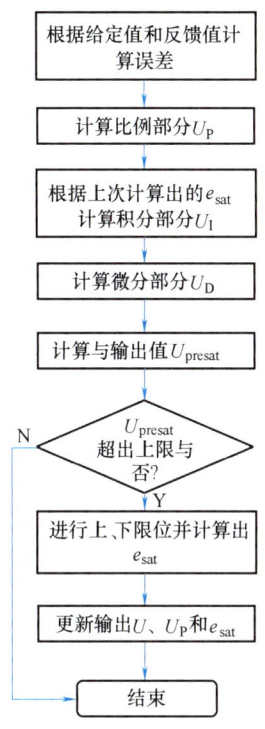

图 13-35　PID 算法流程图

代码如下：

```
void pid calc(PIDREG)
{

p->sIErr = p->slRef-p->sIFdb;
    /*计算误差           */
p-slUp = p->slKp * (p->slErr >>10);
    /*计算比例输出      */
p->sIUi = p->slUi+p->sIKi * (p->sIUp>>10)+p->slKc * (p->slSatErr > 10)
    /*计算积分输出     */
p>slUd = (p->sKd * (p>sIUp-p>slUp1)>10;
    /*计算微分输出     */
p->slOutPreSat = p->slUp +p->sIUi+p->slUd;
    /*计算预输出值    */
if(p->slOutPreSat>p->slOutMax)
    /*校准输出范围    */
    p->slOut = p->slOutMax;
else if(p->slOutPreSat<p->slOutMin)
    p->slOut = p->slOutMin;
else
    p->slOut = p->slOutPre Sat;
```

p->slAteR = p->slOut-p->slOutPreSat;

／＊计算饱和微分　　＊／

p->slUpl- = p->slUp;

／＊更新先前的比例项＊／

}

【小提示】

注意：PID算法是根据目标值与实际值之间的偏差进行输入，经过比例—积分—微分环节，对系统进行实时调节。

### 13.2.3　驱动电机匹配

**1. 驱动电机的匹配原则**

驱动电机的匹配主要是确定驱动电机的额定功率和峰值功率、额定转矩与峰值转矩、额定转速和最高转速等。

驱动电机的功率对整车的动力性具有直接影响，驱动电机功率越大，整车运行时的后备功率也越大，加速以及爬坡能力越强，但同时也会增加电机本身的体积和重量，进而影响整车的重量。驱动电机的额定功率一般由最高车速确定，峰值功率由整车的设计目标来确定，峰值功率至少应该达到最高车速、加速时间和最大爬坡度（最大坡度角）所对应的峰值功率需求，同时也要考虑汽车附件的功率损耗。

正确选择驱动电机的额定功率非常重要。如果选择过小，驱动电机则经常在过载状态下运行；相反，如果选择太大，驱动电机则经常在欠载状态下运行，效率及功率因数降低，不仅浪费电能，而且增加动力蓄电池的容量，使综合经济效益下降。

在驱动电机额定功率一定的情况下，额定转速越高，则驱动电机体积越小，重量越轻。驱动电机的高效区一般处于额定转速附近，因此从经济性考虑，一般根据车速确定驱动电机的额定转速。

驱动电机的最高转速与额定转速之比，称为电机恒功率区扩大系数。较大的恒功率区可改善纯电动汽车的动力性，在兼顾低速最大爬坡度的同时提高最高车速。但随着最高转速的提高，驱动电机及减速装置的制造成本也会相应增加，因此驱动电机最高转速的选择既要考虑动力性要求，又要考虑驱动电机及减速装置的经济性等因素。驱动电机最高转速首先要满足纯电动汽车行驶最高车速需求，一般以最高车速对应驱动电机转速的1.2倍作为其最高转速选取的值。

**2. 驱动电机的参数匹配**

驱动电机的参数匹配主要包括驱动电机的转速、功率、转矩和额定电压等。

（1）驱动电机的转速　驱动电机最高转速应满足纯电动汽车最高车速的关系需求，即

$$n_{max} = \frac{u_{max} i_t}{0.377 r} \tag{13-6}$$

式中，$n_{max}$ 为驱动电机最高转速；$i_t$ 为纯电动汽车传动系统传动比；$r$ 为车轮半径；$u_{max}$ 为最高车速。

驱动电机额定转速为

$$n_e = \frac{n_{max}}{\beta} \tag{13-7}$$

式中，$n_e$ 为驱动电机额定转速；$\beta$ 为驱动电机扩大恒功率区系数。

$\beta$ 值越大，在低转速区驱动电机就可获得越大的转矩，有利于提高纯电动汽车的加速能力和爬坡性能，稳定运行性能好；但 $\beta$ 值太大，会增大驱动电机的工作电流，同时功率变换器的功率损失和尺寸也会增大，因此 $\beta$ 值不宜过高。$\beta$ 通常取值为 2~4。

(2) **驱动电机的功率** 驱动电机是纯电动汽车行驶的唯一动力源，对整车的动力性有直接的影响。所选的驱动电机功率越大，整车的动力性也就越好，但是如果功率过大，驱动电机的重量和体积也会增大，且驱动电机的工作效率不高，这样就不能充分利用动力蓄电池的能源，从而使续驶里程降低。

1) 驱动电机的峰值功率。驱动电机的峰值功率由整车的设计目标来确定，峰值功率至少应该满足最高车速、加速时间和最大坡度角的功率需求。

纯电动汽车在平坦道路行驶时满足最高车速的功率需求为

$$P_{m_1} = \frac{u_{max}}{3600\eta_t}\left(mgf + \frac{C_D A u_{max}^2}{21.15}\right) \tag{13-8}$$

式中，$P_{m_1}$ 为纯电动汽车在平坦道路行驶时满足最高车速的功率需求；$u_{max}$ 为最高车速。

纯电动汽车满足加速时间的功率需求为

$$P_{m_2} = \frac{1}{3600\eta_t}\left(mgf\frac{u_e}{1.5} + \frac{C_D A u_e^2}{52.875} + \delta m \frac{u_e^2}{7.2t_e}\right) \tag{13-9}$$

式中，$P_{m_2}$ 为纯电动汽车满足加速时间的功率需求；$u_e$ 为加速终止时的速度；$t_e$ 为由静止加速到所需要的时间。

纯电动汽车满足最大坡度角的功率需求为

$$P_{m_3} = \frac{u_p}{3600\eta_t}\left(mgf\cos\alpha_{max} + mg\sin\alpha_{max} + \frac{C_D A u_p^2}{52.875}\right) \tag{13-10}$$

式中，$P_{m_3}$ 为纯电动汽车满足最大坡度角的功率需求；$u_p$ 为纯电动汽车爬坡速度；$\alpha_{max}$ 为最大坡度角。

驱动电机的峰值功率为

$$P_{e_{max}} \geq \max\{P_{m_1}, P_{m_2}, P_{m_3}\} \tag{13-11}$$

式中，$P_{e_{max}}$ 为驱动电机的峰值功率。

2) 驱动电机的额定功率。驱动电机的额定功率应使驱动电机尽可能工作在高效率区，满足纯电动汽车对最高车速的要求，同时要考虑电机过载要求。驱动电机的额定功率为

$$P_e \geq \max\left\{P_{m_1}, \frac{P_{e_{max}}}{\lambda}\right\} \tag{13-12}$$

式中，$P_e$ 为驱动电机的额定功率；$\lambda$ 为驱动电机的过载系数。

(3) **驱动电机的转矩** 驱动电机的额定转矩为

$$T_e = \frac{9550 P_e}{n_e} \tag{13-13}$$

驱动电机的峰值转矩应满足电动汽车起动转矩和最大爬坡角的要求，同时结合传动系统

最大传动比来确定，即

$$T_{e_{max}} \geq \frac{mg(f\cos\alpha_{max}+\sin\alpha_{max})r}{\eta_t i_{max}} \quad (13\text{-}14)$$

式中，$T_{e_{max}}$ 为驱动电机的峰值转矩；$i_{max}$ 为传动系统最大传动比。

驱动电机参数初步确定之后，还须验证是否满足一定速度下的最大爬坡角和汽车行驶最高车速的要求，即

$$\frac{mg}{T_{e_{max}}\eta_t}\left(f\cos\alpha_{max}+\sin\alpha_{max}+\frac{C_D A u_p^2}{21.15mg}\right) \leq \frac{i_t}{r} \leq \frac{0.377n_{max}}{u_{max}} \quad (13\text{-}15)$$

**（4）驱动电机的额定电压**　驱动电机电压等级的确定和动力蓄电池组电压等级密切相关。

在输出功率一定的条件下，电流会随电压变高而减小，这就降低了对开关和导线等元件的要求，如果电压较高，会增加单体蓄电池串联的数量，会使整车重量和成本增加，动力性下降且布置困难。

驱动电机的额定电压常由电机的参数决定，并正比于电机额定功率。即电机的额定功率越大，电机的额定电压越高。同时，电机额定电压选择要符合标准系列规定的电压。

### 13.2.4　电机控制器

**1. 电机控制器的功能要求**

电机控制器在电动汽车中主要是连接动力蓄电池与驱动电机。它根据整车的需求，从动力蓄电池获得直流电，经过逆变器的调制，获得控制电机需要的交流电，提供给驱动电机，使得驱动电机的转速和转矩满足整车的加速、减速、制动、停车等需求。

电机控制器的功能及复杂度会随电机工况的需要而不同。纯电动汽车的电机控制器一般应具有以下功能。

**（1）把直流电变成交流电**　动力蓄电池提供的是直流电，而驱动电机需要的是交流电，因此电机控制器必须把动力蓄电池提供的直流电转换成驱动电机需要的交流电。这种转换需要依靠电机控制器中的逆变器。

**（2）控制驱动电机的正向旋转和反向旋转**　燃油汽车的前进和后退主要依靠变速器的前进档和倒档，但电动汽车的前进和后退主要依靠驱动电机的正向旋转和反向旋转。因此，电机控制器应该能够根据电动汽车的前进和后退控制驱动电机的正向旋转和反向旋转。

**（3）控制驱动电机的输出**　电动汽车有各种不同的行驶工况，这些行驶工况对驱动电机的动力输出和转速输出的要求是不同的，电机控制器应能够根据电动汽车的行驶工况控制驱动电机的输出，以满足电动汽车行驶的需求。

例如电动汽车起动时需要较大的起动转矩，这就要求电机控制器在低速时能控制驱动电机输出较大的电流；电动汽车巡航行驶时，需要稳定的输出力矩，这就要求电机控制器在巡航时能控制驱动电机输出稳定的电流。驾驶人踩加速踏板时，电动汽车行驶，整车控制器将加速踏板开度大小换算为正转矩值大小，通过 CAN 报文发送给电机控制器，电机控制器按照该转矩值通过驱动电机输出以驱动电动汽车行驶。

**（4）控制能量回收**　电动汽车减速或制动时，电机控制器将驱动电机作为发电机运行

时产生的三相交流电,经过整流变成直流电反馈到动力蓄电池,实现能量回收,提高电动汽车的续驶里程。驾驶人踩制动踏板时,整车控制器根据制动踏板信号及车速信号,将负转矩值通过 CAN 报文发送给电机控制器,电机控制器按照该转矩值控制驱动电机发电,并将能量反馈到动力蓄电池,实现能量回收。

(5) 实现 CAN 通信  电机控制器具备高速 CAN 网络通信功能,能根据整车 CAN 协议内容正确地进行 CAN 报文发送、接收及解析,有效地实现各系统及整车功能策略,控制驱动电机系统安全可靠运行,确保车辆安全行驶。

(6) 主动放电功能  电机控制器内含大容量电容,考虑电容自行放电时间长,存在高压安全风险,故电机控制器需具备主动放电功能。

主动放电是当电机控制器高压电源被切断后,切入专门的放电回路,控制器支撑电容快速放电过程。主动放电要求电机控制器进行主动放电时,支撑电容放电至 60V 所需时间应不超过 3s。

(7) 安全保护功能  电机控制器应具备故障检测、故障提醒、故障处理等安全保护功能;能有效根据故障危害程度进行故障报警、停机等方式分级处理,在确保产品及整车使用安全的同时更好地满足电动汽车行驶需要。

**2. 电机控制器的组成**

电机控制器主要由电子控制模块、驱动模块、功率变换模块和传感器组成。图 13-36 所示为比亚迪 e6 纯电动汽车用电机控制器。

a)                b)

图 13-36  比亚迪 e6 纯电动汽车用电机控制器
a) 电机控制器总成  b) 电机控制器铭牌

(1) 电子控制模块  电子控制模块包括硬件电路和相应的控制软件。硬件电路主要包括微处理器及其最小系统,对驱动电机电流、电压、转速、温度等状态的监测电路,各种硬件保护电路,以及与整车控制器、电池管理系统等外部控制单元数据交互的通信电路。控制软件根据不同类型驱动电机的特点实现相应的控制算法。

(2) 驱动模块  驱动模块将微处理器对驱动电机的控制信号转换为驱动功率变换器的驱动信号,并实现功率信号和控制信号的隔离。

(3) 功率变换模块  功率变换模块对驱动电机的电流进行控制。电动汽车经常使用的功率器件有大功率晶体管、门极关断晶闸管、功率场效应晶体管、绝缘栅双极型晶体管(IGBT)以及智能功率模块等。

**（4）传感器** 传感器主要包括电流传感器、电压传感器、温度传感器。

电流传感器用以检测供给电机工作的实际电流（包括母线直流电流、三相交流电流）。

电压传感器用以检测供给电机控制器工作的实际电压。

温度传感器用以检测电机控制系统的工作温度（包括模块温度、电机控制器温度）。

### 3. 电机控制器的工作原理

图 13-37 所示为某纯电动汽车的电机控制器连接示意图。

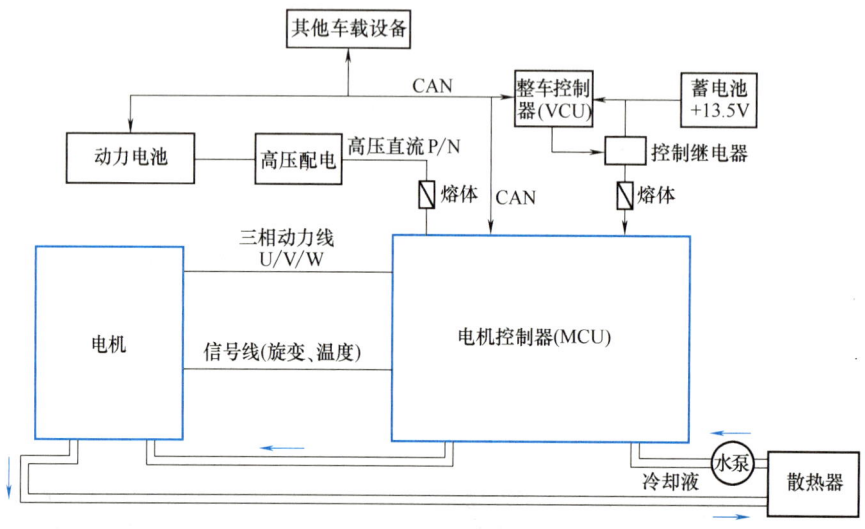

图 13-37 某纯电动汽车电机控制器连接示意图

整车控制器根据驾驶人意图发出各种指令，电机控制器响应并反馈，实时调整驱动电机输出，以实现整车的怠速、前行、倒车、停车、能量回收以及驻坡等功能。电机控制器的另一个重要功能是通信和保护，实时进行状态和故障检测，保护驱动电机系统和整车安全可靠运行。

### 4. 驱动电机与电机控制器的匹配

电机控制器选择必须与电机相匹配。控制器容量等级为 5kV·A、10kV·A、15kV·A、35kV·A、50kV·A、60kV·A、100kV·A、150kV·A、200kV·A、270kV·A、300kV·A、360kV·A、420kV·A 等。

驱动电机与电机控制器输出容量的匹配关系见表 13-2。

表 13-2 驱动电机与电机控制器输出容量的匹配关系（部分）

| 电机额定功率/kW | 电机控制器输出容量/(kV·A) | 电机额定功率/kW | 电机控制器输出容量/(kV·A) | 电机额定功率/kW | 电机控制器输出容量/(kV·A) |
| --- | --- | --- | --- | --- | --- |
| 1 | 5 | 18.5 | 50 | 90 | 150 |
| 2.2 | 5 | 22 | 50 | 110 | 200 |
| 3.7 | 10 | 30 | 60 | 132 | 200 |
| 5.5 | 15 | 37 | 60 | 150 | 270 |
| 7.5 | 15 | 45 | 100 | 160 | 330 |
| 11 | 35 | 55 | 100 | 185 | 360 |
| 16 | 35 | 75 | 150 | 200 | 420 |

电机控制专用芯片及数字信号处理器的出现，促进了电机控制器的数字化，提高了电机系统的控制精度，有效减小了系统体积。

同时，电机控制向集成化发展。目前，已出现多种形式的集成化产品，常见的是把电机、电机控制器和减速器集成为一体，成为三合一电驱动系统，如图13-38所示。

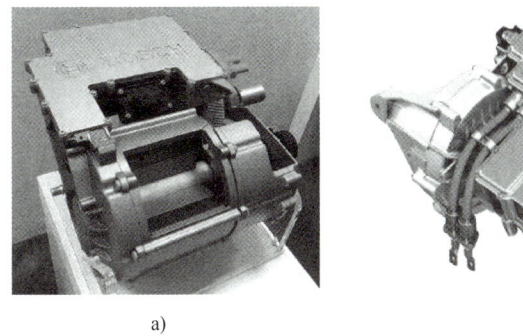

图 13-38　集成化的电机控制器总成

a) BOSCH 的三合一电驱动系统　b) ZF 的三合一电驱动系统

图 13-39 所示为比亚迪 e5 纯电动汽车用四合一控制器，将电机控制器、DC/DC 变换器、高压配电箱和车载充电机集一体。

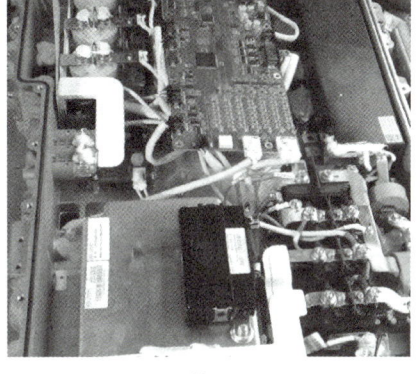

图 13-39　比亚迪 e5 纯电动汽车用四合一控制器

a) 控制器总成　b) 控制器内部结构

## 13.3　纯电动汽车充电技术

### 13.3.1　纯电动汽车的充电设施

电动汽车充电基础设施与燃油车的加油站作用类似，但也有其独有的特点：

1) 电动汽车的充电设备可以是公共的也可以是家用的，用户可以在公共充电站充电也可以在自家车库为电动汽车充电，只要将电动汽车车载充电器的插头插到电源插座上即可。

2) 电动汽车用户可以选择利用夜间低谷充电，这样电价较为优惠。

3）电动汽车充电系统会给电力系统带来一些不利的影响，如谐波污染、低功率因数和高电流需求等。

电动汽车充电设施由两部分组成（见图13-40）：车外充电装置、车内充电装置。

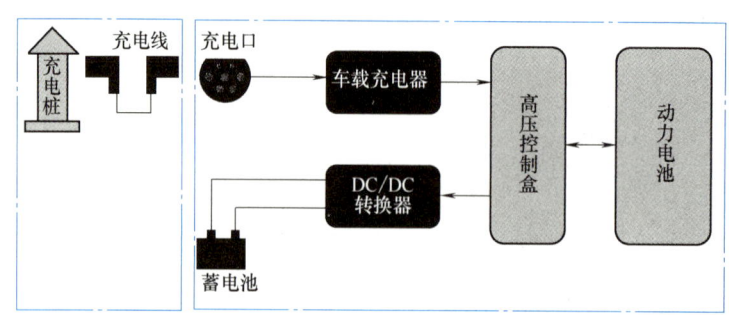

图13-40　电动汽车充电设施

**（1）车外充电装置**　车外充电装置主要由充电桩（或家用220V、16A插座），以及充电线组成，其核心部件是充电桩。

充电桩又叫充电栓、充电柜等，其功能类似于加油站里面的加油机，可以固定在地面或墙壁，安装于公共建筑（社区、商场、公共停车场等）和居民小区停车场或充电站内，根据不同的电压等级为各种型号的电动汽车充电。

充电桩的输入端与交流电网直接连接，输出端都装有充电插头，通过充电线与电动汽车的充电口连接，给电动汽车充电。

充电桩是能实现计时、计电量、计金额充电的装置，可以作为车主购电终端。充电桩有多种类型，也有多种分类方式。

1）按安装方式分。按不同安装方式，充电桩可分为落地式充电桩、挂壁式充电桩。落地式充电桩适合安装在不靠近墙体的停车位，挂壁式充电桩适合安装在靠近墙体的停车位（见图13-41）。

图13-41　落地式充电桩与挂壁式充电桩

2）按安装地点分。按不同安装地点，充电桩可分为公共充电桩、专用充电桩和自用充电桩。

公共充电桩是建设在公共停车场（库），结合停车泊位，为电动汽车提供公共充电服务的充电桩（见图13-42）。

专用充电桩是建设单位（企业）自有停车场（库），提供单位（企业）电动汽车使用的充电桩（见图13-43）。

图 13-42 公共充电桩

图 13-43 专用充电桩

自用充电桩是建设在个人自有车位（库），为私人用户的电动汽车提供充电的充电桩（见图 13-44）。充电桩一般结合停车场（库）的停车位建设。安装在户外的充电桩防护等级不应低于 IP54。安装在户内的充电桩防护等级不应低于 IP32。

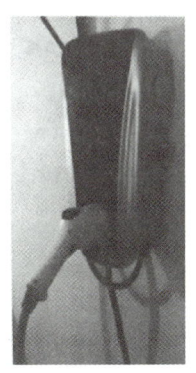
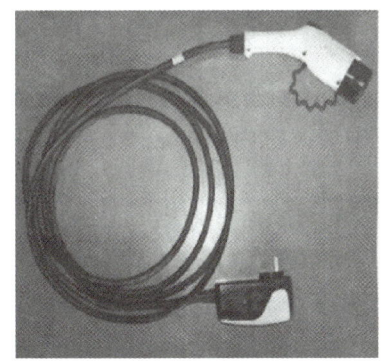

图 13-44 自用充电桩

3）按充电接口数分。按不同充电接口数，充电桩可分为一桩一充充电桩和一桩两充充电桩（见图 13-45）。

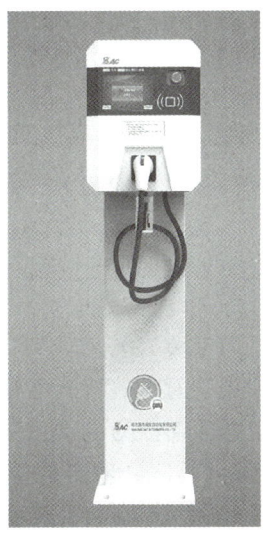

图 13-45 一桩一充和一桩两充充电桩

4）按充电方式分。按不同充电方式，充电桩可分为直流充电桩、交流充电桩和交直流一体充电桩（见图 13-46）。

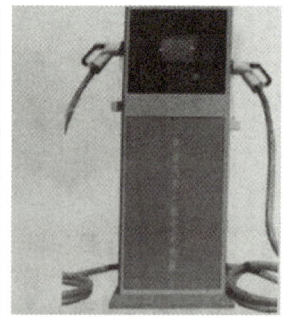

图 13-46 直流充电桩、交流充电桩和交直流一体充电桩

充电线将充电桩与汽车连接，用于传递电能，进行电动汽车充电。

**（2）车内充电装置** 车内充电装置主要有：车载充电器、充电口、高压控制盒、动力电池、DC/DC 转换器、低压蓄电池等。车内充电装置的安装位置如图 13-47 所示，有些厂家（如北汽新能源生产的 EV160）将车载充电器、DC/DC 转换器、高压控制盒集成为一体，称高压配电箱（PDU）。

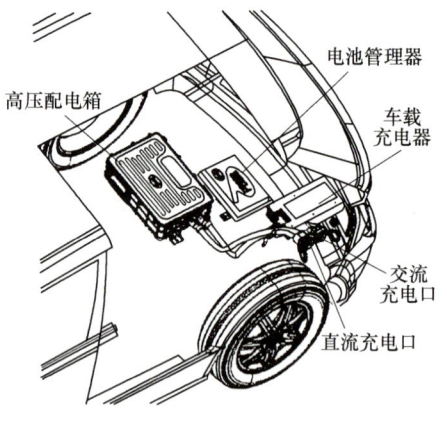

图 13-47 车内充电装置的安装位置

### 13.3.2 电动汽车的充电模式

电动汽车按其需求与所处环境不同也相应需要不同电动充电模式。对于电动汽车来说，不同的运行模式对电池的充电时间有不同的要求。而充电时间的不同，则需要不同的充电方式来满足，并且不同电池都有其最佳的充电电压、充电电流和充电时间。因此，电动汽车的充电技术是维持电动汽车运行的一项必要手段，对电动汽车的使用寿命影响很大。目前国内的电动汽车一般采用快充、慢充和更换电池充电三种模式。

**（1）快充（直流快充）模式** 快充，即快速充电，又称为应急充电。快充（直流快充）主要是通过充电站的充电桩将直流高压电直接通过直流充电口给新能源汽车的动力电池充电。

快充是以较大直流电流在电动汽车停车的 20min~2h 的短时间内为其提供充电服务，一般充电电流为 150~400A。

直流充电桩俗称"快充"。直流充电桩是固定安装在新能源汽车外，与交流电网连接，可以为非车载新能源汽车动力电池提供直流电源的供电装置。直流充电桩的输入电压采用三相四线 AC380V±57V，频率 50Hz；输出为可调直流电，直接为电动汽车的动力电池充电。由于直流充电桩采用三相四线制供电，可以提供足够的功率，输出的电压和电流调整范围大，可以实现快充的要求。直流充电桩的工作原理就是通过整流将交流变直流，再通过 DC/DC 转换器转换环节来调整电压、电流输出，实现对电动汽车电池的充电。图 13-48 为直流充电桩进行快充（直流快充）的示意图。

**(2) 慢充（交流慢充）模式** 慢充，即慢速充电，又称为常规充电。慢充（交流慢充）主要是通过家用电源插头和交流充电桩接入交流充电口，通过车载充电器将 220V 交流电转为 330V 直流电（以比亚迪 e5 为例）给动力电池进行充电。慢充通常采用小电流的恒电压或恒电流充电，一般充电时间为 5~8h，甚至长达 10~20h。这种充电方式是利用车载充电器，接 220V 交流电。

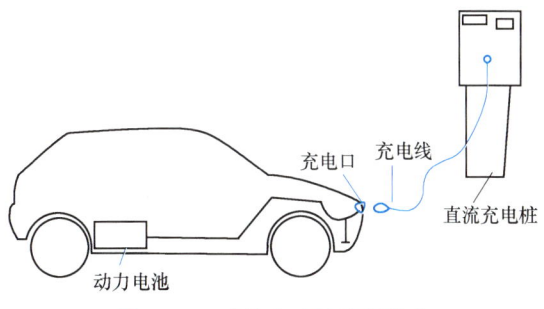

图 13-48　直流充电桩进行快充

交流充电桩俗称"慢充"。交流充电桩固定安装在电动汽车外，与交流电网连接，为电动汽车车载充电器（即固定安装在电动汽车上的充电器）提供交流电源的供电装置。交流充电桩只提供电力输出，没有充电功能，需连接车载充电器为电动汽车充电，相当于只是起了一个控制电源的作用。交流充电桩给电动汽车的充电器提供电力输入，由于一般的车载充电器的功率不是很大，所以不能很好地实现快速充电，只能慢充。交流充电桩进行慢充，如图 13-49 所示。

**(3) 更换电池充电模式** 更换电池充电模式是将电池从电动汽车上卸下，然后安装上已充满电的电池，车辆可随即离开继续行驶。

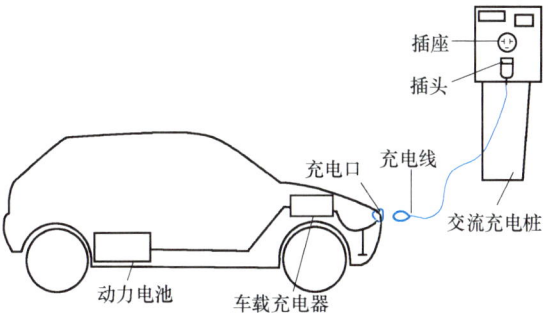

图 13-49　交流充电桩进行慢充

在充电站，充电人员将卸下已放完电的电池通过充电架平台与充电机进行连接，并与单箱或整组的电池管理单元通信，自动完成电池的充电。无论是快充还是慢充模式所需的时长均较长，而通常更换电池需耗时 5~8min，比加油还省时。更换电池充电模式更换电池组的时间很短，解决了充电时间长、续驶里程短等难题。但若采取更换电池充电模式进行运营，则必须对电池组进行标准化设计，以加强各电动汽车电池组的互换性，同时对换电站的布局、电池的流通管理等都提出了较高的要求。

对于一般用户来说，电池的维护比较困难。但如果由专业部门维护，就方便多了，而且对提高电池的寿命和行驶的经济性能都有好处。山东兖州煤矿井下的煤就是用电动小火车运输的。矿区挑选了几个经过培训的工人专职对电动小火车的电池组进行维护和更换，几十年如一日，从来没有发生过事故，十分方便和安全。

动力电池可与车辆分开售卖，客户可以只买裸车，而电池采用租赁方式运营，可以大幅降低车辆购置成本；电池由专业运营公司负责充电、维护、回收，可以充分发挥电池的效能，保持电池的健康。电池运营公司可以集中选择夜间用电低谷时段慢速充电，对电网起到错峰填谷作用，也能降低企业运营成本。

目前，国内较为热火的蔚来公司就采用了电池更换服务，客户可选择按月份、季度、年份租赁电池包来进行更换电池，也可以购买终身服务，终生享受更换电池的服务。

另外，用储能电站对电动汽车也可以实现快速充电。储能电站利用夜间谷电充电，白天用它为需要快速充电的电动汽车充电。这种直流对直流的快速充电，比快速充电机还快，而且不影响电网安全，电价又便宜。此外，还可以制造一种流动的车载储能电站，既能提供快速充电服务，又不影响电网正常工作。

### 13.3.3 电动汽车的充电接口

**(1) 充电接口要求** 充电接口是指用于连接活动电缆和电动汽车的充电部件，由充电插座和充电插头两部分构成。由于是连接电缆使用，因而充电插口是传导式充电机的必备设备。充电插头在充电过程中与充电插座结构进行耦合，从而实现电能的传输。

在电动汽车的产业化过程中，充电接口的标准化至关重要。充电接口应该满足以下几方面的要求：

1）能够实现较大电流的传输和传导，避免因电流过大而引起插座发热和故障。

2）插头能够与插座充分耦合，接触电阻小，避免因接触不良而引起火花塞烧蚀或虚接。

3）能够实现必要的通信功能，便于电动汽车 CAN 通信或者电池管理系统与电动机对接。

4）具备防误插功能：由于电动汽车使用的充电设备或者电池的型号和性能不同，因而所需要的电源就不一样；同时，由于各插头的性能不同，故插头的电极不能插错，这就需要对不同的电源插头要有一定的识别能力。

5）具备合理的外形，便于执行插拔作业。

**(2) 充电接口标准** 目前全球主要采用的传导式充电接口系统有以下几种：

1）IEC 62196—1，2：2012 年 1 月发布，主要被欧洲国家所采用的交流充电标准。

2）IEC 62196—3：主要内容是对直流充电接口的定义。

3）SAEJ1772：2010 年 1 月发布，是最早实施的充电接口标准，被美国及日本广泛使用。其 5 芯的交流充电接口在 IEC 62196—2 中被定义为 Type1 接口。

4）CHAdemo：该协会于 2010 年 3 月 15 日成立，成员单位大多数来自日本，主旨为推进快速充电规格在日本的统一，因此主要被日本车厂所采用。

5）GB/T 20234.1，2，3—2011：2011 年 12 月颁布，2012 年 3 月实施，共由三部分组成，形式接近于 IEC 62196—1，2，3。目前是国标推荐标准，解决了国内不同地区、不同电网公司充电接口不统一的问题。

6）供电插座：供电接口中和电源供电线缆或供电设备连接在一起且固定安装的部分。

7）供电插头：供电接口中和充电线缆连接且可以移动的部分。

8）车辆插座：车辆接口中固定安装在电动汽车上，并通过电缆和车载充电机或车载动力蓄电池相互连接的部分。

9）车辆插头：车辆接口中和充电线缆连接且可以移动的部分。

充电接口相关各部分如图 13-50 所示。

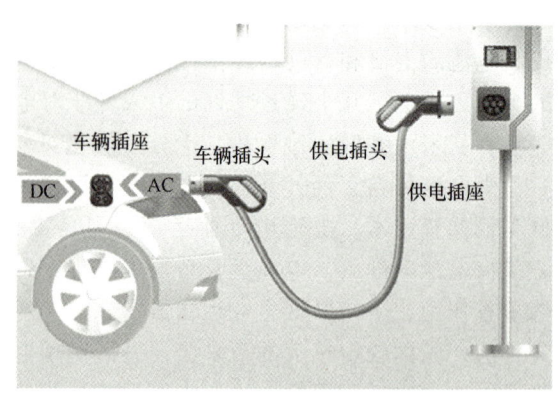

图 13-50 充电接口

**(3) 充电接口形式** 充电接口的种类主要有三种：单相交流充电接口、三相交流充电接口和直流充电接口。单相交流充电接口主要用于家庭用户充电设施和一些标准的公共充电设施，这类充电插头比较简单，用于单相交流电，一般有三个端子，分别是交流相线、交流中性线和接地线。其与传统的电源插座类似，只是形体和额定电流较大。

三相交流充电接口和直流充电接口相对于单相交流充电接口要复杂得多，这类充电接口一般用于较大的充电站，为较大型的电动车辆进行充电服务，而且充电电流相对较大，外形也较大，功能复杂。由于这类插头较大，设计的形状类似于枪，所以也称为充电枪。

1) 交流充电接口（见图 13-51）。交流充电由于受不同国家和地区电网系统的影响，在充电标准中对充电连接器电压和电流的要求也不尽相同。比如在德国，三相电使用比较普遍，即使个人用户在住所中也可以使用，因此在 IEC 62196—2 标准中，定义了 480V 交流充电电压和 63A 充电电流，实际充电功率可以达到 40kW 以上。相比在国标 GB/T 20234.2 中，虽然也定义了三相充电电压为 440V，但因为中国私人住宅及小区用户使用三相电的情况很少，所以目前交流充电电流最大只有 32A，而实际多采用 220V、16A 进行充电。至于美国标准的 SAEJ1772，因为只定义了 5 芯的充电接口，因此采用此标准的电动汽车只能使用单相交流充电，比如通用的沃蓝达（Wolt）及日产的聆风（Leaf）。

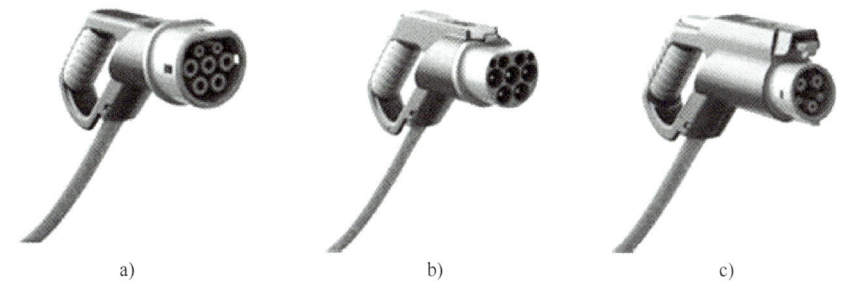

图 13-51 三种交流充电标准车辆插口接口界面比较
a) IEC 62196—2 Type 2　b) GB/T 20234.2—2011　c) SAE J1772

我国制定的交流充电接口形式如图 13-52 所示。

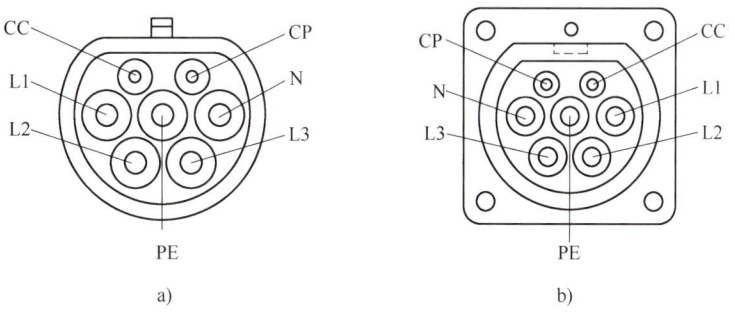

图 13-52 交流充电接口
a) 充电插头　b) 充电插座

2) 直流充电接口。直流充电接口一般情况下承载的电流远高于交流充电接口。同时在充电过程中需通过直流充电接口中的通信端子（CAN）连接车载电池管理系统（BMS）与非车载充电机的控制器，完成对充电过程的控制及其他相关信息的交互。直流充电接口包含 9 个端子，如图 13-53 所示。

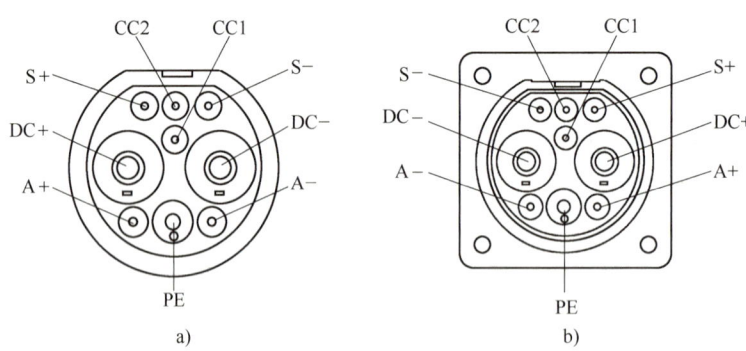

图 13-53 直流充电接口
a) 充电插头  b) 充电插座

为了解决未来电动汽车大功率充电问题，德国汽车企业提出了组合式充电接口（Combined Charging）的概念，并得到了美国车企的响应，因此新的直流充电方式应运而生。相比较目前广泛使用的 CHAdemo 充电方式，组合式充电接口具有以下特点：充电功率更高（100kW 以上），可以大幅缩短停车等待时间；直流和交流车辆插座（Vehicle Inlet）合二为一（见图 13-54），减小了车辆插座占用的空间，并降低了成本；兼容现有的交流充电设施采用电力载波通信方式（Power Line Communication），可扩展性强，便于今后有序充电技术的发展；直流充电只采用 5 芯连接，降低了充电线缆的成本。2012 下半年对采用 PLC 通信及组合式充电接口的电动汽车进行上路测试，而与之相关的 ISO 15118 及

图 13-54 交直流组合式充电接口

IEC 62196—3 标准是否会影响 CHAdemo 及国际的直流充电标准，还需要经过市场的检验，不过从系统设计理念来看，组合式充电接口会具有更广泛的应用前景。

## 13.4 纯电动汽车整车控制器

### 13.4.1 整车控制器的功能及技术要求

整车控制器通过向电机控制器、电池管理系统发送指令，间接控制电机运转和蓄电池充、放电，通过控制主继电器来实现车载模块的上、下电。

根据整车控制网络的构成以及对整车控制器输入、输出信号的分析，整车控制器应满足以下技术要求：

1）设计硬件电路时，应该充分考虑汽车恶劣的行驶环境，注重电磁兼容性，提高抗干扰能力。整车控制器在软、硬件上都应该具备一定的自保护能力，以防止极端情况的发生。

2）整车控制器需要有足够多的 I/O 接口，能够快速准确地采集各种输入信息，至少具备两路 A/D 转换通道用于采集加速踏板信号和制动踏板信号，应该具有多个开关量输入通道，用于采集汽车档位信号，同时应该具有多个用于驱动车载继电器的功率驱动信号输出通道。

3）整车控制器应该具备多种通信接口，CAN 通信接口用于与电机控制器、电池管理系

统和车载仪表通信，RS232 通信接口用于与上位机通信，同时预留了一个 RS485/422 通信接口，这可以将不支持 CAN 通信的设备兼容，如车载触摸屏等。

4）不同的路况条件下，汽车会遇到不同的冲击和振动，整车控制器应该具备良好的抗冲击性，才能保证汽车的可靠性和安全性。

### 13.4.2 整车控制器的结构与工作原理

**1. 整车控制器的结构**

图 13-55 所示为某纯电动汽车的整车控制器，主要包含电源电路模块、开关量输入/输出模块、A/D 采集模块及 CAN 通信模块。

（1）**电源电路模块** 电源电路负责从车载 12V 蓄电池取电，为控制器和各输入/输出模块提供隔离电源。

（2）**开关量输入/输出模块** 开关量输入模块接收的信号主要有钥匙信号、档位信号、制动开关信号等。

开关量输出信号主要是控制继电器，其在不同整车系统中意义略有不同，一般情况下控制如水泵继电器及 PTC 继电器等。

图 13-55 整车控制器

（3）**A/D 采集模块** A/D 采集模块主要采集加速踏板和制动踏板开度信号及蓄电池电压信号等。

（4）**CAN 通信模块** CAN 通信模块负责与整车其他设备通信，主要设备有电机控制器、电池管理系统及车载充电机等。

**2. 整车控制器的工作原理**

图 13-56 所示为某纯电动汽车的整车控制器控制原理示意图。

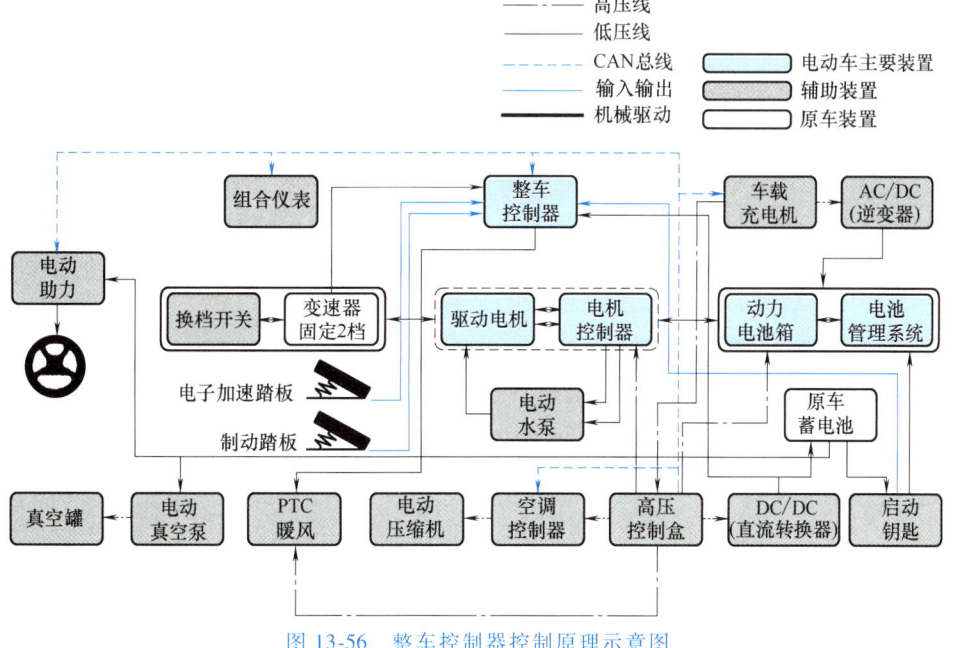

图 13-56 整车控制器控制原理示意图

整车控制器通过采集加速踏板信号、制动踏板信号和档位开关信号等驾驶信息，同时接收 CAN 总线上电机控制器和电池管理系统发出的数据，并结合整车控制策略对这些信息进行分析和判断，提取驾驶人的驾驶意图和车辆运行状态信息，最后通过 CAN 总线发出指令来控制各部件控制器的工作，保证车辆的正常行驶。

（1）**驾驶人意图解析** 主要是对驾驶人操作信息及控制命令进行分析处理，也就是将驾驶人的节气门信号和制动信号根据某种规则，转化成电机的需求转矩命令。因而驱动电机对驾驶人操作的响应性能完全取决于整车控制的加速踏板开度，直接影响驾驶人的控制效果和操作感觉。

（2）**驱动控制** 根据驾驶人对车辆的操纵输入（加速踏板、制动踏板以及选档开关）、车辆状态、道路及环境状况，经分析和处理，向电机控制器发出相应的指令，控制电机的驱动转矩来驱动车辆，以满足驾驶人对车辆驱动的动力性要求；同时根据车辆状态，向电机控制器发出相应指令，保证安全性、舒适性。

（3）**制动能量回馈控制** 整车控制器根据加速踏板和制动踏板的开度、车辆行驶状态信息以及动力蓄电池的状态信息（如 SOC 值）来判断某一时刻能否进行制动能量回馈，在满足安全性能、制动性能以及驾驶人舒适性的前提下，回收部分能量。

（4）**整车能量优化管理** 通过对电动汽车的电机驱动系统、电池管理系统、传动系统以及其他车载能源动力系统（如空调、电动泵等）的协调和管理，提高整车能量利用效率，延长续驶里程。

（5）**充电过程控制** 指与电池管理系统共同进行充电过程中的充电功率控制，整车控制器接收到充电信号后，应禁止高电压系统上电，保证车辆在充电状态下处于行驶锁止状态，并根据蓄电池状态信息限制充电功率，保护蓄电池。

（6）**高电压上、下电控制** 根据驾驶人对行车钥匙开关的控制，进行动力蓄电池的高电压接触器开关控制，以完成高电压设备的电源通断和预充电控制。

上、下电流程处理：协调各相关部件的上电与下电流程，包括电机控制器、电池管理系统等部件的供电，预充电继电器、主继电器的吸合和断开时间等。

（7）**电动化辅助系统管理** 主要包括电动空调、电制动、电动助力转向。整车控制器应该根据动力蓄电池以及低压蓄电池状态，对 DC/DC 转换器、电动化辅助系统进行监控。

（8）**车辆状态的实时监测和显示** 整车控制器对车辆的状态进行实时检测，并将各个子系统的信息发送给车载信息显示系统，其过程是通过传感器和 CAN 总线，检测车辆状态及其动力系统和相关电气附件，相关各子系统状态信息驱动显示仪表，将状态信息和故障诊断信息通过数字仪表显示出来。

（9）**故障诊断与处理** 连续监视整车电控系统进行故障诊断，并及时进行相应安全保护处理。根据传感器的输入及其他通过总线通信得到的电机、蓄电池、充电机等的信息，对各种故障进行判断、等级分类、报警显示；存储故障码，供维修时查看。

故障指示灯指示出故障类和部分故障码。在行车过程中，根据故障内容进行故障诊断与处理。

（10）**远程控制** 包括远程查询功能、远程空调控制和远程充电控制。

远程查询功能是指用户可以通过手机 App 实时查询车辆状态，实时了解车辆的状况，包括剩余 SOC 值、续驶里程等。

远程空调控制是指无论是在炎热的夏季还是在寒冷的冬季，用户在出门前都可以通过手机指令实现远程的空调制冷、空调暖风和除霜功能，提前开启远程暖风或远程制冷，用户一上车就可以进入一个舒适的环境和温度。

远程充电控制是指用户离开车辆时将充电枪插入充电桩，并不进行立即充电，可以利用电价波谷并在家里实时查询 SOC 值，需要充电时通过手机 App 发送远程充电指令，进行充电操作。

（11）**整车 CAN 总线网关及网络化管理** 在整车的网络管理中，整车控制器是信息控制的中心，负责信息的组织与传输、网络状态的监控、网络节点的管理、信息优先权的动态分配以及网络故障的诊断与处理等功能。通过 CAN 总线协调电池管理系统、电机控制器、空调系统等模块相互通信。

（12）**基于 CAN 校准协议的在线匹配标定** 基于 CAN 校准协议（CAN Calibration Protocol，CCP）的在线匹配标定的主要作用是监控 ECU 工作变量、在线调整 ECU 的控制参数（包括电机效率图、曲线及点参数）、保存标定数据结果以及处理离线数据等。

（13）**换档控制** 档位管理涉及驾驶人的驾驶安全，正确理解驾驶人意图，以及识别车辆合理的档位，在基于模型开发的档位管理模块中得到很好的优化。能在出现故障时做出相应处理，保证整车安全，在驾驶人出现档位误操作时通过仪表等提示，使驾驶员能迅速做出纠正。

（14）**防溜车功能** 控制纯电动汽车在坡上起步时，驾驶人从松开制动踏板到踩加速踏板过程中，会出现整车向后溜车的现象。在坡上行驶过程中，如果驾驶人踩加速踏板的深度不够，整车会出现车速逐渐降到 0，然后向后溜车现象。

为了防止纯电动车在坡上起步和运行时向后溜车现象，在整车控制策略中增加了防溜车功能。防溜车功能可以保证整车在坡上起步时，向后溜车小于 10cm；在整车坡上运行过程中如果动力不足时，整车车速会慢慢降到 0，然后保持 0 车速，不再向后溜车。

## 本章小结

电动汽车是指以车载动力电池为能量源，全部或部分由电机驱动，符合道路交通安全法规等各项要求的汽车。纯电动汽车的电子控制技术主要包括：纯电动汽车电源管理系统及控制技术、纯电动汽车驱动电机系统及控制技术、纯电动汽车充电技术。

电池管理系统（BMS）是指监视蓄电池的状态，为蓄电池提供通信、安全、电芯均衡及管理控制，并提供与应用设备通信接口的系统。

电池管理系统和动力电池组一起组成电池包整体，主要由数据采集、电池状态估计、能量管理、安全管理、热管理、均衡控制、通信功能和人机接口等组成。

电池组电压均衡器实质上是一个功率电子控制器，均衡每个电池中的电压。均衡器的基本形式有电阻式、电容式和电感式等。

纯电动汽车的驱动电机系统的任务是在驾驶人的控制下，将蓄电池的能量高效转化为车轮的动能，或者将车轮上的动能反馈到蓄电池中。

直流电机驱动系统的直流电机控制器通常采用斩波控制器。交流电机驱动控制常用的控制方法包括变频变压控制、磁场定向矢量控制和直接转矩控制。永磁电机包括永磁同步电机和无刷直流电机，其控制策略包括变结构控制、模糊控制与 PID 控制相结合的控制，以及各种全局优化方法与模糊控制方法的结合。

为了提高电机的控制性能和控制精度，减小对模型依赖程度，模糊控制、神经网络控制、AI 等智能控制算法开始应用于电机的控制。

电机控制器主要由电子控制模块、驱动模块、功率变换模块和传感器组成。

电动汽车充电设施由车外充电装置、车内充电装置两部分组成，国内的电动汽车一般采用快充、慢充和更换电池充电三种模式。充电接口的种类主要有单相交流充电接口、三相交流充电接口和直流充电接口。

整车控制器通过向电机控制器、电池管理系统发送指令，间接控制电机运转和蓄电池充、放电，通过控制主继电器来实现车载模块的上、下电。

纯电动汽车的整车控制器，主要包含电源电路模块、开关量输入/输出模块、A/D 采集模块及 CAN 通信模块。

整车控制器通过采集加速踏板信号、制动踏板信号和档位开关信号等驾驶信息，同时接收 CAN 总线上电机控制器和电池管理系统发出的数据，并结合整车控制策略对这些信息进行分析和判断，提取驾驶人的驾驶意图和车辆运行状态信息，最后通过 CAN 总线发出指令来控制各部件控制器的工作，保证车辆的正常行驶。

### 思考题

1. 电池管理系统的定义、要求及功能是什么？
2. 简述电感式均衡器的优缺点。
3. 分析无刷直流电动机的工作原理。
4. 简述 PID 速度闭环的程序原理。
5. 简述电机控制器的功能。
6. 电机控制器是如何工作的？
7. 为什么驱动电机需要进行匹配？
8. 纯电动汽车有哪几种充电模式？
9. 纯电动汽车充电需要哪些设施？
10. 简述整车控制器的技术要求。
11. 简述整车控制器的基本组成及工作原理。

# 第14章 智能网联汽车电子控制技术

【本章教学要点】

| 知识要点 | 掌握程度 | 相关知识 |
| --- | --- | --- |
| 智能网联汽车概述 | 掌握智能网联汽车的概念、组成<br>了解智能网联汽车的分级 | 智能网联汽车的概念<br>智能网联汽车的组成 |
| 智能网联汽车关键控制技术 | 熟悉环境感知技术和路径规划技术<br>了解定位导航技术、运动控制技术和智能网联汽车通信技术 | 环境感知技术<br>车辆定位导航技术<br>车辆路径规划<br>车辆运动控制技术<br>智能网联汽车通信技术 |
| 高级驾驶辅助系统（ADAS） | 熟悉车道保持辅助系统和自适应巡航控制系统<br>了解主动避障控制系统和自动泊车系统 | 车道保持辅助系统<br>主动避障控制系统<br>自适应巡航控制系统<br>自动泊车系统 |

## 14.1 智能网联汽车概述

智能网联汽车（Intelligent and Connected Vehicle，ICV）是指搭载了先进的感知、决策与控制、执行装置，融合先进的通信技术，实现车与车、路、人、云等智能信息交换、共享的新一代汽车。智能网联汽车具备复杂环境感知、智能定位、智能决策、协同控制等功能，可通过不同程度的自动驾驶/辅助驾驶，实现汽车的安全、高效、舒适、节能行驶，并最终实现无人驾驶。

### 14.1.1 智能网联汽车的概念

随着社会经济发展与生活水平的提高，汽车保有量在世界范围内已具有相当庞大的基数，且保持上升态势。而汽车保有量增长带来的交通拥堵、交通事故，以及环境污染，根本原因在于汽车在复杂交通环境下行驶时彼此协作不佳。采取措施使车辆行驶时配合更默契，有望明显改善这种状况。传感器、通信技术、计算机与人工智能技术的发展，为智能交通提供了技术保障；智能网联汽车正是能实现车辆默契配合行驶的途径。图 14-1 展示了智能交通系统、车联网和智能网联汽车之间的关系。高级驾驶辅助系统（Advanced Driving Assistance Systems，ADAS）属于智能汽车的一部分，智能交通系统包括交通系统、路、车、人等，是一个很大的系统，智能汽车属于智能交通系统中车端的部分，而智能交通系

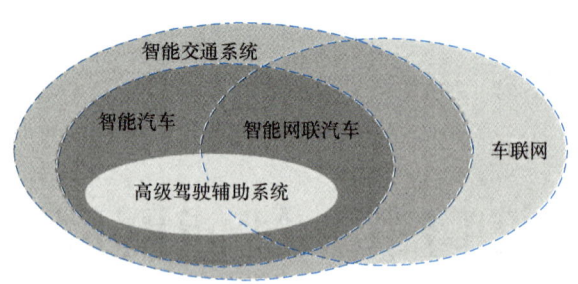

图 14-1　智能交通系统、车联网和智能网联汽车的关系

统与车联网的概念存在重叠，其中智能汽车与车联网重叠的部分称为智能网联汽车。因此智能网联汽车的概念具有清晰的边界，包括车辆与其他的交通参与者、网络通信、智能感知、决策与控制单元等。

智能汽车是结合了传感器、信息处理、计算机、自动控制和人工智能等技术的机电一体化车辆系统。网联汽车则突出了信息共享能力，能通过配备的信号收发装置，利用无线局域网实现包括车—车通信（Vehicle-to-Vehicle，V2V）、车—交通设施通信（Vehicle-to-Infrastructure，V2I）在内的车—人/车/路/后台（Vehicle-to-X，V2X）信息共享。智能网联汽车则是智能汽车与网联汽车的交集，同时具备了智能汽车与网联汽车功能，已被业内公认为是汽车未来的发展趋势。智能网联汽车通过搭载的先进传感器、控制器、执行器等设备并融合车内网、车际网与车载移动互联网等网络通信技术，能够实现 V2X 交互共享信息。通过网联技术，车辆的信息能以 V2V 在车辆彼此间相互传输，有利于进行配合更密切而默契的协作行驶，减少交通事故发生；或以 V2I 传递于交通管理部门，可利用这些数据提升交通系统效率，减少拥堵，并进而降低污染。

近年来，全球与汽车相关的研究机构、整车与零部件企业、互联网与人工智能相关企业纷纷踏入智能网联汽车研究领域。传统车企以智能化、网联化为基本路线提升汽车产品的性能，零部件供应商集成感知、控制、执行等软硬件方面的关键技术，提供不同程度的自动驾驶解决方案。高校和科研院所机构面向智能网联汽车的"智能"与"网联"两大特征，在包括驾驶辅助、环境感知、自适应巡航控制与车队速度优化、多车协同控制、车路协同自动驾驶等多个领域进行了研究，在关键技术方面取得了重要进展。

2013 年美国国家公路交通安全管理局（NHTSA）率先发布了自动驾驶汽车的分级标准，将自动驾驶描述为四个级别。2014 年美国汽车工程师学会（SAE）也制定了一套自动驾驶汽车分级标准 SAEJ3016，对自动驾驶的描述分为五个等级。

2016 年中国汽车工程学会制定了智能网联汽车中五级智能化和三级网联化标准，如图 14-2 所示，其中自动驾驶的五级智能化概念如下。

**(1) 第一层（Level 1）为特定情况驾驶辅助**　包括警告和提示功能，如车道偏离预警（Lane Departure Warning，LDW）、前碰撞预警（Front Collision Warning，FCW）、盲点探测（Bland Spot Detection，BSD）等功能的自动驾驶；以及一些驾驶辅助功能，例如车道保持辅助（Lane Keeping Assist，LKA）、自适应巡航（Adaptive Cruise Control，ACC）、极限工况或者紧急情况下的电子稳定程序（ESP）或自动紧急制动（Autonomous Emergency Braking，AEB）。

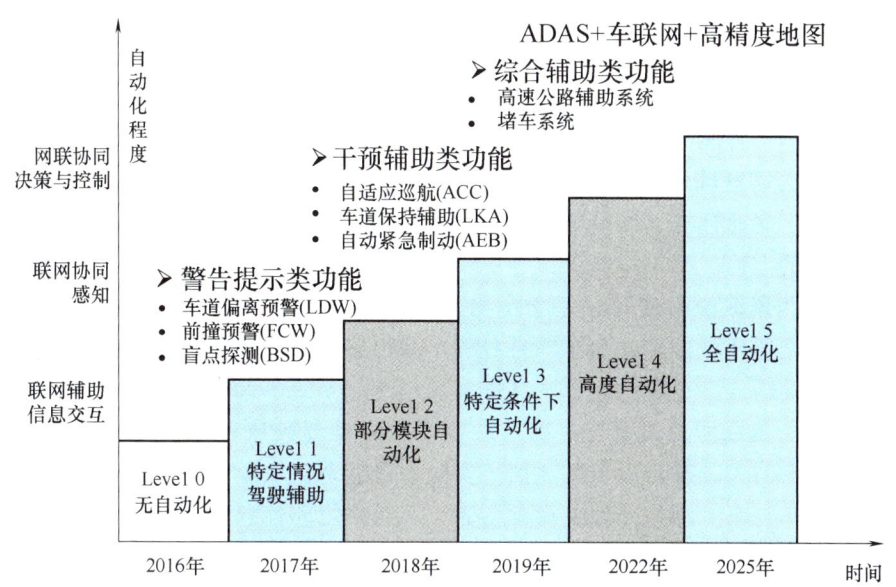

图 14-2 中国汽车工程学会制定的智能网联汽车发展目标

**(2) 第二层（Level 2）为部分模块自动化** 依据对驾驶环境的感知和决策，对车辆纵向运动（加减速）和横向运动（方向盘操纵）的多项操纵提供驾驶辅助。例如自适应巡航和车道保持辅助相结合，这时候驾驶人不需要进行转向和加减速的操纵，但需要一直保持对车辆行驶状态的监视，以确保在紧急情况下驾驶辅助系统不能胜任时，接管车辆的操纵权限。

**(3) 第三层（Level 3）为特定条件下自动化**（或称为有条件自动驾驶） 在某些特定的交通环境下，由自动驾驶系统完成所有的驾驶操作，驾驶人只需要做相应的应答，比如选择希望的行驶路径，设置驾驶偏好等，此时驾驶人完全不需要控制车辆，也不需要实时监视驾驶环境。自动驾驶系统可以检测交通环境的变化，判断自动驾驶系统能否胜任，是否返回驾驶人驾驶模式等。需要人驾驶时，自动系统将唤醒驾驶人接管驾驶权限。另一方面，驾驶人由于主观驾驶意图，希望接管驾驶权时，通过方向盘和加速/制动踏板的操纵，在安全驾驶允许的前提下，也可以使得车辆进入手动驾驶模式。

**(4) 第四层（Level 4）为高度自动化** 当车辆行驶在限定的道路和环境下时，自动驾驶系统通过智能感知和判断决策，评估是否可以完成所有的驾驶操作。在该自动驾驶模式下，驾驶人不需要对自动驾驶系统所有的请求做出应答，而自动驾驶系统将综合各因素，做出合适的驾驶决策，如规划出安全、节能、令驾驶人满意的行驶路径并实现车辆的操纵控制。高度自动驾驶适合大部分的道路和交通环境，在一些极端的非典型交通环境下，还需要驾驶人的干预。

**(5) 第五层（Level 5）为全自动化**（即无人驾驶） 乘员只需要提供出发地、目的地和行驶路径偏好等信息，自动驾驶系统通过交通环境和车辆状态的全程监测、路径规划、定位导航和车辆控制等，可以全程胜任并完成所有的驾驶操纵。自动驾驶系统全权负责整个驾驶过程，而不需要乘员对驾驶过程做任何的干预。

车辆采用 LTE-V、5G 等新一代移动通信技术，实现车端和路端感知获得的车辆位置、

速度和车辆其他状态信息,以及车辆行驶所处的环境信息在车与车之间、车与路之间实现信息交互。在车路协同自动驾驶框架下,自动驾驶系统根据自身感知和通过信息交互获得的车—路信息,通过决策计算和控制执行模块实现自动驾驶操作。

从网联化方面,智能网联汽车可分为以下三个层次。

**(1) 第一层为网联辅助信息交互** 通过车与路、车与智能交通系统后台的通信,实现地图、交通流量、交通标志、导航等辅助信息的获取,以及车辆油耗、历程等行驶信息与驾驶人操作等数据的上传。

**(2) 第二层为网联协同感知** 基于车与车、车与路、车与后台的通信,实时获取更加广泛的车辆周边交通环境信息,与车辆自身的车载传感器的感知信息相融合,作为自动驾驶决策与控制系统的输入。

**(3) 第三层为网联协同决策与控制** 在高度的自动驾驶或者无人驾驶情况下,基于车与车、车与路、车与人、车与后台的通信,实时并可靠地获取车辆周边交通环境信息及车辆的决策信息,将车与车、车与其他交通参与者、车与路之间信息进行交互融合,形成各交通参与者之间的协同决策与控制。

实现无人驾驶一直是人类追求的梦想,20世纪50、60年代开始,美国和英国的研发人员通过电跟踪路面脉冲信号进行车辆自动驾驶的设计和研发。1977年,日本筑波工程实验室研发了世界上第一台基于摄像头来检测前方路况,实现导航的自动驾驶汽车。20世纪80年代,美国著名的大学如卡内基·梅隆大学、斯坦福大学、麻省理工学院等都先后加入无人驾驶汽车的研究工作,以美国卡内基·梅隆大学的 NavLab 系列智能车和意大利的 ARGO 试验车为代表。随着通信网络的快速发展,无人驾驶从单车智能向网联环境下的自动驾驶发展,2011年,美国交通部智能交通署开始研究网联汽车测试技术,肯定了智能网联汽车对车辆安全的积极作用。近几年,美国对基于 V2V 和 V2I 的研究进行了大量实验,甚至建立了专用于智能网联驾驶测试的 M-city、GoMentum Station 等试验场。日本于20世纪90年代开始对智能网联汽车以及智能交通系统进行研究,欧盟委员会的智能网联汽车研发框架于1984年实施,于1986年提出 ITS 计划,包括网络互联、无人驾驶、驾驶辅助等。欧盟计划在2050年形成一体化智能和互联汽车交通区。

除了科研院校以及国家层面积极推动无人驾驶领域的研究,奥迪、福特、沃尔沃、日产、宝马等汽车制造厂商也于2013年开始相继在无人驾驶汽车领域进行了布局。目前,对于量产商用车辆来说,部分自动驾驶功能已经较为普及,表现比较突出的是德、美、日、韩等汽车制造厂商生产的汽车。2015年,特斯拉推出了半自动驾驶系统 Autopilot,Autopilot 是第一个投入商用的自动驾驶技术。2016年,通用汽车收购了自动驾驶技术创业公司 Cruise Automation,正式进入无人驾驶领域。2018款奥迪A8是全球首款量产搭载 Level 3 级别自动驾驶系统的车型,使驾驶人在拥堵路况下可以获得最大限度的解放。

较发达国家,我国在智能网联汽车方面的研究起步较晚。我国在20世纪80年代前后开始关注无人驾驶的研发和产业化。清华大学在原国防科工委和国家863计划的资助下,从1988年开始研究开发 THMR 系列智能车,THMR-V 智能车能够实现结构化环境下的车道线自动跟踪;1992年,国防科技大学成功研制出第一辆真正意义上的无人驾驶汽车;2011年,一汽集团与国防科技大学共同研制的红旗 HQ3 无人驾驶汽车完成了286km的高速全程无人驾驶。以百度为代表的高科技公司也相继加入了无人驾驶汽车领域的研究,2015年百度无人驾驶汽车在北京进行全程自动驾驶测试；2018 年百度与厦门金龙合作生产的全球首款 Level 4 级量产自动驾驶巴士"阿波龙"下线。

2020 年 2 月，国家发改委发布了《智能汽车创新发展战略》，明确提出发展智能汽车对我国具有重要的战略意义，指出到 2025 年，中国标准智能汽车的技术创新、产业生态、基础设施、法规标准、产品监管和网络安全体系将基本形成。并实现有条件自动驾驶的智能汽车达到规模化生产，实现高度自动驾驶的智能汽车在特定环境下的市场化应用。2035 年~2050 年，中国标准智能汽车体系将全面建成并更加完善，将逐步实现安全、高效、绿色、文明的智能汽车强国愿景。

### 14.1.2 智能网联汽车的组成

智能网联汽车的关键技术包括感知、决策规划、控制执行、网络通信等几个方面。

**1. 感知层**

感知层借助车载传感器、惯性导航系统、雷达等，结合近距离通信技术和车路协同技术，实时准确地探测车辆自身状态和周围环境的信息，通过先进的信息技术，将不同终端的各种类型数据依据通信标准进行交互，实现数据共享，并在此基础上实现不同域（车端、路端等不同域）和不同来源传感器数据的融合。

由于驾驶环境动态、复杂、多样，易导致各传感器性能退化，如激光雷达在雨雪天气下因水滴散射易产生大量噪点，相机因明暗对比度突变造成短暂性"失明"等。为实现鲁棒和精确的环境感知与场景理解，自动驾驶汽车通常配备摄像头、激光雷达、毫米波雷达等多模态传感器。另一方面，不断发展的 V2X 通信技术和车路协同技术也极大地提高了自动驾驶感知信息的维度。针对自动驾驶汽车在复杂随机动态环境下的感知能力有限、抗未知因素干扰能力弱等问题，需要进行不同来源传感器感知数据的深度融合。同时，由于车端、路端、云端的感知单元信息流彼此割裂，因此有必要构建端—边—云协同感知框架，并进行基于车路协同感知的大范围行车风险态势预测，为智能车辆的行驶决策和规划提供准确而全面的环境感知和理解信息。

**2. 决策规划层**

决策规划层是依据感知层以及云平台获取的信息来进行车辆的驾驶决策和行驶路径规划等，进而实现车辆的自动驾驶或者向驾驶人发出辅助驾驶的决策信息。对于具有先进驾驶辅助技术的汽车，或者在有条件的自动驾驶阶段，驾驶决策信息主要起到预测、警告、推荐作用；或者在自动驾驶模式下，为车辆提供参考行驶路径，此时驾驶人仍掌握车辆行驶的主动权，可以随时接管车辆的操纵。当智能网联汽车发展到高阶自动驾驶时，决策规划层除了车载决策系统之外，还包括智能交通系统后台服务中心的协同决策机制，车辆控制权可以在自动驾驶和驾驶人操纵两者之间切换。决策规划层是智能网联汽车自主驾驶/高阶自动驾驶技术的核心部件。

**3. 控制执行层**

其任务是接收上层动作决策和规划模块输出的车辆行驶轨迹，结合车身属性和外界物理因素进行一系列动力学计算，其中包括参考路径的跟踪，基本的速度和方向控制，以及车辆的稳定性控制，最终转换成对车辆加速、制动的控制，以及转向盘信号。对于辅助驾驶功能

的汽车，控制执行层实现对驾驶人操纵的辅助或者矫正。当融合完备网联技术和人工智能技术后，车辆自主控制将逐步替代驾驶人的人工控制，实现真正意义上的无人驾驶。

车辆底盘的线控技术是自动驾驶控制执行的关键技术，是目前自动驾驶执行系统的主流发展方向。底盘线控技术是指将驾驶人的操纵动作通过传感器变成电信号，通过车载通信网络传输到执行机构的一种控制系统。自动驾驶汽车的线控系统主要包含线控转向、线控驱动、线控制动、线控悬架、线控换档等。通过分布在汽车各处的传感器，实时获取驾驶人的操作意图和汽车行驶过程的参数、状态和环境信息，传递给控制器。对于自动驾驶汽车，传给控制器的还应该包括来自感知层和决策规划层的传感器信息和车辆参考行驶速度和轨迹等信息。线控底盘控制器对这些信息进行分析和处理，得到合适的控制参数并传递给各个执行机构，从而实现对汽车的控制。

#### 4. 网络通信层

网络通信层包括车载控制器局域网 CAN 以及车辆与外界的车—车、车—路通信 V2X。其中 CAN 总线是汽车上最为重要的现场总线之一，在汽车的感知、决策控制、执行系统以及车身电子系统中都有广泛的应用。汽车总线系统分为照明、电动车窗、中央集控锁等车身系统 CAN，以及连接发动机 ECU、ABS/ESC 控制器、自动变速器、汽车安全系统、自动驾驶系统等和汽车行驶与安全相关的 CAN。

车用无线通信技术 V2X 是将车辆 V 与一切与车辆交互信息的对象 X 相联，X 包括车、人、路侧基础设施、云端等网络节点。其中车与车之间的通信称为 V2V、车与路侧基础设施之间的通信称为 V2I。V2X 网络节点可以发射、捕获并转发信号。利用 V2X，车辆可以获取周围环境的参数、状态及附近车辆的行驶状态等，然后车端主动安全和自动驾驶算法将处理所获取的信息，对可能发生的危险进行预警或实施规避操作。

## 14.2 智能网联汽车关键控制技术

### 14.2.1 环境感知技术

环境感知技术是利用摄像头、毫米波雷达、激光雷达等传感器，以及 V2I 和 V2X 通信系统获取周围环境信息，包括提取路况信息、检测障碍物和其他交通参与者等信息，并通过多种算法处理和分析原始输入数据，为智能网联汽车提供决策与控制的依据。环境感知作为自动驾驶的第一个环节，是智能驾驶车辆与外界环境信息交互的关键，其核心在于使智能驾驶车辆更好地模拟、最终超越人类驾驶人的感知能力，并准确地感知与理解车辆自身和周围环境的驾驶态势。环境感知的主要对象包括路面、静态物体和动态物体等，涉及道路边界检测、障碍物检测、车辆检测、行人检测等技术。

#### 1. 传感器技术

目前，常用的环境感知传感器主要有摄像头、激光雷达、毫米波雷达等，由于作用机理不同，每种传感器都有其优势与不足。

（1）摄像头　相比其他传感器，摄像头更接近人类视觉，所获取的图像包含颜色和纹理信息等，具有更为丰富的语义特征。通过数字图像处理技术和计算机视觉的相关算法对图像或视频进行分析，可以实现分类、分割、检测、跟踪，提取交通信号标志、车道线、行人、车辆、障碍物的位置、尺寸、速度和方向等信息。摄像头采集信息十分丰富，技术成熟而且成本低，但易受光照和环境的影响，在黑夜、雨雪、大雾这些能见度较低的情况下，识别率大幅度降低，且缺乏周围环境的深度信息。

（2）激光雷达　激光雷达（LiDAR）通过向目标发射探测信号，然后将接收到的从目标反射回来的信号进行比较和适当处理，就可获得目标的距离、方位、高度、速度、姿态，甚至形状等参数信息，从而实现对障碍物、运动物体等目标进行探测、跟踪和识别。激光雷达具有极高的分辨率和测量精度，包含目标丰富的立体深度信息，但易受雨雪、雾霾等极端天气影响，难以分辨交通标志和红绿灯颜色，且现阶段成本较高。

（3）毫米波雷达　毫米波雷达工作在毫米波段，通过发射无线电信号并接收反射信号来测定与物体间的距离。兼有微波雷达和光电雷达的一些优点，具有较强的穿透性，因此测距精度受天气因素和环境影响较小，具有很高的测量精度。基于毫米波雷达，可提供变道辅助、自主控制车速、碰撞预警等辅助功能。然而毫米波雷达也存在一些不足之处，包括对金属敏感，难以探测行人，缺少探测目标的高度信息。

**2. 障碍物检测技术**

障碍物检测作为智能网联汽车环境感知模块的重要组成部分，决定着汽车行驶的安全性。目前，障碍物检测技术主要分为基于图像的障碍物检测、基于激光雷达的障碍物检测和基于多传感器融合的障碍物检测等方法。

（1）基于图像的障碍物检测方法　基于图像的障碍物检测方法主要分为以 YOLO 系列和 SSD 为代表的一阶段算法，以及以 RCNN（Region-CNN）系列为代表的二阶段算法，目前大多二阶段算法都是在 Faster-RCNN 基础之上改进。两种检测算法相比，一阶段算法在速度上快于二阶段算法，而二阶段算法在准确度上优于一阶段算法。

1）Faster RCNN 检测算法。Faster RCNN 在 RCNN 和 Fast RCNN 的基础之上改进而成，将特征提取候选框生成、边框回归以及目标分类模块整合到一个网络，使综合性能有较大提高。Faster RCNN 抛弃了传统的滑动窗口和 Selective Search 方法，直接使用 RPN（Region Proposal Network）生成检测框，在精度和速度上有着不错的表现。

2）YOLO 检测算法。将障碍物检测当作回归问题求解的一种一阶段检测算法，基于一个端到端的网络，完成从原始图像的输入到物体位置和类别的输出。YOLO 检测网络借鉴了 GoogleNet 的分类网络结构，采用 24 个卷积层来进行提取图像特征，并采用两个全连接层来预测物体的位置和类别概率值。

3）SSD 检测算法。通过提取不同尺度的特征图，对多个层级上的候选框进行匹配，以此更精确地找到与不同尺寸目标最匹配的边界框。与 YOLO 不同的是，SSD 直接采用卷积对不同尺度特征图进行特征提取，并借鉴了与 Faster RCNN 类似的思想，在每个单元格设置不同尺度和纵横比的默认框，用于预测分类的置信度和边界框的回归值。

（2）基于激光雷达的障碍物检测方法　基于激光雷达的障碍物检测方法主要有基于几何特征和网格的检测方法，以及 VoxelNet 检测方法。

基于几何特征的方法首先对激光雷达的点云数据进行处理，采用聚类算法将数据聚类，并与障碍物的几何特征进行对比，从而实现障碍物的检测和分类。然而对于非结构化的道

路，障碍物的形状复杂，较难用几何形状描述，需要采用基于网格的方法将点云数据投影到网格地图中，利用无向图相关方法来识别障碍物。

VoxelNet 检测方法着重解决如何让网络高效处理更多的点云数据，其主要由特征学习网络、中间卷积层和区域建议网络组成。特征学习网络主要将点云划分为体素 Voxel 形式，通过 VFE 层提取特征，得到体素级的特征向量。中间卷积层负责将特征向量进行三维卷积，获取全局特征，再通过区域建议网络（RPN）将特征进行整合，输出预测概率和结果等。

（3）基于多传感器融合的障碍物检测　　不同的传感器功能原理各异，具有很强的优势互补性。摄像头具有较高的分辨率，可以获取丰富的语义信息，在物体高度与宽度测量、车道线识别和交通标志识别等方面具有显著优势，但易受天气光照影响。毫米波雷达通过多普勒偏移原理能够精确地测出目标速度，而激光雷达能够获取准确的位置信息，因此，通过多传感器的融合能够显著提高障碍物检测的效果。多传感器融合感知需要建立精确的雷达坐标系、三维世界坐标系、摄像机坐标系、图像坐标系和像素坐标系，以及不同坐标系之间的变换关系，在此基础之上将不同传感器的测量数据变换到同一坐标系中，以实现多传感器的空间配准。此外，由于各种传感器采样周期不同，需要选取合适的采样基准，使多传感器实现时间同步。

### 3. 车道线检测

车道线是道路环境的重要标志之一，智能汽车需通过检测车道线感知自身在道路中的相对位置。传统基于计算机视觉的检测方法一般分为基于模型的方法和基于特征的方法，而随着深度学习的兴起，逐渐出现基于深度学习的车道线检测方法。

基于模型的方法主要是建立车道线的几何模型，对模型的参数进行估计与确定，最终与车道线进行拟合。几何模型大体分为直线和曲线模型，直线模型计算简单，实时性较好，但对曲线道路的识别精度较差。而曲线模型由于较为复杂，根据不同的情况有多种多样的模型，不同模型的计算复杂度也存在差异。

基于特征的方法主要是通过车道线的一些特征判别车道线，如通过颜色特征、形状特征、纹理特征、方向特征等来检测车道线。其中，基于纹理特征的检测方法主要通过对包含多个像素点的区域中的纹理强度和纹理方向进行计算，从而对车道线进行检测。这种方法具有较强抗噪能力，但由于图像中提取的二维特征与三维物体实际纹理有一定差别，在一定程度上影响了检测精度。

基于深度学习的检测方法中较为常用的是卷积神经网络方法，卷积神经网络非常类似于人的眼睛，其采用的空间结构和算法，类似于人类观察事物的过程。尤其是在模式分类领域，由于可以直接输入原始图像，无须对原始图像数据做复杂的特征提取和数据重建的过程，解决了传统方法中需要人为地对图像设置特征的问题，因而得到了更为广泛的应用。

### 4. 交通信号灯检测

交通信号灯检测是智能驾驶中的一个关键问题，是保障智能汽车行车安全的基础。过去对于交通信号灯的检测大多利用颜色形状等低级特征提取检测，使用一个简单的阈值进行背景抑制，或根据颜色特征进行候选框的提取，再对候选框进行分类，这类方法准确率远远达不到要求。现在目标检测大多采用基于深度学习的方法，如 Faster RCNN、YOLO 和 SSD，但是这些方法在小目标检测上的效果都不理想。提升小目标检测效果的有效途径是扩大图像大小，但计算量会随之增加。目前针对小目标检测算法的改进，主要从提取特征网络入手，有特征金字塔、逐层预测、空洞卷积等。

### 14.2.2 车辆定位导航技术

车辆定位导航技术是智能网联汽车的关键技术之一，其首要的功能是提供车辆的位置、速度和航向等信息，而精确、可靠的定位信息是实现智能网联汽车导航功能的前提与基础。常用的车辆定位技术有卫星导航定位技术（GNSS）、惯性导航定位技术（INS），以及地图匹配定位技术等，此外还有室内定位技术。

**1. 卫星导航定位技术**

卫星导航定位系统是以人造地球卫星为导航台的星基无线电导航系统，为全球陆、海、空、天的各类军民装备提供全天候的、高精度的位置、速度和时间信息，也称为天基定位、导航和授时（PNT）系统。GNSS 包括美国的 GPS、俄罗斯的 GLONASS、中国的北斗和欧洲的 GALILEO 四大全球导航卫星系统，以及区域系统和增强系统。GNSS 主要由 3 部分构成，即空间卫星部分、地面监控部分和用户接收部分。GNSS 利用测量学的后方交会原理，将空间的人造卫星作为参照点，通过精确测量地球上某个点到三颗人造卫星之间的距离来进行定位。

GNSS 在实际定位过程中由于卫星的星历误差、电离层延迟、大气折射效应等导致一定程度的误差，而差分 GNSS 根据已知位置的基准站计算出公共误差，通过相关的补偿算法削弱或消除部分误差，从而有效提高定位精度。差分 GNSS 主要原理是将一台已知精密坐标的接收机作为差分基准站，基准站连续接收 GNSS 信号，与基准站已知的精准位置和距离数据进行比较，从而计算出差分矫正量。根据差分基准站发送的信息方式可以将差分 GNSS 分为：

（1）**位置差分**　基准站将 GNSS 接收机测量的坐标与已知精密坐标的误差作为差分矫正量并发送给流动站，流动站根据接收到的差分矫正量与自身坐标测量值进行坐标修改。

（2）**伪距差分**　根据基准站已知坐标求出卫星到基准站的真实几何距离，并将其与观测所得的伪距比较，然后通过滤波器对此差值进行滤波并获得其伪距修正值，流动站利用这些误差值来改正 GNSS 传输测量伪距并利用修正后的伪距进行定位。

（3）**载波相位差分**　其根本是实时处理两个基准站载波相位，基准站将测量原始值发给流动站，流动站收到基准站的数据后，与自身卫星观测的数据组成相位差分观测值，利用组合后的观测值求出基线向量，完成相对定位。

在上述所示的三种差分 GNSS 中，载波相位差分技术具有更高的定位精度，可达厘米级别，因此更能满足智能网联汽车中的高精度定位导航需求。

**2. 惯性导航定位技术**

惯性导航定位系统是一种不依赖于外部信息，也不向外部辐射能量的自主式导航定位系统。惯性导航定位技术（INS）属于推算导航方式，即从一已知点的位置根据连续测得的运动体航向角和速度推算出其下一点的位置，因而可连续测出运动体的当前位置。其主要由惯性测量单元、信号预处理和机械力学编排 3 个模块组成，如图 14-3 所示。惯性测量单元主要由 3 个单轴加速度计和 3 个单轴陀螺仪组成，用于测量车辆三轴姿态角以及加速度。信号预处理模块对惯性测量单元的输出信号进行信号调理、误差补偿并检查输出量范围等。机械力学编排模块根据惯性导航定位系统的实际布局、采用的坐标系以及解析计算方法等，求解车辆实时的位置、速度和姿态等信息。根据机械力学编排形式的不同，惯性导航定位系统可分为平台式惯性导航定位系统和捷联式惯性导航定位系统。

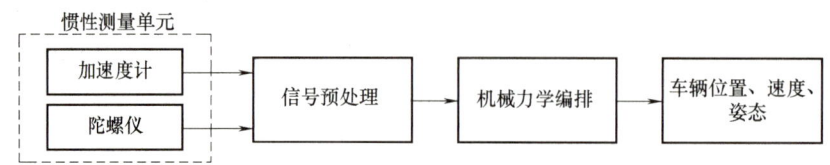

图 14-3　惯性导航定位系统主要模块

惯性导航定位系统工作原理：基于牛顿第二运动定律，加速度分别经过一重积分和二重积分就可得到车辆速度和位置的偏移量，利用车辆先前的位置、惯性测量单元测得的加速度和角加速度来确定其当前位置。同样，车辆的俯仰、横摆等姿态信息也可以通过对角加速度进行积分得到。

### 3. 地图匹配定位技术

高精度地图匹配定位是将实时道路物理信息与预制的高精度地图进行匹配来实现车辆定位的方法。利用 GNSS 和惯性导航定位，都会不可避免地产生定位误差，如车辆在隧道、林荫道以及城市高楼区等导航信号遮挡严重的环境行驶，还会导致 GNSS 定位失效，而惯性导航定位系统的累计定位误差会随着时间不断增大，导致车辆定位偏离实际位置。地图匹配定位技术将汽车定位信息与高精度地图提供的道路信息进行比较，并采用适当的算法确定汽车当前的行驶路段和准确位置，以矫正定位误差。

地图匹配定位首先利用车载 GNSS 和 INS 对车辆的初始位置和姿态进行估计，确定高精度地图的局部搜索范围。然后将激光雷达和摄像头所采集的实时点云数据和图像数据与高精度地图数据变换到同一个坐标系内进行匹配，匹配成功后即可确认汽车定位信息，地图匹配定位流程如图 14-4 所示。高精度地图中常用于地图匹配的特征主要包含车道线、停止线、导流线、路灯等特征明显的物体，同时，还包括平均反射值、方差及平均高度值等具有统计意义的信息。

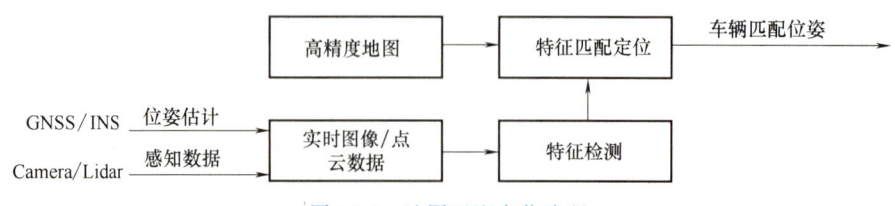

图 14-4　地图匹配定位流程

### 4. 室内定位技术

在室内环境下，卫星信号被屏蔽，导致 GNSS 无法工作，通常采用无线通信、基准站定位和惯性定位等多种技术手段实现汽车在室内空间的位置感知。从原理上来看，常用的室内定位方法主要有参考标签法、指纹定位法和距离交会定位法等，其关键技术主要有 Wi-Fi、RFID、UWD、可见光等专用短距无线通信定位技术。

（1）Wi-Fi 定位　Wi-Fi 可以实现复杂的大范围定位、监测和追踪任务，具有成本低、覆盖范围广和适用性强的优势，且方便推广。

（2）RFID 定位　射频识别技术（RFID）利用射频方式进行非接触式双向通信交换数据以实现识别和定位。它可以实现厘米级定位精度，传输范围广、成本低。

（3）UWD 定位　超宽带技术（UWD）通过发送和接收纳秒级别或纳秒级以下的极窄脉冲来传输数据，具有 GHz 量级的带宽，具有穿透力强、功耗低，能提供十分精确的定位精度。

### 14.2.3　车辆路径规划

路径规划是汽车完成驾驶决策及进一步运动的基础，是整个智能网联汽车系统框架中必不可少且至关重要的部分。路径规划就是根据给定的环境模型，在一定的约束条件下，规划出一条连接汽车当前位置和目标位置的无碰撞路径。智能网联汽车路径规划从功能上可分为全局路径规划和局部路径规划。全程路径规划已经是一项比较成熟的技术，包括按照最短距离、最短行程时间、是否收费等，提供出满足要求的各种最佳路径。局部路径规划是自动驾驶智能车的一个重要组成部分，它的任务是按照一定的评价标准，在具有障碍物的环境内寻找一条从起始状态（包括位置和姿态）到达目标状态的无碰路径。

目前智能网联汽车在求解路径规划问题上有许多成熟的算法，主要包括 Dijkstra 算法、Floyd 算法，以及启发式搜索算法，如 A* 算法等。Dijkstra 算法是求解最优路径问题最经典的算法，但它是一种盲目搜索算法，在多年的研究当中，各国学者都对其进行不断地改进，该算法的求解速度也大大提高。A* 算法是启发式搜索算法的代表，在搜索过程中减小了网络图的搜索空间，从而节省了搜索的时间，计算效率较高。此外，路径规划算法还包括模糊逻辑算法、神经网络算法、遗传算法、PLD 算法等。目前路径规划算法得到了长足的发展，但平稳、可靠、高效的路径规划算法仍是重要的研究方向。

#### 1. Dijkstra 算法

Dijkstra 算法由荷兰科学家 Dijkstra 于 1959 年首先提出，是搜索最短路径的经典算法。它的基本原则是：每一步都找到一个局部最短路径，以期望产生全局最短路径。其时间复杂度为 $O^{(n2)}$，执行时间与节点数相关。它主要缺点是在地图数据较大时很难满足路径规划中实时性的要求。

Dijkstra 算法是一种贪心策略的最短路径算法，该算法的原理是按照路径长度逐点增长的方法构造一颗路径树，从而得出从该树的根结点（即指定结点）到其他所有结点的最短路径，如图 14-5 所示。

Dijkstra 算法的核心思想为：设置两个结点的集合 $S_n$ 和 $T_n$。集合 $S_n$ 中存放已找到的最短路径的结点，集合 $T_n$ 中存放当前还未找到最短路径的结点。初始状态时，集合 $S_n$ 中只包含起始点，然后不断从集合 $T_n$ 中选择到起始点最短的结点加入到集合 $S_n$ 中。集合 $S_n$ 每加入一个新的结点，都要修改从起始点到集合 $T_n$ 中剩余结点的

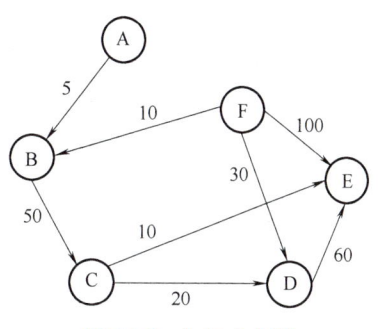

图 14-5　加权有向图

当前最短路径长度值，集合 $S_n$ 中各结点新的当前最短路径长度值为原来最短路径长度值与从起始点过新加入结点到达该结点的路径长度中的较小者。不断重复此过程，直到集合 $T_n$ 中所有结点全部加入集合 $S_n$ 中为止，见表 14-1。

表 14-1 Dijkstra 算法求解过程

| 步骤 | 集合 $S_n$ | 集合 $T_n$ | 所选顶点 | 最短距离 |
| --- | --- | --- | --- | --- |
| 1 | F | A,B,C,D,E | B | ∞,10,∞,30,100 |
| 2 | F,B | A,C,D,E | D | ∞,10,60,30,100 |
| 3 | F,B,D | A,C,E | C | ∞,10,60,30,90 |
| 4 | F,B,D,C | A,E | E | ∞,10,60,30,70 |
| 5 | F,B,D,C,E | A | A | ∞,10,60,30,70 |
| 6 | F,B,D,C,E,A | | | ∞,10,60,30,70 |

**2. A* 算法**

Dijkstra 算法虽然能够求解得到最短路径，但是计算量非常庞大，因此这种算法只适用于解决结点数较少的有向图。但是实际中电子地图结点数量非常庞大，使用这种算法会增加工作量，因此不是最佳选择。

A* 算法的主要特点是在 Dijkstra 算法的基础上为空间的每个结点定义一个启发函数（估价函数），启发函数为当前结点到目标结点的估计值。启发函数相当于为搜索提供了一个方向，可以减少搜索结点的数量从而提高效率。该算法的主要特点是：在选择下一个搜索点时，通过引入多种有用的路网信息，计算所有的候选结点与目标结点之间的某种目标函数，例如最短行车距离、最短行车时间、最少行车费用等，以此目标函数值为标准来评价该候选结点是否为最优路径应该选择的结点，符合所选择的最优目标函数的候选结点将优先选择为下一次搜索的起始点。

A* 算法的关键是确立启发式估价函数，即

$$f'(n) = g(n) + h'(n) \tag{14-1}$$

式中，$g(n)$ 为 s 到候选结点 n 的实际代价；$h'(n)$ 为从候选结点 n 到目标 D 的估计代价。

必须保证 $h'(n) \leq h^*(n)$，其中 $h^*(n)$ 表示结点 n 到目标结点的实际最小代价。该算法在搜索过程中，优先搜索 $f'(n)$ 值最小的结点。

A* 算法在搜索过程中会建立 OPEN 表和 CLOSE 表。其中，OPEN 表中存储的是已经生成但还没有被扩展的结点，CLOSE 表中存储的是已经被扩展的结点。每扩展一个结点，都要计算其代价值。若新扩展的结点已存在于 OPEN 表中，则比较这两个结点的代价值大小，用代价值小的结点替换代价值大的结点。每扩展一个新的结点，都会根据所采用的启发式信息进行排序。具体步骤如下：

1）建立空的 OPEN 表和 CLOSE 表。把起始点 s 放入 OPEN 表中，CLOSE 表为空，此时其他结点与起始点的距离为 ∞。

2）如果 OPEN 表为空，则搜索失败，算法结束。否则扩展 s 结点，选取 OPEN 表中 $f'(n)$ 值最小的结点，并将该结点从 OPEN 表移至 CLOSE 表中，同时判断该结点是否为目标结点。若是目标结点，则从该结点回溯，即从该结点的后向指针一直到初始结点遍历结点

获得最优路径，算法结束；若该结点不是目标结点，则继续扩展下一结点。

3）依次扩展 s 结点后，扩展 s 结点的所有后继结点组成集合 A，遍历 A 中的结点，如果存在某一结点既不在 OPEN 表中，也不在 CLOSE 表中，将该结点放入 OPEN 表中，同时计算该结点的估价值，并对该结点的代价值与已经存在于 OPEN 表或 CLOSE 表中的结点代价值进行比较。若该结点的代价值小于其他两个代价值，则更新 OPEN 表中的代价值及其父结点。

4）根据所选取的估价函数计算各结点的估价值，并按照估价值递增排序，对 CLOSE 表中的多个结点进行排序，这些结点的扩展过程就是通过算法计算得到的最优路径，算法结束。

除了 A* 算法和 Dijkstra 算法，其他的路径规划算法还包括变分法、人工势场法和采样法等。变分法本质是将路径规划问题转化为满足一定约束方程，并使得性能函数到达最优的优化问题。人工势场法通过势场来规划路径，在势能场中，障碍物对车辆产生斥力，目标结点对车辆产生引力。变分法和人工势场法的主要问题是可能陷入局部的极值而无法前进，以及在狭窄区域内表现不佳。同时对于存在微分约束的系统（非完整约束系统），计算的实时性可能难以保证。基于采样的路径规划算法主要是通过采样和碰撞检验的反复迭代来探索环境内可行的行驶区域。采样主要返回从某个结点到采样点的路径，同时要满足一定的约束条件（如微分约束等）。碰撞检验主要返回通过采样得到的路径是否完全处于可行区域，来保证规划的路径不与任何障碍物发生碰撞。

### 14.2.4　车辆运动控制技术

运动控制是智能网联汽车研究中的核心问题之一。运动控制指车辆根据当前周围环境和车体位置、姿态、车速等信息按照一定逻辑做出决策，并分别向加速、制动及转向等执行系统发出控制指令。运动控制是车辆实现自动驾驶的关键环节，研究内容主要分为横向控制和纵向控制。横向控制主要研究智能网联汽车的路径跟踪能力，并保证车辆在沿着规划路径行驶时的行驶安全性、平稳性和乘坐舒适性；纵向控制主要研究智能网联汽车的速度跟踪能力，控制汽车按照既定的速度巡航或者跟踪前方动态目标。

**1. 车辆横向控制**

横向控制主要控制航向，通过改变方向盘转矩或角度的大小等，使汽车按照想要的航向行驶。就横向控制而言，其结构可分为单层结构与分层结构。单层控制结构通常应用状态方程，将车辆模型、车路相对位置模型和前馈控制器整合，利用经典和现代控制理论，分析系统的稳态跟踪误差和稳定性，并通过调节控制器参数以取得预期横向控制性能。分层控制结构一般分为上层控制器和下层控制器。其中，上层控制器以车路相对位置为参照，规划车辆的期望运动状态，采用的算法如驾驶人模型和人工势场法；下层控制器根据上层控制器输出的期望运动状态，设计车辆控制器实现状态跟踪。车辆横向控制采用的方法有 PID 控制和依据现代控制理论的控制方法。

（1）**PID 控制**　比例积分微分（PID）控制隶属于经典控制方法，具有稳定性好、结构简单、可靠性高等优点，是自动控制领域中应用最广的控制方法，图 14-6 为 PID 控制原理图。随着相关技术的发展和成熟，以 PID 控制为基础，衍生出了专家 PID 控制、神经网络

PID 控制等。

**（2）基于现代控制理论的车辆横向控制** 最优控制是基于现代控制理论中全局性能指标泛函分析的控制方法。其中，车轮转角作为控制量，横向位置、横摆角、横摆角速度、横向加速度等控制指标均

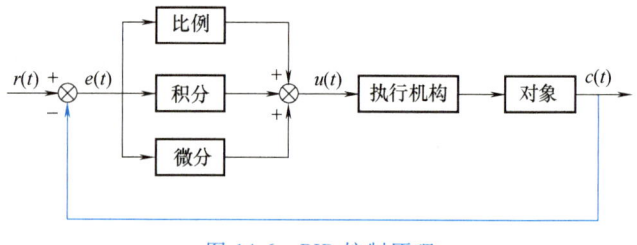

图 14-6　PID 控制原理

会分配相应权重，性能指标泛函最小值源于对转角控制量序列的调整。

逻辑门限值控制方法主要应用于汽车制动，该方法仅需要对车轮角加、减速度和滑移率门限值加以控制，以实现车辆的防抱死制动循环。该方法原理简单，但系统调试很复杂。其中，限值取值需要大量的试验测试，因此普适性较差。

预测控制方法建立横摆角速度的预测模型，根据汽车速度和转向盘转角等信息，预测横摆角速度的输出，由此决定施加的制动力大小和抵抗离心力产生的横摆力矩，从而提高车辆的横向控制稳定性。

滑模控制方法通过施加不连续的控制律，将系统的运动轨迹驱使并且限制在指定的滑动流形上，实现控制运动轨迹的目的。

自适应控制方法通过不断获取车辆的工作状态，并基于车辆状态不断优化控制准则，产生具有自适应特性的控制规律，使车辆的横向控制维持在最优工作状态。

**（3）基于智能控制理论的车辆横向控制** 车辆横向控制中的智能控制方法常见的有模糊控制和神经网络控制方法。1974 年 Mamdani 教授提出模糊理论，因其优良的控制性能，广泛应用于不同控制实践中。模糊控制主要通过 3 个步骤，即模糊化处理、模糊推理和清晰化，实现对车辆横向运动的控制。从实际应用效果来分析，模糊控制可模拟人的模糊智能，无须精确的数学模型，有效克服非线性和参数不确定性等问题，但模糊控制规则参数和控制隶属度函数参数主要依赖于专家经验法或试探法来确定，易造成稳态误差。

神经网络控制方法具有适应新环境和新任务的能力，使其对开发者和使用者的依赖程度较小。比如最常用的多层感知网络，仅通过向网络提供大量的映射实例，神经网络即可自动决定训练算法。此外，因其计算简单，可应用于并行运算。

**2. 车辆纵向动力学控制**

车辆纵向动力学控制指合理操控驱动、制动系统以实现速度跟踪、距离保持等功能，达到安全节能的驾驶目的。如图 14-7 所示，纵向控制主要为速度控制，即通过控制制动、加速等实现对车速的控制。智能网联汽车的纵向控制系统也分为直接式和分层式。直接式纵向控制通过控制器对控制参数直接进行调控，其针对单个控制对象，不考虑控制对象与其他车辆的相对位置。分层控制通过两个或

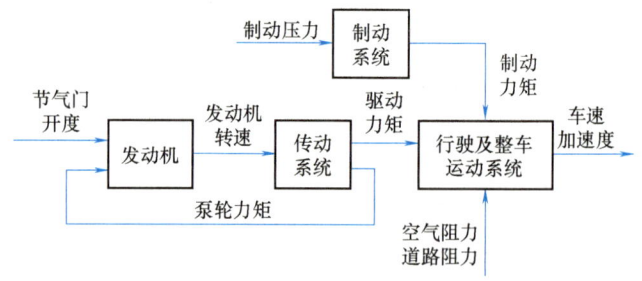

图 14-7　车辆纵向动力学模型

多个控制器对车辆纵向系统进行控制,此方法考虑车辆在行驶队列的转向、加速与制动行为,以其他车作为参考进行控制。

(1) **直接式速度控制** 直接式速度控制将车辆视为一个非线性多变量系统,根据车辆模型和参考速度轨迹直接生成期望制动压力或节气门开度,从而实现对跟随速度和跟随加/减速度直接控制。该控制系统具有集成度高、响应速度快、控制更为精准等特点,但对状态信息依赖性较大,模型非线性强。

(2) **分层式速度控制** 分层式速度控制可有效降低模型复杂度,实现速度规划和执行器控制的解耦。典型结构为上位速度控制和下位发动机制动控制。其优点是将复杂的整体模型分解为两个较简单的模型,从而在上位控制中可根据运动学模型实现跟踪性能和安全性的优化,而在下位控制中可对执行器精确控制。这一结构灵活性强,系统更为简洁并且易实施。

(3) **纵向稳定性控制** 车辆在附着不足的情况下会出现制动抱死或者驱动打滑现象,轮胎滑移率处于不稳定区域,解决该问题的动力学控制称为纵向稳定性控制,在制动中称为防抱制动系统(ABS)。其基本原理是在线估计轮胎滑移率,并主动控制制动压力将滑移率控制在合理范围内,以避免完全抱死(滑移率为100%)导致车辆失去转向能力和降低最大制动力。在驱动中称为牵引力控制系统(TCS),其基本原理与ABS类似,即主动控制发动机输出到车轮的转矩以避免轮胎打滑。两种系统均需要在线监测轮胎状态并调整制动压力或发动机转矩以避免低附着力下的纵向失稳。其主要控制方法包括反馈控制、切换控制等。

(4) **自适应巡航控制** 自适应巡航控制(Adaptive Cruise Control,ACC)是汽车在高速下的典型智能化应用之一,现阶段技术已较成熟且得到广泛应用。其基本原理是利用车载传感器感知自车及前向交通流的状态,根据控制算法对驱/制动系统进行自动控制,使车辆保持期望的纵向运动状态,实现定速巡航或跟车行驶等功能。

(5) **节油驾驶控制** 智能汽车具有获取道路、交通精确信息及自动控制车辆的能力,为以最小化油耗为目标的节油驾驶提供了很好的实施平台。研究表明节油驾驶技术通过改善对节气门、档位、制动的操控策略,可约15%左右的燃油,已成为智能车纵向控制领域重要研究方向。经济性驾驶指在不改变已有车辆动力结构的前提下,从改善控制策略的角度出发,实现车辆运动与道路条件、交通状态、车辆性能之间的合理匹配,在满足出行要求的前提下达到节能减排的目的,主要应用场景包括自由巡航、跟车、坡道和交叉口通行等。

### 14.2.5 智能网联汽车通信技术

**1. 车内通信技术**

【小提示】

车内通信技术中关于LIN、CAN、FlexRay总线等知识,前面章节已经做了详细介绍,本章不再赘述。本章仅介绍车内通信的以太网相关内容。

车载以太网是一种用以太网连接车内电子单元的新型局域网技术。与普通的以太网使用四对非屏蔽双绞线(UTP)电缆不同,车载以太网在单对非屏蔽双绞线上可实现100Mbit/s甚至1Gbit/s的数据传输速率,同时还应满足汽车行业对高可靠性、低电磁辐射、低功耗、带宽分配、低延迟以及同步实时性等方面的要求。

车载以太网的物理层采用了博通公司的 BroadR-Reach 技术，BroadR-Reach 的物理层（PHY）技术已经由单线对以太网联盟（One-pair Ethernet Alliance，OPEN）标准化，因此有时也称车载以太网为 BroadR-Reach（BRR）或 OABR（Open Alliance BroadR-Reach）。

车载以太网的 MAC 层采用 IEEE 802.3 的接口标准，无须做任何适配即可无缝支持广泛使用的高层网络协议（如 TCP/IP）。

车载以太网有以下特点：全双工（Full-Duplex）的运行方式，采用包交换技术、基于地址的 Message。在物理层实施时需要进行电气隔离。在车载摄像头网络系统中能够在降低重量的同时提高性能。无线功能也是车载以太网技术的一个优势。

### 2. V2X 技术

车用无线通信（V2X）技术是将车辆与一切事物相连接的新一代信息通信技术，其中 V 代表车辆，X 代表任何与车交互信息的对象，主要包含车、交通路侧基础设施、行人和网络。V2X 具体信息模式包括：V2V、V2I、V2P、V2N。V2V 是指不同车辆之间的通信，最典型的应用是车辆防撞系统；V2I 主要是指车辆与道路、交通灯、路障等基础设施之间的通信，用于获取交通灯信号时序、路障位置等道路管理信息；V2P 是指车辆与行人或非机动车之间的通信，主要是提供安全警告；V2N 主要是通过网络将车辆连接到应用平台或云端，能够使用应用平台或云端上的娱乐、导航等功能。V2X 系统示意图如图 14-8 所示。

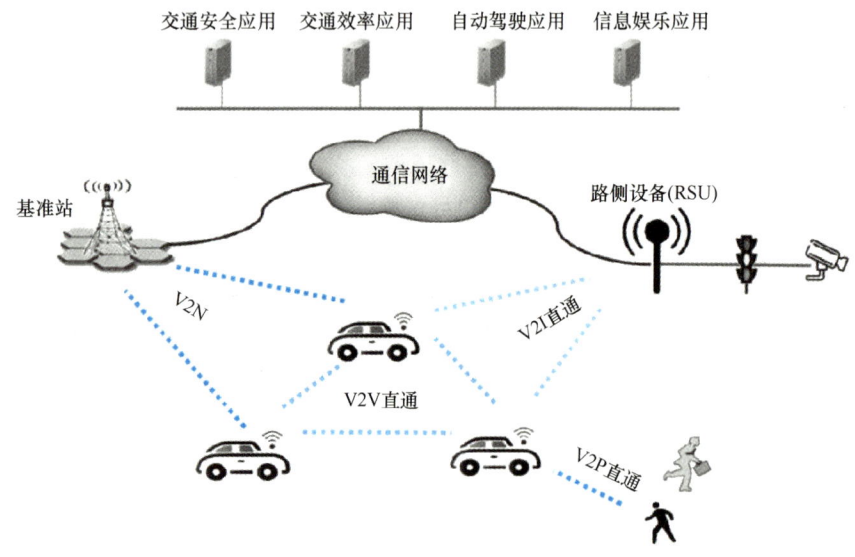

图 14-8　V2X 系统示意图

V2X 技术目前有专用短程通信（Dedicated Short Range Communications，DSRC）技术与基于 LTE 车联网无线技术两大路线。DSRC 技术发展较早，目前已经非常成熟，不过随着蜂窝车联网（Cellular-V2X，C-V2X）技术的应用推广，未来在汽车联网领域也将有广阔的市场空间。图 14-9 所示为 V2X 通信机制。

下面介绍专用短程通信（DSRC）以及 LTE-V 技术。

**（1）DSRC 技术**　专用短程通信（Dedicated Short Range Communications，DSRC）技术

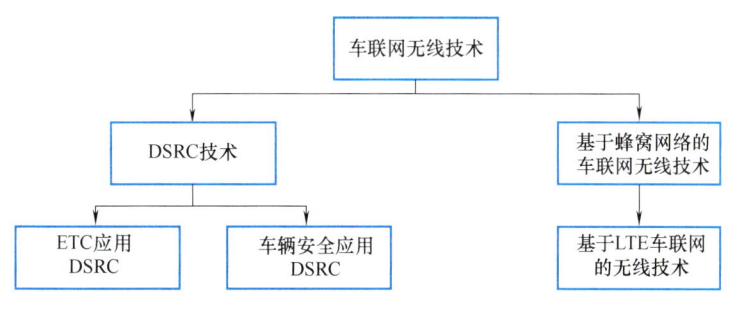

图 14-9　V2X 通信机制

是国际上专门开发适用于车辆通信的技术，1992 年由美国材料与试验协会（ASTM）最早提出。DSRC 技术是一种高效的无线通信技术，它可以实现在特定区域内（通常为数十米）对高速运动下的移动目标的识别和双向通信，例如实时传输图像、语音和数据信息，将车辆和道路有机连接。它是针对智能交通系统领域（ITS）中车辆和道路基础设施间的信息交换，而开发的一种适用于短距离的快速移动的目标识别技术。它可以提供高速的无线通信服务，并且能保持传输延时短和系统的可靠性。其在延迟、移动性、通信距离方面有着无可替代的优势，特别适用于车辆安全应用。目前全球范围内的大多车路协同项目的研究，均采用 DSRC 技术建立车辆网络。

DSRC 是基于 IEEE 制定和完善的 WAVE/802.11p 协议族。IEEE802.11p 具有易部署、成本低、技术成熟及 Ad-hoc 模式下支持 V2V 通信的优势。其定义了汽车与其他实体进行无线通信的物理层及 MAC 层，在这个标准协议之上是 IEEE1609，其定义了 MAC 层一直到应用层的通信协议栈。DSRC 可以在车辆数量不是很多的情况下，完成交通管理通信服务。

DSRC 技术通信距离一般在数十米（10~30m），通信速率为 500kbit/s、250kbit/s，能承载大宽带的车载应用信息，具有完善的加密通信机制：支持 3DES、RSA 算法；高安全性数据传输机制，支持双向认证及加/解密。DSRC 技术广泛应用在 ETC、出入控制、车队管理、信息服务等领域，并在区域分割功能即小区域内车辆识别、驾驶人识别、路网与车辆之间信息交互等方面具备得天独厚的优势。

（2）LTE-V 技术　　长期演进-V2X（Long Term Evolution-V2X，LTE-V）是我国具有自主知识产权的 V2X 技术，是基于分时长期演进（Time Division-Long Term Evolution，TD-LTE）的智能交通系统（ITS）解决方案，属于 LTE 后续演进技术的重要应用分支。LTE-V 按照全球统一规定的体系架构及其通信协议和数据交互标准，在车辆与车辆（V2V）、车辆与基础设施（V2I）、车辆与行人（V2P）之间组网，构建数据共享交互桥梁，助力实现智能化的动态信息服务、车辆安全驾驶、交通管控等。

LTE-V 系统由用户终端、路侧单元（RSU）和基准站三部分组成。LTE-V 针对车辆应用定义了两种通信方式，即蜂窝链路式（LTE-V-Cell）和短程直通链路式（LTE-V-Direct）。其中 LTE-V-Cell 通过 Uu 接口承载传统的车联网 Telematics 业务，操作于传统的移动宽带授权频段；LTE-V-Direct 通过 PC5 接口实现 V2V、V2I 直接通信，促进实现车辆安全行驶。在 LTE-V-Direct 通信模式下，车辆之间的信息交互基于广播方式，可采用终端直通模式，也可经由 RSU 来进行交互，大大减少 RSU 需要的数量。

LTE-V 和 DSRC 的比较：LTE-V 是基于 LTE 的智能网联汽车协议，由 3GPP 主导制定规范，主要参与厂商包括华为、大唐电信、LG等；而DSRC主要基于IEEE802.11p与IEEE1609系列标准，是一种专门用于V2V和V2I的通信标准，主要由美国、日本主导。

虽然目前没有明确我国的V2X将选择哪种技术，但业界普遍认为LTE-V将成为我国V2X通信标准。另外，LTE-V2X更有利于我国独立知识产权的自主创新。目前我国在DSRC系列技术和产业方面缺乏核心知识产权、产业基础及优势。基于我国自主研发的4G移动通信标准TD-LTE技术，进行了自主创新，LTE-V2X技术拥有核心自主知识产权，可打破国外产业在V2X通信技术的垄断，减少在知识产权方面的限制。

## 14.3 高级驾驶辅助系统（ADAS）

### 14.3.1 车道保持辅助系统

**1. 车道保持辅助系统概念**

车道保持辅助系统（Lane Keeping Assist System，LKAS）是一种能够主动检测汽车行驶时的横向偏移，并对转向和制动系统进行协调控制的系统。该系统是在车道偏离预警系统的基础上发展起来的，能够实现对车道偏离现象的主动纠正，使汽车保持在预定的轨道上行驶，从而减轻驾驶人的负担，减少交通事故的发生，如图14-10所示。

图14-10 车道保持辅助系统

**2. 车道保持辅助系统组成**

车道保持辅助系统主要由信息采集单元、电子控制单元和执行单元等组成，如图14-11所示。在系统工作期间，驾驶人将会接收车道偏离的报警信息，并选择对转向系统和制动系统中的一项或者多项动作进行控制，也可交由系统完全控制。系统中所有的信息均以数字信号的形式进行传递，通过汽车总线技术实现。

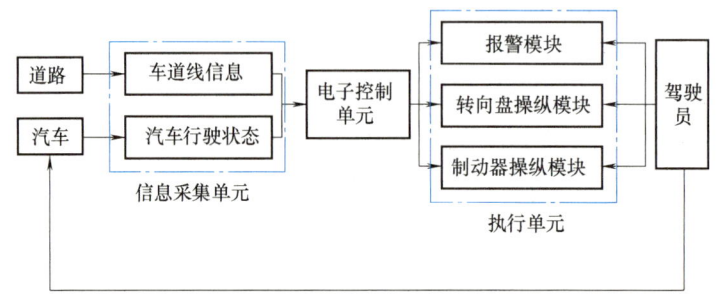

图14-11 车道保持辅助系统的组成

（1）信息采集单元 信息采集单元在车道保持辅助系统中的功能与车道偏离预警系统

的功能相似，主要通过传感器采集车道信息和汽车自身行驶信息并发送给电子控制单元。

（2）**电子控制单元**　电子控制单元主要通过特定的算法对信息进行处理，并判断是否做出车道偏离修正的相应操作。该单元性能直接影响车道偏离修正的及时性，因此在选择中央处理器和设计控制算法时，要着重考虑运算能力和运算速度。

（3）**执行单元**　执行单元主要有报警模块、转向盘操纵模块和制动器操纵模块。其中报警模块与车道偏离预警系统类似，通过转向盘或座椅振动、仪表盘显示、声音警报中的一种或多种形式实现。转向盘操纵模块和制动器操纵模块是车道保持辅助系统中特有的，其主要实现横向运动和纵向运动的协同控制，并保证汽车在 LKAS 工作期间具有一定的行驶稳定性。

**3. 车道保持辅助系统工作原理**

车道保持辅助系统可以在行车的全程或速度达到某一阈值后开启，并可以手动关闭，实时保持汽车的行驶轨迹。当系统正常工作时，信息采集单元通过车载传感器采集车速信号、转向盘转角信号、汽车行驶方向和车道线等信息，电子控制单元对信息进行处理，比较车道线和汽车的行驶方向，判断汽车是否偏离行驶车道。当汽车行驶可能偏离车道时，发出报警信息；当汽车距离偏离侧车道线小于一定阈值或已经有车轮偏离出车道线时，电子控制单元计算出辅助操舵力和减速度，根据偏离的程度控制转向盘和制动器的操纵模块，施加操舵力和制动力使汽车稳定地回到正常轨道；若驾驶人打开转向灯，正常进行变线行驶，则系统不会做出任何提示。

车道保持辅助系统的工作过程如图 14-12 所示，在系统起作用时，将不同时刻的汽车行驶照片重叠后可以看出，图中后面起第二个车影已经偏离行驶轨道，于是系统发出报警信息，第三个车影和第四个车影是主动进行车道偏离纠正的过程，在第五个车影时，汽车已经重新处于正确的行驶线路上，车道保持辅助系统完成一个完整的工作周期。

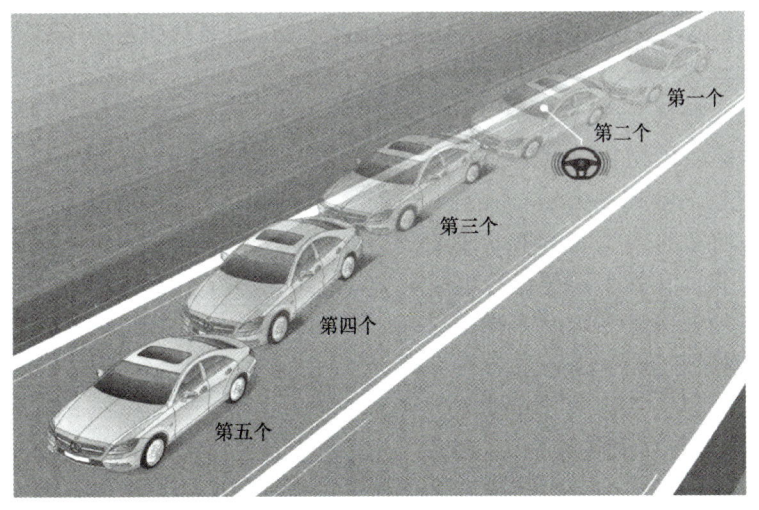

图 14-12　车道保持辅助系统的工作过程

**4. 车道保持辅助系统实现方式**

（1）**车道保持辅助系统控制技术分类**　目前常用的车道保持控制技术根据驱动和转向

方式的不同可以分为主动转向技术、差动制动技术和主动转矩分配技术。

1) 主动转向技术。通过主动操纵转向系统机构使前轮产生额外的转向角，从而达到控制车辆运动轨迹的目的。常用的有电子液压转向系统、电动助力转向系统（EPS）以及线控转向系统等。

2) 差动制动技术。通过车辆制动系统对左右车轮分别进行制动力分配实现差动制动，利用产生的附加横摆力矩控制车辆回归正确的行驶路径。

3) 主动转矩分配技术。在全轮驱动的车辆上根据差动力矩分配方法，给各个车轮分配不同的驱动力矩从而产生车辆的横摆力矩，来实现车辆横摆运动的控制，完成对车辆的运动轨迹的控制。

以上三种不同车道保持控制技术中，主动转向技术是通过转向轮直接实现汽车横摆角的变化，需要计算转向系统产生的辅助转矩；差动制动技术和主动转矩分配技术的控制目标也是实现汽车横摆角的变化，需要以此为基础计算不同车轮的制动或者驱动力矩。三种转向的控制目标相同，原理类似，区别在于控制对象的差异。三种车道保持控制技术的算法差异性主要体现在三者的动力学模型的差异。

**(2) 车道保持辅助控制系统算法** 当前应用较为广泛的车道保持控制算法主要有基于T-S模糊模型的$H_\infty$控制算法、多约束模型预测控制算法等。

1) 基于T-S模糊模型的$H_\infty$控制算法。基于T-S模糊模型的$H_\infty$控制算法主要是根据车辆相对于车道线位置参数得到常规的辅助转矩。在建立实际的模糊模型时，不能忽略系统不确定性的干扰，所设计的控制系统不仅是二次稳定的，而且必须要有一定的抑制干扰能力。这种控制方法主要包括以下工作环节：

① 提出问题。定义模糊控制系统的模糊变量及模糊规则数目，根据模糊变量划分非线性系统的子系统，并在此基础上建立基于模糊变量的模糊系统模型。

② 分析系统稳定性。通过Lyapunov函数对非线性系统$H_\infty$控制问题进行稳定性判断。

③ 设计状态/输出反馈控制器。根据并行分布方法，对系统的各个子系统分别设计局部控制器，然后在局部控制器的控制下分析全局稳定性，从而由局部状态/输出反馈控制器加权组合成全局系统的状态/输出反馈$H_\infty$控制器。

2) 多约束模型预测控制算法。该算法是一种先进的工业控制方法，具有对模型要求低、能处理多变量和有约束的控制等优点。模型预测控制更贴合实际应用情景，可改善控制系统在不确定性影响下的控制系统保持良好状态能力。常见的模型预测控制算法包括动态矩阵控制（DMC）、广义预测控制（GPC）、内模控制（IMC）等。模型预测控制算法主要包括预测模型、滚动优化、反馈校正，其原理如图14-13所示。图中，采样周期为1，预测时域为$N$，曲线1表示参考轨迹，曲线2为$k$时刻

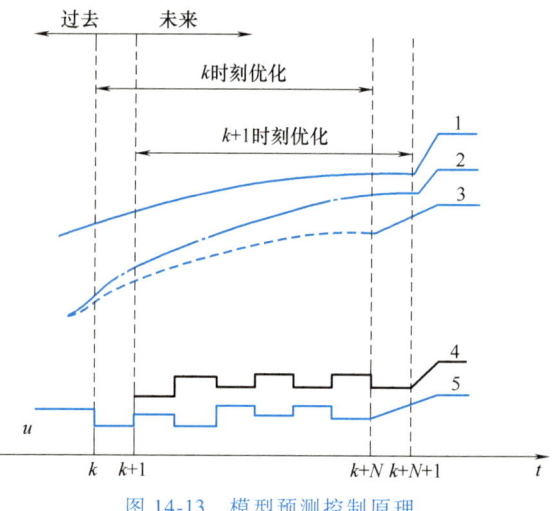

图14-13 模型预测控制原理

预测优化输出,曲线 3 为 $k+1$ 时刻预测优化输出,曲线 4 为 $k+1$ 时刻预测时域控制序列,曲线 5 为 $k$ 时刻预测时域控制序列。模型预测控制中,$k$ 时刻根据参考轨迹偏差优化控制指标,得到未来 $N$ 时域的控制序列,并据此在第一个采样周期内施加控制,完成后进入 $k+1$ 时刻,再根据 $k+1$ 时刻参考轨迹偏差对下一个时域 $N$ 内控制指标进行优化,获取 $k+1$ 时刻至 $k+N+1$ 时刻的控制序列,这种过程随时间推移反复进行。

实际预测控制应用中除预测时域以外,还需设计控制时域。在车道保持主动控制算法中,预测时域对应预瞄距离或者预瞄时间,得到对应预瞄点处误差,并在控制时域内解算出最优控制序列。系统控制量在控制时域以外、预测时域以内保持不变。

### 14.3.2 主动避障控制系统

**1. 主动避障控制系统概念**

智能汽车主动避障系统是智能交通和主动安全技术的一个重要方面,是一种旨在防止或降低碰撞严重程度的汽车安全系统,能辅助驾驶人在紧急状况下采取正确的避障决策和控制策略,从而减少交通事故的发生,进而提高道路交通系统的安全性。主动避障是指汽车根据车辆相关传感器提供的信息,动态规划出一条能绕过障碍物且符合汽车动力学性能要求的避障路径,并能自主控制汽车按照该路径安全稳定地行驶。图 14-14 所示为主动避障过程示意图。

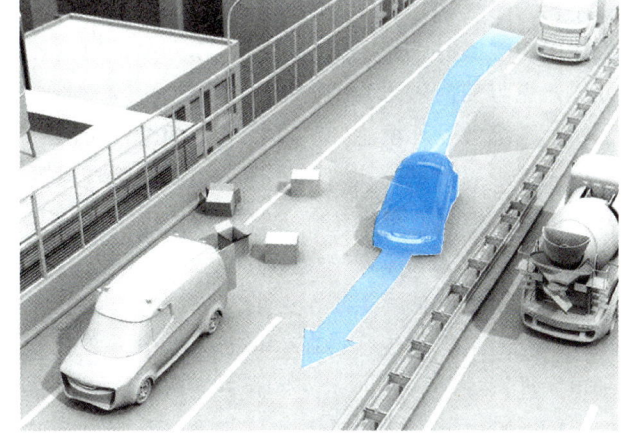

图 14-14 主动避障示意图

**2. 主动避障控制系统组成**

汽车主动避障系统可由环境感知、危险态势评估、路径决策和控制执行 4 层构成。

如图 14-15 所示,环境感知层根据雷达、机器视觉、车载传感器等获取车外环境信息和自车运动状态信息。车外环境信息具体如车道信息和周围其他车辆信息,自车运动状态信息

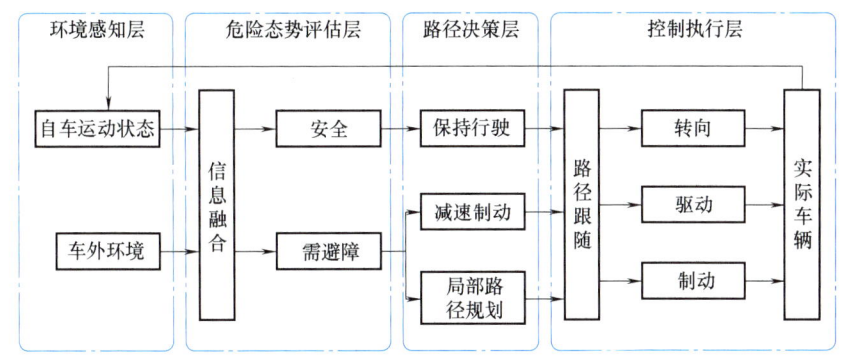

图 14-15 主动避障系统的组成

包括自车当前位置、转向盘转角、速度、节气门开度等。危险态势评估层依据环境感知层提供的信息，利用安全距离模型对行车安全进行判断。路径决策层根据已有的信息对汽车进行无碰撞路径规划。控制执行层对汽车的转向、驱动及制动等执行单元进行操纵，使车辆行驶跟踪规划的避障路径。

### 3. 主动避障控制系统工作原理

当自动驾驶车辆检测到障碍物时，根据检测的障碍物位置和速度、加速度信息，选择最优的避障方法。车载规划系统考虑道路信息和交通规则，实时规划出一条无障碍轨迹以规避障碍物，产生诸如制动、转向、超车等局部行为，运动控制系统根据规划的路线轨迹，灵活控制车辆的速度和转向，实现避障这一安全行为。

### 4. 主动避障控制系统实现方式

根据车辆避障方式的不同，自动驾驶车辆避障系统主要分为纵向避障系统和横向避障系统。纵向避障系统主要针对低速行驶或者距离障碍物较远场景，通过对制动系统的控制，以控制车辆纵向运动，与障碍物保持安全距离并避免碰撞。当纵向避障无法完全避免与前方车辆或障碍物碰撞时，需要选择横向避障方案，通过控制车辆的主动转向，一般采取横向换道的方式避免与前向障碍物的碰撞。

整个系统涉及环境感知、路径规划和路径跟随控制三个关键技术：

障碍物距离信息的获取与处理是主动避障技术的重要环节，距离信息的准确与否直接影响系统的避障效果。根据工作原理，障碍物距离信息获取与处理的过程主要分为两个部分，即障碍物距离检测和障碍物识别。障碍物距离检测主要采用超声波传感器、毫米波雷达、激光雷达、视觉传感器等实现车距的实时检测，该部分功能与前方障碍物识别同时进行，实现数据共享。距离检测传感器在行车的过程中不断获取目标障碍物的距离信息，并传输给电子控制单元进行处理。在上述传感器中，超声波测距原理简单，成本最低，但其测距精准度受室外温度影响大，衰减快，因此目前只适合短距离测距，主要用在倒车雷达上；激光雷达价格高昂，受雨雪、尘土等环境因素影响较大。因此实际应用中，常用的距离检测传感器是毫米波雷达和视觉传感器。由于高频率的毫米波雷达探测距较远，因此通常在行车过程中，先检测到障碍物距离信息，再根据障碍物距离信息变化对障碍物进行识别。

采用视觉传感器进行障碍物距离测量的方法较为复杂，图片数据量较大，需要采用以太网等数据传输方案。目前常用的视觉传感器有单目照相机和双目照相机两种。单目照相机在距离测量过程中采用摄像机的焦距和事先确定的参数来估算车距；而双目照相机测距是利用视差的原理，通过对两幅图像进行计算机分析和处理，确定物体的三维坐标，可采用"公垂线—中点法"计算车与障碍物之间的距离。鉴于视觉技术采集的信息量丰富，以及目前图像处理技术的巨大进步，并且计算能力已经能够保证图像处理实时性要求，价格低廉的视觉传感器方案也成为一种合适的选择。

障碍物识别可以采用单目照相机、立体照相机、毫米波雷达以及多传感器融合等方式实现。目前，基于单目视觉灰度图像进行车辆识别的研究最为广泛，所涉及的算法也较多，Mobileye公司的高级驾驶辅助系统（ADAS）就是使用单目视觉方案来解决的。通常行车过程中前方的障碍物为车辆，因此一般依靠车辆特征信息，如车辆形状、车高与车宽的比例等作为检测前向车辆边缘的约束条件，对图像进行边缘增强处理后获得一些包含车辆水平和垂直边缘的信息,从而对车辆进行检测。使用单目摄像头的算法简单,计算的实时性强,但单目视觉方案容易受到光照、阴影等外界环境因素的影响,使其可靠性下降。立体视觉是近年来兴起的另一种路径,直接模拟了人类视觉处理景物的方式,通过从多个视点观察同一景物,以获取在不同视角下的感知图像。此外,为了突破单一传感器的局限性,采用多传感器信息融合技术也是当前研究的主流,常见的有视觉传感器与激光雷达的融合,以及视觉传感器与毫米波雷达的融合。但是,目前多传感器的安装导致车辆总体成本升高,且车内 ECU 计算更为复杂,存在一定的时间误差等问题,也值得深入研究。前方车辆识别的具体流程如图 14-16 所示。

主动避障常用的路径规划算法有人工势场法、栅格法、蚁群算法和混沌粒子群算法等。人工势场法的基本思想是假设车辆处在一个虚拟势场中,车辆在势场中受到虚拟力的作用。虚拟力分为两种:目标点对车辆产生的虚拟吸引力,以及障碍物对车辆产生的虚拟排斥力。

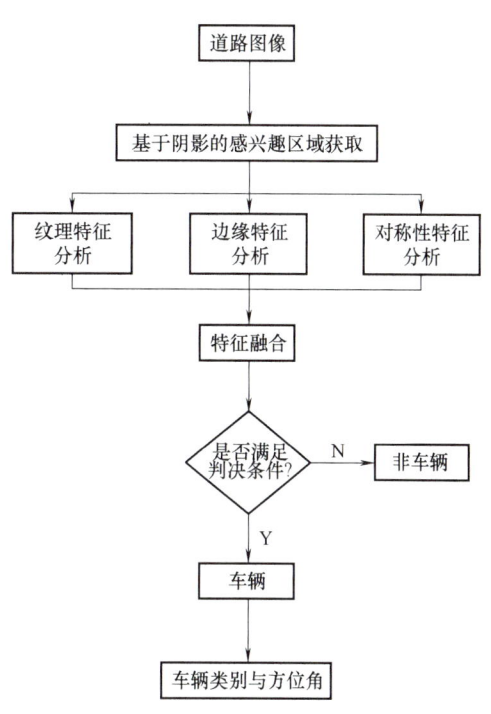

图 14-16 前方车辆识别的具体流程

车辆在斥力和引力的合力作用下,从势场高点向势场低点移动,完成路径规划。栅格法与人工势场法几乎同时被提出,它用一种栅格形状的物理模型来表示障碍物出现的可能性。

常用的跟踪控制方法有预瞄跟踪控制、模糊控制、改进追踪控制、滑模控制、模型预测控制等。模型预测控制算法(MPC)是一种基于预测模型的控制算法,其利用滚动代化的方法,以局部最优解代替全局最优解,并充分利用实际控制状态进行反馈校正,来增强控制过程的鲁棒性。

### 14.3.3 自适应巡航控制系统

**1. 自适应巡航控制系统概念**

汽车自适应巡航控制(ACC)系统是指在汽车行驶过程中,通过安装在汽车前部的车距传感器持续扫描汽车前方道路,同时轮速传感器采集车速信号;当前汽车(以下简称主车)与前方目标车辆之间的距离小于或大于安全车距时,ACC 单元通过与制动系统、发动机控制系统协调控制,改变制动力矩和发动机输出功率,对汽车行驶速度进行控制,以使主车与前方目标车辆始终保持安全车距行驶,避免追尾事故发生,同时提高通行效率,如图 14-17 所示。如果主车前方没有车辆,则主车按设定的车速巡航行驶。

对于电动汽车,发动机更换为驱动电动

图 14-17 汽车自适应巡航控制系统

机,通过改变制动力矩和驱动电动机的输出功率,控制电动汽车的行驶速度。

ACC 系统在控制汽车制动时,通常会将制动减速度限制在不影响舒适的程度,当需要更大的减速度时,会发出预警信号通知驾驶人主动采取制动操作。当主车与前方目标车辆之间的距离增加到安全车距时,ACC 系统控制汽车按照设定的车速行驶。

### 2. 自适应巡航控制系统组成

**(1) 燃油汽车自适应巡航控制(ACC)系统的组成**　燃油汽车 ACC 系统主要由信息感知单元、电子控制单元(ECU)、执行单元和人机交互界面等组成,如图 14-18 所示。

1) 信息感知单元。信息感知单元主要为电子控制单元(ECU)提供 ACC 系统所需要的各种信息,主要由测距传感器、轮速传感器、转向角传感器、节气门位置传感器、制动踏板传感器等组成。测距传感器用来获取主车与前方目标车辆之间的距离信号,一般使用激光雷达或毫米波雷达,也有使用视频传感器的;轮速传感器用于获取实时车速信号,一般使

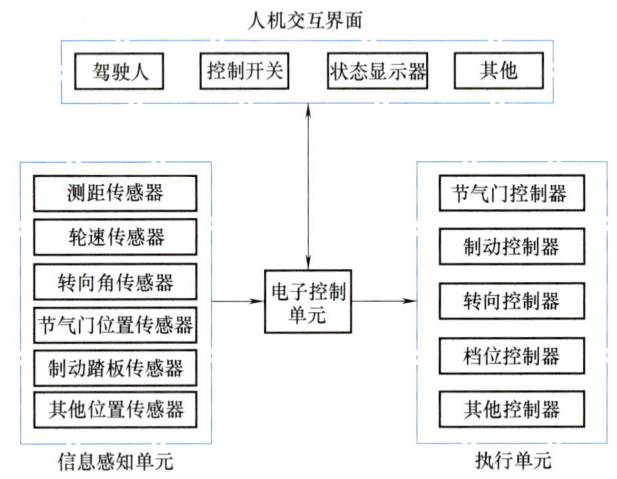

图 14-18　燃油汽车自适应巡航控制系统组成

用霍尔式轮速传感器;转向角传感器用于获取汽车转向信号;节气门位置传感器用于获取节气门开度信号;制动踏板传感器用于获取制动踏板动作信号。

2) 电子控制单元。电子控制单元根据驾驶人所设定的安全车距及车速,结合信息感知单元传送来的信息确定主车的行驶状态,决策出汽车的控制策略,并输出节气门开度和制动压力信号给执行单元。例如当主车与前方目标车辆之间的距离小于设定的安全车距时,电子控制单元计算实际车距和安全车距之差及相对速度的大小,选择减速方式,或者通过报警器向驾驶人发出报警,提醒驾驶人采取相应的措施。

3) 执行单元。执行单元主要执行电子控制单元发出的指令,实现主车速度和加速度的调整。它包括节气门控制器、制动控制器、转向控制器和档位控制器等,节气门控制器用于调整节气门的开度,使汽车做加速、减速或定速行驶;制动控制器用于控制减速方式的制动力矩或实施紧急情况下的制动;转向控制器用于控制汽车的行驶方向;档位控制器用于控制汽车变速器的档位。

4) 人机交互界面。人机交互界面用于驾驶人设定系统参数及系统状态信息的显示等。驾驶人可通过设置在仪表盘或转向盘上的人机界面启动或清除 ACC 系统控制指令。启动 ACC 系统时,要设定主车与前方目标车辆之间的安全车距,以及在巡航状态下的车速,否则 ACC 系统将自动设置为默认值,但所设定的安全车距不可小于设定车速下交通法规所规定的安全车距。

**(2) 电动汽车 ACC 系统的组成**　电动汽车主要由电机、电机控制器、蓄电池、电池管理系统、整车控制器、再生制动控制器、辅助系统等组成。相对于燃油汽车,由电动机系统

取代发动机系统，增加蓄电池系统、再生制动系统等。电动汽车 ACC 系统也由信息感知单元、电子控制单元（ECU）、执行单元和人机交互界面等组成，如图 14-19 所示，相对于燃油汽车，电动汽车 ACC 系统的信息感知单元没有节气门位置传感器，执行单元没有节气门控制器和档位控制器，相应增加电动机控制器和再生制动控制器。信息感知单元将传感器测量的距离、速度和加速度等信号输入到电子控制单元；电子控制单元对主车行驶环境及运动状态进行分析、计算、决策，输出驱动转矩和制动压力信号；执行单元用于完成电子控制单元的指令，通过控制电动机和制动执行器来调节主车的行驶速度；人机交互界面为驾驶人对系统的运行进行观察和干预控制提供操作界面。

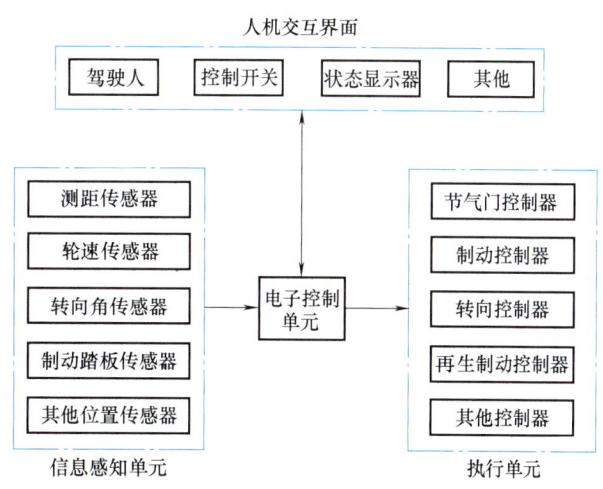

图 14-19　电动汽车 ACC 系统的组成

**3. 自适应巡航控制系统工作原理**

**（1）燃油汽车 ACC 系统的工作原理**　燃油汽车 ACC 系统的工作原理如图 14-20 所示。驾驶人启动 ACC 系统后，汽车在行驶过程中，安装在汽车前部的车距传感器持续扫描汽车前方道路，同时轮速传感器采集车速信号。如果主车前方没有车辆或与前方目标车辆距离很远且速度很快时，控制模式选择模块就会激活巡航控制模式，ACC 系统将根据驾驶人设定的车速和轮速传感器采集的本车速度，自动调节加速踏板，使得主车达到设定的车速并巡航行驶；如果前方目标车辆存在且离主车较近或速度很慢，控制模式选择模块就会激活跟随控制模式，ACC 系统将根据驾驶人设定的安全车距和轮速传感器采集的本车速度计算出期望车距，并与车距传感器采集的实际距离比较，自动调节制动压力和节气门开度等，使得汽车以一个安全车距稳定地跟随前方目标车辆行驶。同时，ACC 系统会把汽车目前的一些状态参数显示在人机界面上，方便驾驶人判断，也装有紧急报警系统，在 ACC 系统无法避免碰撞时及时警告驾驶人，并由驾驶人处理紧急状况。

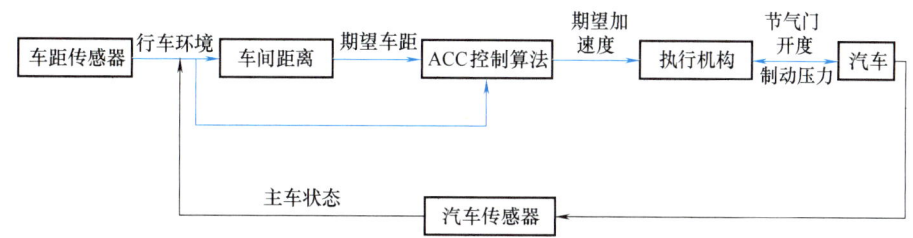

图 14-20　燃油汽车 ACC 系统的工作原理

**（2）电动汽车 ACC 系统的工作原理**　电动汽车 ACC 系统的工作原理如图 14-21 所示，它与燃油汽车 ACC 系统的工作原理基本一样，唯一区别是燃油汽车控制的是节气门开度，调节发动机输出转矩；电动汽车控制的是电动机转矩，调节电动机的输出转矩，而且增加了

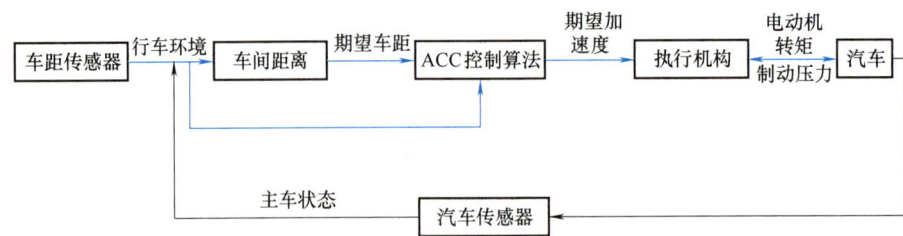

图 14-21 电动汽车 ACC 系统的工作原理

再生制动控制。

#### 4. 自适应巡航控制系统工作模式

汽车 ACC 系统工作模式主要有定速巡航、减速控制、跟随控制、加速控制、停车控制和起动控制等，如图 14-22 所示。图中假设主车设定车速为 100km/h，前方目标车辆行驶速度为 80km/h。

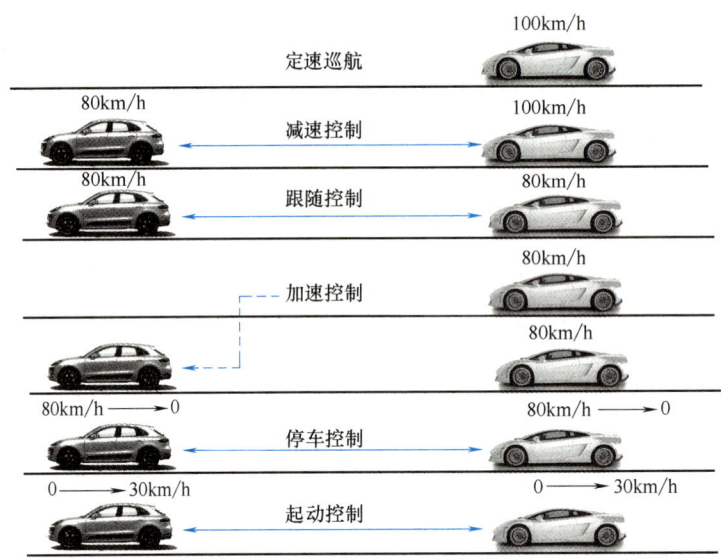

图 14-22 汽车 ACC 系统工作模式

（1）**定速巡航** 定速巡航是汽车 ACC 系统最基本的功能。当主车前方无目标车辆行驶时，主车将处于普通的巡航行驶状态，ACC 系统按照设定的行驶车速对汽车进行定速巡航控制。

（2）**减速控制** 当主车前方有目标车辆，且前方目标车辆的行驶速度慢于主车的行驶速度时，ACC 系统将控制主车进行减速，确保主车与前方目标车辆之间的距离为所设定的安全车距。

（3）**跟随控制** 当 ACC 系统将主车速度减至设定的车速值之后采用跟随控制，与前方目标车辆以相同的速度行驶。

（4）**加速控制** 当前方目标车辆加速行驶或发生移线，或当主车移线行驶使得前方又无行驶车辆时，ACC 系统将对主车进行加速控制，使主车恢复到设定的车速。在恢复设定车速后，ACC 系统又转入对主车的巡航控制。

（5）**停车控制** 若目标车辆减速停车，主车也减速停车。

**(6) 起动控制** 若主车处于停车等待状态，当前方目标车辆突然起动时，主车也将起动，与前方目标车辆行驶状态保持一致。

当驾驶人参与汽车驾驶后，ACC 系统自动退出对汽车的控制。

### 14.3.4 自动泊车系统

**1. 自动泊车系统概念**

自动泊车系统（Automatic Parking System，APS）是指汽车可以不用人工干预，自动采集图像数据及周围物体距车身的距离数据，并传输给中央处理器；中央处理器根据数据分析出汽车的当前位置、目标位置以及周围的环境参数，依据上述车辆状态和环境参数得到自动泊车策略；车辆控制系统接收泊车策略后，依据指令对汽车的行驶如角度、方向及动力驱动等进行操控，如图 14-23 所示。

**2. 自动泊车系统组成**

自动泊车系统主要由信息感知单元、驻车定位系统控制单元、执行单元和人机交互界面等组成，如图 14-24 所示。

图 14-23　汽车自动泊车系统

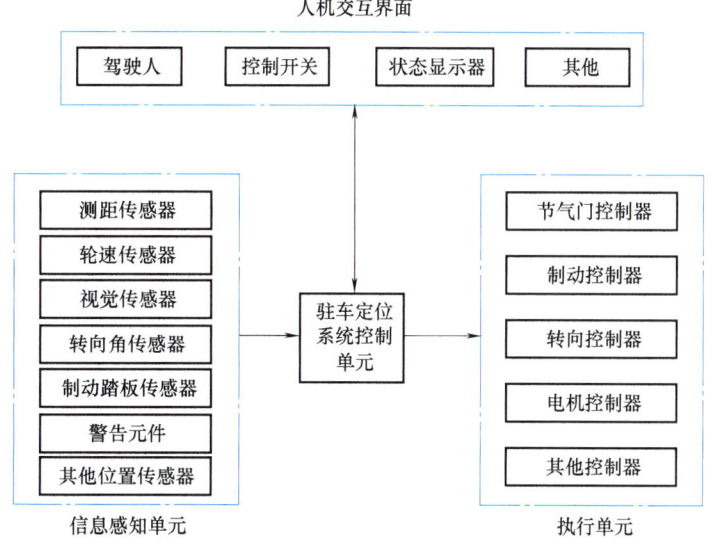

图 14-24　汽车自动泊车系统组成

**（1）信息感知单元**　信息感知单元主要用于为驻车定位系统控制单元提供自动泊车所需要的各种信息，主要由测距传感器、轮速传感器、视觉传感器、转向角传感器、制动踏板传感器、警告元件等组成。测距传感器用来获取主车与前方目标车辆之间的距离信号，一般使用激光雷达或毫米波雷达；轮速传感器用于获取实时车速信号，一般使用霍尔式轮速传感器；转向角传感器用于获取汽车转向信号；视觉传感器主要用于识别车库位置，用于倒车影像;制动踏板传感器用于获取制动踏板动作信号。

(2) 驻车定位系统控制单元　驻车定位系统控制单元主要读取各种电子元器件输入信号,如车速、档位状态、点火开关状态、转向角度等信号,触动车距传感器和警告元件,通过 CAN 网络通信。

(3) 执行单元　执行单元主要执行驻车定位系统控制单元发出的指令,实现车辆速度、转向角、加速度的调整。它包括节气门控制器、制动控制器、转向控制器和档位控制器等,节气门控制器用于调整节气门的开度,使汽车做加速、减速及定速行驶;制动控制器用于控制制动力矩或紧急情况下的制动;转向控制器用于控制汽车的行驶方向;档位控制器用于控制汽车变速器的档位。

(4) 人机交互界面　人机交互界面用于驾驶人设定系统参数及系统状态信息的显示等。驾驶人可通过设置在仪表盘或转向盘上的人机界面启动或清除自动泊车系统控制指令。同时,人机交互界面可以显示倒车影像,方便驾驶人观察车辆的状态信息。

**3. 自动泊车控制系统工作原理**

当前,自动泊车控制系统分为自动泊车(Auto Parking Asist,APA)和远程遥控泊车(Remote Parking Asist,RPA)两种方案。APA 需要驾驶人车内实时监控,保证泊车顺利完成,属于 SAE L2 级别自动驾驶。而 RPA 驾驶人只需站在车外操作,就可以保证泊车顺利完成,属于 L2+级别自动驾驶。目前,APA 占据较多。

以下主要以 APA 模式自动泊车阐述工作原理。

如图 14-25 所示,在泊车的阶段,汽车移动到前车旁边时,自动泊车系统会给驾驶人一

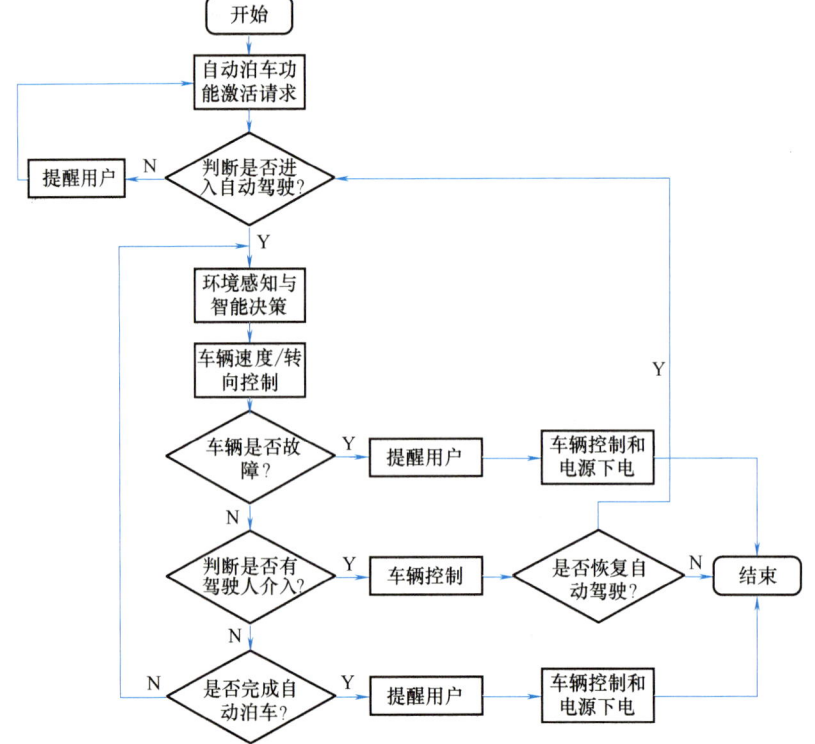

图 14-25　汽车自动泊车系统

个信号,显示应该停车的时间。然后,驾驶人切换倒档,缓慢松开制动踏板,开始倒车过程。此时,车载计算机系统将接管转向盘,计算机通过助力转向系统转动车轮,将汽车完全倒入停车位。当汽车向后倒得足够远时,系统会给驾驶人另外一个信号,告诉驾驶人应该停车切换为前进档。汽车向前移动,将车轮调整到位。最后,系统发送驾驶人车位已停好的信息。整个自动泊车过程,通过传感器系统感知环境信息,根据传感器系统的信息得出有效车位信息、车辆相对位置,从而对泊车初始位置做出决策。电子控制单元根据传感器信息,实时环境建模,生成车辆运动轨迹,控制车辆无碰撞地自动运动到泊车位。

## 本章小结

  智能网联汽车是指搭载了先进的感知、决策与控制、执行装置,融合先进的通信技术,实现车与车、路、人、云等智能信息交换、共享的新一代汽车。智能网联汽车的关键技术包括感知、决策规划、控制执行、网络通信等几个方面。

  环境感知技术是利用摄像头、毫米波雷达、激光雷达等传感器,以及V2I和V2X通信系统获取周围环境信息,包括提取路况信息、检测障碍物和其他交通参与者等信息,并通过多种算法处理和分析原始输入数据,为智能网联汽车提供决策与控制的依据。环境感知的主要对象包括路面、静态物体和动态物体等,涉及道路边界检测、障碍物检测、车辆检测、行人检测等技术。

  车辆定位导航技术的功能是提供车辆的位置、速度和航向等信息,而精确、可靠的定位信息是实现智能网联汽车导航功能的前提与基础。常用的车辆定位技术有卫星导航定位技术(GNSS)、惯性导航技术(INS),以及地图匹配技术等。

  路径规划就是根据给定的环境模型,在一定的约束条件下,规划出一条连接汽车当前位置和目标位置的无碰撞路径。智能网联汽车路径规划从功能上可分为全局路径规划和局部路径规划。目前智能网联汽车在求解路径规划问题上有许多成熟的算法,主要包括Dijkstra算法、Floyd算法,以及启发式搜索算法,如$A^*$算法等。

  运动控制指车辆根据当前周围环境和车体位置、姿态、车速等信息按照一定逻辑做出决策,并分别向加速、制动及转向等执行系统发出控制指令,主要分为横向控制和纵向控制。

  车道保持辅助系统是一种能够主动检测汽车行驶时的横向偏移,并对转向和制动系统进行协调控制的系统,主要由信息采集单元、电子控制单元和执行单元等组成。当前应用较为广泛的车道保持控制算法主要有基于T-S模糊模型的$H_\infty$控制算法、多约束模型预测控制算法等。

  主动避障是指汽车根据车辆相关传感器提供的信息,动态规划出一条能绕过障碍物且符合汽车动力学性能要求的避障路径,并能自主控制汽车按照该路径安全稳定地行驶,由环境感知、危险态势评估、路径决策和控制执行等4层构成。主动避障常用的路径规划算法有人工势场法、栅格法、蚁群算法和混沌粒子群算法等。

  汽车自适应巡航控制系统是指在汽车行驶过程中,通过安装在汽车前部的车距传感器持续扫描汽车前方道路,同时轮速传感器采集车速信号;当前汽车(以下简称主车)与前方目标车辆之间的距离小于或大于安全车距时,ACC单元通过与制动系统、发动机控制系统协调控制,改变制动力矩和发动机输出功率,对汽车行驶速度进行控制,以使主车与前方目标车辆始终保持安全车距行驶，避免追尾事故发生，同时提高通行效率。

自动泊车系统是指汽车可以不用人工干预，自动采集图像数据及周围物体距车身的距离数据，并传输给中央处理器；中央处理器根据数据分析出汽车的当前位置、目标位置以及周围的环境参数，依据上述车辆状态和环境参数得到自动泊车策略；车辆控制系统接收泊车策略后，依据指令对汽车的行驶如角度、方向及动力驱动等进行操控。自动泊车系统主要由信息感知单元、驻车定位系统控制单元、执行单元和人机交互界面等组成。

## 思考题

1. 有条件下的自动驾驶和高度自动驾驶的区别是什么？请举例说明。
2. 智能网联汽车一般由哪些部分组成？请简单论述。
3. 智能汽车环境感知的对象是什么？有哪些特点？需要用到哪些传感器技术？
4. 卫星导航定位技术（GNSS）、惯性导航定位技术（INS）以及地图匹配定位技术各有哪些优势和缺陷？
5. 什么是全局路径规划和局部路径规划？用到的算法分别有哪些？
6. 请简述车辆横向控制（路径跟踪控制）以及纵向速度控制的原理和方法。
7. 控制器局域网总线（CAN）和高速容错网络协议（FlexRay）的区别是什么？请简述车用无线通信技术（V2X）对智能汽车的重要意义。
8. 简述车道保持辅助系统的工作原理和实现方法。讨论主动转向技术、差动制动技术和主动转矩分配控制在车道保持（路径跟踪）控制中的区别和各自的优势。
9. 简述主动避障控制系统的基本工作原理。人工势场法是如何规划安全的避障路径的？
10. 自适应巡航控制系统的几种工作模式之间是如何切换的？燃油汽车和电动汽车的自适应巡航控制工作原理的区别在哪里？如何通过自适应巡航控制实现既安全又节能的驾驶？
11. 在APA方案的自动泊车控制系统中，是如何进行人机交互的？

# 参 考 文 献

[1] 毛峰. 汽车电气设备与维修 [M]. 北京：机械工业出版社，2005.
[2] 凌永成. 汽车电气设备 [M]. 3版. 北京：北京大学出版社，2010.
[3] 孙仁云，付百学. 汽车电器与电子技术 [M]. 2版. 北京：机械工业出版社，2011.
[4] 姚胜华. 汽车电器与电子控制技术 [M]. 广州：华南理工大学出版社，2010.
[5] 赵学斌，王凤军. 汽车电器与电子控制技术 [M]. 北京：机械工业出版社，2006.
[6] 舒华. 汽车电器与电控技术 [M]. 北京：机械工业出版社，2012.
[7] 吕红明，吴钟鸣. 汽车电器与电子技术 [M]. 北京：国防工业出版社，2011.
[8] 张西振，黄艳玲. 汽车发动机电控技术 [M]. 4版. 北京：机械工业出版社，2019.
[9] 曹红兵. 现代汽车电子控制技术 [M]. 北京：机械工业出版社，2012.
[10] 凌永成，于京诺. 汽车电子控制技术 [M]. 2版. 北京：北京大学出版社，2011.
[11] 陈刚，王良模，王冬良，等. 汽车电子控制技术 [M]. 北京：机械工业出版社，2017.
[12] 李春明. 汽车底盘电控技术 [M]. 2版. 北京：机械工业出版社，2009.
[13] 谢剑. 汽车底盘电控技术 [M]. 北京：国防科技大学出版社，2010.
[14] 过学迅. 汽车自动变速器结构原理 [M]. 2版. 北京：北京大学出版社，2012.
[15] 朱迅，李晓. 汽车自动变速器原理与维修 [M]. 北京：化学工业出版社，2010.
[16] 嵇伟. 新型汽车悬架与车轮定位 [M]. 北京：机械工业出版社，2004.
[17] 德国BOSCH公司. 汽车安全性与舒适性系统 [M]. 魏春源，等译. 北京：北京理工大学出版社，2007.
[18] 莱芙. BOSCH车辆稳定系统与驾驶员辅助系统 [M]. 迟云雁，周梦媛，张建强，译. 北京：北京理工大学出版社，2015.
[19] 付百学，胡胜海. 汽车车载网络技术 [M]. 北京：机械工业出版社，2012.
[20] 屈敏. 汽车车载网络技术原理与应用 [M]. 北京：国防工业出版社，2012.
[21] 刘春晖，刘宝君. 汽车车载网络技术详解 [M]. 2版. 北京：机械工业出版社，2015.
[22] 凌永成. 车载网络技术 [M]. 北京：机械工业出版社，2013.
[23] 罗峰，孙泽昌. 汽车CAN总线系统原理、设计与应用 [M]. 北京：电子工业出版社，2010.
[24] 张凤登，付敬奇. 实时传输网络FlexRay原理与范例 [M]. 北京：电子工业出版社，2017.
[25] 吴宝新，郭永红，曹毅，等. 汽车FlexRay总线系统开发实战 [M]. 北京：电子工业出版社，2012.
[26] 宁德发. 混合动力汽车结构·原理·检测·维修 [M]. 北京：化学工业出版社，2018.
[27] 丁元富，李伟. 新能源汽车不神秘：图解新能源汽车技术 [M]. 北京：电子工业出版社，2019.
[28] 魏民祥，赵万忠. 汽车电子与智能控制基础 [M]. 北京：清华大学出版社，2019.
[29] 周华英，陈晓宝. 纯电动汽车结构与原理 [M]. 北京：北京理工大学出版社，2016.
[30] 刘凤珠，赵宇. 新能源汽车电控技术 [M]. 北京：机械工业出版社，2019.
[31] 工业和信息化部人才交流中心，恩智浦（中国）管理有限公司. 车用电机控制与实践 [M]. 北京：电子工业出版社，2016.
[32] 崔胜民. 新能源汽车概论 [M]. 北京：人民邮电出版社，2019.
[33] 瑞佩尔. 新能源汽车结构与原理 [M]. 北京：化学工业出版社，2019.
[34] 孙逢春，林程. 电动汽车工程手册：第一卷　纯电动汽车整车设计 [M]. 北京：机械工业出版社，2019.

[35] 孙逢春，肖成伟．电动汽车工程手册：第四卷　动力蓄电池［M］．北京：机械工业出版社，2019．

[36] 孙逢春，贡俊．电动汽车工程手册：第五卷　驱动电机与电力电子［M］．北京：机械工业出版社，2019．

[37] 崔胜民．纯电动汽车技术解析［M］．北京：化学工业出版社，2021．

[38] 李克强，戴一凡，李升波，等．智能网联汽车（ICV）技术的发展现状及趋势［J］．汽车安全与节能学报，2017，8（1）：1-14．

[39] 李亮，李锋林．智能车辆导航中障碍物检测方法研究［J］．电子科技，2017，30（9）：162-164；168．

[40] 黄如林，梁华为，陈佳佳，等．基于激光雷达的无人驾驶汽车动态障碍物检测、跟踪与识别方法［J］．机器人，2016，38（4）：437-443．

[41] 刘国荣．基于图像的车道线检测与跟踪算法研究［D］．长沙：湖南大学，2014．

[42] NOURELDIN A，KARAMAT TB，GEORGY J．惯性导航、卫星定位及其组合的基本原理［M］．黄卫权，赵琳，译．北京：国防工业出版社，2017．

[43] 富立，范耀祖．车辆定位导航系统［M］．北京：中国铁道出版社，2004．

[44] 李翔．矢量道路数据辅助惯性导航定位的技术与方法研究［J］．测绘学报，2018，47（5）：692．

[45] 李立，徐志刚，赵祥模，等．智能网联汽车运动规划方法研究综述［J］．中国公路学报，2019，32（6）：14．

[46] 《中国公路学报》编辑部．中国汽车工程学术研究综述·2017［J］．中国公路学报，2017，30（6）：95-100．

[47] 杨世春，曹耀光，陶吉，等．自动驾驶汽车决策与控制［M］．北京：清华大学出版社，2020．

[48] 刘少山，李力耘，唐洁，等．无人驾驶：人工智能如何颠覆汽车［M］．北京：机械工业出版社，2018．

[49] 陈山枝，时岩，胡金玲．蜂窝车联网（C-V2X）综述［J］．中国科学基金，2020，34（2）：179-185．

[50] 李志涛．车载以太网的研究与分析［J］．汽车电器，2018（3）：9-12．

[51] 于晨斯，王翠．总线技术在汽车电气系统中的应用研究［J］．科技风，2018（12）：148．

[52] 董振江，古永承，梁健，等．C-V2X车联网关键技术与方案概述［J］．电信科学，2020，36（4）：3-14．

[53] 邓淇天．基于激光雷达和视觉传感器融合的障碍物识别技术研究［D］．南京：东南大学，2019．

[54] 郑曰文，王珏，严程，等．基于多源信息融合的车辆避障系统［J］．微计算机信息，2020（21）：31-32．

[55] 颜秉卿．基于集成规划和控制的自动驾驶车辆避障系统研究［D］．镇江：江苏大学，2019．

[56] 杨丰萍，谢梦莎，彭理群，等．基于模型预测控制的汽车主动避障系统［J］．华东交通大学学报，2020，37（1）：70-76．

[57] 胡云峰，曲婷，刘俊，等．智能汽车人机协同控制的研究现状与展望［J］．自动化学报，2019，45（7）：1261-1280．

[58] 薛玉斌，王祥，石晶．汽车安全驾驶辅助系统的研究综述［J］．黑龙江交通科技，39（2）：124-126，2016．

[59] 张海林，罗禹贡，江青云，等．基于电动助力转向的车道保持系统［J］．汽车工程，2013，35（6）：526-531．

[60] KIM W，SON Y S，CHUNG C C．Torque-overlay-based robust steering wheel angle control of electrical power steering for a lane-keeping system of automated vehicles［J］．IEEE Transactions on Vehicular Technology，2015，65（6）：4379-4392．

[61] 吴光强，张亮修，刘兆勇，等．汽车自适应巡航控制系统研究现状与发展趋势［J］．同济大学学报

（自然科学版），2017，45（4）：544-553.

[62] 张德兆，王建强，刘佳熙，等. 加速度连续型自适应巡航控制模式切换策略［J］. 清华大学学报（自然科学版），2010，14：1277-1281.

[63] WANG Z，WU G，BARTH M J. A review on cooperative adaptive cruise control（CACC）systems：Architectures，controls，and applications［C］//2018 21st International Conference on Intelligent Transportation Systems（ITSC）. New York：IEEE，2018：2884-2891.

[64] 冯冲，张东好，罗禹贡，等. 混合动力客车自适应巡航控制研究［J］. 汽车工程，2017，39（1）：66-72.

[65] 张亮修，吴光强，郭晓晓. 车辆自适应巡航控制系统的建模与分层控制［J］. 汽车工程，2018，40（5）：547-553.

[66] 陈天殷. 自主泊车系统APS的现状与发展［J］. 汽车电器，2018，361（9）：27-32.

[67] 宋金泽. 自主泊车系统关键技术研究［D］. 长沙：国防科学技术大学，2009.

[68] MA S，JIANG H，HAN M，et al. Research on automatic parking systems based on parking scene recognition［J］. IEEE Access，2017，5：21901-21917.

[69] LEE B，WEI Y，GUO I Y. Automatic parking of self-driving car based on lidar［J］. Int. Arch. Photogramm. Remote Sens. Spat. Inf. Sci，2017，42：241-246.